REINHARD SCHWARZ

VORGESCHICHTE
DER REFORMATORISCHEN BUSSTHEOLOGIE

ARBEITEN ZUR KIRCHENGESCHICHTE

Begründet von Karl Holl † und Hans Lietzmann †
Herausgegeben von Kurt Aland, Walther Eltester und Hanns Rückert

———————————— 41 ————————————

VORGESCHICHTE
DER REFORMATORISCHEN
BUSSTHEOLOGIE

VON

REINHARD SCHWARZ

WALTER DE GRUYTER & CO.

vormals G. J. Göschen'sche Verlagshandlung · J. Guttentag, Verlagsbuchhandlung
Georg Reimer · Karl J. Trübner · Veit & Comp.

Berlin 1968

Als Habilitationsschrift auf Empfehlung der Evangelisch-Theologischen Fakultät der Eberhard-Karls-Universität Tübingen gedruckt mit Unterstützung der Deutschen Forschungsgemeinschaft

Meinem verehrten Lehrer
Hanns Rückert
in Dankbarkeit gewidmet

VORWORT

Zur Behandlung des Themas in einer Habilitationsschrift ermunterte mich Herr Professor D. Dr. Hanns Rückert. Möge die Widmung andeuten, wie sehr ich mich ihm in herzlicher Dankbarkeit verbunden weiß. Es freut mich, daß er zusammen mit Herrn Professor D. Dr. Walther Eltester und Herrn Professor D. Dr. Kurt Aland die Arbeit, nachdem sie im Wintersemester 1965/66 von der Evangelisch-Theologischen Fakultät Tübingen zur Habilitation angenommen worden ist, nun in etwas veränderter Gestalt in die Arbeiten zur Kirchengeschichte eingereiht hat.

Mein Dank gilt auch dem Verlag, besonders Herrn Professor Dr. H. Wenzel, für die aufmerksame Betreuung des Druckes und der Deutschen Forschungsgemeinschaft für ihren Druckkostenzuschuß.

Meinem Freunde Dr. Wilfrid Werbeck danke ich für manchen guten Rat und für das akkurate Mitlesen der Korrektur.

Tübingen, im September 1968   Reinhard Schwarz

INHALTSVERZEICHNIS

EINLEITUNG

Die Mitarbeit an der historisch kommentierenden Neuausgabe der 1. Psalmenvorlesung Luthers hat mich zu dem Problem geführt, dessen Behandlung ich hier in Angriff nehmen möchte. Es finden sich in dieser Vorlesung zahlreiche Äußerungen, die um den Begriff iudicium kreisen und zumeist auch in der Auslegung der Textworte iudicium, iudicare oder iudex auftauchen. Sie fordern eine zusammenfassende geschichtliche Deutung[1]. — Zunächst hat sich die Notwendigkeit ergeben, Luthers Aussagen über das iudicium so zu entfalten, wie sie bei ihm selbst aus der Exegese des Psalmentextes hervorgehen. Dafür sind in den Vorarbeiten alle einzelnen Stellen, die vom iudicium handeln, mit der exegetischen Tradition in demselben Umfange wie in der Neuausgabe der Dictata super Psalterium verglichen worden. Im Resultat offenbart sich bei Luther eine weitgehende Unabhängigkeit von der mittelalterlichen Exegese und ein erstaunlich festes Gefüge aller Einzelaussagen. Luther läßt sich bei diesem wie auch bei anderen Gedanken in seiner Psalmenauslegung von bestimmten Konzeptionen leiten, die durch die ganze Vorlesung hindurch zu verfolgen sind, selbst wenn sie im Laufe der zwei Vorlesungsjahre mit dem Voranschreiten der Exegese gewisse Veränderungen erfahren. Wie Luther verschiedene Psalmen gleichen Charakters im übereinstimmenden Grundverständnis auslegt[2], so gibt er auch parallelen Einzelaussagen in verschiedenen Psalmen eine gleichsinnige Deutung[3]. Die innere Geschlossenheit von Luthers Exegese fällt beim Einzelvergleich mit der exegetischen Überlieferung stark auf, da einerseits die mittelalterliche Exegese weithin

---

[1] Außer in der auf S. 2 erwähnten Literatur ist der im Begriff iudicium zentrierte Gedankenkreis zuweilen in der Sekundärliteratur berührt worden, jedoch weder in einer Darstellung des ganzen in der 1. Ps.-Vorlesung enthaltenen Gefüges noch in einer größeren historischen Betrachtung; zu nennen sind vor allem E. Vogelsang, Die Anfänge von Luthers Christologie, 1929, S. 122 bis 129; A. Hamel, Der junge Luther und Augustin, 1. T., 1934, S. 131—161.

[2] Die individuellen Klagelieder z. B. werden von Luther in der Glosse fast ausnahmslos als Gebete Jesu, die Klagelieder des Volkes hingegen als Gebete der Kirche Christi gedeutet.

[3] Etwa die »iudica«-Bitten in den christologisch gedeuteten Klagepsalmen.

nicht von einheitlichen Grundanschauungen getragen wird[4], und da
anderseits Luther seine Anleihen bei den mittelalterlichen Auslegern
sehr wechselhaft mal bei dem einen und mal bei dem anderen macht.
Infolgedessen lassen sich gerade die geschlossenen Konzeptionen in
Luthers Auslegung nicht aus einzelnen Berührungen mit der tradi-
tionellen Exegese erklären. Es scheint vielmehr oft so zu sein, daß
Luther herkömmliche Interpretamente nur in dem Maße übernimmt,
wie sie sich in seine Grundauffassung einzelner Psalmen, bestimmter
Psalmengruppen und paralleler Wendungen des Textes einfügen.
Deshalb muß neben dem exegetischen Einzelvergleich, der in der
Neuausgabe der 1. Psalmenvorlesung geboten wird, der Versuch
unternommen werden, den einen oder anderen in sich abgerundeten
Gedankenkreis aus Luthers Vorlesung herauszulösen und ihn als
Ganzes historisch zu beleuchten, wie es hier mit dem Kreis um den
Begriff iudicium geschehen soll.

Es ist dabei beabsichtigt, die Forschungen anderer etwas weiterzu-
führen. Den vorliegenden Gedankenkomplex hat A. Brandenburg
in seinem Buch »Gericht und Evangelium« (1960) systematisch dargestellt und hat selber die von ihm nicht behobene Notwendigkeit
angedeutet, den historischen Hintergrund in diesem Bereich zu klären[5]. — Ein Berührungspunkt mit E. Bizers Buch »Fides ex auditu«
(1958, 3. Aufl. 1966) ist dadurch gegeben, daß Bizer sich in dem
Kapitel über die 1. Psalmenvorlesung (S. 15—22) ausschließlich
mit Schol. Ps. 71,2[6] befaßt. In diesem Scholion wird aber der Begriff
iudicium (Dei) viel eingehender interpretiert als der Begriff iustitia
(Dei). Bizer hat durch R. Prenter[7] und H. Bornkamm[8] eine einge-
hende Kritik seiner Gesamtauffassung wie seiner Deutung von
Schol. Ps. 71,2 erfahren. Obgleich Prenter in manchen Dingen Aner-

---

[4] Das hängt damit zusammen, daß die mittelalterlichen Exegeten gemäß der
traditionalistischen Denkweise des Mittelalters vorwiegend bemüht sind, die
verschiedensten Interpretamente der Väter miteinander zu vereinigen. Das
gilt noch nicht für Augustin und Cassiodor. Ausnahmen sind später Lyra,
Perez und Faber.

[5] Vgl. A. Brandenburg, Gericht und Evangelium, S. 13 f., 20 f., 23.

[6] WA 3, 462, 15 ff. (458, 8 ff.) = BoA 5, 151, 10 ff. — Die Psalmen werden
nach der Zählung der Vulgata zitiert. Bei den Zitaten aus Luthers 1. Ps.-Vor-
lesung wird angegeben, welche Ps.-Stelle zugrunde liegt, und ob es sich um eine
Zeilenglosse (Zgl.) oder Randglosse (Rgl.), um ein Scholion (Schol.) oder eine
Adnotatio (Adn.) zu Fabers Quincuplex Psalterium handelt.

[7] R. Prenter, Der barmherzige Richter. Iustitia dei passiva in Luthers Dictata
super Psalterium 1513—1515, Acta Jutlandica 33, 2, Aarhus 1961.

[8] H. Bornkamm, Zur Frage der Iustitia Dei beim jungen Luther, Teil I: ARG
52, 1961, S. 16—29, Teil II: ARG 53, 1962, S. 1—60.

kennung verdient[9], halte ich es doch auch ihm und nicht nur E. Bizer gegenüber für notwendig, eine erneute sorgfältige Analyse von Schol. Ps. 71,2 vorzunehmen[10]. In der Meinung, die volle reformatorische Rechtfertigungslehre in der 1. Psalmenvorlesung entdecken zu können, verwischt Prenter Luthers Gedankengang in Schol. Ps. 71,2 und an anderen Stellen[11]. Noch vor dem Erscheinen der Monographie Prenters hat H. Bornkamm im 1. Teil seiner Kritik an Bizer in einer Analyse von Schol. Ps. 71,2 Vogelsangs Anordnung der Texte (in BoA 5,151,10—157,10) gerechtfertigt[12] und damit schon im voraus Prenters Kritik an Vogelsangs Rekonstruktion entkräftet. Für ein detailliertes Verständnis der Auffassung Luthers vom iudicium Dei in Schol. Ps. 71,2 sind Bornkamms Ausführungen zu diesem Stück allerdings zu skizzenhaft[13]. — Nicht nur bei der Auslegung von Ps. 71,2, sondern auch an anderen Stellen der Scholien-Handschrift ermöglicht eine sorgfältige Prüfung des Kontextes kritische und rekonstruierende Urteile über den Textbestand. Auch wegen solcher Resultate erscheint es angebracht, die Arbeiten an der Neuausgabe der Dictata dadurch zu fördern, daß einzelne Gedankenkomplexe in ihrer Ausbreitung über die ganze Vorlesung erfaßt und zugleich die exegetische Verankerung der Einzelaussagen beachtet wird.

Der Sache nach bedeutet Luthers Auffassung vom iudicium ein eigentümliches, nicht auf das Bußsakrament konzentriertes Verständnis der Buße, in welcher der Mensch in seiner eigenen Gegenwart durch das Gericht Gottes hindurchgeht. Ist das in der iudicium-Auslegung enthaltene Verständnis von Buße nicht wesenhaft an die sakramentale Buße gebunden, so erklärt das in gewisser Hinsicht die von Vogelsang mit Staunen gemachte Beobachtung, daß Luther

[9] Ich schließe mich im großen und ganzen dem Urteil H. Bornkamms in ARG 53, 1962, S. 48 f. an.

[10] Vgl. R. Prenter, Der barmherzige Richter, S. 104—121.

[11] Auch Prenters Interpretation der Scholien zu Ps. 84, 11—14 (S. 66 ff.), Ps. 30, 2 (S. 85 ff.) und Ps. 70, 2 (S. 94 ff.) befriedigen nicht ganz.

[12] H. Bornkamm in ARG 52, 1961, S. 18—24; Bornkamm (a.a.O., S. 22 A. 10) teilt nur nicht Vogelsangs Ansicht, das Stück WA 3, 463, 24—28 + 458, 8—11 = BoA 5, 156, 15—24 sei ein zusammenhängendes Ganzes. Vogelsang hat in BoA 5, 151 ff. stillschweigend einige Korrekturen an der Rekonstruktion vorgenommen, die er in seinem Buch »Die Anfänge von Luthers Christologie« S. 49 A. 2 gewagt hatte, und die tatsächlich in dieser ersten Fassung gewaltsam war.

[13] Von Bornkamms Sicht des Gedankenganges (ARG 52, 1961, S. 21) weiche ich z. B. darin ab, daß ich WA 3, 463, 15 ff. = BoA 5, 155, 31 ff. anders in den Zusammenhang einordnen möchte, s. u. S. 215 (A. 190).

in der 1. Psalmenvorlesung so überaus selten die Terminologie des
Bußsakramentes verwendet[14]. Wir stoßen hier auf die Anfänge von
Luthers späterer Bußtheologie, was auch dadurch bestätigt wird,
daß Luther noch weit über 1515 hinaus Gedanken vorträgt, die er
in der 1. Psalmenvorlesung bei der Deutung von iudicium konzipiert hat. Aus dieser Feststellung ergeben sich die Fragen: Steht
Luther in einem historischen Zusammenhang mit früheren Anschauungen von einem Bußgericht? In welchem Maße werden in der
Überlieferung solche Gedanken unabhängig vom kirchlichen Bußsakrament vorgetragen? Lassen sich hier Einflüsse der Tradition auf
Luther erkennen, obwohl der Einzelvergleich mit der exegetischen
Tradition zeigt, daß Luther von ihr weitgehend unbeeinflußt ist bei
seiner Auslegung der Begriffe iudicium und iudicare? Die Frage
nach Luthers früher Bußanschauung, die offenbar in seinen Ausführungen über das iudicium enthalten ist, erweckt die andere
Frage nach der historischen Klärung dessen, was Luther 1518 in
seinem Staupitz gewidmeten Begleitschreiben zu den Resolutiones[15]
über die Wandlungen mitteilt, die sein Bußverständnis erfahren hat,
bis ihm schließlich der wahre Sinn von poenitentia aufgegangen ist.

Da nur gefragt wird, von wem Luther in seinem Bußverständnis
in besonderem Maße beeinflußt sein kann, darf sich die historische
Untersuchung auf diejenigen Personen und Personenkreise beschrän-
ken, von denen feststeht oder mit einiger Wahrscheinlichkeit angenommen werden kann, daß Luther mit ihren Werken und Ansichten
bekannt geworden ist. Dabei treten vier Personen hervor, die der
Zeit vor der großen Schulbildung der scholastischen Theologie im
13. Jahrhundert angehören: Augustin, Gregor d. Gr., Bernhard von
Clairvaux, Wilhelm von Paris. Warum sich das Augenmerk gerade
auf diese vier Männer richtet, soll kurz begründet werden.

Augustins Enarrationes in Psalmos nehmen unter den von Luther
benutzten Kommentaren den ersten Platz ein; sie überragen alle
Psalmenauslegungen des Mittelalters nicht nur an Umfang, sondern
auch an Gehalt und Geschlossenheit des theologischen Entwurfs.
Das berechtigt dazu, sie vor allen anderen mittelalterlichen Kommentaren den Dictata Luthers an die Seite zu stellen. Es darf angenommen werden und scheint auch durch den Befund bestätigt zu
werden, daß Luther die Psalmenauslegung Augustins wie auch eini-

---

[14] E. Vogelsang, Die Anfänge von Luthers Christologie, S. 122 A. 3.
[15] WA 1, 525 = BoA 1, 16 ff. = Scheel, Dokumente² Nr. 18.

ger anderer[16] in extenso gelesen und nicht nur jeweils zu dem Psalm nachgeschlagen hat, mit dessen Auslegung er gerade beschäftigt war. Daß Luther sogar schon vor dem Kollegbeginn die Auslegung des gesamten Psalters in einigen Kommentaren studiert hat, bezeugen die von ihm selbständig verfaßten Psalmensummarien in seinem Psalterdruck von 1513[17]. Dieses vorbereitende Studium der exegetischen Tradition erstreckte sich gewiß auch auf Augustins Kommentar, so daß Luther, als der Druck seines Psalmtextes erfolgte und er die Niederschrift seiner eigenen Auslegung begann, bereits einen Gesamteindruck von Augustins Exegese hatte und ihr entnommene Grundgedanken nun frei in seiner eigenen Exegese verarbeiten konnte. Für die hier zu untersuchende Bußanschauung Augustins kommen außer den Enarrationes in Psalmos in erster Linie noch die Sermones und die Johannes-Traktate in Betracht, die Luther ebenfalls gekannt haben mag, da sie ebenso wie die Enarrationes in den neunziger Jahren des 15. Jahrhunderts bei Amerbach in Basel erschienen waren[18] und zum Grundstock der theologischen Literatur des Spätmittelalters gehörten.

Bei einer historischen Betrachtung der nicht-sakramentalen Buße darf Gregor d. Gr. nicht übersehen werden. Daß Luther in seinen

[16] Sicherlich Lyra und Faber, vermutlich auch Cassiodor und Hugo. Für die Glossen, Bruno, den Lombarden, Turrecremata und Ludolf läßt sich das schwer beurteilen, weil sie in der Hauptsache nur Tradenten sind.

[17] Vgl. G. Ebeling, Luthers Psalterdruck vom Jahre 1513, ZThK 50, 1953, S. 59 f. (als Ergebnis der dort S. 51 ff. durchgeführten Untersuchung der Summarien): »Luther hat... vor dem Juni 1513 den gesamten Psalter mit Hilfe verschiedener Kommentare bereits so weit durchgearbeitet, daß er unter Verwendung dieses Materials, aber auch mit selbständigem Urteil den Skopus für die Auslegung jedes einzelnen Psalms festzulegen wagte.«

[18] Die Daten der Amerbachschen Ausgaben: 1. Enarrationes in Psalmos (Explanatio Psalmorum), Basel 1497 (eine 1. Ausgabe bereits 1489). — 2. Sermones, Basel 1494—95, in 7 Teilen: (1) Sermones ad heremitas (76 Sermone), (2) Sermones de verbis Domini (64 Sermone), (3) Sermones de verbis apostoli (35 Sermone), (4) Sermones in epistolam Ioannis (10 Sermone), (5) Quinquaginta sermones populares (50 Homilien), (6) Sermones de tempore (256 Sermone), (7) Sermones de sanctis (51 Sermone). — 3. Expositio Euangelii Ioannis, tractatus 124, Basel 1491. — Amerbach hat zu der Zeit (1493) auch eine Separat-Ausgabe der Epistolae Augustini besorgt (207 Briefe, 206 Nummern). In seine Ausgabe der Opera Augustini 1506 hat Amerbach die von ihm bereits separat edierten Werke, außer den Traktaten zum Joh.-Evangelium und zum 1. Joh.-Brief (pars 9 der Ausgabe 1506), nicht mit aufgenommen! — Vgl. J. de Ghellinck, La première édition imprimée des Opera omnia S. Augustini, in: Miscell. J. Gessler, 1, 1948, S. (530—547) 534.

frühen Jahren die Werke Gregors[19] gelesen hat, darf angenommen
werden, auch wenn das nicht so gut belegt ist wie bei den Werken
Augustins. Neben dem Kirchenvater Augustin, der für Luther noch
die besondere Bedeutung des Ordenspatrons hatte, wurde von den
Kirchenvätern der Mönchspapst Gregor in den Kreisen des Mönchtums am meisten verehrt[20]. Ein Zeichen dafür sind auch die Tübinger
Hiob-Predigten von Staupitz, die durch die Wahl des Predigttextes,
durch die zahlreichen Gregor-Zitate[21] und durch die Disposition[22]
Staupitzens Vertrautheit mit Gregors Moralia bezeugen. Die von
Luther in den späteren Jahren gefällten Urteile über Gregor verraten eine recht gute Kenntnis von dessen Werken[23].

Daß Bernhard von Clairvaux unter die Männer gerechnet werden
muß, die für Luthers frühe Jahre bedeutsam gewesen sind, zeigen
allein schon die verhältnismäßig häufigen Hinweise auf Bernhard
innerhalb der 1. Psalmenvorlesung[24]. Hingegen ist es bei Wilhelm
von Auvergne (von Paris)[25] noch problematisch, ob und in welchem
Maße Luther ihn aus eigener Lektüre gekannt hat[26]. Nachdem Luther in den Tischreden einmal von Gerson gerühmt hat, er allein
habe sich über die tentatio spiritus geäußert, fügt er hinzu, auch

[19] Die einzelnen Werke Gregors wurden am Ende des 15. und zu Beginn des
16. Jh.s verschiedlich gedruckt; hervorzuheben sind die 1496 in Basel ver-
anstalteten Drucke der Moralia in Iob, der Homiliae super Ezech., der Dialogi
und des Liber regulae pastoralis.
[20] Nach Augustin ist Gregor in den Väterlesungen des Breviers am stärksten
vertreten.
[21] Vgl. E. Wolf, Staupitz und Luther, S. 23 ff.
[22] Vgl. E. Wolf, a. a. O., S. 17 f.
[23] Es überwiegen die kritischen Äußerungen über Gregors Fegfeuervorstellung
und Heiligenverehrung. Vgl. den Stellen-Index in WA 58 und einzelne Tischreden, z. B. TR 3, 3695 5, 5316. In der 1. Ps.-Vorlesung zitiert Luther 11mal
Gregor namentlich, 8 weitere Zitate konnten bisher identifiziert werden.
[24] Zu den 24 ausdrücklichen Hinweisen kommen noch etliche verschwiegene Ent-
lehnungen.
[25] Über Wilhelm von Auvergne (ca. 1180—1249), der ab 1223 erst Kanonikus an
Notre-Dame sowie Magister regens der Theologie an der Universität und
dann Bischof von Paris war und im Mittelalter Wilhelm von Paris genannt
wurde, vgl. RGG³ 6, 1713 (F. Stegmüller).
[26] Zur Zeit Luthers lagen die theologischen Schriften Wilhelms fast vollständig
in einem von Anton Koberger Nürnberg 1496 besorgten Druck vor (vgl. Hain
8300. 8316. 8319). Die Angaben über diese frühen Drucke bei J. Kramp in:
Gregorianum 1, 1920, S. 544 sind nicht ganz zutreffend: die Rhetorica divina
ist nicht 1496 von Koberger (nicht Koburger) in Nürnberg zusammen mit den
anderen Werken gedruckt worden; von ihr gab es verschiedene andere Drucke
(vgl. Hain 8301 ff.).

Wilhelm habe etwas von dieser Anfechtung geschrieben[27]. Und das
ist wohl auch der Grund oder mit ein Grund, weshalb Luther in
einer anderen Tischrede Wilhelm und Gerson als viri conscientiae,
als Theologen des Gewissens bezeichnet, im Gegensatz zu den
theologi speculativi, zu denen er Thomas, Duns, Ockham, Alexander Halesius und Bonaventura zählt[28]. Ob Luthers seltene, aber positive namentliche Erwähnung von Wilhelm[29] sich auf eine direkte
Kenntnis von dessen Werken stützt, ist bisher noch nicht durch einen
eingehenden Vergleich theologischer Äußerungen beider Männer
geprüft worden[30]. Mit einem solchen Vergleich soll hier in der Frage
der Bußanschauung begonnen werden; und selbst wenn sich daraus
noch kein sicheres Urteil über Luthers Bekanntschaft mit Wilhelm
ableiten läßt, so verdient doch die ungewöhnliche Verwendung des
Begriffes iudicium innerhalb von Wilhelms Bußtheologie Beachtung.

Für die Spätzeit der mittelalterlichen Theologie, von deren Aus-
strahlungen Luther unmittelbar berührt wurde, scheint es mir vor
der Betrachtung einzelner Personen darauf anzukommen, daß gewisse Formen und Richtungen der Theologie dieser Zeit berücksichtigt werden. Die eine Form theologischen Denkens begegnet uns in
der scholastischen Theologie, von der vor allem die franziskanische

---

[27] TR 2, 1351 (bei Scheel, Dokumente² Nr. 214), vgl. TR 2, 2457a: . . . Gerson
solus scripsit de tentatione spiritus. Alii omnes tantum de corporalibus scrip-
serunt. Nemo ex omnibus aliis neque Augustinus, Bernhardus, Scotus, Thomas
etc. scripsit de pusillanimitate spiritus nisi ille. Wilhelmus Parisiensis etiam
aliquid scribit; scholastici autem doctores neque ad catechismi cognitionem
pervenerunt.

[28] TR 2, 2544a (bei Scheel, Dokumente² Nr. 224); in der Parallelfassung 2544b
werden die viri conscientiae charakterisiert als legentes, orantes, consolantes,
und bei den speculativi wird zusätzlich Bonifatius genannt, doch muß es sicherlich Bonaventura heißen (Verlesung beim Abschreiben der abkürzenden Vor-
lage).

[29] Außer in den A. 27 und 28 genannten Tischreden erwähnt Luther Wilhelm
noch WA 1, 547, 10 ff. = BoA 1, 43, 32 ff. (zum Gedanken vgl. WA 1, 552,
7 f. = BoA 1, 50, 2 f.). Das Register WA 58 bringt keinen Hinweis auf eine
Äußerung Luthers über Wilhelm.

[30] Scheel (Luther 2, S. 633) rügt zwar mit Recht die Unsauberkeit in A. V. Mül-
lers Ausführungen über Gerson und Wilhelm (A. V. Müller, Luthers Werdegang, S. 82 f. über Wilhelm), doch hat Scheel selber die Frage nach dem möglichen Einfluß Wilhelms auf Luther nicht befriedigend beantwortet. Im
Hinblick auf den reformatorischen Aufbruch in Luthers Theologie mag das
apodiktische Urteil Scheels (S. 191 A. 7) zutreffen: »Eine besondere Bedeutung für Luther gewann Wilhelm von Paris nicht.« Indessen könnten im Vor-
feld des eigentlich Reformatorischen Beziehungen zwischen Wilhelm und Luther bestehen.

und speziell die spätfranziskanische (ockhamistische) Schulrichtung
für Luther bedeutsam geworden ist, als deren Vertreter hier Biel
berücksichtigt wird. Als die andere Denkweise erscheint die monastische und, mit ihr innig verschlungen, die mystische Theologie.
Gerade im Spätmittelalter haben monastische und mystische Theologie in einer eigentümlichen Verbindung die Devotio moderna hervorgebracht, jene für das geistliche Leben ungemein fruchtbare,
auch Luther noch erreichende Bewegung, bei der einerseits weitgehend auf das spekulative Element der Mystik verzichtet und anderseits die monastische Spiritualität ohne starre Bindung an das strenge
klösterliche Reglement entfaltet wurde. Als Repräsentant dieser
Theologie wird hier Gerhard Zerbolt von Zutphen (1367—98) vorgeführt, den Luther sowohl in der 1. Psalmenvorlesung als auch
in der Römerbriefvorlesung namentlich erwähnt[31]. Johannes von
Staupitz schließlich vereinigt in sich scholastische und mystisch-
monastische Theologie, doch in anderer Weise als Gabriel Biel. Biel
hat nicht nur die ockhamistische Theologie tradiert, sondern hat sich
in leitender Stellung bei den Brüdern vom gemeinsamen Leben auch
für die Devotio moderna eingesetzt, ließ jedoch beides ziemlich
unverbunden nebeneinanderhergehen und hat keine Form der
Theologie selbständig weitergebildet. Staupitz hingegen ist zwar,
wie seine frühen Hiob-Predigten zeigen, von der scholastischen
Theologie (der thomistischen Schulrichtung des Ägidius Romanus)
ausgegangen, hat sich von ihr aber in dem Maße gelöst, wie er Augustin, Gregor d. Gr. und Bernhard auf sich einwirken ließ und
dabei auf eigene Weise den Tendenzen der Devotio moderna folgte.
Durch seinen persönlichen Einfluß auf Luther bestimmte die Richtung seines Weges auch Luthers Entwicklung, wenngleich Luther auf
dem Wege der nicht-scholastischen Theologie noch selbständiger und
weiter ausgreifend voranschritt.

Schließlich muß noch geprüft werden, in welcher Weise sich das
monastische Selbstverständnis für die frühe Entwicklung der Theologie Luthers — speziell im Bereich der Bußanschauung — ausge-
wirkt hat. Die mönchische Lebensweise weckt im Mönch ein Selbstverständnis eigener Art, zunächst schon durch die allgemeine Auffassung vom Mönchsleben als vita perfecta, als vita spiritualis oder
als Christusnachfolge, als Leben in Armut oder als Leben in der

---

[31] WA 3, 648, 25 f. Schol. Ps. 83, 6 f. (Scheel, Dokumente² Nr. 641) WA 56, 313,
13 ff. Schol. Röm. 5, 12 ff. (Scheel, Dokumente² Nr. 711). Für Zerbolt vgl.
RGG³ 6, 1903 (H. Grundmann).

wahren brüderlichen Liebesgemeinschaft, als beständiger Gottesdienst oder als unablässige Buße, als die radikale Selbstverleugnung
in Gehorsam und Askese. In den einzelnen Orden erhält das monastische Selbstverständnis noch seine spezifischen Akzente; sie resul-
tieren aus der Geschichte des Ordens, aus seinen Überlieferungen
und Zielsetzungen; sie können bereits in der Ordensregel angedeutet
sein und erscheinen in dem Bilde des Ordensvaters, wie es jeweils
im Orden lebendig ist. Das monastische Selbstverständnis durchdringt die mönchische Lebensordnung, so daß alles seine geistliche
Sinndeutung erhält: die Mönchsweihe, das tägliche Leben mit seinem
Rhythmus von lectio, meditatio, oratio, das Klostergebäude, das
Mönchsgewand, alle Pflichten, alle Personen, Dinge und Vorgänge,
mit denen es der Mönch zu tun hat. Nur wenige Quellen geben uns
über das monastische Selbstverständnis im Mittelalter Auskunft, da
die mündliche Tradition kräftig genug war, um den Novizen zu
unterweisen, und da nur in geringem Maße das Bedürfnis bestand,
sich nach außen hin mitzuteilen.

B. Lohse hat gezeigt, in welchem Umfange Luther in der 1. Psalmenvorlesung und noch darüber hinaus am monastischen Ideal
festgehalten hat[32]. Das ausdrückliche Urteil über die monastischen
Ideale enthüllt jedoch noch nicht in der ganzen Breite und Tiefe die
Verbundenheit mit dem monastischen Selbstverständnis und der
monastischen Theologie. Es bleibt noch zu fragen, ob gewisse theologische Strukturen der 1. Psalmenvorlesung eine monastische
Mentalität und Theologie widerspiegeln. Einige Indizien sprechen
dafür, nicht zuletzt auch der ganze theologische Charakter dieser
Vorlesung, in der Luther seine eigenständige Exegese so gut wie gar
nicht mit den ihm wohlvertrauten scholastischen Kategorien vorträgt[33] und sich doch kaum kritisch gegen die scholastische Theologie

---

[32] B. Lohse, Mönchtum und Reformation. Luthers Auseinandersetzung mit dem
Mönchsideal des Mittelalters, 1963; über die 1. Ps.-Vorlesung S. 227—278. —
G. Metzger (Gelebter Glaube, 1964) zeigt (S. 54—68) in besonnener Über-
legung, welche Bedeutung die »mönchische Affekterziehung« für Luthers
»Interesse am Affekt der Schrift« in der 1. Ps.-Vorlesung gewonnen hat, ob-
gleich Luthers »schriftbezogener Christusglaube« in der Hermeneutik »den
Gedanken der affektualen Konformität mit der Schrift« (S. 218) neu geprägt
hat (S. 200—217).

[33] In seinen Randbemerkungen zum Lombarden WA 9, 28—94 beweist Luther,
daß er im scholastischen Denken ausgezeichnet geschult ist. Auch alle späteren
scholastischen Reminiszenzen sprechen trotz gewisser Vergröberungen mehr
für als gegen eine gute Kenntnis der scholastischen und vorwiegend der ockhamistischen und franziskanischen Theologie.

wendet, wie er es in der anschließenden Römerbriefvorlesung mit
Entschiedenheit tut.

Außer dem monastischen Selbstverständnis muß auch das Phänomen einer monastischen Theologie berücksichtigt werden. Um die
Eigenart der Theologie Bernhards und anderer Mönche des 9. bis
12. Jahrhunderts zu erfassen[34], haben französische Forscher, an ihrer
Spitze Jean Leclercq, den Begriff der »théologie monastique« geprägt[35]. Sie verstehen unter der »monastischen Theologie« eine Art
theologischen Denkens, die in den Klöstern zu Hause war, bis zum
Aufkommen der scholastischen Theologie das Feld beherrschte und
sich in ihrem Charakter von der seit dem 13. Jahrhundert domi-
nierenden Scholastik unterschied. Sie war die Fortsetzung der patri-
stischen Theologie[36] in der Art der Bibelauslegung und in der Vorliebe für das meditative Denken, das stets von der oratio getragen
sein sollte und zuweilen von der contemplatio überboten werden
konnte. Bibel, Väterwort und Liturgie bildeten nicht nur die Quellen dieser Theologie, sondern auch den Stoff, der in Wortverknüp-
fungen, Gedankenverbindungen und Bildvorstellungen verarbeitet
wurde. Vorherrschend war hier das Interesse am spiritualen Bedeu-
tungsgehalt der Dinge, Worte und Begebenheiten, sowohl der bibli-

[34] Johannes von Fécamp, Petrus Damiani, Lanfrank, Rupert von Deutz, Wilhelm von St. Thierry, Hugo von St. Victor u. a.

[35] Über das Aufkommen des Begriffes »théologie monastique« und seinen Inhalt
unterrichtet J. Leclercq in AnOCist 9, 1953, 7 ff. (7—23: S. Bernard et la
théologie monastique du XIIᵉ siècle) und in: S. Bernardo = Pubblic. dell'Univ.
catt. del S. Cuore, N.S. 46, 1954, S. 31 ff. (S. 30—41: S. Bernard Théologien).
Die Arbeiten von J. Leclercq sind für germanistische Studien über das Mittelalter ausgewertet worden von J. Schwietering, Mystik und höfische Dichtung
im Hochmittelalter, 1960, S. VII ff. und F. Ohly, Hohelied-Studien, 1958,
S. 134 f.

[36] J. Leclercq in: Pubblic. dell'Univ. catt. del S. Cuore, N.S. 46, 1954, S. 32 f:
De même que la »patristique« est la théologie des Pères de l'Eglise, la »scolastique« est celle des écoles ... Est-ce à dire que les moines ne possèdent pas
de théologie? Ils en ont une, en vérité; mais ce n'est pas la scolastique; c'est
la théologie des monastères, autrement dit la »théologie monastique«. Elle
prolonge celle des Pères ... le monachisme n'était pas opposé à la scolastique:
beaucoup de moines allaient étudier pour quelques années dans les écoles des
villes ... Sans doute la différence entre le »moyen-âge monastique« et le
»moyen-âge scolastique« n'est-elle pas une séparation. Ils exercèrent l'un sur
l'autre une influence réciproque, et certains moines furent plus ou moins
engagés dans le mouvement de la théologie scolastique. Mais si l'on considère
l'ensemble des écrits scolaires, d'une part, et d'autre part l'ensemble des
textes monastiques, il est évident que tous deux créent deux atmosphères
différentes.

schen als auch der außerbiblischen. Monastische und scholastische
Theologie standen nicht im ausschließenden Gegensatz zueinander,
sie waren zwei verschiedene Weisen des theologischen Denkens,
zwischen denen es zwar Spannungen und Reibungen gab, die aber
auch friedlich nebeneinanderherliefen und sich gegenseitig beein-
flußten. Auf der Seite der älteren monastischen Theologie neigte
man zur Skepsis und Kritik gegenüber der aufkommenden dialek-
tisch-scholastischen Theologie, doch Männer wie Anselm suchten
beide Denkweisen miteinander zu verbinden[37]. Die Hochscholastik des 13. Jahrhunderts bedeutete nicht das Ende der monastischen Theologie überhaupt, sondern nur das Ende ihrer großen
Zeit, die mit der Blüte des benediktinischen und zisterziensischen
Mönchtums zusammenfiel. Es ist zu überlegen, ob die danach auf-
blühende Mystik der Franziskaner und Dominikaner nicht in ihrer
Weise die monastische Theologie der früheren Jahrhunderte fortgeführt hat. Freilich brachte das 13. Jahrhundert wie für die scholastische so auch für die monastisch-mystische Denkweise eine ein-
schneidende Umformung, die neben der Aristoteles-Rezeption von
einem verstärkten Fließen der neuplatonischen und areopagitischen
Quellen verursacht war und mit dem Aufkommen der Bettelorden
sowie allgemeinen kirchlichen und gesellschaftlichen Veränderungen
zusammenhing[38].

Im Spätmittelalter wurde die monastisch-mystische Theologie im
Geiste der Devotio moderna in gewisser Weise wieder zu ihren
älteren Repräsentanten zurückgelenkt. Das zeigen die Zitate in den
Schriften aus dem Kreise der Devotio moderna[39]; und das enthüllen

---

[37] Vgl. J. Leclercq in AnOCist 9, 1953, S. 8 f.
[38] Die großen Theologen des 13. Jahrhunderts, vor allem Albertus Magnus und
Bonaventura, vermochten die scholastische und mystische Denkweise in sich
zu vereinen. Zu einer Synthese kam es später noch bei Meister Eckhart, Gerson, Nikolaus von Cues.
[39] Z. B. wird in Zerbolts Traktat De spiritualibus ascensionibus Bernhard 18mal,
Augustin 12mal, Gregor 11mal, Hieronymus 9mal zitiert; außer Cassian
(5mal) werden verschiedene andere (Ambrosius, Antonius, Beda, Benedikt,
Bonaventura, Chrysostomus, Hugo von St. Victor, Joh. Climacus) nur ein-
oder zweimal erwähnt. — Etwas anders ist das Verhältnis bei Staupitz, in
dessen sehr scholastisch belehrenden Hiob-Predigten Augustin (163mal) und
Gregor (97mal) an der Spitze stehen, gefolgt von Aristoteles (57mal) und den
für Staupitz maßgebenden scholastischen Autoritäten: Ägidius Romanus
(30mal), Thomas von Aquin (23mal), Petrus Lombardus (22mal), während
Bernhard nur einmal zitiert wird. In seinen späteren Schriften ist Staupitz
sehr karg mit Zitaten, doch zitiert er auch dann noch am häufigsten Augustin;
vgl. E. Wolf, Staupitz und Luther, S. 23 ff.

noch unmittelbarer die Listen, in denen man damals verschiedentlich
die am meisten geschätzten Schriften zusammenstellte[40]. Die vier
Kirchenväter, von ihnen wiederum Augustin und Gregor, werden
besonders hochgehalten. Aber nicht die polemischen, gegen die
Manichäer, Donatisten und Pelagianer gerichteten Schriften Augustins sind beliebt, sondern die Confessiones, die Sermone, die Psalmenauslegung, De trinitate und die meist unechten erbaulichen Schriften[41]. Neben Augustin und Gregor tritt Bernhard, und auch Wilhelm
von Auvergne (Paris) erfährt eine Wertschätzung[42]. Als Wegführer
zur höheren kontemplativen Mystik werden Bonaventura und die
Viktoriner empfohlen. Bei scholastischen Erörterungen soll man sich

[40] Mehrere solcher Aufstellungen finden sich bei Gerson: 1.) eine annotatio doc-
torum aliquorum qui de contemplatione locuti sunt (3, 293 Glorieux); 2.) in
einem Brief an Pierre d'Ailly eine Aufzählung von Werken, die zur conso-
latio spiritualis dienlich sind (2, 126 Glorieux); 3.) in einem Brief an die Studenten des Navarra-Collegiums/Paris eine Empfehlung von Werken zum
Studium der scholastischen Theologie, der Moral- und Pastoraltheologie (2,
33 f. Glorieux); 4.) eine Abhandlung de libris legendis a monacho (2, 704 bis
710, speziell 709 f. DuPin). — Für verschiedene Listen aus dem Bereich der
Devotio moderna vgl. M. Viller, Le speculum monachorum et la »Dévotion
moderne«, RAM 3, 1922, S. 45—56 und die von Waffelaert edierte Liste in:
Collationes Brugenses 14, 1909, S. 8 f. — Die ausführlichste Liste — Tabula
librorum praecipue legendorum — enthält das Rosetum des Johannes Mauburnus seit seiner 3. Auflage Paris 1510, abgedruckt bei P. Debongnie, Jean
Mombaer, S. (319) 320—331.
[41] Gerson (3, 293 Glorieux) nennt auch De vera religione, Mauburnus (Debongnie S. 329) auch De doctrina christiana und die exegetischen Quaestiones.
[42] Vgl. Gerson an Pierre d'Ailly (2, 126 Glorieux) und an die Studenten des
Pariser Navarra-Collegiums (2, 34 Glorieux). Gerson De mystica theologia
zitiert mehrfach Wilhelm von Auvergne (vgl. Register der Ausgabe von
A. Combes, Lugano 1958). — Staupitz erwähnt den Bischof von Paris in den
Hiob-Predigten (ed. Buchwald-Wolf S. 197, 11) und in der Schrift Von der
Nachfolgung des willigen Sterbens Christi c. 5 (Knaake S. 61 A. 9); vgl.
E. Wolf, Staupitz und Luther, S. 24 f. 55 A. 2. — Andreas Proles, Staupitzens
Vorgänger im Ordensvikariat, hat Wilhelm sehr geschätzt, vgl. Scheel, Luther
2, S. 244 A. 3 (+ S. 191 A. 8). — In der Liste bei Mauburnus, Rosetum,
Paris 1510 (s. o. A. 40) erscheint Guilelmus Parisiensis dreimal: 1. heißt es
allgemein: nihil, nisi devotionem et eruditionem spirant dignissima scripta
Guilielmi Parisiensis (Debongnie S. 325 Nr. 44), 2. wird die Rhetorica divina genannt (Debongnie S. 328 Nr. 74), 3. wird Wilhelm unter den Ps.-Aus-
legern neben den drei altkirchlichen Kommentatoren (Augustin, Cassiodor,
Hieronymus) und Ludolf von Sachsen sowie Nikolaus Gorram aufgeführt (Debongnie S. 329 Nr. 83), vermutlich eine Verwechslung mit dem Ps.-Kommen-
tar des Gilbertus Porretanus (vgl. Stegmüller, Repertorium Biblicum Nr. 2800
und Nr. 2511). — Mehrmals zitiert wird Wilhelm von Auvergne auch bei Biel
Expositio canonis missae.

an den Lombarden sowie an die Sentenzenkommentare Bonaventuras und des Thomas von Aquin halten. Allerdings fühlt man sich in
der Devotio moderna weder zur reinen Mystik noch zur scholastischen Reflexion übermäßig hingezogen. So wird man unter den
Gewährsmännern der Devotio moderna auf dieselben Personen
aufmerksam, deren Einwirkung auf Luther für sicher oder möglich
gehalten werden darf, wenn man, von Luther ausgehend, nach den
historischen Impulsen seiner Bußanschauung fragt: das Dreigestirn
Augustin, Gregor, Bernhard[43] und weniger eindeutig auch Wilhelm
von Auvergne. Dadurch wird wiederum der geschichtliche Zusammenhang zwischen Luther und der Devotio moderna unterstrichen.
Das Geflecht von geschichtlicher Fern- und Nahwirkung zeichnet
sich ab.

Aus nächster Nähe wirkte die Devotio moderna auf Luther ein.
Diese geistige Bewegung war noch so lebendig, daß man nicht nur
mit ihrem literarischen Einfluß auf Luther rechnen darf, sondern
auch die mündliche Tradition, die persönliche Kontaktwirkung berücksichtigen und dabei vor allem an Staupitz, aber auch an andere,
uns unbekannte Männer aus Luthers Lebenskreis denken muß. Denn
obgleich man Staupitz in seiner Abhängigkeit von der thomistisch-
augustinischen Schola Aegidiana sehen muß und ihn nicht einfach
für den »echten Schüler Bernhards« halten darf[44], so muß man bei
ihm doch auch starke Impulse des monastischen Denkens veran-
schlagen; man hat es bei ihm in einer recht eigenständigen Ausprä-
gung mit der Mentalität zu tun, die zu seiner Zeit mit reichen
Nuancen in der Devotio moderna und in den mönchischen Reform-
bewegungen lebendig war. Unter dem unmittelbaren Einfluß der
Devotio moderna und der im deutschen Ordensbereich damals herrschenden monastischen Spiritualität wurde einerseits Luthers Aufmerksamkeit auf die »Väter«, besonders auf Augustin, gelenkt.

Anderseits wurde Luther von der über einen historischen Abstand hinwegreichenden Fernwirkung der Väter im Medium seiner
geistigen Umwelt getroffen. Darum muß man beachten, daß z. B.
Luthers Augustin-Verständnis in den frühen Jahren durch die aus
der Nähe einwirkenden geistigen Kräfte mitgeprägt wurde. Der

---

[43] C. Butler (Western Mysticism, 1922) hat Augustin, Gregor und Bernhard
nebeneinandergestellt, hat aber nur den auf die contemplatio gerichteten Zug
ihrer Mystik behandelt.
[44] Das hat E. Wolf (Staupitz und Luther, S. 6 f., 25 u. ö.) mit Nachdruck ausgesprochen.

Einfluß der Väter gewann dadurch an Intensität, daß Luther selber
ihre Werke las, sie mit brennendem Eifer studierte. In diesem Feuer
wurde schließlich alles, was nicht überhaupt als Stroh verbrannte,
umgeschmolzen. Nicht als Eklektiker hat Luther das aufgegriffen,
was ihn aus der Nähe und Ferne erreichte; sein originaler Geist
schuf aus allem etwas unverwechselbar Neues; trotz aller aufgenom-
menen Einflüsse wurde schließlich etwas Eigenes von Luther hervorgebracht.

Bei allem angespannten Hören Luthers auf die Stimmen, die aus
der Ferne und aus der Nähe zugleich an sein Ohr drangen, galt seine
Aufmerksamkeit letztlich dem Wort der Schrift, dessen Ausleger in
irgendeiner Weise alle sein wollten, die seit der Zeit der Apostel
ihre Stimme erhoben hatten. Größte Nähe oder größte Ferne wurden da irrelevant; das alt tradierte Zeugnis des Kirchen- und Ordensvaters Augustin wie das gegenwärtige, mündliche Zeugnis des
Ordensvorgesetzten Staupitz wurden in gleicher Weise als Auslegung
der Schrift respektiert und in gleichem Maße kritisch befragt, ob sie
Heil oder Unheil aus Gottes Wort vernehmen ließen. Im Hören auf
alle schriftauslegende Tradition ging es Luther um das ungetrübte
Verständnis der Schrift. Als das unbedingt Gültige mußte das Wort
Gottes herausgehört werden aus der beeindruckenden Vielfalt der
Stimmen, die im Laufe der Jahrhunderte nur ein bedingt gültiges
Zeugnis gegeben hatten. »Luther spielt nicht ein Neues gegen ein Über-
kommenes aus, er knüpft auch nicht unter Überspringung des Mittel-
alterlichen an das Altkirchliche oder unmittelbar an das Urchristlich-
Neutestamentliche an, sondern er wird der Gegensätze, die innerhalb
des mittelalterlichen Traditionsbesitzes bestehen, mit einer Schärfe
gewahr, die unmittelalterlich ist und die auch im Spätmittelalter nie
entfernt am Horizont aufgetaucht war, mit einer Schärfe, in der
diese Gegensätze einander ausschließenden Charakter bekommen.
Und was nun das andere ausschließt aus der Kirche, das entscheidet
Luther auf Grund eines Schriftstudiums, das gewiß an Intensität und
Unmittelbarkeit zum Text, an Gespür für die Einzigartigkeit der
biblischen Glaubenswelt alles weit hinter sich läßt, was es jemals
an Schriftauslegung in der christlichen Kirche gegeben hat.«[45]

Zu einer Vorgeschichte der reformatorischen Bußtheologie im
vollen Sinne gehören gewiß nicht nur die Gestalten und Kräfte,
die hier behandelt werden, sondern im Grunde die ganze vor der

---

[45] H. Rückert, Das evangelische Geschichtsbewußtsein und das Mittelalter, in:
Mittelalterliches Erbe — Evangelische Verantwortung, 1962, S. 21.

Reformation liegende Geschichte der Buße, sowohl des Wortes von
der Buße als auch des Bußsakramentes. Es wird hier jedoch eine
Einschränkung vorgenommen, weil in dem Ansatz des reformatorischen Bußverständnisses, wie er in Luthers 1. Psalmenvorlesung
vorliegt, das Bußsakrament keine tragende Funktion hat. Dabei
soll nicht der Meinung Vorschub geleistet werden, nur das, was
positiv auf das werdende reformatorische Bußverständnis eingewirkt habe, habe berechtigten Platz in der protestantischen Ge-
schichtsbetrachtung; es soll aber auch nicht der Eindruck entstehen,
als würden alle Erscheinungen, von denen fördernde Einflüsse
ausgegangen sind, für reformatorisch oder eindeutig vorreformato-
risch erklärt. Vielmehr müssen auch in diesem Bezirk die Elemente
erkannt werden, die schließlich von der Reformation negiert wurden.
Selbst Luthers 1. Psalmenvorlesung gehört noch in die Vorgeschichte
der reformatorischen Bußtheologie, obgleich das Reformatorische
hier schon unmittelbar durchbricht. Keineswegs soll eine Geschichte
des Bußverständnisses von Augustin bis Luther geboten werden,
auch keine Geschichte des vorreformatorischen Bußverständnisses,
da gerade die Entstehung der reformatorischen Anschauung als
historisches Problem empfunden wird. Eine perspektivische Verkür-
zung muß in Kauf genommen werden. Der Orientierungspunkt
dieser Perspektive liegt in Luthers 1. Psalmenvorlesung. Wie von
hier aus die Linien zu dem eigentlich reformatorischen Bußverständnis Luthers und dann auch Melanchthons und Calvins verlau-
fen, wird nur andeutungsweise aufgezeigt. Es schien angebracht, die
einzelnen Personen so in ihrer Eigenart zu würdigen, daß ihre Anschauung in darstellender Weise beleuchtet wird. Damit verbindet
sich die Hoffnung, daß bei den verschiedenen Männern das individuelle Gepräge ihrer Theologie durchschimmert, obwohl bei jedem
davon mehr zu sagen wäre, und daß auch der geschichtliche Zusammenhang, in dem sie alle stehen, erahnt werden kann, obgleich die
verbindenden Linien und die jeweiligen geschichtlichen Bedingungen
höchstens angedeutet werden.

1. Kapitel

AUGUSTIN

1. Confessio peccatorum und confessio laudis

Augustins Enarrationes in Psalmos, die als exegetisches Gegenstück zu Luthers Dictata super Psalterium das Interesse auf sich ziehen, bilden zusammen mit Augustins Predigten und Johannes-Traktaten die Hauptquellen[1], aus denen wir die Bußtheologie des Kirchenvaters kennenlernen können. Dieses Stück augustinischer Theologie ist eingebettet in eine homiletische Exegese, in der die Denkart des Kirchenvaters und seine einzigartige rhetorische Begabung reiner als in anderen Schriften ausgeprägt sind. Aus der rhetorisch gefeilten, exegetisch-homiletischen Gedankenführung läßt sich Augustins Bußanschauung nur schwer herauslösen. Es lassen sich eher Intentionen als Lehrpunkte aufweisen. Für den Vergleich mit Luther kommt es allerdings auch auf die Kategorien an.

Augustins homiletisch-exegetische Bußtheologie hat ihren zentralen Haftpunkt am Schrifttext nicht in dem Wort iudicium, sondern in dem Wort confessio (confiteri). Klagend konstatiert Augustin, daß seine Zeitgenossen weithin die confessio peccatorum, aber kaum die confessio laudis kennen und beherzigen[2]. Öfter mußte er es im Gottesdienst erleben, daß sich die Leute, wenn sie bei der Verlesung eines Bibeltextes das Wort »confiteor« vernahmen, an die Brust schlugen, weil für sie die confessio selbstverständlich zur Buße ge-

---

[1] Bei den Predigten Augustins wird in Klammern die ältere, bis zur Mauriner-Ausgabe übliche Einteilung und Zählung angegeben, so daß ersichtlich ist, welche Texte Luther bekannt gewesen sein können (vgl. Einleitung A. 18). — Bei allen Zitaten ist ein genauer Nachweis durch die Ziffer von Kapitel und Abschnitt gegeben; dafür wird bei den am häufigsten angeführten Texten auf den Nachweis der benutzten Ausgabe verzichtet. Augustins Sermones werden zitiert nach ML 38/39, die Tractatus in Ioh. nach CChr 36, die Enarrationes in Ps. nach CChr 38—40.

[2] Enarr. in Ps. 137, 1 n. 2: confessionem peccatorum omnes noverunt, laudis autem confessionem pauci advertunt. — Vgl. J. Ratzinger, Originalität und Überlieferung in Augustins Begriff der confessio, in: RevÉAug 3, 1957, S. 379 und F. v. d. Meer, Augustin der Seelsorger, S. 400. 735.

hörte und darum auch die Bußgebärde forderte[3]. Von diesem einsei-
tigen Verständnis des biblischen confessio-Begriffes wollte Augustin
seine Predigthörer befreien. Daß die Bibel mit dem »confiteri«
zuweilen ein Gott-Loben meint, zeigt Jesu eigenes Confiteor (Mt.
11,25) am deutlichsten. Denn bei Jesus, dem Sündlosen, ist ein Sündenbekenntnis völlig ausgeschlossen. Außerdem ist das von Jesus
gesprochene Bekenntnis seinem Inhalte nach eindeutig ein Lobpreis[4].

Sowohl das Sündenbekenntnis als auch das Gotteslob stellt Augustin mit disjunktiver Konjunktion unter den Begriff der confessio:
Confessio aut laudantis est, aut poenitentis[5]. Die beiden Weisen des
Bekennens haben entgegengesetzte Wirkung: das Lobbekenntnis geschieht zur Ehre dessen, der gelobt wird, und soll Gott loben, während das Sündenbekenntnis, mit dem der Mensch sich selber anklagt,
ihn in die Buße führt[6]. Wie Gott und Mensch unauswechselbar den
Bezugspunkt der zwei Bekenntnisformen mit ihren völlig verschiedenen Wirkungen bilden, so treten dabei auch Gut und Böse, Heil
und Unheil auseinander, da wir die mala als unsere Sünden oder
deren Folgen auf uns nehmen, die bona hingegen als Gottes Gaben
rühmen sollen[7]. Denn alles Gute kommt von Gott, der selber in

---

[3] Sermo 67 (de verb. dom. 8) c. 1 n. 1: admonenda caritas vestra, quia mox ut
hoc verbum (Mt. 11, 25) sonuit in ore lectoris, secutus est etiam sonus tunsio-
nis pectoris vestri, audito scil. quod Dominus ait »Confiteor tibi, Pater«. In
hoc ipso quod sonuit »Confiteor«, pectora tutudistis. Tundere autem pectus
quid est, nisi arguere quod latet in pectore, et evidenti pulsu occultum castigare peccatum? — Zur Bußgebärde des tundere pectus vgl. Florileg. patrist.
38, S. 22 A. 1 mit dem Hinweis auf J. Zellinger, Augustin und die Volks-
frömmigkeit, 1933, S. 32. Vgl. ferner bei Augustin sermo 29 (de div. 3) c. 2
n. 2, sermo 332 (ex Sirm. 28) n. 4, enarr. in Ps. 117, 1 n. 1, in Ps. 137, 1 n. 2,
in Ps. 141, 8 n. 19, in Ps. 144, 10 n. 13.

[4] Sermo 67 (de verb. dom. 8) c. 1 n. 1, sermo 29 (de div. 3) c. 2 n. 2, enarr. in
Ps. 7, 18 n. 19, in Ps. 78, 13 n. 17, in Ps. 99, 4 n. 16, in Ps. 104, 1 n. 1, in
Ps. 118, 7 s. 4 n. 4, in Ps. 137, 1 n. 2, in Ps. 141, 8 n. 19, in Ps. 144, 10 n. 13;
mit Verweis auf Lc. 10, 21 = Mt. 11, 25: enarr. in Ps. 94, 2 n. 4, in Ps. 117, 1
n. 1. Daneben findet Augustin das Verständnis der confessio als Lobpreis in
Eccli. 39, 19 (—21) belegt: enarr. in Ps. 7, 18 n. 19, in Ps. 78, 13 n. 17, in
Ps. 118, 7 s. 4 n. 4, in Ps. 141, 8 n. 19, in Ps. 117, 1 n. 1.

[5] Sermo 29 (de div. 3) c. 2 n. 2. S. u. A. 7 (enarr. in Ps. 29, 10 en. 2 n. 19) und
bei A. 9.

[6] Enarr. in Ps. 94, 2 n. 4: Confessio quidem duobus modis accipitur in scripturis. Est confessio laudantis, est confessio gementis. Confessio laudantis ad
honorem pertinet eius qui laudatur; confessio gementis ad poenitentiam
pertinet eius qui confitetur. Confitentur enim homines, cum laudant Deum;
confitentur, cum accusant se; et nihil dignius facit lingua. Vgl. enarr. in Ps.
66, 4 n. 6.

[7] Enarr. in Ps. 29, 10 en. 2 n. 19: Confessio gemina est, aut peccati, aut laudis.

---

schöpferischer Potenz das ungeschaffene Gute schlechthin ist. Doch
beim Menschen liegt die Wurzel alles Übels[8]. Ob wir darum Gott
loben, bei dem nie ein peccatum oder malum zu finden ist, oder ob
wir uns selber anklagen, die wir nicht von Sünde frei sind, in jedem
Falle erfüllen wir den Sinn der confessio: Confitemur ergo, sive
laudantes Deum, sive accusantes nos ipsos. Pia est utraque confessio,
sive cum te reprehendis, qui non es sine peccato; sive cum illum
laudas, qui non potest habere peccatum[9].

Augustin begnügt sich nicht damit, Lobbekenntnis und Sündenbekenntnis mit einem sive-sive nebeneinanderzustellen. Er sieht
beide in einer tiefer begründeten Einheit. Die confessio peccati hat
ihren Sinn nicht in sich selbst. Wenn anders das Sündenbekenntnis
fromm und sinnvoll (pia et utilis) sein soll, muß sich dabei die
Sehnsucht des Menschen auf Gottes Barmherzigkeit richten. Es muß
der hoffende Glaube vorhanden sein, daß Gott gütig und barmherzig ist. Darin liegt aber schon unausgesprochen ein Lob Gottes. Mag
dieses Lob auch nicht ausgesprochen werden, so muß es doch in dem
Affekt des auf Gottes Barmherzigkeit bauenden Glaubens die confessio peccatorum begleiten. Andernfalls wäre das Sündenbekenntnis wohl ein Ausdruck menschlicher Selbsterkenntnis, verhülfe dem
Menschen aber nicht zum Heil; es geschähe unter Mißachtung der
göttlichen Barmherzigkeit, weil es entweder von Verzweiflung an
einem Ausweg oder von vermessenem Vertrauen auf eigene sittliche
Kraft begleitet wäre. So enthält auch das Wort des Zöllners (Lc.
18,13: Dominus, propitius esto mihi peccatori) unausgesprochen ein
Lob Gottes, da er nicht ohne Vertrauen auf Gottes Barmherzigkeit
seine Sünde bekennt. Einerseits verträgt sich eine Entschuldigung
der Sünde absolut nicht mit dem Lob Gottes, doch andererseits lobt
der Mensch Gott, wenn er sich selber und nicht Gott beschuldigt[10].

Quando nobis male est, in tribulationibus confiteamur peccata nostra; quando
nobis bene est, in exsultatione iustitiae confiteamur laudem Deo, sine confessione tamen non simus. Vgl. ebd. n. 22. Sermo 48 (de temp. 236) c. 2 n. 2:
Deum lauda in bonis tuis, te accusa in malis tuis. Enarr. in Ps. 91, 2 n. 3: In
utraque re, et in peccato tuo, quia tu fecisti, et in bono facto, confitere Domino, quia ipse fecit. Enarr. in Ps. 91, 3 n. 4.

[8] Vgl. außer den Stellen in A. 7 sermo 29 (de div. 3) c. 1. 3 f. n. 1. 4.

[9] Sermo 67 (de verb. dom. 8) c. 1 n. 1. Auf diese Stelle bezieht sich Biel bei der
bloßen Mitteilung (sent. 4 d. 17 q. 1 a. 1 not. 1 A), daß Augustin zwei Arten
der confessio kenne, eine confessio laudis und eine confessio fraudis. Biel
schöpft jedoch nicht unmittelbar aus Augustin, sondern aus der Tradition, die
das Begriffspaar confessio laudis — confessio fraudis gebildet hat.

[10] Enarr. in Ps. 140, 4 n. 11: Cum vis ergo te defendere de peccato tuo, laudare

Obgleich das Gotteslob explizit oder implizit mit zur confessio peccatorum gehört, kann doch umgekehrt die in der Schrift häufig mit dem Begriff confessio bezeichnete laus Dei auch ohne Sündenbekenntnis wahr und fromm sein[11]. Die confessio laudis ist also die umfassendere Größe, in der alle confessio aufgehen muß. Mit dem Lobbekenntnis entspricht der Mensch in vollem Maße der geschöpflichen Seinsordnung. Mit dem Lob Gottes, des einzig wesensguten Schöpfers, bekennt der Mensch in unmittelbarer Form seine Abhängigkeit von Gott, in der er nichts hat, was er nicht empfangen hätte (1. Cor. 4,7). Das Sündenbekenntnis erhöht graduell das umgreifende Gotteslob. Wie ein Arzt desto mehr gelobt wird, je schwerer vorher der Kranke an seinem Leiden trug, so wird das Lob Gottes um so größer, je mehr Last der Mensch mit dem Bekenntnis seiner Sünde loswerden muß[12].

Noch tiefer gründet die confessio peccatorum in der laus Dei; letztlich muß sie sogar mit dieser als eins genommen werden. Bereits die Tatsache, daß jemand die confessio peccatorum übt und sich selbst anklagt, bedeutet ein Lob Gottes. Denn darin erweist sich Gottes Macht. Den Menschen, der in seiner Sünde tot war, indem er sie bejahte und sich ihr bis zur Gewohnheit hingab, den hat Gott dadurch aus dem Tode auferweckt, daß er ihn mit seiner geheimen Gnade von der Sünde losriß und ihn dazu bewog, seine Sünde zu bekennen und sich selber als Sünder anzuklagen. So wird Gott in

non potes Deum. In laude Dei non caperis, nisi in tua iactareris. Transi ad vituperationem tuam, et laudabis Deum ... Si ergo tu peccasti, iam vide quemadmodum pateat laus Dei, in qua angustaberis, cum te velles defendere. Melius in peccatis tuis angustaris, et in illius laude dilataris.

[11] Enarr. in Ps. 105, 1 n. 2: Quamquam etiam cum sua quisque confitetur peccata, cum Dei laude confiteri debet; nec aliter pia est confessio peccatorum nisi non desperans et poscens misericordiam Dei. Habet ergo eius laudem, sive etiam in verbis, cum eum bonum et misericordem dicit, sive in solo affectu, cum hoc credit (Hinweis auf Lc. 18, 13) ... Potest ergo esse laus Dei vera et pia, ubi non sit confessio peccatorum; quae laus multo crebrius in scripturis confessio vocatur; nulla est autem peccatorum confessio pia et utilis, ubi non laudatur Deus, sive corde, sive etiam ore atque sermone.

[12] Enarr. in Ps. 94, 2 n. 4: Numquid autem et hoc non pertinet ad laudem Dei, quando confiteris peccata tua? Imo vero maxime pertinet ad laudem Dei ... Quia tanto amplius laudatur medicus, quanto plus desperabatur aegrotus. Confitere itaque peccata tua, quo magis desperabas de te propter iniquitates tuas. Tanto enim maior laus est ignoscentis, quanto maior exaggeratio est peccata confitentis. ... cum peccata nostra cognoscimus, Dei gloriam commendamus.

2*

der confessio peccatorum als der Urheber dieses Sündenbekenntnisses gelobt[13].

Alles Gute muß zum Ruhme Gottes dienen, auch die gute Tat des Menschen, obwohl der Mensch hier, bei seinem eigenen Denken, Wollen und Handeln am stärksten versucht ist, seinen eigenen Ruhm zu suchen. Wie die innere Abwendung von der Sünde mit dem Bekenntnis der Sünde auf Gottes verborgenes Gnadenwirken zurückgeht, so soll auch jeder Fortschritt im Guten Gott zum Ruhme als dessen Gabe und nicht als des Menschen Verdienst anerkannt werden. Die rhetorische Frage des Paulus (1. Cor. 4,7) »Quid autem habes, quod non accepisti?« soll der Mensch beantworten, indem er vor allem über seinen eigenen Leistungen Gott lobt und nichts Gutes als etwas Eigenes ansieht. Das schließt in sich, daß er für sein böses, verkehrtes Tun keine Entschuldigung sucht, sondern dies als das Eigene auf sich nimmt. Es sind die homines perversi et perturbati, die ihre mala Gott, ihre bona jedoch sich selber zuschreiben[14].

Gewiß gibt es mala, die der einzelne nicht sich selber zur Schuld anrechnen muß, die er als Übel schuldlos leidend erfährt. Sie darf er aber auch nicht Gott unmittelbar zuschieben. Sie sind nicht aus Gott hervorgegangen, von dem nur Gutes ausgeht, sondern sind durch menschliche Schuld in die Welt gekommen. Doch Gott fügt sie in seine Weltordnung ein und läßt sie seiner Gerechtigkeit als Strafe für die Sünde der Menschen dienen. Solche mala, zu denen der Mensch sich nicht im Bewußtsein eigener Schuld zu bekennen braucht, soll er hineinnehmen in das Bekenntnis der Gerechtigkeit Gottes, d. h. in das Lob der gerechten und harmonischen Weltordnung Gottes. Die von Gott geordnete pulchritudo universitatis besteht darin, daß er nach seiner Gerechtigkeit jedem das Seine zuteilt, jedem das zukommen läßt, was er verdient: die Gerechten aus seinem eigenen göttlichen Wesen heraus erleuchtet, gut und gerecht macht, die Sünder hingegen mit ihrer eigenen Bosheit bestraft. Die confessio iustitiae Dei lautet darum: Vere, Domine, iustus es,

---

[13] Sermo 67 (de verb. dom. 8) c. 1 n. 2: Si autem bene cogitemus, reprehensio tua, laus ipsius est. Quare enim iam confiteris in accusatione peccati tui? in accusatione tui ipsius quare confiteris, nisi quia ex mortuo vivus factus es? Ebd. c. 2 n. 4: Sive ergo nos accusemus, sive Deum laudemus, bis Deum laudamus. Si pie nos accusamus, Deum utique laudamus. Quando Deum laudamus, tanquam eum qui sine peccato est praedicamus; quando autem nos ipsos accusamus, ei per quem resurreximus, gloriam damus. Ebd. c. 4 n. 7 (vom reuigen Schächer, Lc. 23, 40 f.): In eo enim quod se accusavit, Deum laudavit. Vgl. in Ioh. 11, 41 ff. tr. 49 n. 24.

[14] Enarr. in Ps. 91, 2 n. 3.

quando et iustos sic protegis, ut per te ipsum eos illumines, et peccatores sic ordinas, ut non tua, sed sua malitia puniantur[15].

Augustins Seinsverständnis, in welchem er — unter dem Einfluß des Neuplatonismus und vor allem in der Auseinandersetzung mit dem Manichäismus — Gut und Böse in einer Gesamtschau begreifen möchte, sei hier nur am Rande gestreift, um zu zeigen, wie auch die Seinsordnung zum Inhalt der confessio wird. Auf den Weg der Untersuchung zurücklenkend, soll nun die confessio peccatorum noch eingehender betrachtet werden.

Augustins Mahnung in seinen Predigten, die eigenen Sünden zu bekennen und sie nicht zu verteidigen, wendet sich unmittelbar an die Menschen seiner Zeit. Die sittlichen Begriffe von Gut und Böse meint er voraussetzen zu können[16]. Der Mensch läßt sich kaum zur Perversion der moralischen Grundbegriffe hinreißen. Es ist jedoch dem Menschen ein Leichtes, in einer anderen, für die menschliche Rechtsordnung nicht greifbaren und viel gefährlicheren Perversion zu leben, nämlich in der Vertauschung der wahren Urheber von Gut und Böse: der Mensch möchte sich selber die bona zuschreiben und Gott für die mala verantwortlich machen. Daß er Gott unmittelbar seine eigenen Sünden zuschiebt, wird freilich selten vorkommen. Wenn der Mensch nicht seiner Sünde überführt werden kann, leugnet er sie einfach; wenn er jedoch überführt ist, sucht er eine Entschuldigung[17]. Einer confessio peccatorum zieht er unbedingt die defensio und excusatio peccatorum vor, um die Last der

---

[15] Enarr. in Ps. 7, 18 n. 19; vgl. ebd.: Qui ergo videt merita animarum sic ordinari a Deo, ut dum sua cuique tribuuntur, pulchritudo universitatis nulla ex parte violetur, in omnibus laudat Deum; et ista est non peccatorum, sed iustorum confessio. Augustin prägt hier bei der Auslegung von Ps. 7, 18 den Begriff der confessio iustitiae; sie ist verbunden mit einem distinguere inter iustorum praemia et supplicia peccatorum und mit der Erkenntnis, daß Gott nur das Licht, aber nicht die Finsternis geschaffen hat, obwohl er auch diese seiner ordnenden Macht unterwirft: aliud fecit et ordinavit; aliud autem non fecit, sed tamen etiam hoc ordinavit ... Qui ergo deserit eum, a quo factus est, et inclinatur in id, unde factus est, i. e. in nihilum, in hoc peccato tenebratur; et tamen non penitus perit, sed in infimis ordinatur. Neben dem Begriff der iustitia Dei steht der Begriff der veritas Dei; Gott erzeigt seine Wahrheit, indem er die Ankündigung seiner Gerechtigkeit einlöst. Enarr. in Ps. 91, 3 n. 4: quando bene est, lauda misericordiam; quando male, lauda veritatem; quia peccata flagellat, non est iniquus ... Quid est veritatem annuntiare per noctem? Non accusare Deum, quia pateris aliquid mali, sed tribuere illud peccatis tuis, emendationi ipsius.

[16] Enarr. in Ps. 56, 6 s. 1 n. 14.

[17] Enarr. in Ps. 140, 4 n. 9.

Schuld von sich selber abzuwälzen. Er sucht und findet vielerlei
zwischen Gott und sich selbst, was ihm zur Entschuldigung seiner
Sünde dienen kann. Augustin beobachtet zu seiner Zeit verschiedene
typische Formen der defensio peccatorum.

Etliche wagen es, unmittelbar Gott für ihre Sünde verantwortlich
zu machen: omnino directe eunt in Deum; et quando peccant,
dicunt: Deus hoc voluit; si nollet Deus, non peccarem[18]. Dadurch
wird der Wille Gottes in sein Gegenteil verkehrt. Gott will das Gute
und nicht das Böse, wie er auch nur das Gute und nie das Böse
schafft. Wie kann man außerdem Gott zum Urheber der Sünde
erklären, obwohl Gott die Sünde straft? Gott straft nie sein eigenes
Werk. Er hat es stets nur darauf abgesehen, das von ihm geschaffene
Gute zur Vollendung zu führen. Um das zu erreichen, straft er die
Sünde, die des Menschen Werk ist[19].

Neben dem direkten Weg der Anklage gegen Gott werden noch
einige andere Wege beschritten, die alle auf dasselbe Ziel hinaus-
laufen, obgleich es zunächst gar nicht den Anschein hat. Da wird
einmal die Sünde durch den Hinweis auf die fortuna entschuldigt[20].
Mit dieser Ausflucht beschäftigt sich Augustin nicht weiter. Hält er
das nicht für nötig, weil nach seiner Erfahrung doch nur selten die
Sünden auf diese Weise erklärt werden? Oder hat dieses Argument
für ihn zu wenig theologisches Gewicht? Oder sieht er die fortuna
so eng mit dem fatum gekoppelt? Das fatum ist ein anderer Erklä-
rungsgrund, der für die Sünden herangezogen wird. Die Schicksals-
mächte in Gestalt der Gestirne sollen für den Menschen einstehen.
Nicht nur bei den Ungebildeten, sondern gerade auch bei den Gebil-
deten wird die Astrologie betrieben; man läßt sich gerne vom
mathematicus beschwatzen[21]. Spöttisch charakterisiert Augustin
diesen Versuch, sich der Schuld am Bösen zu entziehen: Eris adulter,
quia sic habes Venerem; eris homicida, quia sic habes Martem. Mars
ergo homicida, non tu; et Venus adultera, non tu[22]. So sachlich und
gelehrt sich der Gestirnglaube gibt, es steckt in ihm doch das Be-

---

[18] Enarr. in Ps. 91, 2 n. 3. Vgl. enarr. in Ps. 31, 5 en. 2 n. 16, wo auch die Möglichkeit genannt wird, daß die Sünde als solche bestritten wird. Enarr. in Ps.
58, 6 s. 1 n. 14.
[19] Enarr. in Ps. 91, 2 n. 3.
[20] Enarr. in Ps. 7, 18 n. 19, in Ps. 31, 5 en. 2 n. 16, in Ps. 40, 5 n. 6, in Ps. 140, 4
n. 9; sermo 29 (de div. 3) c. 3 n. 3, sermo 20 (ex Sirm. 3) n. 2.
[21] Enarr. in Ps. 140, 4 n. 9, in Ps. 31, 5 en. 2 n. 16. Vgl. conf. 4 c. 3 n. 4.
[22] Enarr. in Ps. 140, 4 n. 9; vgl. enarr. in Ps. 40, 5 n. 6; conf. 4 c. 3 n. 4.

mühen um die defensio peccatorum. Praktisch wird Gott selber beschuldigt; denn er hat die Gestirne geschaffen und lenkt sie[23].

Schlimmer und gottloser als die übrigen Erklärungsversuche für das Böse ist die Auskunft der Manichäer[24]: Die Ursache der Sünde liegt in einem bösen, finsteren Seinsprinzip, das auch der physischen Natur des Menschen beigemischt ist, während die Seele des Menschen aus der guten göttlichen Lichtsubstanz stammt. Wenn der Mensch sündigt, weil er mit seiner guten Seele der bösen Macht seiner Physis erlegen ist, so sündigt er eigentlich nicht selber, sondern das böse Prinzip. Mit dieser Erklärung wälzt der Mensch wieder die Sünde von sich ab. Zugleich wird aber in der manichäischen Ideologie Gott gelästert. Man behauptet, Gott habe in einer gewissen Furcht vor der Macht der Finsternis zur Neutralisierung dieser feindlichen Macht Teile seiner eigenen Substanz, nämlich die Seelen der Menschen, der finsteren Substanz beigemischt und so die Welt geschaffen. Furcht vor einer feindlichen Macht widerspricht aber dem Wesen Gottes, sofern man nicht, was nun eben die Manichäer tun und worin ihre Gotteslästerung besteht, den Begriff eines Deus incorruptibilis, incommutabilis, incontaminabilis, immaculabilis, impenetrabilis, inviolabilis preisgibt. Hätte Gott aber nicht aus Furcht, sondern ohne Grund unsere Seelen, die an seinem Wesen teilhaben, der finsteren Macht übergeben, so wäre er ein dem Menschen feindlicher, grausamer Gott. Außerdem: daß die Seelen von der bösen Substanz befleckt und verdorben werden, läßt auch an Gott einen Makel vermuten, da ja die Seelen nur Teile seiner Substanz sind. Eine weitere Schmähung von Gottes reinem Wesen. So ist die manichäische Erklärung des Bösen eine einzige Gotteslästerung, eine defensio peccatorum, mit der sich kein Lob Gottes verträgt.

Nicht so gotteslästerlich wie die manichäische Ansicht, aber doch eine leichtfertige Selbstentschuldigung des Menschen und nicht eine wahrhaft christliche Meinung ist es, wenn man die Sünde schlank-

---

[23] Enarr. in Ps. 58, 4 s. 1 n. 14: Iam quaeris quid sit fatum, curris ad stellas. Quaeris quis fecerit et ordinaverit stellas: Deus est. Ergo ad hoc peccatum tuum defendis, ut Deum accuses. Ideo excusatur reus, ut culpetur iudex. Enarr. in Ps. 7, 18 n. 19, in Ps. 31, 5 en. 2 n. 16, in Ps. 91, 2 n. 3; sermo 29 (de div. 3) c. 3 n. 3, sermo 20 (ex Sirm. 3) n. 2, sermo supp. 253 (50 hom. 12 = Caesar. Arelat. sermo 59) n. 2.

[24] Enarr. in Ps. 140, 4 n. 10 f., in Ps. 7, 18 n. 19. Vgl. conf. 5 c. 10 n. 18: adhuc enim mihi videbatur non esse nos, qui peccamus, sed nescio quam aliam in nobis peccare naturam. Sermo supp. 253 (50 hom. 12 = Caesar. Arelat. sermo 59) n. 2.5.

weg als ein Werk des Satans ansieht, als ob der Satan Macht hätte, den Menschen zum Bösen zu zwingen, da er ihn tatsächlich nur mit List dazu überreden kann. Ebenso wie die verführerische Einflüsterung des Teufels kann der Mensch die gute Mahnung und das Gebot Gottes vernehmen. Es liegt am Menschen, an der Entscheidung seines freien Willens, ob er der Stimme des Satans oder der Stimme Gottes sein Ohr leiht. Erst die willentliche Zustimmung des Menschen zur satanischen Eingebung, aber nicht eine den Willen vergewaltigende Macht des Teufels verursacht die Sünde. Darum darf sich der Mensch nicht durch den Hinweis auf den Satan von seiner Schuld freisprechen, sondern muß, um von der Sünde frei zu werden und Gottes Vergebung zu empfangen, dem Satan seine Einwilligung versagen und sich selber als den Täter der Sünde bekennen und anklagen[25].

Was auch immer der Mensch zur Entschuldigung oder Verteidigung seiner Sünde anführen mag, es läuft letztlich stets darauf hinaus, daß er sich selber der Verantwortung entzieht[26] und Gott des Bösen beschuldigen will. Dem Willen Gottes hingegen, der das Gute setzt und als Tat des Menschen fordert, der das Böse nicht will und die böse Tat des Menschen straft, diesem Willen Gottes entspricht der Mensch, wenn er sich zu seiner Sünde bekennt und die Schuld als seine eigene Schuld auf sich nimmt[27]. Doch er ist in seiner Vermessenheit von Grund auf bestrebt, sich der guten Tat zu rühmen und Gott das Böse aufzubürden. Im Gegensatz zu der vom Menschen erstrebten defensio peccatorum steht die confessio peccatorum[28], die in die umfassendere confessio laudis eingebettet ist und

---

[25] Enarr. in Ps. 91, 2 n. 3, in Ps. 7, 18 n. 19, in Ps. 31, 5 en. 2 n. 16; sermo 29 (de div. 3) c. 3 n. 3, sermo 20 (ex Sirm. 3) n. 2, sermo supp. 253 (50 hom. 12 = Caesar. Arelat. sermo 59) n. 2.

[26] Sermo 29 (de div. 3) c. 3 n. 3.

[27] Vgl. die Zitationen von Ps. 40, 5 mit dem betonten »ego«: enarr. in Ps. 31, 5 en. 2 n. 16, in Ps. 42, 5 n. 7, in Ps. 101, 24 s. 2 n. 7, in Ps. 128, 4 n. 9, in Ps. 140, 4 n. 9. 11; sermo 20 (ex Sirm. 3) n. 2, sermo 29 (de div. 3) c. 3 n. 3, sermo supp. 253 (50 hom. 12 = Caesar. Arelat. sermo 59) n. 5; conf. 4 c. 3 n. 4. Kennzeichnend ist auch die Zitierung von Ps. 140, 3. 4: sermo 20 (ex Sirm. 3) n. 2, sermo 29 (de div. 3) c. 3 n. 3.

[28] Vgl. den Zusammenhang der meisten zur Erläuterung der defensio peccatorum (S. 21 ff.) zitierten Stellen und die Zitationen von Ps. 40, 5 und Ps. 140, 3 f. (A. 27), wo meist ausführlicher der Gegensatz von se accusare und excusare entfaltet wird. Enarr. in Ps. 50, 10 n. 13 wird die allgemeine Mahnung gegeben, es nicht mit der defensio peccati zu halten, sondern mit der confessio. — Dem Teufel ist es recht, wenn wir uns nicht selber wegen unserer Sünden anklagen, sondern uns entschuldigen; dann kann er uns im Endgericht an-

mit ihr zusammen die in Gott selber gründende Seinsordnung respektiert.

Die Weite und Tiefe im Verständnis der confessio, die Augustin seinen Predigthörern erschließen wollte, hat er selber in seinen Confessiones aufgewiesen und hat mit ihnen beispielhaft gelehrt, wie der Christ sein ganzes Leben Gott im sacrificium confessionis darzubringen hat, im Eingeständnis alles dessen, was ihn je von Gott getrennt hat und noch immer trennt, sowie im dankbar lobenden Anerkennen aller göttlichen Zuwendungen, durch die ihn Gott zu sich ins ewige Leben hinüberführt[29]. Ebenso geht es Augustin in seinen Predigten um die totale confessio, die der Christ in sich selber und mit sich selber Gott entgegenbringt, so daß das confiteri der Akt des christlichen Lebens ist, mit dem der Mensch vor Gott existiert.

Wie die confessio auch die Affekte der Buße in sich begreift, lassen die Stufen erkennen, auf denen Augustin in seinen Confessiones und in anderen Texten emporsteigt[30]. Die Stufen sind gekennzeichnet durch die Seligpreisungen (Mt. 5,3 ff.), die Augustin mit den sieben Gaben des heiligen Geistes (Is. 11,2 f.) kombiniert. Der Weg führt von der Geistesgabe des timor zur himmlischen sapientia, von der Seligpreisung der pauperes spiritu zur Seligpreisung der pacifici. Auf der Stufe des timor ergreift den Menschen Furcht angesichts des Todes und des Gerichtes Gottes und reißt ihn heraus aus den schlimmsten Verirrungen seiner Begierden[31]. Unter Tränen

---

klagen: sermo supp. 253 (50 hom. 12 = Caesar. Arelat. sermo 59) n. 1, sermo supp. 254 (de temp. 66) n. 1, ad frat. in eremo sermo 30 (alle drei Stellen Pseudo-Augustin!).

[29] Über den Sinn des Wortes confessio/confiteri in Augustins Confessiones handeln M. Verheijen: Eloquentia Pedisequa. Observations sur le style des Confessions de saint Augustin (=Latinitas Christianorum Primaeva 10, 1949), S. 5—82 und P. Courcelle: Recherches sur les Confessions de Saint Augustin, 1950, S. 13—20. — Zum Begriff sacrificium confessionis vgl. conf. 12 c. 24 n. 33 und J. Ratzinger in: RevÉAug 3, 1957, S. 389 ff.; überhaupt ist zu beachten, was Ratzinger ebd. S. 384 ff. über »die Vertiefung des christlichen confessio-Begriffes durch Augustin« sagt.

[30] Daß die Stufen der Seligpreisungen und Geistesgaben die Komposition der Confessiones bestimmen, zeigt U. Duchrow: Der Aufbau von Augustins Schriften Confessiones und De trinitate, in: ZThK 62, 1965, S. 338—367. Ebd. S. 345 nennt Duchrow die Augustin-Stellen, an denen das Schema der Stufen begegnet.

[31] Conf. 6 c. 16 n. 26: nec me revocabat a profundiore voluptatum carnalium gurgite nisi metus mortis et futuri iudicii tui. De doctr. christ. 2 c. 7 n. 9: Ante omnia igitur opus est, Dei timore converti ad cognoscendam eius voluntatem,

kommt es zum Bekenntnis der begangenen Sünden; dolendo, gemendo, flendo geschieht die confessio poenitentiae[32]. Mit dem Schmerz
über die eigene Vergangenheit und dem seufzenden Verlangen nach
Rettung vor dem ewigen Verderben sind die Affekte der Buße im
Herzen wach geworden. Der grundlegende Umbruch von der superbia zur humilitas ist eingetreten. Der Mensch kehrt um von dem
Weg seines eigenen vermessenen Begehrens und wendet sich mit
zerschlagenem und gedemütigtem Herzen zu Gott, der nach dem
Sinn der 1. Seligpreisung das Gebet des Demütigen erhört[33]. Auf
dieser Stufe der humilitas mit ihrem dolor, gemitus und fletus braucht
der Fromme jedoch nicht stehen zu bleiben. Durch die Geistesgabe
der pietas kann er zum wahrhaft Frommen werden, der in der Bergpredigt als ein Sanftmütiger (mitis) selig gepriesen wird. Sanftmütig
sein heißt dem Willen Gottes nicht widerstehen. Der Einklang mit
Gottes Willen findet seinen Ausdruck in der doppelten Form der
confessio, indem der Fromme alles Gute, auch die eigenen guten
Werke Gott zum Ruhme anrechnet, sich selbst hingegen wegen seiner
Sünden anklagt[34]. Wie sich der sanftmütig Fromme in Gottes Schöp-
fungsordnung einfügt, so unterwirft er sich auch dem Worte Gottes,

quid nobis appetendum fugiendumque praecipiat. Timor autem iste cogita-
tionem de nostra mortalitate et de futura morte, necesse est, incutiat, et quasi
clavatis carnibus omnes superbiae motus ligno crusis affigat. Vgl. U. Duchrow
a.a.O. S. 359.

[32] Sermo 347 (de sanctis 17) c. 2 n. 2: Quis est autem humilis, nisi timens Deum,
et eo timore conterens cor in lacrimis confessionis et poenitentiae? Quia »cor
contritum et humiliatum Deus non spernit« (Ps. 50, 19). ... ad nos exerci-
tandos quibusdam doctrinae gradibus descendit Isaias a sapientia usque ad
timorem (Is. 11, 2 f.), a loco scil. sempiternae pacis usque ad convallem
temporalis plorationis, ut nos in confessione poenitentiae dolendo, gemendo,
flendo non remaneamus in dolore et gemitu et fletu. Vgl. unten A. 36. Zum
gemitus der Buße vgl. z. B. enarr. in Ps. 94, 2 n. 4, sermo 9 (de temp. 96)
n. 2, sermo 82 (de verb. Dom. 16) n. 14, ep. 145 (144) n. 2.
[33] Sermo Morin 11 n. 2: Ille enim qui spiritu pauper est, humilis est; et audit
Deus gemitus humilium, et non contemnit preces eorum. Sermo 53 (a Paris.
add. 14) c. 1 n. 1: Omnis inflatus non est pauper spiritu; ergo humilis pauper
est spiritu. Altum est regnum coelorum; sed »Qui se humiliat, exaltabitur«
(Lc. 14, 11).
[34] Sermo Morin 11 n. 7: Non resistentes voluntati Dei, ipsi sunt mites ... Qui,
quando bene est, laudant Deum, et quando male est, non blasphemant Deum;
in bonis operibus suis Deum glorificant, in peccatis suis se ipsos accusant.
Vgl. sermo 53 (a Paris. add. 14) c. 2 n. 2: Hoc enim est esse mitem, non
resistere Deo tuo: ut in eo quod bene facis, ipse tibi placeat, non tu tibi; in
eo quod mala iuste pateris, ipse tibi non displiceat, sed tu tibi. Neque enim
parum est quia placebis ei, displicens tibi; displicebis autem ei, placens tibi.

selbst wenn er es nicht versteht oder wenn es seinen Lastern zu Leibe rückt[35]. Auf der nächsten Stufe bei der Seligpreisung der lugentes tritt noch einmal die Buße hervor. Aber die Trauer bezieht Augustin nun nicht so sehr wie bei der ersten Stufe auf des Menschen eigene vergangene Sünden, sondern mehr auf die Gottesferne und Sterblichkeit des Menschen überhaupt. Der Fromme empfindet Trauer darüber, daß er in der Folge des Sündenfalles in der peregrinatio leben muß[36]. Dem korrespondiert die Geistesgabe der scientia, die dem Menschen zu der Erkenntnis verhilft, wie weit er davon entfernt ist, die im Liebesgebot gipfelnden Forderungen der Schrift zu erfüllen und die Wahrheit Gottes aus der Schrift zu erkennen[37]. Da die folgenden Stufen dem Leben in der Gerechtigkeit gelten und dabei über die Buße hinausführen, hat es seinen guten Grund, daß Augustin in seinen Confessiones nur die ersten drei Stufen entfaltet. So sind Augustins Confessiones ein Reflex seines Verständnisses von Buße im weitesten Sinne, wobei die drei skizzierten Stufen einander durchdringen[38].

2. Die Buße des Menschen als Korrespondenz mit Gottes Willen

Unter den Akten der Buße steht die confessio peccatorum nicht isoliert da, nur nimmt sie in der Ausweitung zur confessio laudis und zum sacrificium confessionis den ersten Platz ein. Einige der

[35] Sermo 347 (de sanctis 17) c. 3 n. 3: ascendunt ad pietatem, ut non resistant voluntati eius, sive in sermonibus eius, ubi non capiunt sensum eius, sive in ordine ipso et gubernatione creaturae, cum pleraque aliter accidunt, quam privata hominis voluntas exposcit. De doctr. christ. 2 c. 7 n. 9: Deinde mitescere opus est pietate, neque contradicere divinae scripturae sive intellectae, si aliqua vitia nostra percutit, sive non intellectae, quasi nos melius sapere meliusque praecipere possimus. Vgl. Duchrow a.a.O. S. 359—361 über diese Stufe in Augustins Confessiones.
[36] Sermo 347 (de sanctis 17) c. 3 n. 3: Ab ista quippe pietate merebuntur scientiae gradum, ut noverint non solum mala praeteritorum peccatorum suorum, de quibus in primo gradu poenitentiae dolore fleverunt, sed etiam in quo malo sint huius mortalitatis et peregrinationis a Domino, etiam cum felicitas saecularis arridet. Sermo 53 (a Paris. add. 14) c. 3 n. 3: modo se lugent peregrinari. Sermo Morin 11 n. 8: luctus luctuosa res est, quando est gemitus poenitentis. Omnis enim peccator lugere debet ... Magna res: lugeat se, et reviviscit; lugeat in poenitentia, et consolabitur indulgentia.
[37] Vgl. de doctr. christ. 2 c. 7 n. 10 und Duchrow a.a.O. S. 353—358 über diese Stufe in den Confessiones.
[38] Duchrow a.a.O. S. 356 f. hebt hervor, daß alle drei Stufen von der Struktur der confessio geprägt sind und jede Stufe alles Vorhergehende mitaufnimmt.

mit dem confiteri peccata sua verbundenen Akte sind bereits sichtbar geworden, außer den Affektregungen des dolere, gemere, flere,
lugere besonders der Akt des seipsum accusare, durch den der Mensch
die Schuld der Sünde auf sich nimmt, sich selber als den Verantwort-
lichen anklagt. Weitere Akte der Buße werden hervortreten, wenn
wir nun die Buße als ein Geschehen in der Wechselbeziehung
zwischen Gott und Mensch beleuchten.

Augustin argumentiert mit geradezu juristischer Grundsätzlich-
keit so: Jede böse Tat fordert ihre Strafe; entweder wird Gott sie
im Endgericht strafen — oder wir selber strafen schon jetzt in der
Buße unsere Sünde an uns selbst. Iniquitas omnis, parva magnave
sit, puniatur necesse est, aut ab ipso homine poenitente, aut a Deo
vindicante. Nam et quem poenitet, punit seipsum. Ergo, fratres,
puniamus nostra peccata, si quaerimus misericordiam Dei ...
Prorsus aut punis, aut punit. Vis non puniat? Puni, tu. Nam et illud
fecisti quod impunitum esse non possit, sed a te puniatur potius[39].
Das ist die große Chance, die Gott dem Sünder in der Buße einräumt, daß er die von Gott über ihn wegen seiner Sünde verhängte
Strafe, die ihn im Gericht Gottes unweigerlich als ewige Strafe
ereilen wird, jetzt schon an sich selber vollziehen kann. Wer hier
bereits, sich selber strafend, Buße tut, wird dem zukünftigen Strafgericht Gottes entgehen und Gottes Barmherzigkeit erlangen. Da
Augustin Ps. 94,2 »Praeveniamus faciem eius in confessione«[40] auf
das Sündenbekenntnis und Selbstgericht der Buße deutet, enthält
das Psalmwort die Mahnung, der Strafe Gottes durch das Selbstgericht der Buße zuvorzukommen[41]. In der Buße wird nur die Sünde
gestraft, die Person bleibt straffrei; im Endgericht hingegen muß die

---

[39] Enarr. in Ps. 58, 6 s. 1 n. 13. Vgl. enarr. in Ps. 44, 8 n. 18: Puniendum est
peccatum; si puniendum non esset, nec peccatum esset. Praeveni illum; non
vis ut ipse puniat, tu puni ... Converte te ad punienda peccata tua, quia
impunita esse peccata non possunt. Puniendum ergo erit, aut a te, aut ab
ipso. Ebenso sermo 19 (ex Sirm. 4) n. 2, sermo 20 (ex Sirm. 3) n. 2, sermo 29
(de div. 3) c. 5 n. 6. Vgl. enarr. in Ps. 99, 4 n. 16; sermo supp. 53 (ad frat.
in eremo 51 = 50 hom. 2) n. 3. Im Florileg. patrist. 38, S. 47 A. 2 wird auch
verwiesen auf ep. 53 (54) c. 3 n. 6. Vgl. außerdem sermo 278 (de div. 34)
n. 12; dazu wird im Florileg. patrist. 38, S. 67 A. 5 angeführt sermo 351
(50 hom. 50) c. 4 n. 7 und quaest. in Heptateuch. 4 q. 25 (cf. Florileg. patrist.
38, S. 40 f.).
[40] Ps. 94, 2 Vg.: Praeoccupemus faciem eius in confessione.
[41] Enarr. in Ps. 58, 6 s. 1 n. 13: Quid est »Praeveniamus faciem eius«? Antequam ipse attendat ut puniat, tu praeveni confitendo et puni. Non ille
inveniat quod puniat.

Person die Strafe als Verdammnis mit erdulden. Das meint doch wohl Augustin, wenn er sagt: Puniendum est peccatum, aut a te, aut ab ipso. Si punitur a te, tunc punietur sine te; si vero a te non punitur, tecum punitur[42]. Augustin formuliert rhetorisch geschickt und nutzt die homiletische Situation durch die unmittelbare Anrede der Person aus, während die Interpretation von Augustin nicht gebrauchte Begriffe — »Person« und »Werk« — einführen muß, um sachlich festzustellen, daß im Gegensatz zum Endgericht bei der Buße eine Unterscheidung zwischen der Person und den Werken ihrer Sünde eintritt. Augustin konfrontiert nicht die zeitliche Dauer der Bußstrafe mit der ewig dauernden Strafe des Endgerichts, sondern blickt auf die Person.

Der Vers 11 in Ps. 50, den schon Augustin einen Bußpsalm nennt[43], »Averte faciem tuam a peccatis meis et omnes iniquitates meas dele« wird gedeutet als die Bitte, Gott möge nicht auf die Sünden, sondern auf die Person des Bittenden schauen, er möge nur der Person und nicht ihren Sünden Beachtung schenken. Dabei verknüpft Augustin gerne Ps. 50,11 mit der anderen Bitte Ps. 26,9 »Ne avertas faciem tuam a me«[44]. Beide Bitten gehören zusammen, können vom Menschen jedoch nur gesprochen werden, wenn er selber seine Sünde in den Blick nimmt und zugleich nicht auf sich selber schaut, sondern sich selber vor Gott stellt. Vor Gottes Ange-

---

[42] Sermo 29 (de div. 3) c. 5 n. 6. Vgl. sermo 19 (ex Sirm. 4) n. 2: Punitur ergo peccatum, aut ab homine poenitente, aut a Deo iudicante. Punitur ergo aut a te sine te, aut a Deo tecum. Sermo 20 (ex Sirm. 3) n. 2: peccatum aut a te punitur, aut a Deo, sed a te sine te, a Deo tecum.

[43] Enarr. in Ps. 50 n. 1; vgl. enarr. in Ps. 44, 8 n. 18.

[44] Enarr. in Ps. 122, 1 n. 3: Peccatum tuum sit ante te, ut non sit ante Deum; et tu noli esse ante te, ut sis ante Deum. Quomodo enim volumus ut non a nobis avertat faciem Deus, sic volumus ut avertat faciem a peccatis nostris (Ps. 26, 9 und Ps. 50, 11 zitiert) ... Si vis ut avertat faciem suam a peccatis tuis, tu ipse a te averte faciem tuam, et a peccatis tuis noli avertere. Si enim non ab eis averteris faciem tuam, tu ipse irasceris peccatis tuis; si autem tu non avertis faciem tuam a peccatis tuis, tu agnoscis, et ille ignoscit. Im gleichen Sinne, auch mit Zitierung von Ps. 26, 9 und 50, 11: enarr. in Ps. 32, 13 en. 2 s. 2 n. 19, in Ps. 44, 8 n. 18, in Ps. 74, 2 n. 2 (hier die Wendung: potest hoc Deus, et avertere faciem a peccante, et non avertere a confitente), ferner sermo 20 (ex Sirm. 3) n. 2. Zu Ps. 50, 11 (n. 14) zitiert Augustin Ps. 26, 9 und umgekehrt Ps. 50, 11 zu Ps. 26, 9 (en. 2 n. 16). Vgl. auch die Zitation von Ps. 50, 11 zu Ps. 31, 2 en. 2 n. 9. — Hier und an anderen Stellen verweise ich auf Augustins Zitierung bestimmter Bibelstellen, weil Augustin die Stellen meist mit einer paraphrasierenden Deutung verbindet.

sicht wird der Mensch dann seine eigene Sünde mit strafendem Zorn zur Kenntnis nehmen, und Gott wird die Sünde verzeihen[45].

Der Mensch soll an sich selber unterscheiden lernen, was an ihm sein eigenes opus und was das opus Dei ist. Gott hat ihn als Menschen geschaffen; zum Sünder hat er sich selbst gemacht. Darum soll er das an sich hassen, was sein eigenes Werk ist, gleichzeitig aber das an sich selber hochhalten, was Gottes Werk ist. Bekämpft der Mensch seine verderbliche Sünde, so wird Gott den Menschen als sein Geschöpf retten[46]. In seiner natura soll der Mensch Gottes creatura erkennen und lieben, aber seine iniquitas als seine eigene culpa anerkennen und verabscheuen. Denn auch Gott haßt nur die Ungerechtigkeit des Menschen, nicht den Menschen selbst, so daß der Zorn Gottes nur dann den Menschen selber treffen wird, wenn dieser sich nicht von seiner Sünde lossagt. Haßt der Mensch seine Sünde, wie sie von Gott gehaßt wird, so wird er zum Freund Gottes und wird selber das lieben, was Gott liebt[47]. Der Glaubensbegriff taucht in diesem Zusammenhang nicht auf. Die Gedanken sind auch nicht christologisch begründet; sie sind vielmehr getragen von Augustins Gottes- und Schöpfungsbegriff, der wiederum nicht gelöst werden kann von seiner neuplatonisch bestimmten Ontologie. — Augustin ist in diesem Zusammenhang nur an der Wechselbeziehung zwischen Gott, Mensch, Sünde und Sündenstrafe interessiert. Es bleibt etwas unklar, wie der Büßende die Sünde bei sich selber hassen und strafen soll, während er selber nicht mehr unter Gottes Zorn und Strafe steht[48]. Auch das göttliche Strafgericht wird nur

[45] Wo der Mensch zum punitor seiner Sünde wird, findet er in Gott den defensor seiner Person, sermo 20 (ex Sirm. 3) n. 2; vgl. enarr. in Ps. 66, 4 n. 6, in Ps. 74, 1 n. 2, in Ps. 31, 2 en. 2 n. 12.

[46] In Ioh. 3, 19 tr. 12 n. 13: Quasi duae res sunt, homo et peccator. Quod audis homo, Deus fecit; quod audis peccator, ipse homo fecit. Dele quod fecisti, ut Deus salvet quod fecit. Oportet ut oderis in te opus tuum, et ames in te opus Dei.

[47] Enarr. in Ps. 44, 8 n. 18: Quid odit? Iniquitatem; numquid te? Sed in te est iniquitas? Odit illam Deus, oderis et tu, ut unam rem ambo oderitis. Eris enim Deo amicus, si odisti quod odit. Ita et amabis quod amat. Displiceat in teipso tibi iniquitas tua, et placeat tibi creatura ipsius. Homo enim es iniquus. Duo dixi nomina: .... homo et iniquus; in istis duobus nominibus unum est naturae, alterum culpae; unum tibi Deus fecit, alterum tu fecisti: ama quod Deus fecit, oderis quod tu fecisti, quia et ipse hoc odit. Vide quomodo iam illi incipias coniungi, cum odisti quod odit.

[48] Augustin verwendet in diesen Zusammenhängen nicht die paulinischen Begriffe caro und spiritus; er spricht nicht wie Luther von einem Gericht über den Menschen secundum carnem bei gleichzeitiger Rettung secundum spiritum.

allgemein gefaßt. Jedoch wird die Buße deutlich im Lichte des Gerichtes gesehen, obwohl kaum einmal der Begriff iudicium fällt oder
vom iudicare seipsum geredet wird[49]. Das Bekennen und das Bestrafen der Sünde sind die beiden Hauptmomente in diesem Bußgedanken. Die Relation von gegenwärtigem Bußgericht und
zukünftigem Strafgericht wird über das bereits Angeführte hinaus
nur noch geringfügig weiterdurchdacht oder abgewandelt[50].

Die Schriftstelle, die besonders geeignet ist, die Buße als das
vorweggenommene Strafgericht Gottes zu kennzeichnen — 1. Cor.
11,31 —, wird von Augustin in diesem Zusammenhang gar nicht
zitiert[51]. Nur in dem wahrscheinlich unechten Sermo 351 (50 hom.
50)[52] wird 1. Cor. 11,31 bei der Behandlung der Kirchenbuße angeführt: der Büßer soll durch die Annahme der Kirchenbuße sich selber
richten, damit er nicht von dem Herrn gerichtet werde[53]. Das Selbstgericht wird hier als inneres Gericht vor dem tribunal mentis beschrieben. Auf diese Explikation des Selbstgerichtes werde ich später
eingehen[54]. Einige, wenn auch nur wenige Male zitiert Augustin
1. Cor. 11,31, ohne dabei ausdrücklich auf die Buße hinzuweisen.
Am stärksten schimmert der Bußgedanke einmal in den Joh.-Traktaten durch, wo Augustin darlegt, daß das Schriftwort iudicium
zuweilen gleichbedeutend ist mit damnatio und poena[55]. Dazu führt
er 1. Cor. 11,31 f. an: »Si enim nos ipsos iudicaremus, a Domino
non iudicaremur«, hoc est, si nos ipsos corriperemus, a Domino non
corriperemur. (V. 32) »Cum iudicamur autem, a Domino corripi-

---

[49] Enarr. in Ps. 44, 8 n. 18 wird allerdings auf den iudex hingewiesen.

[50] Gnadengericht und Strafgericht Gottes werden nur andeutungsweise am
Rande mit den Begriffen von Gottes misericordia und iustitia in Verbindung
gebracht: enarr. in Ps. 118, 149 s. 29 n. 6.

[51] Auch Nah. 1, 9 LXX »Non iudicabit Deus bis in idipsum« wird von Augustin
nicht zitiert.

[52] Poschmann, der für die Echtheit eintritt, nennt im Florileg. patrist. 38, S. 15
A. 2 die Gewährsmänner für die Urteile pro et contra in der seit Erasmus
diskutierten Frage. Die Clavis Patrum Latinorum (ed. E. Dekkers, 2. A. 1961,
Nr. 284) hält den Zweifel an der Echtheit für berechtigt. — Der Sermon
scheint der engeren Einflußsphäre Augustins zu entstammen; er enthält echt
augustinisches Gedankengut vermischt mit unechtem.

[53] Sermo 351 (50 hom. 50) c. 4 n. 7: In hac ergo poenitentia maiorem quisque
in se severitatem debet exercere, ut a se ipso iudicatus, non iudicetur a Domino, sicut idem apostolus ait (folgt 1. Cor. 11, 31). Vgl. ebd. c. 4 n. 9 (von
der Kirchenbuße): Iudicet ... se ipsum homo ... voluntate, dum potest ...
ne cum iam non poterit, etiam praeter voluntatem a Domino iudicetur.

[54] S. u. S. 34.

[55] In Ioan. 5, 24 tr. 22 n. 5.

mur, ne cum hoc mundo damnemur.« Sunt ergo secundum poenam,
qui iudicantur hic, ut parcatur illis ibi; sunt quibus parcitur hic,
ut abundantius torqueantur ibi. Das Interpretament zu V. 31 hat
kein eigenes sachliches Gewicht, es ist nur eingefügt, um die gleiche
Bedeutung von iudicari und corripi zu unterstreichen. Im Vordergrund steht für Augustin hier der Gedanke der Züchtigung, mit
der Gott schon in diesem Leben in väterlicher Weise straft, wie auch
der Apostel im Kontext der zitierten Stelle den Korinthern schreibt
(1. Cor. 11,30), daß einige unter ihnen wegen geschehener Vergehen
durch das flagellum Dei zurechtgewiesen worden sind, indem sie mit
Schwachheit, Krankheit und Tod geschlagen wurden. Ebenso hebt
der mitzitierte Vers 32 die Züchtigung durch Gott hervor. Zwar
könnte man auch die kirchliche Bußdisziplin, der sich der Mensch
mit dem Selbstgericht der Buße unterstellt, als Züchtigung Gottes
begreifen. Aber Augustin scheint ein väterlich züchtigendes Strafen
Gottes ganz allgemein ohne direkten Zusammenhang mit der Buße
zu meinen, so daß der Vers 31 ganz von dem folgenden Vers überdeckt wird und das seipsum iudicare praktisch heißt: sich von Gott
zurechtweisen lassen, seine Züchtigung annehmen und nicht verachten. Auch hier berührt Augustin das Verhältnis von gegenwärtigem und zukünftigem Gericht, aber nicht in der Unterscheidung
von Bußgericht und Gottesgericht, sondern in der Relation von
väterlicher Züchtigung und richterlicher Bestrafung: wer die erste
verwirft, wird die zweite zu spüren bekommen. Für diese Interpretation spricht die Beobachtung, daß Augustin an anderer Stelle
1. Cor. 11,31 f. zitiert als Stütze für die Behauptung, es sei besser,
eine zeitliche Strafe, womöglich den Tod, zu erleiden als nach dem
Tode ewig gestraft zu werden[56]. — Ein anderes Mal[57] nimmt
Augustin 1. Cor. 11,31 f. als Beleg dafür, daß auch im tempus misericordiae — das ist die Gegenwart im Unterschied zum eschatologischen tempus iudicii — das Gericht nicht fehlt. Welcher Art dieses
gegenwärtige, der Barmherzigkeit Gottes untergeordnete Gericht
sei, sagt Augustin nicht. Da er 1. Pt. 4,17 neben 1. Cor. 11,31 stellt,
ist anzunehmen, daß er eher an Züchtigungen Gottes als an das
Gericht der Buße denkt. — Augustin kann allerdings 1. Cor. 11,31,
gelöst vom vorhergehenden und folgenden Vers, in dem Sinne ver-

---

[56] De cura pro mortuis gerenda c. 7 n. 9 (CSEL 41, 635, 21 ff.). Hier wird
ebenso wie in dem eben besprochenen Joh.-Traktat 1. Cor. 11, 30 in den Gedankengang miteinbezogen.
[57] Enarr. in Ps. 118, 149 s. 29 n. 6.

stehen, daß die Selbstprüfung vor dem eschatologischen Strafgericht
Gottes bewahrt. Wenigstens zwei Stellen, die jedoch kein großes
Gewicht haben und nicht mit Ausführungen über die Buße zusammenhängen, zeigen das[58].

Prov. 18,17, die andere Stelle, die im Laufe der Geschichte immer
wieder zur Deutung des Bußgerichts herangezogen worden ist, begegnet nicht innerhalb der exegetisch-homiletischen Bußtheologie
Augustins. Außerhalb der Predigten zeigt Augustin einmal mit
dieser Stelle, verbunden mit 1. Joh. 1,8, daß der Gerechte, der sich
selbst anklagt und nicht behauptet, er habe keine Sünde, die Wahrheit spricht und damit selber bezeugt, daß auch der Gerechte nicht
ohne Sünde ist[59]. Ein anderes Mal läßt er bei der Zitation von
Prov. 18,17 noch mehr den Gedanken des Selbstgerichtes anklingen
und verwendet dabei sogar den Begriff iudicium in Kombination
mit dem anderen Begriff iustitia. Wer nicht von Gottes Geboten
abweicht und beharrlich mit seiner Sünde kämpft, der erwirbt sich
die Gerechtigkeit des Lebens im Glauben, der übt auch — sich selbst
zum Heil — das Gericht gegen sich selbst, indem er seine Sünden
verurteilt[60].

Das Gericht der Buße beschreibt Augustin manchmal psychologisch. Einen Anlaß dazu bietet ihm Ps. 49,21 »Arguam te, et constituam te ante faciem tuam«. Damit ist das Endgericht gemeint, in
welchem der Mensch mit seiner eigenen Sünde, die er sich jetzt verdeckt, konfrontiert werden wird. Während wir gegenwärtig uns
selber nicht erkennen wollen und dabei an uns Gefallen haben,
werden wir uns im Eschaton erkennen, wie wir sind, und mit uns
selber gestraft sein, weil uns dann keine Besserung mehr möglich sein
wird[61]. Darum werden wir ermahnt: Modo ergo tu fac, quisquis talis

---

[58] Ep. 209 (261) n. 10; rectract. prol. n. 2 (CSEL 36, 8, 3).

[59] De pecc. merit. et remiss. 2 c. 7 n. 8 (ML 44, 155 f.); Prov. 18, 17 mit der
Wendung »in sermonis exordio«.

[60] De perfect. iustitiae c. 11 n. 27 (ML 44, 305). Das Begriffspaar iudicium —
iustitia erscheint auch sermo 48 (de temp. 236) c. 2 n. 2; Prov. 18, 17 wird
hier jedoch nicht zitiert und iustitia wird anders gedeutet.

[61] Enarr. in Ps. 49, 21 n. 28: quid tibi facio arguendo te? Quid tibi faciam?
Modo te non vides; facio ut videas te. Quia si videres te, et displiceres tibi,
placeres mihi; quia vero non te videns placuisti tibi, displicebis et mihi et tibi;
mihi cum iudicaberis; tibi cum ardebis. Quid enim tibi faciam, inquit? »Constituam te ante faciem tuam.« Quid enim vis latere teipsum? In dorso tuo
tibi es, non te vides; facio ut te videas; quod post dorsum posuisti, ante faciem
ponam; videbis foeditatem tuam, non ut corrigas, sed ut erubescas. . . . Veniet
. . . et arguet, quando correctioni locus nullus erit. Das Stück ist auch über-

es, quod tibi minatur facere Deus. Tolle te a tergo tuo, ubi te videre non vis, dissimulans a factis tuis, et constitue te ante te. Ascende tribunal mentis tuae, esto tibi iudex, torqueat te timor, erumpat a te confessio, et dic Deo tuo (Ps. 50,5) »Quoniam iniquitatem meam ego agnosco, et delictum meum ante me est semper«. Quod erat post te, fiat ante te, ne tu ipse postea a Deo iudice fias ante te, et non sit quo fugias a te[62]. In dem zweifelhaft echten sermo 351[63] wird der innere Vorgang des Selbstgerichtes noch genauer in dem Bilde eines Gerichtsforums dargestellt. Die Rolle des Anklägers soll die cogitatio, das Denken übernehmen; das Gewissen tritt als Zeuge auf, und den Peiniger, der zum Geständnis nötigt, bildet die Furcht. Hat sich so das tribunal mentis konstituiert, wird es unter Tränen der Reue zum Schuldbekenntnis und zum Urteilsspruch kommen[64]. Niemand darf über andere richten, ohne daß er zuvor im tribunal mentis mit sich selbst ins Gericht gegangen ist, sich selbst durch die Furcht zum Geständnis gebracht, den Richtspruch seines eigenen Gewissens vernommen und büßend seine Sünde gestraft hat[65].

liefert im sermo supp. 53 (ad frat. in eremo sermo 51 = 50 hom. 2 = Caesar. Arelat. sermo 133) n. 2 f. Ebenso wird Ps. 49, 21 im sermo 17 (50 hom. 28) c. 5 n. 5 auf das Endgericht gedeutet, ohne daß dort in Analogie dazu das Bußgericht erwähnt wird.

[62] Enarr. in Ps. 49, 21 n. 28 mit der in A. 61 genannten Parallelüberlieferung. Vgl. sermo 20 (ex Sirm. 3) n. 2: Peccatum tuum iudicem te habeat, non patronum. In tribunal mentis tuae ascende contra te, et reum constitue te ante te. Noli ponere te post te, ne Deus ponat te ante se. Ideo dicit in eodem Psalmo (50, 5), unde facillimam impetret veniam: »Quoniam ... peccatum meum ante me est semper.« Tanquam dicens: Quoniam ante me est, ne sit ante te.

[63] Vgl. A. 52.

[64] Sermo 351 (50 hom. 50) c. 4 n. 7 (es wird an 1. Cor. 11, 31 angeknüpft, s. o. A. 53): Ascendat itaque homo adversum se tribunal mentis suae, si timet illud quod »oportet nos exhiberi ante tribunal Christi ...« (2. Cor. 5, 10). Constituat se ante faciem suam, ne hoc ei postea fiat. Nam minatur hoc Deus peccatori dicens (Ps. 49, 21): »Arguam te, et statuam te ante faciem tuam.« Atque ita constituto in corde iudicio, adsit accusatrix cogitatio, testis conscientia, carnifex timor. Inde quidam sanguis animi confitentis per lacrimas profluat. Postremo ab ipsa mente talis sententia proferatur, ut se indignum homo iudicet participatione corporis et sanguinis Domini, ut qui separari a regno coelorum timet per ultimam sententiam summi iudicis, per ecclesiasticam disciplinam a sacramento coelestis panis interim separetur. Vgl. A. 65.

[65] Sermo 13 (de temp. 94) c. 6 n. 7: Iudex esse vis ... Prius propter te esto iudex in te; prius iudica de te, ut de penetrali conscientiae securus procedas ad alterum. In te ipsum redi, te attende, te discute, te audis. Ibi te volo probare integrum iudicem, ubi non quaeris testem. ... intus iudica. ... si tuae

Aufs Ganze gesehen, liegt Augustin offenbar nicht viel daran, die Buße als Gericht vor dem tribunal mentis zu schildern. Mehr Gewicht legt er darauf, daß der Mensch in der Buße zu einem anderen inneren Verhältnis zu seiner Sünde kommt. Das zeigte schon die Art, wie er von der confessio peccatorum und dem accusare seipsum im Gegensatz zu der defensio peccatorum und dem excusare seipsum redet. Wer seine Sünden bekennt und sich selbst anklagt, hat keinen Gefallen mehr an seiner Sünde; er verfolgt sie mit Haß und Zorn. Das ist die Wendung des Willens oder Affektes gegen die Sünde, durch die für Augustin in der Buße das Gericht Gottes gegenwärtig zur Geltung gebracht wird. Dadurch kommt es zu einer Übereinstimmung mit Gott. Gott haßt die Sünde; seinen heiligen Willen, der die Sünde nicht duldet und nach der Ordnung der Gerechtigkeit ihre Bestrafung fordert, setzt er spätestens im eschatologischen Strafgericht durch, dann aber gegen den Willen des Menschen, der in seiner Sünde beharrt, und der darum in Einheit mit seiner Sünde die ewige Strafe erleiden muß. Durch das mit Gottes Willen übereinstimmende, willentlich affektive Vorgehen gegen die eigene Sünde eröffnet sich dem Menschen die Möglichkeit, vor Gott zu bestehen[66]. Das ist ungefähr die Quintessenz aus verschiedenen Äußerungen Augustins, für die stellvertretend folgende stehen möge: Quid est, odio habere mala tua? Poenitendo confiteri peccata tua. Omnis enim poenitens, et peccata sua poenitendo confitens, irascitur sibi; et quodam modo poenitendo vindicat in se quod displicet sibi. Deus enim odit peccatum. Si et tu oderis in te quod et Deus odit, interim aliqua voluntate coniungeris Deo, dum hoc in te odisti quod odit et Deus[67]. Bei allen Aussagen, die auf Gottes eschatologisches Gerichtshandeln zielen, tritt der temporale Aspekt und die bildliche Vorstellung ganz zurück. Entscheidend ist für Augustin, ob sich der Mensch in der Sünde von Gott löst und womöglich in dieser Trennung ewig verdammt wird, oder ob er in jener Abhängigkeit von Gott lebt, zu der er sich in der confessio

---

mentis tribunal ascendisti, si te ipsum ante te ipsum in eculeum cordis suspendisti, si graves tortores adhibuisti timoris, bene audisti si sic audisti; et procul dubio poenitendo peccatum punisti ... et tamen tibi pepercisti.

[66] Als Kern des S. 28 f. interpretatorisch eingeführten Person-Begriffes muß also der Wille gedacht werden. Der menschliche Wille ist von Gottes Willen ontologisch abhängig. Augustins Willensmetaphysik schimmert durch.

[67] Sermo 29 (de div. 3) c. 5 n. 6 Vgl. enarr. in Ps. 44, 8 n. 18, in Ps. 50, 13 n. 16, in Ps. 75, 3 n. 3, in Ps. 84, 13 n. 15, in Ps. 128, 4 n. 9, in Ps. 140, 5 n. 14; in Ioan. 3, 19 tr. 12 n. 13. Ähnlich enarr. in Ps. 58,6 s. 1 n. 13.

bekennt, ob er durch den Einklang seines Willens mit dem Willen
Gottes sich in die geschöpfliche Seinsordnung einfügt und durch
Gottes Gnade selber zum Guten erhoben wird. Man trifft Augustin
deshalb nicht recht, wenn man sagt, in der confessio und in den
Akten der Buße werde das eschatologische Gericht vorweggenommen. Es ist eher so, daß Gottes Strafgericht im tieferen Sinne »aufgehoben« oder »abgewendet« wird, weil das sündige Mißverhältnis
zu Gott, das eschatologisch als Verdammnis unaufhebbar wird, zum
Guten gewendet, in Harmonie mit Gott ummoduliert wird. Da in
der Buße eine spiritual tödliche Disharmonie in eine geistlich lebens-
trächtige Harmonie aufgelöst wird, ist Augustins Bußtheologie nicht
von düsteren Klängen beherrscht. Was der Büßende als Strafgericht
an der Sünde zu vollziehen hat, besteht im Grunde rein in dem
willensmäßig affektiven Verabscheuen und Hassen der Sünde. Allerdings muß dieser auf Harmonie gestimmte Klang aus der Bußtheologie schwinden, sobald der tragende, für Augustin charakteristische Gottesgedanke zurücktritt. Darum sind bereits bei Augustin
selber dort andere, weniger reine Klänge vernehmbar, wo er kirchliche Gegebenheiten nicht in seiner eigentümlichen Weise theologisch
durchdringt.

Augustin kann mit größerem Nachdruck auf das zukünftige Endgericht hinweisen, wenn er denen unter seinen Predigthörern die
Furcht vor dem Sündenbekenntnis nehmen will, die noch nicht mit
der Taufe ein Bußbekenntnis abgelegt haben, oder die nach ihrer
Taufe wieder in Sünden gefallen sind[68]. Die Furcht vor der confessio
wird geringer werden, wenn man bedenkt, daß man seine Sünden
nicht einem menschlichen Richter bekennen muß, von dem man nach
dem Geständnis noch die Strafe zu gewärtigen hat, daß man vielmehr mit dem Bekenntnis vor Gott hintritt, der darauf mit seiner
helfenden Güte antwortet[69].

Immer wieder erklingt in Augustins Predigten der Ruf zur Buße
in einer vielfältigen Aufforderung, die Sünde zu bekennen, die
eigene Schuld anzuerkennen, sich selbst anzuklagen, die Sünde bei
sich selber zu verabscheuen. Es ist in allerlei Variationen die Mahnung zu all dem, was zusammenfassend als Buße begriffen werden

---

[68] Enarr. in Ps. 66, 4 n. 6: Confiteri times Deo, ne confessum damnet? Si non
confessus lates, confessus damnaberis. Times confiteri, qui non confitendo
esse non potes occultus; damnaberis tacitus, qui posses liberari confessus.
[69] Enarr. in Ps. 66, 4 n. 7. Zur Ausführung des Gedankens im Bilde vom Arzt
vgl. S. 42 f.

kann, obwohl dieser Begriff in den besprochenen Texten so gut wie ganz fehlt.

Wie Augustin unermüdlich zur Buße ermahnt, so ermutigt er gleichzeitig dazu, indem er mit derselben Vielfalt die Verheißung schildert, die von seiten Gottes der Buße gegeben ist. Verheißen ist die barmherzige Herablassung Gottes zu dem Menschen, der seine Schuld auf sich nimmt. Verallgemeinernd läßt sich das, was Augustin seinen Predigthörern in nuancenreicher Redeweise ans Herz legt, als die Korrespondenz von menschlicher Buße und göttlichem Gnadenhandeln begreifen.

Die verschiedenen Fäden aus dem Bereich der exegetisch-homiletischen Bußtheorie Augustins sind zusammengefaßt in dem Begriff der humilitas und in dem Gegenbegriff der superbia, die jedoch beide nicht theoretisch als Allgemeinbegriffe angesetzt und entfaltet werden[70]. Unter der humilitas versteht Augustin gewiß noch mehr als nur die bisher mit der inneren Umkehr beschriebenen Bußakte. Doch sind gerade diese Akte[71] Ausdruck der Demut, oder besser der Niedrigkeit und Erniedrigung des Menschen. Der Begriff der humilitas ist noch umfassender als der Begriff der confessio, der bereits in seinem Doppelsinn von confessio laudis und confessio peccatorum alles erfaßt, was der Mensch als Sünder wie als geschaffenes und begnadetes Wesen Gott, dem Ursprung alles Guten, schuldet und verdankt. Sind in der confessio die Akte der inneren Umkehr beschlossen, so bildet die Haltung, die der Mensch gegenüber Gott in der Buße einnimmt, den Kern der humilitas. Das Entsprechende gilt von den Konträrbegriffen der defensio peccatorum und der superbia. Die humilitas und superbia bezeichnen zwei Grundhaltungen des Menschen, die in der confessio peccatorum einerseits und der defensio peccatorum anderseits hervortreten[72]. Wie Gottes Handeln diesen beiden Grundhaltungen des Menschen korrespondiert, wird mit einigen zentralen Bibelworten gesagt.

---

[70] Das kann hier nur angedeutet werden. Eine umfassende Darstellung bietet O. Schaffner: Christliche Demut. Des heiligen Augustinus Lehre von der humilitas, 1959. Einen Hauptgesichtspunkt in Augustins Verständnis der superbia behandelt W. M. Green: Initium omnis peccati superbia. Augustine on pride as the first sin, Univ. of Calif. Public. in class. philol. 13, 13, 1949.

[71] Es wird von Akten gesprochen, obwohl die mittelalterliche Reflexion über Seelen-Potenz, -Habitus und -Akt noch aussteht.

[72] Vgl. enarr. in Ps. 31, 4 en. 2 n. 14; im Zusammenhang einer Deutung des Gleichnisses vom Pharisäer und Zöllner (Lc. 18, 10 ff.) heißt es vom Pharisäer: Noluit humilari confessione iniquitatis suae.

Voran steht das Gleichnis vom Pharisäer und Zöllner (Lc. 18,
10—14), mit dem ein Satz verbunden ist, der als Skopus des ganzen
Gleichnisses verstanden wird: omnis qui se exaltat, humiliabitur;
et qui se humiliat exaltabitur (Lc. 18,14, vgl. Mt. 23,12). Auch etliche andere Bibelstellen reden davon, daß Gott den Demütigen in
Gnaden annimmt, aber den Hochmütigen erniedrigt[73]. Diese biblischen Sätze sind tragende Pfeiler in Augustins Bußtheologie; sie
werden von ihm im Sinn einer Korrespondenz menschlichen und
göttlichen Handelns verstanden, die zuweilen synergistisch zu sein
scheint, jedoch nach den tiefsten Intentionen der augustinischen
Gnadenlehre nicht so gedacht ist[74]. Wer die confessio leistet, erniedrigt sich selbst; wer aber die confessio verweigert, wird von Gott
als ein Hochmütiger betrachtet und verworfen: bonus est cui confitentur; ad hoc exigit confessionem, ut liberet humilem; ad hoc
damnat non confitentem, ut puniat superbum[75]. In der Demut anerkennt der Mensch seine Abhängigkeit von Gott, der ihn wie alles
naturhaft Gute geschaffen hat, ihm alles sittlich Gute mitteilt, ihn
durch das geistliche Gut der Gnade von seiner inneren Sündenverderbnis heilt und ihn instand setzt, in Übereinstimmung mit
Gott zu leben und zu handeln. Der Hochmütige hingegen will sich
in der Unabhängigkeit von Gott behaupten; in der Absage an Gott,
den Urquell alles Guten, verdirbt er jedoch alles Gute an sich selbst
und den Dingen, mit denen er umgeht.

3. Buße und Rechtfertigung

Auf welche Weise verschafft Gott das Heil dem Menschen, der
mit dem Bekenntnis seiner Sünden sich selbst erniedrigt? Augustin
möchte seinen Predigthörern klarmachen, daß sich ihnen in der
confessio und überhaupt in der humilitas der Weg zum Heil auftut,

---

[73] Vgl. 1. Pt. 5, 5 und Jac. 4, 6: Deus superbis resistit, humilibus autem dat
gratiam. Lc. 1, 51 f.: dispersit superbos mente cordis sui. Deposuit potentes
de sede, et exaltavit humiles. Ps. 17, 28: tu populum humilem salvum facies,
oculos superborum humiliabis. Ps. 146, 6: Suscipiens mansuetos Dominus,
humilians autem peccatores usque ad terram. 1. Reg. 2, 7: Dominus ... humiliat et sublevat. Vgl. Ps. 74, 8, Iob 5, 11, Eccli. 10, 17.

[74] Schon einige der zugrunde liegenden Bibelstellen lassen durch ihre Formulierung ein synergistisches Mißverständnis leicht aufkommen. — In ZThK 62,
1965, S. 357 A. 77 distanziert sich auch U. Duchrow von »dem im nachkan-
tischen Protestantismus beliebten Verdikt gegen Augustins ... angeblich verdienstliche Selbstverdemütigung«.

[75] Enarr. in Ps. 66, 6 n. 7.

den sie sich durch die superbia mit ihrer defensio peccatorum verschlossen halten. Daß der Ausblick auf das Endgericht durch die Buße verändert wird, weil in ihr das Strafgericht Gottes aufgehoben wird, ist bereits dargelegt worden. Mehr Bedeutung hat für Augustin die gegenwärtige Veränderung, die der Mensch selber erfährt. Im Urteil des Menschen über die eigene Sünde bringt die Buße die Abrechnung mit einer verkehrten Vergangenheit und öffnet das Tor zu einem neuen Leben. Das bisherige Urteil des Menschen über sein eigenes wie über Gottes Handeln war verkehrt; als iudicium perversum war es ein vitium. Was vom Menschen hingegen als bonum gefordert wird, ist das facere iudicium (Micha 6,8). Sich selbst soll der Mensch im iudicium Gott darbringen, indem er in sich selbst und über sich selbst das richtige Urteil fällt[76]. Quomodo iudicium in te ipso? Ut displiceas tibi quod eras, et possis esse quod non eras. Iudicium, inquam, de te ipso in te ipso sine acceptione personae tuae, ut non parcas peccatis tuis, nec ideo tibi placeant, quia tu facis; nec te laudes in bonis tuis et Deum accuses in malis tuis. Hoc enim est perversum iudicium, et ideo nec iudicium ... si autem perversum, non iudicium, sed vitium[77]. Deutlich setzt das iudicium eine Zäsur zwischen Vergangenheit und Zukunft. Der Büßende verurteilt schonungslos seine vergangenen Sünden. Das erschließt ihm die Möglichkeit zu einem neuen tugendhaften Leben. Was nun der Vergangenheit angehört, sind nicht nur die peccata, sondern auch deren Entschuldigung. Das frühere, verkehrte Urteil wird in ein gerechtes

---

[76] Sermo 48 (de temp. 236) c. 2 n. 2 (zu Micha 6, 6 ff.): Quaerebas quid offerres pro te: offer te. Quid enim Dominus quaerit a te, nisi te? Quia in omni creatura terrena nihil melius fecit te. Quaerit a te, quia tu perdideras te. Si autem facias quod iussit, invenit in te iudicium et iustitiam: iudicium primo in te ipso, iustitiam ad proximum tibi. Die hier angedeutete Auslegung des facere iustitiam in Entsprechung zum facere iudicium liefert Augustin im sermo 49 (de temp. 237) durch Exegese von Mt. 20, 1 ff.: es gilt, den Nächsten als Menschen zu lieben, aber sein Laster zu verabscheuen (ebd. c. 5 n. 5, c. 7 n. 7); das geschieht als imitatio Christi (c. 8 f. n. 9 f.) im Weinberg des Herrn, scil. in der Kirche; dieses facere konstituiert zusammen mit dem credere (dem »Credo« des Taufsymbols) die fides, die so das Werk der Arbeiter im Weinberg darstellt (c. 2 n. 2; hier muß der Kontext beachtet werden bei den Zitaten Joh. 6, 29 und Röm. 1, 17 und der Gleichung fides = credere in Christum = iustitia = opus Dei). — Enarr. in Ps. 105, 3 n. 4 deutet Augustin die beiden Wendungen iudicium custodire und iustitiam facere auf das rechte, an die Normen der Gerechtigkeit gebundene richterliche Urteilen und auf die Rechtschaffenheit eines löblichen Lebenswandels.

[77] Sermo 48 (de temp. 236) c. 2 n. 2. Vgl. enarr. in Ps. 75, 11 n. 14 (ebd. n. 15 über das fortdauernde Gedenken an die vergangenen Sünden), in Ps. 99, 2 n. 5.

Urteil umgewandelt. Hat der Mensch in seinem verwerflichen Urteil
sich selbst in seinen bona gerühmt und Gott wegen der mala beschuldigt, so klagt er nun im gerechten Urteil sich selber in seinen mala
an und lobt Gott in seinen bona[78]. In der Umkehrung des Urteils
über die bona und mala und deren Beziehung auf Gott und Mensch
ist das Gericht über die eigene Vergangenheit eingeschlossen und
ein neues Leben ermöglicht.

Zwei Linien müssen auseinandergehalten werden. Einmal setzt
die confessio peccatorum einen Schlußstrich unter vergangene
Sünden und leitet ein neues Leben in guten Taten ein. Zum andern
bedeutet die confessio peccatorum, verbunden mit der umfassen-
deren confessio laudis, den Wechsel von der superbia zur humilitas:
eine neue Einschätzung der bona und mala in ihrer Zuordnung zu
Gott und Mensch ist gewonnen. Obgleich sich beide Linien miteinander verschlingen, sind sie doch zu unterscheiden. Die erste Linie
soll noch etwas stärker ausgezogen werden.

Die confessio peccatorum führt auf den Heilsweg zu Gott, der
durch das Endgericht hindurch in die Vollendung einmündet. Sie
führt heraus aus der Gottesferne und aus der Gott-Unähnlichkeit
(dissimilitudo), hin zu einem neuen Verbundensein mit Gott und
schließlich hin zur Vollendung in der Schau Gottes. Sie schafft wieder
Eintracht mit Gott; durch sie erhält Gott wieder Raum im Herzen
des Menschen[79]. Ps. 146,7, in der Augustin bekannten Textfassung
»Incipite Domino in confessione«[80], unterstreicht die Bedeutung der
confessio peccatorum als Wegbereiterin des Heils: Quid est »Incipite Domino in confessione«? Incipit adiungi Deo. Quomodo? Ut
hoc vos displiceat quod et illi displicet. Displicet illi vita tua mala;
si placeat tibi, disiungeris ab illo; si displiceat tibi, per confessionem
illi coniungeris[81]. Mit dem Mißfallen an sich selbst beginnt auch die

---

[78] Sermo 48 (de temp. 236) c. 2 n. 2: Vis ergo facere rectum iudicium . . .?
. . . Deum lauda in bonis tuis, te accusa in malis tuis. Cum tibi ergo perversus
displicueris, teque illo qui creavit adiuvante correxeris, rectus servabis iustitiam.
Placebit enim tibi Deus, si rectus fueris. Non discrepabis a recto nisi pravus
atque perversus, rectus autem recto convenies, et sine dubio tibi placebit Deus.
[79] Enarr. in Ps. 75, 3 n. 3: Deum vis videre? Prius confitere tu, et sic in teipso
fit locus Dei, quia factus est »in pace locus eius« (Ps. 75, 3). Quamdiu ergo
non confiteris peccata tua, quodammodo rixaris cum Deo; quomodo enim
non cum illo litigas, qui quod illi displicet laudas? . . . Et quomodo incipis
pacem habere cum Deo? Incipis illi in confessione (folgt Zitat Ps. 146, 7).
[80] Ps. 146, 7 Vg.: Praecinite Domino in confessione.
[81] Enarr. in Ps. 75, 3 n. 3. Vgl. enarr. in Ps. 99, 4 n. 16: a confessione incipite . . .
Confitemini vos non factos a vobis, laudate eum a quo facti estis. Ab illo sit

Wiederherstellung der imago Dei, mit deren Entstellung durch die
Sünde sich der Mensch das Wohlgefallen Gottes verscherzt hat[82].
Gott antwortet mit seiner Barmherzigkeit und gewährt dem, der
seine Sünden bekennt, die indulgentia. Er ist bereit, dem Menschen
die Sünden zu verzeihen, wenn der Mensch durch die confessio
seinen Schoß öffnet für das Geschenk der göttlichen Barmherzigkeit,
und wenn er der Nachsicht Gottes nicht mehr mit der defensio
peccatorum einen Riegel vorschiebt[83]. Gott will das zudecken, was
der Mensch ihm offen darlegt[84]. Besonders gern zitiert Augustin in
diesem Zusammenhang Ps. 50,5 »iniquitatem meam ego agnosco«.
Wer im Sinne dieses Wortes seine Sünde anerkennt, dem wird sie
von Gott verziehen. Darum ermahnt Augustin seine Hörer: tu
agnosce, ut ille ignoscat[85]. Augustin kennt hier wie bei der Bestra-

bonum tuum, a quo recedens fecisti malum tuum . . . Porta, id est initium,
confessio tibi sit (folgt Zitat Ps. 146, 7). Enarr. in Ps. 146, 7 n. 14: »Incipite
Domino in confessione.« Hinc incipe, si vis pervenire ad intelligentiam perspi-
cuam veritatis. Si vis a via fidei perduci ad possessionem speciei, incipe in
confessione. Te prius accusa; te accusato, Deum lauda. Invoca quem nondum
nosti, ut veniat et sciatur, non ut ipse veniat, sed ut te ad se perducat.

[82] Enarr. in Ps. 75, 3 n. 3: Vide ex quanta parte dissimilis es, quando utique
propter dissimilitudinem displices. Factus enim es, o homo, ad imaginem
Dei; per vitam vero perversam et malam perturbasti in te et exterminasti in
te imaginem conditoris tui. Factus dissimilis, attendis in te, et displices tibi;
iam ex eo coepisti similis fieri, quia hoc tibi displicet quod displicet et Deo.
Vgl. enarr. in Ps. 146, 7 n. 14 (von den mali wird gesagt): Dissimiles facti
recesserunt; reformati redeant. Unde, inquit, reformabimur? quando reformabimur? »Incipite Domino in confessione.« Post confessionem quid? Sequantur bona opera.

[83] Enarr. in Ps. 50, 10 n. 13: Peccasti, quid defendis te? . . . commissum est, non
defendatur, in confessionem veniat, non in defensionem. Adhibes te defenso-
rem peccati tui, vinceris; . . . non est tibi utilis defensio tua. Quis es enim qui
te defendas? Idoneus es tu ad accusandum te. . . . paratus est Deus dare indulgentiam, claudis contra te; ille paratus est dare, noli opponere obicem defensionis, sed aperi sinum confessionis. Vgl. sermo supp. 253 (50 hom. 12 =
Caesar. Arelat. sermo 59) n. 4: Deus confitenti tanquam in apertum sinum
indulgentiam paratus erat dare; excusas, claudis sinum, includis peccatum,
excludis indulgentiam peccati.

[84] Enarr. in Ps. 31, 4 f. en. 2 n. 15.

[85] Enarr. in Ps. 44, 8 n. 18. Vgl. in Ps. 31, 5 en. 2 n. 15, in Ps. 32, 13 en. 2 s. 2 n.
19, in Ps. 39, 12 f. n. 20, in Ps. 84, 12 n. 14, in Ps. 122, 1 n. 3; in Ioan. 3, 19
tr. 12 n. 13; sermo 19 (ex Sirm. 4) n. 2, sermo 20 (ex Sirm. 3) n. 2, sermo 113
(de verb. dom. 35) c. 2 n. 2, sermo 278 (de div. 34) n. 12, sermo supp. 53
(50 hom. 2 = ad frat. in eremo sermo 51 = Caesar. Arelat. sermo 133) n. 3,
sermo supp. 253 (50 hom. 12 = Caesar. Arelat. sermo 59) n. 1, sermo 351 (50
hom. 50) c. 4 n. 7; in 1. Ioan. 1, 9 tr. 1 n. 6. Ähnlich enarr. in Ps. 7, 18 n. 19,
in Ps. 31, 2 en. 2 n. 12, in Ps. 94, 2 n. 4; sermo supp. 254 (de temp. 66) n. 2.

fung der Sünde geradezu ein Entweder-Oder: entweder Gott wird
die Sünde als deren Richter erkennen, oder der Mensch erkennt sie
selber; dann verzichtet Gott aus Barmherzigkeit auf sein Erkennen,
sein ignoscere ist ein non agnoscere[86]. Gott sieht die Sünde nicht an,
sobald der Mensch nicht mehr die Augen vor seiner Sünde verschließt[87].

Die confessio peccatorum ist notwendig, damit Gott gleichsam
als Arzt den Menschen heilen kann. Denn der Sünder gleicht dem
Kranken, der dem Arzt seine Wunden aufdecken muß, weil der
Arzt, obwohl er die Wunden kennt, doch nur dem hilft, der sie
ihm zur Heilung offen darbietet. Wer nicht mit dem Sündenbekenntnis Gott seine Wunden zeigt, gibt ihm nicht die Möglichkeit,
heilend einzugreifen. Wunden, die wir aus Stolz verbergen, kann
Gott nicht verbinden[88]. Der vermessene Wahn, gesund zu sein und
keiner Hilfe zu bedürfen, ist die äußerste Sünde der superbia, die
den Pharisäer von Lc. 18,10 ff. kennzeichnet[89]. Zeigt man in der confessio peccatorum dem Arzt die Wunden und ermöglicht ihm damit,
heilend einzugreifen, so dankt man ihm in der confessio laudis für
die empfangene Heilung[90]. Die Last, Unruhe, Qual des schuldbela-
denen Gewissens wird mit einem Eitergeschwür verglichen. Worte,
die das Gewissen treffen, oder eine Bedrängnis, in der uns das Gewissen anklagt, sind gewissermaßen Mittel, mit denen der göttliche
Arzt das Eitergeschwür zum Aufbrechen bringen will. Durch die
confessio kann dann der Eiter abfließen; das Gewissen wird frei von
der Schuld. Wir können uns freuen, daß nun die eigentliche Heilung
eintreten wird. Es heißt nicht: Du bist geheilt, sondern: tristis esto
antequam confitearis; confessus exsulta, iam sanaberis, und: iam
exsulta, iam laetare; quod reliquum est facile sanabitur[91]. Der Ver-

---

[86] Enarr. in Ps. 74, 2 n. 2: si (sc. Deus) agnoscit, non ignoscit. Melius ergo ignoscit, quam agnoscit. Quid est enim ipsum ignoscere, nisi non noscere? Quid
est non noscere? Non animadvertere; nam et vindicantis solet dici animadversio. Sermo 20 (ex Sirm. 3) n. 2. Vgl. enarr. in Ps. 32, 13 en. 2 s. 2 n. 19;
vgl. die Stellen von A. 87.
[87] Enarr. in Ps. 44, 8 n. 18, in Ps. 50, 11 n. 14; in Ioan. 3, 19 tr. 12 n. 13; enarr.
in Ps. 32, 13 en. 2 s. 2 n. 19, in Ps. 31, 2 en. 2 n. 9; sermo 20 (ex Sirm. 3) n. 2.
[88] Enarr. in Ps. 31, 2 en. 2 n. 12 (vgl. n. 9), in Ps. 50, 5 n. 8; sermo 351 (50 hom.
50) c. 1 n. 1.
[89] Enarr. in Ps. 39, 12 f. n. 20; sermo 137 (de verb. Dom. 49) c. 4 n. 4.
[90] Enarr. in Ps. 117, 21 n. 16: ostenditur laudis esse ista confessio, non vulnera
medico ostendens, sed de percepta sanitate gratias agens.
[91] Enarr. in Ps. 66, 5 f. n. 7. Vgl. sermo supp. 253 (50 hom. 12 = Caesar. Arelat.
sermo 59) n. 5: Sanat te Deus; confitere tantum vulnus tuum ... Sanaberis

gleich mit dem Kranken und dem Arzt will die Bedeutung der confessio unterstreichen[92]. Auch in diesem Vergleich ist die confessio das Tor zum neuen Leben, der Akt, der zwischen Altem und Neuem eine Zäsur setzt, der die Möglichkeit zu dem neuen, von Gott gewirkten Leben gibt.

Die confessio ist nicht hinreichender Inbegriff des neuen Lebens. Das Neue, jene sanitas, die Gott bei dem confessus schafft, ragt noch darüber hinaus. Es soll festgehalten werden: die Buße, speziell die confessio, bedeutet durch Gottes Barmherzigkeit den Anfang einer Heilung. Inwiefern ist sie der Anfang? Und worin besteht die eigentliche Heilung? Den Anfang der Heilung bildet die Vergebung der Sünde, die Gott aus Barmherzigkeit schenkt. Wird die Krankheit am Gewissen aufgewiesen, so wird die beginnende Heilung als Befreiung des Gewissens von dem quälenden Schuldgefühl erfahren[93]. Die Erfahrung des Gewissens erwähnt Augustin jedoch nur selten. Im allgemeinen begnügt er sich damit, von Gottes Vergebung der Sünden[94], von seiner venia[95] und indulgentia[96], von seinem ignoscere[97] zu sprechen. Das gleiche ist gemeint, wenn er davon redet, daß sich Gott in seiner Barmherzigkeit als unser Befreier (liberator) erweist, wenn wir ihm die Sünden bekennen. Dabei denkt Augustin offenbar an die Befreiung aus den Sünden. Miteingeschlossen ist der Ausblick auf das zukünftige Gericht, in welchem der Fromme in Gott einen Anwalt gegen die Anklage des Widersachers finden wird[98]. Christus erscheint nur am Rande; ihm als dem Dominus wird

---

     autem, si ostendas te medico; non quia ille non videt, si tu te abscondas; sed ipsa confessio initium sanitatis est.

[92] Sermo 20 (ex Sirm. 3) n. 2. Sermo supp. 254 (de temp. 66) n. 1: Hortatur nos saepius sancta scriptura ad medicamenta fugere confessionis, non quod Deus indigeat confessione nostra, cui omnia praesto sunt quae cogitamus, loquimur aut agimus, sed nos aliter salvi fieri non possumus, nisi confiteamur poenitentes, quod inique gessimus negligentes. Vgl. ebd. n. 2 und sermo supp. 253 (50 hom. 12 = Caesar. Arelat. sermo 59) n. 1. 4.

[93] Enarr. in Ps. 66, 5 f. n. 7.

[94] Enarr. in Ps. 140, 4 n. 8, in Ps. 31, 5 en. 2 n. 15. In 1. Ioan. 1, 9 f. tr. 1 n. 7: Fidelis enim est et iustus, ut dimittat nobis delicta nostra, si semper tibi displiceas. Vgl. enarr. in Ps. 84, 12 n. 14.

[95] Sermo 113 (de verb. Dom. 35) c. 2 n. 2, sermo supp. 53 (50 hom. 46) n. 1, sermo supp. 254 (de temp. 66) n. 2. 3.

[96] Enarr. in Ps. 50, 10 n. 13, Enarr. in Ps. 91, 2 n. 3: accusa te, ut accusatione tua Dei misericordiam merearis . . . Te accusa, et accipis indulgentiam. Sermo supp. 253 (50 hom. 12 = Caesar. Arelat. sermo 59) n. 2. 4.

[97] Vgl. A. 85 f.

[98] Enarr. in Ps. 140, 4 n. 11, in Ps. 68, 16 s. 1 n. 19, in Ps. 31, 2 en. 2 n. 12, in

dasselbe Handeln wie Gott beigelegt: er tritt für den Menschen ein,
der sich selber richtet; er befreit den, der sich selber straft; er verteidigt den, der sich selber anklagt[99].

Es bleibt zu fragen: in welcher Konkretion sieht Augustin den
Gesamtprozeß der Heilung, der schon mit der confessio begonnen
hat? Wo hat hier die Rechtfertigung des Menschen ihren Ort?
Ps. 84,12 »Veritas de terra orta est« wird von Augustin nicht nur
christologisch gedeutet[100], sondern auch auf die confessio peccatorum
bezogen: in ihr soll vom homo peccator die Wahrheit ausgehen[101].
Obwohl wir Sünder sind, können wir doch die Wahrheit sagen,
indem wir unsere Ungerechtigkeit eingestehen. Würden wir sagen,
daß wir sündlos und gerecht seien, so sprächen wir nicht die Wahrheit (1. Joh. 1,8). Wahrheit liegt auch in den Worten des Zöllners
(Lc. 18,13): »Domine, propitius esto mihi peccatori«. Bei ihm wie
bei jedem, der seine Sünde eingesteht, trifft auch die Fortsetzung
von Ps. 84,12 zu: »iustitia de coelo prospexit«; denn er wurde von
Gott gerechtfertigt (Lc. 18,14). Wie nach 1. Joh. 1,8 in der confessio
peccatorum die vom Menschen aufzubietende Wahrheit liegt, so
wird mit dem folgenden Vers (1. Joh. 1,9) der Zusammenhang
zwischen dieser veritas und der von Gott ausgehenden, rechtfertigenden iustitia bezeugt: »Si confiteamur peccata nostra, fidelis est
et iustus, ut remittat nobis peccata, et purget nos ab omni iniquitate.«[102] Augustin interpretiert die von Gott geschenkte iustitia zunächst mit seinen homiletisch gefaßten Formeln, nach denen Gott
auf die Buße des Menschen mit seinem gnädigen Handeln antwortet: Parcamus huic homini, quia ipse sibi non pepercit; ignoscamus,
quia ipse agnoscit. Conversus est ad puniendum peccatum suum;
convertar et ego ad eum liberandum[103]. Der folgende Ps.-Vers
(84,13) »Etenim Dominus dabit suavitatem, et terra nostra dabit
fructum suum« veranlaßt Augustin zu einer weitergehenden Beschreibung der von Gott mitgeteilten Gerechtigkeit. Besteht Gottes
Gerechtigkeit zunächst darin, daß Gott sich uns nach unserem Be

---

Ps. 66, 4 n. 6, in Ps. 66, 5 f. n. 7; sermo 67 (de verb. Dom. 8) c. 2 n. 4; enarr.
in Ps. 84, 12 n. 14, in Ps. 145, 2 f. n. 2. Gott als defensor in einigen der eben
genannten Stellen (neben liberator) und enarr. in Ps. 74, 1 n. 2; sermo 20
(ex Sirm. 3) n. 2.
[99] Enarr. in Ps. 31, 2 en. 2 n. 12.
[100] Enarr. in Ps. 84, 12 n. 13.
[101] Enarr. in Ps. 84, 12 n. 14: Confitere peccata tua, et orietur de te veritas.
[102] Enarr. in Ps. 84, 12 n. 14.
[103] Enarr. in Ps. 84, 12 n. 14.

kenntnis mit seiner Nachsicht zuwendet, so erscheint die Gerechtigkeit Gottes dann als die iustificatio, in der uns Gott zu rechtschaffenem Handeln befähigt. Zuerst heißt es: du kannst nicht aus einem impius zu einem pius werden, wenn es nicht Gott bewirkt; gleich darauf heißt es: du wirst keine gute Frucht hervorbringen, wenn Gott, dem du dein Bekenntnis ablegst, sie nicht gibt. Durch diesen Prozeß kommt der Mensch zu der Glaubenserkenntnis, daß Gott den Gottlosen rechtfertigt (Röm. 4,5), indem er durch das tugendhafte, mit dem Sündenbekenntnis anfangende Leben aus dem impius einen pius macht[104]. In der Auslegung der Ps.-Worte (84,13) »Dominus dabit suavitatem« beschreibt Augustin den in der Buße sich vollziehenden Übergang von der Sünde zur Gerechtigkeit. Wenn wir begonnen haben, unsere Sünden zu hassen und sie Gott zu bekennen, und wenn wir zugleich zu Gott um Hilfe flehen, sobald unerlaubtes Verlangen uns zur Ungerechtigkeit hinzuziehen droht, dann werden wir uns damit erwirken, daß Gott uns mit dem Verlangen erfüllt, rechtschaffen zu handeln. Das frühere Gefallen an der Ungerechtigkeit wird ersetzt durch die Lust an der Gerechtigkeit. Darin geschieht der Übergang von einem lasterhaften, weltlichen Leben zu einem tugendhaften, christlichen. Dieser Wandel, der die iustificatio ausmacht, wird an Hand einiger Laster und Tugenden illustriert, wobei der christlich moralische Gesichtspunkt der Bußpredigt und Rechtfertigungslehre Augustins hervortritt[105]. Die mores werden von Grund auf dadurch gewandelt, daß die Kräfte des Willens und Affektes von den Lastern abgewendet und zur Gerechtigkeit hingelenkt werden. Solche innere Umwandlung bewirkt Gott; er schafft die suavitas, die delectatio, das gaudium an der Gerechtigkeit und ihren Tugenden. Denn er läßt durch die christliche Predigt auf das gepflügte Land — das sind die durch die confessio aufgeschlossenen Herzen — den Samen seines Wortes streuen. Wird das Wort mit Andacht und Aufmerksamkeit im Herzen festgehalten, so kann der Samen dort keimen. Und wie der Regen die Pflanze wachsen und Frucht bringen läßt, so kräftigt Gott durch verborgenes Einwirken auf verschiedenste Weise den guten Willen und läßt die guten Sitten entstehen[106]. Aus der Auslegung von Ps. 84,12 f. läßt sich mithin erkennen, welche Rolle der confessio im Zusammenhang mit

---

[104] Enarr. in Ps. 84, 13 n. 15. Ps. 84, 13 wird ausdrücklich als die Erläuterung von V. 12 b aufgefaßt.
[105] Enarr. in Ps. 84, 13 n. 15.
[106] Enarr. in Ps. 84, 13 n. 15.

der iustificatio zufällt: Gott kann den Willen, der sich ihm im
Sündenbekenntnis zugewendet hat, im Guten befestigen und mit
den Kräften eines rechtschaffenen Lebenswandels ausrüsten. Dieser
Vorgang der iustificatio wird vom heiligen Geist als der Kraft der
caritas getragen. In der Haltung der humilitas und im Akte der
confessio muß das ganze Geschehen als Gottes Geschenk erfaßt
werden.

Die Buße stellt noch nicht die neue Gerechtigkeit des Menschen
dar; der Mensch wird auch nicht etwa auf Grund der Buße »impu-
tativ« von Gott für gerecht gehalten. Selbst wenn Augustin den
Vers Ps. 84,14 »Iustitia ante eum praeibit« auf die confessio bezieht,
bedeutet für ihn die confessio doch nicht die Gerechtigkeit, durch
die der Mensch im vollen Sinne gerechtfertigt wird. Er spricht darum
genauer von der »prima iustitia«. Nur in dem Sinne, wie unter der
confessio die vom Menschen ausgehende veritas verstanden wird
(vgl. Ps. 84,12), darf sie iustitia genannt werden. Indem wir uns
in der Buße wegen unserer Sünde strafen, üben wir Gerechtigkeit
an uns selbst. Dieser Akt strafender Gerechtigkeit an uns selbst
gibt Gott die Möglichkeit, uns gut und tugendhaft gerecht zu
machen, also im eigentlichen Sinne zu rechtfertigen[107]. Die Buße ist
erst Vorstufe, Ermöglichung, Anbahnung der vollgültigen Gerechtigkeit.

Gott hat die Bußakte durch innere Anstöße hervorgerufen und
»antwortet« ihnen mit gewissen Gnadenakten, die Augustin in viel-
fältiger Weise beschreibt: Gott schont den Menschen, der sich selber
nicht schont; er tritt dem als Verteidiger an die Seite, der sich selber
anklagt; er befreit den, der sich selber straft; er sieht die Sünde dem
nach, der die Sünde bei sich selber anerkennt; er verzeiht dem die
Sünde, der sich selber der Sünde zeiht; er vergibt dem die Schuld,
der die Schuld auf sich nimmt und sich nicht entschuldigt; er erhöht
den, der sich selber erniedrigt. Das ist Gottes ungreifbare, jenseitige
Zuwendung zum Menschen. Darum zerfließt hier der Unterschied
zwischen gegenwärtigem und zukünftigem Geschehen. Gott tritt
jetzt und im Endgericht dem Frommen an die Seite, um ihn gegenüber dem Satan zu verteidigen; er befreit jetzt und in Zukunft aus
der Verstrickung und Verdammnis der Schuld; er bekennt sich
unbegrenzt zum Demütigen. Man wird Augustin am besten gerecht,
wenn man dieses Gnadenhandeln Gottes nicht von vornherein und

---

[107] Enarr. in Ps. 84, 14 n. 16; dazu vgl. enarr. in Ps. 95, 6 n. 7. Sermo supp. 254
(de temp. 66) n. 2 f.; ad frat. in eremo sermo 30.

unmittelbar mit sakramentalen Vorgängen identifiziert, auch nicht mit der Rechtfertigung, die das christlich tugendhafte Leben in sich begreift. Die Sündenvergebung (venia, indulgentia, remissio) ist zunächst ein transzendenter Akt, den man nicht einfach mit der kirchlichen Lossprechung gleichsetzen darf. Wir stehen vor der Frage nach dem konkreten Bezug der Bußpredigt Augustins zur kirchlichen Bußpraxis.

Augustin kennt mehrere Arten der Sündentilgung: Die Taufe schenkt die grundlegende Vergebung aller Sünden, die der Taufbewerber in seinem vorchristlichen Leben begangen und für die er bei der Zurüstung auf die Taufe Buße getan hat[108]. Aber auch im Leben der Getauften hat man mit Sünden zu rechnen. Selbst bei denen, die ihre »Taufe (Taufgnade) bewahren« und nach den Geboten Gottes leben, gibt es leichte und verzeihliche Sünden (peccata levia, venialia), von denen niemand sich frei halten kann[109]. Diese Sünden sollen wir täglich dadurch tilgen, daß wir Gott um Vergebung bitten, wie wir es mit der 5. Vaterunser-Bitte tun[110]. Wirksam ist solches Gebet allerdings nur, wenn wir zugleich gemäß der 5. Vaterunser-Bitte den anderen verzeihen[111], also die brüderliche Liebe üben. Gottes Vergebung für die unvermeidbaren Sünden muß laufend erbeten werden; denn unvergeben können sie in der

---

[108] Ep. 265 (108) n. 7 f. und die weiteren Texte, die hier und im Folgenden in Betracht gezogen werden: de symb. sermo ad cat. 1 c. 7 f. n. 15 f. (ML 40, 636), de fide et op. c. 26 n. 48 (ML 40, 228), sermo 56 (de div. 48) c. 8 n. 12, sermo 59 (de temp. 135) c. 4 n. 7, sermo 278 (de div. 34) n. 12, sermo 351 (50 hom. 50), sermo 352 (50 hom. 27). Zu Augustins Tauflehre vgl. W. Jetter, Die Taufe beim jungen Luther, S. 1 ff. (speziell zur Taufwirkung S. 7 ff.).

[109] Von der Art dieser Sünden spricht im einzelnen sermo 56 (de div. 48) c. 8 n. 12, z. B. wird im Anhören von etwas Unziemlichem gesündigt; vgl. sermo 9 (de temp. 96) c. 11 n. 17 f. Enarr. in Ps. 140, 5 n. 18 wird dem Christen der sittliche Fortschritt bestätigt, den er mit dem Ablassen von den öffentlichen Sünden erzielt hat; doch soll er darüber nicht die noch vorhandenen geheimen Sünden in seinen Wünschen, Gedanken und Worten übersehen; sermo 351 (50 hom. 50) c. 3 n. 5 wird außerdem auf die nahezu unkontrollierbaren und kaum zu beherrschenden begehrlichen Regungen der Sinne hingewiesen.

[110] De symb. sermo ad cat. 1 c. 7 n. 15: Propter omnia peccata baptismus inventus est; propter levia, sine quibus esse non possumus, oratio inventa. Quid habet oratio? »Dimittes nobis debita nostra, sicut et nos dimittimus debitoribus nostris« (Mt. 6, 12). Semel abluimur baptismate, cotidie abluimur oratione. Sermo 56 (de div. 48) c. 8 n. 12: cotidiana mundatio sanctae orationis. Vgl. die übrigen A. 108 genannten Stellen (im sermo 351 speziell c. 3 n. 3—6).

[111] Sermo 59 (de temp. 135) c. 4 n. 7, sermo 278 (de div. 34) n. 12.

Anhäufung wie eine schwere Sünde den Menschen belasten[112]. Nicht nur die Gebete tilgen die läßlichen Sünden, sondern auch Fasten und Almosen, also jene drei Stücke der Frömmigkeit, die in der späteren kirchlichen Lehre vom Bußsakrament die drei Satisfaktionswerke bilden[113]. Doch werden die orationes mit Vorrang genannt. Augustin verwendet in diesem Zusammenhang durchaus den Begriff poenitentia und spricht von einer »nahezu täglichen Buße«[114]. Es ist die Buße der Gläubigen, die demütig sind und nicht in die hochmütige Meinung verfallen, sie seien durch die Taufe uneingeschränkt gerecht gemacht[115]. Wir demütigen uns, wenn wir die Bitte des Vaterunsers um Vergebung der Sünden sprechen. Dadurch bekennen wir, daß sich bei uns etwas findet, was der Vergebung Gottes bedarf[116]. So liegt hier bei der täglichen Buße[117] der Gläubigen ein

[112] Sermo 278 (de div. 34) n. 12: Sunt autem peccata levia et minuta, quae devitari omnino non possunt, quae quidem videntur minora, sed multitudine premunt. Ep. 265 (108) n. 8: ea nobis dimitti volumus, quae humanae fragilitati quamvis parva, tamen crebra subrepunt, quae si collecta contra nos fuerint, ita nos gravabunt et opprient sicut unum aliquod grande peccatum. Sermo 351 (50 hom. 50) c. 3 n. 5. B. Poschmann verweist (Florileg. patrist. 38, S. 21 A. 2) zu diesem Gedanken noch auf: in 1. Ioan. 1, 9 tr. 1 c. 6; sermo 9 (de temp. 96) c. 11 n. 17.18, sermo 56 (de div. 48) c. 8 n. 12, sermo 58 (50 hom. 42) n. 10; ferner sermo supp. 104 (de sanct. 41) n. 4, sermo supp. 22 (de temp. 88) n. 6; Gregor reg. past. 3, 33 (ML 77, 116); Isidor sent. 2, 18 (ML 83, 620).
[113] Ep. 265 (108) n. 8, sermo 9 (de temp. 96) c. 11 n. 17 f., sermo 56 (de div. 48) c. 8 n. 12, sermo 351 (50 hom. 50) c. 3 n. 6.
[114] Ep. 265 (108) n. 8: Est etiam poenitentia bonorum et humilium fidelium paene cotidiana, in qua pectora tundimus dicentes: »Dimitte ...« (Mt. 6, 12). Sermo 352 (50 hom. 27) c. 2 n. 7: admonemur iam de altera loqui poenitentia ... Est alia quippe cotidiana.
[115] Ep. 265 (108) n. 8 (vgl. A. 114). Vgl. enarr. in Ps. 140, 5 n. 18: ubi est illa iactantia: Iustus sum, nihil mali feci? ... noli iam superbire. Nihilne peccas in lingua? ... quid facis de cogitationibus tuis? Sermo 351 (50 hom. 50) c. 3 n. 4: ... ne quis per baptismum quamvis iustificatus sit a prioribus peccatis, tamen superbire audeat, si nihil committat, unde ab altaris communione separetur, quasi iam de plena securitate se iactans, sed potius servet humilitatem.
[116] Ep. 265 (108) n. 8: cum dicimus: »Dimitte ...« (Mt. 6, 12), manifestamus habere nos, quod nobis dimittatur, atque in his verbis humiliantes animas nostras cotidianam quodam modo agere poenitentiam non cessamus. Auch in diesem Zusammenhang erwähnt Augustin den Bußgestus des tundere pectus, s. o. A. 114, ferner: enarr. in Ps. 140, 5 n. 18, sermo 351 (50 hom. 50) c. 3 n. 6.
[117] Zum Gedanken der täglichen Buße bei Augustin vgl. auch F. v. d. Meer, Augustin der Seelsorger, S. 452 f., der außer den hier besprochenen Stellen noch folgende Stellen nennt: ep. 153 (54) c. 5 n. 15; sermo 17 (50 hom. 28) c. 5 n. 5: propter ipsa peccata humana et tolerabilia, et tanto crebriora, quanto minora, constituit Deus in ecclesia tempore misericordiae praerogandae coti-

Bezugspunkt der Bußpredigt Augustins mit ihrer Belehrung über die humilitas und confessio. Die Terminologie seiner Bußtheologie scheint Augustin jedoch dann in vollem Umfang zu verwenden, wenn er es auf die öffentliche Kirchenbuße abgesehen hat, obwohl es charakteristisch ist, daß er seine Bußpredigt äußerst selten überhaupt auf die eine oder die andere Form der Buße, auf die tägliche Buße oder auf die Kirchenbuße[118], beschränkt.

Die nach der Taufe begangenen schweren und tödlichen Sünden[119] wurden zur Zeit Augustins von der Kirche mit dem Ausschluß vom Altarsakrament geahndet und mußten durch die von der Kirche auferlegte Buße getilgt werden. Wer sich dieser öffentlichen Kirchenbuße unterzog, war nach allgemeinem Sprachgebrauch ein poenitens[120]. Bei dieser Form der Buße kommt Augustins Bußterminologie, die Rede vom Strafcharakter der Buße am stärksten zur Geltung. Verglichen mit der täglichen Buße, ist die Kirchenbuße nach Augustins Meinung mit mehr Not und Jammer für den Menschen verbunden und bringt ihm größere Erniedrigung[121]. Die sündentilgende

---

dianam medicinam, ut dicamus (Mt. 6, 12) »Dimitte ...« ut his verbis lota facie ad altare accedamus, et his verbis lota facie corpore Christi et sanguine communicemus. Sermo 131 (de verb. ap. 2) n. 7; sermo Frang. 9 n. 5 (Misc. Agost. 1, S. 236); enchir. c. 19 n. 71, c. 21 n. 78.

[118] Zwischen das tägliche Bußgebet um Sündenvergebung und die Kirchenbuße kann sich noch, gestützt auf Mt. 18, 15, der Gedanke an die correptio (fraterna) schieben: de fide et op. c. 26 n. 48 (vgl. dazu Florileg. patrist. 38, S. 75 A. 2). F. v. d. Meer nennt (a.a.O.) für die correptio noch de div. 83 q. 1, 26.

[119] Sermo 278 (de div. 34) n. 12 hat in diesem Zusammenhang den Begriff (peccata) gravia et mortifera. Augustin nennt im einzelnen sermo 56 (de div. 48) c. 8 n. 12: Götzendienst (idololatria), Astrologie (constellationes mathematicorum), Zauberei (remedia incantatorum), Häresie (deceptiones haereticorum), homicidium, adulterium, fornicatio, furtum, rapina, falsa testimonia. Die 10 Gebote sind also das Richtmaß, vgl. sermo 351 (50 hom. 50) c. 4 n. 7 (c. 3 n. 4).

[120] De fide et op. c. 26 n. 48. De symb. sermo ad cat. 1 c. 7 n. 15: nolite illa committere, pro quibus necesse est, ut a Christi corpore separemini ... Illi enim, quos videtis agere poenitentiam, scelera commiserunt, aut adulteria aut aliqua facta immania; inde agunt poenitentiam. Ep. 265 (108) n. 7. Sermo 352 (50 hom. 27) c. 3 n. 8: Est poenitentia gravior atque luctuosior, in qua proprie vocantur in ecclesia poenitentes, remoti etiam a sacramento altaris participandi, ne accipiendo indigne, iudicium sibi manducent et bibant. Vgl. sermo 56 (de div. 48) c. 8 n. 12 und sermo 59 (de temp. 135) c. 4 n. 7.

[121] Sermo 352 (50 hom. 27) c. 3 n. 8 (vgl. A. 120), de symb. sermo ad cat. 1 c. 8 n. 16: tribus modis dimittuntur peccata in ecclesia: in baptismate, in oratione, in humilitate maiore poenitentiae. Sermo 351 (50 hom. 50) c. 4 n. 7: In hac ergo poenitentia maiorem quisque in se severitatem debet exercere. Vgl. Florileg. patrist. 38, S. 6 A. 2 die verschiedenen Bezeichnungen für diese Buße: poe-

---

innere Erniedrigung des Menschen besteht darin, daß der Sünder
seine Sünde erkennt, sich selbst verabscheut, sich richtet und straft
und streng ist gegen sich selbst. Dadurch findet er Gottes Verzeihen
und Erbarmen. Si enim tu te coeperis iudicare, si tibi coeperis
displicere, Deus veniet, ut misereatur. Si tu te punire volueris,
parcet ille. Qui autem aget bene poenitentiam, suus ipse punitor est.
Sit oportet ipse severus in se, ut in eum sit misericors Deus; quomodo
dicit David (Ps. 50,11.5) »Averte faciem tuam a peccatis meis, et
omnes iniquitates meas dele.« Sed quo merito? Ait in ipso psalmo:
»Quoniam iniquitatem meam ego agnosco, et peccatum meum ante
me est semper.« Si ergo tu agnoscis, ille ignoscit[122]. Neben die Vergebung, mit der Gott unvermittelt auf das Selbstgericht des Büßenden antwortet, tritt bei der Kirchenbuße die Lösung durch die kirchliche Schlüsselgewalt[123].

Daß die kirchliche Absolution ein notwendiger Bestandteil der
Kirchenbuße ist, zeigt Augustin an der Auferweckung des Lazarus.
Lazarus, der 4 Tage im verschlossenen Grabe gelegen hat, ist ein
Symbol für den Menschen, der in seiner Sünde innerlich tot ist,
vor allem, wenn ihm die Sünde schon zur Gewohnheit geworden ist.
Dennoch wird er durch den im Herzen vernommenen Ruf Christi
aus dem inneren Tode zum Leben erweckt und tritt mit dem Bekenntnis seiner Sünde aus dem Dunkeln ins Helle, aus dem Verborgenen ins Offenbare. Das vom Ruf Christi getroffene Herz enthüllt
in der confessio, was es an Sünden- und Schuldbewußtsein bei sich
verborgen hielt. Die anima ist wieder zum Leben erweckt, wenn sie
sich von dem Gefallen am Bösen, von der Zustimmung zur Sünde
und von der Gewöhnung an sie gelöst hat. Die Bußakte sind bereits
das neue Leben der Seele nach dem geistlichen Tode. Aber Lazarus
war noch gebunden, als er das Grab verließ; und Jesus befahl seinen
Jüngern, ihn zu lösen. Das bedeutet für Augustin, daß der Mensch,
obgleich in seiner willentlichen Abkehr von der Sünde bereits das

---

nitentia humilior (de fide et op. c. 19 n. 34), humillima (ep. 153 n. 7), maior
et insignior (ep. 151 n. 9), luctuosa et lamentabilis (de div. 83 q. 26), poenitentia quae instituta est in ecclesia (sermo 352 c. 3 n. 9), poenitentia qualis
agitur in ecclesia (sermo 392 n. 3).

[122] Sermo 278 (de div. 34) n. 12. Vgl. de symb. sermo ad cat. 1 c. 8 n. 16: dimittuntur peccata ... in humilitate maiore poenitentiae. De fide et op. c. 26 n. 48:
(peccata) humilitate poenitentiae sananda.

[123] Sermo 278 (de div. 34) n. 12: sunt quaedam gravia et mortifera, quae nisi per
vehementissimam molestiam humiliationis cordis et contritionis spiritus et
tribulationis poenitentiae non relaxantur. Haec dimittuntur per claves ecclesiae. Es folgt sogleich das oben bei A. 122 stehende Zitat.

neue Leben aus Gott in ihm angefangen hat, doch noch seiner Sünde verhaftet bleibt, solange er nicht die kirchliche Absolution empfangen hat. Die Vollmacht zur Lossprechung hat Jesus seinen Jüngern bei der Erweckung des Lazarus mit dem Wort »solvite illum« genauso gegeben wie in dem Wort an Petrus in Mt. 16,19[124]. Bei seiner Auslegung von Joh. 11 erwähnt Augustin gar nicht die unvermittelten Akte der Vergebung Gottes, die er sonst als die Verheißung der Buße predigt.

Wie sind die divergierenden Linien miteinander zu vereinbaren, denen zufolge die Sünden einerseits per claves ecclesiae und anderseits durch das innere Bußgeschehen (per molestiam humiliationis cordis etc.) und die unvermittelte Antwort der göttlichen Vergebung hinweggenommen werden[125]? Gewiß muß beachtet werden, daß wir es mit disparaten exegetischen und homiletischen Äußerungen zu tun haben, deren Gedankengang jeweils von dem zugrunde liegenden biblischen Text bedingt ist, in denen auch nie der Gegenstand mit systematischer Vollständigkeit in extenso behandelt wird[126]. Um dennoch eine übergreifende Konzeption Augustins aufzuspüren, müssen wir sowohl seine theologische Füllung des Begriffes der confessio bedenken als auch erwägen, was es für ihn heißt, zum Tisch des Herrn zugelassen zu werden; denn wie das kirchliche ligare eins ist mit dem excommunicare, dem Ausschluß vom Altarsakrament[127], so fällt das solvere zusammen mit dem reconciliare, der Wiederaufnahme in die Altargemein-

---

[124] Enarr. in Ps. 101, 20 ff. s. 2 n. 3; in Ioan. 11, 41 ff. tr. 49 n. 24; sermo 352 (50 hom. 27) c. 3 n. 8; sermo 67 (de verb. Dom. 8) c. 1 n. 2; in Ioan. 5, 25 tr. 22 n. 7; sermo 98 (de verb. Dom. 44) c. 6 f. n. 6 f., sermo 295 (de div. 108) c. 3 n. 2. Vgl. außerdem sermo Mai. 125 (Misc. Agost. 1, S. 355, zitiert Florileg. patrist. 38, S. 64 A. 1).

[125] Die Diskussion zwischen Poschmann und Adam ging nicht nur um die Frage, ob Augustin neben der öffentlichen Kirchenbuße auch eine nicht-öffentliche, nur dem Priester anvertraute Bußgewalt kenne, sondern auch um die andere Frage, ob das sündentilgende göttliche Gnadenhandeln durch die kirchliche Lösegewalt vermittelt werde oder ohne deren Vermittlung den Menschen erreicht. Vgl. die Zusammenfassung der Diskussion durch P. Schmoll in: ThQ 103, 1922, S. 57 ff.

[126] Auch dem sermo 56 (de div. 48) c. 8 n. 12 läßt sich keine eindeutige Bestimmung des Verhältnisses von irdischem und himmlischem Lösen entnehmen.

[127] Der Büßende straft sich selbst, wenn er den vorübergehenden Ausschluß von der Altargemeinschaft willig auf sich nimmt. Ist er darin schonungslos mit sich selbst, bleibt er von Gottes Strafgericht verschont; ep. 153 (54) c. 3 n. 6. Vgl. quaest. in Heptateuch. 4 q. 25 (Florileg. patrist. 38, S. 40 f.).

4*

schaft[128]. Mit der confessio und humilitas ist der Einklang zwischen
Gott und dem Menschen hergestellt; der Büßende ist offen für das
Einströmen der Gnade Gottes, und Gott ist ihm zugewandt in ver-
gebender, Gutes mitteilender und zu gutem Handeln befähigender
Barmherzigkeit. Die Zulassung zum Altar des Herrn bedeutet aber
die Aufnahme in die Liebesgemeinschaft der Kirche. Als Glieder
dieser Gemeinschaft empfangen die Gläubigen den heiligen Geist,
das Geschenk der göttlichen Gnade und Liebe, die Kraft, die in der
gott-menschlichen Willensharmonie das Gute schafft und den Menschen effektiv gerecht macht[129]. So besteht offenbar eine Kongruenz
zwischen Gottes unvermittelter Gnadenzuwendung und der Gnadenmitteilung in der Altargemeinschaft der Kirche. Es handelt sich
bei Augustin sogar letztlich um eine Identität des transzendenten
und des kirchlichen Gnadengeschehens, weil die Kirche in ihrer
Altargemeinschaft das transzendente Heil verkörpert, und weil die
Liebe Gottes in der Gestalt des heiligen Geistes identisch ist mit der
Liebe der Christen untereinander[130]. Diese Bindung der göttlichen
Vergebung an die Kirche, die in der Altargemeinschaft unter ihrem
Bischof das Heil besitzt, dürfen wir bei der ganzen Bußpredigt
Augustins in Anschlag bringen. Augustin predigt als Bischof denen
Buße und Vergebung der Sünden, die durch die Taufe in die kirch-
liche Gemeinschaft aufgenommen werden wollen, sowie denen, die
durch eine schwere Sünde der Exkommunikation verfallen sind und
durch die Kirchenbuße wieder mit der Kirche versöhnt werden

---

[128] Vgl. sermo 352 (50 hom. 27) c. 3 n. 8, sermo 56 (de div. 48) n. 8, sermo 59 (de
temp. 135) c. 4 n. 7, sermo 351 (50 hom. 50) c. 4 n. 7; ep. 265 (108) n. 7; de
fide et op. c. 26 n. 48; de symb. sermo ad cat. c. 7 n. 15.

[129] In Ioan. 20, 23 tr. 121 n. 4: Ecclesiae caritas quae per Spiritum sanctum diffunditur in cordibus nostris (cf. Röm. 5, 5), participum suorum peccata dimittit; eorum autem qui non sunt eius participes, tenet. De bapt. 3 c. 18 n. 23:
Pax ecclesiae dimittit peccata et ab ecclesiae pace alienatio tenet peccata. Die
pax ecclesiae hat aber ihr Wesen in der caritas. Unglücklich ist es, wenn
B. Poschmann: Handbuch der Dogmengeschichte Bd. 4, 3 (1951) S. 53 den heiligen Geist die »Formalursache« für die Tilgung der Sünde nennt.

[130] Sermo 71 (de verb. Dom. 11) c. 12 n. 18: insinuatur nobis . . . in Spiritu
sancto Patris Filiique communitas . . . Quod ergo commune est Patri et Filio,
per hoc nos voluerunt habere communionem et inter nos et secum, et per
illud donum nos colligere in unum quod ambo habent unum, hoc est per
Spiritum sanctum Deum et donum Dei. In hoc enim reconciliamur divinitati,
eaque delectamur . . . »Caritas« porro »diffusa est in cordibus nostris per
Spiritum sanctum, qui datus est nobis« (Röm. 5, 5). Et quia peccatis alienaba-
mur a possessione verorum bonorum, »caritas cooperit multitudinem peccatorum« (1. Pt. 4, 8).

möchten, und schließlich denen, die in ihren täglichen Sünden sich
mit der demütigen Bitte um Gottes Vergebung ständig offenhalten
müssen für das Wirken des heiligen Geistes in der Altargemeinschaft
der durch brüderliche Liebe verbundenen Gläubigen. Durch die
theologische Durchdringung der kirchlichen Gegebenheiten vermag
Augustin so Buße zu predigen, daß er allen seinen Hörern ein ele-
mentares Verständnis der Buße in der humilitas und confessio
erschließt.

4. Iudicium damnationis — iudicium discretionis

Da Augustins Bußtheologie nicht am Begriff iudicium orientiert
ist, müssen seine Gedanken im Umkreis von iudicium noch geson-
dert betrachtet werden. In zweierlei Weise spricht für ihn die Bibel
vom Gericht. Entweder wird mit »iudicium« die eschatologische
Verurteilung zur Verdammnis bezeichnet (iudicium damnationis),
etwa wenn es Joh. 5,29 heißt, daß die Gerechten die resurrectio
vitae, die Übeltäter jedoch die resurrectio iudicii, also eine Auferstehung zur Verdammnis, zu erwarten haben. Oder es ist mit »iudicium« ein Gericht der Sonderung (iudicium discretionis) gemeint,
das z. B. der Psalmist in Ps. 42,1 von Gott mit dem Wunsch erbittet,
er möge ihn richten, indem er seine gerechte Sache von dem unheili-
gen Volke sondert[131]. Mit diesem zweifachen Begriffsverständnis
kann Augustin dem Satz des Apostolikums, daß Christus wieder-
kommen werde, um die Lebenden und die Toten zu richten, eine
doppelte Deutung geben. Einmal trifft das Gericht Christi als ein
Gericht zur Verdammnis die Ungerechten unter den Lebenden wie
unter den Toten. Sodann bewirkt das Gericht Christi bei seiner
Wiederkunft die Scheidung zwischen den Gerechten und den Ungerechten, so daß die Gerechten nicht mit den Bösen verurteilt werden.
Augustin nennt das erste ein Verständnis in malo und das zweite
ein Verständnis in bono[132]. In Augustins Gedankenwelt hat das
iudicium discretionis den Vorrang vor dem iudicium damnationis,
ohne daß ihm der Gedanke an die ewige Verdammnis der Ungerech-

---

[131] De consensu evang. 2 c. 29 n. 71. Vgl. in Ioan. 5, 24 tr. 22 n. 5 (hier ist das
iudicium discretionis in Verbindung mit 2. Cor. 5, 10 eschatologisch als Bestrafung und Belohnung gefaßt: discriminatio, ut bonis bona, malis mala distri-
buantur), in Ioan. 12, 31 tr. 52 n. 6.
[132] Enchir. c. 14 n. 55; vgl. in Ioan. 5, 24 tr. 22 n. 5. Für das iudicium in bono mit
seiner Scheidung von Guten und Bösen verweist Augustin auf Ps. 42, 1 und
Ps. 53, 3.

ten fernläge. Das hängt mit der beherrschenden Rolle seines Kir-
chenbegriffes zusammen oder, anders ausgedrückt, mit dem korporativen Grundzug seines Denkens. Die beiden Verständnisse von
iudicium schließen sich ja auch keineswegs aus; die eschatologische
Scheidung von Guten und Bösen ist verbunden mit dem Verdammungsurteil über die Bösen.

So stark ist Augustin von dem Gedanken an das iudicium discretionis beseelt, daß er bei seiner Auslegung von Joh. 5,29 das Strafgericht nur kurz streift und dafür ausführlich vom iudicium discretionis spricht, obwohl Joh. 5,29 sonst eine Belegstelle für den Begriff des iudicium damnationis ist[133]. Die ausführliche Auslegung
von Joh. 5,29 ist gerade für Augustins Auffassung vom iudicium
discretionis aufschlußreich, weil er hier in klaren Worten darlegt,
wie die eschatologische Scheidung der Rechtschaffenen von den
Übeltätern bereits in einer gegenwärtigen Sonderung vorbereitet
wird. Es geschieht jedoch in dieser Zeit keine räumlich sichtbare
Trennung; vielmehr sind die Gerechten durch ihre Sitten, Willens-
regungen, Wünsche, durch ihren Glauben, ihre Hoffnung, ihre Liebe
von den Ungerechten geschieden, die mit der Verdammnis rechnen
müssen. Sie leben miteinander, aber im Verborgenen sind sie durch
die verschiedene Art ihres Lebens voneinander getrennt. Augustin
benutzt dafür das Bild von Korn und Spreu; sie liegen vermischt
beieinander auf der Tenne und sind doch, nachdem das Getreide
gedroschen ist, voneinander geschieden, wie sie auch in ihrem Charakter verschieden sind. Erst wenn die Tenne gereinigt und das
Korn in den Speicher gebracht wird, werden Korn und Spreu auch
räumlich sichtbar voneinander getrennt[134].

Wie interpretiert Augustin Ps. 42,1 »Iudica me, Deus, et discerne
causam meam de gente non sancta«, die Stelle, die er zu wiederhol-
ten Malen als Beleg für das iudicium discretionis zitiert[135]? Der

---

[133] In Ioan. 5, 29 tr. 19 n. 18. Daß Joh. 5, 29 eigentlich vom iudicium damnationis
redet, sagt Augustin auch in Ioan. 5, 24 tr. 22 n. 5, in Ioan. 5, 29 tr. 22 n. 13
und in Ioan. 8, 50 tr. 43 n. 9.
[134] In Ioan. 5, 29 tr. 19 n. 18: modo separamur non locis, sed moribus, affectibus,
desideriis, fide, spe, caritate. Simul enim cum iniquis vivimus; sed non una
vita est omnium; in occulto dirimimur, in occulto separamur; quomodo grana
in area, non quomodo grana in horreo. Et separantur grana in area, et miscentur; separantur, cum a palea exspoliantur; miscentur, quia nondum ventilantur.
Tunc aperta erit separatio; sicut morum, sic et vitae; sicut sapientiae, ita et
corporum. Ibunt qui bene fecerunt, vivere cum angelis Dei; qui male egerunt,
torqueri cum diabolo et angelis eius.
[135] Ps. 42, 1 wird von Augustin zitiert: enarr. in Ps. 25, 1 en. 2 n. 6, in Ps. 30, 17

Psalmvers wird als Bitte der Kirche, des corpus Christi, verstanden;
jeder einzelne möge als ein Glied am Leibe Christi den Psalm mit
der Kirche beten. Nach dem Gleichnis Jesu (Mt. 13,18) erkennt die
Kirche, daß sie in dieser Welt wie der Weizen mit dem Unkraut
zusammen auf einem Acker wächst, das heißt, daß sie in dieser Welt
sich mitten unter Menschen befindet, mit denen sie das irdische Ge-
schick teilt[136]. Doch stützt sich die Kirche in ihrem Gebet auf einen
verborgenen Unterschied, der bereits gegenwärtig zwischen den
Gläubigen und den Ungläubigen besteht. Die Frommen unterliegen
der gleichen Hinfälligkeit des irdischen Daseins wie die Gottlosen,
haben dabei jedoch ein anderes Bewußtsein (conscientia, hier wohl
nicht Gewissen, wie wir es auffassen); sie tragen die gleiche Last
(labor) in dieser Welt, aber haben dabei ein anderes Verlangen
(desiderium). Das Verlangen der Gottlosen ist nichtig, das Verlangen der Frommen hingegen hat Gewißheit, weil es sich auf Gott
selber richtet, der sich als ewiges Leben verheißen hat und verläßlich
ist[137]. Die gegenwärtige Scheidung zwischen Frommen und Gottlosen
beruht darauf, daß es einen christlichen Glauben, ein christliches
Bewußtsein, ein christliches Heilsverlangen inmitten dieser Zeit und
in dieser Welt gibt: einen Glauben an den unsichtbaren Schöpfer
und Vollender, ein Bewußtsein, von Gott geschaffen und begnadet
zu sein, und ein Verlangen nach dem ewigen, jenseitigen Heil.
Christlich ist dieser Glaube, dieses Bewußtsein und Verlangen, weil
es durch Christus begründet ist und in seinem geistlichen Leibe, in
seiner Kirche, lebendig ist[138]. Darum ist der Psalm 42 ein Gebet der
Kirche. Und jeder einzelne betet den Psalm, sofern er zum Leibe
Christi gehört[139]. Wie Augustin die Kirche korporativ als einen

en. 2 s. 3 n. 3, in Ps. 49, 6 n. 13, in Ps. 53, 3 n. 4, in Ps. 71, 2 n. 3, in Ps. 71, 4
n. 7; in Ioan. 5, 24 tr. 22 n. 5, in Ioan. 8, 50 tr. 43 n. 9, in Ioan 9, 39 ff. tr. 44
n. 17, in Ioan. 12, 31 tr. 52 n. 6, in Ioan. 14, 23 f. tr. 76 n. 2. Im Gesamtwerk
Augustins wird Ps. 42, 1 noch öfter zitiert, z. B. de consensu evang. 2 c. 29 n.
71, enchir. c. 14 n. 55. Wenngleich der Begriff iudicium discretionis nicht an
all diesen Orten erscheint, ist doch der Sache nach immer davon die Rede.
136 Enarr. in Ps. 42, 1 n. 2.
137 Enarr. in Ps. 42, 1 n. 2: Distet inter eum qui in te credit, et eum qui in te non
credit. Par infirmitas est, sed dispar conscientia; par labor, sed dispar desiderium. Desiderium impiorum peribit; de desiderio autem iustorum, nisi certus
esset pollicitator, dubitare deberemus. Finis desiderii nostri, ipse promissor.
Seipsum dabit, quia seipsum dedit; seipsum dabit immortalibus immortalem,
quia seipsum dedit mortalibus mortalem.
138 Vgl. S. 57.
139 Enarr. in Ps. 42 n. 1. Ps. 42, 1 wird bei seiner Zitation immer wieder als Gebet
der Kirche verstanden, z. B. in Ioan. 5, 24 tr. 22 n. 5.

Menschen denken kann, der sich über die Dimensionen von Raum
und Zeit erstreckt, so kann er in der zweiten Vershälfte von Ps. 42,1
»Ab homine iniquo et doloso erue me« unter dem homo ein gewisses
genus hominum verstehen, parallel zu dem Begriff »gens non sancta«
im 1. Halbvers. Das nicht erneuerte Adamsgeschlecht der Menschheit wird dem Abrahams- oder Christusgeschlecht entgegengesetzt[140].
Das iudicium discretionis bringt eine korporative Scheidung zwischen Frommen und Gottlosen, zwischen Kirche und Welt, zwischen
Adamsgeschlecht und Christusgeschlecht. Obgleich von der fides,
der conscientia und dem desiderium der Frommen geredet wird, ist
dadurch der einzelne doch nur als ein Glied der Kirche oder des
Leibes Christi qualifiziert. Als vorfindliche Erscheinung dieser Welt
wird auch die Kirche von dem iudicium discretionis getroffen; denn
sowohl Gute als auch Böse haben bei ihr Zutritt. Darum ersehnen
eigentlich nur die boni, die den lebendigen Leib Christi bilden, das
eschatologische Gericht der Scheidung[141]. Die heilige Kirche blickt auf
zu Gott, dem Richter, in der Gewißheit, daß der Herr die Seinen
kennt, daß er ein Richter ist, der die Guten und Bösen zu unterscheiden weiß. So können die Guten unter den Bösen leben, ohne
fürchten zu müssen, mit ihnen im Gericht verworfen zu werden. Sie
können mit Zuversicht Gottes Gericht herbeisehnen[142]. Wer gewiß
sein will, daß das Gericht für ihn nicht Strafe mit den Gottlosen,
sondern nur Scheidung von den Gottlosen bringen wird, der muß
sich hier im Namen Christi retten lassen. Denn wer an den in der
Ohnmacht des Kreuzes verherrlichten Namen glaubt, braucht nicht
Christi Wiederkunft in richterlicher Macht zu fürchten[143]. Aber auch
solche Rede vom Glauben und vom Heil im Namen des Gekreuzigten sowie von der Gewißheit für das Gericht ist eingebettet in das

[140] Enarr. in Ps. 42, 1 n. 2.
[141] Enarr. in Ps. 25, 1 en. 2 n. 6; vgl. enarr. in Ps. 30, 17 en. 2 s. 3 n. 3.
[142] Enarr. in Ps. 49, 6 n. 13: »... Deus iudex est«. Vere iudex non concernens,
sed discernens. Novit enim Dominus qui sunt eius (cf. 2. Tim. 2, 19). Etsi
grana latent in palea, agricolae nota sunt. Nemo timeat esse granum etiam
inter paleam; non falluntur oculi ventilatoris nostri.
[143] Enarr. in Ps. 53, 3 u. 4: Venit ergo ut moreretur ex infirmitate, venturus est
ut iudicet in virtute Dei; sed per infirmitatem crucis clarificatum est nomen
eius. Quisquis non crediderit in nomen clarificatum per infirmitatem, expaves-
cet ad iudicem cum venerit in virtute. Ne autem quondam ille infirmus, cum
venerit fortis, ventilabro illo ad sinistram nos mittat, salvet nos in nomine
suo et iudicet nos in virtute sua. ... cum vero in nomine praecedente salvave-
rit te, salubriter in virtute consequente iudicabit. Securus esto: iudicium illud
non tibi erit punitio, sed discretio (folgt Zitat Ps. 42, 1).

ekklesiologisch-korporative Denken. Es ist wiederum das corpus
christianum, das in diesem Zusammenhang um Gottes Heil und
Gericht bittet; es ist die Kirche, die in der Zerstreuung unter die
Gottlosen verdeckt existiert, die im Verborgenen den Schatz ihrer
guten Sitten bewahrt und den Lohn ihrer Verdienste aus der Verborgenheit erwartet[144].

Das Heilsbewußtsein der boni, die um die eschatologische Scheidung von den mali bitten, hält sich fern vom Hochmut[145]. Denn das
Volk Gottes sind die Demütigen, die pauperes Dei, die nicht aus
sich selber reich zu sein meinen, sondern dankbar der Gnade Gottes
alles, was an ihnen gut ist, zuschreiben. Diese Armen wird Christus
in seinem Gericht — nach Ps. 71,2 — von den Hochmütigen sondern[146], um ihnen das Heil zu geben[147]. Nicht erst im eschatologischen
Gericht scheidet Christus die Demütigen von den Hochmütigen, mit
denen sie in der Zeit zusammen leben; er hat bereits mit dem irdischen Erscheinen seiner Person das Gericht der Trennung (iudicium
discretionis) von Demütigen und Hochmütigen in die Welt gebracht
und hat die Korrespondenz von menschlichem Bußakt (confessio,
humilitas) und göttlichem Gnadenhandeln offenbart. Darum tritt
hier wieder die Sprache der augustinischen Bußtheologie und ihrer
Bilder hervor. Christus ist gekommen, um die Sünden wegzuneh-
men; er ist als ein Arzt gekommen, um zu heilen. Die einen — die
humiles — bekennen, daß sie krank sind, suchen den Arzt auf und

---

[144] Enarr. in Ps. 53, 3 n. 4: »Deus in nomine tuo salvum me fac, et in virtute tua
iudica me.« Hoc dicat ecclesia latens inter Ziphaeos. Hoc dicat corpus christianum habens in occulto bonum morum suorum, sperans de occulto mercedem meritorum suorum. — Wie der Glaube an das Heil im Namen Christi
mit der Zugehörigkeit zum corpus christianum verquickt ist, kann hier nicht
untersucht werden.
[145] Enarr. in Ps. 30, 17 en. 2 s. 3 n. 3.
[146] Enarr. in Ps. 71, 2 n. 3: demonstrat populum Dei pauperem esse debere, id est,
non superbum, sed humilem . . . Veniet vero ille iudicare populum Dei in
iustitia, et pauperes Dei in iudicio; et eo iudicio discernet a divitibus eorum
pauperes suos, sed quos paupertate sua fecit divites suos.
[147] Enarr. in Ps. 71, 4 n. 7: Quod . . . dictum est »Iudicabit«, et postea: »salvos
faciet«, quaedam velut expositio est quomodo iudicabit. Ad hoc enim iudicabit, ut salvos faciat, id est, a perdendis damnandisque discernat, quibus donat
salutem paratam revelari in tempore novissimo (cf. 1. Pt. 1, 5). A talibus
quippe illi dicitur (Ps. 25, 9) »Ne comperdas cum impiis animam meam« et
(Ps. 42, 1): »Iudica me, Deus, et discerne causam meam de gente non
sancta«. . . . in hoc saeculo simul dextri sinistrique pascuntur, qui velut agni
et haedi in fine separandi sunt. . . . eos ad salutem discernet, qui sunt in populo
pauperes.

finden bei ihm Heilung, nämlich Befreiung von ihrer Sünde; die anderen — die superbi — halten sich für gesund und meinen den Arzt nicht nötig zu haben, sie werden nicht geheilt, nicht von ihren Sünden befreit[148].

In welcher Weise ist das iudicium discretionis durch Christus in die Welt gekommen? Darauf gibt die Auslegung von Joh. 12,31 (»Nunc iudicium est mundi«) eine Antwort. Durch die fides Christi, die durch Tod und Auferstehung Christi befestigt ist, sowie durch sein Blut, das zur Vergebung der Sünden vergossen ist, sind die Gläubigen von der Herrschaft des Teufels befreit und mit dem Leibe Christi verbunden worden, so daß sie nun unter Christus, vereint in dessen Geiste, als dessen gläubige Glieder leben. Unter der Herrschaft des Teufels wird im Unglauben Gott mißachtet und statt seiner die Kreatur verehrt. Zu solchem Unglauben hatte der Teufel das Menschengeschlecht verführt und hielt es darin gefangen, bis Christus sein Gericht der Scheidung in die Welt gebracht und bei den Seinen die Herrschaft des Teufels zerstört hat[149]. Augustins Kirchenidee, sein korporatives Denken wird auch in diesem Zusammenhang als die tragende Schicht erkennbar.

---

[148] In Ioan. 9, 39 ff. tr. 44 n. 17: istam discretionem vocavit iudicium, cum ait »In iudicium veni in hunc mundum«, quo discernit causam credentium et confitentium a superbis, se videre putantibus, et ideo gravius excaecatis, tamquam dixerit ei peccator confitens et medicum quaerens (Ps. 42, 1): »Iudica me, Deus, et discerne causam meam de gente non sancta«, illorum scil. qui dicunt: »Videmus«, et eorum peccatum manet. Ebenfalls im Anschluß an Joh. 9, 39 wird der Gegensatz von humilitas und superbia an folgenden Stellen der Enarrationes entfaltet: in Ps. 65, 3 n. 5, in Ps. 80, 5 n. 7, in Ps. 96, 2 n. 5, in Ps. 134, 14 n. 22. An den drei letzten Stellen ist damit auch der Gedanke des iudicium discretionis verbunden.

[149] In Ioan. 12, 31 tr. 52 n. 6: Possidebat ergo diabolus genus humanum et reos suppliciorum tenebat chirographo peccatorum; dominabatur in cordibus infidelium ad creaturam colendam, deserto creatore, deceptos captivosque pertrahebat; per Christi autem fidem, quae morte eius et resurrectione firmata est, per eius sanguinem, qui in remissionem fusus est peccatorum, millia credentium a dominatu liberantur diaboli, Christi corpori copulantur, et sub tanto capite uno eius spiritu fidelia membra vegetantur. Hoc vocabat iudicium, hanc discretionem, hanc a suis redemptis diaboli expulsionem.

2. Kapitel

GREGOR DER GROSSE

1. Die Bußmentalität

Wir besitzen verschiedene Skizzen von Gregors Bußanschauung; in der Dogmengeschichte Harnacks wird sie beiläufig berührt[1] und in der Dogmengeschichte Seebergs schulmäßig knapp in ihren einzelnen Elementen referiert[2]. Lau (1845)[3] und Dudden (1905)[4] kommen in ihren monographischen Gesamtdarstellungen von Gregors Leben und Werk auch auf dessen Lehre von der Buße zu sprechen; sie ordnen ebenso wie Seeberg die von ihnen ausgewählten Äußerungen Gregors nach den üblichen Unterbegriffen der Reue, der confessio und der satisfactio mit sehr gleichmäßiger Verteilung der Gewichte, so daß kaum zu erkennen ist, welchem Stück der Buße Gregor besondere Aufmerksamkeit schenkt. Obgleich Gregor bemerkt, daß zur vollkommenen Buße die conversio mentis, die confessio oris und die vindicta peccati gehören[5], nehmen diese drei Größen in Gregors Theologie keineswegs den gleichen Rang ein. Fraglich ist auch, ob L. Weber in seiner Behandlung der Moraltheologie Gregors d. Gr. der Eigenart des Stoffes gerecht wird, wenn er bei seiner Darstellung von Gregors Bußanschauung zwei Linien zieht, indem er erst das »Gnadenwirken Gottes« und dann die »Mitwirkung des Menschen in Zucht und Zerknirschung« bespricht[6]. Der Aufsatz von J. Tixeront, »La doctrine pénitentielle de saint Grégoire le Grand«[7], will

---

[1] A. v. Harnack, Lehrbuch der Dogmengeschichte, Bd. 3, S. 264 f.

[2] R. Seeberg, Lehrbuch der Dogmengeschichte, Bd. 3 (5. A.), S. 43 f.

[3] G. Lau, Gregor I. der Große, S. 488—497.

[4] F. H. Dudden, Gregory the Great, Bd. 2, S. 419—426. Das Werk von A. Snow, Gregory the Great, his work and his spirit (2. ed. revised by R. Huddleston, London 1924) war mir nicht zugänglich.

[5] Gregor in 1. Reg. 15, 30 lib. 6 c. 2 n. 33, vgl. R. Seeberg, Lehrbuch der Dogmengeschichte, Bd. 3, S. 44.

[6] L. Weber, Hauptfragen der Moraltheologie Gregors d. Gr., S. 244 ff.

[7] J. Tixeront, La doctrine pénitentielle de Saint Grégoire le Grand, BALAC 2, 1912, S. 241—258. Vgl. B. Poschmann, Die abendländische Kirchenbuße im Ausgang des christlichen Altertums, S. 248—278.

zeigen, daß Gregor nicht nur die Bußtugend, sondern auch das
Bußsakrament mit Beichte, Absolution und Bußdisziplin kennt, allerdings in der Form der öffentlichen Kirchenbuße, jedoch auch
schon, was angezweifelt worden ist, mit Andeutungen einer Privat-
beichte. Gewiß kann man mit Tixeront bei Gregor nicht nur Aussagen über die »Bußtugend«, sondern auch über das »Bußsakrament«
finden, nur darf man dabei nicht außer acht lassen, daß Gregor
mehr von der »Bußtugend« als vom »Bußsakrament« spricht.
Achtet man darauf, welcher Seite der Buße Gregor besonderen
Nachdruck gibt, so erscheint es unangebracht, seine Gedanken nach
einem traditionellen Schema zu entwickeln. Die Dinge liegen in
diesem Punkt bei Gregor ähnlich wie bei Augustin. Bei beiden findet
man Äußerungen über das Bußsakrament, oder, genau genommen,
über das Institut der öffentlichen Kirchenbuße. Doch wird darauf
sowohl bei Augustin als auch bei Gregor nur verhältnismäßig selten
Bezug genommen; ihnen ist mehr an der Gesinnung der Buße gelegen, sie predigen Buße. Das steht in Wechselwirkung mit der literarischen Eigenart der hier in Betracht kommenden Werke: es sind
exegetische und homiletische Werke, in denen sie von der Buße reden.
Wenn Gregors Bußanschauung nicht in die spätere scholastische
Bußterminologie umgemünzt werden soll, so ist zu fragen: Wie läßt
er im Vollzug seiner homiletischen Exegese den Bußgedanken anklingen?

Wir haben es also auch bei Gregor mit Predigten zu tun, jedenfalls dort, wo er am breitesten und am längsten nachgewirkt hat,
und wo er auch am häufigsten von der Buße redet: in seinen
Moralia, in den Ezechiel- und den Evangelien-Homilien. Während
uns in den Ezechiel- und Evangelien-Homilien Predigten an das
Kirchenvolk überliefert sind, liegen den Moralia mehr oder weniger
stark redigierte Predigten vor Mönchen zugrunde. Eben dies, daß
es sich bei den Moralia um Predigten vor Mönchen handelt, will
besonders berücksichtigt sein, wenn dem Zusammenhang von Bußverständnis und monastischer Geistigkeit nachgeforscht werden soll.
Dabei mag es gleich als erstes auffallen, daß Gregor gerade in den
Moralia häufiger als in den beiden anderen Homilienreihen den
Bußgedanken berührt. Gewiß ist die Gedankenführung von dem
ausgelegten Hiob-Text mitbestimmt, ohne daß man den Grad dieser
Bedingtheit festlegen kann. Man muß dann aber fragen, warum
Gregor gerade das Hiob-Buch zur Grundlage für seine Predigten
wählte, ob er diese Wahl um seines Hörerkreises willen getroffen

hat, ob er wohl mit Absicht seinen Mönchen in der Gestalt des Hiob
ein vorzügliches Exempel ihres eigenen Lebens vorführen wollte[8].

In Gregors moralischer Hiob-Auslegung[9] beginnt Hiobs Klage
mit einem Bußgebet. Indem Hiob den Tag seiner Geburt und die
Nacht seiner Empfängnis verwünscht — »Pereat dies in qua natus
sum, et nox in qua dictum est: Conceptus est homo!« (Iob 3,3) —,
bittet er darum, daß die Sünde von der Gerechtigkeit vertrieben
werde. Denn der Tag der Geburt, den Hiob verwünscht, ist im
moralischen Verständnis die Lust an der Sünde (delectatio peccati),
und die Nacht der Empfängnis ist die Blindheit des Geistes (caecitas
mentis), durch die sich der Mensch in den Vollzug der Sünde (culpae
perpetratio) verstrickt[10]. In der Verwünschung der Sünde in ihren
beiden Vollzugsgraden (als delectatio peccati und als caecitas mentis) liegt der Wunsch, daß zum einen die Lust an der Sünde durch
strenge Gerechtigkeit zerstört, zum andern der Geist durch die
Buße zurechtgewiesen werde, damit er von der selbst verursachten
Verstrickung in die Sünde frei werde[11]. Gregors Bußvorstellung, die
in der Auslegung dieses ersten thematischen Verses von Hiobs Klage
erst flüchtig angedeutet ist, kommt in der Exegese der folgenden
Verse ausführlicher zur Sprache. Wenn bei der Entfaltung des
Parallelismus im Thema (V. 3) zunächst in Vers 4—5 über den Tag

---

[8] Die Frommen der Bibel und die christlichen Heiligen besitzen für Gregor als
exempla geradezu Heilskraft, durch welche die Wirkung Christi noch ergänzt
wird, vgl. mor. 23 c. 8 n. 15.

[9] Iob 1 und 2 hat Gregor (mor. 1—3) dreifach nach dem sensus historicus, alle-
goricus und moralis ausgelegt. Mit dem Beginn der Reden in Iob 3 gibt er
dieses Verfahren auf. Iob 3, 1—10 werden zunächst nach einem kombinierten
sensus historicus und mysticus (mor. 4 c. 1 n. 1 — c. 12 n. 22) und dann nach
dem sensus moralis interpretiert (mor. 4 c. 12 n. 23 ff.). Alles Folgende in den
35 Büchern der Moralia ist nur noch moralische Auslegung.

[10] Mor. 4 c. 13 n. 24 zu Iob 3, 3: Potest autem per diem peccati delectatio, per
noctem vero caecitas mentis intelligi, per quam se homo patitur in culpae
perpetratione prosterni.

[11] Mor. 4 c. 13 n. 24: Optat igitur perire diem, ut omne quod blandiri culpa
cernitur, vigore iustitiae interveniente destruatur. Optat etiam perire noctem,
ut quod caecata mens etiam per consensum perpetrat, animadversione poenitentiae exstinguat. — Das sinnenhafte Wohlgefallen an der Sünde (delectatio)
und die willentliche Zustimmung zur Sünde (consensus) sind die beiden entscheidenden Vollzugsgrade der Sünde, denen die innere oder äußere Versuchung vorausgeht und die Ausführung durch die Tat u. U. folgt; vgl.
B. Poschmann: Die abendländische Kirchenbuße etc., S. 250 mit dem Zitat
aus Reg. past. 3, 29 ML 77, 109: Suggestione . . . peccatum agnoscimus, delectatione vincimur, consensu etiam ligamur. Vgl. Augustin de serm. Dom. in
monte 1 c. 12 n. 34.

der Geburt und in den weiteren Versen (6 ff.) über die Nacht der
Empfängnis der Fluch ausgesprochen wird[12], so hält Gregor an der
unterschiedlichen Interpretation von »dies« und »nox« fest. Für ihn
handelt V. 4—5 von der Verfluchung der delectatio peccati und
V. 6 ff. von der Verwünschung des consensus ad culpam. Da die
Buße den Fluch über die Sünde in diesem doppelten Aspekt herbeiführt, spricht Gregor in seiner Exegese in zweifacher Hinsicht von
der Buße. Er redet in der Auslegung von V. 4 f. von der Buße, sofern
sie sich gegen jene Lust an der Sünde richtet, in welcher der Mensch
trotz inneren Widerstrebens durch die Verlockung des Vorfindlichen
zur Sünde hingezogen wird. Und in der Auslegung von V. 6 ff. behandelt er die Form der Buße, die gegen die geistige Zustimmung
des Menschen zur Sünde angeht[13]. In beiden Beziehungen erscheint
die Buße als ein psychisches Phänomen. Das Gemüt soll in eine
eigentümliche Stimmung versetzt werden, damit dadurch die Sünde
überwunden wird, die ebenfalls als eine vorwiegend psychische Erscheinung betrachtet wird. Denn auch bei der delectatio peccati
handelt es sich um etwas Geistiges, Seelisches, um die affektiven und
gedanklichen Regungen, durch die der Mensch unter dem Eindruck
des vorfindlich Angenehmen zur Sünde verleitet wird, obwohl der
Geist im Tiefsten widerstrebt[14]. Ja, die Gedanken, die sich mit
dem Irdischen befassen, müssen überhaupt durch die Buße in Schranken gewiesen werden, weil sie überflüssig sind[15] und den Geist
hindern, sich auf das Überirdische zu konzentrieren. Die Eigenart

---

[12] Maßgebend für diese Gliederung ist der von Gregor ausgelegte Vulgata-Text.
[13] Beim Übergang der Auslegung von Iob 3, 5 zu 3, 6 heißt es, mor. 4 c. 18 n. 34:
si diem, quam peccati delectationem diximus, tot impeti precibus audivimus,
ut videlicet circumdantes fletus expient quidquid delectatio per negligentiam
animus delinquit, quanta animadversione poenitentiae huius diei nox ferienda
est, videlicet ipse iam consensus ad culpam? Sicut enim minoris culpae est,
cum carnaliter mens in delectatione rapitur, sed tamen delectationi suae per
spiritum reluctatur; ita gravioris et plenae est nequitiae ad peccati illecebram
non solum delectatione pertrahi, sed etiam consensu famulari. Tanto igitur
arctiori manu poenitentiae mens a pollutione tergenda est, quanto se per consensum conspicit sordidius inquinatum.
[14] Zum Begriff der delectatio (delectatio peccati, delectatio mentis) vgl. mor. 4
c. 14 n. 26, c. 15 n. 27, c. 16 n. 29.31, c. 18 n. 34, 8 c. 22 n. 38, 23 c. 23
n. 45, 25 c. 7 n. 18, 27 c. 19 n. 39.
[15] Mor. 31 c. 27 n. 54: Naturae enim corruptibilis pondere gravati, a mentis
nostrae utero quaedam cogitationum superflua quasi ventris gravamina erum-
punt . . . sancti viri quaecunque inutilia cogitant, reprehendere ac diiudicare
non cessant. Gregor übernimmt eine Wertung der cogitationes oder λογισμοί,
die im alten Mönchtum üblich war.

von Gregors Bußmentalität enthüllt sich in seiner Deutung von Hiobs Klage. Wenn Hiob den Tag seiner Geburt in Finsternis verwandelt sehen möchte, so erfüllt sich das bei uns — nach Gregors moralischem Verständnis —, sobald wir, und zwar rechtzeitig bei den anfänglichen Regungen der Sünde, erkennen, zu welchem schlimmen Ziel die delectatio peccati hinführt[16]. Aber damit nicht genug. Wir sollen uns selbst streng strafen, indem wir das Angenehme, das wir in der verkehrten Lust spüren, durch die Wehklagen unnachsichtiger Buße zu Tode peinigen. Wir sollen mit Tränen der Reue gegen alles zu Felde ziehen, womit wir im Herzen insgeheim aus Lust gesündigt haben: In tenebras diem vertimus, cum nosmetipsos districte punientes, ipsa delectationis pravae blandimenta, per districta poenitentiae lamenta cruciamus, cum flendo insequimus, quidquid in corde taciti ex delectatione peccamus[17].

Die Bußstimmung wird hervorgetrieben durch den Gedanken an das zukünftige Gericht. Denn jeder Fromme weiß wohl, daß die Gedanken seines Herzens im Endgericht genau erforscht werden. Mit Erregung prüft er darum sich selber schon vor dem Gericht. Das Bußgericht soll in der Selbsterforschung vorweggenommen werden. Darin liegt eine Verheißung für das künftige Gericht, da die Konfrontation mit dem strengen Richter für den Frommen weniger Unruhe und Betrübnis mit sich bringen wird, wenn der Richter feststellen kann, daß der Angeklagte schon selber sich für schuldig befunden und bestraft hat[18]. Gott wird das richterliche Nachforschen unterlassen, er wird in seinem Gericht verzeihen und nicht strafen, wenn die delectatio peccati bereits vom Menschen in freiwilliger Bestrafung geahndet worden ist. Für diesen Gedanken stützt sich Gregor auf 1. Cor. 11,31[19]. Gott richtet den Menschen, indem er jede

[16] Mor. 4 c. 14 n. 26.
[17] Mor. 4 c. 14 n. 26; statt per districta poenitentiae lamenta wird man wohl lesen müssen: per districtae poenitentiae lamenta.
[18] Mor. 4 c. 14 n. 26: Quia enim fidelis quisque cogitationes in iudicio exquiri subtiliter non ignorat ... (Röm. 2, 15 als Beleg), semetipsum introrsus discutiens, ante iudicium vehementer examinat, ut districtus iudex ex eo iam tranquilius veniat, quo reatum suum, quem discutere appetit, iam pro culpa punitum cernit.
[19] Mor. 4 c. 15 n. 27 zu Iob 3, 4 b »Non requirat eum Deus desuper«: Requirit Deus, quae iudicando discutit; non requirit, quae ignoscendo in suo iam iudicio impunita derelinquit. Hic itaque dies, i. e. haec peccati delectatio, a domino non requiretur, si animadversione spontanea punitur, Paulo attestante, qui ait (1. Cor. 11, 31) »Si nosmetipsos diiudicaremus, non utique a domino iudicaremur«. Weitere Zitationen von 1. Cor. 11, 31 bei Gregor: mor. 11 c. 35 n. 48, 12 c. 16 n. 20, 25 c. 7 n. 12. — 1. Cor. 11, 32 wird zitiert mor. 9 c. 45 n. 68.

geheime Hinneigung zur Sünde genau aufspürt. Er erforscht uns im
Gericht contra mentem nostram. Darum ist es besser, daß wir selber
aus freien Stücken unser Inneres erforschen und zurechtweisen. Was
der Mensch selber als Sünde aufspürt und straft, wird nicht mehr
von Gott erforscht und gerichtet werden. Je mehr aber jemand in
der Selbstprüfung sich selber schont, desto härter wird Gott ihn
strafen[20]. Der Gerichtsgedanke wird noch zugespitzt durch den
Hinweis auf die Allgegenwart Gottes, der sich niemand entziehen
kann. Weil Gott jedoch dadurch besänftigt wird, daß wir selber uns
mit Wehklagen zurechtweisen, gibt es für denjenigen einen Ausweg
aus dem Gericht, der sich bereits jetzt durch die Buße gewissermaßen
in Verborgenheit bringt[21].

Augustin hat aus dem Grundsatz, daß keine Sünde ungestraft
bleiben kann, die Folgerung gezogen, daß wir, um die Strafe Gottes
korrespondierend aufzuheben, selber die Sünde strafen sollen, indem
wir in Übereinstimmung mit Gottes Willen die Sünde willentlich
verabscheuen. Gregor leitet aus demselben Grundsatz die Forderung
ab, daß der Geist zum Zweck der Besserung in ständiger aufmerk-
samer Kontrolle gehalten wird, indem allem Sündhaften in der
Stimmung der Bußklage zugesetzt wird[22]. Die Strafe für die sündigen Regungen des Geistes liegt in der niederdrückenden Bußstimmung, in den traurig erregten Gemütszuständen. Des Menschen
Geist gerät in eine Verwirrung und Verfinsterung, ihn umwölken
verstörte Gedanken. Denn wer sich in Reue alles Verkehrte, was er

---

[20] Mor. 4 c. 15 n. 27: Deo ergo diem nostrum requirere, est contra mentem nostram subtiliter in iudicio omne, quod de culpa gratulatur, indagare; in qua
scil. requisitione, illum tunc severius percutit, quem sibi nunc mollius pepercisse
deprehendit . . . Hic ergo dies vertatur in tenebras (cf. Iob 3, 4 a), ut videlicet
omne quod delinquimus, nos per poenitentiam feriamus. Hunc diem dominus
non requirat (cf. Iob 3, 4 b), et lumine non illustret (cf. Iob 3, 4 c), ut scil.
nobis culpam nostram ferientibus, ipse hanc extremi iudicii animadversione
non increpet. Vgl. mor. 4 c. 19 n. 36: quod flendo insequimur, nequaquam
nobis a venturo iudice hoc obiici certe speramus.

[21] Mor. 4 c. 15 n. 28: Ipse autem iudex venturus est, qui cuncta penetret, cuncta
perstringat. Qui quia ubique est, locus quo fugiatur, non est. Sed quia correctionis nostrae fletibus placatur, solus ab illo locum fugae invenit, qui post
perpetratam culpam nunc se ei in poenitentia abscondit. Vgl. mor. 25 c. 6
n. 11, c. 7 n. 13. — Zum Gedanken der Allgegenwart Gottes vgl. M. Frickel,
Deus totus ubique simul. Untersuchungen zur allgemeinen Gottesgegenwart
im Rahmen der Gotteslehre Gregors des Großen, 1956, speziell S. 111 f.

[22] Mor. 4 c. 16 n. 31: quia nullum peccatum Dominus inultum relaxat, aut enim
nos hoc flendo insequimur, aut ipse iudicando, restat ut ad emendationem
suam semper mens solerter invigilet. Vgl. mor. 9 c. 34 n. 54, 12 c. 17 n. 21.

bei sich entdecken kann, vor Augen hält, den verwirrt alsbald tiefe Betrübnis; er gerät in einen tumultuarischen Andrang einander widerstreitender Gedanken. Die Betrübnis reibt ihn auf, die Angst verwüstet sein Gemüt. Das Gemüt fällt in Trübsal und verfinstert sich. Trauer vertreibt aus dem Bewußtsein die angenehme Heiterkeit. Tränen der Reue folgen aus dem Gedanken an das göttliche Strafgericht. Ins Gemüt zieht Bitterkeit ein, wenn man bedenkt, welche Strafen die verkehrte Lust nach sich zieht. Die Betrübnis und Verstörung des Gemütes mündet aus in Wehklagen und Weinen. Gerade dieser Gemütsverfassung der Niedergeschlagenheit, die zunächst Strafe für die Sünde bedeutet, wird danach reinigende Kraft zugeschrieben; sie hat die Wirkung des tergere und expiare der Sünden, weil sie jene Gedanken und Neigungen vertreibt, die in der Hinwendung zum Irdisch-Angenehmen selber schon Sünde sind[23].

Soweit Gregors Auslegung der ersten Verse von Hiobs Klage[24]. In dieser Exegese sind wesentliche Merkmale der Buße nach dem Verständnis Gregors enthalten:

1. Die Buße ist ein Gemütszustand, in dem das Gemüt erfaßt ist von Traurigkeit, Bitternis, Schmerz, Furcht, Schrecken, Angst (moeror, tristitia, amaritudo, dolor, pavor, aerumna, anxietas, terror). Der Oberbegriff compunctio meint den grundlegenden Vorgang: der Mensch wird innerlich herausgerissen aus dem Zustand des stillen Einvernehmens mit allem, was irgendwie mit der Sünde zu tun hat[25]. Bei der Verwendung des Begriffes »Reue« muß man an die angedeutete Gemütsverfassung denken.

---

[23] Mor. 4 c. 18 n. 33 (zu Iob 3, 5 c mit Bezug auf den Tag der Geburt »involvatur amaritudine«): Dies enim amaritudine involvitur, cum ad cognitionem mente redeunte, peccati blandimenta cruciatus poenitentiae sequuntur ... cum pravae delectationis gaudium, quae supplicia sequantur aspicimus, et asperis hoc fletibus circumdamus ... quae mala incorrectis imminent, ex omni parte quisque conspiciat, et voluptatis suae lasciviam tristitiae lamentis tergat. n. 34: ... diem, quem peccati delectationem diximus, tot impeti precibus audivimus, ut videlicet circumdantes fletus expient, quidquid delectatus per negligentiam animus delinquit. Vgl. mor. 8 c. 22 n. 38, 11 c. 17 n. 26, 16 c. 68 n. 82, 25 c. 7 n. 14. 18, 27 c. 18 n. 38, 33 c. 12 n. 23, in Ev. hom. 33 n. 3, hom. 34 n. 15 f.

[24] Der Grundtenor ändert sich auch nicht dort, wo Gregor Ps. 31, 1 zitiert (mor. 4 c. 15 n. 27), beiläufig von der divina misericordia oder der gratia praeveniens spricht (mor. 4 c. 15 n. 27, c. 16 n. 29) oder einen von Augustin stammenden christologischen Gedanken einflicht (mor. 4 c. 16 n. 30 f., vgl. Augustin de trin. 4 c. 3 n. 6).

[25] Der Begriff compunctio z. B. mor. 1 c. 35 n. 47 f., 3 c. 30 n. 59 c. 36 n. 69, 4 c. 19 n. 35, 9 c. 58 n. 88, 23 c. 21 n. 40 ff., 24 c. 6 n. 16, 31 c. 27 n. 54.

---

5 Schwarz, Bußtheologie

2. Der Gemütszustand der Buße wird vor allem gekennzeichnet durch das Weinen und Wehklagen und durch die Tränen der Reue (lamenta, fletus, lacrimae). Man könnte wegen dieses Merkmals von einer pénitence larmoyante reden. Es ist die sentimentale, weinerliche Buße eines unglücklichen Bewußtseins. Das schlägt sich auch in der Sprache nieder.

3. In der Buße soll ein Strafprozeß gegen die Sünde angestrengt werden, wie er sonst als das Gericht Gottes zu erwarten ist. Die Buße wird mit denselben Worten beschrieben wie das Endgericht. Der Büßende soll sich selbst ein strenger Richter sein, so wie Gott ein iudex districtus ist[26].

4. Neben der Strenge ist die Genauigkeit ein Hauptkennzeichen des Bußgerichtes wie des Endgerichtes[27].

5. Endgericht und Bußgericht werden nach Art eines Strafprozesses beschrieben. Genaues, inquisitorisches Aufspüren der Sünde[28] und unnachsichtige Bestrafung[29] sollen in der Buße erfolgen.

6. Im Bußgericht wird das Endgericht regelrecht vorweggenommen. Wer das Bußgericht an sich selber vollzieht, entgeht dem Endgericht[30].

Nachdem Gregor die Verwünschung des Tages der Geburt in Iob 3,4 f. auf die Buße gedeutet hat, die sich gegen die delectatio peccati richtet, kommt er bei der Verfluchung der Nacht der Empfängnis (Iob 3,6 ff.) auf die Überwindung des consensus ad culpam

[26] Mor. 4 c. 14 n. 26, 8 c. 20 n. 36 c. 22 n. 38, 9 c. 19 n. 30 c. 36 n. 56 c. 59 n. 90, 13 c. 28 n. 32, 25 c. 7 n. 13 n. 18. Die Begriffe districtus, districte, districtio erscheinen auch sonst noch in verschiedenen Verbindungen.

[27] Subtiliter oder subtilius: mor. 4 c. 14 n. 26 c. 15 n. 27, 5 c. 11 n. 21, 11 c. 36 n. 49 c. 42 n. 57, 12 c. 16 n. 20, 13 c. 28 n. 32, 16 c. 28 n. 35 c. 29 n. 36, 23 c. 8 n. 15 c. 21 n. 40, 25 c. 7 n. 14.

[28] Einige charakteristische Ausdrücke: exquirere (mor. 4 c. 14 n. 26), requirere, requisitio (mor. 4 c. 15 n. 27 c. 21 n. 39), discutere (mor. 4 c. 14 n. 26, 11 c. 42 n. 57, 25 c. 7 n. 14.18), indagare (mor. 4 c. 15 n. 27), inquisitio (mor. 25 c. 7 n. 12. 13), examinare (mor. 11 c. 42 n. 57).

[29] Se iudicare (mor. 11 c. 36 n. 49), diiudicare (mor. 11 c. 36 n. 49 c. 42 n. 57, 13 c. 28 n. 32, 16 c. 27 n. 34, 31 c. 27 n. 54), persequi (mor. 15 c. 12 n. 14, 16 c. 28 n. 35), insequi (mor. 4 c. 16 n. 31 c. 19 n. 36, 8 c. 21 n. 37, 16 c. 28 n. 35, 25 c. 7 n. 13, 27 c. 18 n. 38), increpare, increpatio (mor. 8 c. 21 n. 37 c. 22 n. 38, 16 c. 28 n. 35), redarguere (mor. 11 c. 35 n. 48, 31 c. 27 n. 54), häufig punire und animadversio u. a., ferner verschiedene pathetische Ausdrücke wie ferire, saevire, lacerare, dilanire, torquere.

[30] Mor. 8 c. 20 n. 36 c. 22 n. 38, 9 c. 45 n. 68, 11 c. 35 n. 48 c. 36 n. 49 c. 42 n. 57, 12 c. 16 n. 20, 14 c. 59 n. 79, 16 c. 29 n. 36, 25 c. 7 n. 18; ep. 3, 29.

zu sprechen. Die Zustimmung des Geistes zur Sünde fordert eine
noch angespanntere Bußbemühung, weil der Mensch sich in ein
schwereres Verderben stürzt, wenn er sich mit seiner ganzen Zustimmung zum Knecht der Sünde macht, als wenn der Geist sich
zwar durch die Lust zum Fleischlichen hinreißen läßt, aber doch bei
sich selbst als Geist dem widerstrebt[31]. Auf dieser Stufe wird die
Buße von Gregor so wie zuvor beschrieben. Sobald jemand seine
Sünde erkennt und genau erwägt, ist die Ruhe des Herzens dahin[32].
Die Erinnerung an die bewußt begangenen Sünden erweckt die
Bußerregung auch dann, wenn der Mensch sich gerade in die Zuver-
sicht hüllen möchte, im künftigen Gericht den Lohn der Tugenden
zu empfangen[33]. Im Hinblick auf jene Sünden, die mit innerer
Zustimmung begangen werden, hat die Buße besonders zwei Gefah-
ren vorzubeugen. 1. Damit das Herz nicht unter die Herrschaft der
Sünde gerät, muß die Bußempfindung die Sünde bereits dann unter
ihre Gewalt bekommen, wenn sich die Sünde als Gedanke in das
Herz einschleichen will. Im anderen Fall gerät das Herz unter die
Herrschaft der Sünde[34]. 2. In völlige Verkehrung geriete das Bewußtsein, wenn es seine Hinneigung und Zustimmung zur Sünde
verteidigen wollte; es würde einer Nichtswürdigkeit eine weitere
hinzufügen, da jede Verfehlung, die verteidigt oder gar gelobt wird,

---

[31] Mor. 4 c. 18 n. 34 (s. o. A. 13).

[32] Mor. 4 c. 19 n. 35 zu Iob 3, 6 »Noctem illam tenebrosus turbo possideat«:
Quasi enim quidam turbo tempestatis est concitatus spiritus moeroris. Nam
dum peccatum quisque quod fecit, intelligit, dum pravitatis suae nequitiam
subtiliter pensat, moerore mentem obnubilat et quasi concusso serenae lae-
titiae aere, omnem in se tranquillitatem cordis poenitentiae turbine devastat.
... vehemens poenitentiae spiritus mentem occupat ... ut nihil ei iam nisi flere
libeat, nihil nisi quod se terrere possit attendat. Ponit namque ante oculos
illinc districtionem iustitiae, hinc meritum culpae; conspicit quo supplicio
digna sit, si parcentis pietas desit, quae per lamenta praesentia ab aeterna eruere
poena consuevit. ... vis compunctionis valida mentes nostras huic mundo,
quasi mari deditas, salubri terrore confundit. ... perpetrationem culpae non
blandimenta securae quietis faveant, sed pie desaeviens amaritudo poenitentiae irrumpat.

[33] Mor. 4 c. 20 n. 37: ecce cum per fiduciam mens erigitur, ut speret quod ve-
niente iudice de virtutibus remuneretur, occurrunt eius memoriae etiam mala
quae gessit; et valde formidat, ne districtus iudex qui venit, ut virtutes remu-
neret, etiam ea quae illicite gesta sunt, examinans, subtiliter penset.

[34] Mor. 4 c. 19 n. 36: cum peccata impunita relinquimus, a nocte possidemur,
cum vero haec animadversione poenitentiae plectimus, nimirum nos noctem,
quem fecimus, possidemus. Sed tunc peccatum cordis sub iuris nostri possessionem reducitur, si cum incipit, reprimatur ... Ne captiva mens culpae serviat,
culpam a poenitentia liberam non relinquat.

dadurch verdoppelt wird[35]. Der Gedanke, daß die Schuld sich durch
ihre Verteidigung verdoppelt, wird abgestützt durch Eccli. 21,1
»Peccasti, ne adiicias iterum« und durch eine Deutung von Gen.
3,9 ff.: Als Gottes Nachforschen Adam zur Reue veranlassen sollte,
hat Adam mit seiner Entschuldigung Gott selber die Schuld zuge-
schoben und dadurch seine Sünde vermehrt. Adams Verhalten hat
sich auf die ganze Menschheit übertragen[36].

Gregor ist weniger daran interessiert, wie auf der zweiten Stufe
der Buße die Einwilligung in die Sünde und die defensio peccati
überwunden werden; ihm ist viel mehr daran gelegen, daß die
primäre Sündenregung durch die Bußerregung zunichte gemacht
wird. Diese Gewichtsverteilung tritt in der abschließenden Auslegung von Iob 3,8 a klar zutage: Der Satz »Maledicant ei (scil.
nocti), qui maledicunt diei« besagt für Gregor, daß nur der wahrhaft Buße tut, der sich innerlich von keinem Verlangen zu Irdischem
bewegen läßt, der den trügerischen Schein des Verlockenden durchschaut und die Gunsterweisungen der Welt für Nachstellungen
hält[37]. Nur derjenige wird seine begangenen Verfehlungen wirklich
durch die Bestrafung der Buße in Ordnung bringen, der auch gegenwärtig kein Gefallen an den trügerischen Gütern empfindet[38]. Unter
dem verwünschten Tage der Geburt versteht Gregor nicht nur die
betörenden Dinge, sondern auch die schlaue Überredung des Verführers, der sich dazu gerade der angenehmen Dinge der Welt

---

[35] Mor. 4 c. 20 n. 38.

[36] Mor. 4 c. 21 n. 39: Sunt nonnulli, qui non solum nequaquam deflent, quod
faciunt, sed etiam laudare et defendere non desistunt. Et nimirum dum defenditur culpa, geminatur. Contra quod recte per quemdam dicitur (Eccli. 21, 1):
»Peccasti, ne adiicias iterum«. Peccatum quippe peccato adiicit, qui male
gesta etiam defendit; et noctem solitariam non relinquit, qui culpae suae tenebris etiam patrocinia defensionis adiungit. Hinc est, quod primus homo
... dum requisitione ad poenitentiam vocaretur, ei adminicula excusationis
adiunxit ... Hinc est quod huius erroris ramus in humano genere ex illa
nunc usque radice protrahitur, ut quod male agitur, adhuc etiam defendatur.
Vgl. mor. 22 c. 15 n. 30, 33 c. 4 n. 10 c. 28 n. 50.

[37] Mor. 4 c. 22 n. 40: ille culpam suam veraciter insequitur, qui iam ad amorem
praesentis saeculi nullo appetitu prosperitatis instigatur; qui huius mundi
blandimenta quam sint fraudulenta considerat, favoresque eius quasi quas-
dam persecutiones pensat.

[38] Mor. 4 c. 22 n. 41: nimirum illi veraciter mala transacta per animadversionem
poenitentiae corrigunt, qui iam ad bona fallentia nulla delectatione rapiuntur.
Nam quos adhuc noxia alia delectant, falsum est quod cernitur, quia perpe-
trata alia deplorant.

bedient. Die wahrhaftige Buße muß auch die List des Verführers in dessen schmeichelnder Überredung zurückweisen[39].

Damit hat Gregor im Zuge seiner Auslegung von Iob 3,3—8 die Buße auf die vier Vollzugsweisen der Sünde bezogen. Denn wie er bei der Interpretation von Iob 3,11.12 sagt, hat die Sünde im Herzen des Menschen vier Vollzugsweisen: sie besteht (1) in der Überredung durch den Widersacher, (2) in der Lust am Irdischen, (3) in der Zustimmung durch den Geist, (4) in der kühnen, von Vermessenheit getragenen Verteidigung[40]. Der Sündenfall ist das exemplarische Urgeschehen für den täglich wiederkehrenden Vollzug der Sünde in diesen vier Weisen. Unter der Gestalt der Schlange wird der Widersacher vorgestellt, der dem Menschen heimlich Böses einflüstert. Eva ist das Symbol für die Empfänglichkeit gegenüber dem Vorfindlichen und für die Hingabe an die Lust. Und Adam symbolisiert den Geist, der, nachdem die caro sich zur delectatio hat hinreißen lassen, auch schwach wird und die Sünde billigt, der sich sogar in die Sünde versteift, indem er, von Gott zur Rede gestellt, das Bekenntnis seiner Sünde verweigert[41]. So wird der Geist, der eigentlich über die Sünde erschrecken sollte, durch die Sünde zur Vermessenheit erhoben und gerade darin von einer schweren Last niedergedrückt[42]. Die Selbstverteidigung mit der Verweigerung des Sündenbekenntnisses ist zwar der äußerste Grad der Sünde, gibt aber für Gregor nicht die wesentliche Bestimmung der Sünde ab, wird auch nicht als Selbstrechtfertigung, als Aufrichtung der Eigengerechtigkeit charakterisiert. Die Sünde hat vielmehr darin ihr Wesen, daß sich der Mensch durch die caro der Lust hingeben und dies mit innerer Zustimmung tun kann. Maßgebend für das Verständnis der Sünde sind Begriffe wie blandimenta mundi,

---

[39] Mor. 4 c. 22 n. 41; vgl. mor. 4 c. 1 n. 6 c. 2 n. 7.

[40] Mor. 4 c. 27 n. 49: Quattuor quippe modis peccatum perpetratur in corde, quattuor consummatur in opere. In corde namque suggestione, delectatione, consensu et defensionis audacia perpetratur. Fit enim suggestio per adversarium, delectatio per carnem, consensus per spiritum, defensionis audacia per elationem ... Eisdem etiam quattuor modis peccatum consummatur in opere. Prius namque latens culpa agitur; postmodum vero etiam ante oculos hominum sine confusione reatus aperitur; dehinc et in consuetudinem ducitur; ad extremum quoque vel falsae spei seductionibus, vel obstinatione miserae desperationis enutritur. Diese Ausführungen sind schematisch zusammengefaßt bei Isidor sent. 2 c. 17 n. 2 (ML 83, 619 f.). Vgl. A. 11 das einfachere Schema.

[41] Mor. 4 c. 27 n. 49; vgl. A. 36.

[42] Mor. 4 c. 27 n. 49.

delectatio carnalis und consensus spiritus. Das Selbstgericht der
Buße besteht darum erst sekundär in der Umkehr der Selbstent-
schuldigung. Es geschieht primär im peinlich genauen Aufspüren und
unnachsichtigen Ahnden aller dem Irdischen mit Lust hingegebenen
Gedanken und Gefühle. Im Gemüt wird ein Stimmungsumschwung
herbeigeführt: aus ruhiger Weltzufriedenheit in Zerrissenheit, aus
Glücksempfinden in Betrübnis, aus Vergnügen in Wehklagen, aus
Heiterkeit in Verstörtheit. Der Mensch soll sich über seine eigene
Anfälligkeit für die Verlockungen dieses Lebens betrüben, soll sich
das glücklich zufriedene Diesseitsbewußtsein aus dem Sinn schlagen,
soll statt des irdisch Angenehmen die unerbittlich strenge Gerechtig-
keit Gottes in seine Gedanken aufnehmen, soll sein Gemüt mit
Schrecken über Gottes Gericht und Furcht vor der ewigen Strafe
erfüllen. Besteht die Sünde wesentlich in den weltzugewandten
Gedanken und Empfindungen, so ist die Buße im wesentlichen ein
weltabgewandtes Empfinden und Erregtsein. Die zermürbenden
Gedanken und Gefühle der Buße — die compunctio mit all ihren
Begleiterscheinungen — vollziehen selber das Gericht und die Strafe
an den irdisch-sündhaften Gedanken und Gefühlen. Allerdings wird
der Mensch auch wieder aufgerichtet, erfreut und beglückt durch die
himmlischen Güter; doch geschieht das für Gregor offenbar auf
einer anderen Ebene, so daß er es in diesem Zusammenhang der
Bußtheologie ganz unerwähnt lassen kann. Mit der inneren Aver-
sion von allem diesseitig Beglückenden versetzt die Buße den Menschen in eine Introversion, indem sie das Aufspüren der verkehrten
Gedanken und Gefühle verlangt[43].

Die Charakteristik von Gregors Bußmentalität soll noch durch
einige Beobachtungen ergänzt werden. — Gregor verbindet seine
Bußanschauung mit der Exegese des Wortes iudicium. Er nennt
Schriftstellen, an denen das Wort iudicium nicht das Endgericht
meint, das mit ewiger Vergeltung straft, sondern ein im Bewußtsein
vollzogenes Gericht, das die Sünden durch die conversio tilgt[44].

---

[43] Vgl. mor. 25 c. 7 n. 18.
[44] Mor. 25 c. 7 n. 12 (zu Iob 34, 23): Hic nimirum non illud iudicium designatur,
quod per aeternam retributionem punit, sed quod mente conceptum per conversionem (ML 76, 326: conversationem) diluit. Gregor zitiert dann 1. Cor.
11, 31, Is. 59, 8 und Ps. 98, 4 (»Honor regis iudicium diligit«, videlicet, qui
iam Deum honorat, ex fide, sollicite iudicet quid ei debeat in operatione).
Ich entscheide mich für die Lesart per conversionem, die auch die alten
Drucke von Paris und Basel bieten; vgl. den Begriff conversio mentis in 1. Reg.
6, 2, 33 (s. o. S. 59 bei A. 5) und mor. 25 c. 6 n. 11: per poenitentiam conver-

Zum Gericht über sich selbst wird der Mensch auch in Iob 35,14 aufgefordert mit den Worten »Iudicare coram Domino, et expecta eum«. Gregor greift hier das »coram Domino« betont auf und deutet es als ein spezifisches Merkmal der gegenwärtigen Selbstprüfung des Menschen. Vor Gott richtet sich, wer im Herzen auf Gott schaut und unter Gottes Gegenwart sein Verhalten im sorgfältigen Nachforschen prüft. Während das gegenwärtige Bußgericht coram Domino geschieht, werden wir im Endgericht nicht vor dem Herrn, sondern von dem Herrn gerichtet[45]. Die Unterscheidung eines iudicari coram Domino und eines iudicari a Domino ist hier nur durch den Gedankengang bedingt und hat keine strukturelle Bedeutung. An anderer Stelle kann Gregor in Anlehnung an biblische Wendungen darum auch sagen, daß wir vor das Angesicht des Herrn treten, wenn wir im Endgericht vor seinem Richtstuhl stehen werden. Aber das ist wieder die Alternative zu der Weise, in der wir gegenwärtig vor das Angesicht Gottes kommen, sooft wir uns der Macht Gottes bewußt werden. Die Besinnung auf Gottes allgegenwärtige Macht hat zur Folge, daß wir vor Gott unsere Sünden genau abwägen, unter Tränen der Reue über uns urteilen und uns strafen[46]. In diesem Verständnis dient die Kategorie »coram Deo«

sionis. Zum Begriff des iudicium mente conceptum vgl. mor. 25 c. 7 n. 12: de hoc ... mentis iudicio, mor. 25 c. 7 n. 13: in hoc iudicio mente concepto, mor. 25 c. 7 n. 14: internum mentis nostrae contra nos ... iudicium, mor. 25 c. 7 n. 18: mentis nostrae iudicium.

[45] Mor. 25 c. 7 n. 12: scriptum est (Iob 35, 14): »Iudicare coram Domino, et expecta eum.« Coram Domino scil. iudicatur, qui corde Dominum conspicit, et actus suos sub eius praesentia, sollicita inquisitione discernit. Quem tanto quis securius expectat, quanto cotidie vitam suam suspectus examinat. Qui enim ad extremum eius iudicium venit, non coram illo, sed ab illo iudicatur. Vgl. M. Frickel, Deus totus ubique simul, S. 107: »Im ganzen Schrifttum Gregors verstreut finden sich zahlreiche Wendungen mit Präpositionen, die alle das ›Vor-Gott-sein‹ beinhalten. Neben dem einfachen ante und coram stößt man zumeist ... auf Formeln wie ante faciem, in conspectu und am häufigsten ante oculos, die alle mit der je entsprechenden Kasusform von: Gott, Herr, Schöpfer, Richter verbunden sind.« Frickel a.a.O. verzeichnet die Stellen zu den verschiedenen Wendungen.

[46] Mor. 11 c. 36 n. 49 zu Iob 13, 16 »Non enim veniet in conspectu eius omnis hypocrita«: sciendum est quod duobus modis in conspectu Domini venimus. Uno quidem, quo hic, peccata nostra subtiliter perpendentes, in eius nos conspectu punimus, et flendo diiudicamus. Nam quoties conditoris nostri potentiam ad sensum reducimus, toties in conspectu illius stamus. Unde recte quoque per virum Dei Eliam dicitur (3. Reg. 17, 1): »Vivit Dominus Deus Israel, in cuius conspectu sto.« Alio quoque modo in conspectu Domini venimus, cum in extremo iudicio ante tribunal eius assistimus (cf. Röm. 14, 10).

dazu, den Gegensatz zwischen dem Heuchler (hypocrita) und dem
iustus zu veranschaulichen. Während der Gerechte im Bewußtsein
der Macht Gottes und in Anbetracht der Strenge Gottes als des
künftigen Richters sich seine Sünde ins Gedächtnis ruft und sie im
strengen Selbstgericht bereut, fehlt es gerade beim Heuchler an der
Wendung nach innen, die mit dem Bewußtsein, in conspectu Domini
zu leben, einhergeht. Der Heuchler fragt danach, wie er nach außen
hin vor den Menschen Gefallen findet; er hält sich für heilig, weil
ihn seines Erachtens die Menschen dafür halten. Statt seinen Geist
nach innen zur Erkenntnis seiner Sünde zu sammeln, zerstreut er
seinen Geist, indem er darauf achtgibt, was die Leute von ihm
reden. Er kümmert sich nicht um den ewigen Richter, der gegenwärtig der inwendige Richter ist; dessen Unnachsichtigkeit fürchtet
er keineswegs, weil er auch ihm zu gefallen glaubt, wenn er den
Beifall der Menschen findet. Würde er sich aber den Schrecken vor
diesem Richter ins Bewußtsein bringen, so würde er gerade das
verkehrte Achtgeben auf die Menschen besonders fürchten. So ist
der Heuchler dadurch besonders gekennzeichnet, daß er nicht vor
dem Angesicht Gottes lebt, das heißt, daß er nicht das Selbstgericht
der Buße übt, das in besonderem Maße eine Wendung des Menschen
nach innen als Abkehr von der Welt für Gregor bedeutet[47].

Als ein Gericht coram Deo wird das Selbstgericht von Gregor
psychologisch aufgefaßt: Von den Gedanken und Gefühlen der Reue
im Geiste gefesselt, wird der Mensch vor einen inneren, geheimen
Gerichtshof gebracht[48], bei dem nun auch psychologisch der ganze
Vorgang eines Strafprozesses aufgewiesen wird. Das Gewissen erhebt die Anklage, die Vernunft spricht das Urteil, die Furcht ist der
Gerichtsdiener, der den Angeklagten und Verurteilten gefangenhält,
und der Schmerz der Reue vollstreckt die Strafe, indem er den Schuldigen peinigt[49]. Hier ist jeder selber Kläger und Angeklagter in

---

[47] Mor. 11 c. 36 n. 49: »Non enim veniet in conspectu eius omnis hypocrita«
    (Iob 13, 16), quia districtionem Dei ante oculos non ponit, dum placere
    humanis oculis concupiscit. Qui si, mentem suam discutiens, semetipsum in
    conspectu Dei poneret, profecto iam hypocrita non esset. Vgl. mor. 8 c. 47
    n. 77, 15 c. 12 n. 14.
[48] Mor. 25 c. 7 n. 13.
[49] Mor. 25 c. 7 n. 13: nec deest in hoc iudicio mente concepto omne ministerium,
    quod punire reos suos plenius debeat. Nam conscientia accusat, ratio iudicat,
    timor ligat, dolor excruciat. Quod iudicium eo certius punit, quo interius
    saevit, quia videlicet ab exterioribus non accedit. Unusquisque enim cum
    causam huius examinis contra se aggredi coeperit, ipse est actor qui exhibet,
    ipse reus qui exhibetur.

einer Person. Je weiter dieses Gerichtsverfahren nach innen verlegt wird, desto wirksamer ist es, weil es dann um so weniger von äußeren Umständen beeinflußt wird, aber um so mehr vor Gott, in der Furcht seiner richterlichen Strenge geführt wird.

Zur Buße gehört auch für Gregor die confessio peccati. Aus Hiobs Wort (Iob 7,11) »ego non parcam ori meo« hört er die Bereitschaft des Gerechten[50], seine Sünde zu bekennen. Gregor verfällt jedoch in seine schwülstige Bußterminologie und spricht, gestützt auf Ps. 94,2, von der Vorwegnahme des Endgerichtes: der Gerechte ist beim Bekennen seiner Sünde nicht nur schonungslos gegenüber seinem Munde, er wütet gegen sich selber und kommt dem Zorn des iudex districtus zuvor[51]. Zwei Proverbien-Stellen fügt Gregor noch an. Die eine — Prov. 28,13 — bindet die Rechtfertigung an das Sündenbekenntnis[52]. Die andere — Prov. 18,17 — sagt von dem Gerechten, er übe die Selbstanklage[53]. Führt der confessio-Begriff bei Augustin die Bußpredigt in die Tiefe und Weite, so wird er von Gregor der auf subjektiven Ernst bedachten Bußanschauung untergeordnet, so daß die innere Unruhe des reuigen Menschen auch bei der confessio hervorgehoben wird[54]. Nur wenn der Geist durch die Betrachtung des iudicium districtum von Furcht bedrängt wird[55],

[50] Die meisten Aussagen Gregors über die Buße beziehen sich auf den iustus oder electus. Denn der Fromme wird in der Bußstimmung innerlich von allen verkehrten Gedanken und Neigungen gereinigt. Vgl. z. B. mor. 8 c. 20 n. 36 c. 21 n. 37 c. 22 n. 38, 11 c. 35 n. 48 c. 36 n. 49 c. 42 n. 57, 13 c. 28 n. 32, 16 c. 29 n. 36, 23 c. 21 n. 41, 25 c. 7 n. 14, 31 c. 27 n. 54.

[51] Mor. 8 c. 20 n. 36 zu Iob 7, 11: iustus ori suo non parcit, qui iram iudicis districti praeveniens, verbis contra se propriae confessionis saevit. Folgt Ps. 94, 2, von Gregor auch in Ev. hom. 10 n. 7 zitiert. Gregor zitiert Ps. 94, 2 in derselben Fassung wie Augustin, s. o. S. 28.

[52] Prov. 28, 13 »Qui abscondit scelera sua non dirigetur, qui autem confessus fuerit et reliquerit ea misericordiam consequetur.« Außer mor. 8 c. 20 n. 36 wird diese Stelle auch mor. 22 c. 15 n. 32 zitiert, wo sie, wiederum nicht interpretiert, zusammen mit Jac. 5, 16 zeigen soll, wie heilsnotwendig die confessio ist, da die defensio seit Adam ein sündhaftes proprium des Menschen ist. — Nach Bonaventura sent. 4 d. 17 p. 1 a. 1 q. 4 arg. 1 kann mit der Stelle die Behauptung gesichert werden, daß die confessio (der Privatbuße!) notwendig zur Rechtfertigung gehöre: iustificatio nihil aliud est quam spiritualis directio. . . . cum ergo nullus possit dirigi nisi praecedat confessio, nullus sine confessione praevia potest iustificari.

[53] Prov. 18, 17 zitiert Gregor stets in der Form: »Iustus in principio accusator est sui«: mor. 8 c. 20 n. 26, 24 c. 9 n. 22; in Ez. 1, 23 lib. 1 hom. 7 n. 24; ep. 9, 147 (MGH ep. 2, 143). Vgl. Luther WA 55 II 1, 33, 31 ff.

[54] Vgl. mor. 4 c. 16 n. 31.

[55] Mor. 8 c. 20 n. 36: nequaquam ad confessionem os panditur, nisi cum consideratione districti iudicii per pavorem spiritus angustatur.

kommt es dazu, daß der Mensch mit der confessio einen Angriff
auf seine Sünden macht[56]. Der Gemütszustand der tränenreichen
Buße unterscheidet das Sündenbekenntnis der electi von dem der
reprobi: Sciendum quoque est, quia saepe et reprobi peccata confitentur, sed deflere contemnunt. Electi autem culpas suas, quas
vocibus confessionis aperiunt, destrictae animadversionis fletibus
insequuntur[57]. Bei einem geheuchelten Sündenbekenntnis verliert das
Wort Prov. 18,17 »Iustus in principio accusator est sui« seinen
Sinn, weil der Mensch nur gerecht erscheinen, es aber nicht in Wahrheit sein will. Dieses vitium superbiae verrät sich, wenn einer, der
erst seine Sünde von sich aus bekannt hat, sich selbst doch wieder
verteidigt, sobald er von einem anderen zurechtgewiesen wird.
Darum ist es ein Zeichen der Demut, daß man der Zurechtweisung
durch einen anderen nicht widerspricht[58].

Wer die begangenen Missetaten nur bekennt, sich aber weigert,
sie in Reue zu beweinen, der deckt zwar die Wunde seiner Sünde
auf, läßt jedoch die Medizin zur Heilung der Wunde außer acht.
Sein Gemüt bleibt gefühllos für den Schmerz der Reue; sein Geist
ist nicht, von Betrübnis bewegt, allein darauf gerichtet, die Schuld
zu tilgen, sondern läßt sich noch weiter von anderen Dingen ab-
lenken. Die Trauer der Reue ist das eigentliche Heilmittel für die
Sünde; sie muß die Wurzel der confessio sein[59]. An den zentralen
Platz, den bei Augustin die confessio und humilitas einnehmen, ist
bei Gregor die Bußempfindung der schmerzvollen Reue getreten[60].

---

[56] Mor. 8 c. 21 n. 37 zu Iob 7, 11 b »Loquar in tribulatione spiritus mei«: Tribulatio quippe spiritus linguam commovet, ut reatum pravi operis vox confessionis impugnet.

[57] Mor. 8 c. 21 n. 37. Vgl. mor. 9 c. 36 n. 56.

[58] Mor. 22 c. 15 n. 33; vgl. ebd. c. 15 n. 34: Hiob ist durch seine humilitas in der
confessio größer als durch seine Tugenden. Vgl. auch mor. 24 c. 9 n. 22, wo
ebenfalls ganz unvermittelt das Mißverständnis von Prov. 18, 17 erörtert
wird. Demnach scheint Prov. 18, 17 in den Kreisen Gregors gut bekannt gewesen zu sein.

[59] Mor. 8 c. 21 n. 37.

[60] Gregor kann allerdings das Sündenbekenntnis auch mehr nach der Art Augustins unter den Leitbegriff der humilitas stellen, mor. 22 c. 15 n. 30 ff. Confessio und humilitas kennzeichnen dann ein Verhalten des Menschen im
Gegensatz zu dem von Adam her der Menschheit anhaftenden Laster, die
Sünde heimlich zu begehen, die begangene Sünde durch Leugnen zu ver-
decken und die aufgedeckte Sünde zu verteidigen und dadurch zu steigern. In
diesem Zusammenhang übernimmt Gregor Augustins Interpretation von
Joh. 11, 39 ff. — Ist es hier erwiesen, daß Gregor nichts Eigenes bietet, so hat
man den Verdacht, daß er gleichfalls tradiertes Gut wiedergibt, wenn er an

2. Die Motivation der Bußempfindung

In einer schematischen Aufstellung, die nicht durch den ausgelegten Text bedingt und deshalb vielleicht übernommenes Gedankengut ist, nennt Gregor vier Zustände (qualitates), die sich der Mensch vorstellen soll, damit die Seele von der Empfindung der Reue (compunctio) kräftig erfaßt wird. Die Reue entsteht einmal aus der Erinnerung an die eigenen Verfehlungen; der Mensch betrachtet seine sündige Vergangenheit (ubi fuit). — Zum anderen entzündet sich die Reue an der Furcht vor dem Urteilsspruch Gottes; der Mensch bedenkt, was ihm in Gottes Gericht bevorsteht (ubi erit). — Zum dritten erwächst die Reue aus einer einsichtsvollen Betrachtung der Übel dieses gegenwärtigen Lebens überhaupt, weil der Mensch dadurch über sein gegenwärtiges Dasein traurig wird (ubi est). — Schließlich wird die Reue aus einer Kontemplation der zukünftigen himmlischen Güter gespeist (ubi non est). In ihrem Verlangen nach den ewigen Gütern ist die Seele jedoch nicht von der Freude auf eine verheißene Zukunft erfaßt, sondern von Traurigkeit darüber, daß sie noch nicht an den Gütern teilhat[61]. Die Bußaffektion soll sich der Seele durch diese Ortsvorstellungen einprägen. Detaillierte Anweisungen dafür werden von Gregor nicht gegeben. Nach dem allgemeinen Charakter der Meditation sollen Vorstellungsbilder von den »Qualitäten« der Orte entworfen werden. Die Grundstimmung bei allen vier Vorstellungen ist Furcht und Trauer, einerseits wegen der eigenen Verfehlungen und der zu erwartenden Strafe, andererseits allgemein wegen der niederdrückenden Umstände des gegenwärtigen Lebens und des Nicht-Teilhabens am ewigen Leben.

Die Meditation in den beiden letzten Punkten wird an eine Gnadenerfahrung gebunden. Die Übel des gegenwärtigen Lebens kann man nicht durchschauen, solange man noch nicht durch die contemplatio einen Vorgeschmack der Güter des ewigen Lebens

---

anderer Stelle die confessio selbst als ein Zeichen der Demut schildert, mor. 25 c. 13 n. 31.

[61] Mor. 23 c. 21 n. 41: Quattuor quippe sunt qualitates, quibus iusti viri anima in compunctione vehementer afficitur, cum aut malorum suorum reminiscitur, considerans ubi fuit, aut iudiciorum Dei sententiam metuens et secum quaerens, cogitat ubi erit, aut cum mala vitae praesentis sollerter attendens, moerens considerat ubi est, aut cum bona supernae patriae contemplatur, quae quia necdum adipiscitur, lugens concupiscit, ubi non est. Zur Überlieferung dieser Stelle im Mittelalter vgl. P. Régamey in: La vie spirit. 17, 1935, Bd. 44 Suppl., S. 65 A. 2.

bekommen hat. Dem Menschen muß die Gnade der Kontemplation
zuteil geworden sein, in die Seele muß ein Strahl des himmlischen
Lichtes eingedrungen sein, damit die Seele, nachdem sie dieses
inneren Lichtes gewahr geworden und aus der selbstvergessenen
Schau wieder zu sich selbst zurückgekehrt ist, erkennt, auf welche
jenseitigen Güter sie gegenwärtig verzichten und welche diesseitigen
Übel sie ertragen muß[62]. Selbst wenn Gregor in diesem Tenor spricht
und in einem Teilaspekt der compunctio eine kontemplative Erleuchtung oder Erhebung des Gemütes vorschaltet, bleibt doch der
Hauptton auf der tränenreichen, bitteren Bußaffektion. Wer von
der Liebe nach oben gezogen worden ist, soll erst recht mit Bitterkeit
im Gemüt das Unerfreuliche, Bedrängende des irdischen Daseins
empfinden.

Das echte Wehklagen der Reue muß aus dem Verlangen nach
der ewigen Seligkeit geboren werden. Nur solche compunctio cae-
lestis vermag den Menschen zu reinigen. Es gibt ja auch eine irdische
Reue, in der man bei dem inneren Jammer doch nur das Verlangen
hat, die Freuden dieses Lebens wiederzugewinnen[63]. Wen es jedoch
zur Ewigkeit hinzieht, der prüft sich selber mit Genauigkeit und
weist sich selber zurecht, damit ja nichts Widergöttliches an ihm

---

[62] Mor. 23 c. 21 n. 41. Vgl. in 1. Reg. 1, 6 lib. 1 c. 2 n. 14. Dieser Unterschied
zwischen den beiden ersten und den beiden letzten Meditationspunkten ist
anders gelagert als die Differenz zwischen der 1. und 3. Stufe auf Augustins
Stufenweg, s. o. S. 25 ff. — Mor. 24 c. 6 n. 10: Aliter ... quisque compungitur,
cum interna intuens, malorum suorum pavore terretur; aliter vero compungitur, cum gaudia superna conspiciens, spe quadam et securitate roboratur.
Illa compunctio afficientes et tristes, haec vero laetas lacrymas movet.
... cordibus nostris lux se veritatis insinuans modo districtam iustitiam prae-
tendendo contristat, modo interna gaudia aperiendo laetificat ... n. 11: Menti
enim nostrae de consideratione caecitatis suae prius ignis tribulationis immitti-
tur, ut omnis vitiorum aerugo concrematur; et tunc mundatis oculis cordis
illa laetitia patriae coelestis aperitur, ut prius purgemus lugendo quod
fecimus, et postmodum manifestius contemplemur per gaudia quod quaeremus.
Im Kontext spricht Gregor ausführlicher von der contemplatio und ihrer
Verzückung, die nur kurz anhält und den Menschen schnell wieder auf sich
selbst zurückwirft (ebd. n. 12).

[63] Mor. 9 c. 36 n. 56 zu Iob 9, 30: sunt plerique qui per orationum lamenta se
cruciant, sed tamen totis lamentorum laboribus ad sola terrena desideria
exsudant; compunguntur in precibus, sed felicitatis transitoriae gaudia exqui-
runt ... pro terrenis bonis in precibus compunguntur. Qui vero idcirco
plorant, quoniam praemia superna desiderant, aqua nivis hos diluit, quia
coelestis compunctio infundit. Nam cum perennem patriam per lamenta
appetunt, eiusque accensi desideriis plangunt, a summis accipiunt unde
mundentur.

zu finden sei, damit er flendo atque corrigendo auf dem Wege nach oben vorankomme[64]. Je mehr er in seiner Ewigkeitssehnsucht darum besorgt ist, vor dem künftigen Richter in Reinheit zu erscheinen, desto genauer wird er es jetzt mit der Selbstprüfung nehmen; er wird darum bitten, daß ihm seine Sünden aufgedeckt werden, damit er sie durch Buße sühnen kann und durch das Selbstgericht selber untadelig wird[65].

Die Frommen, die sich derart in der Buße üben, fürchten zwar nichts Äußerliches mehr in dieser Welt[66], sind aber doch in ihrem aufs Himmlische gerichteten Hoffen und Verlangen noch voller Unruhe und Furcht, weil der vorherrschende Gedanke an das Gericht Gottes dauernd fürchten läßt, das erhoffte Ziel könne wegen der vergangenen oder der noch möglichen zukünftigen Verfehlungen nicht erreicht werden[67]. Das bißchen Terrain Hoffnung wird von den Wellen des Jammers über das eigene Leben und der Furcht vor Gottes Gericht überspült. Da die iusti sogar bei ihren guten Werken zuweilen unruhig sind, ob nicht etwa auch dabei ein verborgener Irrtum das Mißfallen Gottes erregen könnte, geben sie sich schon deshalb beständigen Wehklagen der Reue hin[68]. Wenn der strenge Richter im Gericht seine genaue Waage nicht mit Barmherzigkeit handhabt, wird auch an einem vollkommenen Leben Schuld zu finden sein. Denn oft — saepe, sagt Gregor, nicht semper — erweist sich am Maßstab der göttlichen iustitia unsere Gerechtigkeit als Ungerechtigkeit[69]. In der Befürchtung, von Gott verlassen zu werden, peinigen sich die iusti mit viel Wehklagen. Obgleich sie eine Zurechtweisung durch Gott begrüßen, wird ihr unruhiger Geist doch durch die Ungewißheit verwirrt, ob das ihnen zugefügte Übel heil-

---

[64] Mor. 11 c. 42 n. 57.
[65] Mor. 11 c. 42 n. 57.
[66] Mor. 31 c. 27 n. 54: Cum vero (scil. sancti viri) se interius districta subtilitate diiudicant, iam nihil est quod exterius pertimescant. Tanto enim minus ad mala praesentia trepidant, quanto semetipsos plenius bonis venturis parant.
[67] Mor. 5 c. 9 n. 15.
[68] Mor. 5 c. 9 n. 15: Nonnunquam vero iusti ... in ipsis bonis operibus positi trepidant, ac ne in eisdem occulto aliquo errore displiceant, continuis lamentis vacant ... Cumque se mercedem non augere considerant, etiam transacta opera displicuisse formidant.
[69] Mor. 5 c. 11 n. 21: saepe ipsa nostra iustitia, ad examen divinae iustitiae deducta, iniustitia est, et sordet in districtione iudicis quod in aestimatione fulget operantis. ... districti examinis flagella metuenda, quia et ipsa nostra perfectio culpa non caret, nisi hanc severus iudex in subtili lance examinis misericorditer penset.

same Züchtigung oder gerechte Strafe ist[70]. Gottes Macht ist uns
unerforschlich, so daß bei allem, was uns als Gottes Züchtigung oder
Gunsterweisung begegnet, unsicher bleibt, ob wir es mit Gottes
Zorn oder Gnade zu tun haben. Deshalb können solche Widerfahrnisse bei den Menschen die entgegengesetzten Wirkungen zum Besseren oder Schlimmeren haben. Eindeutig ist nur, daß die Laster den
Menschen in die Tiefe ziehen und die Tugenden nach oben heben,
wenngleich einerseits mancher desto leichter sich von seinen Sünden
bekehrt, je tiefer der mit Beschämung erkannte Fall ist, und anderseits der Stolz über die Tugend manchen zu Fall bringt[71].

Zwei Äußerungen Gregors über eine doppelte Motivation der
compunctio in timor und amor haben später im Mittelalter eine
reiche Überlieferung gefunden.

1. Aus den verschiedenen möglichen Formen von compunctio
hebt Gregor zwei Grundformen heraus, eine Reue, die aus der
Furcht, und eine, die aus der Liebe erwächst. Beide folgen aufeinander. Denn die nach Gott dürstende Seele wird zuerst aus Furcht
vor den ewigen Strafen und dann aus liebendem Verlangen nach
himmlischem Lohn in die Reue getrieben[72]. Von der Furchtreue
wird man affiziert, wenn man seine Verfehlungen überdenkt und
dadurch inne wird, welche ewigen Strafen man zu fürchten hat.
Hat die Seele längere Zeit in angstvoller Niedergeschlagenheit ver-
bracht, so schwindet die Furcht, und aus einem Ahnen der Vergebung erwächst eine gewisse Sicherheit. Die Seele wird nun, wo sie
nach der eigenen inneren Erfahrung keinen Grund mehr zur Furcht
zu haben meint, von der Liebe zu den himmlischen Freuden ergriffen. Hat sie erst Tränen vergossen, um der verdienten ewigen

---

[70] Mor. 5 c. 10 n. 16: Iusti igitur deflent et pavent, et magnis se lamentis cruciant, quia deseri formidant; et quamvis de correptione sua gaudeant, eorum
tamen trepidam mentem correptio ipsa perturbat, ne malum quod tolerant,
non pia percussio disciplinae sit, sed animadversio iusta vindictae.

[71] Mor. 5 c. 10 n. 16.

[72] Dialog. 3 c. 34 (ML 77, 300 f.): In multas species compunctio dividitur,
quando singulae quaeque a poenitentibus culpae planguntur ... Principaliter
vero compunctionis genera duo sunt, quia Deum sitiens anima prius timore
compungitur, post amore. Die ganze Ausführung über die beiden Arten der
compunctio in den Dialogi hat bei Gregor selbst eine Parallele in ep. ad
Theoctistam (im Briefwerk lib. 7 ind. 15 ep. 26; ML 77, 879 f.); dort lautet
der Anfang: Duo quippe sunt compunctionis genera ... Unum quod aeternas
poenas metuit, aliud quod de coelestibus praemiis suspirat, quia Deum sitiens
anima, prius timore compungitur, post amore. — Zur mittelalterlichen Überlieferung vgl. P. Régamey in: La vie spirit. 17, 1935, Bd. 44 Suppl., S. 68 A. 1.

Strafe zu entgehen, so weint sie nun bitterlich, weil sie noch ferne ist vom Himmelreich[73]. Die Furchtreue erzeugt also nach einiger Zeit eine Art Gewißheit aus dem Bewußtsein, durch die Reue die Sünden getilgt zu haben[74], so daß nun die Liebesreue die erste Form der compunctio ablösen kann. Beide Arten der Reue schließen einander nicht aus; sie sind indessen so ineinander verschlungen, daß in der Mischung von Furcht und Hoffnung, von Angst und Zuversicht keine reine Gewißheit aufkommen kann[75]. Die Gewißheit, die aus der Bußempfindung hervorwachsen soll, ist von Anfang an von Ungewißheit infiziert, weil sie im Boden der subjektiven Erfahrung wurzelt[76].

Die Bedeutung und Notwendigkeit der doppelten compunctio lehrt in bildhafter Weise die Geschichte von Kalebs Tochter Achsa. Wie sie ihren Vater bat, er möge ihr zu der Gabe des trockenen Landes hinzu noch Quellen geben[77], so bleibt selbst die Seele, die von Gott zu guten Werken befähigt ist, noch dürre, wenn sie sich nicht mit starkem Verlangen von Gott die gratia lacrimarum erbittet, damit sie durch Tränen benetzt werde. Diese Gnade verleiht Gott in Gestalt der beiden Arten von compunctio, analog der oberen und unteren Quelle, die Kaleb seiner Tochter schenkte. Auch wer in guten Werken tüchtig und eifrig ist, hat es sehr nötig, seine Sünden, von denen niemand frei ist, entweder aus Furcht vor Strafe oder aus Verlangen nach Gottes himmlischem Reich täglich zu beweinen[78].

[73] Dialog. 3 c. 34: Prius enim sese in lacrimis afficit, quia dum malorum suorum recolit, pro his perpeti aeterna supplicia pertimescit. At vero cum longa moeroris anxitudine fuerit formido consumpta, quaedam iam de praesumptione veniae securitas nascitur, et in amore coelestium gaudiorum animus inflammatur; et qui prius fleverat, ne duceretur ad supplicium, postmodum amarissime flere incipit, quia differtur a regno ... et amplius plangit, quia a bonis perennibus deest, quam flevit prius cum mala aeterna metuebat. Sicque fit ut perfecta compunctio formidinis trahat animum compunctioni dilectionis (ep. ad Theoct.: ad compunctionem dilectionis).
[74] Zum Übergang der Furchtreue in Vergebungsgewißheit vgl. in Ez. 40, 47 lib. 2 hom. 10 n. 21.
[75] Vgl. mor. 5 c. 9 n. 15, 9 c. 35 n. 55, 11 c. 35 n. 48; in Ev. hom. 34 n. 15; in Ez. 1, 23 lib. 1 hom. 7 n. 24.
[76] Vgl. mor. 5 c. 7 n. 12, 25 c. 7 n. 13.
[77] Jos. 15, 16 ff. und Iudic. 1, 12 ff. Der Erfolg von Achsas Bitte wird konstatiert mit den Worten (Jos. 15, 19, cf. Iudic. 1, 5): Dedit itaque ei Caleb irriguum superius et inferius.
[78] Dialog. 3 c. 34: a creatore nostro cum magno gemitu quaerenda est lacrimarum gratia. Sunt namque nonnulli qui iam in dono perceperunt libere pro

2. In einem anderen Zusammenhang geht Gregor aus von der
Deutung von Ez. 40,47 »altare ante faciem templi«. Der Altar wird
verstanden als die mens bene viventium; es ist der Geist oder das
Herz solcher, die einen guten Lebenswandel haben, die im Bewußtsein ihrer Sünden sich durch Tränen der Reue von ihren Fehlern
reinigen und ihren Leib durch Enthaltsamkeit schwächen, die sich
nicht mehr in irgendwelche Machenschaften dieser Welt einlassen,
ihre Habe den Armen geben und das zu haben begehren, was sie
nicht haben, nämlich die geistlichen Güter. Recte igitur horum cor
altare Dei dicitur, ubi ex moerore compunctionis ignis ardet, et caro
consumitur[79]. Sie bringen, wie es Röm. 12,1 heißt, ihre Leiber als
ein lebendiges Opfer dar. Denn der Leib wird zum Opfer für Gott,
wenn er gezüchtigt wird, so daß er für diese Welt tot und den
Sünden abgestorben ist. Der Leib ist nun aber auch lebendiges
Opfer, weil er in Tugenden lebt und sein ganzes Vermögen in guten
Werken einsetzt[80]. Das geschieht nach Gregors Meinung bei denen,
die des ewigen Gerichtes, d. h. der ewigen Strafen, eingedenk sind
und in den Wehklagen der Reue (lamenta compunctionis) das
Opferfeuer in sich tragen, von dem sie selbst verzehrt werden.

Im Anschluß an die eben entwickelten Ausführungen, in denen
die Reue aus Furcht vor Strafe angeklungen ist, beschreibt Gregor
wieder die zwei Arten der compunctio, diesmal in einer Deutung
der beiden Altäre, die nach Ex. 39 f. zu den heiligen Geräten der
Stiftshütte gehörten, von denen der eine, der kupferne, für die

iustitia loqui, oppressos tueri, indigentibus possessa tribuere, ardorem fidei
habere, sed adhuc gratiam lacrimarum non habent … adhuc irrigua indigent,
quia in bonis operibus positi, in quibus magni atque ferventes sunt, oportet
nimis, ut aut timore supplicii, aut amore regni coelestis, mala etiam quae
antea perpetraverunt, deplorent (ep. ad Theoct.: peccata, sine quibus vivere
non possunt, cotidie plorent). Sed quia … duo sunt compunctionis genera,
dedit ei pater suus irriguum superius, et irriguum inferius. Irriguum quippe
superius accipit anima, cum sese in lacrimis coelestis regni desiderio affligit;
irriguum vero inferius accipit, cum inferni supplicia flendo pertimescit. Es
folgt noch die Bemerkung, daß im biblischen Text mit der Voranstellung des
irriguum superius der höhere Wert der compunctio amoris angedeutet werden
soll, also nicht deren zeitlicher Vorrang.

[79] In Ez. 40, 47 lib. 2 hom. 10 n. 19. Offenbar redet Gregor hier von denen, die
im mönchischen oder halbmönchischen Leben die Buße praktizieren.

[80] In Ez. 40, 47 lib. 2 hom. 10 n. 19: corpora castigant … (Röm. 12, 1 zitiert).
Hostia quippe occiditur ut offeratur. Sed hostia vivens est corpus pro Domino
afflictum. Quod et hostia dicitur, et vivens, quia vivit in virtutibus, et est a
vitiis occisum. Hostia videlicet, quia iam huic mundo est a pravis actibus
mortuum; vivens autem, quia cuncta quae praevalet bona operatur.

Brandopfer bestimmt und vor der Stiftshütte aufgestellt war, während der andere, der goldene, innerhalb der Stiftshütte für die Darbringung der Rauchopfer vorgesehen war[81]. Der kupferne Brandopferaltar ist Symbol für die compunctio per timorem; denn wie auf jenem Altar Fleisch verbrannt wurde, so reinigt sich der Fromme durch die Furchtreue von den sündigen fleischlichen Werken, deren Anziehungskraft er noch im eigenen Herzen spürt. Als Triebkräfte dieser compunctio nennt Gregor das Bewußtsein der begangenen Sünden im Verein mit der Furcht vor der ewigen Strafe[82], so daß man die beiden Ortsbetrachtungen, die den Menschen unter den Fragen »ubi fuit« und »ubi erit« zur Buße veranlassen sollen, dieser Form der compunctio zuweisen kann[83]. Wer frei geworden ist von den vitia carnalia und durch entsprechend lange Reue der Vergebung gewiß geworden ist, erhebt sich auf die höhere Stufe der compunctio per amorem. In dem Maße, wie die Liebe des Herzens zum himmlischen Lohn hingezogen wird, wird auch das gegenwärtige Leben als harte Knechtschaft und lange Pilgerfahrt empfunden. Es sind also die beiden Betrachtungen »ubi est« und »ubi non est«, welche die compunctio amoris hervortreiben[84]. Aus dieser Ergriffenheit des Herzens in der Gottesliebe erheben sich die Tugenden der Heiligen; dafür ist der goldene Altar, auf dem die Rauchopfer entzündet wurden, ein Symbol[85]. Daß innerhalb der Stiftshütte doch

---

[81] In Ez. 40, 47 lib. 2 hom. 10 n. 20. Die Allegorie der beiden Altäre greift Gregor auf in 1. Reg. 14,35 lib. 5 c. 4 n. 41 und deutet die beiden Steinsorten, aus denen der eine Altar gebaut ist, auf die recogitationes peccatorum und die meditationes perennium gaudiorum; vgl. P. Régamey in: La vie spirit. 17, 1935, Bd. 44 Suppl., S. 69

[82] In Ez. 40, 47 lib. 2 hom. 10 n. 20: Multi namque, peccatorum suorum memores, dum supplicia aeterna pertimescunt, cotidianis se lacrimis affligunt. Plangunt mala quae fecerunt, et incendunt vitia igne compunctionis quorum adhuc suggestiones in corde patiuntur. Quid isti nisi altare sunt aereum in quo carnes ardent, quia adhuc ab eis carnalia opera planguntur.

[83] Vgl. S. 75.

[84] In Ez. 40, 47 lib. 2 hom. 10 n. 21: Alii vero, a carnalibus vitiis liberi, aut longis iam fletibus secuti, amoris flamma in compunctionis lacrimis inardescunt, coelestis patriae praemia cordis oculis proponunt, supernis iam civibus interesse concupiscunt. Dura eis apparet servitus, longitudo peregrinationis suae. Regem in decore suo videre desiderant (Is. 33, 17), et flere cotidie ex eius amore non cessant.

[85] In Ez. 40, 47 lib. 2 hom. 10 n. 20: Altare vero aureum in quo thymiama incenditur ante velum sanctorum corda, quae cum magnis virtutibus in Dei amore succensa sunt, per sanctum desiderium in illo ardent quem adhuc revelata facie videre non possunt . . . Per compunctionis autem lacrimas nil terrenum,

noch ein Vorhang diesen Altar von der Lade trennt, ist ein Hinweis
auf das noch bestehende Geschiedensein von dem Herrn, auf den
allein sich aber schon die ganze Liebe konzentriert, so daß der Geist
sich von allem Irdischen löst und in dem Einen sammelt.

nil transitorium quaerere debemus. Solus ipse nobis sufficiat qui fecit omnia.
Transcendamus per desiderium omnia, ut mentem colligamus in unum. Non
iam timore poenarum, non memoria vitiorum, sed amoris flamma succensi,
ardeamus in lacrimis cum ardore virtutum. — Die ganze allegorische Deutung der beiden Altäre auf die beiden Arten der compunctio wurde im Mittelalter in einer gestrafften und leicht modifizierten Fassung auch unter den Mis-
cellanea (6 tit. 75; ML 177, 847 f.) Hugos von St. Viktor tradiert. Zur mittelalterlichen Ausstrahlung des Stückes vgl. P. Régamey in: La vie spirit. 17,
1935, Bd. 44 Suppl., S. 69.

3. Kapitel

BERNHARD VON CLAIRVAUX

1. Selbsterkenntnis und Selbsterniedrigung

In seinem Traktat De gradibus humilitatis lehrt Bernhard, daß man nur über die humilitas und die caritas zur kontemplativen Erkenntnis der Wahrheit gelangen kann. Am Anfang muß die humilitas stehen. Wer nicht in der humilitas zur Selbsterkenntnis findet, kann dem anderen nicht mit liebendem Verständnis begegnen. Darum werden in den Seligpreisungen die Sanftmütigen vor den Barmherzigen genannt[1]. Und nur wessen Herz durch die Liebe gereinigt worden ist, wird zur schauenden Erkenntnis der Wahrheit gelangen, wie es angesagt wird in der Seligpreisung derer, die reines Herzens sind. Die humilitas, die den geistlichen Aufstieg einleitet, wird — in Anlehnung an Augustin — als eine Tugend wahrer Selbsterkenntnis definiert, durch welche der Mensch sich selber wertlos wird[2]. Bereits Augustin hat unter der humilitas eine mit Gehorsam gepaarte Selbsterkenntnis verstanden; der Mensch erkennt sich als das Geschöpf Gottes, das sich ganz von Gott empfängt; in dieser Erkenntnis fügt sich der Demütige, handelnd wie leidend, in den Willen Gottes. Hochmut hingegen herrscht dort, wo es an der Erkenntnis des Geschöpfseins und am Gehorsam des Geschöpfes fehlt[3]. Der virtus-Begriff soll in Bernhards Definition die humilitas in der Weise charakterisieren, wie an anderer Stelle die humilitas von der bloßen humiliatio unterschieden wird[4]. Denn man kann Erniedrigung mit Groll hinnehmen, man kann sie in Geduld ertragen, man kann sie aber auch willentlich auf sich nehmen und sich ihrer sogar rühmen[5]. Im Groll lädt man Schuld auf sich, in der

---

[1] De grad. humil. c. 3 n. 6, c. 4 n. 13.

[2] De grad. humil. c. 1 n. 2: Humilitatis vero talis potest esse definitio: humilitas est virtus, qua homo verissima sui cognitione sibi ipse vilescit.

[3] Augustin in Ioan. 6, 38 tr. 25 n. 16: tu, homo, cognosce quia es homo; tota humilitas tua, ut cognoscas te ... Superbia quippe facit voluntatem suam; humilitas facit voluntatem Dei.

[4] In Cant. sermo 34 n. 3 f.

[5] In Cant. sermo 34 n. 4 zitiert Bernhard 2. Cor. 12, 9 und fährt fort: Non dicit patienter se ferre infirmitates suas, sed et gloriari, et libenter gloriari in illis ... nec sufficere omnino, ut possideat animam suam tamquam patienter

Geduld ist man zwar unschuldig, aber erst die innere Einwilligung zur humiliatio macht gerecht und läßt aus der humiliatio die humilitas hervorgehen. Die Unschuld der Geduld ist nur Teil der Gerechtigkeit, während die Demut die Gerechtigkeit zur Vollendung bringt[6]. Bernhard wertet die humilitas nach dem Tugendprinzip der Willentlichkeit; bei der Beschreibung der aus freiem Willen bejahten Erniedrigung wird das ausgedrückt durch die Adverbien libenter und sponte[7]. Nur dem tugendhaft Demütigen gilt die Zusage der Gnade Gottes. Und in der Verheißung, daß derjenige, der sich selbst erniedrigt, erhöht werden wird, wird das se humiliare als das tugendhaft freie Einwilligen in die humiliatio verstanden[8].

Abgesehen von dem virtus-Begriff, der sich bei Bernhard in das Verständnis der humilitas einschiebt, erhält die humilitas bei ihm dadurch eine andere Note als bei Augustin, daß sie mit einer Praxis der Selbsterniedrigung verbunden wird. Wie es bereits die Regula Benedicti (c. 7) vorschreibt, wird das mönchische Leben in den 12 gradus humilitatis eingeübt und zur Vollkommenheit geführt[9]. Die beiden ersten Stufen der humilitas müssen noch außerhalb des Klosters erstiegen werden. Die beiden Forderungen, sich im timor Dei allezeit vor jeder (Tod-)Sünde zu hüten und den eigenen Willen nicht zu lieben, werden jedoch in angemessener Weise, das muß man im Sinne Bernhards hinzufügen, erst mit dem Eintritt ins Kloster erfüllt[10]. Die folgenden vier Stufen faßt Bernhard unter

humiliatus (cf. Luc. 21, 19), nisi et gratiam accipiat tamquam sponte humiliatus.

[6] In Cant. sermo 34 n. 3: Vides quia humilitas iustificat nos? Humilitas dixi, et non: humiliatio. Quanti humiliantur, qui humiles non sunt? Alii cum rancore humiliantur, alii patienter, alii et libenter. Primi rei sunt, sequentes innoxii, ultimi iusti. Quamquam et innocentia portio iustitiae est, sed consummatio eius apud humilem. . . . non humiliatis, sed humilibus Deus dat gratiam (1. Pt. 5, 5). Est autem humilis, qui humiliationem convertit in humilitatem.

[7] In Cant. sermo 34 n. 3 f.; Bernhard erinnert an 2. Cor. 9, 7, wo ihm an dem Attribut hilaris (im Gegensatz zu »non ex tristitia, aut ex necessitate«) gelegen ist.

[8] In Cant. sermo 34 n. 4: Generalem vero hic audi regulam (Lc. 14, 111): »Omnis qui se humiliat, ait, exaltabitur«. Significat profecto, non omnem exaltandam esse humilitatem, sed eam tantum, quae de voluntate venit . . . Ita ergo non qui humiliatur, sed qui sponte se humiliat, exaltabitur; utique ob meritum voluntatis.

[9] Bernhard (de grad. humil. c. 10 ff.) läßt den 12 Stufen des Aufstiegs in der humilitas 12 Stufen des Abstiegs in der superbia entsprechen.

[10] De grad. humil. c. 19 n. 49. Die Forderungen der beiden ersten Stufen: 1. Timore Dei custodire se omni hora ab omni peccato. 2. Propriam non amare voluntatem.

dem Gesichtspunkt zusammen, daß in ihnen das Verhältnis des Mönches zu seinem Vorgesetzten geregelt wird[11]. Hierher gehört der Gehorsam gegenüber dem Vorgesetzten, die geduldige Leidensbereitschaft, die confessio peccatorum und die auf eigene Wertlosigkeit, Unwürdigkeit und Nichtigkeit zielende Selbstbeurteilung[12]. Die folgenden sechs Stufen, die vorwiegend dem äußeren mönchischen Gebaren gelten, werden von Bernhard dem Leben in der monastischen Gemeinschaft der Brüder zugeordnet[13]. Die Äußerungen mönchischer Buße — die confessio peccatorum und die Selbstbeurteilung, die praktisch eine Selbstverurteilung ist — haben also in der unteren Hälfte der gradus humilitatis ihren Platz und werden in das Verhältnis des Mönches zu seinem Vorgesetzten eingewiesen. Doch ist das zunächst nur Traditionsgut der Regula Benedicti, und es muß noch offenbleiben, ob Bernhard nicht die Akzente anders setzt, ob er dem monastischen Bußverständnis nicht mehr Bedeutung beimißt, als es die Skala der gradus humilitatis zunächst nahelegt. In dem Traktat De gradibus humilitatis kommt es ihm darauf an, die 12 Stufen der mönchischen Demutspraxis im ganzen als Selbsterkenntnis zu begreifen und die caritas sowie die contemplatio als Heilsstufen noch über der humilitas aufzuzeigen. Mit der humilitas nimmt das geistliche Leben erst seinen Anfang, die Gottes- und Jesusliebe bedeutet Fortschritt, die Versenkung oder Entzückung zur Gottesschau ist die Vollkommenheit.

Mit Leidenschaft behauptet Bernhard, für den Mönch sei die Selbsterkenntnis[14] Voraussetzung seiner Heilserfahrung, weil der Mönch im Seinsordo für sich selbst das erste ist, und weil dieses Wissen, indem es demütigt, das tragfähige Fundament des Heils-

[11] De grad. humil. c. 19 n. 49.
[12] Regula Benedicti c. 7, die beiden letzten von diesen vier Forderungen: Quintus humilitatis gradus est, si omnes cogitationes malas cordi suo advenientes vel mala a se absconse commissa, per humilem confessionem abbatem non celaverit suum ... Sextus humilitatis gradus est, si omni vilitate vel extremitate contentus sit monachus, et ad omnia quae sibi iniunguntur, velut operarium se malum iudicet et indignum (cf. Lc. 17, 10), dicens sibi cum propheta (Ps. 72, 22 f.): »Ad nihilum redactus sum et nescivi; ut iumentum factus sum apud te, et ego semper tecum.«
[13] Vgl. de grad. humil. c. 19 n. 49.
[14] E. Gilson nennt die Lehre von der Selbsterkenntnis, mit der Bernhard ein altes Erbe übernimmt, den »christlichen Sokratismus« (Die Mystik des heiligen Bernhard von Clairvaux, 1936, S. 109 ff., 258 ff.). Vgl. F. Ohly, Hohelied-Studien, 1958, S. 152; dort (A. 2) und S. 23 (A. 3) auch Hinweise auf Untersuchungen, die die Geschichte dieses Gedankens seit Origenes verfolgen.

gebäudes bildet[15]. Das mahnende Wort des delphischen Apoll »Scito
teipsum« bekommt in der bernhardinischen Theologie soteriologi-
sches Gewicht[16] und den Charakter eines Offenbarungswortes[17]. Die
für den Gedanken der cognitio sui zentrale Stelle Cant. 1,7[18] besagt
nach Bernhards Verständnis, daß ohne Selbsterkenntnis keine Gemeinschaft mit dem Herrn möglich ist. Selbst alle Schulwissenschaf-
ten, denen Bernhard nicht grundsätzlich ablehnend gegenübersteht,
müssen auf dem Fundament der Selbsterkenntnis aufbauen, wenn
das Wissen nicht die Sünde des Hochmutes steigern soll[19]. Die
Selbsterkenntnis führt den Menschen in die Demut, wenn er an sich
selbst erkennt, daß er sich in Wahrheit in der regio dissimilitudinis
befindet, daß die ursprüngliche similitudo zu Gottes Sein durch die
Sünde und ihre Folgen verlorengegangen ist[20]. Allerdings erfaßt die
Selbsterkenntnis nicht nur die Verkehrung der similitudo in dissimilitudo, sondern auch die dem Menschen stets eigene Würde der
imago[21]. Die Erkenntnis der in Vernunft und freiem Willen ruhen-
den Gottebenbildlichkeit muß — hierin denkt Bernhard augusti-

---

[15] In Cant. sermo 36 n. 5: Volo proinde animam primo omnium scire seipsam,
quod id postulet ratio et utilitatis et ordinis. Et ordinis quidem, quoniam quod
nos sumus primum est nobis, utilitatis vero, quia talis scientia non inflat, sed
humiliat, et est quaedam praeparatio ad aedificandum. Nisi enim super humilitatis stabile fundamentum, spirituale aedificium stare minime potest.

[16] In Cant. 1, 7 comment. brev. n. 22: »o pulchra inter mulieres«, si vis nosse
me, noli ignorare te, hoc est responsum Delphici Apollinis: Scito teipsum. —
Die neuere Forschung nimmt an, daß der Kern des Comment. brev. in Cant.
(Mab. 2, 262—281) von Bernhard stammt, vgl. J. Leclercq in: AnOCist 9,
1953, 105—124 und J. Hourlier in: AnOCist 12, 1956, 105—114.

[17] De div. sermo 40 n. 3: De coelo cecidit ista sententia: Nosce teipsum homo.

[18] Auch außerhalb der Auslegung in den Serm. in Cant. und im Comment. brev.
in Cant. wird Cant. 1, 7 »Si ignoras te, o pulcherrima inter mulieres, egre-
dere« etc. im Sinne der cognitio sui gedeutet: de grad. humil. c. 7 n. 21, de
dilig. Deo c. 2 n. 4, de div. sermo 12 n. 1, de div. sermo 40 n. 3.

[19] In Cant. sermo 37 n. 2.

[20] In Cant. sermo 36 n. 5: Porro ad se humiliandum nihil anima invenire viva-
cius seu accomodatius potest, quam si se in veritate inveniret; tantum non
dissimulet, non sit in spiritu eius dolus (cf. Ps. 31, 2), statuat se ante faciem
suam, nec se a se avertere abducatur. Nonne se ita intuens clara luce veritatis, inveniet se in regione dissimilitudinis ... clamabit ad Dominum (Ps.
118, 75) »In veritate tua humiliasti me«.

[21] De div. sermo 12 n. 2: Veruntamen quia ad imaginem et similitudinem Dei
creatus es, si perdidisti similitudinem, similis factus iumentis; sed in imagine
pertransisti. ... noli »infixus in limo profundi« (Ps. 68,3) ignorare quia imago
Dei es, et erubesce quod peregrinam ei superduxeris similitudinem. Memor
esto nobilitatis tuae, et pudeat te tantae deiectionis. Ne ignores pulchritu-
dinem tuam, ut de foeditate amplius confundaris.

nisch — verquickt sein mit der Erkenntnis, daß alle geistige Begabung wie alle äußeren Gaben Gott verdankt werden[22]. Doch die demütigende Erkenntnis der Gottesferne in der Sünde hat das stärkere Gewicht: Nam quomodo non vere humiliabitur in hac vera cognitione sui, cum se perceperit (scil. anima) oneratam peccatis, mole huius mortalis corporis aggravatam ... proclivem ad vitia, invalidam ad virtutes[23]?

Bernhard gibt auch methodische Anleitung, wie in drei Schritten die cognitio sui als Sündenerkenntnis gewonnen werden soll. Zuerst soll sich der Mensch bewußt werden, was er getan hat (quid fecit), als er seine caro durch fleischliche Lust befleckte und seinen Geist von Zorn, Hochmut, Neid und Angst hinreißen ließ, obwohl der Mensch doch die imago Dei, die similitudo creatoris darstellt. Sodann soll er erwägen, welche Strafe er sich durch eigene Schuld verdient hat (quid meruit), nämlich die ewige Verdammnis, die er sich gar nicht schlimm genug vorstellen kann. Schließlich soll er sich vor Augen halten, welche ewige Glückseligkeit er durch seine Sünde eingebüßt hat (quid amisit)[24]. Die Selbsterkenntnis als Sündenerkenntnis wird auf diesem Wege nicht durch peinliche Selbsterforschung gewonnen, sondern indem der Mensch sich selbst innerhalb der universalen Dimension der gefallenen Schöpfung erkennt. Das bewahrt Bernhard vor der qualvollen Introspektion Gregors. So ist es auch in einem anderen Fall[25], wo Bernhard dazu anleitet, die Selbsterkenntnis durch die Überlegung herbeizuführen, wo wir herkommen (die primordia), wo wir uns in unserem Leben befinden (die media) und wohin unser Weg führt (die novissima); mit anderen Worten, wir sollen einsehen, wie wir unser ursprüngliches Geschaffensein in Gottebenbildlichkeit und -ähnlichkeit durch unsere Sünde entstellt haben, in welches Elend wir uns dadurch begeben haben, und welche Strafe auf uns wartet. Die entscheidende Wirkung geht allerdings von dem letzten Punkt der Betrachtung aus. Über den selbstverschuldeten Verlust seiner ursprünglichen engelgleichen Erhabenheit wird der einsichtige Mensch Scham verspüren; angesichts seines gegenwärtigen fast tierischen Zustandes wird der sensible Mensch Schmerz empfinden; der Gedanke an Tod, Gericht und Hölle hingegen wird jedem Menschen Furcht einflößen. Hier setzt

[22] De dilig. Deo c. 2.
[23] In Cant. sermo 36 n. 5.
[24] De div. sermo 40 n. 3.
[25] De div. sermo 12.

die Buße ein; darum heißt es Eccli. 7,40: »Fili, memorare novissima tua, et in aeternum non peccabis«; und darum ist die Furcht der Weisheit Anfang (Ps. 110,10). Die Furcht vor dem Tode, dem Gericht und der Hölle (mors, iudicium, gehenna) läßt keinen vordergründigen Trost gelten[26].

Auf den beiden von Bernhard gewiesenen Wegen, durch Betrachtung von Vergangenheit, Gegenwart und Zukunft zur cognitio sui zu gelangen, vollzieht sich ein Umschlag der Selbsterkenntnis in die Bußempfindung, für die Bernhard promiscue die Begriffe poenitentia oder poenitentia mentis und compunctio gebraucht. Man kann nicht sich selbst erkennen, ohne Reue zu empfinden, wie es auch keine compunctio ohne Selbsterkenntnis geben kann[27]. Als weitere Begriffe (neben der compunctio oder poenitentia mentis) erscheinen die contritio cordis und der dolor cordis. Bernhard übernimmt die herkömmlichen Ausdrücke für die Bußempfindung, die er nur aus homiletischen Gründen auseinanderfaltet[28]. Auch Ausdrücke für die Gemütsempfindung der Reue — lacrimae, planctus, gemitus, amaritudo — tauchen auf. Denn wer in der Selbsterkenntnis gedemütigt ist, wird über sich selber Tränen vergießen; er wird über sich selber wehklagen und seufzend zu Gott flehen (Ps. 40,4): »Sana animam meam, quia peccavi tibi.«[29]

2. Die Bußempfindung

Die Bußempfindung — unter dem Begriff compunctio oder den verwandten Begriffen — erscheint bei Bernhard als Glied einer

---

[26] De div. sermo 1 n. 1. 4. Zur Trias dolor, pudor, timor vgl. Bonaventura de triplici via c. 2 n. 2, wo aber der dolor auf die praeterita und der pudor auf die praesentia bezogen wird; bei den futura werden Hölle (inferi), Gericht (iudicium inevitabile, iustum tamen) und ewiger Tod (mors aeterna) genannt.

[27] De div. sermo 40 n. 4, im Zusammenhang einer Skala von 7 gradus confessionis ist auf der 1. Stufe die cognitio sui behandelt worden: Secundus gradus est poenitentia. Haec duo ita sibi invicem coniuncta sunt, ut cognoscere se non possit, nisi poeniteat; poenitere non possit, nisi se cognoscat.

[28] De div. sermo 40 n. 4 ff.

[29] In Cant. sermo 36 n. 5 (nach Zitierung von Ps. 31, 4 »convertetur in aerumna sua, dum configitur spina«): Convertetur, inquam, ad lacrimas, convertetur ad planctus et gemitus, convertetur ad Dominum, et in humilitate clamabit (Ps. 40, 4): »Sana . . .«. Vgl. ebd. n. 6: Ego quamdiu in me respicio, »in amaritudine moratur oculus meus« (Iob 17, 2). Iob 17, 2 wird auch de div. sermo 12 n. 3 zitiert: amaritudo erfaßt den Menschen, wenn er bedenkt, wo er sich gegenwärtig befindet; vgl. ebd. n. 1: attende media . . . ista dolorem ingerunt.

Kette verschiedener Phänomene des geistlichen Lebens. Das geistliche Leben durchschreitet konzentrische Kreise, in deren Zentrum der Höhepunkt der subjektiven Heilserfahrung erreicht wird, wenn in der für Bernhard höchst charakteristischen Weise die spirituale Verbindung der Seele mit dem überirdischen Jesus hergestellt ist. Die Eigenart von Bernhards meditativem Denken und seinem vorwiegend homiletisch-exegetischen Schrifttum bringt es mit sich, daß der Weg zu diesem Zentrum der Heilserfahrung in immer wieder neuen Abwandlungen dargestellt wird, so wie in die konzentrischen Kreise immer neue Radien eingezeichnet werden können. Indessen führen die von Bernhard beschriebenen Wege zum Heil nicht immer auf radialer, sondern nicht selten auf zyklischer Linie zum Mittelpunkt hin. Doch stets verläuft die Bewegung von der Peripherie zum Zentrum. Mir scheint Bernhards Denken in starkem Maße von der Idee eines ordo salutis bestimmt zu sein, nur daß dieser ordo nicht einlinig festgelegt ist[30]. Bernhards Auffassung von der compunctio tritt nur hervor, wenn man einige dieser Linien des spiritualen Heilsweges nachzeichnet, wenigstens die Linien, auf denen die compunctio erscheint. Denn ihre Eigenart erfordert es, daß sie als Stück eines Weges, als Glied einer Kette erkannt wird. Die Linien berühren oder überschneiden sich zuweilen; wo weder das eine noch das andere der Fall ist, wird sozusagen von verschiedenen Seiten her der Mittelpunkt der konzentrischen Kreise anvisiert. Schon bei Bernhard, dem es freilich nicht auf »scholastische« Präzision der Begriffe ankommt, erscheinen die Linien als Begriffsreihen, erst recht in der sekundären Darstellung. In der Konzeption eines ordo salutis und in der Denkform der Begriffsreihen unterscheidet sich Bernhard schon im allgemeinen von Augustin und Gregor, mit denen ihn im übrigen die meditativ exegesierende Methode und die Vorliebe für die homiletische Mitteilungsform verbindet. Der Unterschied liegt nicht nur im Individuellen, er ist auch bedingt durch den historischen Abstand zwischen den Vätern der Alten Kirche und dem Mönch des frühen 12. Jahrhunderts, der gleichwohl nicht ohne Grund »der letzte der Väter« genannt wird[31]. — Die konzentrischen Kreise der subjektiven Heilserfahrung überlagern sich mit den kon-

---

[30] Bei J. Ries, Das geistliche Leben in seinen Entwicklungsstufen nach der Lehre des hl. Bernhard von Clairvaux, 1906, kommt diese Eigenart von Bernhards Denken nicht zum Vorschein. Ries legt die scholastische Unterscheidung von Kardinaltugenden, theologischen Tugenden und Gaben des heiligen Geistes zugrunde. Die compunctio wird dabei nicht erfaßt.
[31] Vgl. J. Leclercq in: Pubblic. dell'Univ. catt. del S. Cuore N. S. 46, 1954, S. 30.

zentrischen Kreisen der geistlichen Lebensstände der Weltchristen, Novizen, Mönche und Prälaten. Auch hierin ist das, was für Bernhard charakteristisch ist, zugleich der Reflex seiner Zeit.

Der Weg des geistlichen Lebens, der mit dem Herzen gefunden und beschritten werden muß, führt über sieben Stufen aufwärts. Die unterste Stufe ist die Zerknirschung des Herzens angesichts der eigenen Sünde (contritio); es folgt das Bekenntnis der Sünde (confessio). Danach soll es zur affectio kommen; gemeint ist wohl die Erwärmung des Herzens für die geistlichen Tugenden und Güter. In den nächsten drei Stufen kann man die Merkmale des monastischen Lebens wiedererkennen: die abiectio proprietatis, die abnegatio propriae voluntatis und die humiliatio voluntariae subiectionis. Am Ende steht die perseverantia, die Beharrlichkeit im geistlichen Leben[32]. Während die beiden ersten Punkte (contritio, confessio) zwei Hauptstücke der sakramentalen Buße nennen, fehlt das dritte Hauptstück, die satisfactio; doch könnte man als dessen Äquivalent jene drei Punkte ansehen, die auch den mönchischen Lebensweg abstecken: der Verzicht auf Eigenes, die Verleugnung des eigenen Willens, die Demütigung in freiwilliger Unterordnung[33].

Mehrfach im bernhardinischen Schrifttum begegnet die an Cant. 1,2 angelehnte Vorstellung von den drei geistlichen Salben (unguenta), mit denen die Seele den Herrn Jesus salbt[34]. Die drei Sal-

---

[32] De div. sermo 118: Viam invenit, qui ad cor revertitur; ambulat in ea, »qui ascensiones in corde suo disposuit« (Ps. 83, 6). Prima ascensio huius vitae est contritio, secunda confessio, tertia affectio, quarta proprietatis abiectio, quinta abnegatio propriae voluntatis, sexta humiliatio voluntariae subiectionis, septima perseverantia. Eine verwandte Begriffsreihe findet sich in de div. sermo 72 n. 5: Notandum autem, quod haec via legis Domini (Ps. 1, 2) consummatur sex diebus. Et prima quidem dicta est gemitus cordis, secunda confessio oris, tertia largitio propriae possessionis, quarta labor corporis, quinta abnegatio propriae voluntatis, sexta contemptus mortis. In septima fit quies ab omnibus praedictis, sperans octavam resurrectionis.

[33] Andere Reihen von spiritualen oder monastischen Tugenden z. B. de div. sermo 15 n. 5 (das conversari continenter, patienter, oboedienter wird entfaltet: ... ut fidelis oboedientia propriam mortificet voluntatem, humilis continentia carnalem pariter et saecularem amputet voluptatem, hilaris patientia utramque simul, et corporalem scil. et mundialem, viriliter sustineat adversitatem), de div. sermo 35 n. 3 (poena corporis, paupertas substantiae mundialis et humilitas oboedientiae), de div. sermo 91 n. 3 f. (humilitas, castitas, caritas).

[34] In Cant. sermo 10 n. 4 bis sermo 12 n. 10 (mit Abschweifungen), de div. sermo 87 n. 6, de div. sermo 90. Außerhalb des authentischen Schriftcorpus: Flores Bernardi 8 n. 28 (= in Cant. sermo 10 n. 4; zur Exzerptsammlung der Flores Bernardi vgl. M. Bernards in: Veröff. d. Inst. f. europ. Gesch. 6, 1955,

bungen Jesu, von denen die Evangelien berichten, bilden den symbolischen Hintergrund: Da ist die große Sünderin (Lc. 7,37 ff.), die Jesu Füße salbt[35]. In Bethanien wird das Haupt Jesu gesalbt (Mt. 26,6 ff. = Mc. 14,3 ff.). Und von den Frauen, die am Ostermorgen das Grab Jesu aufsuchen, heißt es, daß sie Jesus salben wollen; dazu bemerkt Bernhard: nec ad ungendam tantum aliquam corporis partem, verbi gratia pedes aut caput; sed sicut scriptum est »ut venientes ungerent Iesum« (Mc. 16,1), quod est totius complexio, non partis distinctio[36]. Im mystischen Verständnis bedeuten die drei spiritualen Salbungen in einer Steigerung die contritio oder compunctio, die devotio und die pietas[37]. Zuerst wird von der Seele, die sich zum Herrn hingezogen fühlt, im erinnernden Bewußtsein der eigenen Sünden ein Schmerz der Reue empfunden. Höher erhebt sich die Seele im andächtig dankbaren Innewerden der vom Herrn empfangenen Wohltaten, wodurch der anfangs empfundene Schmerz gemildert wird. Schließlich wird die Seele erfaßt von liebender Hingabe an die Menschen, die des Heils bedürfen, in denen sie den mystischen Leib des Herrn erkennt und liebt. Dadurch wird die Wunde geheilt, die in der Reue schmerzhaft aufgebrochen war, und deren Schmerz von der devotio gelindert worden ist[38].

192—201), sent. I 9 (Mab. 1, 1239), sent. II 169 (Mab. 2, 785), in Cant. brev. comment. n. 9—11 (Mab. 2, 267; vgl. J. Leclercq in: AnOCist 9, 1953, S. 114). Zu den beiden Sammlungen der Sententiae vgl. H.-M. Rochais — J. Leclercq in: Scriptorium 15, 1961, 240—284. — Nach Bernhard hat Nicolaus von Clairvaux den Topos der 3 unguenta in seinen sermo de festo b. Mariae Magdalenae (speziell n. 4 ff.; Mab. 2, 1048 ff.) übernommen.

[35] Bernhard identifiziert die große Sünderin Lc. 7, 37 ff. mit der Maria, der Schwester der Martha und des Lazarus, von der Jesus nach Joh. 12, 1 ff. in Bethanien gesalbt wird.

[36] In Cant. sermo 12 n. 6.

[37] In Cant. sermo 12 n. 10 (bei der abschließenden Zusammenfassung): Bonum tamen contritionis unguentum, quod de recordatione peccatorum conficitur, mittiturque in pedes Domini; quia »cor contritum et humiliatum Deus non despiciet« (Ps. 50, 19). Ceterum longe melius esse arbitror id quod dicitur devotionis, factum de recordatione beneficiorum Dei, quippe quod et capiti idoneum reputatur, ita ut perhibeat de ipso Deus (Ps. 49, 23): »Sacrificium laudis honorificabit me.« Porro utrumque vincit unctio pietatis, quae de respectu miserorum fit, et per universum Christi corpus diffunditur. Corpus dico, non illud crucifixum, sed quod illius acquisitum est passione. — In den Paralleltexten (s. A. 34) — außer Flores 8 n. 28, wo der Begriff contritio beibehalten ist — ist von compunctio statt von contritio die Rede.

[38] In Cant. sermo 10 n. 4: Primum (scil. unguentum) pungitivum, dolorem faciens; secundum temperativum, dolorem leniens; tertium sanativum, etiam morbum expellens. Speziell zur pietas vgl. in Cant. sermo 12 n. 1.

Die pietas scheint Bernhard als die besondere Aufgabe der Bischöfe anzusehen[39], während bei der contritio und devotio eine Verknüpfung mit den Ständen der Conversen und der in Andacht lebenden Mönche durchschimmert[40]. Auf die pietas braucht hier nicht näher eingegangen zu werden, da sie schon nicht mehr in den Bereich der Bußanschauung gehört. Zwischen ihr und den beiden anderen Affektionen ist ein größerer innerer Abstand erkennbar als zwischen der contritio und der devotio. Diese beiden sind eng miteinander verzahnt, wie auch die Menschheit und die Gottheit Christi, die von diesen beiden Affektionen gesalbt werden, nicht unabhängig voneinander betrachtet werden können[41], während das corpus Christi mysticum relativ selbständig gedacht werden kann. Aus Bernhards breiter, bild- und wortreicher Ausführung kann nur einiges herausgegriffen werden.

Die contritio gehört an den Anfang der Bekehrung[42], sie findet sich bei denen, die öffentlich und vollkommen Buße tun[43]. Daß Bernhard dabei die Buße im Sinne hat, die im Verlassen der Welt und Eintreten in den Mönchsstand vollzogen wird, wird dadurch erwiesen, daß Bernhard dann direkt die Conversen anredet: Vobis dico, quos nuper conversos de saeculo et a viis vestris pravis recedentes, excepit mox amaritudo et confusio animi poenitentis, ac velut recentium adhuc vulnerum dolor nimius excruciat et perturbat[44]. Der Büßende soll jedoch nicht bei der reuevollen Betrachtung seiner vergangenen Verfehlungen stehenbleiben, sondern soll sich auch die Wohltaten Gottes ins Gedächtnis rufen, vor allem unsere Erlösung in Christus, damit er nach der Bedrückung durch seine Sünden auch wieder erleichtert aufatmen kann[45]. Der Schmerz der

---

[39] In Cant. sermo 12 n. 9 kommt Bernhard bei der pietas auf die episcopi zu sprechen.

[40] S. u. A. 44. Vgl. die Trias der geistlichen Stände an anderen Stellen bei Bernhard, z. B. de div. sermo 91 (die drei Gruppen der coniugati poenitentes in mundo, der conversi continentes in claustro und der praelati praedicantes et orantes pro Dei populo), dom. palm. sermo 2 n. 5 (hier noch als vierte Gruppe die ungeistlichen Menschen mit verhärtetem Herzen).

[41] Vgl. in Cant. sermo 10 n. 8.

[42] In Cant. sermo 10 n. 5: hoc est unum unguentum, quo anima peccatrix suae conversionis primordia condire debet, plagisque suis recentibus adhibere.

[43] In Cant. sermo 10 n. 6: . . . quivis poenitens, si publice perfecteque poeniteat.

[44] In Cant. sermo 10 n. 6.

[45] In Cant. sermo 11 n. 2: suadeo vobis amicis meis reflectere interdum pedem a molesta et anxia recordatione viarum vestrarum, et evadere in itinera planiora serenioris memoriae beneficiorum Dei, ut qui in vobis confundimini, ipsius

Reue ist wohl notwendig, nur darf er nicht zur anhaltenden Gemütsverfassung werden[46]. Das Herz könnte sonst in der Betrübnis
gefühllos werden und in der Verzweiflung zugrunde gehen. Darum
deutet Bernhard Prov. 18,17, das ihm in der Textform »iustus in
principio sermonis accusator est sui« vertraut ist, in dem Sinne,
daß der Gerechte nur (tantum!) am Anfang seines Heilsweges und
nicht beständig sich selber anklagt, weil das Lob Gottes die Sündenbetrachtung ablösen soll[47]. Niemand braucht mit Kain zu sprechen (Gen. 4,13) »Maior est iniquitas mea, quam ut veniam merear«.
Denn Gottes Güte ist stets größer als jede denkbare Sünde[48].
Zunächst soll der Mensch über sich selber in Demut nachdenken,
dann aber Gott in seiner Güte empfinden[49]. Das Kraut für die
bittere Salbe der contritio wächst auf dem eigenen Boden des
Menschen, die liebliche Salbe der devotio will aus Gottes guten
Gaben zubereitet werden[50]. Die andächtige Versenkung in das
Erlösungswerk Christi begründet in uns eine reine, nicht nach Lohn
trachtende Hoffnung und entzündet die Liebe zu Gott[51]. Sie mündet

intuitu respiretis ... Audi denique Deum, quomodo ipse contriti cordis tem-
perat amaritudinem, quomodo pusillanimem a desperationis barathro revocat,
quomodo blandae et fidelis promissionis melle moerentem consolatur, erigit
diffidentem. Vgl. de div. sermo 87 n. 6.

[46] In Cant. sermo 11 n. 2: Et quidem necessarius dolor pro peccatis, sed si non
sit continuus. Sane interpoletur laetiori recordatione divinae benignitatis, ne
forte prae tristitia induretur cor et desperatione plus pereat.

[47] In Cant. sermo 11 n. 2: iustus non continue, sed tantum in principio sermonis
accusator est sui (Prov. 18, 17), porro autem in Dei laudes extrema sermonis
claudere consuevit. Mit dem gleichen Akzent zitiert Bernhard Prov. 18, 17
de div. sermo 15 n. 5, wo er in Parallele zu den 3 unguenta der contritio,
devotio, pietas eine Abfolge von confessio propriae iniquitatis, gratiarum
actio et vox laudis und sermo aedificationis herstellt: Nimirum »corde creditur ad iustitiam, ore autem confessio fit ad salutem« (Röm. 10, 10). Atque »in
principio quidem sermonis iustus accusator est sui« (Prov. 18, 17), nam in
medio magnificare Dominum, in tertio quoque ... aedificare proximum debet.
Weitere Zitationen von Prov. 18, 17, immer in der angegebenen Textform,
jedoch nicht immer mit der besprochenen Akzentuierung: de div. sermo 21 n. 1,
40 n. 6; de grad. humil. c. 18 n. 46.

[48] In Cant. sermo 11 n. 2. Gen. 4, 13 auch: in Cant. sermo 16 n. 12, 61 n. 4.

[49] In Cant. sermo 11 n. 2.

[50] In Cant. sermo 10 n. 7. Nicht nur das Material der Salbe ist verschieden — das
eine Mal die eigenen peccata, das andere Mal Gottes beneficia —, sondern die
Seele selbst trägt unterschiedliche Titel: sie ist zunächst peccatrix, wenn sie
von der contritio und dem Verlangen nach Sündenvergebung ergriffen ist.
Danach ist sie anima iusta, wenn in ihr das Feuer der caritas brennt: de div.
sermo 90 n. 2, 87 n. 6, 3 n. 4.

[51] In Cant. sermo 11 n. 3.

ein in das Lob Gottes. An die Stelle des peinigenden Schmerzes der
Reue tritt bei der devotio eine erhebende, vom heiligen Geist
geweckte Stimmung dankbarer Hingabe an Gott[52]. So führt die
devotio weit über die compunctio hinaus.

Die compunctio entspringt nicht nur der Betrachtung der eigenen
Sünden; sie hat auch — in anderem Lichte gesehen — ihre Wurzel
in den Gefühlen der Scham (pudor) und Furcht (timor), die den
Menschen überkommen, wenn er bedenkt, wie ihn Gott angeht.
Gott ist nämlich in vierfacher Hinsicht des Menschen Gott, und der
Mensch ist darum auch in vierfacher Weise Gottes Schuldner. Bedenkt der Mensch in Gott seinen Wohltäter und Vater, so erfüllt
ihn Scham, weil er Gottes Wohltaten undankbar mißachtet und
nicht ein Leben geführt hat, das eines Sohnes des himmlischen Vaters
würdig ist; bedenkt er ferner in Gott seinen Schöpfer und Gebieter,
so erfaßt ihn Furcht vor dem gerechten Richter, der in seiner All-
macht den verdammenswerten Menschen ebensogut in die Hölle
stoßen kann, wie er ihm für diese Zeit seine unermeßlich reiche
Schöpfung anvertraut hat. Aus dieser doppelten Affektion in der
vierfachen Relation des Menschen zu Gott resultiert die compunctio,
die der Mensch als Gewissensbiß erfährt[53]. An Stelle der Scham
kann freilich auch die dankbare Freude über Gottes Gaben Reue
hervorrufen[54].

Die compunctio ist die erste Lebensempfindung der von Jesus
aus dem geistlichen Tode auferweckten Seele, die nun auch wieder
in der vox confessionis ihre Stimme erhebt[55]. Sind für Augustin
bereits die ersten Regungen der Buße Wirkungen der verborgenen,
zum Heil berufenden und aufs Gute ausrichtenden Gnade, so sieht

---

[52] In Cant. sermo 10 n. 7.

[53] In Cant. sermo 16 n. 4 (im Zusammenhang einer Deutung von 4. Reg. 4,
31 ff.): Porro sensum ex integro recuperasse te scias, si tuam conscientiam
quadruplici sentis compunctione mordere, pudore gemino, et gemino metu. ...
Deum cogita factorem tuum, cogita et benefactorem, cogita patrem, cogita
dominum. Ad omnia reus es: plange per singula. Ad primum et ultimum
respondeat timor tuus, ad duo media pudor. Es folgt die Ausführung in der
Reihenfolge: pater, benefactor, dominus, factor.

[54] In Cant. sermo 56 n. 7: duo genera compunctionis, unum in moerore pro
nostris excessibus, alterum in exsultatione pro divinis muneribus. Dem entsprechen die beiden Arten der confessio: a) die confessio peccatorum, »quae
sine angustia cordis minime fit«, b) die confessio laudis, »si interdum corde
dilatato in caritate, pro consideratione divinae dignationis ac miserationis,
libet animum laxare in vocem laudis et gratiarum«. Zu a) werden zitiert
Ps. 50, 19 und Is. 43, 26, zu b) Ps. 49, 23.

[55] In Cant. sermo 15 n. 8, vgl. in Cant. sermo 16 n. 2.

Bernhard in der compunctio eine erste, ja die grundlegende Erfahrung des geistlichen Lebens, das die Seele unmittelbar von Jesus, der selber das Leben ist, empfängt. Die Seele ist von Jesus zum geistlichen Leben wiedererweckt und muß aus innerem Drang sowohl die vergangene Sünde als auch die empfangene Wohltat bekennen[56]. Die compunctio cordis und die confessio oris sind die ersten Werke der fides per dilectionem operans; sie dienen beide auf ihre Weise zur Tilgung vergangener Sünden[57]. Durch die compunctio werden die Sünden aus den Herzen herausgerissen[58]. Die confessio ist die neue Sprache der Glaubenden, die nicht mehr nach der Art Adams mit verkehrten Worten ihre Sünden entschuldigen[59].

Bei einer moralischen Deutung von Ps. 84,11[60] zeigt Bernhard, wie menschliche Buße und göttliche Gnadenwirkung ineinandergreifen. Die göttliche misericordia kommt zwar der compunctio zuvor, doch kann sie dem Menschen erst dann die Sünde nehmen,

---

[56] In Cant. sermo 15 n. 8. Bernhard spricht hier nur einmal beiläufig von dem Nicht-Verschweigen der empfangenen Wohltat Jesu, in den weiteren Ausführungen (sermo 15 n. 8 16 n. 4. 8 ff.) hingegen nur vom Sündenbekenntnis. — Jesus selber ruft die geistlichen Lebensregungen der Seele hervor, vgl. in Cant. sermo 16 n. 2; man darf dabei an Bernhards Idee vom geistlichen Advent Christi denken, vgl. in adv. Dom. sermones 3—6.

[57] In ascens. sermo 1 n. 3 (Deutung von Mc. 16, 17 f. auf die opera der fides per dilectionem operans, Gal. 5, 6): compunctione cordis et oris confessione priora sunt deleta peccata. Vgl. de div. sermo 91 n. 2: non solum magna, sed etiam minima quaeque peccata conterenda sunt per confessionem, et diluenda per compunctionem. Vermutlich muß man in diesem Satz die Begriffe confessio und compunctio vertauschen. — Die Verbindung von Sündenbekenntnis und Sündenvergebung auch de div. sermo 40 n. 2; Buße und Rechtfertigung (iustitia) sind aufeinander bezogen in Cant. sermo 22 n. 9: an diesen beiden Stellen erscheinen als Beispielfiguren David (2. Reg. 12, 13), die große Sünderin (Lc. 7, 47), der Zöllner (Lc. 18, 14, nur in Cant.), Petrus (Lc. 22, 62), der Schächer (Lc. 23, 43, nur de div.).

[58] In ascens. sermo 1 n. 3: Primum enim opus fidei per dilectionem operantis, cordis compunctio est, in qua sine dubio eiiciuntur daemonia (Mc. 16, 17), cum eradicantur e corde peccata.

[59] In ascens. sermo 1 n. 3: Exinde qui in Christum credunt, linguis loquuntur novis (Mc. 16, 17), cum iam recedunt vetera de ore eorum (1. Reg. 2, 3), nec de cetero vetusta protoparentum lingua loquuntur, declinantium in verba malitiae ad excusandas excusationes in peccatis (Ps. 140, 4). — Ps. 140, 4 wird außerdem zitiert: de grad. humil. c. 16 n. 19; de laude nov. milit. c. 8 n. 15, c. 12 n. 30; in Cant. sermo 11 n. 7, 16 n. 11.

[60] In fest. annunt. BMV sermo 1 n. 5; die mystische Interpretation, zu der die moralische Auslegung nur ein kurzes Präludium bildet, bezieht den Ps.-Vers auf die Inkarnation, vgl. in fest. annunt. BMV sermo 1 n. 1, ebenso super Missus est hom. 1 n. 1, in Cant. sermo 6 n. 7.

wenn sich der Mensch ihr mit der Wahrheit seines Sündenbekenntnisses öffnet. Damit geschieht jedoch erst die Abwendung des Menschen vom Bösen. Es ist nötig, daß er nun auch in doppelter Hinsicht
das Gute tue, einerseits in der mortificatio carnis als der Frucht der
Buße, anderseits in den Werken der Gerechtigkeit, die in der vom
heiligen Geist gestifteten Gemeinschaft geschehen[61].

Es darf nicht bei dem Affekt der Reue bleiben, vielmehr muß
man von der ersten Stufe der poenitudo fortschreiten zur zweiten
Stufe der correctio, wo es dann gilt, verderbliche Leidenschaften
wie gula, luxuria und superbia zu überwinden und auch den Leib
einem geheiligten Leben dienstbar zu machen. Damit dieser Lebenswandel auch Beständigkeit hat, bedarf es einer besonderen Sorgfalt,
einer Umsichtigkeit, die selbst bei der geringfügigsten Sache darauf
achtet, daß Gottes Majestät nicht angetastet wird[62]. Daß Buße nicht
allein in der reuevollen Betrachtung der begangenen Sünden bestehen kann, entwickelt Bernhard auch in einer Interpretation von
Cant. 3,6: die recordatio peccatorum muß begleitet sein von der
confessio peccatorum, von der mortificatio carnis und der oratio
cordis und muß schließlich hinüberführen zu den fructus eleemosy-
narum[63]. Hier bietet Bernhard geradezu das Schema der kirchlich
sakramentalen Buße; denn das ieiunium kann er durchaus als mortificatio carnis bezeichnen[64]. Im Kontext wird dann die Buße denen
zugewiesen, die als Verheiratete in der Welt leben (coniugati).
Hingegen werden die dem Verse Cant. 3,6 analogen Verse Cant. 6,9
und 8,5 auf diejenigen gedeutet, die als conversi im jungfräulichen
Stande im Kloster leben (continentes), und auf die praelati, die nicht

[61] In fest. annunt. BMV sermo 1 n. 5: Ubi ... compungitur quis, iam tunc eum
misericordia praevenit, sed nequaquam ingredietur, donec ei veritas confessionis occurrat. »Peccavi Domino« ait ipse David ad Nathan prophetam, cum de
adulterio et homicidio argueretur (2. Reg. 12, 13) et »transtulit Dominus
peccatum tuum a te«, ait propheta. Nimirum misericordia et veritas obviave-
runt sibi (Ps. 84, 11). Et hoc quidem, ut declines a malo. Iam vero ut facias
bonum (Ps. 36, 27), in tympano et choro tibi psallendum (Ps. 150, 4) est, ut
ipsa mortificatio carnis tuae et poenitentiae fructus, ac iustitiae opera in
unitate et concordia fiant ... neque ad dexteram, neque ad sinistram declina-
veris (Dt. 28, 14 u. ö.). Vgl. in quadrages. sermo 4 n. 2, wo in anderer Hinsicht
gefordert wird, daß das ieiunium (oder auch die mortificatio carnis) sowohl
von der oratio als auch von der brüderlichen concordia getragen sein soll
(ebenfalls Ps. 150, 4 zitiert).
[62] In vig. nativ. Dom. sermo 3 n. 3 f.
[63] De div. sermo 91 n. 1 f.
[64] Vgl. auch in quadrages. sermo 4 n. 2.

nur ein Leben in jungfräulicher Gerechtigkeit führen, sondern auch predigend und betend dem Volk Gottes zum geheiligten Leben verhelfen[65]. Den coniugati wird die Buße insonderheit zugewiesen, weil sie sich in der Buße von der Sünde zur Gerechtigkeit bekehren. Dennoch wird auch der Mönchsstand ein ordo poenitentium et continentium genannt[66]. Diese Bezeichnung entspringt wohl der Ansicht, daß der Mönch in seiner continentia sowie in seinen anderen Mönchstugenden in freiwilliger und deshalb vollkommener Form das verwirklicht, was demgegenüber nur unvollkommen die Satisfaktionswerke des Bußsakramentes leisten[67]. Außerdem sind nicht nur die Mönchsgelübde im Bewußtsein der eigenen Schuld abgelegt worden, sondern die Trauer über die Sünde durchzieht das ganze Mönchsleben. Denn nach einem von Bernhard mehrmals zitierten Wort des Hieronymus liegt die geistliche Aufgabe des Mönches nicht im docere, sondern im lugere[68]. Der Mönch hält mit besonderer Intensität das Bewußtsein in sich wach, daß er wegen seiner vergangenen Sünden die ganze Zukunft seines Lebens Christus schuldet. Darum lebt er in einer ständigen recordatio peccatorum praeceden-

---

[65] De div. sermo 91 n. 1: »Emissiones tuae paradisus« (Cant. 4, 13) . . . Sunt autem tres emissiones. Prima coniugatorum poenitentium in mundo; secunda conversorum continentium in claustro; tertia praelatorum praedicantium et orantium pro Dei populo. Ebd. n. 7: prima emissio est poenitentia, secunda iustitia, tertia doctrina. Primo enim poenitendo convertuntur, secundo bene vivendo iustitiam exercent, tertio, si bene profecerint, ipsam iustitiam, quam vita tenent, verbo docent. — Zu der in diesem Zusammenhang und an anderen Stellen bei Bernhard begegnenden Deutung von Noah, Daniel, Hiob (Ez. 14, 14) auf die drei geistlichen Stände vgl. A. 66, 70 und P. Deseille in: Théologie de la vie monastique, 1961, S. 520 f.

[66] De div. sermo 35 n. 1 (zu Ez. 14, 14, vgl. A. 65): tres homines, tres ordines ecclesiae signant. Noe quidem arcam rexit, ne periret in diluvio, ubi protinus rectorum ecclesiae formam agnosco; Daniel vir desideriorum abstinentiae et castimoniae deditus, ipse est soli Deo vacans poenitentium et continentium ordo; Iob quoque substantiam huius mundi bene dispensans in coniugio, fidelem designat populum terrena licite possidentem. . . . adsunt et monachi de poenitentium ordine, a quo tamen nec nos abbates alienos reputare debemus, nisi forte (quod absit) officii nostri gratia, nostrae fuerimus professionis immemores. Zu dem Begriff poenitentium et continentium ordo vgl. in nativ. Dom. sermo 1 n. 7: poenitentiae opera et labores abstinentiae.

[67] S. o. S. 90.

[68] Hieronymus contra Vigilant. c. 15 (ML 23, 351) wird von Bernhard zitiert in Cant. sermo 64 n. 3, ep. 89 n. 2 365 n. 1. Das docere ist Aufgabe der praelati, s. o. A. 65. Vgl. CorpIC Decretum Gratiani c. 4 C. 16 q. 1: Monachus non doctoris sed plangentis habet officium qui vel se vel mundum lugeat, et Domini pavidus praestoletur adventum. Vgl. B. Lohse: Mönchtum und Reformation, S. 144 A. 152.

tium[69]. Indem er aus der Quelle der Gnade schöpft, sind seine opera poenitentiae wie auch seine labores abstinentiae durchtränkt von freudiger Hingabe an Gott[70].

Obwohl Bernhard den Mönchsstand als ganzen einen Stand der poenitentes et continentes nennt, ist für ihn doch der Novize in viel stärkerem Maße im timor iudicii vom Affekt der Buße erfaßt als der Mönch. Denn der Mönch wird nach geraumer Zeit dank Gottes mitwirkender Gnade froher, weil er Gottes Vergebung erahnt. Er braucht sich nicht mehr ausschließlich mit der betrüblichen Vorstellung seiner Sünden zu beschäftigen, sondern kann sich mehr mit Lust in Gottes Geheimnisse versenken und sein Gesetz überdenken (Ps. 1,2). Darum sind die Mönche in dieser Hinsicht nicht durch die Buße, sondern durch die Kontemplation charakterisiert und haben in Maria ihr Symbol, während für die büßenden Novizen Lazarus und für die Klosterbrüder, die sich äußeren Geschäften widmen, Martha figuriert[71]. Allerdings hält die Buße noch an, wenn schon die Erfahrung der tröstenden Gnade eingesetzt hat. Es ist nun aber nicht mehr eine durch Furcht belastende, niederdrückende Empfindung, sondern eine Affektion, die den von der Gnade lebendig und stark gemachten Geist noch mehr stärkt[72].

Die disciplina monasterialis in der Radikalität des bei der Profeß abgelegten Gelübdes wird von Bernhard nach monastischer Tra-

---

[69] De div. sermo 22 n. 7 (angeredet sind die fratres): Exigunt a me praeterita peccata mea futuram vitam meam, ut faciam fructus dignos poenitentiae (Lc. 3, 8), et recogitem omnes annos meos in amaritudine animae meae (Is. 38, 15). ... vitam tuam pro vita sua Christo reddideras (vgl. ebd. n. 6); et nunc iterum eam totam praecedentium exigit recordatio peccatorum.

[70] In nativ. Dom. sermo 1 n. 7 (bei einer Deutung von Ez. 14, 14, vgl. A. 65): Danieli vero currendum est ad fontem gratiae, cui nimirum poenitentiae opera et labores abstinentiae devotionis gratia necesse est impinguare. Oportet enim ut nos maxime in hilaritate omnia faciamus (2. Cor. 9, 7 zitiert). Vgl. de div. sermo 9 n. 3: continentes a carnalibus illecebris ad ea quae cordis sunt, i. e. ad spiritualia desideria, convertantur (Ps. 84, 9); unde et Daniel »vir desideriorum« ab angelo nominatur (Dan. 10, 11).

[71] In Cant. sermo 55 n. 11 57 n. 10 f. In assumpt. BMV sermo 3 n. 4: consideremus, fratres, quemadmodum in hac domo nostra tria haec distribuerit ordinatio caritatis, Marthae administrationem, Mariae contemplationem, Lazari poenitentiam ... ut alii vacent sanctae contemplationi, alii dediti sint fraternae administrationi, alii in amaritudine animae suae recogitent annos suos (Is. 38, 15), tamquam vulnerati dormientes in sepulchris (Ps. 87, 6). Sic plane, sic opus est, ut Maria pie et sublimiter sentiat de Deo suo, Martha benigne et misericorditer de proximo, Lazarus misere et humiliter de seipso. Gradum suum quisque consideret. Vgl. S. 83 (humilitas, caritas, veritas).

[72] In assumpt. BMV sermo 4 n. 4; vgl. in Cant. sermo 57 n. 9.

dition als zweite Taufe gewertet[73]. Bernhard folgt aber auch dem anderen monastischen Gedanken, daß im mönchischen Leben sowohl die »Tränentaufe« als auch das milde Martyrium der mortificatio carnis verwirklicht wird. Es handelt sich ja um den ordo poenitentium et continentium[74], um den Stand derer, denen der dauernde Schmerz über die Sünde besonders vertraut und denen die Selbstzüchtigung ständige Aufgabe ist[75]. In der compunctio des Herzens mit ihren Tränen der Reue wird die Taufe in transponierter Form ergänzt; die Sünden, die nach dem unwiederholbaren Empfang des Taufsakramentes begangen wurden, müssen durch die anhaltende »Tränentaufe« getilgt werden. Aber auch das einmalige Martyrium, die »Bluttaufe«, kann in übertragener Form realisiert werden, wobei sich ebenfalls das einmalige Geschehen in ein fortdauerndes verwandelt. Das geschieht in der täglichen Züchtigung des Leibes. Wer seine Schwachheit zum Guten, selbst nach der Taufe, einsieht, wird nicht anstehen, sich durch Tränen der Reue reinzuwaschen. Und wer sich seiner Scheu vor dem Martyrium bewußt ist, wird das Martyrium in der milderen Form der beständigen Selbstzüchtigung auf sich nehmen[76]. Doch kommt die caritas noch hinzu. Die compunctio mit ihren Tränen, die mortificatio carnis und die caritas überwinden die drei Anfechtungen, die dem Menschen nach 1. Joh. 2,16 begegnen: die concupiscentia carnis, die concupiscentia oculorum und die superbia vitae[77]. In einer Variation des Gedankens heißt es: der dreifachen Gefährdung widersteht der Mönch in der Kraft seiner drei Tugenden[78].

---

[73] De praecepto et dispens. c. 17 n. 54; de div. sermo 11 und 37 n. 3. Vgl. P. Deseille in: Théologie de la vie monastique, 1961, S. 516; J. Leclercq, La vie parfaite, 1948, S. 133—141.

[74] Vgl. S. 97 A. 66.

[75] In der Überschneidung beider Gedanken erscheint der Mönchsstand als der geistliche Stand, bei dem sowohl die Taufe als auch das Martyrium in einer verwandelten Form beständig in der »geistlichen« Lebensweise der Buße realisiert werden, sofern »Buße« im weiten Verstand des Wortes den Affekt der Reue und die Selbstzüchtigung, also Bußaffekt und Bußdisziplin in sich begreift. — Paltz (s. u. S. 160 f.) setzt den Mönch dem Märtyrer gleich, weil der Mönch durch verbindliche Gelübde sich Selbstverleugnung und Weltverachtung, die Wesenszüge des Martyriums, zu eigen macht, so daß er wie der Märtyrer volle, Schuld und Strafe umfassende Sündenvergebung erlangt; Supplem. Coelifodinae, Leipzig 1510, Bl. i ira, zitiert bei B. Lohse, Mönchtum und Reformation, S. 168 A. 45. Zur Sache vgl. J. Leclercq, La vie parfaite, 1948, S. 125 ff.

[76] In oct. pasch. sermo 1 n. 7; vgl. de div. sermo 28 n. 2.

[77] In oct. pasch. sermo 1 n. 7.

[78] De div. sermo 35 n. 4.

7*

Obwohl Bernhard in der compunctio ein festes Merkmal des Mönchsstandes sieht, erhebt sich das spirituale Leben für ihn doch noch weit darüber hinaus. Das johanneische Wort (1. Joh. 4,18) »Timor non est in caritate« beschränkt er nicht auf die knechtische Furcht vor der Strafe, sondern redet allgemein von dem timor iudicii als der in der caritas zu überwindenden Furcht. Daneben nennt er die amara recordatio peccatorum, die doch für ihn die compunctio ausmacht. Das Gemüt soll nur anfangs von Furcht, späterhin von Liebesverlangen erfüllt sein; auf Tränen der Angst und Betrübnis sollen Tränen der Liebe folgen[79]. Der Fortschritt des geistlichen Lebens führt von den lacrimae poenitentiae et confessionis bei der Bekehrung zu den lacrimae devotionis in dem Maße, wie die anfangs erbetene Sündenvergebung für die eigene Erfahrung spürbar wird und das Verlangen sich nun auf das väterliche Wohlgefallen Gottes richtet. Noch höher zu schätzen sind die lacrimae caritatis, weil bei ihnen der Mensch nicht so sehr etwas für sich selber begehrt, sondern von brüderlichen Mitgefühlen bewegt ist[80]. Denn die Vollkommenheit des geistlichen Lebens in der caritas findet Bernhard nicht nur in der liebenden Vereinigung der Seele mit Christus, sondern auch in der vom heiligen Geist gestifteten Eintracht brüderlicher Liebe.

3. Die Selbstprüfung

Furcht vor Christus als dem Richter schärft Bernhard besonders denen ein, die die Wiederkunft Christi als des Erlösers herbeisehnen. Denn der Herr wird nichts unerforscht lassen; Herz und Nieren wird er prüfen. Daran muß gerade der Mönch erinnert werden. Während der offenkundige Sünder ohne weitere Prüfung der Strafe überantwortet werden kann, muß der Mönch sehr befürchten, daß sich bei der »subtilen« Prüfung des Endgerichtes seine Gerechtigkeit als Schein erweist, weil verborgene Sünden zutage treten[81]. Aus

---

[79] In Cant. sermo 58 n. 11.
[80] In epiph. sermo 3 n. 8.
[81] In Cant. sermo 55 n. 2: Verum tu qui adventum desideras salvatoris, time scrutinium iudicis ... time illum qui per prophetam dicit (Soph. 1, 12): »Et erit in die illa, et ego scrutabor Jerusalem in lucernis« ... Puto enim hoc loco prophetam Jerusalem nomine designasse illos, qui in hoc saeculo vitam ducunt religiosam, mores supernae illius Jerusalem conversatione honesta et ordinata pro viribus imitantes et non veluti hi, qui de Babylone sunt, vitam in pertur-

dieser Furcht führt nur der Weg heraus, den Paulus 1. Cor. 11,31 gewiesen hat: si nosmetipsos diiudicaverimus, non utique iudibimur[82]. Die richterlich genaue Selbstprüfung, der wir uns gegenwärtig unterwerfen, entzieht uns dem strengen Gericht Gottes. Das Selbstgericht bietet sich an als das bonum iudicium, quod me illi districto divinoque iudicio subducit et abscondit[83]. Das Wort des Paulus in 1. Cor. 11,31 findet Bernhard bestärkt durch den allgemeinen Satz in Nah. 1,9 LXX, daß Gott nicht zweimal in derselben Sache richtet[84]. Der Gedanke daran, daß es »schrecklich ist, in die Hände des lebendigen Gottes zu fallen« (Hb. 10,31), treibt den Wunsch hervor, nicht als iudicandus, sondern als iudicatus einst vor Gottes zürnendem Angesicht zu erscheinen[85]. So geht der Mensch ins Gericht mit sich selbst, weil ihn einerseits die Furcht vor dem endgültigen Gericht Gottes erfaßt hat, und weil anderseits eine Alternative geboten wird, indem 1. Cor. 11,31 und Nah. 1,9 LXX als allgemeingültige Sätze verstanden werden[86].

Obgleich Bernhard meint, durch das gegenwärtige Gericht könne das zukünftige Gericht abgewendet werden, betont er doch auch, daß niemand das Gericht Gottes abwenden könne, weil niemand außer Christus vor Gott gerechtgesprochen wird, weil vielmehr vor Gott alle menschliche Gerechtigkeit befleckt ist[87]. Dieser andere

batione vitiorum, scelerumque confusione vastantes. Denique illorum peccata manifesta sunt ... et non egent scrutinio, sed supplicio. Mea autem, qui videor monachus et Jerosolymita, peccata certe occulta sunt, nomine et habitu monachi adumbrata; et idcirco necesse erit subtili ea investigari discussione, et quasi admotis lucernis de tenebris in lucem prodi. Ebd. n. 3 (im Blick auf das Endgericht): Verendum valde ..., ne sub tam subtili examine multae nostrae iustitiae, ut putantur, peccata appareant.

[82] In Cant. sermo 55 n. 3.
[83] In Cant. sermo 55 n. 3.
[84] Nah. 1,9 LXX: Non iudicabit Deus bis in idipsum. Von Bernhard zitiert in Cant. sermo 55 n. 3, in Ps. 90 sermo 8 n. 12, de laude milit. c. 8 n. 14.
[85] In Cant. sermo 50 n. 3: Prorsus horreo incidere in manus Dei viventis (Hb. 10, 31), volo vultui irae iudicatus praesentari, non iudicandus. In Ps. 90 sermo 8 n. 12: Quid enim tam pavendum, quid tam plenum anxietatis et vehementissimae sollicitudinis excogitari potest, quam iudicandum adstare illi tam terrifico tribunali, et incertam adhuc exspectare sub tam districto iudice sententiam? (Folgt Zitat Hb. 10, 31.)
[86] Vgl. besonders de laude milit. c. 8 n. 14 f. (vgl. A. 92).
[87] De div. sermo 34 n. 3: Illius (sc. Domini) enim prorsus nequeo declinare iudicium; et si iustus fuero, non levabo caput, quoniam omnes iustitiae meae tamquam pannus menstruatae coram illo (Is. 64, 6). Non est qui in conspectu eius iustificetur, non est usque ad unum (Ps. 142, 2 + 52, 4). Hingegen in Ps. 90 sermo 8 n. 12: Iudicemur interim, fratres, et terribilem illam exspec-

Gedanke soll den Frommen zur Demut vor Gott bringen, läßt also
durchaus noch das declinare iudicium, das der menschlichen Gerechtigkeit abgesprochen wird, für das Selbstgericht offen. Sowenig das
Selbstgericht christologisch verankert ist, so einseitig bildet im
anderen Falle die Gerechtigkeit Christi nur den Hintergrund, vor
dem alle menschliche Gerechtigkeit als ungenügend erscheint. Bernhard wünscht eine peinliche Selbsterforschung. Gerade der geistliche
Mensch, der Religiose, zeichnet sich dadurch aus, daß er dermaßen
sich selbst prüft, daß Gott an ihm am Ende nichts Unerforschtes
und Ungeprüftes findet[88]. In diesen Gedankengang fügt Bernhard
1. Cor. 2,15 ein: Spiritualis homo omnia diiudicat, et ipse a nemine
iudicatur[89]. Alles, was der geistliche Mensch an Gutem wie Bösem
bei sich findet, unterzieht er seinem selbstkritischen Urteil. Trotz
alles Guten, das er bei sich wahrnimmt, urteilt er gering von sich
selbst und hält sich nach dem Wort Jesu (Lc. 17,10) für einen un-
nützen Knecht, der lediglich seine Pflicht getan hat. Alles Verkehrte
wird er versuchen durch bessere Handlungen wieder in Ordnung
zu bringen; er wird bemüht sein, alle mala durch Tränen der Reue
abzuwaschen und durch Fasten oder andere Anstrengungen der Buß-
und Mönchsdisziplin zu sühnen[90]. So gehen mönchische Selbstprüfung und Selbstzüchtigung ineinander über. Die confessio zeigt es
an, daß der Mensch an sich selbst Gericht übt, indem er sich zu
seiner Sünde bekennt, von der er dadurch auch frei wird. Hier
ereignet sich das Gericht, von dem Jesus sagt (Joh. 12,31): Nunc
iudicium est mundi: nunc princeps huius mundi eiicietur foras[91].

---

   tationem praesenti studeamus declinare iudicio. »Non iudicabit Deus bis in
   idipsum« (Nah. 1, 9 LXX).
[88] In Cant. sermo 55 n. 3: Scrutabor ego vias meas (Thren. 3, 40) et studia mea,
   quo is qui scruturus est Jerusalem in lucernis (Soph. 1, 12; vgl. A. 81), nihil
   inscrutatum in me sive indiscussum inveniat. Neque enim iudicaturus est bis
   in idipsum (Nah. 1, 9 LXX).
[89] 1. Cor. 2, 15 wird im gleichen Zusammenhang des Selbstgerichtes zitiert: in
   Cant. sermo 55 n. 3 und de laude milit. 8 n. 15. Neben 1. Cor. 11, 31 erscheint
   es auch de div. sermo 34 n. 3, jedoch in einem anders orientierten Gedankengang. Ferner de consid. 3 c. 4 n. 15.
[90] In Cant. sermo 55 n. 3: »Spiritualis homo omnia diiudicat, et ipse a nemine
   iudicatur« (1. Cor. 2, 15). Iudicabo proinde mala mea, iudicabo et bona.
   Mala melioribus curabo corrigere actibus, diluere lacrimis, punire ieiuniis,
   caeterisque sanctae laboribus disciplinae. In bonis de me humiliter sentiam,
   et iuxta praeceptum Domini, servum me inutilem reputabo, qui quod facere
   debui, tantum feci (Lc. 17, 10).
[91] De laude milit. c. 8 n. 15: »Nunc iudicium est mundi, nunc princeps huius
   mundi eicietur foras« (Joh. 12, 31), hoc est de corde tuo, si te tamen humi-

Der geistliche Mensch, der mit sich selbst ins Gericht geht, der seine
Sünde bekennt und sich selbst anklagt, ist auch der demütige Mensch.
Der superbus hingegen weist das Selbstgericht ebensoweit von sich,
wie ihm der Gedanke an das strenge Gericht Gottes fernliegt; bei
ihm gibt es kein accusare, sondern nur ein excusare seiner Sünde[92].

Das iudicium des Selbstgerichtes stellt sich nun im ganzen als
eine Tugend dar, die ebenso wie die iustitia der Seele zu eigen sein
muß, wenn Christus in ihr bei seinem geistlichen Advent Wohnung
nehmen soll. Beweist der Religiose die Tugend der Gerechtigkeit,
indem er sowohl seinem geistlichen Vorgesetzten (praelatus) wie
seinem Bruder und seinem Untergebenen das zukommen läßt, was
ihnen gebührt, so ehrt er Gott dadurch, daß er sich selbst vor Gott
erforscht, sich und alle seine Handlungen kritisch beurteilt, seine
Vergehen bekennt und von sich überhaupt, trotz der eigenen Tugend
der Gerechtigkeit, demütig gering denkt[93]. Die Tugenden des iudicium und der iustitia und schließlich noch jene Tugend der circumspectio Dei, des aller Vermessenheit widerstrebenden Achthabens
auf Gott, bezeichnen den Weg, auf dem sich Adam von Gott entfernte, als er eine dieser Tugenden nach der andern preisgab, zuerst

liando ipse diiudicas. In Cant. sermo 6 n. 4: Ubi nempe peccatum remittitur,
ibi procul dubio diabolus de corde peccatoris expellitur. Hinc universaliter
de cunctis poenitentibus dicit (Joh. 12, 31) ». . .«, quod scil. humiliter confitenti remittat Deus peccatum; et diabolus eum, quem in hominis corde inva-
serat, amittat principatum.

[92] De laude milit. c. 8 n. 14 f.: Superbus excusat peccatum suum; humilis accusat,
sciens quia Deus non bis iudicat in idipsum (Nah. 1, 9 LXX), et quod si nosmetipsos iudicaverimus, non utique iudicabimur (1. Cor. 11, 31). (n. 15) Porro
superbus non attendens quam horrendum sit incidere in manus Dei viventis
(Hb. 10, 31), facile prorumpit in verba malitiae ad excusandas excusationes in
peccatis (Ps. 140, 4).

[93] In adv. Dom. sermo 3 n. 7 (nach Zitation von Ps. 88, 15 und Ps. 98, 4): dicamus iniquitates nostras, et iustificabit nos gratis, ut gratia commendetur. Diligit enim animam quae in conspectu eius et sine intermissione considerat, et
sine simulatione diiudicat semetipsam. Idque iudicium nonnisi propter nos a
nobis exigit, quia si nosmetipsos iudicaverimus, non utique iudicabimur
(1. Cor. 11, 31). Propterea sapiens veretur omnia opera sua (Iob 9, 28),
scrutatur, discutit et diiudicat universa. Honorat quippe veritatem, qui et se
et sua omnia in eo statu, quo veritas habet, et agnoscit veraciter et humiliter
confitetur. Audi denique manifestius a te iudicium exigi post iustitiam. »Cum
feceritis, inquit (Lc. 17, 10), omnia quae praecepta sunt vobis, dicite: Servi
inutiles sumus.« Haec plane, quoad hominem, est digna sedis praeparatio
Domino maiestatis, ut et iustitiae mandata studeat observare, et semper
indignum sese et inutilem arbitretur. Vgl. in Cant. sermo 33 n. 1.

Gott aus dem Sinne verlor, dann seinem Weibe mehr gehorchte als
Gottes Gebot und schließlich noch seine Schuld von sich abwälzte.
Ebenso markieren diese Tugenden umgekehrt den Weg, auf dem der
Mensch sich wieder Gott nahen kann[94].

---

[94] De div. sermo 102 n. 1: Est ad Deum quidam redeundi modus, primi hominis
casui oppositus. Adam quippe in paradiso positus, primo perdidit circumspec-
tionem Dei ... Secundo perdidit iustitiam, quando uxoris voci plusquam
divinae oboedivit. Iustitia enim est virtus, quae suum cuique reddit. Tertio
amisit iudicium, cum post peccatum correctus, oblique per mulierem retorsit
propriam culpam in auctorem ... Eisdem ergo virtutum gradibus redeundum
est homini in exsilio posito ... Primum itaque faciendum est iudicium, deinde
exercenda iustitia, tandem circumspectio adhibenda. Et iudicium quidem nobis, ut nos ipsos iudicemus et accusemus; iustitiam proximo, circumspectio-
nem debemus Deo. Ebd. n. 2: sapiens est qui semetipsum hic diiudicat, ut
aeternum Dei iudicium evadat. »Si enim« ait apostolus (1. Cor. 11, 31) »nosmetipsos diiudicaremus, non utique iudicaremur.«

4. Kapitel

WILHELM VON AUVERGNE (Paris)

1. Die allgemeine Bestimmung der Buße als Selbstverurteilung

Zweimal hat Wilhelm von Auvergne (Paris) seine Bußlehre ausführlich entwickelt, das eine Mal innerhalb seines Magisterium divinale[1], in welchem er ein umfassendes theologisches Lehrgebäude
errichten wollte, das andere Mal in einer gesonderten Schrift Tractatus novus de poenitentia. In den Titel dieses Traktates hat sich
jedoch zu Unrecht das Attribut »novus« eingeschlichen, da das Werk
vor dem Magisterium divinale verfaßt wurde, jedenfalls vor dem
Teil des Magisterium divinale, der von den Sakramenten und dabei
auch von der Buße handelt[2].

Es ist auffallend, welch große Rolle der Begriff des iudicium
sowie paulinische Begriffe in Wilhelms Bußlehre spielen. Paulinische
Farbe trägt gleich eine der einleitenden Bestimmungen der Buße im
Tractatus novus: Est . . . poenitentia veteris hominis crux, atque
patibulum, aut mors, aut carcer, aut sepultura[3]. Der alte Mensch
muß sowohl innerlich als auch äußerlich in der Buße gekreuzigt
werden, innerlich durch den dolor compunctionis, äußerlich durch
den labor satisfactionis. Damit sind schon zwei Hauptstücke des

---

[1] Über Titel, Aufbau und theologiegeschichtliche Einordnung des Werkes handelt J. Kramp in: Gregorianum 1, 1920, S. 538—584 und 2, 1921, S. 42—78.
174—187.
[2] P. Glorieux in: Bibl. Ephem. Theol. Lov. I 3, 1948, S. 552: der Traktat sei
früher als die ins Magisterium divinale eingefügte Schrift »De sacramentis«
geschrieben. Im gleichen Sinne K. Ziesché in: Weidauer Studien 4, 1911, S. 206
A. 3. Indizien sind bei Wilhelm die Stellen 1, 511 bC, 512 bG. Daß das in der
Ausgabe Orléans 1674, Bd. 2, S. 229—245 zum ersten Male gedruckte Supplementum tractatus novi de poenitentia zum größten Teil nicht von Wilhelm
stammt, wird von Ziesché a.a.O. vermutet und von Glorieux a.a.O. S. 553 ff.
bewiesen. — Wilhelm wird zitiert nach der Ausgabe Orléans 1674, 2 Bde. (un-
veränderter Nachdruck 1963). Da nur aus dem 1. Bd. zitiert wird, werden nur
Seite, Spalte (a, b) und Randbuchstabe (A—H) angegeben. Der Text enthält
in dieser wie in den früheren Ausgaben etliche Fehler, die ich teilweise stillschweigend korrigiere; vgl. Kramp in: Gregorianum 1, 1920, S. 550.
[3] Tract. nov. de poen. c. 1 (571 aC).

Bußsakramentes genannt[4]. Für die Entfaltung der Bußlehre im Tractatus novus sind jedoch vier andere Bestimmungen der Buße maßgebend: die Buße ist (1) das Gericht der eigenen Verurteilung (iudicium propriae condemnationis), sie bedeutet (2) das Ende eines Krankheitszustandes, in ihr wird (3) Rechenschaft abgelegt, sie bringt (4) die Versöhnung von Entzweiten[5]. Während Wilhelm die drei letzten Definitionen je in einem Kapitel bespricht, behandelt er die Buße als Gericht in 10 Kapiteln[6].

Bei seiner Beschreibung der Buße als iudicium geht Wilhelm zunächst davon aus, daß das sittliche Naturgesetz eine Buße nach der Art eines Selbstgerichtes fordert[7]. In einem zweiten Schritt erläutert Wilhelm, daß der Mensch infolge der Sündenverderbnis zu schwach ist, um das Selbstgericht der Buße ganz auf sich gestellt durchzuführen, daß er vielmehr auf die innere Wirkung der Gnade und die äußere institutionell sakramentale Hilfestellung der Kirche angewiesen ist[8].

Die sittliche Entscheidungsfreiheit des Menschen ist für Wilhelm die Voraussetzung seiner Bußlehre. Ohne eine libertas arbitrii könnten die menschlichen Handlungen gar nicht in ihrem sittlichen Wert als gut oder böse beurteilt werden; alle Gesetzgebung wäre sinnlos; man könnte auch nicht mit dem Menschen über die Besse-

---

[4] Tract. nov. de poen. c. 1 (571 aC): Non autem dicitur poenitens, quia ipsum sola poena doloris iterum (lies: interius) teneat, sed quia dolor eum compunctionis urget interius et labor satisfactionis premit exterius.

[5] Tract. nov. de poen. c. 1 (571 aC): poenitentiam vero et iudicium propriae condemnationis dicimus et terminationem aegritudinis et redditionem rationis sive computum et reconciliationem ab offensis. Es folgen noch weitere bildhafte Ausdrücke für die Buße, u. a.: poenitentiam ... dicimus ... et necessitatem spiritualis parturitionis et resurrectionem ex mortuis ... Item veteris hominis contritionem et annihilationem, et in pulverem redactionem, velut ferientem desuper pilo doloris, et malleo indignationis.

[6] Die Buße als iudicium in c. 2—11 (c. 2: De poenitentia, prout est iudicium propriae condemnationis, et de conditionibus iudicii), c. 12: De poenitentia prout est medicatio infirmorum, c. 13: De poenitentia prout est ratiocinium vilicationis, c. 14: De poenitentia prout est reconciliatio discordantium. Die Zählung eines 15. Kapitels ist in allen Ausgaben unterlassen worden; c. 16 und 17 sind relativ selbständige Zusätze; zum Supplementum s. o. A. 2.

[7] Tract. nov. de poen. c. 2 (571 bB—573 aB) abschließend mit der Bemerkung: Ecce iam ostensum est tibi de iure naturae poenitentiam interiorem esse et naturae instinctu eam agi, velut quendam inter Deum et hominem iudicem (lies: quoddam ... iudicium?).

[8] Tract. nov. de poen. c. 2 (573 aB): Verumtamen nostram naturam ad hoc sufficere, ut vera et perfecta sit poenitentia interior, impossibile est.

rung seines sittlichen Verhaltens diskutieren[9]. Daß der Mensch frei über seine Handlungen entscheiden kann, findet er als Wahrheit bezeugt in dem eigenen Bewußtsein, zu seiner Handlung nicht gezwungen worden zu sein, sondern sie mit Willen und Lust vollbracht zu haben[10]. Auch die Gewohnheit bedeutet keine Nötigung unter Ausschluß des Willens. Denn die echte Gewohnheit bewahrt sich in einem willigen Hingezogensein zu dem Gewohnten[11]. Von Natur aus widerstrebt der Mensch jedem Zwang[12]. In seiner Entscheidungsfreiheit ist der Mensch zum Regenten über sich selbst eingesetzt: der Leib soll unter dem Gebot der Seele stehen; in der Seele soll die Vernunft die Herrschaft ausüben[13]. Auch die im Naturgesetz begründete Tatsache, daß ein Mensch über einen anderen, der sich an ihm verschuldet hat, richterliches Urteil und Gewalt hat, bezeugt, daß der Mensch auch über sich selber Urteil und Gewalt hat[14]. Denn wer eine Verfehlung begangen hat, wird aus einem naturhaften Antrieb dabei behaftet, weil er des Urteils über sich selbst fähig und zudem verpflichtet ist, die verletzte Gerechtigkeit wiederherzustellen[15]. Prüft der Mensch sich selber, ob er seine Sünde, etwa die fornicatio, mit Hingabe begangen hat, so wird er das wenigstens

---

[9] Tract. nov. de poen. c. 2 (571 bB). Vgl. de sacram. poen. c. 1 (455 bCD): Hominem libertate arbitrii praeditum naturaliter esse, ac proprii iudicii propriaeque potestatis illam facultatem naturaliter habere per seipsum manifestum est. Et si quis ab exterius ratione, hoc est lingua, in hoc contradicere voluerit, corde tamen istud concedit.

[10] Tract. nov. de poen. c. 2 (571 bB): Inquirens autem anima rationalis inquisitione perscrutata et interrogans seipsam, utrum liberum sit ei facere bene vel male, vel utrum voluntarie operetur et voluntarie declinet opera, respondebit etiam, non quidem per signa, quae plerumque fallere solent, sed ipsa praesentia veritatis, quam intra se poenitens conspicit, se nullatenus trahi ad operandum, nisi voluntate, et se non desistere ab operibus, nisi voluntate.

[11] Tract. nov. de poen. c. 2 (571 bC), vgl. de sacram. poen. c. 1 (455 bD/456 aA).

[12] De sacram. poen. c. 1 (455 bC): coactio et violentia, tanquam naturae humanae contraria ab omni homine naturaliter fugiuntur, ac pro viribus repelluntur.

[13] Tract. nov. de poen. c. 2 (571 bD): Liquet ergo hominem, scil. ipsa libertate voluntatis praeditum, esse rectorem aut ducem sui ipsius. Unde recte animam humanam corporis reginam philosophi dixerunt.

[14] De sacram. poen. c. 1 (455 bC) (eine Folgerung aus der Grundthese, s. o. A. 9): cum aliquis in nos peccaverit, ipsum reum erga nos naturali iudicio iudicamus. Similiter et nosipsos, si in alios deliquerimus. Hoc autem nullo modo faceremus, si nec illos nostri iudicii esse aut potestatis crederemus.

[15] De sacram. poen. c. 1 (455 bCD): ipsos delinquentes naturae instinctu tanquam sui ipsorum iudices adimus, ut nobis, quod deliquerunt, emendent, tanquam de se nobis iustitiam facientes et tanquam debitoribus iustitiae huiusmodi et emendationis expetimus.

innerlich im eigenen Herzen bestätigen. Das bedeutet: wie der
Mensch der Hingabe zur Sünde fähig ist, ebenso ist er auch imstande,
kraft eigenen Urteils und eigener Gewalt die verwerfliche Tat zu
unterlassen[16].

Es steht also fest, daß der Mensch kraft seiner libertas arbitrii
mit sittlichem Urteil und sittlicher Gewalt in den eigenen Belangen
ausgerüstet und somit zum Richter und Schiedsmann für sich selbst
eingesetzt ist. Daraus folgert Wilhelm, daß der Mensch verpflichtet
ist, von sich aus Gericht und Gerechtigkeit aufzubieten. Das hat er
gegenüber jedem zu tun, der gegen ihn mit Recht Klage erhebt, oder
der nicht einmal Klage erhebt, aber doch erwartet, daß der Ver-
antwortliche Gericht und Gerechtigkeit für sich selber in seinem
sittlichen Verhalten anerkennt[17]. Dieses facere iudicium et iustitiam
de seipso ist für Wilhelm dasselbe wie Buße tun[18]. Bei allem, womit
sich der Mensch gegenüber Gott versündigt, ist er gehalten, Gott
gegenüber von sich aus Gericht und Gerechtigkeit zu verwirklichen,
indem er sich selber als Schuldigen verurteilt und sich nach dem
Maße seines Vergehens straft. Wenn er das getan hat, hat er Gott
Genugtuung geleistet, und Gott wird in dieser Angelegenheit keine
Rechtsforderung mehr an ihn stellen[19]. Der Mensch hat durch sein
Gericht über sich selbst auch seine Gerechtigkeit wiederhergestellt,
so daß er gerechtfertigt ist[20].

---

[16] De sacram. poen. c. 1 (455 bD): hoc ipsum est ipsa naturae interna confessio
ac recognitio, qua unusquisque interrogatus, an libenter et gaudenter non
solum volenter fornicetur, vel aliud faciat, quod est peccatum, intus, i. e.
corde, confitebitur et recognoscet, quod sic.

[17] De sacram. poen. c. 1 (456 aE): Palam ergo est . . . hominem sui iudicii, suae-
que esse potestatis suique esse iudicem et arbitrum, et propter hoc omni alii
de se merito conquerenti, vel etiam non conquerenti, teneri de seipso iudicium
et iustitiam exhibere.

[18] De sacram. poen. c. 1 (456 aF): manifestum, quod omnis peccator tenetur poenitere, seu poenitentiam agere, hoc est iudicium et iustitiam de se ipso facere.

[19] De sacram. poen. c. 1 (456 aEF): Si ergo in Deum peccaverit, tenetur ei iudicium et iustitiam facere de seipso; tenetur ergo condemnare se reum, quod est
sententiare contra seipsum et torquere se, vel punire alias secundum exigen-
tiam delicti. Cum autem hoc fecerit, Deo satisfactum erit, et ab eo in parte
ista nihil amplius de iure exigere poterit Deus.

[20] Tract. nov. de poen. c. 2 (573 aB): Sola quippe poenitentialis iustitia et iudicium correctio nostra sunt et peccatoris adulti iustificatio. His solum Deo de
nobis conquerenti satis fit, et ius suum ex toto restituitur, et hic est ordo
iustitiae, ut Deo de nobis conquerenti primum iustitiam exhibeamus et iudicium faciamus, deinde aliis.

Daß die poenitentia und damit auch die iustificatio peccatoris
dort geschieht, wo der Mensch von sich aus Gericht und Gerechtigkeit aufrichtet, findet Wilhelm in der Bibel bestätigt. Er gibt zwei
Ps.-Zitate mit den beiden Begriffen iudicium und iustitia; das eine
ist eine Kombination von Ps. 88,15 und Ps. 96,2: »Iudicium et
iustitia correctio (Ps. 88,15: praeparatio) sedis tuae«, das andere ist
Ps. 118,121: »Feci iudicium et iustitiam, non tradas me calumniantibus me.« Er verweist auch auf Hiob 34,17: »Numquid qui non
amat iudicium, sanari potest?« und auf 1. Cor. 11,31: »Quod si
nosmetipsos diiudicaremus, non utique iudicaremur.«[21] Innere und
äußere Akte sind in dem facere iudicium et iustitiam beschlossen,
nämlich der innere Akt des Selbstgerichtes sowie die äußeren Akte
der Selbstanklage durch die confessio und der Selbstbestrafung
durch die satisfactio[22]. Damit hat Wilhelm den Blick auf die drei
Stücke des Bußsakramentes freigegeben und hat die contritio stillschweigend mit dem inneren Akt des Bußgeschehens identifiziert.

Wilhelm hat in seiner Bußlehre ein wesentliches Interesse an dem
Nachweis, daß der innere Bußakt, die poenitentia interior, vom
ius naturae gefordert ist und aus einem instinctus naturae vom
Menschen hervorgebracht wird. Die allgemeinen anthropologischen
Voraussetzungen wurden bereits gezeigt. Es ist nun darzustellen,
wie Wilhelm aus der naturrechtlichen Begründung des inneren Buß-
vorganges ableitet, daß der Mensch hier Gericht an sich selbst übt
und Gerechtigkeit für sich selbst erwirkt. Es erheben sich für Wilhelm die Fragen: In welcher Machtvollkommenheit kann und soll
der Mensch über sich selber richten? Wer hat ihn zum Richter über
sich eingesetzt? Nach welchen Gesetzen hat er sich selber zu richten?
Durch welche Beglaubigung ist der Richtspruch gültig, den der

---

[21] Tract. nov. de poen. c. 2 (573 aA), nachdem Ps. 88, 15 und 96, 2 in Kombination zitiert worden sind: propter hanc iustitiam et hoc iudicium poeniten-
tiale secure petebat David (Ps. 118, 121): »Feci iudicium et iustitiam« de me
ipso scil. tibi, quod est correctio vera, »ne ergo tradas calumniantibus me«, et
Iob 34, 17 »...« Lege autem 43. Ez. quod totum de poenitentiali iudicio et
iustitia loquitur, et videbis, quia totam iustificationem peccatoris vocat dominus iudicium et iustitiam quae duo nullo modo aliter correctio sedis Dei
intelligi possunt, quam sicut diximus. Vgl. de sacram. poen. c. 1 (456 aF),
wo außer Ps. 88, 15 96, 2 (in Kombination), Iob 34, 17, Ps. 118, 121 auch
1. Cor. 11, 31 zitiert wird.
[22] Tract. nov. de poen. c. 2 (573 aA): Sola quippe iustitia et iudicium, quae
interius et exterius nobis facimus, correctio vera est, interius nos iudicantes,
ut diximus, et poenitentes exterius sibi per confessionem quidem accusantes
nos et per satisfactionem punientes.

Richter hier spricht? Ist das Urteil, das man über sich gesprochen
hat, endgültig oder muß es noch einmal revidiert werden? Fungiert
man in diesem Gericht als iudex ordinarius, als Richter, der in
eigener Vollmacht auftritt, oder fungiert man ex delegatione,
durch Ermächtigung von höherer Instanz? Stützt man sich also bei
dem Urteil über sich selbst auf eigene Machtvollkommenheit oder
auf eine Ermächtigung? Besitzt man, sofern es sich um eine Ermächtigung handelt, ein zuverlässiges Zeugnis (instrumentum
authenticum) für die Ermächtigung, durch welches deutlich wird,
daß man mit seiner eigenen Angelegenheit betraut ist? Wodurch
kann sich jeder als sein eigener Richter ausweisen? — Daß ein
Urteil, das von einem unbefugten Richter gefällt worden ist, ipso
iure ungültig ist, so daß es gar nicht erst der Appellation bedarf,
lehren die Gesetze selbst[23]. Die Gesetze, denen der Mensch als
Herrscher und Richter seiner selbst folgen soll, sind ihm als Naturgesetz (lex naturalis) ins Herz eingeprägt[24]. Die lex naturalis enthält
die Regeln natürlicher Ehrenhaftigkeit und Gerechtigkeit[25]. Sie ist
zugleich die Urkunde, die den Menschen zur Rechtsprechung über
sich selbst ermächtigt, was sich nach Wilhelms Meinung aus dem
Inhalt dieser Urkunde noch deutlicher dartun ließe. Beglaubigt ist
die Urkunde durch Siegel und Bild des himmlischen Herrschers. Die
Synteresis ist gewissermaßen das mit dem göttlichen Herrscherbild
geprägte Siegel, das unserer Seele unaustilgbar eingedrückt ist.
Wilhelm faßt den Begriff der Synteresis ungewöhnlich weit; er sieht
in ihr den höheren und wertvolleren Seelenteil, die imago beatae
et gloriosae trinitatis[26]. In der sittlichen Vernunft, die dem Menschen
mit seiner Ebenbildlichkeit verliehen ist, ist es also verbürgt, daß
der Mensch zum Richter über sich selbst eingesetzt ist. Diese Bevoll-
mächtigung verpflichtet ihn aber auch, die Gerechtigkeit in vollem

---

[23] Tract. nov. de poen. c. 1 (561 aD).
[24] Tract. nov. de poen. c. 2 (572 aE): Leges autem et statuta, quibus se regere et
iudicare debet homo, in corde eius superior exaravit dispositio, ut ait quidam,
lex naturalis, ipsi homini innata, naturaliter impressa et inscripta. — De
sacram. poen. c. 1 (456 aFG).
[25] De sacram. poen. c. 1 (456 aH): ipsa lex . . . regulas honestatis naturalis et
iustitiae continens.
[26] Tract. nov. de poen. c. 2 (572 aE): Est autem lex ista velut litterae suae delegationis super se ipsum, quod ex continentia et tenore ipsarum clarius poterit
elucere, his litteris appensum est sigillum et imago coelestis imperatoris, est
enim ipsa sui synteresis, superior scil. animae nostrae pars, et dignior, imago
beatae et gloriosae trinitatis. Zu Wilhelms Begriff der synteresis vgl. de vitiis
et peccatis c. 6 (273 bA 274 aF).

Umfange zu verwirklichen[27]. Der Mensch ist um so mehr verpflichtet, in dem Gericht über sich selbst volle Gerechtigkeit aufzubieten, als er nicht ungerecht erfunden werden darf, wenn sich Gott mit ihm in ein Gerichtsverfahren einläßt[28]. Daß Gott willens ist, in eine Gerichtsverhandlung mit dem Menschen einzutreten, ist für Wilhelm durch zahlreiche Bibelstellen belegt, z. B. durch Is. 43,26, Ps. 50,6, Jer. 25,31[29]. Gott wird dann als Normen die Gesetze gelten lassen, nach denen gegenwärtig unsere sittliche Vernunft urteilt[30].

Im sittlichen Naturgesetz sieht Wilhelm begründet, daß der Mensch sich einerseits der Empfindung der Reue nicht entziehen kann und anderseits zur Wiedergutmachung seiner Vergehen und Wiederherstellung seiner Schuldlosigkeit verpflichtet ist. Die Verpflichtung zur Satisfaktion besteht zunächst bei allem Schaden, den der Mensch anderen zufügt[31]. Ebenso ist der Mensch durch das ihm angeborene Gesetz gehalten, sich selber keinen Schaden zuzufügen, d. h. seine Unschuld zu bewahren, und die verletzte Integrität nach Möglichkeit wiederherzustellen. Besteht aber nicht die Möglichkeit, die vom Naturgesetz gebotene Unschuld durch Wiedergutmachung zurückzugewinnen, so muß wenigstens der Vorsatz dazu vorhanden sein[32]. Auch die Bußaffektion, der Schmerz der Reue, wurzelt in der lex naturalis. Das Naturgesetz belehrt den Menschen, daß er über recht Getanes Freude, über verkehrte Handlungen Schmerz empfinden soll. Tatsächlich erfüllen uns von Natur aus nach verkehrtem Tun peinigende Schmerzen der Reue. Selbst Kain war sich seiner Schuld mit Scham vor Gott bewußt und empfand darüber einen bis zur Verzweiflung gesteigerten Schmerz. Es ist unsere

---

[27] Tract. nov. de poen. c. 2 (572 aEF): Iudex sui ipsius ex divinae auctoritatis delegatione cognoscitur homo. Huiusmodi igitur auctoritate mandati de consequentibus iniunctum est iustitiae plenitudinem exhibere.

[28] Tract. nov. de poen. c. 2 (572 aF).

[29] Tract. nov. de poen. c. 2 (572 aF).

[30] Tract. nov. de poen. c. 2 (572 aFG): Tanta est Dei omnipotentis iustitia ut nostris legibus et consuetudinibus nobiscum iudicari non dedignetur ... Mirare et lauda Dei iustitiam, quae nostrae consuetudinis iustitiam non recusat.

[31] Tract. nov. de poen. c. 2 (572 aG).

[32] Tract. nov. de poen. c. 2 (572 aG): Sicut autem lege illa, quam utique sibi innatam et inscriptam gerit, iubetur nullum laedere, sic etiam a laesione sui ipsius desistere et quantum possibile fuerit, ad innocentiam redire. Innocentia quippe est in praecepto legis naturalis, a qua si cadere contingit, per satisfactionem solam, cum satisfaciendi aderit facultas, ad eam redire licebit ... ut nihil nocumenti inemendatum relinquatur, si facultas emendationis affuerit; sin autem, quo possibile est, innocentia voluntate et proposito revocetur.

eigene sittliche Natur, die uns zu peinigen weiß mit der Empfindung
der Reue und mit der Geißel des Gewissens, von der wir am
schlimmsten geplagt werden[33]. So resultiert aus dem sittlichen Naturgesetz sowohl die Ermächtigung und Verpflichtung zum Selbstgericht der Buße[34] als auch der akute Antrieb dazu durch die
Empfindung der Reue.

2. Die Durchführung der Selbstverurteilung

Obgleich Wilhelm zunächst nicht nur die Reue, sondern auch eine
Freude über gute Handlungen im Naturgesetz begründet sieht,
betont er dann doch, daß die Rechtsprechung des Menschen über sich
selbst begrenzt und die Ermächtigung an eine bestimmte Verfahrens-
weise gebunden ist. Der Mensch darf in dem ihm übertragenen
Gerichtsverfahren nur sich selbst verurteilen. Die zugestandene Be-
friedigung über gute Taten darf den Menschen also nicht dazu verführen, sich für seine Vergehen zu rechtfertigen. Wilhelm gibt auch
eine christologische Begründung, allerdings nur andeutungsweise:
Da die Sache Jesu Christi stets unbedingt gerecht ist, kann dem
Menschen nur die condemnatio ipsius zugestanden werden[35]. Denkt
man hier aber an einen Prozeß, den Gott mit dem Menschen ein-

---

[33] Tract. nov. de poen. c. 2 (572 aH/bE): Lex naturalis de bene actis gaudendum
docet indubitanter, et de male actis dolendum, quos (lies: quod) manifeste
indicant dolores poenitentiales, quos etiam naturaliter pro nostris malefactis
patimur. Iustitiae enim naturalis illud seminarium nec in ipso Cain suffocatum
est . . . Nobis autem adhuc sermo est de poenitentia, quam natura ipsa post
malefacta suggerit, et de flagello conscientiae, quod est summa poenarum, et
de synteresi animi et de occursu scelerum, quae undique, ut dicit Tullius
(Paradoxa 18), ad tanta crimina occurrunt etiam sicut furiae.

[34] Tract. nov. de poen. c. 2 (572 bE): Iam ergo claruit tibi ex his . . . hominem
iudicem esse constitutum suiipsius ex delegationis auctoritate. De sacram.
poen. c. 1 (456 aFG): omnis peccator tenetur poenitere, seu poenitentiam
agere, hoc est iudicium et iustitiam de se ipso facere; et hoc lege ac potestate
seu auctoritate naturae; lege, inquam, quam in seipso naturaliter unusquisque
legit naturae inditam et inscriptam; auctoritateque et potestate, qua se naturaliter unusquisque praeditum evidenter cognoscit, et interna confessione
recognoscit.

[35] Tract. nov. de poen. c. 2 (572 bEF): Scito tamen limitatam eum habere supra
se iurisdictionem, et certam formam mandati sibi perscriptam (lies: prae-
scriptam). Non enim commissum est illi, nisi quod facit ad condemnationem
ipsius, hoc autem est, quoniam causam domini nostri Iesu Christi semper
iustam esse, necesse est.

geht[36], so kann bei einem gerechten Verfahren nur Gott gewinnen
und der Mensch das Verdammungsurteil davontragen[37]. Ohne darüber Rechenschaft zu geben, hat Wilhelm in diesem Gedankengang
die Ebene der lex naturalis verlassen. Durch Gottes eigene Gerechtigkeit, die in der gerechten Sache Christi offenbar geworden ist,
wird das Selbstgericht an die bestimmte Form der Selbstverurteilung
gebunden. Wilhelm sucht nicht zu behaupten, diese Grenze sei durch
das sittliche Naturgesetz gezogen. Leider äußert er sich nicht genauer und greift auch nicht an anderer Stelle den Gedanken noch
einmal auf. So weiß man nicht, ob ihn die Überlegung leitete, daß
das sittliche Naturgesetz die Möglichkeit einer Selbstrechtfertigung
nicht gänzlich ausschließt, oder daß jedenfalls der Mensch de facto
einen Weg in diese Richtung einschlägt.

Wie Gregor beschreibt auch Wilhelm nach der Analogie eines
Strafprozesses die verschiedenen Funktionen, die im Selbstgericht
wahrgenommen werden müssen. Der Mensch soll gleichsam als
Anwalt gegen sich selber auftreten und die Anklage erheben, indem
er nach Prüfung durch das Gewissen alles vorbringt, was gegen ihn
angeführt werden kann. Davon wird das Bewußtsein (cogitatio)
Zeugnis gegen ihn ablegen, wobei unsere Vorstellung die mala in
Anbetracht der Umstände noch stärker hervorheben und nicht her-
abmindern soll. Dann werden wir uns selber verurteilen, aber Gott
rechtfertigen und die ganze Angelegenheit zu seinen Gunsten entscheiden. Der Gedanke vom iustificare Deum durch unsere Selbstverurteilung klingt jedoch nur an, weil gleich noch weitere Funktionen des Strafprozesses aufgezählt werden. Der Mensch ist auch
sein eigener Folterknecht, wenn er sich innerlich mit Schmerz und
Unmut über seine mala peinigt. Er übernimmt schließlich selber das
Amt des Urteilsvollstreckers, der die Ausführung des Strafmandats
besorgt[38].

Im Magisterium divinale entwickelt Wilhelm die verschiedenen
Funktionen des Selbstgerichtes aus dem Begriff der iustitia. Der
Büßende hat im iudicium zugleich seine iustitia zu erweisen. Die
Gerechtigkeit wirkt sich ebenso wie andere Eigenschaften — etwa
die Hitze oder das Licht — zuerst und am stärksten in ihrem Träger

---

[36] S. o. S. 111.

[37] Tract. nov. de poen. c. 2 (572 bF): In iudicio igitur, quo clementissimus ac
iustissimus Deus contra hominem agit, si iuste quidem iudicetur, Deum obti-
nere et hominem propriae condemnationis necesse est portare sententiam.

[38] Tract. nov. de poen. c. 2 (572 bG).

aus. Wahre Gerechtigkeit wird also zuerst ihr Subjekt der Gerechtigkeit unterwerfen; sie wird gegen ihn Anklagen erheben, wird Zeugen aufbieten, ein Verdammungsurteil fällen, Strafen festsetzen und den Strafvollzug betreiben. Daß in dieser Weise gerade die Gerechtigkeit sich als Selbstgericht manifestiert, entnimmt Wilhelm auch dem Satz Prov. 18,17: »Iustus in principio sermonis accusator est sui«. Obgleich Wilhelm wie Bernhard hier »in principio sermonis« und nicht einfach wie Gregor »in principio« liest, versteht er diese Wendung offenbar doch nicht so wie Bernhard, sondern im Sinne des von ihm fünfmal im Kontext gebrauchten Ausdruckes »in primis et maxime«: vor allem und am meisten[39]. Die Frage, wie der Mensch in den Besitz dieser Gerechtigkeit komme, wird von Wilhelm gar nicht aufgeworfen. Es wird sich noch zeigen, in welchem Maße Wilhelm dem Menschen zutraut, daß er von sich aus mit solcher schonungslosen Gerechtigkeit gegen sich selber vorgeht.

Keineswegs ist der Mensch dazu ermächtigt, sich selber freizusprechen. Denn nie ist es so, daß Gott keine Anklage zu erheben hätte, so daß der Mensch von der Verpflichtung zur Selbstverurteilung entbunden wäre und sich freisprechen könnte[40]. Gott hätte jedoch seine Sache dem Menschen umsonst übertragen, ließe er dessen Urteil, das als Verdammungsurteil gerecht ist, nicht gelten, sondern erhöbe erneut Anklage[41]. Mit Notwendigkeit muß Gott ein Urteil, das auf einem von ihm gegebenen Gesetz und einer von ihm erteilten Vollmacht beruht, für gültig anerkennen[42], da es ja im Grunde sein eigenes Urteil ist. Wie sollte es sonst noch wahr sein, daß Gott nicht zweimal in ein und derselben Angelegenheit urteilt (Nah. 1,9 LXX)[43]? Ist vor dem Forum des Selbstgerichtes gerecht entschieden worden, so ist dabei durch die Selbstverurteilung des Menschen Gott sein volles Recht zugesprochen worden. Über sein Recht hinaus kann aber weder Gott noch der Mensch gerechterweise

---

[39] De sacram. poen. c. 3 (461 aA).
[40] Tract. nov. de poen. c. 2 (572 bG).
[41] Tract. nov. de poen. c. 2 (572 bH).
[42] De sacram. poen. c. 1 (456 aG): Quia ergo huius legis solus Deus est auctor latorque et inscriptor, huius potestatis sive auctoritatis institutor et dator, necesse est ipsum ratum et gratum habere iudicium ab huiusmodi potestate factum. Necesse enim est, ius (lies: eius) esse iudicium, cuius lege et auctoritate fit. Impossibile est ergo huius iudicii ab ipso retractari seu revocari.
[43] Tract. nov. de poen. c. 2 (572 bH): Qualiter verum est, quod non iudicabit Dominus bis in idipsum (Nah. 1, 9 LXX), si quod auctoritate sua et legibus iudicatum est, ipse retracturus sit postmodum?

irgend etwas fordern. Was könnte also Gott noch bei dem Menschen einfordern, der sich ihm in der gerichtlich entschiedenen Sache zu unterwerfen bereit ist[44]?

Diese ganze juristische Argumentation läuft darauf hinaus, daß im Selbstgericht auf Grund dessen göttlich naturrechtlicher Legitimation ein endgültiges, auch von Gott unwiderruflich anerkanntes Urteil gefällt wird. Darum schuldet derjenige Gott nichts mehr, der dem sittlichen Naturgesetz nichts schuldig bleibt, also wahrhaft Buße tut. Die poenitentes lösen das ein, wozu sie durch jenes Gesetz Gottes verpflichtet sind; so sind sie auch von Gott freigesprochen[45]. Das Selbstgericht der Buße ist in ein konsequent juridisches System eingebaut. Aus allgemeinen Voraussetzungen werden Schlußfolgerungen gezogen; es wird festgestellt, daß das Selbstgericht mit Notwendigkeit endgültig sein muß, und daß es unmöglich von Gott widerrufen werden kann[46]. Am Ende ergibt sich der Freispruch Gottes aber nur für den, der das Gesetz des Selbstgerichtes restlos erfüllt. Die Freiheit von der Schuld der Sünde erlangt der Mensch nur, indem er seine Schuld gegenüber diesem Gesetz abträgt, indem er wahrhaftig und würdig Buße tut[47]. Die Buße wird zur gesetzlichen Leistung, durch die man sich den Freispruch erwirkt. Die einlinig aus naturrechtlichen Prinzipien deduzierende Argumentation hat zur Folge, daß der Freispruch vor dem Forum des Sittengesetzes mit dem Freispruch vor Gott gleichgesetzt wird und der Mensch sich mit dem ersten auch den zweiten erwirken kann.

---

[44] Tract. nov. de poen. c. 2 (572 bH/573 aA): Si iuste iudicatum est in foro illo, utique ius suum totum Deo adiudicatum est; ultra ius vero suum nec Deus nec homo iuste quicquam petere potest. Quare cum rei iudicatae homo parere paratus sit, quid Deus ulterius exigere poterit?

[45] De sacram. poen. c. 1 (456 aGH): Ratam ergo habet sententiam, quam huiusmodi iudex hac lege sive secundum hanc legem pro se sive contra se ipsum tulerit; ergo et absolutum habet hic absolutum; et condemnatum sic condemnatum. Absoluti sunt ergo apud Deum veraciter poenitentes. Cum enim id totum solvant, quod lege illa solvere debere iustissime iudicatur, necessario absoluti sunt. Iam ergo declaratum est tibi, poenitentiae iudicium revocari non posse, ac per illud absolutos in nullo ulterius remanere ligatos. Et quia necessario a Deo absoluti habentur, tamquam eius lege et auctoritate absoluti. Et quia impossibile est iterum damnari eos, qui poenitentialis iudicii damnationem in se recte tulerunt riteque susceperunt et portaverunt. Ex quo relinquitur, ut nihil omnino damnationis restet veraciter ac digne poenitentibus post peractam digne poenitentiam.

[46] Beachte die Argumentation in den Zitaten A. 42 und 45.

[47] S. o. A. 45: recte ... riteque ... veraciter ac digne.

3. Die Notwendigkeit der Gnade und des Sakramentes

Nachdem Wilhelm die Möglichkeit und Notwendigkeit der Buße
als Selbstgericht rein aus der sittlichen Natur des Menschen abge-
leitet hat, schränkt er das doch noch ein. Denn das sittliche Naturgesetz, das die Regeln natürlicher Würde und Gerechtigkeit in sich
begreift, ist durch die Erbsünde und die sündhaften Gewohnheiten
des Menschen fast völlig verschüttet worden; das Licht unseres
inneren Erkennens ist ebenfalls vielfältig verdunkelt worden[48]:
propter ... istas duas causas nec liber mentis inscriptas regulas
honestatis plene aut plane exhibit legibiles nec intellectus noster in
eodem legere potest distincte et aperte[49]. Doch dieser Schwächung
der sittlichen Natur wirkt Gott mit drei Mitteln seines Erbarmens
entgegen: durch die lucerna scripturae, das adiutorium doctrinae
und das spiraculum gratiae[50]. Die Gnade ist in einer doppelten Hinsicht für die Buße notwendig. Einmal lehrt sie den Menschen
erkennen, wie sehr er durch die Sünde vom Guten abgefallen ist
und welch großer Gnadenhilfe er bedarf, damit er sich wieder zum
Guten erheben kann. Sodann erregt sie die Affektionen der Buße,
so daß angesichts der Sünde und der drohenden ewigen Strafe
Scham, Furcht und Reue sich einstellen und die Tränen der Reue
hervorbrechen. Weder zur Sündenerkenntnis noch zur Bußaffektion
ist die menschliche Natur von sich aus stark genug[51]. Wilhelm
schließt jedoch nicht jeden Anteil des Menschen an seiner Bekehrung

---

[48] De sacram. poen. c. 1 (456 aH): ipsa lex ... regulas honestatis naturalis ac
iustitiae continens originali corruptione paene tota sepulta est et consuetu-
dinali paene tota cumulata (lies: tumulata), tanquam aggere malarum consue-
tudinum superimposito, quia etiam lux ipsa interioris visus multiplicibus
tenebris ... involuta et obscurata.

[49] De sacram. poen. c. 1 (456 bE).

[50] De sacram. poen. c. 1 (456 bE).

[51] De sacram. poen. c. 1 (456 bEF): Quantum enim offendat ipse qui peccat, a
quantis bonis cadat et in quanta mala se iniiciat, deinde quantis auxiliis gratiae divinae, ut resurgat et relevetur, indigeat, nosse atque videre non est
naturae tot et tantis malis immixtae, immersae atque involutae virtus aut
officium, sed divinae gratiae inaestimabile atque irregratiabile beneficium;
praeter hoc et eo sensu doloris et compunctionis affligi, illoque flumine lacrimarum profluere, illo pudore confundi, illoque timore terreri, illo tremore
conduci, quod unius etiam solius peccati mortalis vulnus imminensque supplicium aeternae damnationis foeditasque ac turpitudo nuditasque eiusdem
peccati coram oculis Dei merito exigunt, non est mortuarum spiritualiter
animarum possibilitas, sed gratiae vivificantis ac illuminantis interiores oculos
incomparabiliter donum.

aus; wenigstens zu einem geringen Teil ist der Mensch mit seinem
Bemühen beteiligt. Denn dem Menschen ist der freie Wille, wenn
auch sehr eingeschränkt, erhalten geblieben. Ein »partim — partim«
von menschlichem Bemühen und göttlichem Gnadenwirken wird so
interpretiert, daß das menschliche »partim« einem »ad modicum«
und das göttliche »partim« einem »ad plurimum, immo paene ad
totum« gleichgesetzt wird. Wer sich aus der schwachen Kraft seines
Willens heraus um die Rückkehr zu Gott bemüht, dem versagt sich
Gottes Barmherzigkeit nicht. Ja, dieses nach Gottes Barmherzigkeit
verlangende Bemühen selber ist schon eine Wirkung der zuvorkom-
menden Gnade, wie auch das Wissen von der Gnade nur aus der
Gnade stammen kann. Von diesem direkt auf die Gnade gerichteten
Streben muß man allerdings ein Bemühen unterscheiden, das nur
allgemein die Rückkehr zu Unschuld und Gerechtigkeit intendiert,
wozu schon die Natur Anweisung und Antrieb gibt[52].

In einem weiteren Schritt erweist Wilhelm die Notwendigkeit des
kirchlichen sakramentalen Bußinstitutes[53]. Darum ist der Bußtraktat
des Magisterium divinale nach den einleitenden Kapiteln, in denen
die Möglichkeit und Notwendigkeit der Buße (als Selbstgericht)
überhaupt, die Notwendigkeit der Gnade und schließlich die Notwendigkeit der sakramentalen Hilfestellung aufgezeigt worden ist,
in seinem Hauptteil nach den drei Stücken des Bußsakramentes
— contritio, confessio, satisfactio — gegliedert[54]. Ebenso schieben
sich im früheren Tractatus novus de poenitentia bei der Behandlung
der Buße unter dem Begriff iudicium die Gesichtspunkte des Bußsakramentes in den Vordergrund, nachdem Wilhelm auch hier die
Notwendigkeit der sakramentalen Hilfestellung für die Durchführung des Bußgerichtes behauptet hat[55]. Die verschiedenen Argumente,
mit denen Wilhelm die Notwendigkeit des Bußsakramentes begrün-

[52] De sacram. poen. c. 2 (456 bH/457 aAB).
[53] De sacram. poen. c. 2—4.
[54] De sacram. poen. c. 1—4: Notwendigkeit und Möglichkeit der Buße über-
    haupt, c. 5—11 de contritione, c. 12—19 de confessione, c. 20 de restitutione.
    Der Begriff restitutio steht bei Wilhelm für satisfactio. — Im Magisterium
    divinale wird die Buße im Zusammenhang der 7 Sakramente behandelt; ihr
    sakramentaler Charakter steht von vornherein fest.
[55] Tract. nov. de poen. c. 2—11 sind der Buße als iudicium gewidmet; nach der
    Einleitung (c. 2—3) wird die confessio (c. 4—5) besprochen, dann die restitu-
    tio (c. 6—10) und am Ende (c. 11) die contritio unter dem Titel De sententiae
    executione. Während im Tractatus novus die restitutio am ausführlichsten be-
    handelt ist, wird ihr im Magisterium divinale weniger Aufmerksamkeit ge-
    schenkt als den beiden anderen Stücken des Bußsakramentes.

det, brauchen hier nicht vorgeführt zu werden. Nur eines sei erwähnt, weil bei ihm auf den Gerichtsgedanken zurückgeblendet wird. Wilhelm behauptet, die Gerichtsfunktionen werden vor einer anderen Person und durch eine andere Person (coram alio et per alium) strenger, genauer und im ganzen gerechter gehandhabt, als durch den Delinquenten selber[56]. Dieses Argument überbietet den Grundsatz, demzufolge die Gerechtigkeit sich am stärksten in dem Subjekt der Gerechtigkeit, also im Gerechten, auswirkt[57]. Wilhelm begründet das nicht. Wahrscheinlich liegt der Grund für ihn darin, daß der Mensch doch nicht mehr zu einem uneingeschränkten Gebrauch seiner sittlichen Kräfte fähig ist. Durch die kirchliche Amtsperson soll nur die strenge Durchführung des Bußgerichtes garantiert werden. Es ist nicht davon die Rede, daß der Mensch, wenn er mit sich selbst ins Gericht geht, entweder sich selbst rechtfertigt oder sich in völlig heilloser Verzweiflung das Todesurteil spricht, so daß er darum auf eine Instanz außerhalb seiner selbst angewiesen ist.

4. Ursprung und Wirkung der contritio

Wilhelm gibt eine essentiale Bestimmung der contritio: die contritio ist ihrem Wesen nach die Bewegung einer sittlichen Kraft (virtus), die den alten Menschen zerbricht und gänzlich tötet[58]. Wilhelm nennt 10 affektive Kräfte, von denen die contritio getragen sein kann, an erster Stelle den timor, dann pudor, dolor, ira, indignatio, abominatio, horror, odium, execratio, detestatio[59].

Bei den meisten dieser Affekte beschreibt Wilhelm die Bewegung der Reue so, daß sie den Menschen zum Bußsakrament hinführt. Die innere Wirkung der contritio wird an den Sakramentsgebrauch

---

[56] De sacram. poen. c. 3 (461 aAB): accusatio, testificatio et ceterae partes iustificationis severius, rectius et per omnem modum iustius coram alio et per alium fiunt quam coram ipso et per ipsum, qui deliquit. ... ut enim de aliis taceamus, sola accusatio sive revelatio delictorum coram alio plus habet iustiatioinis et tormenti interdum quam magna ieiunia et magnae flagellationes.

[57] S. o. S. 113 f.

[58] De sacram. poen. c. 6 (456 aD): dicemus consequenter essentiam eius (sc. contritionis) dictione essentiali et propria ... contritio est motus virtutis confringentis veterem hominem ac funditus ac radicitus mortificantis.

[59] De sacram. poen. c. 6 (465 aDff); in dieser Reihe fehlen Affekte wie amor, spes, gaudium, fiducia.

gebunden, weil ja die sittlichen Kräfte im Menschen so geschwächt sind, daß er auf die sakramentale Hilfe angewiesen ist, wenn er die Intentionen des Sittengesetzes erfüllen will. Wenn etwa die Furcht angesichts der Sünden im Menschen so stark ist, daß er beim kirchlichen Sakrament seine Zuflucht nimmt, wird durch diesen Affekt der Furcht der alte Mensch völlig getötet; denn wer den Beichtvater aufsucht, der liefert sich dem geistlichen Schergen aus, um von ihm ans Kreuz der Buße geschlagen zu werden. Auf diese Weise »vertreibt die Furcht des Herrn die Sünde« (Eccli. 1,27)[60]. Ebenso tötet der Affekt des Zorns den alten Menschen, wenn dieser Affekt so heftig wird, daß wir nach dem Rat der Kirche, d. h. nach dem Rat des Beichtvaters, die Gott zugefügte Schmach an unserem eigenen Leibe ahnden[61]. Der Affekt der Abscheu (detestatio) tötet den alten Menschen, wenn wir unsere Sünden als etwas Fluchwürdiges verabscheuen, unser Herz von ihnen abwenden und sie darum durch priesterlichen Segensspruch von uns verbannen möchten[62].

Alle zehn von Wilhelm aufgeführten Affekte werden als contritio oder mortificatio veteris hominis begriffen, weil sie den alten Menschen töten und darin ihr Ziel erreichen[63]. Wilhelm denkt an die Vernichtung der bösen Regungen im Menschen[64]. Diese Wirkung

---

[60] De sacram. poen. c. 6 (465 aD/bA): Potest siquidem iste motus (sc. contritionis) timor esse sive timoris . . . (Zitat Eccli. 1, 27). Si enim adeo fortis fuerit ipse timor, ut ipsum timentem fugere faciat ad poenitentialis sacramenti refugium et intra illud recipi, manifestum est, huiusmodi timore mortificatum esse radicitus veterem hominem et affixum iam patibulo poenitentiali. Non enim intrat poenitentialis sacramenti refugium, nisi qui praeconi spirituali, i. e. confessori se tradidit crucifigendum, hoc est cruci poenitentiae affigendum.

[61] De sacram. poen. c. 6 (456 bB): Sic de motu irae, si adeo succenderit, ut iuxta consilium ecclesiae vendicare aggrediatur in semetipso Dei contumeliam et proprias iniurias, quas ipsemet sibi peccando irrogavit. Iuxta hunc modum dictum est (Ps. 4, 5) »Irascimini«, imperative, »et nolite peccare«.

[62] De sacram. poen. c. 6 (465 bC).

[63] De sacram. poen. c. 6 (465 bD): Hi ergo decem motus, quos nominavimus, directe sunt ad destruendum et mortificandum veterem hominem. Et propter mortem et extinctionem veteris hominis nominantur mortificatio ipsius et contritio, quemadmodum exustio, submersio, lapidatio, dissecatio nominantur occisio propter effectum mortis, qui sequitur ex eis . . . (466 aE) Hic autem contritionem intelligimus simpliciter destructionem seu annullationem veteris hominis, hoc est motum (lies: mortem) vel passionem, quo efficitur in poenitente, ut vetus homo non sit; destruere enim in spiritualibus et impartibilibus non est nisi facere non esse.

[64] De sacram. poen. c. 8 (470 aH): manifestum est, contritionem mortificationem esse veteris hominis et extinctionem vitae culpabilis ac peccatricis.

erzielen die zerstörerischen Affekte jedoch nur, wenn man dem
Priester beichtet, von ihm losgesprochen und zur Wiedergutmachung
verpflichtet wird. Wilhelm hat damit den Versuch unternommen,
mit den Bußaffekten selber das Bußsakrament als ein notwendiges
Mittel zu verknüpfen, durch das allein die Affekte zu ihrem Ziel
gelangen.

In der contritio geschieht eine conversio, weil man sich in der
Reue über die Sünden zu Gott und zur wahren Religion bekehrt[65].
Außer dieser allgemeinen Deutung gibt Wilhelm jedoch noch weitere
Interpretationen der contritio als conversio, die eine Wendung des
Menschen in seiner Relation zu Gott und der Welt zu beschreiben
suchen. Wer seine Sünden bereut, wendet das Gesicht zu Gott und
den Rücken zu seinen Sünden, während der Sünder ante contritionem den Rücken zu Gott und das Gesicht zu seinen Sünden hin-
gewendet hat, wie es bei Jeremia (2,27) heißt: Verterunt ad me
tergum et non faciem[66]. Oder man nennt, bei einer mehr anthropologischen Betrachtung, die contritio eine conversio, weil der
Mensch aus einer Verkehrung an sich selbst wieder in die richtige
Ordnung zurückgebracht wird. In der Sünde hat der Mensch verkehrt, was sich bei ihm oben und unten befinden, was er vor sich
und was er hinter sich haben, was er inwendig und was er nach
außen hin sein sollte. Das Fleisch, das dem Geiste dienen sollte,
beherrscht den Geist. Der Blick, das Denken und Wollen, richtet
sich auf die zeitlich-irdischen Güter, die der Mensch hinter sich im
Rücken haben sollte. Das Geistliche, Unvergängliche hingegen bleibt
außerhalb des Gesichtsfeldes. Der Mensch ist nach außen hin reich,
aber inwendig arm, nach außen hin rein, aber inwendig befleckt,
nach außen hin ein Herr, aber inwendig ein Sklave, nach außen hin
ein Reiter, aber inwendig selber das Reittier des Teufels. All diese
Verkehrungen werden durch die contritio aufgehoben; der Mensch
wird wieder in die richtige Ordnung zurückgebracht, so daß der
Geist das Fleisch beherrscht, die Intentionen sich auf die geistlichen

---

[65] Das allgemeine Verständnis des converti ad religionem vergleicht Wilhelm mit
der mittelalterlichen Ausdrucksweise, bei der man den Eintritt in den Mönchsstand ein converti nannte.

[66] De sacram. poen. c. 5 (463 bB): Nominatur (sc. contritio) etiam conversio ...
vel quia ad Deum et veram religionem convertitur, qui de peccatis conteritur, vel quia peccator ante contritionem dorsum habet ad Deum, et non faciem. Sicut legitur Hier. 2, 27: »Verterunt ad me tergum et non faciem.«
Cum autem conteritur de peccatis, vertit ad Deum faciem et tergum ad peccata. Jer. 2, 27 auch de sacram. poen. c. 9 (472 aC) zitiert.

und nicht auf die irdischen Güter richten und im Inneren Reichtum, Reinheit und Freiheit zurückgewonnen sind[67].

Wie die contritio als Tötung des alten Menschen verstanden werden muß, so ist die iustificatio oder sanctificatio als Auferstehung des neuen Menschen zum Leben der Gnade anzusehen. Mit der iustificatio wird dem Menschen ein neues, geistliches, wegen der Gesamttugend der Gerechtigkeit lobenswertes Leben eingehaucht oder eingegossen. Contritio und iustificatio verhalten sich zueinander wie Tötung und Auferstehung, wie Vernichtung und Entstehung (corruptio — generatio), wie das Herausgehen (exire) aus einem Raum und das Hineingehen in einen anderen[68]. Bei allem handelt es sich für Wilhelm um einen einheitlichen Prozeß; beide Vorgänge bilden ein einheitliches Geschehen[69]. Es ist eine Bewegung unter der Führung des heiligen Geistes[70]. Wilhelm verwendet zwar das in der aristotelischen Physik zentrale Begriffspaar von corruptio und generatio, doch versucht er noch nicht in der Methode der späteren Scholastik, den Vorgang der Rechtfertigung mit Hilfe

[67] De sacram. poen. c. 5 (463 bCD): vel propter hoc nominatur (sc. contritio) conversio, quia peccator dum in peccatis est, subversus est, habens sub, quod deberet habere supra, et econverso, videlicet spiritum habet sub et carnem supra, cum esse debeat econverso; et eversus est habens ante se quod deberet habere retro et econverso; habet enim faciem ad posteriora, hoc est temporalia seu terrena. Si quidem oculos habet ad illa, ut alia non videat ... Similiter et eversus est habens in dextera quod debet habere in sinistra, et econverso ... (Eccles. 10, 2 7, 5 zitiert). Et est eversus habens extra quod debet habere intra, et econverso. Est enim extra plenus et intus vacuus, extra dives, intus pauper, extra vestitus, intra nudus, extra nitidus, intus sordidus, extra dominus, intus servus, extra eques, intus iumentum diaboli, et iterum extra homo, intus brutum ... extra sanctus, intus execrabilis, extra monachus, sive claustralis, intus autem omni lascivia et inordinatione saecularis, et iterum extra rex coronatus, intus autem latro spirituali suspendio damnatus.

[68] De sacram. poen. c. 8 (470 aH): Postquam autem manifestum est, contritionem mortificationem esse veteris hominis et extinctionem vitae culpabilis ac peccatricis, manifestum est ipsam iustificationem seu sanctificationem, resurrectionem esse novi hominis in vitam gratiae sive in iustificationem ipsius et novae, hoc est laudabilis et spiritualis vitae inspirationem seu infusionem; et propter hoc eas ad invicem se habere sicut corruptionem et generationem, et sicut egressum de uno loco et egressum (lies: ingressum) in alium.

[69] Wilhelm kann die Verben conteri und iustificari promiscue gebrauchen, de sacram. poen. c. 8 (470 aH): qui enim conteritur seu iustificatur sic, exit de profundo vitiorum et peccatorum. Anschließend wird erst das exire, dann das ingredi in einer langen Reihe bildhafter Wendungen beschrieben.

[70] De sacram. poen. c. 8 (470 bE): »spiritus domini ductor eius fuit« (Is. 63, 14).

aristotelischer Kategorien genauer zu begreifen[71]. Vielmehr umschreibt er das exire und das ingredi ausführlich in zahlreichen
Bildern und zeigt damit seine unscholastische Denkart, der das bildhafte Vorstellen noch näher liegt als das begriffliche Erfassen. Er
will mit seinem Magisterium divinale offenbar noch unmittelbar der
kirchlichen Praxis dienen und für sie den Schatz des kirchlichen Gedankengutes bereitstellen[72].

Im Anschluß an die in einem der Buß-Psalmen (Ps. 50,12) ausgesprochene Bitte »Cor mundum crea in me, Deus« beschreibt Wilhelm den Vorgang von Buße und Rechtfertigung auch als die
Schaffung eines neuen Herzens, die creatio novi cordis. Gott schafft
ein neues Herz gleichsam aus dem Nichts; denn für ein Nichts darf
man die von der contritio herbeigeführte humilitas halten. Er schafft
etwas Neues, das nur ihm zu schaffen möglich ist[73]. Wie beim Glasschmelzen wird hier durch die starke Hitze des heiligen Geistes aus
dem Staub des sündigen Herzens ein neues, reines und lichtvolles
Glas geschaffen[74].

Wie das eschatologische Gericht und die leibliche Auferstehung
zusammengehören, so sind auch im gegenwärtigen, geistlichen Geschehen das Gericht der Buße und die Rechtfertigung miteinander
verbunden[75]. Dem Erdbeben des Endgerichtes (Mt. 24,7) entspricht
die Erschütterung des Menschen durch die Bußaffekte. Und wie der
Herr — nach 1. Cor. 4,5 — bei seiner Wiederkunft, was im Finstern
verborgen ist, ans Licht bringen und die Gedanken des Herzens
enthüllen wird, so wird schon gegenwärtig durch den geistlichen
Advent Christi das Herz des Bußfertigen zur Erkenntnis der Sünde
erleuchtet und zum Aufdecken der Sünde in der confessio veranlaßt. Hier schlägt Wilhelm wieder eine Brücke hinüber zum Bußsakrament. Denn daß wir nach einem anderen Pauluswort (2. Cor.
5,10) alle vor das Tribunal Christi treten müssen, bedeutet, daß

[71] Anklänge an Bernhard zeigt die Beschreibung des ingredi, de sacram. poen.
c. 8 (470 bE).
[72] Vgl. de sacram. poen. c. 9 (470 bH): Ut autem de ipsa contritione sit tibi
verborum copia exhortationis abundantior, considera diligenter formam futurae resurrectionis corporum.
[73] De sacram. poen. c. 9 (471 bA): Scire etiam debes, quod ista mirifica operatio
divinae virtutis et bonitatis creatio novi cordis nominatur, Ps. (50, 12) scil.
»Cor mundum crea in me, Deus«, non solum propter hoc, quia tanquam de
nihilo humilitatis quodammodo per contritionem cor novum a Deo efficitur,
sed propter animandos et soli omnipotenti Deo possibiles conformationes.
[74] De sacram. poen. c. 8 (471 bA).
[75] De sacram. poen. c. 9 (471 aB).

jeder, der durch die Buße geistlich aufersteht, sich in das Forum
des kirchlichen Bußgerichtes begeben muß, wo der Beichtvater als
Offizial Christi, als geistlicher Scherge oder als Richter über die
Seelen fungiert[76].

Wilhelm stellt auch die Frage, wer denn bei den affektiven Bewegungen der contritio als Urheber fungiere. Obgleich die Bußbewegung erst auf den Gnadenempfang vorbereitet, sieht Wilhelm nicht
in dem liberum arbitrium, sondern im heiligen Geist, ja in der Trini-
tät, die bewegende Kraft. Es ist der heilige Geist — oder der drei-
einige Gott —, aus dessen Barmherzigkeit die Bußbewegung sowohl
ihren Anstoß als auch ihre Vollendung in der Rechtfertigung
empfängt[77]. Ist der heilige Geist und nicht der freie Wille der Urheber der Bußaffekte, so erhebt sich die weitere Frage, wann der
heilige Geist die Affekte errege, warum er es mehr zu der einen
als zu der anderen Stunde tue. Wilhelm antwortet mit dem Hinweis
auf den unerforschlichen Willen Gottes, indem er an Ex. 33,19 (cf.
Röm. 9,15) — »miserebor cui voluero et clemens ero in quem mihi
placuerit« — und an Joh. 3,8 — »Spiritus ubi vult spirat« — erinnert. Außerdem nennt Wilhelm einige Voraussetzungen, die der
heilige Geist trotz seines unergründlich freien Wollens mitunter zum
Anlaß seines Wirkens wählt. Das sind zuweilen gute Werke, die
allein aus der natürlichen Kraft des freien Willens vollbracht
werden, zu denen der heilige Geist dann die Gnadengaben hinzufügt. Zuweilen sind es auch große und schreckliche Sünden. Denn
diejenigen, die ihre geringen Sünden nicht spüren und über sie nicht
erschrecken, läßt Gott oft in schlimmere Sünden geraten, durch
deren Größe und Entsetzlichkeit sie in solchen Schrecken versetzt
werden, daß sie sich nun auch bei den geringen Sünden eifrig um
Buße und Besserung bemühen. Zuweilen liegt der Grund jedoch
einzig in der unerschöpflichen Güte Gottes[78].

An anderer Stelle nennt Wilhelm drei Wege, auf denen wir in
den Besitz der Buß- und Rechtfertigungsgnade kommen können.
Entweder empfangen wir die Gnade ohne irgendeine Mitwirkung
unsererseits, auch ohne irgendein eigenes oder fremdes Verdienst,

---

[76] De sacram. poen. c. 9 (471 aBC).

[77] De sacram. poen. c. 6 (467 bAB): Si quis autem quaerat, quo motore motus
isti fiant in corde poenitentis et se ad gratiam praeparantis? Dicimus, quod
spiritu sancto motore, immo tota trinitate movente. Ipse enim est cuius misericordia praevenit praeparando iustificandos et subsequitur iustificando prae-
paratos.

[78] De sacram. poen. c. 6 (467 bBC).

vielmehr allein aus Gottes Erbarmen. Oder die Verdienste und
Fürbitten der Heiligen erwirken uns die Gnade oder unser eigenes
Bemühen und Mitwirken. Hier spricht Wilhelm nun doch von unserer cooperatio, von unserem facere quod in nobis est[79]. Wie an anderen Stellen so zeigen sich auch hier Widersprüche. Sie rühren daher,
daß Wilhelm verschiedenartige Gedanken der Überlieferung zu-
sammenfaßt, um sie mit dem kirchlichen Bewußtsein des Hochmit-
telalters zu durchdringen. Die Wahrheiten der sittlichen Vernunft
und die Notwendigkeit des kirchlichen Handelns sollen miteinander
vereinbart werden. Beabsichtigt ist dabei auch die Verteidigung der
Kirche gegenüber häretischer Kritik.

[79] De sacram. poen. c. 9 (472 aA): Si autem quaeratur a nobis qualiter obtinebitur istud tam salubre, tamquam mirificum Dei donum, videlicet gratia contritionis atque iustificationis? Respondeo quod tribus modis obtinebitur. Primus modus, gratuite tantum, hoc est nulla cooperatione, nullo merito, nec
proprio scil. nec alieno, sed sola Dei iustificantis vel vivificantis miseratione.
Secundo meritis intercedentium sive eorum, qui in coelis sunt, sive eorum
qui in terris sunt, et hoc est dicere suffragiis sanctorum. Tertio cooperatione
et adnisu sive conatu eorum, quibus tribuitur istud Dei donum. Wilhelm beschreibt die cooperatio ausführlich auf 7 Stufen: illuminatio, calefactio, contritio (percussio), mundatio, receptio gratiae, vivificatio, reconciliatio (paci-
ficatio).

5. Kapitel

GABRIEL BIEL

1. Der Akt der Bußtugend

Bei seiner Bestimmung der Bußtugend geht Biel aus von der alten, unter dem Namen Augustins laufenden etymologischen Deutung von poenitentia durch »poenam tenere«. Für ein einfaches Verständnis, das noch nicht den aktiven oder passiven Anteil einer Seelenpotenz heraushebt, ist damit erst einmal gesagt, daß der Mensch in der Buße unter einer Strafe steht, die er mit seiner Sünde verdient hat, die ihn aber auch von seiner Sünde reinigt. Strafe kann die innerlich im Willensbereich empfundene Betrübnis über die Sünde sein oder eine sensitive Empfindung des Schmerzes oder die rein äußerlich leibliche Strafe der Satisfaktionswerke[1]. Fragt man weiter nach der tragenden Seelenpotenz, so zeigt sich bei der Bußtugend als einem Strafverhalten eine doppelte Beanspruchung des Willens, eine aktive und eine passive. Die Buße beruht in erster Linie auf der Aktivität des Willens, die sowohl in einem inneren als auch in einem äußeren Akt in Erscheinung tritt. Mit einem inneren Akt ist der Wille in doppelter Weise an der Buße beteiligt: einmal mit einem actus imperativus, nämlich dem »gebietenden« Wollen, die Sünde zu ahnden, sodann mit dem auf diesen Willensentschluß folgenden, eigentlichen Bußakt, der in einem Widerwillen, einem Abscheu gegenüber der begangenen Sünde besteht. Dieser unmittelbar gegen die begangene Sünde gerichtete innere Willensakt hat die Affektion der Betrübnis im Willensbereich und zuweilen auch die Affektion des Schmerzes im sensitiven Bereich zur Folge; der Willensakt beeinflußt auch in seiner Intensität die Stärke der Affektion. Der äußere Bußakt ist ein vom Willen befohlener, nicht

---

[1] Biel sent. 4 d. 14 q. 1 a. 1 not. 1 A: poenitentia secundum Augustinum (cf. Ps.-Augustin de vera et falsa poenit. c. 19 n. 35 ML 40, 1128) dicitur quasi poenae tenentia et poenitere quasi poenam tenere, et potest intelligi vel active vel passive. Unde poenitentia quandoque simpliciter accipitur pro poena peccati purgativa et nec active nec passive, et hoc modo est tristitia consequens displicentiam de peccato sive interior in voluntate sive dolor in potentia sensitiva sive etiam aliqua exterior poena corporis afflictiva ut ieiunium et cetera opera satisfactionis.

mehr in dessen innerem Bereich liegender Akt; er manifestiert sich
in der Züchtigung, die der Mensch sich selber zur Strafe für seine
Sünden auferlegt. Darunter lassen sich sowohl die Beichte als auch
die Satisfaktionswerke begreifen. Denn auch die Beichte hat den
Charakter einer Strafe, insofern mit ihr die Scham über die Sünde
verbunden ist und diese Scham als Züchtigung für die Sünde
empfunden werden soll[2]. Schließlich kann die Buße auch passiv
verstanden werden als das willentliche Ertragen einer Strafe, die
innerlich oder äußerlich erfahren und entweder vom Büßenden
selbst oder von einem anderen verhängt wird. Der Akt des Willens
besteht hier in der Bereitschaft, die Strafe für die Sünde geduldig
zu tragen[3].

Der aktive Begriff von poenitentia bildet den Rahmen, innerhalb
dessen Biel 5 für die Buße konstitutive Akte feststellt, die in einer
gewissen Abfolge stehen[4]. (1) Der erste Akt ist der Willensentschluß
zur Buße, das gebietende »velle vindicare seu punire peccatum«;
es folgt (2) der innere Bußakt der contritio, das Hassen und Ver-

---

[2] Biel sent. 4 d. 14 q. 1 a. 1 not. 1 A: Secundo modo accipitur poenitentia active
et sic est actus huius poenae causativus, qui duplex est interior et exterior.
Interior est voluntatis et hic duplex, unus imperativus qui est velle punire
peccatum. Alius consequens imperium et est actus elicitus in voluntate, qui
est detestatio peccati vel displicentia peccati commissi, quod nihil aliud est
quam velle non peccasse. Hoc enim velle sequitur tristitia in voluntate et
quandoque dolor in sensu. Et quanto istud velle est intensius, tanto sequitur
maior tristitia. Tertius est actus imperatus, et est castigatio aliqua sibi ipsi
inflicta pro peccatis; et illo modo ipsa confessio, quae est causa verecundiae,
et opera satisfactionis, quae causae sunt corporalis poenae, dicuntur poenitentia. Biels weitere Ausführungen basieren auf diesem aktiven Verständnis von
poenitentia; speziell der actus elicitus dient zur grundlegenden Definition der
Bußtugend.
[3] Biel sent. 4 d. 14 q. 1 a. 1 not. 1 A: Tertio modo poenitentia accipitur passive
et est voluntaria sufferentia poenae, sive a se vel ab alio inflictae pro peccato,
tam interioris quam exterioris, et nihil aliud est quam velle patienter pati
poenam pro peccato. — Abschließend bemerkt Biel zu dem dreifachen Verständnis von Buße (1. reinigende Strafe, 2. ein Akt des aktiv, 3. des passiv
engagierten Willens) ebd. B: Et differunt illae acceptiones non quantum ad
substratum, quia idem actus bene significatur diversis acceptionibus, sed est
differentia in connotato termini.
[4] Eine wesenhaft notwendige Reihenfolge besteht nur zwischen der detestatio
peccati und der tristitia, zwischen den anderen Akten jedoch nicht, sent. 4
d. 14 q. 1 a. 3 dub. 2 Y: inter detestationem et tristitiam consequenter est
essentialis ordo; quia necessario detestatio praecedit tristitiam, in aliis non
sic; ideo ordo mutationis actuum non dicit ordinem eorum essentialem, ideo
variari potest.

abscheuen der Sünde, das nolle peccasse. Dieser zentrale Akt zieht (3) die voluntative Affektion der tristitia und zuweilen auch die sensitive Affektion des dolor nach sich. Bis zur effusio lacrimarum kann die Bußaffektion führen. Der Wille ist weiterhin die tragende Kraft, indem er (4) die Bußaffektion innerlich bejaht und ihr gerne nachgibt. Schließlich (5) kommt es zur körperlich züchtigenden Genugtuung, die ebenfalls vom Willen akzeptiert wird[5].

An anderer Stelle rekapituliert Biel noch einmal eine der franziskanischen Tradition entstammende Formel, die den Strafcharakter und den Willensakt als Merkmale der Buße hervorhebt. Die Buße ist punitio voluntaria oder punitionis volitio; man kann in ihr entweder eine willentliche Bestrafung oder einen Willensentschluß zur Bestrafung der Sünde erblicken, je nachdem, ob sich der Blick mehr auf die Strafe für die begangene Sünde oder auf den Willensakt richtet, der die Strafe anordnet, sie herbeiführt, sie vollzieht und sie ohne Murren erträgt. Das entspricht den oben genannten Akten der Buße, bei denen der Wille je in anderer Weise beteiligt ist. Das Engagement des Willens ist wesentlich, weil nur dadurch die Strafe sühnend wirkt. Die Bestrafung der Sünde aber wird von dem göttlichen Rechtswillen gefordert, von dem Prinzip der Gerechtigkeit, das in Gottes Seinsordnung waltet[6]. Der eigentliche Begriff des Bußaktes, auf dem Biel dann seine Bußlehre aufbaut,

---

[5] Biel sent. 4 d. 14 q. 1 a. 1 not. 1 B: possunt omnes illi actus reduci ad 5, quorum quilibet dicitur poenitentia, qui se sequuntur ordine quodam. Primus est velle vindicare seu punire peccatum, quem sequitur contritio, quae est detestatio vel odium peccati, i. e. nolle peccasse. Hunc sequitur tristitia in voluntate et quandoque dolor in sensu, usque ad effusionem lacrimarum, quae non est proprie actus voluntatis, sed passio consequens detestationem peccati. Quarto sequitur acceptatio huius tristitiae et doloris, quae est quaedam complacentia, qua vult sequi tristitiam et dolorem et complacet sibi in illis ... Deinde sequitur exterior poenalis satisfactio et acceptatio eius.

[6] Biel sent. 4 d. 14 q. 1 a. 2 concl. 3 M: Ad remissionem culpae mortalis post baptismum commissae requiritur punitio voluntaria vel punitionis volitio, sed neutrum istorum potest esse sine poenitentia, quia poena non potest esse voluntaria sine actu voluntatis. Ille autem actus aut erit actus poenam imperantis aut inferentis aut poenam acceptantis aut sustinere volentis et non remurmurantis aut poenam exequentis, et omnes illi actus ad poenitentiam pertinent. Ebd. zuvor: Haec ergo via universaliter praefixa est a divina lege, ordinandi scil. peccatum per poenam tanquam per proprium correspondens, ut dicit Scotus. Et licet omnis culpa ordinetur per poenam, non tamen omnis deletur per poenam, ut patet de poena damnatorum et de illa poena, quae statim sequitur culpam ... Nec alia potest assignari differentia inter poenam remittentem peccatum et poenam non remittentem, nisi quia ista est voluntaria, haec involuntaria.

ist der Begriff, der in der Reihenfolge der 5 Bußakte an 2. Stelle
steht und der als ein frei erweckter innerer Willensakt bezeichnet
wird: das velle non peccasse, in der traditionellen Terminologie:
die contritio, die detestatio peccati vel displicentia commissi oder
das odium peccati.

2. Die psychische Entstehung der contritio

Ohne weiter darauf einzugehen, behauptet der Lombarde, daß
die Bußtugend von der Furcht (timor) hervorgebracht werde, und
stützt das durch Is. 26,18 LXX »A timore tuo Domine concepimus
et peperimus spiritum salutis«[7]. Gegenüber einigen Einwänden, die
gegen die Behauptung des Lombarden vorgebracht werden können,
bekräftigen Bonaventura und Thomas die Ansicht, daß die Bußtugend — neben der Urheberschaft Gottes — einen psychischen
Ursprung habe, der weder in der Liebe noch im Glauben, sondern
in der Furcht zu suchen sei, und zwar in der unfreien Furcht (timor
servilis).

Bonaventura hat folgende Vorstellung von der psychischen Entstehung der Bußtugend[8]: Da der Sünder im amor sui lebt, kann er
nicht unvermittelt durch den amor Dei vom Bösen abgewendet
werden. Auch der ihm mögliche Glaube der fides informis bewirkt
noch nicht ein cessare a malo. Dieser Glaube läßt allerdings den Sünder erkennen, daß Gott in seiner Vollkommenheit und Gerechtigkeit
nichts Böses dulden und ungestraft lassen kann, und läßt ihn dann,
den Blick von Gott auf das eigene Tun zurücklenkend, die eigene
Schuld und Strafverfallenheit einsehen. So gibt der Glaube eine
erste Gottes- und Selbsterkenntnis. Aus solchem Glauben erwächst
dann die Furcht; erst mit ihr setzt die eigentliche Bußbewegung,
das cessare a malo, ein. Hat der timor den notwendigen Anstoß
gegeben, so wird die Bewegung von der spes weitergeführt[9], weil
der Glaube auch erkennt, daß Gott in seiner Barmherzigkeit willens
ist, jedem zu vergeben, der sich zu ihm zurückwendet und seine
Schuld bereut[10]. Aus einer doppelten Erkenntnis des Glaubens entsteht eine doppelte Affekt-Bewegung, deren erster Antrieb von der

---

[7] Lombardus sent. 4 d. 14 c. 2: Poenitentiae virtus timore concipitur.
[8] Bonaventura sent. 4 d. 14 p. 1 a. 2 q. 2 (co., ad 3—4.5).
[9] Bonaventura ebd. ad 3—4: timor concipit, sed spes promovet.
[10] Bonaventura ebd. co.: cognoscere Dei misericordiam, qua paratus est omni
revertenti et dolenti de culpa commissa sibi remittere et indulgere.

Furcht gegeben wird[11]. Daß diese Furcht ein timor servilis ist, der
durch die Strafandrohung dem amor sui abgenötigt wird, ist für die
Bußtugend nicht nachteilig, da diese von der knechtischen Furcht
nur angebahnt wird, aber nicht fortdauernd mit ihr zusammen-
besteht und nicht wesensmäßig mit ihr zusammenfällt[12].

Nach Thomas entwickelt sich der Bußakt aus einer Reihe von
aufeinanderfolgenden Akten, bei denen menschliches Mitwirken
zum Handeln Gottes hinzutritt[13]. Den ersten Impuls gibt freilich
Gott, indem er das Herz anrührt: primum principium est Dei operatio convertentis cor[14]. Als erster menschlicher Akt folgt der motus
fidei. Der motus timoris servilis schließt sich an: der Mensch wird
durch die Furcht vor Strafen von den Sünden weggezogen[15]. Denn
der Sünder kann im allgemeinen nicht unvermittelt von Gottes Güte
affiziert werden; noch vom amor sui infiziert, muß er von den
erstrebten vorfindlichen Gütern dadurch abgelenkt werden, daß ihm
im Bereich der von ihm geliebten Dinge Strafe angedroht wird[16].
Der vierte Akt liegt in der Hoffnung auf Vergebung; in dieser
Hoffnung faßt der Mensch den Vorsatz, sich zu bessern[17]. Thomas
zieht die Linie noch weiter aus als Bonaventura. Der Akt der
Gottesliebe bringt als nächstes ein Mißfallen an der Sünde um ihrer
selbst willen und nicht wegen drohender Strafen. Gekoppelt mit der
Gottesliebe, bewirkt schließlich der motus timoris filialis, daß der
Mensch freiwillig aus reiner Ehrfurcht vor Gott diesem die Sühne
für seine Sünde darbringt. Hier erst liegt für Thomas der unmittel-

---

[11] Bonaventura ebd. co.: Ex prima cognitione generatur timor; ex secunda generatur spes remissionis; et ex his voluntas revertendi et confoederandi Deo
et satisfaciendi per gemitum et alias poenas; et si incipiat facere quod in se
est, dispositus est ad iustificationem.
[12] Bonaventura ebd. ad 5. Im gleichen Sinne Thomas sent. 4 d. 14 q. 1 a. 2
n. 110: Nec oportet quod timor servilis et poenitentia sint simul; quia timor
servilis non est causa esse ipsius poenitentiae, sed quasi generationis eius.
[13] Thomas STh III q. 85 a. 5 co.; vgl. sent. 4 d. 14 q. 1 a. 2 n. 104. 107. Für den
Tugendhabitus ergibt sich ein Zusammenwirken von göttlicher Eingießung des
habitus und menschlicher Vorbereitung.
[14] Thomas STh III q. 85 a. 5 co.
[15] Thomas STh III q. 85 a. 5 co.: Tertius actus est motus timoris servilis, quo
quis timore suppliciorum a peccatis retrahitur.
[16] Thomas sent. 4 d. 14 q. 1 a. 2 n. 106: Ille autem qui in peccato est, non habet
gustum sanum, ut ex dulcedine divinae bonitatis a peccato revocetur; sed
habet affectum infectum amore sui inordinato. Et ideo per poenas quae naturae suae contrariantur et voluntati, a peccato revocetur.
[17] Thomas STh III q. 85 a. 5 co.

bare Ursprung des Bußaktes, während der timor servilis ihn vorbereitet[18]. Die Buße muß nicht notwendigerweise in dieser Abfolge
von Akten aus der Furcht vor Strafe hervorgehen. Nur in der
Mehrzahl der Fälle spielt sich der seelische Vorgang in der beschriebenen Weise ab. Zuweilen entsteht die Buße direkt aus der von
Gottes Güte affizierten Liebe[19].

Zweimal erörtert Biel das Problem, ob die Buße aus der Furcht
entstehe[20]. Er weist darauf hin, daß man die Frage nur auf die
erworbene Bußtugend (poenitentia acquisita) beziehen könne,
indem man nach der Entstehung des Aktes frage, der dem auf
natürliche Weise erworbenen Habitus zugrunde liegt[21]. Eine übernatürliche, eingegossene Bußtugend klammert Biel von vornherein
bei dieser Frage aus. Das bedeutet noch nicht die Leugnung einer
eingegossenen Bußtugend überhaupt. Es sei daran erinnert, daß Biel
bei den theologischen Tugenden den habitus infusus als Erfordernis
der Heilsordnung anerkennt, im habitus acquisitus aber die notwendige Voraussetzung für das subjektive Wirksamwerden der eingegossenen Tugend sieht und darum auch die anthropologische Betrachtung auf den habitus acquisitus konzentriert. Die erworbene
Bußtugend, um die es nun geht, wird wie jede erworbene Tugend
durch wiederholte frei erweckte Akte (actus eliciti) erzeugt[22]. Die
von Thomas genannte erste Ursache im Wirken Gottes, der das Herz
des Menschen anrührt, fällt damit für Biel fort.

Wie Bonaventura nimmt Biel, der durch seine Hauptautoritäten
Ockham und Duns in erster Linie der franziskanischen Tradition
verpflichtet ist, zum Ausgangspunkt die Grundaffektion des amor,
die den Menschen stets in irgendeiner Weise bestimmt. Zwei Formen
der Liebe stehen einander gegenüber: der amor sui und der amor
Dei, d. h. die »ungeordnete«, verkehrte Liebe, in der der Mensch
nach den irdischen Gütern trachtet und in den Dingen sich selber zu
gewinnen sucht, und die selbstlose, auf Gott gerichtete Liebe, die
alles um Gottes willen liebt. Jede der beiden in ihrer Intention
unterschiedenen Arten der Liebe kennt Biel als Haltung oder Zu-

---

[18] Thomas STh III q. 85 a. 5 co.
[19] Thomas sent. 4 d. 14 q. 1 a. 2 n. 106.
[20] Biel sent. 4 d. 14 q. 1 a. 3 dub. 7 DD und q. 2 a. 3 dub. 4 R/S.
[21] Biel sent. 4 d. 14 q. 1 a. 3 dub. 7 DD: Posset etiam dubitari de origine poenitentiae, an semper concipiatur ex timore. Illud dubium solum locum habet de
poenitentia acquisita et praesertim de actu eius, quia habitus praesupponit
actum.
[22] Vgl. Biel sent. 3 d. 23 q. 1 a. 3 dub. 1 prop. 5 X, sent. 4 d. 14 q. 2 a. 1 not. 2 E.

stand des Willens, als einen habitus, der aus erweckten Akten erworben werden kann. Der Sünder befindet sich im Zustand des amor sui, den er durch die als Selbstliebe qualifizierten Akte der Sünde erzeugt hat. Durch wiederholte Akte der Liebe zu Gott kann man sich jedoch auch die Willenshaltung der Gottesliebe erwerben. Ein erworbener Zustand (habitus acquisitus) bleibt bestehen, selbst wenn einzelne ihm widerstreitende Akte hervorgebracht werden. So wird zwar durch einen Akt der Todsünde ein eingegossener, übernatürlicher Liebeshabitus zerstört; doch der erworbene Zustand der Gottesliebe überdauert sogar einzelne Akte der Todsünde. Auf der anderen Seite zerstört einer, der sich im Zustand der Selbstliebe befindet und sich durch einen Akt der Gottesliebe von der Sünde löst, dadurch nicht sofort den habitus cupiditatis, obwohl ihm der übernatürliche Liebeshabitus schon nach dem ersten frei hervorgebrachten Akt der Gottesliebe eingegossen wird[23]. Ein erworbener habitus kann nur durch wiederholte Akte erzeugt und zerstört werden, während ein einzelner guter Akt schon die hinreichende Vorbereitung für den Empfang des übernatürlichen habitus bildet und ein einzelner böser Akt bereits den Verlust des eingegossenen habitus herbeiführt. Eingegossener und erworbener habitus können zeitweilig in entgegengesetzter Qualität nebeneinander bestehen. Die Linien ihrer Entstehung und Zerstörung überschneiden sich, weil dafür beim eingegossenen habitus der einzelne Akt, beim erworbenen habitus jedoch die Abfolge mehrerer gleichartiger Akte entscheidend ist. Die für die Entstehung und Zerstörung geltende Divergenz von eingegossenem und erworbenem habitus erklärt, warum Biel die Frage, ob der Bußaffekt aus dem timor entstehe, auf die poenitentia acquisita einschränken kann. Bei der Beantwortung der Frage muß Biel dementsprechend differenzieren. Während die frühere franziskanische Tradition[24] nur erklärte, welcher psychische Prozeß bei dem im amor sui befangenen Sünder zur Bußaffektion führt, muß Biel außerdem noch beschreiben, wie der Bußakt bei demjenigen entsteht, der sich schon einen habitus der Gottesliebe

---

[23] Biel sent. 4 d. 14 q. 2 a. 3 dub. 3 R: habituatus ad amandum Deum potest peccare. Et licet per peccatum destruitur habitus caritatis infusus, cui repugnat omne mortale peccatum, tamen non acquisitus. Sic habens habitum acquisitum amandi seipsum, si surgit a peccato incipiens amare Deum, licet infundatur habitus caritatis, non tamen continuo corrumpitur habitus cupiditatis, i. e. propriae dilectionis. Non enim mutatis actibus mutantur habitus, nec habitibus infusis et eorum actibus contrariantur habitus acquisiti.

[24] S. o. S. 128 f. Bonaventuras Ansicht.

erworben hat, der aber in eine einzelne Todsünde gefallen ist und dadurch zwar nicht seinen erworbenen Tugendhabitus, wohl aber die eingegossene Tugendqualität verloren hat und deshalb zur Buße verpflichtet ist[25].

Beide Male geht Biel aus von dem Grundaffekt der Liebe, der jeweils eine andere Intentionalität besitzt: das eine Mal als Selbstliebe, das andere Mal als Gottesliebe. Von der Liebe wird ausgegangen, weil nach alter augustinischer Tradition die Liebe die Wurzel aller anderen Affekte bildet und die gute oder schlechte Qualifikation aller seelischen Akte auf die Gottesliebe oder auf die Selbstliebe zurückgeführt werden muß[26]. Da zugleich mit der Liebe auch immer das für die Liebe Widrige gefürchtet wird, hat der Affekt der Liebe einen entsprechend qualifizierten Affekt der Furcht bei sich, so daß man generell mit dem Lombarden sagen kann, die Buße nehme ihren Anfang bei der Furcht. Bei denen, die im amor sui leben, ist es der timor servilis, die unfreie Furcht, die wegen der Strafen, vor allem wegen der Höllenstrafe, die Sünde meidet. Bei denen, die sich schon einen habitus der Gottesliebe erworben haben, ist es der timor initialis, sofern die Liebe noch nicht uneingeschränkt vorherrscht, oder sogar der timor filialis, wenn die Gottesliebe eindeutig überwiegt[27]. Hier wird aus Ehrfurcht vor Gott und liebender Verbundenheit mit Gott gefürchtet, daß Gott durch etwas Böses beleidigt werden könnte. Auf beiden Ebenen geht dem Affekt der Furcht ein Akt der Glaubenserkenntnis voraus, weil die in Gottes Offenbarung bezeichneten Folgen der Sünde glaubend für wahr gehalten werden. Einerseits wird im Blick auf den Menschen erkannt, daß er sich durch Sünden zeitliche und ewige Strafen zuzieht und sich um zeitliche und ewige Freuden bringt; anderseits wird im Blick auf Gott erkannt, daß die Sünde Gott beleidigt und den

[25] Biel sent. 4 d. 14 q. 2 a. 3 dub. 3 R: non est idem processus a peccatis convertendi ad poenitentiam diversimode habituatis ... alius est processus in habituatis ad amandum se et in habituatis ad diligendum Deum; habituatis dico habitu acquisito ex actibus, hi enim manent mutatis actibus, nam habituatus ad amandum Deum potest peccare.

[26] Biel sent. 4 d. 14 q. 2 a. 3 dub. 3 R.

[27] Biel sent. 4 d. 14 q. 2 a. 3 dub. 3 R: In habituatis itaque in amore sui processus conversionis regulariter incipit ab amore sui, cui annexus est timor mali vel disconvenientis sibi, in habituatis in amore Dei incipit a dilectione Dei et timore offensionis dilecti. Et ita universaliter verum est dictum Magistri quod poenitentia a timore concipitur iuxta illud Is. 26, 18 ... Sed quandoque a timore servili quoad primos, quandoque a timore initiali vel etiam filiali et casto quoad secundos. — Zur Klassifikation des timor vgl. WA 55 II 1, 7, 23 ff.

Menschen von Gott, dem höchsten Gute, trennt, und daß sie der
Gerechtigkeit Gottes widerstrebt[28]. Aus der allgemeinen Erkenntnis
der Sündenfolgen resultiert die andere persönliche Glaubenserkenntnis, daß mit den begangenen eigenen Sünden diese Folgen verbunden
sind. Diese persönliche Erkenntnis berührt den Menschen im Volun-
tativ-Affektiven nach der Art der zuständlichen Qualifikation seines
Willens. Der Wille wird von den Folgen der Sünde affiziert; im
Zustand des amor sui wird er jedoch nur im timor servilis von den
Folgen affiziert, die der Mensch unmittelbar an sich selber spürt,
während er im Zustand des amor Dei durch den timor initialis von
den Folgen in seinem Gottesverhältnis affiziert wird[29]. Nachdem
die Folgen der Sünden erkannt sind und die Furcht vor diesen
Folgen aufgebrochen ist, wird der Wille von einem Mißfallen an
der begangenen Sünde erfaßt. Der Wille regt sich im velle non
peccasse, dem eigentlichen inneren Bußakt (nach seiner formalen
Bestimmung). Der Mensch verabscheut die eigene, begangene Sünde
um seiner selbst willen oder im Hinblick auf sein Gottesverhältnis,
je nachdem, ob er (im amor sui) die Folgen der Sünde rein für sich
selber oder (im amor Dei) für sein Verhältnis zu Gott fürchtet.
Der grundlegende Bußaffekt (nolle peccasse, detestatio peccati) ist
wachgerufen. Wenn er vom timor servilis angetrieben wird, ist er

---

[28] Biel sent. 4 d. 14 q. 2 a. 3 dub. 3 R (Fortsetzung von A. 27): In utroque autem
praecedunt actus intellectus, quos praesupponit voluntas in actibus suis. In
utrisque ergo praecedit actus fidei quo apprehenduntur peccata commissa, vel
ut nociva, puta ut inductiva poenae temporalis vel aeternae aut alterius in-
commodi temporalis, vel ut privativa aeternorum gaudiorum seu temporalium
commodorum, vel etiam ut offensiva Dei, ut separativa a summo bono, vel
ut contraria divinae iustitiae, sub omnibus his rationibus et similibus aut
aliqua vel pluribus earum. Et haec apprehensio communis est utrisque. Diese
vier Momente werden sent. 4 d. 14 q. 1 a. 1 not. 3 I als die vier möglichen
Finalbestimmungen (circumstantiae finis) des actus poenitentiae genannt; vgl.
dazu R. Ackermann, Buße und Rechtfertigung bei G. Biel, S. 26. An beiden
Stellen gehören jeweils die beiden ersten und die beiden letzten Glieder zu
einem Paar zusammen; deshalb folgt an der Stelle q. 1 a. 1 not. 3 I bei der
Anwendung auf den Bußakt nur eine einfache Unterscheidung zwischen dem
nolle peccasse propter poenam demeritam (entspricht der Buße im timor servilis) und dem nolle peccasse propter Dei offensam (entspricht der Buße im
timor filialis).

[29] Biel sent. 4 d. 14 q. 2 a. 3 dub. 3 S (von hier ab numeriert Biel die einzelnen
Phasen; die Texte in A. 27 und 28 müssen als 1. und 2. Phase angesehen
werden): Hunc actum intellectus tertio sequitur alius intellectus actus, quo
credit se per peccata meruisse praedicta mala peccata consequentia quae per
voluntatem refugit. Ex quo statim sequitur passio timoris aut servilis quoad
primos, aut initialis quoad secundos.

allerdings noch unvollkommen und genügt noch nicht für die Vergebung der Sünden. Es fehlt ihm die richtige Intentionalität, die
Ausrichtung auf Gott selber. Dieser unvollkommene Bußaffekt —
er wird attritio genannt — kann selber noch sündhaft sein, wenn
der Mensch dabei sich selbst als letztes Ziel intendiert; er kann jedoch auch die neutrale Qualität eines actus indifferens besitzen,
wenn er zwar aus dem amor sui (und timor servilis) hervorgeht,
aber dadurch nicht final bestimmt ist, obgleich ihm die Ausrichtung
auf Gott fehlt. Biel konstatiert grundsätzlich die Möglichkeit solcher indifferenten Akte: der Mensch ist nicht gehalten, ständig alle
seine Akte auf Gott als das letzte und höchste Ziel auszurichten; er
muß nicht immer verdienstvoll handeln, wenn er sich nur nicht
neben Gott ein Ziel seiner Handlungen setzt und nicht bei sich
selber als dem letzten Ziel ausruht. Es ist also möglich, daß der
Mensch seine Sünde verabscheut, weil er sich selber liebt und in
knechtischer Furcht die ihn selber treffenden Straffolgen der Sünde
fürchtet, die finale Ausrichtung des Bußaktes jedoch in der Schwebe
hält. Solche Buße verdient noch nicht die Gnade und Sündenvergebung, sie ist noch keine ausreichende Vorbereitung auf die Rechtfertigung[30]. Sie kann lediglich zur eigentlichen Disposition für die
Rechtfertigung hinführen. Denn allmählich kann der Mensch von
der niederen Stufe des amor sui und timor servilis höher aufsteigen.
Die Furcht vor Strafen vermag den Menschen mit der Zeit an das
verpflichtende göttliche Prinzip der Gerechtigkeit zu gewöhnen und
geht dann über in den timor initialis, in dessen Folge eine Hinneigung zu der früher nur widerwillig hingenommenen Gerechtigkeit
Gottes einsetzt. Wer aus Liebe zu Gottes Gerechtigkeit willig vom
Bösen abläßt und das Gute tut, beginnt dann auch Gottes Güte zu
bedenken, Gott selber zu lieben und schließlich (in der Liebe zu
Gott) nur noch zu fürchten, daß er Gott, den Gegenstand seiner
Liebe, verlieren könnte. So führt die ernsthafte, bußfertige Übung
im timor servilis hinauf zur Gottesliebe und zu dem mit ihr verbundenen timor filialis. In diesem Sinne ist der timor servilis, wenn
er in die Bußbewegung überleitet, eine entfernte Vorbereitung auf

---

[30] Biel sent. 4 d. 14 q. 2 a. 3 dub. 3 S: Quarto sequitur odium seu displicentia
peccati, hoc est velle non peccasse propter aliquem finium praedictorum. Et
hoc aut ex amore sui praecise, quia sunt sibi mala, et sic displicentia illa non
sufficit ad peccati remissionem, quia caret circumstantia debiti finis, immo
quandoque ipsa est peccatum, si eliciatur propter se tanquam propter finem
ultimum . . . potest tamen esse actus indifferens (dieser Akt wird ausführlich
beschrieben).

die Gnade, die am Ende des skizzierten psychischen Prozesses im Gefolge der frei erweckten Liebe zu Gott verliehen wird[31].

Nachdem Biel einen seelischen Prozeß beschrieben hat, bei dem der Mensch rein aus der inneren Konsequenz seiner Affektionen durch deren Einübung vom amor sui und timor servilis zum amor Dei und timor filialis aufsteigt, lenkt er noch einmal zurück auf den timor servilis. Das aus der knechtischen Furcht resultierende Mißfallen an der Sünde — es ist eine poenitentia informis — ist in der Gefahr, in die Verzweiflung abzuleiten, da ja zuerst nur die von Gott verhängten Sündenstrafen gefürchtet werden und von der Güte Gottes noch nichts begriffen wird. Damit der Mensch auf dem Weg der Buße nicht der desperatio anheimfällt, ist es nötig, Gottes umfassende Barmherzigkeit zu erwägen und zu glauben, daß Gott bereit ist, jedem, der sich von ganzem Herzen zu ihm bekehrt, die Schuld zu vergeben. Solchem Glauben folgt die Hoffnung, die zwar ein selbstsüchtig begehrendes Verlangen nach Gott darstellt, von der aus man sich dann aber dazu aufschwingt, Gott um seiner selbst willen zu lieben und die Vereinigung mit Gott zu suchen[32]. Bei den Akten des Glaubens und Hoffens denkt Biel an Akte, die der Mensch frei hervorbringen kann, wenn er sich nicht dem verschließt, was ihm die Kirche über Gottes Barmherzigkeit mitteilt. Es ist auf der ganzen Linie ein Aufstieg, den der Mensch von sich aus vollbringt, bei dem ihm die Kirche eine äußere Hilfe bietet. Wer den

---

[31] Biel sent. 4 d. 14 q. 2 a. 3 dub. 3 S: Potest tamen esse aliqua dispositio remota ad dispositionem de congruo, dum ut Magister ait sent. 3 d. 34 (c. 4 n. 4) timendo poenas »paulatim fit consuetudo iustitiae, et succedit timor initialis et incipit amare quod durum erat amari et excludi servilis timor intrante caritate«. Timens enim gehennam, mala cavet, et ex eo quod mala cavet, se corrigit et incipit bona desiderare. Incipit ... considerare divinam bonitatem, cuius prius solam iustitiam attendit, et sic incipit amare Deum quem timebat et timere ne amittat quem amat. Sic timor servilis introducit caritatem et succedentem timorem filialem. Et secundum hoc timor est dispositio, sed remota, ad gratiam ... Et detestatio ab hoc timore servili orta, dicitur etiam dispositio de congruo ad poenitentiam, non immediata nec sufficiens, sed multum remota, nam cum hoc timore incipiunt peccata displicere.

[32] Biel sent. 4 d. 14 q. 2 a. 3 dub. 3 S: Ne haec displicentia ac informis poenitentia vertatur in desperationem, opus est quinto considerare divinae misericordiae largitatem per fidem qua firmiter credat Deum omni ad se toto corde converso paratum remittere debita, ex qua consideratione sequitur actus spei, per quem incipit concupiscere Deum ut bonum summum. Et consequenter ex illo actu spei ascenditur sexto ad diligendum Deum summum et essentiale bonum in se et appetere unionem sui cum Deo.

Gipfel der Liebe zu Gott erreicht hat und nun auch die Sünde als
etwas Gott Widerstrebendes und seine Majestät Beleidigendes betrachtet, wird den Akt des odium peccati und nolle peccasse in
einer neuen Weise hervorbringen, nämlich mit der auf der unteren
Stufe des amor sui und timor servilis noch fehlenden Intentionalbe-
stimmung »propter Deum finaliter super omnia dilectum«. Damit
ist der Bußakt geleistet, der zur Tilgung der Sünde erforderlich ist;
es ist der Akt der vollkommenen Reue, der contritio im strengen
Sinne. Die sündentilgende Gnade stellt sich unmittelbar beim Hervorbringen dieses Aktes der Reue ein, so daß beide zeitlich zusam-
menfallen[33]. Mit dem vom amor Dei geleiteten odium peccati verbindet sich auch der timor filialis, jenes aus reiner Liebe stammende
Besorgtsein darum, daß Gott nicht beleidigt wird. Daraus erwächst
der Vorsatz, das Leben zu bessern, die Sünden zu meiden, die
Gebote zu halten und darum auch zu beichten und Genugtuung zu
leisten, überhaupt in allem sich mit dem gebietenden Willen Gottes
um dessentwillen in Einklang zu bringen[34].

Wer sich durch wiederholte Akte der Gottesliebe einen habitus
dieser Tugend erworben hat, aber in eine Todsünde gefallen ist,
der kann nun bei der Erweckung des Bußaktes auf diesen erworbenen Liebeshabitus zurückgreifen. Er braucht nicht den ganzen Prozeß zu durchlaufen. Betrachtet er seine Sünde als Beleidigung Gottes, so kann er sogleich auf dem Boden seines Liebeshabitus den
vollkommenen Bußakt des detestari peccatum propter Deum tanquam finem ultimum hervorbringen[35].

---

[33] Biel sent. 4 d. 14 q. 2 a. 3 dub. 3 S: Ex illo actu, considerato quod peccata
sunt Deo contraria et divinae maiestatis offensiva, incipit septimo elicere de
novo peccati odium et nolle peccasse propter Deum finaliter super omnia
dilectum ... Et illa poenitentia necessaria est ad peccati deletionem, et est
dispositio sufficiens non praevia sed concomitans ad gratiam peccati deletri-
cem, quia esse non potest sine dilectione Dei super omnia et per consequens
nec sine gratia.

[34] Biel sent. 4 d. 14 q. 2 a. 3 dub. 3 S: Istos autem actus sequitur octavo timor
filialis ne offendat Deum, et per hoc propositum emendationis vitae, cavendi
peccata, servandi praecepta et per hoc confitendi et satisfaciendi et in omnibus voluntati divinae praeceptivae se conformandi propter eundem finem.

[35] Biel sent. 4 d. 14 q. 2 a. 3 dub. 3 S: In habituatis vero ad dilectionem Dei
super omnia non oportet servare hunc processum, quia tales post peccatum
redeuntes ad seipsos et considerantes peccatum ut Dei offensivum, quem con-
sueverunt diligere, et ad illud inclinantur per habitum acquisitum immanen-
tem, statim eliciunt actum detestandi peccatum propter Deum tanquam finem
ultimum.

In kurzer Form lautet Biels Antwort auf die Frage nach dem Ursprung des Bußaktes, und zwar des frei erweckten Aktes der Reue: in incipientibus nondum perfectis ... frequenter oritur ex timore poenae, qui oritur ex amore sui. Sed in perfectis oritur ex amore Dei et iustitiae, quibus magis displicet peccatum, quia contra Deum et iustitiam, quam quia poenae inductivum[36].

---

[36] Biel sent. 4 d. 14 q. 1 a. 3 dub. 7 DD.

6. Kapitel

DIE BUSSMEDITATION IN DER DEVOTIO MODERNA, SPEZIELL BEI G. ZERBOLT

Gerhard Zerbolt greift in seiner Schrift De reformatione virium animae[1] das Schema auf, mit dem Gregor zur Erregung der compunctio anleiten will: die vierfache Betrachtung (1) der vergangenen Sünden, (2) der in Gottes Gericht zu erwartenden Sündenstrafen, (3) des Elendes alles irdischen Lebens und (4) der Herrlichkeit des erst noch zu gewinnenden ewigen Lebens. Abgesehen von kleineren, sachlich unerheblichen Modifikationen wird in einem Punkte der Akzent merklich anders gesetzt. Die gegenwärtigen mala sind nicht allgemein die Widrigkeiten des irdischen Daseins, sondern die Begierden und Laster. Gerade daraus, daß der Mensch die ihm innewohnenden vitia erkennt und den Kampf mit ihnen aufnimmt, entsteht in besonders starkem Maße die compunctio[2]. In der Durchführung der genannten Schrift Zerbolts tritt jedoch das in Anlehnung an Gregor skizzierte System der compunctio zugunsten eines anderen Schemas[3] zurück. Dieses Schema will — in der Zerbolt vorliegenden Form — den ganzen Meditationsstoff in einer einfachen Ordnung bieten, die 6 Punkte umfaßt: peccata, mors, extremum iudicium, poenae infernales, coelestis gloria, beneficia Dei[4].

---

[1] De reformatione virium animae wurde vor 1520 zweimal gedruckt: Basel (Joh. Amerbach) 1492 und Paris 1493. Zerbolts andere Hauptschrift De spiritualibus ascensionibus lag 1520 bereits in 13 Drucken vor, darunter auch ein Basler Druck von 1490 (Joh. Amerbach). Vgl. die Liste der Drucke bei J. v. Rooij, Gerard Zerbolt van Zutphen I, 1936, S. 358 ff.

[2] Zerbolt de reform. vir. animae c. 11: sunt . . . secundum Gregorium quattuor qualitates, quibus iusti viri anima in compunctione vehementer afficitur. Videlicet ex consideratione malorum praeteritorum . . . Aut certe ex consideratione iudiciorum Dei . . . Aut cum homo considerat mala, quibus dum adhuc vivit, necessario subiacebit, scil. concupiscentiis et vitiis. Et hoc est genus compunctionis, quae maxime surgit ex proelio contra vitia . . . Aut cum homo bona supernae patriae contemplatur. Den Kampf gegen die 7 vitia capitalia behandelt Zerbolt c. 38 ff.

[3] De reform. vir. animae c. 11, s. u. A. 5.

[4] De reform. vir. animae c. 19: Sunt autem quaedam generalia circa quae frequentius exercitia devotorum versantur, videlicet memoria peccatorum, qua compunguntur ad compunctionem et dolorem; memoria mortis, qua ut omnia

Die Meditation der beneficia Dei umschließt nicht nur die Inkarnation Christi, sondern auch die vita und die passio Christi[5]. Dient dieses Schema, für sich genommen, zur Erweckung der verschiedensten Regungen des Menschen, so wird es doch mit der Idee verbunden, daß der Mensch hauptsächlich durch Furcht erschüttert und von Liebe entflammt werden soll[6].

In der Meditationspraxis der Devotio moderna hat man dann so disponiert, daß einerseits der timor erregt werden soll durch die vierfache meditatio de peccatis, de morte, de iudicio, de inferno, und daß anderseits die Furcht, wenn sie nicht zur Verzweiflung führen soll, in Grenzen gewiesen werden muß durch die spes divinae

mundi huius oblectamenta, gloriam, honorem, altum statum vilipendant, accenduntur; memoria extremi iudicii, qua inflammantur ad bona opera peragenda, ut tunc cum iustis mereantur accipere praemium meritorum; memoria poenarum infernalium, qua omnia illicita licet dulcia respuant timore tormentorum; memoria coelestis gloriae, ut hic quiescant et exultent in spe, ac ut illa sint gloria digni, nitantur se veris virtutibus adornare; memoria beneficiorum Dei et maxime beneficii incarnationis, ne gratiae largitori inveniantur ingrati. Vgl. Zerbolt de spirit. ascens. c. 45: memoria peccatorum tuorum, memoria mortis, extremi iudicii, poenarum infernalium, memoria coelestis gloriae, beneficiorum Dei et passionis dominicae. — Unberücksichtigt lasse ich den Bonaventura zugeschriebenen Fascicularius de exercitiis spiritualibus; er ist ein Ableger von Zerbolts Traktaten, vgl. A. Rayez, Gérard Zerbolt de Zutphen et Saint Bonaventure. Dépendances littéraires, in: L. Reypens-Album, 1964, S. 323—356; dort werden auch die bei Bonaventura und David von Augsburg liegenden Quellen von Zerbolts Traktat De reform. vir. animae aufgedeckt.

[5] Zerbolt de reform. vir. animae behandelt die einzelnen Punkte in folgender Reihenfolge: c. 20 memoria peccatorum, c. 21 meditationes de morte, c. 22 meditationes de poenis inferni, c. 23 meditatio circa extremum iudicium, c. 24 meditationes de gloria coelesti, c. 25 meditatio circa beneficia Dei, c. 26 vita Christi sub compendio collecta, c. 27 de coena Domini, c. 28 de generali modo exercitandi se in passione Domini, c. 29—34 passio Christi breviter collecta ad modum fasciculorum (6 fasciculi). Zerbolt verweist bei der Übernahme von Gregors Schema (s. o. A. 2) de reform. vir. animae c. 11 zur compunctio ex consideratione malorum praeteritorum auf c. 20, zur compunctio ex consideratione iudiciorum Dei auf c. 21—23, zur compunctio auf Grund des considerare bona auf c. 24; ein Verweis beim considerare mala fehlt, weil die beiden Schemata nicht völlig kongruent sind. Auch auf c. 25—34 mit der Betrachtung der beneficia Dei und der passio Christi konnte Zerbolt an dieser Stelle nicht vorausweisen.

[6] Zerbolt de reform. vir. animae c. 19: quamvis omnia quae in divina scriptura reperiuntur, imo coelum et terra et omnia quae in eis sunt, de Deo loquantur et instruant, non tamen omnia aeque conveniunt ad utiliter meditandum. Sed ea debes potius ad meditandum assumere, unde amplius timore concuteris vel accenderis ad amorem. Vgl. A. 9.

misericordiae, die sich aus der dreifachen meditatio de regno coelorum, de beneficiis divinis, de vita Iesu Christi et passione eius
nährt[7]. Diese 7 Punkte der Meditation wurden auf die 7 Tage der
Woche verteilt[8]. Mir ist hier nicht an der methodischen Form dieser
Meditation gelegen, sondern an der Beobachtung, wie durch die
Überlagerung verschiedener Traditionen die Christus- und speziell
die Passionsmeditation in den Bereich der Bußmeditation rückt, und
zwar mit dem Ziel, den Affekt der spes oder des amor als Gegenkraft
zum timor zu erwecken. Denn in dem Augenblick, in dem die verschiedenen Punkte der Meditation durch die beiden Affektionen
von timor und spes-amor polarisiert werden, stellt sich auch die
Assoziation mit jenem Gedanken Gregors ein, der den timor sowie
den amor oder die spes als die beiden affektiven Triebkräfte der
compunctio erfaßt[9]. Der Mensch, der durch die Betrachtung seiner
Sünden, des Todes, des Endgerichtes, seiner ewigen Strafen in Furcht
niedergedrückt wird, soll nicht nur, wie es ursprünglich Gregor ins

[7] Thierry de Herxen († 1459) consuetudines domus nostrae (von H. Watrigant
— RAM 3, 1922, S. 143 — zitiert nach Iacobus Traiecti alias de Voecht, Nar-
ratio de inchoatione domus clericorum in Zwollis, ed. Schoengen, 1908, S. 241):
De materiis meditandi: Quia vero timor Domini necessarius est proficere
volentibus ... idcirco expedit cuique nostrum indefesse ruminare materias
illas quae provocant hominem ad timorem Dei, ut est materia de peccatis, de
morte, de iudicio, de inferno. Sed ne timor continuatus mentem deiectam et
desperatam faciat, si non in spe divinae misericordiae respiret, idcirco inter-
miscere expedit materias ad spem et amorem Dei provocantes, videlicet de
regno coelorum, de beneficiis divinis, de vita Iesu Christi et passione eius. —
Die Gliederung des Meditationsstoffes im Rosetum des Joh. Mauburnus skiz-
ziert M. Elze in : ZThK 62, 1965, S. 392; die 4 »novissima« Tod, Endgericht,
Fegfeuer- und Höllenstrafe, himmlische Herrlichkeit erscheinen in dist. 4 de
regionibus neben den drei weiteren Stoffkreisen Mensch, Schöpfung, Schrift.
[8] Thierry de Herxen consuetudines domus nostrae (Fortsetzung des Zitates
Anm. 7): Quas materias sic solemus dividere et alternare, ut meditemur sab-
bato de peccatis, dominica die de regno coelorum, feriis secundis de morte,
feriis tertiis de beneficiis Dei, feriis quartis de iudicio, feriis quintis de poenis
inferni, feriis sextis de passione Domini. Vgl. dasselbe Schema mit einer kleinen
Variante bei J. Goossens Vos de Heusden, nach dem Chronicon Windeshemense,
ed. K. Grube, S. 243 f. — Die Meditation der passio Christi soll sich nach
Thierry de Herxen (a.a.O.) außerdem noch auf einer gesonderten Linie durch
die ganze Woche hinziehen (am Sonntag die vita Christi, an den 6 Wochen-
tagen die passio Christi, vermutlich entsprechend den 6 fasciculi bei Zerbolt,
s. o. A. 5).
[9] Zerbolt de reform. vir. animae c. 11: Potes autem haec et si qua alia genera
compunctionis ad duo reducere, quia omnis compunctio vel ex amore surgit,
vel ex timore. Et hoc est irriguum superius et irriguum inferius, quod petiit
Axa filia Caleph a patre suo (Jos. 15, 19). Vgl. S. 79 A. 77.

Auge faßte, durch das sehnsüchtige Verlangen nach der himmlischen
Herrlichkeit erhoben werden; zu Gott hinstrebendes, hoffendes und
liebendes Verlangen soll vielmehr auch durch die Betrachtung der
Wohltaten Gottes, besonders aber durch Meditation des Lebens und
Leidens Christi erzeugt werden. Sofern die Bußaffektion von spes
und amor angetrieben wird, soll sie sich von der Versenkung in das
Bild des irdischen und leidenden Herrn nähren. Gottes beneficia,
vor allem in der incarnatio Christi, und Christus in seinem Leben
und Leiden bilden nun in der Bußmeditation das Gegengewicht zum
erschreckenden Bewußtsein der Sünde und zu dem furchterregenden
Gedanken an den Tod und die Höllenstrafen sowie zu der beängsti-
genden Vorstellung von dem Gericht Christi bei seiner Wiederkunft.

Die Durchführung der Konzeption in der genannten Schrift
Zerbolts sowie in dessen anderem Werk De spiritualibus ascensionibus ist keineswegs einheitlich und offenbart verschiedene Tendenzen.
In dem Traktat De reformatione virium animae wird die Passionsmeditation im wesentlichen unter dem Aspekt behandelt, daß sie
ebenso wie die Meditation der beneficia Dei den Frommen zur
Dankbarkeit gegen Gott bewegen und damit die Liebe zu Gott
bestärken soll. Das soll die Frucht der Leidensbetrachtung sein, wenn
ich nach der Ursache des Leidens Christi frage und die Erkenntnis
gewinne, daß Christus um meiner eigenen Erlösung, Rechtfertigung
und Seligkeit willen gelitten hat. Die Passionsmeditation soll freilich nicht nur den Affekt der Dankbarkeit erwecken; sie soll auch
Christus als Vorbild der Tugenden eindrücklich machen in der Art
und Weise, wie er gelitten hat; sie soll außerdem und zuallererst
durch die Betrachtung des Leidens als solchen (als opus) in ein
Mitleid mit Christus versetzen, soll durch den Affekt der compassio
überhaupt ein inniges Verhältnis zum leidenden Herrn herstellen[10].
Denn die mit dem Zeitalter der Kreuzzüge aufbrechende Christus-
meditation hatte ihren inneren Grund in einem Gefühl des Abstan-
des vom irdischen Christus. Am Eingang der Epoche stand die
bewegte Klage Anselms: Heu mihi, qui videre non potui Dominum
angelorum humiliatum ad conversationem hominum, ut homines
exaltaret ad conversationem angelorum! Cum Deus offensus sponte

---

[10] De reform. vir. animae c. 28 (im Auszug zitiert WA 55 II 1, 41, 20 ff.). Auch bei
H. Herp O.F.M. († 1477), Spieghel der volcomenheit c. 16 erfolgt die Passionsmeditation nach dem von Bernhard (in fer. 4 hebd. sermo n. 2) übernommenen Schema von opus, modus und causa. Die Durchführung der einzelnen
Punkte bei Zerbolt stammt nicht von Bernhard; bei der causa fußt Zerbolt
auf Bonaventura de tripl. via c. 3 § 3 n. 3.

moriebatur ut peccator viveret, heu qui tam admirabili, tam inaestimabili pietate praesens obstupescere non merui[11]. — Den Affekt der compassio hat Zerbolt im Traktat De reformatione virium animae nicht mit der Bußaffektion der compunctio verknüpft.

Etwas anders liegen die Dinge in der Schrift De spiritualibus ascensionibus. Hier behandelt Zerbolt (in voller Übereinstimmung mit der kirchlichen Lehre und Praxis) die drei Stücke des Bußsakramentes — contritio, confessio, satisfactio — als das dreifache Mittel, durch welches das peccatum mortale wieder getilgt werden kann[12]. Wer die Todsünde hinter sich gelassen hat und wieder mit Gott versöhnt ist, muß sich dann aber noch um die Reinigung des Herzens von den unreinen Begierden bemühen[13]. Die Tilgung der Todsünden und die Reinigung von den Begierden muß Hand in Hand gehen mit dem Kampf gegen die vitia capitalia, die seit dem Sündenfall den richtig geordneten Gebrauch der Seelenkräfte verhindern und den Aufstieg zur Reinheit verwehren[14]. Bei der Reinigung des Herzens von den unlauteren Begierden kommt es darauf an, daß die Affekte aus der Verhaftung an die niederen Güter gelöst, für die spiritualia et coelestia entzündet und in der Hinneigung zu diesen Gütern befestigt werden. Diese drei Wirkungen werden auf drei Stufen des Aufstiegs durch den timor, die spes (hier mit amor gleichgesetzt) und die caritas erzielt[15]. Dabei dirigieren timor und spes die beiden Formen der in die Tiefe und der

[11] Oratio 2 (Oratio 20 nach der Zählung der Mauriner).
[12] De spirit. ascens. c. 12—14, vgl. c. 5 (der Abfall ins peccatum mortale) und c. 6 (die Erkenntnis des peccatum mortale).
[13] De spirit. ascens. c. 15—46; vgl. c. 4 (der Abfall in die impuritas cordis) und c. 8 (die Einsicht in die Unreinheit des Herzens).
[14] De spirit. ascens. c. 47—63; vgl. c. 3 (der im Fall Adams geschehene lapsus a statu rectitudinis) und c. 7 (die Erkenntnis der destructio virium animae).
[15] De spirit. ascens. c. 15 (nach Beschreibung der dreifachen impuritas cordis): contra primam impuritatem (Affektion durch die niederen Güter) ascendimus per timorem Domini qui quasi violenter cor concutit et rumpit a noxiis inferiorum affectionibus et inhaesionibus. Contra secundam impuritatem (mangelnde Affektion durch die himmlichen Güter) proficimus per spem, quia spes cor nostrum levat et de coelestibus ei gustum recuperat, dando affectum coelestia adipiscendi. Contra tertiam impuritatem (Unbeständigkeit in der Gottesliebe) caritate ascendimus, qua Deo unimur et ei adhaeremus. Entfaltet wird die Reinigung durch den timor in c. 16—21, durch die spes in c. 22—25, durch die caritas in c. 26—41; die c. 42—46 belehren darüber, daß wir bei dieser Reinigung durch timor, spes und caritas in diesem Leben zu keinem Abschluß gelangen und uns auf diesem Wege der lectio, meditatio und oratio bedienen sollen.

in die Höhe ziehenden compunctio, während die caritas noch darüber hinausführt. Die caritas bringt die perfectio des geistlich tugendhaften Lebens, das in der büßenden Abkehr vom peccatum mortale seinen Anfang nimmt und durch die compunctio in timor und spes den entscheidenden Fortschritt zur Reinigung des Herzens von den unlauteren Regungen macht[16]. Innerhalb der seit Gregor üblichen Unterscheidung von Furchtreue (compunctio per timorem) und Liebesreue (compunctio per amorem) identifiziert also Zerbolt den amor mit einer Liebe, in der der Mensch für sich selbst etwas erstrebt und nicht wie in der caritas von einem selbstlosen Streben bewegt wird. Da diese rückbezogene Liebe nach gängiger, von Zerbolt geteilter Ansicht die bewegende Kraft der Hoffnung ausmacht, kann hier bei der Behandlung der Liebesreue wechselweise von Affekten der spes und des amor die Rede sein. Der Aufstieg zur caritas ist für Zerbolt auch dadurch gekennzeichnet, daß das tugendhafte Handeln auf der Stufe der caritas weder unter der Nötigung durch den timor poenae noch unter dem Anreiz durch die spes remunerationis steht, sondern um seiner selbst willen geschieht, weil es von einem reinen Affekt für das Gute selbst hervorgebracht wird[17]. So verknüpft Zerbolt die traditionelle Lehre von der Bußaffektion in der doppelten compunctio mit der Unterscheidung verschiedener affektiver Motivationen des Handelns, die in ähnlicher Form auch bei Bernhard begegnet[18]. Wird aber der Affekt des amor als eigennützige Liebe verstanden, dann rückt die von diesem Affekt angetriebene Liebesreue in unmittelbare Nachbarschaft mit der Furchtreue, und es fehlt nicht viel, daß man die beiden Affekte des timor und amor auf die eine und die caritas auf die andere Seite stellt, daß man also einen Gegensatz darin verspürt, ob der Mensch vom

---

[16] Diese Verteilung der drei Stadien des incipere, proficere und perfici ergibt sich aus de spirit. ascens. c. 26.

[17] De spirit. ascens. c. 26: homo iam induit affectum virtutum, et ipsum quodammodo in naturam transformavit, ita quod virtutes operatur non iam ex timore poenae coactus, non ex spe remunerationis attractus, sed solo bonitatis affectu indito delectatus, et eodem affectu puritatis et caritatis ipsam malitiam et immunditiam perhorrescit amore, videlicet et desiderio virtutis interius habituato et in interiori delectatione virtutum, nec operatur iam ipsas virtutes reluctando oblectationibus, immo ipsarum virtutum affectum medullitus retinens quicquid illi virtutum affectui contrarium fuerit, non solum non corde recipit, verum etiam summo detestatur horrore. Iste est qui operatur bonum propter bonum, boni delectatus affectu.

[18] Bernhard de dilig. Deo c. 12 n. 34 ff. = ep. 11 n. 3 ff. (im Auszug zitiert WA 55 II 1, 5, 41 ff.

timor und amor, wie sie hier als die beiden Triebkräfte der traditionellen compunctio erscheinen, oder von der caritas sich tragen läßt. Dann spitzt sich die Frage nach den Motivationen des menschlichen Strebens zu auf die für Augustin beim sittlichen Handeln maßgebende Alternative von timor poenae und amor iustitiae; denn mit dem amor iustitiae meint Augustin dieselbe Motivation, wie wir sie oben Zerbolts Ausführungen über die caritas entnommen haben[19]. Während Luther später die bewegenden Kräfte der Buße in der Antithetik von timor poenae und amor iustitiae betrachtet, sind für Zerbolt die drei Stufen von timor, amor und caritas drei notwendige, aufeinander bezogene Phasen im Prozeß der inneren Läuterung. Die Vorstellungen der Meditationspraxis verteilt er in folgender Weise:

a) Die compunctio ex timore soll natürlich durch die Betrachtung der eigenen Sünden, des Todes, des zukünftigen Gerichtes und der Höllenstrafen erzeugt werden. Bei den Sünden soll man die vergangenen Sünden in Erwägungen ziehen, gemeint sind die Sünden, die schon durch sakramentale Buße getilgt sind, die aber in dieser devotionalen Bußmeditation immer wieder ins Bewußtsein gerufen werden, damit man auch jetzt noch betrübt würde durch den Gedanken daran, wie sehr man Gott ohne die erfolgte Sündenvergebung »beleidigt« und welch schwere Strafe man verdient hätte. Außerdem soll man die eigenen inneren Schwächen bedenken, die die sündhaften Neigungen in sich bergen. Schließlich soll man sich die Sünden vorhalten, die man »post conversionem« begangen hat. Wenn es sich dabei auch nicht um peccata criminalia handelt, soll man sich doch dessen bewußt sein, daß man sich auch mit den täglichen Sünden an Gott vergeht. Die Rede von den Sünden post conversionem läßt darauf schließen, daß an Leute gedacht ist, die durch den Eintritt in den Mönchsstand oder in eine halbmonastische Gemeinschaft (wie die Brüder vom gemeinsamen Leben oder die Tertiarier) eine conversio von der Welt zur »religio« vollzogen haben. Wichtig ist noch ein Gesichtspunkt, der bei Zerbolt zu den traditionellen 4 Hauptbeweggründen der Furchtreue hinzutritt: der Fromme wird auch deshalb in seinem Gemüte von Furcht erregt, weil er nicht weiß, wie es nach Gottes unerforschlichem Urteil um ihn bestellt ist, ob er der Liebe oder des Hasses Gottes würdig sei

---

[19] Vgl. Augustin enarr. in Ps. 79, 17 n. 13, in Ps. 93 n. 1; sermo 9 (de temp. 96) c. 7 n. 8, sermo 32 (de div. 20 = 50 hom. 31) c. 8 n. 8, sermo 33 (de div. 18) c. 1 n. 1, sermo 251 (de div. 4) c. 7 n. 6.

(Eccles. 9,1); er weiß ja auch nicht, ob seine Reue nur von Furcht, nämlich vom timor servilis, oder von übernatürlicher Gnade erzeugt ist[20]. Die Frömmigkeit selbst soll demnach in ihrer subjektiven Ungewißheit die Furcht wachhalten. Die Erregung des Gemütes durch die Furcht bewirkt, daß dem Menschen alle weltlichen Freuden schal werden, daß er innerlich von Bitterkeit (amaritudo) erfüllt wird[21].

b) Die Bußbewegung, deren treibendes, sehnsüchtiges Verlangen sowohl spes als auch amor genannt werden kann, erwächst aus der doppelten Betrachtung der zukünftigen himmlischen Herrlichkeit sowie der Wohltaten Gottes, die uns bereits in diesem Leben zuteil werden[22]. Zu den beneficia Dei gehören außer allen natürlichen Gütern auch die dona gratiae, mit denen der Fromme an seinen eigenen Gnadenstand erinnert wird: Dedit enim tibi contritionem et dolorem de peccatis, et ab iniustitia revocavit, et iustitiam infudit, quod est solius Dei, quod tamen multis negavit. Dedit et inspiravit voluntatem quod te velles emendare, tempus et locum ordinavit, ubi et quando te emendare posses, et haec omnia multis te melioribus non dedit. Auch die heilsgeschichtlichen Fakten soll sich der Fromme mit dem Bezug auf die eigene Person ins Gedächtnis rufen. Cogita de donis superexcellentiae, quae tibi contulit, videlicet quod dedit tibi dilectissimum suum filium, primo in incarnatione, nam propter te natus est, propter te crucifixus est;

---

[20] De spirit. ascens. c. 17: compunctio ex timore multipliciter nascitur. Primo cum quis peccata sua praeterita ad memoriam reducit, et quantum Deum offenderit, quantumque poenam meruerit, anxie recordatur, et inde tremens ac timens amarissime lacrimatur. Secundo cum quis defectus proprios, passiones animae et desideria noxia adhuc in se ... diligenter discutit, et quod tam parum in eis expugnandis proficit eiulans et dolens recordatur. Tertio cum quis peccatorum meminerit quae post conversionem suam perpetravit, quae etsi non sunt criminalia, non tamen per ea dubitet Deum offendi quotidie, et ideo lugendo et timendo deplorat ... Quarto cum homo considerat quod iudicia Dei sunt inscrutabilia, et nescit homo, an sit dignus odio vel amore (Eccles. 9, 1); et licet sciat se poenituisse, nescit tamen, an solo timore percussus, an ex gratia infusa compunctus et contritus, et ita totus horrore concutitur nesciens et incertus, quid de eo fiet in futuro, an sit damnandus vel salvandus. Es folgen: brevitas vitae, iudicium futurum, poenae infernales. In c. 19—21 gibt Zerbolt dann noch direkte Anregungen zur meditatio de morte, de extremo iudicio und de poenis infernalibus.

[21] De spirit. ascens. c. 18.

[22] De spirit. ascens. c. 23; über die meditatio de regno coelorum c. 24 und über die memoria beneficiorum Dei c. 25. Auf c. 25, das seine Parallele in de reform. vir. animae c. 25 hat, wird im Folgenden rekurriert.

deinde in altaris sacramento in cibum et in potum. Misit tibi spiritum sanctum in signaculum acceptationis, in privilegium amoris, in annulum desponsationis. Die objektiven Größen des kirchlichen Heils und die subjektiven Erfahrungen der Frömmigkeit bilden in diesem Meditationskreis ein Gegengewicht zur subjektiven Ungewißheit des Frommen, die auf der vorhergehenden Stufe der compunctio timoris in Betracht gezogen wurde. Da die Kreuzigung Christi zu den heilsgeschichtlichen Wohltaten Gottes zählt, bestünde ein Grund, die Passionsmeditation in den Bereich der compunctio amoris zu rücken. Zerbolt disponiert bei seinem Drei-Stufen-Weg zur caritas jedoch anders.

c) Erst auf der dritten Stufe behandelt Zerbolt die detaillierte Meditation der um die Person Christi kreisenden Vorstellungen von der Menschwerdung bis zur Sendung des heiligen Geistes. Mittel- und Höhepunkt dieser Betrachtungen ist die Passionsmeditation. Zerbolt gibt eine Anleitung dazu, wie man Christus, der als Mittler zwischen Gott und Mensch in seiner Person selber Gott und Mensch ist, innerlich erfassen soll, um zur caritas aufzusteigen[23]. Hier führt der Weg noch einmal über drei Stufen. Zunächst soll man in einem gewissen »fleischlichen« Affekt Christus in seiner Erscheinung als Mensch und Wohltäter ins Herz fassen, so daß man zur menschheitlichen Natur Christi hingezogen wird. Sodann soll man, ausgehend von den Wundertaten Christi, in der Person Christi Gott und Mensch zugleich erkennen und lieben lernen, und zwar im Hinblick auf alles, was Christus tat und litt. In der Betrachtung des Christus homo wird der Affekt dann von Vertrauen und Liebe erfaßt, in der Betrachtung des Christus Deus jedoch zugleich von scheuer Ehrfurcht. Auf der letzten Stufe soll man jedoch über die Menschheit Christi hinaus zur Erkenntnis und Liebe der Gottheit gelangen. Obgleich die wesenhafte Schau Gottes noch dem Eschaton vorbehalten bleibt, tritt der Mensch doch schon bei dieser verhüllten Erkenntnis des Deus ipse aus sich heraus. Hier kommt die caritas zur vollen Wirkung, wenn in ihrer Kraft die Seele an Gott haftet, gerei-

---

[23] De spirit. ascens. c. 27: oportet te novas ascensiones in corde disponere quibus discas et assuescas iugiter Deo per caritatem adhaerere. Pro quibus ascensionibus disponendis scire debes, quod Christus Iesus Deus et homo, Dei et hominum mediator, ipse est via per quam ad divinitatis notitiam simul et amorem debes ascendere secundum Augustinum 7. conf. (c. 18 n. 24). Ad hoc enim praecipue Christus carnem assumpsit, ut qui Deum spiritualiter intelligere non potuimus, per Christum verbum caro factum (Ioan. 1, 14) ascenderemus ad notitiam et amorem spiritualem.

nigt und verwandelt wird. Der Mensch beginnt ein Geist mit Gott zu werden[24]. Unter diesem Aspekt erhebt die Christusmeditation den Frommen zwar über die Bußaffektion des gregorianischen Meditationsschemas; doch geschieht das auf dem Purgationswege, der sich im geistlichen Aufstieg von der Buße löst und auf der höheren Stufe der adhaesio Dei in mystische Gotteserfahrung einmündet.

Innerhalb dieses Entwurfes seines Traktates De spiritualibus ascensionibus hat Zerbolt dennoch dort, wo er direkt auf die Passionsmeditation zu sprechen kommt, die Bußaffektion wieder aufgegriffen. Die Meditationsanleitung nach den Stichworten opus, modus, causa, die in seiner anderen Schrift keine ausdrückliche Verbindung mit der Bußmeditation zeigt, hat er jetzt mit einer Einleitung versehen, in der er noch einmal auf die unteren Stufen des Aufstiegs zurücklenkt. Biblisches Leitwort bildet Cant. 4,6 »Vadam ad montem myrrhae«; nach Zerbolts Deutung macht sich dieses Wort der Fromme zueigen, der die amaritudo poenitentiae per carnis mortificationem sucht und durch die Bußaffektion in Furcht und Hoffnung den Aufstieg zur Reinheit gewinnen will. Wer das erstrebt, findet in der Passionsmeditation die gesuchte Myrrhe. Denn Furcht wird ihn affizieren, wenn er sich vor Augen führt, wie der Herr seinen Myrrhenberg zur Kreuzigung hinaufgegangen ist, und welch große Pein er erlitten hat. Aber auch die Affektion in der spes wird der Fromme in der Leidensbetrachtung erfahren und sich schließlich aufschwingen zu den Affekten der Liebe und Dankbar-

---

[24] Zerbolt de spirit. ascens. c. 27 schildert drei Stufen der Christusmeditation: Prima ascensio sit, ut affectu quodam dulci et desiderio cordiali, licet quodammodo carnali adhaereas Christo. ... homo cor suum in tali exercitio debet extendere in affectum et amorem humanitatis Christi, ut omnis affectus suus et appetitus ad dulcedinem humanitatis Christi transferatur. Secundus ascensus ... est iam aliquantulum altius ascendere et non solum circa Christi humanitatem se exercere, sed ... Christum Deum pariter et hominem comprehendere ... Et sic, si utrumque in Christo intelligis et concipis, magna tibi nascetur devotio, amor et fiducia, et rursum timor et reverentia. Tertius ascensus est iam per humanitatem Christi ad spiritualem affectum assurgere et iam ipsum Deum per speculum in aenigmate (1. Cor. 13, 12) mentalibus oculis intueri et sic ex humanitate ad notitiam et amorem divinitatis pervenire ... Et per huiusmodi mentis intuitum et adhaesionem et transformationem incipit quodammodo homo unus spiritus cum Deo fieri (1. Cor. 6, 17) et extra seipsum transgredi et ipsam veritatem intueri et ad unionem et adhaesionem habilitari ... Ecce hic est ultimus ascensus in hac peregrinatione donec ascendamus ad Dei essentialem visionem. Die sozusagen mystische oder ekstatische Wirkung der caritas erwähnt Zerbolt auch in c. 26 neben der Affektion und Handeln motivierenden Kraft (s. o. A. 17).

keit[25], die in der anderen Schrift Zerbolts den Orientierungspunkt
für diese in der Durchführung jetzt nicht grundsätzlich veränderte
Meditationsanleitung abgegeben haben.

Für die Passionsmeditation bietet Zerbolt in seinem Traktat De
spiritualibus ascensionibus noch ein Schema, bei dem er alle drei
Affektionen in timor, spes und caritas zur Geltung bringen möchte.
Diesen Gesichtspunkt hat Zerbolt jedoch erst sekundär in den Entwurf eingetragen, den er von Bonaventura übernommen hat. Sieben
Wahrheiten sind zusammengestellt, die als die sieben Siegel betrachtet werden sollen, die vom gekreuzigten Herrn, dem agnus passus,
geöffnet worden sind (vgl. Apc. 5,5 ff.). Den Deus admirabilis, den
spiritus intelligibilis, den mundus sensibilis, den infernus horribilis,
den reatus culpabilis, den paradisus desiderabilis, die virtus laudabilis soll man in ihren herrlichen oder schrecklichen Eigenheiten, wie
sie im Erlösungswerk der Passion offenbar werden, erkennen und
sich davon nach Zerbolts Anweisung mal zu dem einen, mal zu dem
anderen Affekt, mal zu allen drei Affekten entzünden lassen[26]. In
den Einzelheiten fällt kein weiteres Licht auf das Verhältnis der
Passionsmeditation zur Bußaffektion.

[25] De spirit. ascens. c. 32: Et tu homo devote, si montem myrrhae, i. e. amaritudinem poenitentiae per carnis mortificationem vis arripere, atque per timorem et spem ad montem et ascensionem puritatis vis ascendere, nihil tibi
utilius quam ut nonnunquam »myrrham primam« (Cant. 5, 13) de morte
salvatoris tui studeas colligere. Inde enim tibi myrrha amara timoris praeser-
vans a putrefactione vitiosae delectationis, dum vides Dominum tuum ascen-
disse montem myrrhae, i. e. montem calvariae vel magnitudinem poenae
propter peccata tua sustinuisse. Inde tibi nonnunquam econtra spes et devotio
et unguenta preciosissima timoris, amoris, gratitudinis, compassionis et huiusmodi emanabunt. Es ist nicht klar, ob Zerbolt bei der mortificatio carnis an
die Bußdisziplin oder an die Abtötung der sündhaften Begierden denkt.

[26] De spirit. ascens. c. 38: Si vero plenius vis scire, quomodo passio Christi ge-
nerat dolorem et ita proficit in prima ascensione (das ist die Tilgung der Todsünde in der sakramentalen Buße, s. o. bei A. 12), quomodo timorem incutit
et ita iuvat in primo gradu secundae ascensionis, si vis scire, quomodo spem
elevat et caritatem auget, intellectum illustrat et affectum informat, debes
diligenter in Christi passione et morte investigare et inquirere septem veritatis
illuminationes, quarum cognitio ante Christi passionem admodum erat occulta, sed in passione verum est scissum (Mt. 27, 51) et veritas reserata, ut de
his dici possit illud Apc. (cf. 5, 5): Aperta sunt signacula eius septem. — Den
noch nicht im Hinblick auf die Affekte bearbeiteten Stoff hat Zerbolt schon
de reform. vir. animae c. 34 aus Bonaventura de tripl. via c. 3 § 3 f. n. 3 f.
übernommen. In der Reihenfolge der 7 Siegel weicht er de spirit. ascens. c. 38
(nicht de reform. vir. animae c. 34) von Bonaventura ab. Daß Zerbolt bei
infernus das Adjektiv horribilis wegläßt, dürfte nicht von Belang sein.

Zerbolt hat keine der verschiedenen Tendenzen seiner Bußmeditation mit Entschiedenheit verfolgt. Darin unterscheidet er sich nicht wesentlich von anderen Autoren der hoch- und spätmittelalterlichen Frömmigkeitsliteratur. Es war allgemein üblich, an dem gregorianischen Meditationsschema festzuhalten. Selbst wenn man die Affektion durch die Furcht vor Strafen und durch das eigennützige Verlangen kritisch beurteilte[27], verwarf man doch nicht grundsätzlich diese Meditationspraxis. Daneben sollte auch die Passionsmeditation die compunctio erwecken; viel stärker war man jedoch daran interessiert, daß durch die Leidensbetrachtung der Affekt der compassio erzeugt wird, und daß man sich auf dem Grunde dieser Mitleidsempfindung (über die Bußstimmung hinaus) zu den Affekten der Devotion und Liebe erhebt, die die Tugenden des christlich, speziell des mönchisch frommen Lebens tragen und auch den Weg zu mystischen Erfahrungen ebnen. Auch in der spätmittelalterlichen Frömmigkeit dachte man letzten Endes nicht anders als Bernhard über das Verhältnis von compunctio und devotio und wollte sich trotz der behaupteten Zusammengehörigkeit beider in der devotio über die compunctio erheben. So wie man die compunctio seit Gregor verstand, durfte man allerdings mit Recht das Gefühl haben, daß das christliche Heil in dieser Stimmung der Buße nicht hinreichend erfaßt war — im Unterschied zum augustinischen Akt der alles umspannenden confessio. Und die Selbsterkenntnis (cognitio sui) als entscheidende Voraussetzung der compunctio konnte vor allem deshalb nicht in die Passionsmeditation einbezogen werden[28], weil man stets darauf bedacht sein mußte, einzelne Tatsünden sowie einzelne sündhafte Neigungen und Regungen bei sich selbst zu erforschen, nachdem man dem Status eines Sünders schlechthin schon durch die Taufe, durch die sakramentale Buße und erst recht durch eine conversio zur vita religiosa enthoben war.

---

[27] Vgl. H. Herp, Spieghel der volcomenheit c. 16. Die beiden von Herp kritisch beurteilten Stufen der gregorianischen Meditationspraxis fehlen in dem Propositum cuiusdam canonici, ed. Waffelaert in: Collationes Brugenses 14, 1909, S. 17, wenn man die sehr allgemein gehaltenen Formeln des anonymen Kanonikers im Sinne Herps interpretiert.
[28] De spirit. ascens. c. 17 (s. o. A. 20) wird bei den drei Punkten der Sündenbetrachtung auf die Selbsterforschung (c. 6—8) zurückverwiesen. Vgl. M. Elze in: Festgabe H. Rückert, S. 144.

7. Kapitel

JOHANNES VON STAUPITZ

Nach Luthers eigenem Zeugnis gebührt Staupitz in einer Vorgeschichte der reformatorischen Bußtheologie ein hervorragender Platz[1]. Indessen ist die Geschichtsschreibung in der mißlichen Lage, daß sie die von Staupitz ausgehenden Wirkungen auf Luther, besonders in der Frage der Buße, nicht in der wünschenswerten Genauigkeit von der Quelle her erfassen kann. Die literarische Hinterlassenschaft Staupitzens ist leider zu gering, um ein Bild zu gewähren, das in allen Einzelheiten und mit Zuverlässigkeit das verstehen ließe, was Luther selber nur aus der Erinnerung andeutet. Besonders empfindlich ist die Lücke, die zwischen Staupitzens frühen, 1488 in Tübingen gehaltenen Hiob-Predigten und den späteren, seit 1515 erschienenen erbaulichen Schriften klafft[2]. Gerade für die Zeit, in der Luther unter dem Einfluß seines Ordensvorgesetzten stand, besitzen wir keine direkten Zeugnisse für dessen Theologie. E. Wolf (Staupitz und Luther, 1927) hat den im großen und ganzen gelungenen Versuch unternommen, die Verbindungslinien zwischen den frühen und späten Staupitz-Quellen auszuziehen und »das Wesentliche von Staupitzens theologischer Ansicht für jene Zeit bedeutsamen Zusammenseins mit Luther zu ermitteln« (S. 7). »Ein innerer, sachlicher

---

[1] WA 1, 525 f. = BoA 1, 16 f.; vgl. E. Wolf, Staupitz und Luther, S. 223 ff.
[2] Die Constitutiones Fratrum Heremitarum sancti Augustini von 1504 verraten verhältnismäßig wenig von den persönlichen Anschauungen des Generalvikars Staupitz. Von den Salzburger Predigtnachschriften, die geringeren Quellenwert besitzen als die Nachschriften der 1517 in Nürnberg gehaltenen Predigten und Tischreden (Knaake S. 13—50), sind 12 Fastenpredigten auf das Jahr 1512 datiert (Cod. St. Peter b, V, 8 fol. 2a—58b; vgl. Wolf, Staupitz und Luther, S. 276, 278 ff.). Eine zuverlässigere Quelle sind die seit 1515 erschienenen deutschen und lateinischen Erbauungsschriften: 1. Von der Nachfolge des willigen Sterbens Christi (1515, Knaake S. 51—88), 2. Libellus de executione aeternae praedestinationis (1517, deutsche Übersetzung Knaake S. 137 ff.), 3. Von der Liebe Gottes (1518, Knaake S. 88—119), 4. Von dem heiligen rechten christlichen Glauben (1525, Knaake S. 121—136). — Für Zitate aus den Nürnberger Predigten und Tischreden sowie aus den deutschen Erbauungsschriften wird der Fundort bei Knaake (abgekürzt Kn.) angegeben, auch wenn die Sprachform in einer Reihe von Zitaten modernisiert wird.

Zusammenhang« (S. 8) der zeitlich auseinanderklaffenden Dokumente darf angenommen werden, so daß aus der Gesamtheit der Quellen wenigstens annähernd einige Grundzüge von Staupitzens Bußanschauung nachgezeichnet werden können.

Bei der Erwähnung des Bußsakramentes in einer der Hiob-Predigten nennt Staupitz dessen drei Teile — contritio, confessio, satisfactio — und betont sogleich das Gemeinsame an ihnen, das sich ohne weiteres aus den traditionellen Definitionen herausheben läßt, daß nämlich in allen drei Stücken der Buße Pein erlitten wird, und zwar in der satisfactio als Straflast im Bereich der zufälligen, äußeren Güter, in der confessio als Scham über die begangene Sünde, in der contritio als reuevoller Schmerz des Herzens[3]. Dieser Schmerz ist es, der die Buße zu einer tribulatio macht. Ohne die innere Bedrängnis gibt es keine Rechtfertigung für den Menschen, der zwar schon in der Taufe eine erste iustificatio empfängt, danach jedoch unweigerlich wieder in Sünden fällt und nur durch die tribulatio der Buße den Weg zurück zu Gott finden kann[4]. Die contritio hat für Staupitz offensichtlich das stärkste Gewicht unter allen Momenten der Buße. Gemäß der alten vorscholastischen Idee von der Bußaffektion denkt er bei der contritio daran, daß im Herzen ein Schmerz empfunden und in conspectu Dei Tränen der Reue vergossen werden. Mit der Reue paart sich ein auf Gottes Verheißung bauendes Hoffen[5]. In seiner

[3] Sermo 11, S. 94, 35 ff.: Habet poenitentia tres partes, contritionem puta, confessionem et satisfactionem. Contritio est dolor cordis, confessio erubescentiam patitur operis, satisfactio denique poenalitatem habet fortunae et corporis. Istae sunt partes poenitentiae, poenosae quidem singulae. Vgl. sermo 27, S. 214, 32 ff. Zu Staupitzens Urteil über die Beichte vgl. E. Wolf, Staupitz und Luther, S. 230.
[4] Sermo 11, S. 94, 38 ff.: Si igitur non potest iustus hic stare continue nec reverti ad Deum sine operibus poenitentiae, constat, quod nullus ad Deum accedere potest sine tribulatione, cum post baptismum iustificatio nostra per solam poenitentiam fieri praedicatur, poenitentia autem sine tribulatione non est . . . (S. 95, 5 ff.) Cum enim Deus quos praedestinavit, vocavit, et quos vocavit, iustificavit (cf. Röm. 8, 30), iustificatio autem per poenitentiam in hac miseria fit post eam, quam per baptismum suscepimus, non est praedestinatus, quem tribulatio nulla tangit, quoniam non est sine contritione iustificatio, quae dolor est cordis. Taufe und poenitentia sind die beiden sacramenta »principaliter ad culpam delendam instituta atque ordinata« (S. 94, 16 ff.). Die iustificatio wird uns durch die sacramenta zuteil, in welchen die virtus passionis Christi wirksam ist (S. 94, 15 f.).
[5] Sermo 11, S. 94, 33 f.: quomodo resurgit iustus? profecto per poenitentiam ponens lacrimas in conspectu Dei, sperans in promissione Dei (cf. Ps. 55, 9). . . . (S. 94, 42 f.) sperare poenitens dicitur in promissione Dei (folgt Zitat aus Augustin enarr. in Ps. 55, 9 n. 14).

tribulatio steht der Büßende unter der praedestinatio Dei und hat
die vocatio Dei in der inneren Erleuchtung zur Sündenerkenntnis
und Affektion der Reue erfahren. Es ist kein Zufall, daß Staupitz im
Zuge einer Auslegung von Röm. 8,29 f. (beim Begriff der iustificatio)
auf die poenitentia zu sprechen kommt[6]. Der Prädestinations-
gedanke ist wie beim späten so auch beim frühen Staupitz der Angel-
punkt seiner Gnaden- und Gotteslehre und bestimmt auch seine im
Laufe der Jahre stärker hervortretende Ansicht von der Bedeutung
des Christusgeschehens als der executio aeternae praedestinationis[7].
Schließt sich Staupitz bei der theoretisch scholastischen Klärung des
von Ewigkeit her prädestinierten Gnadenhandelns Gottes an den
Ordenslehrer Ägidius Romanus an, so zeigen seine Hiob-Predigten
gleichzeitig eine große Vertrautheit mit dem Ordensvater Augustin,
vor allem mit dessen Psalmen-Auslegung, der er kaum weniger verdankt als der Hiob-Auslegung Gregors[8].

Analog der Unterscheidung von attritio und contritio kennt Staupitz zwei Arten der Reue, die unfruchtbare und die fruchtbare Reue,
die er im Sinne einer Motivation durch amor sui und timor servilis
einerseits, durch amor Dei und timor filialis andererseits beschreibt[9].
Die unfruchtbare Reue, die nicht in einem inneren Wandel eine Abkehr von der Sünde mit sich bringt, kann der »Galgenreue« verglichen werden. Die Ursache solcher Reue sieht Staupitz darin, daß
der Mensch den »Schaden« erkennt, den er sich selber mit seiner
»Missetat« zuzieht: verwirkte ewige Belohnung des Himmels, verdiente Strafe der Hölle, Verlust der Ehre und »Schande der Sünde«
(Kn. 17,3—5). Diese Reue kreist nur um »des Menschen Nutzen und
Schaden«, sie hat ihren Ursprung nicht in Gott und ist »in Gott und
zu Gottes Ehre und Liebe nicht gewendet« (Kn. 16,9—11). In der
echten Reue hingegen empfindet der Mensch deshalb Schmerz über
seine begangene Sünde, weil »er damit Gott, seinen Schöpfer, belei-

---

[6] Sermo 11, S. 94, 10 ff., s. o. A. 4.
[7] Vgl. E. Wolf, Staupitz und Luther, S. 36 ff. — Die gewichtigste spätere
    Schrift Staupitzens De executione aeternae praedestinationis (1517) ist chri-
    stologisch orientiert.
[8] Wolf (Staupitz und Luther, S. 22 ff.) gibt eine statistische Übersicht über die
    in den Hiob-Predigten zitierten Autoren; danach rangiert die Zahl der Augu-
    stin-Zitate an 1. Stelle, während die Zahl der Zitate aus Augustins Enarratio-
    nes hinter der aus Gregors Moralia zurückbleibt. Es käme noch darauf an, die
    Zitate nach ihrer Bedeutung abzuwägen und außer den Zitaten die sonstigen
    sachlichen Einflüsse zu berücksichtigen.
[9] Nürnberger Predigten (Kn. 16). Vgl. E. Wolf, Staupitz und Luther, S. 230 f.

digt und erzürnt und seine göttlichen Gebote übergangen hat«[10].
Obwohl diese Reue »aus einem rechten ordentlichen Grunde« geschieht, reicht sie nach Staupitzens Meinung doch nicht »zur Abwaschung der Sünden und Erlangung göttlicher Barmherzigkeit«;
»denn so groß kann des Menschen Reue nicht sein . . ., daß sie eine
einzige begangene Todsünde ablösche« (Kn. 16,16—21). Wenn die
Reue fruchtbar und nicht »ganz unnütz« (Kn. 16,6) sein soll, muß sie
also nicht nur an Gott orientiert sein, sondern auch von ihm ausgehen
(Kn. 16,9), das bedeutet für Staupitzens augustinisch gefärbten Tho-
mismus, daß die sündentilgende contritio nicht als actus elicitus möglich ist, sondern aus der Selbstmitteilung von Gottes Gnadenliebe
entsteht und »stracks in die Liebe Gottes gepflanzt wird«. Das
menschliche Ungenügen, das ihr auch dann noch anhaftet, muß dadurch aufgehoben werden, daß die Reue in die Reue Christi, »die
allervollkommenste, genugsame Reue«, gegründet und eingefügt
(»geordnet«) wird (Kn. 16,20 f.)[11]. Erst dadurch wird sie zu der ihr
eigenen Fruchtbarkeit »angezündet und lebendig gemacht« und ist
»zur Tilgung unserer Sünden mehr als genügend« (Kn. 16,21—25)[12].
Staupitzens Ansicht von der contritio entspringt jenem Bewußtsein
vom Ungenügen aller menschlichen Gerechtigkeit, das man nicht nur
bei ihm, sondern bei einer ganzen Reihe spätmittelalterlicher Theologen, gerade auch bei den Augustiner-Eremiten, antrifft[13]. Daß die

---

[10] Kn. 16, 13—16, vgl. 16, 39—17, 5.

[11] Es ist der von Christus in Gethsemane empfundene »Schmerz« (Kn. 16,
26—30): Der drit schmertz oder Rew ist der den christus als der Vnschuldig
ist . . . fur Vnser verschuldung am Olberg gehabt, als er vor engstlicher pitrig-
keit, schmerzen vnd traurigkeit plutigen schwais geschwitzt hat.

[12] Kn. 16, 31—35: dieser schmerz Vnd berewung christi Wo wir Vnser rew
darein ergrunden, Ist zu abwaschung aller vnser missethat genugsam Vnd so
vellig Wo es moglich were das tausent Welt weren das sie durch diese engst-
liche plutschwaissung christi Ihrer sonden entlediget wurden. Vgl. Kn. 17, 16 ff.

[13] A. Zumkeller (ZKTh 81, 1959, S. 265—305) zeigt, daß die geistigen Väter des
Bewußtseins vom Ungenügen der menschlichen Werke Augustin, Gregor und
Bernhard sind, und daß die deutschen Prediger unmittelbar beeinflußt sind von
den beiden italienischen Augustiner-Eremiten Albert von Padua und Simon
Fidati Cascia sowie dem italienischen Minoriten Angelus Clarenus von Cingoli.
Außer einer anonymen Predigtsammlung behandelt Zumkeller 14 Prediger
des 14. und 15. Jh.s (aus dem deutschen und österreichisch-ungarischen Raum),
darunter auch Staupitz, ohne auf dessen Ansicht von der contritio einzugehen.
Zumkeller beschränkt sich auf den Nachweis von Äußerungen, die direkt die
Mangelhaftigkeit der menschlichen iustitia behaupten. Zentrale Bedeutung
hat in diesem Zusammenhang Is. 64, 6; zur Verwendung dieser Stelle bei den
Augustiner-Eremiten vgl. auch Zumkeller in: S. Augustinus vitae spiritualis

contritio ihren Mangel verliert, sobald sie »in die Reue Christi geordnet wird«, entspricht der christologischen Orientierung im gesamten Denken Staupitzens. Es hat den Anschein, daß Staupitz auch hierin einer gewissen, vornehmlich bei den Augustiner-Eremiten wirksamen Tendenz folgt. Das christologische Äquivalent zum Ungenügen der menschlichen Gerechtigkeit ist auf Grund der Sekundärliteratur bisher erst bei drei anderen Augustinern erkennbar, bei dem noch dem 14. Jahrhundert angehörigen Augustinergeneral Hugolin von Orvieto[14] sowie bei Jacobus Perez von Valencia[15] und Hieronymus Seripando[16], deren Leben sich mit dem des deutschen Augustiners Staupitz überschneidet[17].

Die innere Triebkraft der »geordneten« Reue ist der timor filialis, der sich in gleicher Weise von der knechtischen Furcht vor Strafe abhebt, wie sich die fruchtbare von der unfruchtbaren Reue unterscheidet[18]. Deshalb spricht Staupitz auch beim timor filialis von einer »ordentlichen« Furcht (Kn. 44,32), weil sie durch die Liebe zu Gott »geordnet«, d. h. unmittelbar auf Gott ausgerichtet ist. Die Liebe zu Gott soll derart tief ins Gemüt des »frommen Christen« eindringen, »daß ihm die Furcht vor verdienter göttlicher Strafe für seine Sünde von derselben Liebe keineswegs mag abziehen« (Kn. 44,36—45,2). So kennzeichnet den »frommen rechtgeordneten« Christen, »daß er den allmächtigen Gott ansieht und bedenkt, nicht wie ein Übeltäter den Henker, den er fürchten muß, ansieht, sondern wie ein geliebter Sohn seinen Vater, den er liebhat« (Kn. 44,29—32).

magister 2, 1959, S. 239—338 passim; für Perez vgl. W. Werbeck, Jacobus Perez, S. 249. 252. Staupitz zitiert Is. 64, 6 sermo 23 (S. 186, 26 f.) und Von der Nachfolgung c. 8 (Kn. 69, 30 f.). — Nachdem Luther Is. 64, 6 einige Male in früheren Jahren zitiert hat, befaßt er sich ausführlich mit der Stelle in seiner Schrift gegen Latomus.

[14] A. Zumkeller in: Augustiniana 4, 1954, S. 126—130. Über Hugolin vgl. RGG³ 3, 476 f. (A. Zumkeller).

[15] W. Werbeck, Jacobus Perez, S. 249—253. Über Perez vgl. RGG³ 5, 219 (W. Werbeck).

[16] Vgl. Zumkeller und Werbeck an den angegebenen Stellen mit den Hinweisen auf Jedin und die unbefriedigenden Arbeiten von A. V. Müller und E. Stakemeier.

[17] Die historischen Probleme, wie es zur Konzeption dieses Gedankens bei den einzelnen Augustinern gekommen ist, sind noch nicht geklärt.

[18] Kn. 44, 32—36: die ordenlich forcht gotes soll dahin gerundet sein, das ein yder cristen mensch ainen schmerzen hat ob dem das er got beleidigt hat, Vnd das solch belaidigung got als seinem schopffer misfellig sey, Vnd nit das der misfal der sonden Vrsprungklich und furnemlich aus vorsteender gotlicher straff eruolg.

Gott straft uns auch nicht so, wie ein Scherge den Übeltäter peinigt,
nur um in ihm Furcht zu erregen und ihn die Strafe spüren zu lassen,
sondern wie ein Vater seinen Sohn aus Liebe züchtigt; er möchte uns
in seiner Obhut haben, wie »ein Hirte, der sein verlorenes Schäflein
sucht, um es wiederzufinden und in seinen Schafstall zu bringen«
(Kn. 25,28—26,4). »Darum sollen wir Gott lieben als den aller-
freundlichsten, barmherzigsten Vater und fürchten als einen gerechten milden Richter nicht mit einer knechtlichen, sondern einer kind-
lichen Furcht« (Kn. 26,4—6). Allerdings sieht Staupitz auch eine
gewisse positive Wirkung in einer Furcht, die den Menschen noch vor
der Affektion durch die Liebe Gottes erfaßt und ihn zum Halten
der Gebote und zum tugendhaften Handeln nötigt, die ihm aber
noch nicht zur Seligkeit dient. Der Mensch wird »durch solche Furcht
gleich einem Hasen geschreckt, so daß er in das Garn göttlicher Liebe
kommt; dann erst ist er gefangen« (Kn. 26,7—12). Die herkömmliche Meinung vom timor servilis schimmert hier durch.

Während Staupitz in den Jahren nach 1515 vor allem daran interessiert ist, daß sich unsere Liebe zu Gott an der Liebe entzündet, mit
der uns Gott in Christus begegnet, hat er in den Hiob-Predigten noch
in herkömmlicher Weise darauf hingewiesen, daß man durch Betrachtung der eigenen Sünden, des Todes, des Jüngsten Gerichtes
und des Leidens Christi die Bußtugend in sich wachhalten und
dadurch die mortificatio carnis betreiben soll[19].

Buße ist für Staupitz mehr als die Reue angesichts begangener
Sünden. In seiner Schrift »Von der Nachfolgung des willigen Sterbens Christi« (c. 9) nennt er »drei Wahrzeichen der rechten, ungeheuchelten Buße«: 1. »mit Leid erkennen und bekennen seine
Schuld«, 2. »rechtfertigen sein Leiden und beweinen das unschuldige
Leiden Christi«, 3. »weder zeitliche Pein fliehen noch zeitlichen Trost
begehren, sondern allein die ewige Freude bei Christo suchen und
bitten« (Kn. 70,37—71,3)[20]. In allen drei Wesenszügen erwächst die
Buße daraus, daß der Sünder — wie der mit Christus gekreuzigte
bußfertige Schächer — zu einer Erkenntnis des gekreuzigten Christus
erleuchtet wird. Denn der Schächer wird bekehrt, weil er in einer von
Christus ausgehenden Erleuchtung erkennt, daß Christus »ohne Schuld
leide und sterbe«, »daß er dem Sünder zugute leide und sterbe«, »daß
er den Verlust des Zeitlichen nicht achte« und für dies Vergängliche

---

[19] Vgl. sermo 22, S. 247, 28 ff. 248, 1 f. 26 ff.
[20] E. Wolf, Staupitz und Luther, S. 230 hat das dritte Glied nicht identifiziert
und macht aus den beiden ersten Punkten drei; vgl. ebd. S. 233.

»das ewige Reich geben wolle« (Kn. 70,30—35)[21]. Das erste Merkmal der Buße enthält den reuevollen Schmerz über die Sünde, die Bußaffektion der contritio oder compunctio[22]. Darüber hinaus bringt der erste Punkt zusammen mit dem zweiten, mit dem er sich in den weiteren Ausführungen bei Staupitz überkreuzt, zur Geltung, daß die Buße einen Akt des Urteilens in sich schließt, durch den der Büßende sowohl seine eigene Schuld und Ungerechtigkeit verurteilt als auch Gottes Gerechtigkeit angesichts seines eigenen Lebens und Leidens anerkennt. Der Fromme sieht in seinem Leiden die Strafen für seine Sünden, die er nach Gottes Gerechtigkeit verdient. Schließlich — das sagt der dritte Punkt — bedeutet Buße, daß das affektive Streben sich mit Geringschätzung von allem Zeitlichen abwendet und sich zum Ewigen hinkehrt. So ist bei dem einsichtsvollen Schächer im Akt des Urteilens wie im Begehren des Affektes eine »Bekehrung«, eine Umkehr der Buße geschehen. Er hat mit seinen Worten an den anderen Schächer und an Christus »die Ungerechtigkeit seines unbußfertigen Gesellen und seine« eigene »gestraft« (d. h. als strafwürdig verurteilt), er hat »die göttliche Gerechtigkeit in ihrer beider Leiden bewahrt« (d. h. anerkannt, hochgehalten) und hat »nichts Zeitliches, sondern das ewige Leben begehrt« (Kn. 70,35 bis 38). In ähnlichen Wendungen beschreibt Staupitz noch dreimal in diesem Zusammenhang das Geschehen der Buße[23]. Dabei wird von dem Urteil, mit welchem der Fromme die Ungerechtigkeit auf seiner Seite und die Gerechtigkeit auf seiten Gottes anerkennt, nun in einer anderen Formulierung gesagt, daß man in der Buße Christus in allem rechtfertigt, aber sich selbst verdammt und nicht sich selbst zu entschuldigen sucht. Und auf der einen Seite tritt neben das »sich selbst

[21] Diese drei Punkte sind bei Staupitz nur durch die Satzkonstruktion markiert und werden nicht ausdrücklich mit den drei Wahrzeichen der Buße verbunden, entsprechen ihnen jedoch, wie der Kontext zeigt.
[22] Vgl. Kn. 70, 38 f.: mit leit erkennen vnd bekennen sein schult.
[23] Kn. 71, 13—15: das Verheißungswort Jesu an den Schächer (Lc. 23, 43) wird jedem gegeben, »der sich selb vordampt, Christum in allem rechtfertiget, vnnd alle weldt voracht, nicht als der lincke schacher tzeitliches leben, tzeitliche nutz, lust ader ere, sunder allein Christum begeret«. Kn. 71, 16—20: »Solchen leuten geschicht das sie hocher beschweret yrer feind sunde, dan yr eigne pein, sorgen mehr, wie sie Christum rechtfertigen, dan sich selb entschuldigen, tzeitlichs leben vorachten, dann wie sie es behalthen, den kumbt der todt in begirde vnd sterben inn gewin (vgl. Phil. 1, 21. 23).« Schließlich (Kn. 71, 22 f.) die Frage: »was kumpt dem menschen tzu guet der sich selb vordampt, selb vornichtet, got allein rechtfertiget vnd großmacht?« Die Antwort »Alles!« wird breit entfaltet. S. u. S. 158.

Verdammen« ein »sich selbst Vernichten«, während der gleiche Urteilsakt auf der anderen Seite »Gott allein rechtfertigt und großmacht«; in der lateinischen Terminologie hieße das: der Akt der Buße besteht zugleich in einem condemnare und annihilare seipsum sowie in einem iustificare und magnificare Deum oder Christum. Man kann aus diesen Sätzen das Verständnis der Buße als eines Gerichtes des Menschen über sich selbst heraushören; man kann gleichzeitig feststellen, daß Staupitz dieses Gericht nicht als psychischen Vorgang beschreibt, sondern einfach einen Akt des Urteilens anzeigt, durch welchen der Mensch zugleich seine eigene Ungerechtigkeit und die Gerechtigkeit Gottes anerkennt, sich selbst verdammt und Gott oder Christus rechtfertigt. Alle Aussagen bleiben gebunden an die Deutung der Verse (Lc. 23,39—43) von den beiden mit Christus gekreuzigten Schächern. Außer der Nennung der »drei Wahrzeichen« der Buße bietet Staupitz in diesem Zusammenhang keine weiteren Überlegungen zur Buße als Selbstgericht; es wird auch nicht begrifflich von einem Bußakt des Urteilens oder des Gerichtes gesprochen. Es erscheinen nur die Verben des Aktes selber. Nach dem Eindruck, den man im ganzen von dem Theologen auf Grund seiner überlieferten Schriften erhält, darf man annehmen, daß sich hinter seinen recht präzisen Formulierungen weitere theologische Gedanken verbergen, die in einer Erbauungsschrift schlecht Platz finden konnten. Darüber läßt sich allerdings nichts Eindeutiges sagen.

Vor allem bleibt die christologische Komponente in einem gewissen Zwielicht. Bedeutet es für Staupitz noch mehr, »Christum in allem zu rechtfertigen«, als »das unschuldige Leiden Christi zu beweinen«? Vermag Staupitz den Christen inniger an den gekreuzigten Herrn zu binden als die spätmittelalterliche Passionsbetrachtung, die das Mitempfinden des Leidens Christi anstrebte? Gewiß soll der Bußakt der Selbstverurteilung, die Reue und überhaupt das christlich tugendhafte Leben eingefügt werden in das Leiden Christi, damit in Christus die mangelnde verdienstliche Vollkommenheit ergänzt werde. Dazu wird jedoch von Staupitz nicht der Glaube in Anspruch genommen; denn der Glaube ist nur die Anerkennung der Heilswahrheiten. — Bei seinem auf die himmlische Vollendung gerichteten Hoffen soll der Christ sein Vertrauen nicht auf seine eigenen Tugenden, sondern auf Christus setzen. Das gilt auch für die Buße, die in der Liebe Gottes, dem Grunde des tugendhaft frommen Lebens, wurzeln muß, soll sie heilsame Buße sein. Die alles geistliche Leben tragende Liebe zu Gott (caritas) entzündet sich besonders an

Christus, durch dessen Leben und Sterben uns Gott seine barmherzige Liebe offenbart. Die caritas wird uns zuteil in der Form des
heiligen Geistes als der »wesentlichen, selbständigen Liebe Gottes«[24].

Staupitz stellt die Frage »was kumpt dem menschen tzu guet der
sich selb vordampt, selb vornichtet, got allein rechtfertiget vnd großmacht?« (Kn. 71,22 f.), und die Antwort lautet: »Alles! dan einem
so geschickten menschen werden alle pein einfeltig vnd vorlischt in
yme sorgfeltickeit vff tzukunfftiges leiden, der spricht von hertzen,
leid ich hye, so leid ich auß, leide ich vil hye, ßo leide ich palde auß,
dan got wirt ein ding nicht tzwir peinnigen« (Kn. 71,23—27). Indem der Fromme seine Leiden als die gerechte Strafe für seine Sünden ansieht[25], findet er in dem Gedanken Trost, daß seine gegenwärtige Pein alle zukünftige Strafe vorausnimmt, weil Gott nicht
zweimal straft. Hier läßt Staupitz jenen Gedanken von der Vorwegnahme des eschatologischen Strafgerichtes anklingen, für den
man sich auch in der Tradition auf Nah. 1,9 LXX »Non iudicabit
Deus bis in idipsum« beruft[26]. Im gleichen Sinne ermuntert Staupitz
in einer seiner Salzburger Predigten seine Hörer: »beschuldigt euch
selbst, so wird euch Christus entschuldigen; richtet euch, so wird euch
Christus nicht richten; denn er sagt im Evangelium: wer sich selbst
verklagt, den wird des Menschen Kind nicht verklagen.«[27] Und
bereits in den frühen Hiob-Predigten begegnet die offensichtlich von
Augustin und Gregor inspirierte Aufforderung, man solle sorgfältig
seine Werke betrachten, sein Gewissen erforschen, eigene Schuld
bekennen, ehe sie von Gott aufgedeckt wird; man solle sich selber
richten, damit man nicht etwa von Gott gerichtet und verdammt
werde[28]. In diesem Zusammenhang zitiert Staupitz auch 1. Cor.

---

[24] Vgl. Kn. 20, 4 ff. 102, 1 ff. 133, 5 ff.

[25] E. Wolf (Staupitz und Luther, S. 230. 234. 279. 282) prägt den Begriff der
satispassio, um zu kennzeichnen, wie es nach Staupitzens Bußverständnis nicht
darauf ankommt, daß der Fromme satisfactio leistet, sondern daß er in der
Kreuznachfolge im Leiden alles auf sich nimmt, wodurch seine Sünden gesühnt
werden können, freilich nur in unvollkommener Weise, da die vollkommene
Sühne (satisfactio) von Christus geleistet worden ist (de execut. praedest.
§ 80 f.).

[26] E. Wolf, Staupitz und Luther, S. 102 verweist zu der Staupitz-Stelle auf
1. Cor. 11, 31. Nah. 1, 9 LXX liegt jedoch näher. Eine Abhängigkeit Staupitzens von Paltz anzunehmen (vgl. Th. Kolde, Die deutsche Augustiner-
Kongregation, S. 277, E. Wolf, Staupitz und Luther, S. 102), ist nicht nötig.
Den Gedanken kann Staupitz auch aus älteren Traditionen geschöpft haben.

[27] Salzburger Predigt Nr. 2 (Jb. d. Ges. f. d. Gesch. d. Prot. in Österr. 2, 1881,
S. 57); vgl. Lc. 6, 37.

[28] Sermo 22, S. 178, 2 ff.: Attende ergo tibi, o fili mi, et diligenter considera

11,31 als Beleg dafür, daß Gott gerecht ist und keineswegs den verurteilen wird, der sich schon selbst gerichtet und gestraft hat[29]. Später — in der Schrift Von der Liebe Gottes (1518) — zählt Staupitz zu den Wesenszügen des »wahren Liebhabers Gottes über alle Dinge«, daß »er sich selbst täglich verdammt und über niemand als über sich urteilt« (Kn. 118,15 f.); denn in der vollkommenen Liebe wird der Mensch frei (»ledig«) von sich selbst und allen Dingen (»Kreaturen«), er sucht nur Gottes Ehre und will nur dem Willen Gottes zu Gefallen leben, gleichgültig, ob ihm das zu seinem Nutzen oder Schaden dient[30]. Wer seine eigenen Sünden unbeachtet läßt und statt der eigenen nur die Sünden anderer haßt, der versündigt sich gerade mit solchem hochmütigen Verhalten. Das ist die Verkehrung der singularitas iustitiae, die Sünde derer, die sich mit ihrer Gerechtigkeit absondern und nicht das Wort aus Prov. 18,17 bedenken »iustus in principio accusator sui est«. Staupitz übernimmt das Wort also in der auch bei Gregor begegnenden Fassung und versteht es in dem Sinne, daß der iustus zuallererst sich selbst anklagt; denn die caritas ordinata — sie ist auch für Staupitz das Prinzip der totalen Gerechtigkeit — »fängt bei sich selber an« und zieht erst den Balken aus dem eigenen Auge, ehe sie den Splitter aus dem Auge des anderen ziehen will (Mt. 7,4)[31]. Die Selbstanklage ist die Frucht der gerechtmachenden caritas und nicht das Mittel, um Gottes Gnade zu erobern. Das ist augustinische Gnadenlehre; mit ihr verträgt es sich, wenn Staupitz behauptet, wer immer wieder fähig sei, sich selbst zu verurteilen und andere zu rechtfertigen, dürfe daraus viel Heilsgewißheit schöpfen[32].

opera tua, discute conscientiam, et cum inveneris culpam, »praeveni faciem domini in confessione« (cf. Ps. 94, 2 in Augustins Lesart). Sis tibi ipse iudex, ne forte dominus te iudicet et condemnat. Im Folgenden sagt Staupitz: wenn Gott zu den Plagen, die man sich selbst auferlegt, noch andere hinzufügt, so darf man das als ein Zeichen dafür nehmen, daß Gott sich nicht noch weitere Strafen für die Zukunft vorbehalten will.
[29] Sermo 22, S. 177, 25 ff.: Deus ... quia iustus est, non punit iniuste nec quod iuste corrigit, repente affligit, sed expectat, si forte seipsum homo iudicare et punire velit, quo facto ipse minime iudicabit. Scriptum namque habes 1. ad Cor. 11, 31 »Si nosmetipsos diiudicaremus, non utique iudicaremur«.
[30] Von der Liebe Gottes c. 21, Kn. 118, 12 ff.
[31] De execut. praedest. § 242.
[32] De execut. praedest. § 246.

8. Kapitel

MONASTISCHES SELBSTVERSTÄNDNIS

Die Einschätzung der Mönchsweihe als zweiter Taufe, die Luther selber seit 1520 ausdrücklich in seine Kritik am Mönchtum einbezieht[1], bezeichnet nur eine Seite des monastischen Selbstverständnisses. Die mönchische Existenz wird im Mittelalter auch als ein Leben in der Buße verstanden, in Fortführung der schon in der Alten Kirche aufgekommenen Ansicht, daß der Eintritt in den Mönchsstand der öffentlichen Buße gleichgesetzt werden darf, daß nicht nur etwas Gleichwertiges, sondern etwas Vollkommeneres an die Stelle des kirchlichen Bußverfahrens tritt, weil statt einer vorgeschriebenen eine freiwillige Buße geleistet wird[2]. Den Bußcharakter des Mönchtums konnte man in der mönchischen Disziplin oder auch in der affektiven Stimmung reuevoller Sündenbetrachtung erblicken. Während bei Bernhard beides sich etwa die Waage hält, hat der in Luthers ersten Mönchsjahren (bis 1507) im Erfurter Augustinerkloster als theologischer Lehrer wirkende Johannes von Paltz[3] sehr einseitig die Bußleistung der mönchischen Disziplin hervorgehoben. In einem Entwurf für eine Mönchskollation bezeichnet er den Mönchsstand als den status verae poenitentiae und versteht dabei unter der Buße die Satisfaktionsleistung; denn er zerlegt sogleich die Buße in ieiunium, eleemosyna und oratio[4]. Diese drei Bußwerke sind

---

[1] B. Lohse, Mönchtum und Reformation, S. 366; W. Jetter, Die Taufe beim jungen Luther, S. 109 f.

[2] J. Leclercq, La vie parfaite, S. 135 f.; B. Poschmann, Buße und letzte Ölung, S. 59 f. — Dem bei Bernhard begegnenden Ausdruck ordo poenitentium et continentium (s. o. S. 97) entspricht es, wenn Holl I S. 16 sagt, das Mönchtum sei nach traditioneller Ansicht »zugleich der Stand der Buße und der Stand der Vollkommenheit«. Denn gemäß dem Ideal der Jungfräulichkeit wurde die continentia immer für die größte unter den Tugenden mönchischer Vollkommenheit gehalten.

[3] Über Johannes von Paltz († 1511) vgl. RGG³ 5, 34 f. (A. Zumkeller); von seinem monastischen Gedankengut behandelt einiges B. Lohse, Mönchtum und Reformation, S. 160—171.

[4] In sein Supplementum Coelifodinae hat Johannes von Paltz 6 mehr oder weniger ausführliche Skizzen für Mönchskollationen, also Klosteransprachen aufgenommen; in der Ausgabe Leipzig 1510 beginnt die erste Bl. h 6rb. Den

nach Paltz um so fruchtbarer, je weniger sie vom eigenen Willen festgesetzt, und je mehr sie nach dem Willen dessen verrichtet werden, den es zu versöhnen gilt, also nach dem Willen Gottes. Der Mönch verpflichtet sich zu den drei Bußwerken nicht nach Maßgabe des eigenen Willens, sondern nach Gottes ausdrücklicher Vorschrift. Er verrichtet seine Gebete und sein Fasten gemäß den auf Gottes Willenserklärung beruhenden Mönchssatzungen. Das Bußwerk der Almosengabe vollbringt der Mönch in der freigebigsten Weise, indem er durch die drei Mönchsgelübde alle drei Arten vorfindlicher Güter Gott darbringt, in der Armut die zufälligen äußeren Güter, in der Keuschheit die natürlichen leiblichen Güter und im Gehorsam die verfügbaren seelischen Güter. Wer in dieser Weise die Werke der Buße leistet, dem wird alle Schuld und Strafe seiner Sünden vergeben. Johannes von Paltz hat allerdings angemerkt, daß auch contritio und confessio vorhanden sein müssen, wenn die satisfaktorische Bußleistung des Mönches ihm die volle Sündenvergebung erwirken soll[5]. Doch erhält diese Bemerkung gar keinen Nachdruck. Hingegen wird der satisfaktorische Wert der mit dem Eintritt in den Mönchsstand übernommenen Disziplin ausführlich begründet. Daneben wird die monastische Bußaffektion von Johannes von Paltz nur beiläufig berührt innerhalb eines kürzeren Passus über die Reinheit des mönchischen Lebens[6]. Den Ausführungen des Erfurter Augustiner-Eremiten dürfen wir, nach dem Gesamteindruck seines Schrifttums zu urteilen, das durchschnittliche Selbstverständnis des spätmittelalterlichen Mönchtums entnehmen.

Der Gedanke der Buße und der Selbstverurteilung wurde im Mönchtum auch mit ganz bestimmten Ereignissen dieses Lebensweges verknüpft. Den meisten Aufschluß über diese Punkte des mön-

---

oben besprochenen Abschnitt (ebd. Bl. h 6vb/i 1ra) zitiert auszugsweise B. Lohse, Mönchtum und Reformation, S. 168 A. 43; ergänzend dazu sei hier noch der 3. Punkt der mönchischen Bußwerke genannt: religiosus ... dat nihilominus largissimam eleemosynam secundum omnia bona temporis, omnia bona corporis et omnia bona animae. Die mönchische Almosengabe im Verzicht auf die 3 Arten der vorfindlichen Güter hat Paltz schon vorher Bl. h 6va/b breit entfaltet.

[5] Paltz, Supplem. Coelifodinae, Leipzig 1510, Bl. h 6rb: Primus ... fructus intrantium religionem est plenaria omnium peccatorum remissio, scil. ab omni culpa et ab omni poena, si saltem assit contritio et confessio.

[6] Paltz, Supplem. Coelifodinae, Leipzig 1510, Bl. i 1va zitiert aus Petrus Damiani, Liber qui appellatur Dominus vobiscum c. 19, ML 145, 248 D: In cella mens hominis coelestis gratiae rore saepius perfunditur et per compunctionis fletum lacrimarum inundantium imbribus rigatur.

chischen Selbstverständnisses verdanken wir bisher der Forschung der Benediktiner und Zisterzienser. Unsere Kenntnisse sind dadurch noch beschränkt auf die Blütezeit des benediktinischen und zisterziensischen Mönchtums. Es ist zu hoffen, daß sich noch Quellen auftun, die eine Ausweitung der Forschungen auf andere Orden und das Spätmittelalter ermöglichen. Gedanken, die wir vorerst nur aus Quellen des 11. bis 13. Jahrhunderts kennen, dürfen wir jedoch auch bei angemessener Vorsicht in Luthers Umwelt vermuten, da in der mönchischen Geistigkeit gewisse Vorstellungen sich immer wieder in den verschiedenen Gemeinschaften und zu verschiedenen Zeiten durchgesetzt haben.

Unter den bisher veröffentlichten Texten, die das monastische Bußverständnis beleuchten, befindet sich auch ein Brief des Gilbert Crispin über das Mönchtum. Gilbert (1046—1117) ist im Kloster Bec von Lanfrank und Anselm im mönchischen Geiste unterwiesen und später zum Abt von Westminster bestellt worden[7]. Er betrachtet den Eintritt in den Mönchsstand nicht primär als den Empfang einer zweiten, die erste erneuernden und vollendenden Taufe. Geleitet von der Idee, daß die durch Sünde verlorene Taufgnade durch die Gnade der Buße und Beichte wiederhergestellt werden kann, deutet er die Mönchsprofeß als die vollkommene Form der Buße und Beichte[8]. Allerdings sieht er dabei auch eine Analogie mit der Taufe. Denn wie der Täufling verspricht, dem Teufel und seinen Werken abzusagen, so gelobt der angehende Mönch die conversio morum und die oboedientia[9]. Es geht bei der Profeß um eine Erneuerung des Menschen. Bei der feierlichen Einkleidung des Mönches wird darum zu Christus gebetet, er möge das Alte an diesem Menschen abtun und ihn zu einem neuen Menschen machen. Gilbert zitiert in diesem Zu-

---

[7] Über Gilbert Crispin vgl. LThK² 4, 892 (F. S. Schmitt). Der Brief über das Mönchtum ist ediert worden von J. Leclercq in: Stud. Anselm. 31 (= Anal. monast. 2), 1953, S. 118—123.

[8] Gilbert (S. 120, 11 ff.): Ad baptismi gratiam redire non possumus, quia reiterari non potest baptismus. Ad secundariam ergo, i. e. confessionis gratiam refugiendum est. Sicut enim de baptismo dicitur (Mc. 16, 16): »Qui crediderit et baptizatus fuerit, salvus erit«, ita de confessione scriptura testatur (vgl. 1. Ioan. 1, 9): Omnia in confessione delicta donantur. Et Psalmista (Ps. 31, 5) »Dixi« inquit, »confitebor adversum me iniustitiam meam Domino, et tu remisisti impietatem peccati mei«. Perfecta vero confessionis ac poenitentiae professio in solo fit monachatu.

[9] Gilbert (S. 120, 18 ff.): sicut baptizandus promittit se abrenuntiaturum Satanae et operibus eius, ita suscipiendus ad hunc ordinem promittit conversionem morum suorum et oboedientiam.

sammenhang die Gebetsformel, die auch Staupitz, dem allgemeinen
Brauch der Mönchsorden folgend, in seinen Constitutiones (1504)
für den Akt der Bekleidung mit dem Mönchsgewand vorschreibt[10].
Weil die mit dem Eintritt in den Mönchsstand geleistete Buße nach
Gilberts Meinung so groß ist wie keine andere Buße, dient sie auch
mehr als jede andere Buße der Vergebung der Sünden. Hier sühnt
der Mensch seine Sünde, indem er sich selbst hingibt und nicht nur
etwas von dem Seinen. In einzigartiger Weise eröffnet die mönchische Selbstpreisgabe eine Aussicht auf das ewige Leben[11].

Soll das ganze Leben im Mönchsstand als Buße aufgefaßt werden[12], so soll in besonderer Weise beim Mönchskapitel das Selbstgericht geübt werden. In einem mittelalterlichen Sermon, der Auf-

[10] Gilbert (S. 120, 21 ff.): der Abt betet »Exuat te veterem hominem cum actibus
suis et induat te novum hominem qui secundum Deum creatus est in iustitia
et sanctitate veritatis (Eph. 4, 24).« Staupitz, Constitutiones (1504) c. 18:
beim Ausziehen des habitus novicialis spricht der Prior »Exuat te Dominus
veterem hominem cum actibus suis«, beim Anlegen der vestis professorum:
»Induat te Dominus novum hominem qui secundum Deum creatus est in
iustitia et sanctitate veritatis (Eph. 4, 24).« — Wie der Täufling so wird nach
Gilbert auch der Mönch in übertragener Weise mit Christus »per triduum«
begraben (S. 120, 23 ff.): Denique trina illa mersio in aquam baptismatis
Dominici corporis per triduum in sepulchro requiem figurans hic repraesenta-
tur, cum in ipso sacrae religionis habitu monachus per triduum quodammodo
consepelitur. Der sinnbildliche Nachvollzug des Triduum Christi bei der
Mönchsprofeß ist auch erwähnt in dem pseudogregorianischen Dekret, das
u. a. von Rupert von Deutz De trinitate et operibus eius 8 c. 8, ML 167, 1791
zitiert wird (vgl. Stud. Anselm. 31 = Anal. monast. 2, 1953, S. 137 bei A. 1)
und in dem anonymen, vermutlich zisterziensischen Text, den J. Leclercq
ebd. S. 138 f. ediert hat. Eine etwas andere monastische Deutung des Triduum
Christi bei Luther WA 55 II 1, 10, 2 ff.

[11] Gilbert (S. 120, 25 ff.): Prodest itaque monachatus. Ad quid? Ad obtinendam
delictorum veniam. Quantum? Nulla poenitentia adeo, quia nulla est adeo
magna. In isto quippe satisfactionis genere, propria et spontanea manumis-
sione sua, obtinendae gratia misericordiae reddit Deo se et sua omnia peccator, indeque voto se alligat coram Deo et sanctis eius, in praesentia quoque
hominum . . . Prodest ad obtinendam vitam aeternam . . . (nach Hinweis auf
Mt. 19, 16—21) Quis autem pro Deo vendit omnia quae habet, nisi qui seipsum vendit et omnia quae habet, ita ut iam nil habeat neque sui iuris iam
existat? Quis denique potest dicere Deo (Mt. 19, 27) »Ecce nos reliquimus
omnia«, nisi qui, seipsum abnegando et sua omnia relinquendo, se suaque
omnia Deo committat? . . . Prodest igitur haec vita ad delictorum indulgentiam et obtinendam vitam aeternam, et nullum vitae genus ad id obtinendum
adeo prodest, quia nullus pro Deo plus facere potest quam is qui pro Deo,
relinquendo omnia, seipsum scil. et sua omnia dat sibi et facit pro Deo quidquid facere potest.

[12] Vgl. Bernhards Anschauung, S. 92 f. 97 ff.

gabe und Sinn des Mönchskapitels entfaltet, wird das Kapitel gerühmt als der magister et dux totius monasterii, als der pater et iudex totius religionis. Das Kapitel ist der Quellort aller Verrichtungen, die im Kloster geschehen. An diesem Ort wird der Gehorsam aufgerichtet und der Ungehorsam verurteilt. In personifizierender Redeweise wird das Kapitel der pater oboedientium und der iudex delinquentium genannt[13]. Da das Gericht die entscheidende Aufgabe des Kapitels ist, wird es in die Mitte gestellt zwischen zwei andere »Kapitel«, in denen Gott und Mensch im Gericht einander begegnen. In dem einen »Kapitel« wurde Christus von Pilatus, d. h. Gott vom Menschen, gerichtet. Das andere Gericht wird am Jüngsten Tage stattfinden, wenn jeder Mensch von Gott gerichtet werden wird. Das Mönchskapitel liegt indessen nicht nur zeitlich in der Mitte zwischen den beiden genannten »Kapiteln«, sondern hält auch die Mitte in der Art und Weise, in der hier zwischen Gott und Mensch Gericht geübt wird[14]. So wird dem Mönchskapitel eine hervorragende soteriologische Bedeutung zugeschrieben.

In einem anderen vom Mönchskapitel handelnden Sermon (12. Jh.) wird dieses Gericht unter das Wort Joh. 12,31 gestellt »Nunc iudicium est mundi«. Es ist ein Gericht angesichts des Kreuzes Christi. Darum ist im Kapitelsaal das Kreuz aufgemalt zu sehen; denn wo das signum crucis erscheint, ist ein Ort des Gerichtes. Schuld, die jetzt im Mönchskapitel coram cruce wieder gutgemacht wird, wird nicht wieder aufgedeckt, wenn das Kreuz Christi das Zeichen des Endgerichtes sein wird. Allerdings darf die Sünde im gegenwärtigen Gericht nicht entschuldigt werden. Davor warnt das Dic-

---

[13] J. Leclercq, Le Sermon de Grossolano sur le chapitre monastique, Studia Anselm. 37 (= Anal. monast. 3), 1955, S. 138—144; ebd. S. 141, 3 ff.: Locus iste in quo vos cotidie, fratres mei, convenitis, locus sanctus est et venerabilis . . . quasi pater et iudex totius religionis: pater oboedientium, iudex delinquentium . . . merito vocatur capitulum, quia caput est omnium quae sunt in monasterio officinarum . . . est magister et dux totius monasterii.

[14] Ebd. S. 141, 21 ff.: Hoc autem scire debetis, fratres mei, quia duo capitula sunt ad quae istud, quando convenitis, capitulum, quasi medium debet respicere et inter duo illa se regere. Primum enim capitulum fuit quando a Pilato iudicatus est Christus et ab homine iudicatus est Deus. Secundum capitulum erit in die iudicii, quando iudicabitur a Deo omnis homo. Hoc igitur capitulum quod fit per monasteria quasi medium est inter illa duo capitula, non solum tempore, sed etiam actione . . . De primo capitulo debetis humilitatem et patientiam Domini nostri Iesu Christi accipere . . . De ultimo vero capitulo debent fratres huius capituli peccandi timorem habere . . . Et debent amorem bene operandi habere.

tum Gregors: Culpa, cum defenditur, geminatur[15]. An Stelle Christi fungiert hier der Abt als Richter. Nicht mit Schmähung und in unbarmherziger Strenge, sondern mit Liebe wird der Schuldige im Kreise der Brüder zur Rechenschaft gezogen[16]. Das gibt auch dem Angeklagten mehr Mut zu einem Geständnis seines Vergehens. Hat er ein demütiges und aufrichtiges Bekenntnis abgelegt, so darf er gewiß sein, daß seine Sünde coram cruce et iudice getilgt ist. Wer hingegen seine Sünde leugnet oder hartnäckig verteidigt, der macht sich für Zeit und Ewigkeit zum Schuldigen[17].

Wie wenig sich die Anschauungen im Bereich des monastischen Denkens wandeln, dokumentieren im 17. Jahrhundert die Disquisitiones monasticae des Benediktiners B. Haeften. In diesem Werk werden bei der Beschreibung des Mönchskapitels einige Merkmale genannt, die sich mit Eigentümlichkeiten des Bußgerichtes decken.

[15] M.-M. Lebreton, Les sermons de Julien moine de Vézelay, Stud. Anselm. 37 (= Anal. monast. 3), 1955, S. 118—137; ebd. 136, 1 ff.: Est item et aliud nunc iudicium mundi (Ioan. 12, 31), capitulum scil. monachorum, aut etiam clericorum ... ubi crux ideo pingitur, ut locus esse iudicii demonstretur: »Hoc« quippe »signum crucis erit in coelo, cum Dominus ad iudicandum venerit« (aus dem off. exalt. crucis). Culpa igitur quae coram cruce hac emendabitur, coram illa minime retractabitur, si tamen qui in hoc iudicio iudicandus assistit culpam suam minime defendit. Culpa, inquit Gregorius (cf. mor. 33 c. 4 n. 10), cum defenditur, geminatur. — Joh. 12, 31 wird später (S. 137, 24 f.) noch einmal aufgegriffen. — Die spätmittelalterliche Deckenbemalung im Kapitelsaal des Zisterzienserklosters Bebenhausen bei Tübingen zeigt an zentraler Stelle das Kreuz mit den Marterwerkzeugen. — Daß der Mönch gehalten ist, im Kapitel seine Sünde nicht durch Entschuldigung zu verdoppeln, bezeugt Ps.-Bernhard meditationes c. 10 n. 27 (Mab. 2, 330): In capitulo, ubi peccata mea emendare debui, peccatis peccata addidi. Cum de illis accusatus fui, aut aliquo modo excusavi, aut ex toto negavi, aut quod deterius est, defendi et impatienter respondi, cum nullum sit peccatum a quo non sim contaminatus, aut contaminari non possim. Iustum est ergo, ut omni excusatione remota emendationem promittam, undecumque aut a quocumque accuser.
[16] Stud. Anselm. 37, 1955, S. 136, 12 ff.: Sedet in hoc iudex abbas, qui vices Christi in monasterio agere videtur (Reg. Benedicti c. 2). Clamatur reus et coram fratrum venerando senatu negligentiae suae caritative arguitur. Corripit enim iustus in misericordia, sciens quia, si ei tacendo parceret, alienae culpae se participem faceret.
[17] Stud. Anselm. 37, 1955, S. 137, 16 ff.: facit caritativa clamatio confidentem, quem invectiva et aspera faceret diffidentem. Ceterum, quocumque animo, quacumque invectione clamator accuset, confiteatur culpam qui clamatur, humiliter, certus et indubitans, quia hoc peccatum, ut vulgo dicitur, non portabit in terram, quod coram cruce et iudice humili et veraci confessione purgabit. Portabit autem peccatum in terram et aeterno iudici reservabitur iudicandum, si id diffidetur et negat, vel contumaciter defendere non veretur.

Unter anderem wird unter Zitierung von 1. Cor. 11,31 hervorgehoben: Durch das gütige Gericht (benignum iudicium) des »Kapitels« kann man der strengen Bestrafung im Gericht Gottes entgehen. Hier ist auch eine ausgezeichnete Gelegenheit zur mortificatio sui und zur abnegatio existimationis propriae gegeben. Die
Demut kann bewiesen werden, weil es nach einem Wort Gregors ein
Zeichen der humilitas ist, die eigene Sünde anzuklagen und der
Anklage durch andere nicht zu widersprechen. Ein Heilmittel für
die eigenen Mängel liegt in gewisser Weise schon in deren freiwilliger Enthüllung[18].

Man darf annehmen, daß einige der skizzierten Momente im
Verständnis des Mönchskapitels auch im Augustinerorden zur Zeit
Luthers im Bewußtsein waren[19].

[18] B. Haeften, Disquisitiones monasticae 8 tr. 1 disquis. 6: cur haec culparum
accusatio instituta? Primo, ut puniantur a nobis commissa peccata, et per hoc
benignum iudicium districtionem severissimi iudicii Dei evadamus (folgt
1. Cor. 11, 31). . . . Secundo est in hoc actu insignis mortificatio sui et abnegatio existimationis propriae, quae revelatione defectuum imminui et obscurari
videtur . . . Tertio. Benedictina religio schola est humilitatis, quam vel maxime
in capitulo exercet monachus, »cum in duris et contrariis amplectitur, et susti-
nens non lassescit« (reg. Benedicti c. 7 grad. 4). »Humilitatis«, inquit d. Gregorius (vgl. mor. 22 c. 15), »indicium est peccatum suum accusare, et accu-
santibus non negare.« Et paulo post: »Vere humilis sese ad emendationem
culpae, pro qua arguitur, offert.« Quarto. Defectuum nostrorum spontanea
manifestatio eorumdem quodammodo medicina est.
[19] Aus den allgemeinen Vorschriften kann man jedoch nur das Institutionelle
eruieren, vgl. Scheel, Martin Luther 2, S. 37.

9. Kapitel

MARTIN LUTHER

1. Iudicium hominum und iudicium Dei, der Grundriß in Luthers Verständnis von iudicium

Luthers Bußverständnis in der 1. Psalmenvorlesung wird unter zwei Leitbegriffen betrachtet: »Bußgericht« und »Bußbewegung«. Diese beiden Begriffe ergeben sich mir aus der Beobachtung, daß Luthers Bußtheologie zwei exegetische Kristallisationskerne aufweist, den einen in der Wortgruppe »iudicium«, den anderen in den Textstellen, die durch Anklänge an die Bußsprache eine Interpretation im Sinne der Buße erfordern. Hierher gehören z. B. Textworte aus den Wortgruppen contero, compungo, confiteor und die verschiedensten klagenden, wünschenden und beschreibenden Aussagen der Psalmen, in die Luther mit seiner exegetischen Methode den Bußgedanken hineintragen konnte. In diesem Bereich konzentriere ich mich zunächst auf die größeren exegetischen Partien, in denen von der Bußaffektion und im engeren Zusammenhang damit von der Bußbewegung die Rede ist, von der Bewegung, in die der Glaubende nach Luthers Verständnis durch die Buße gerät. Luthers spätere Äußerung über die Entwicklung seiner Bußanschauung lenkt das Interesse gerade auf diese Stücke[1]. Andere Merkmale von Luthers Bußtheologie treten in der Auslegung von iudicium hervor. Die beiden Sprachkreise unter den Stichworten Bußgericht und Bußbewegung überschneiden sich. Schon in der auf Luther einwirkenden Tradition lassen sich diese beiden Kreise erkennen. Zuweilen überlagern sie sich, durchdringen einander, zuweilen erscheinen sie unabhängig voneinander, jeder in seiner Eigenart. Bei beiden ist der geschichtliche Zusammenhang in Beharrung und Verwandlung gegeben.

Luthers Deutung von iudicium auf das Bußgericht ist eingefügt in den Rahmen seines Gesamtverständnisses von iudicium und wird in diesem Zusammenhang betrachtet. Dabei tritt auf einer markanten Linie die exegetisch-theologische Konsequenz in Luthers

---

[1] Vgl. WA 1, 525 f. = BoA 1, 16 f.

Denken zutage. Im Mittelpunkt stehen die großen Auslegungen von iudicium in Scholion und Adnotatio zu Ps. 1,5[2] und in den Scholien zu Ps. 36,6[3] und zu Ps. 71,2[4]. In der Exegese dieser drei Stellen entwirft Luther den Grundriß für sein Verständnis von iudicium. Grundlegend ist die Unterscheidung von iudicium hominum und iudicium Dei[5]. Das profane Verständnis von iudicium hominum, das wiederum von einem biblischen Begriff des iudicium hominum abgegrenzt wird, enthält formale Bestimmungen, die Luther in die theologische Rede vom iudicium Dei übernimmt[6]. Den Begriff iudicium Dei entfaltet Luther bei den drei genannten Textstellen[7] und in der Randglosse zu Ps. 100,1[8] mit den drei hermeneutischen Kategorien der Anagogie, Allegorie und Tropologie[9]. Das bedeutet, daß von Gottes Endgericht, von Gottes Gericht der Er-

---

[2] Schol. Ps. 1, 5 WA 55 II 1, 20, 13 — 21, 14 (= BoA 5, 210, 3—27) 32, 18 bis 35, 2 36, 10 — 37, 10; Adn. Ps. 1, 5 WA 4, 467, 39—468, 26 468, 27 bis 470, 40 (=BoA 5, 41, 1—44, 24) 471, 10 f. Es ist die umfangreichste Adnotatio, die Luther in sein Exemplar von Fabers Quincuplex Psalterium eingetragen hat, wobei er den Hauptteil auf die Innenseite des vorderen Buchdeckels geschrieben hat!

[3] WA 3, 203, 1 ff. = BoA 5, 109, 20 ff. Daß wir es mit der Auslegung von Ps. 36, 6 und nicht von Ps. 35,7 zu tun haben, wird die Beschreibung der Dresdener Scholienhandschrift darlegen.

[4] WA 3, 458, 8—11 461, 20—467, 4 = BoA 5, 151, 10—157, 10; vgl. S. 3.

[5] Schol. Ps. 71, 2 WA 3, 463, 1 ff. = BoA 5, 151, 11 ff.; vgl. Adn. Ps. 1, 5 WA 4, 468, 30 ff. = BoA 5, 41, 4 ff., Schol. Ps. 36, 6 WA 3, 203, 39 ff. = BoA 5, 110, 25 ff.

[6] Adn. Ps. 1, 5 WA 4, 468, 28 ff. 470, 14 ff. = BoA 5, 41, 2 ff. 43, 30 ff., Schol. Ps. 36,6 WA 3, 203, 39 ff. = BoA 5, 110, 25 ff., Schol. Ps. 71,2 WA 3, 464, 1 ff. 466, 30 ff. = BoA 5, 151, 11 ff. 154, 6 ff.

[7] S. o. A. 2—4.

[8] Rgl. Ps. 100, 1 WA 4, 127, 30 ff.

[9] Adn. Ps. 1,5 (WA 4, 468, 32 ff. = BoA 5, 41, 8 ff.) in der Reihenfolge: Allegorie, Tropologie, Anagogie; Schol. Ps. 36,6 (WA 3, 203, 1 ff. = BoA 5, 109, 20 ff.), Schol. Ps. 71,2 (WA 3, 462, 25 ff. = BoA 5, 155, 1 ff.) und Rgl. Ps. 100, 1 (WA 4, 128, 20 ff.) in der Reihenfolge: Tropologie, Allegorie, Anagogie; Schol. Ps. 71,2 (WA 3, 464, 10 ff. = BoA 5, 151, 19 ff.) in der Reihenfolge: Anagogie, Allegorie, Tropologie. Als Deutung ad litteram von iudicium allgemein bezeichnet Luther Adn. Ps. 1, 5 (WA 4, 468, 30 f. = BoA 5, 41, 4 f.) und Schol. Ps. 36,6 (WA 3, 203, 39 ff. = BoA 5, 110, 25 ff.) das profane Verständnis von iudicium (hominum), während für den prophetisch-litteralen Sinn von iudicium Dei bei Ps. 1, 5 (WA 4, 468, 33 f. = BoA 5, 41, 8) und bei Ps. 71, 2 (WA 3, 464, 14 f. = BoA 5, 151, 24 f., vgl. WA 3, 461, 20 ff. = BoA 5, 156, 25 ff.) das allegorische (oder das tropologisch-allegorische) Verständnis maßgebend sein soll. Im Kontext von Schol. Ps. 71, 2 tritt dann Christus als Bezugspunkt der litteralen Deutung von iudicium Dei hervor WA 3, 463, 27 f. 458, 11 = BoA 5, 156, 18 f. 23.

wählung und Scheidung und von Gottes Gericht der Buße zu reden ist[10]. Die beiden letzten Formen von Gottes richtendem Handeln haben in Luthers Exegese eindeutig das Übergewicht. Es geht um das gegenwärtige, verborgene Gericht Gottes, das Luther auf seine eigene Weise christologisch begründet[11]. Neben dem christologischen, tropologischen, allegorischen und anagogischen Aspekt von Gottes Gericht zeichnen sich in Luthers Exegese der Wortgruppe iudicium noch zwei Gedankenreihen ab: Wir stoßen auf Aussagen über das Strafgericht, das Gott in der Geschichte offenkundig oder verborgen vollzieht[12], und auf Ausführungen über das Gericht Christi innerhalb der kirchlichen Ordnung[13].

Ich beschränke mich vorläufig auf die Hauptlinien von Luthers Bußtheologie in den beiden exegetischen Sprachkreisen des Bußgerichtes und der Bußbewegung. Einer ergänzenden Darstellung bleibt es noch vorbehalten, auch die Nebenlinien sichtbar zu machen und auch Luthers Verständnis des mit iudicium korrespondierenden Begriffes iustitia zu entfalten, damit die Wechselbeziehungen zwischen Buße und Rechtfertigung voll erfaßt werden können. Hier wird zunächst angestrebt, in enger gesteckten Grenzen bei Luther wie bei den in Betracht gezogenen mittelalterlichen Autoren, auf einer analytischen Interpretation der grundlegenden Texte aufbauend, ein Bild von dieser Phase der geschichtlichen Entwicklung zu gewinnen.

Luther unterscheidet im Schol. Ps. 71,2 ein iudicium hominum und ein iudicium Dei[14]. Das iudicium hominum sieht er zunächst

---

[10] Abschnitt 4—6 greifen also die anagogische, allegorische und tropologische Deutung von iudicium Dei auf. In den Abschnitten 8 und 9 werden dann noch zwei im Gericht der Buße ansetzende Linien ausgezogen.

[11] 7. Abschnitt.

[12] 2. Abschnitt.

[13] 3. Abschnitt.

[14] WA 3, 464, 1 ff. = BoA 5, 151, 11 ff. Zu den Begriffen iudicium iustum-iniustum und iudicium temerarium-verum vgl. Thomas STh 2 II q. 60 a. 2 co. (und sed c.). Augustin hat Mt. 7, 1 als Warnung vor dem iudicium temerarium aufgefaßt, de serm. Dom. in monte 2 c. 18 (vgl. Thomas STh 2 II q. 60 a. 2 ad 1). Altenstaig s. v. Iudicium temerarium zitiert nicht nur Thomas STh 2 II q. 60 a. 2 co. (s. o.), sondern auch eine Reihe Bibelstellen, u. a. Lev. 19, 15 und Joh. 7, 24. Im Vocabularius iuris utriusque findet sich folgende, von Luthers Verständnis abweichende Fassung der Begriffe iudicium publicum und privatum: Iudicia publica sunt de publicis causis. ... cuilibet de populo commissa est executio, ut contra crimen laesae maiestatis, in quo omnes de populo possunt accusare ... Iudicia privata sunt quae civiliter tractantur sive intentantur.

ganz innerweltlich in zwei Formen. Das eine Mal fällt der Mensch
ein öffentliches, das andere Mal ein privates Urteil. Das öffentliche
Urteil ist entweder gerecht oder ungerecht, d. h. es unterliegt dem
Maßstab der Gerechtigkeit, es hat der Norm des gesetzten Rechtes
zu folgen und hat über Recht und Unrecht zu befinden. Das private
Urteil hingegen ist entweder begründet und wahr oder leichtfertig
und unbillig. Es ist das Urteil, mit dem einer privat über den anderen
urteilt, wobei er entweder ein zutreffendes und insofern wahres oder
ein unzutreffendes, unbegründetes und darum ungerechtes Urteil
abgibt. Sowohl beim iudicium publicum als auch beim iudicium
privatum kann das Urteil im Herzen gefällt, mit dem Munde gesprochen oder auch mit der Tat vollstreckt werden.

Auch im Schol. Ps. 36,6[15] erwähnt Luther diesen nichttheologischen Begriff von iudicium. Der Allgemeinbegriff iudicium privatum
taucht hier allerdings nicht auf. Wenn aber von einem temerarium
et verum iudicium hominis ad hominem die Rede ist, zeigt die Übereinstimmung in den Adjektiven (temerarium — verum), daß das
iudicium privatum von Schol. Ps. 71,2 gemeint ist, während das
iudicium in foro contentioso für das gleich darauf genannte iudicium
publicum steht. Luther bemerkt, daß das öffentliche Gericht vor dem
Gerichtshof littera und figura für die iudicia Dei bilde, d. h. für das
Gericht Gottes in seinen verschiedenen Erscheinungsformen, die nach
dem Schema des vierfachen Schriftsinnes erschlossen werden. Das
Gericht Gottes ist also die geistliche Erfüllung des menschlich forensischen Gerichtes, in welchem es »buchstäblich« vorgebildet ist[16].
Außerdem gibt Luther im Schol. Ps. 36,6 noch eine psychologische

---

[15] WA 3, 203, 38—204, 2 = BoA 5, 110, 24—29.

[16] WA 3, 203, 39 f. = BoA 5, 110, 25 ff. will Luther offenbar auch das iudicium
privatum in das Verständnis ad litteram einbeziehen. — Die littera hat ihren
Gegenbegriff im spiritus und die figura in der veritas. — Gerson unterscheidet
das profane und das geistlich kirchliche Gericht, resolutio circa materiam
excommunicationum et irregularitatum cons. 1 (2, 422 DuPin): Aliter iudicat
secundum forum iurista persaepe, aliter theologus, quia primus magis respicit
forum contentiosum et extrinsecum, sed theologus magis attendit forum
conscientiae et intrinsecum quoad Deum. Item iurista considerat factum in se
et circumstantias exteriores, de quibus potest iudicialiter apparere . . . Theologus autem intuetur cor in foro conscientiae, in quo creditur confitenti tam
pro se quam contra se coram Deo. — Zur Unterscheidung von iudicium
hominum und iudicium Dei vgl. Gerson de protest. circa materiam fidei
cons. 8 (1, 32 DuPin): Aliter enim iudicat Deus, aliter homo. Deus inspicit
corda et scit quod intus agatur. Humanum vero iudicium id spectat quod
foris est, et potest certificari per signa, testes, voces et opera. De vita spirituali animae lect. 4 coroll. 3 (3, 159 Glorieux).

Definition des menschlichen Urteils nach dem subjektiven Träger, der entweder in der Vernunft als dem urteilenden Seelenvermögen oder in der Klugheit als der urteilenden Tugend gefunden wird. So ist das iudicium das Abschätzen der Vernunft (aestimatio rationis) oder der Akt der Klugheit (prudentiae actus)[17].

Wie im Schol. Ps. 71,2 wird auch im Schol. Ps. 36,6 der profane Begriff von iudicium — iudicium publicum und privatum sowie iudicium in der psychologischen Definition — unter den Oberbegriff iudicium hominum gestellt und damit vom iudicium Dei unterschieden[18]. Doch nennt Luther im Schol. Ps. 71,2 neben dem profanen iudicium hominum, das immerhin als littera und figura auf das iudicium Dei hinweisen kann, noch einen biblischen Begriff des iudicium hominum, das dann im ausschließenden Gegensatz zum iudicium Dei gesehen wird. Es ist das Urteil, mit dem die Menschen nur die zeitlichen Güter wertschätzen. Wer sich aber, derart menschlich urteilend, für die temporalia und dadurch gegen die spiritualia entscheidet, der hält das malum für ein bonum und umgekehrt[19]. Er fällt ein grundverkehrtes Urteil.

Einen nichttheologischen Allgemeinbegriff von iudicium, der im Zusammenhang mit dem profanen iudicium hominum nicht ausdrücklich erwähnt wird, jedoch dem forensischen iudicium publicum zugeordnet ist, verwendet Luther in Adn. Ps. 1,5. Während bei Ps. 71,2 in der Bestimmung des iudicium publicum der Begriff iudicium generell für das Urteil genommen wird — entweder als Urteil im Herzen oder als Urteilsspruch oder als Urteilsvollzug —, wird in Adn. Ps. 1,5 unter dem iudicium direkt der Vollzug des Gerichtes verstanden. Im Gericht wird die Gerechtigkeit durchgesetzt, vor allem werden Strafen auferlegt[20]. An den Personen geschieht zweierlei: der Ungerechte wird bestraft, der Gerechte wird in seiner Angelegenheit freigesprochen[21]. Dabei liegt jedoch im Gebrauch des Wortes iudicium das Schwergewicht für Luther in dem Verurteilen und Bestrafen des schuldigen Teiles, während das zugleich erfolgende Gerecht- und Freisprechen des unschuldigen Tei-

---

[17] WA 3, 203, 38 f. = BoA 5, 110, 24 f. Vgl. Thomas STh 2 II q. 60 a. 1 ad 1.
[18] Schol. Ps. 71, 2 WA 3, 464, 1 ff. = BoA 5, 151, 1 ff., Schol. Ps. 36, 6 WA 3, 203, 40 ff. = BoA 5, 110, 27 f.
[19] WA 3, 464, 6 ff. = BoA 5, 151, 15 ff.
[20] WA 4, 468, 28 f. = BoA 5, 41, 2 f. Vgl. Thomas STh 1 II q. 99 a. 4 ad 2: iudicium significat executionem iustitiae. STh 2 II q. 60 a. 1 co.: iudicium quod importat rectam determinationem eius quod est iustum, proprie pertinet ad iustitiam.
[21] WA 4, 468, 30 ff. = BoA 5, 41, 4 ff.

les im Begriff iudicium nicht so stark betont ist und mehr unter den Begriff iustitia fällt[22]. Wenigstens für den biblischen Sprachgebrauch meint Luther diese Akzentuierung und mit ihr einen deutlichen Abstand zwischen den Begriffen iustitia und iudicium feststellen zu können. Denn eigentlich vollziehen sowohl die Gerechtigkeit als auch das Gericht das reddere unicuique quod suum est[23], so daß durch beide dem Schuldlosen die gebührende Rechtfertigung und dem Schuldigen die verdiente Strafe zuteil wird. Aber in der Schrift werden nach Luthers Meinung die beiden Begriffe im qualifizierten Sinne im Hinblick auf die betroffene Person verwendet. In der Gerechtigkeit wird dem Guten Gutes, dem Gerechten Gerechtes beigelegt; die iustitia bezieht sich immer oder doch häufig[24] auf ein bonum reddendum, sie meint also nicht einfach den Akt der Gerechtigkeit, unabhängig vom materialen und personalen Bezug. Und das iudicium bezeichnet nicht allgemein das Urteil, sondern die Verurteilung, durch die dem Bösen die Strafe zugemessen wird, was die Befreiung des vom Frevler unterdrückten und gequälten Gerechten mit sich bringt. So ist das Gericht praktisch ein doppelter Vorgang, weil mit der Bestrafung des Bösen die Befreiung des Gerechten Hand in Hand geht, und weil das iudicium Gut und Böse scheidet, während die iustitia nur Gutes zuteilt. Damit berührt Luther eine weitere Bestimmung von iudicium: es ist die Scheidung von Gut und Böse[25].

Sofern in der Bibel mit iudicium die Bestrafung des Gottlosen gemeint ist, erhebt sich die Frage, warum nicht das Wort punitio gewählt wird[26]. Luther antwortet mit dem Hinweis darauf, daß in dem Begriff iudicium auch das abwägende Unterscheiden[27] enthalten

---

[22] Adn. Ps. 1, 5 WA 4, 470, 14—21 = BoA 5, 43, 30—44, 3 (vgl. WA 4, 470, 34 f. = BoA 5, 44, 17 f.), ebenso Schol. Ps. 71, 2 WA 3, 466, 30—32 = BoA 5, 154, 6—9.

[23] Herkömmlicherweise wird so nur die iustitia definiert, vgl. WA 55 I 1, 69, 9 f.; man kann die Definition auf das iudicium übertragen, insofern dieses die executio iustitiae ist, s. o. A. 20.

[24] Das »semper« WA 4, 470, 16 = BoA 5, 43, 32 wird kurz darauf ersetzt durch ein »frequentius« WA 4, 470, 19 = BoA 5, 44, 1.

[25] Luther zitiert und glossiert Ps. 9, 5 im Sinne der verschiedenen Qualifikation von iudicium und iustitia WA 4, 470, 34 f. = BoA 5, 44, 17 f.; etwas anders in der Zgl. Ps. 9, 5 WA 55 I 1, 68, 5.

[26] Adn. Ps. 1, 5 WA 4, 470, 22—27 = BoA 5, 44, 4—10.

[27] Das iudicium wird als Akt der Vernunft geradezu durch die discretio definiert. Der Vocabularius iuris utriusque und Reuchlin in seinem Vocabularius breviloquus nennen s. v. iudicium neben verschiedenen anderen Bestimmungen als 2.: est discretio, ut dicendo: in pueris non est iudicium.

ist, das dem Menschen jedoch von Haus aus abgeht, weil er leicht
geneigt ist, aus dem Affekt heraus und nicht, wie es das Recht fordert[28], mit affektfreier, vernünftig urteilender Überlegung zu urteilen und zu strafen[29]. Eine Verurteilung und Bestrafung soll aber
nicht nur in vernünftiger Beurteilung unter Ausschluß des Affektes
der Rache, sondern sogar in einer freundwilligen Affektion unter
Beschränkung auf die notwendige Strafe geschehen[30]. — Wird das
Verständnis von iudicium auf das Strafgericht eingeengt, so kann mit
iudicium die sententia damnationis gemeint sein, der endgültige,
deklarative Urteilsspruch, der die Bestrafung fordert[31].

Vom iudicium rationis spricht Luther äußerst selten und nie unmittelbar bei der Auslegung der Worte iudicium oder iudicare. Nur
beiläufig wird erwähnt, daß beim Sünder das Urteil der Vernunft
von den Leidenschaften verdrängt wird[32]. Der Sünder befragt nicht
mehr die Vernunft; er läßt sich nicht von ihrem Urteil leiten, sondern nur von seiner leidenschaftlichen Affektion für die vorfindlichen
Güter und die Eigengerechtigkeit, um derentwillen er sich zu Haß,
Neid und Rache gegenüber Christus und den wahrhaft Gerechten
treiben läßt. Der herkömmliche Begriff des iudicium rationis wirkt
hier bei Luther nach. Denn das ist die im Mittelalter allgemein
vertretene Ansicht, die speziell in der franziskanischen Theologie in
diese Terminologie gefaßt ist: der Mensch hat die Möglichkeit und
die Pflicht, durch die praktische Vernunft die sittlichen Werte zu
erkennen und zu beurteilen und auf Grund dieses Werturteiles der

---

[28] Corp. Iur. Can. c. 78 C. 11 q. 3 (1, 665 Richter-Friedberg) = Isidor sent. 3
c. 54 n. 7 (ML 83, 726 f.): Quattuor modis humanum iudicium pervertitur:
timore, dum metu potestatis alicuius veritatem loqui pertimescimus; cupidi-
tate, dum praemio animum alicuius corrumpimus; odio, dum contra quem-
libet adversarium molimur; amore, dum amico vel propinquo praestare con-
tendimus. Dieser Passus wird in den traditionellen Abhandlungen über iudicium zitiert, z. B. Angelus de Clavasio summa s. v. iudicium § 11.

[29] Adn. Ps. 1, 5 WA 4, 468, 30 ff. = BoA 5, 41, 4 ff.

[30] Adn. Ps. 1, 5 WA 4, 470, 35 ff. = BoA 5, 44, 19 ff.

[31] Schol. Ps. 1, 5 (1513) WA 3, 29, 9 = 55 II 1, 32, 18: Iudicium est sententia
damnationis. Vgl. Adn. Ps. 32, 5 WA 4, 489, 4 f.: Est enim iudicium
diffinitio, declaratio, publicatio super damnandum.

[32] Zgl. Rgl. Ps. 9 b, 4 WA 55 I 1, 78, 5 ff., 16 f., vgl. Adn. z. St. WA 4, 479, 10 f.
Schol. Ps. 4, 3 WA 55 II 1, 70, 7 ff. An einer weiteren Stelle (Rgl. Ps. 7, 17
WA 55 I 1, 56, 32 ff.) nennt Luther das iudicium (rationis) nicht, obwohl
dort der Gedankengang und gewisse Anklänge an die traditionelle Deutung
auf diesen Begriff hinführen. Vgl. auch Schol. Ps. 30, 10 WA 3, 170, 11 =
BoA 5, 103, 3.

Vernunft die niederen sinnlichen Leidenschaften zu beherrschen[33]. Es ist deutlich, daß Luther das iudicium rationis an den wenigen Stellen, an denen er es nennt, nicht als eine Kraft anführt, die den Menschen im Guten bewahren kann. Er sieht das Widerspiel zwischen dem iudicium rationis und den Leidenschaften nicht im Rahmen der bürgerlichen Sittlichkeit. Die Sünde, in der sich der Mensch ohne Rücksicht auf das iudicium rationis von seinen Affekten hinreißen läßt, richtet sich gegen Christus; die Affektion für die verfügbaren Güter gipfelt in dem Pochen auf die Eigengerechtigkeit. Es ist nicht davon die Rede, daß die Vernunft die verlorene Herrschaft über die Leidenschaften zurückerobern könne. Eine andere Kraft muß der caro mit ihren Affekten entgegentreten: der spiritus. Bereits in der 1. Psalmenvorlesung ist das iudicium rationis so wenig wie das in der Tradition damit verbundene liberum arbitrium eine positive Kraft, zu deren Einsatz der Mensch aufgerufen werden kann. Nicht der Gegensatz von praktischer Vernunft und Sinnlichkeit bestimmt Luthers Denken, sondern der Gegensatz von spiritus und caro, der die Dimension freier rationaler Sittlichkeit sprengt. — Frei von allen Affekten ohne Ansehen der Person handelt in Luthers Sicht aber nur Gott, während der Mensch ein Gefangener seiner Affekte ist[34].

Gilt es, dem Lebensweg durch kluges Unterscheiden, Abwägen und Urteilen Richtung zu geben, so verleiht der Glaube die Klugheit und gibt den Rat der richtigen Wegweisung, während allein Christus den Weg bezeichnet[35].

---

[33] Bonaventura sent. 2 d. 25 p. 1 a. un. q. 1 co.: Arbitrium . . . idem est quod iudicium, ad cuius nutum ceterae virtutes moventur et oboediunt. Iudicare autem illius est secundum rationem completam, cuius est discernere inter iustum et iniustum et inter proprium et alienum. Ebd. q. 2 arg. b: actus liberi arbitrii est iudicare, sed de omni eo quod iudicamus, per rationem iudicamus. Sent. 2 d. 28 a. 2 q. 3 co.: si liberum arbitrium in solis naturalibus suis relinquatur, adhuc remanebit ei rationis iudicium. Gerson de pass. animae cons. 9 (3, 134 DuPin, zitiert WA 55 I 1, 57, 46 f.), de consol. theol. 3 prosa 2 (1, 159 DuPin, zitiert WA 55 II 1, 70, 24 ff.). Biel sent. 3 d. 23 q. 1 a. 2 not. 2 B (zitiert WA 55 I 1, 57, 44 f.). Vgl. Thomas STh 2 II q. 158 a. 2 co. ad 3.

[34] Schol. Ps. 93, 1 WA 4, 92, 23 ff. Singulär bei Luther und ohne Vorbild in der exegetischen Tradition ist die Deutung von iudicium durch aestimatio in Zgl. Ps. 118, 132 WA 4, 299, 3 ff.

[35] Schol. Ps. 1, 1 WA 55 II 1, 27, 17—29, 18; Adn. Ps. 1, 1 WA 4, 466, 10—20.

2. Gottes Strafgericht in der Geschichte

Unter den Psalmen enthalten einige individuelle Klagelieder die Bitte zu Gott, er möge den Beter richten: »iudica me«[36]. Der Beter wird von seinen Feinden mit einer falschen, unrechtmäßigen Anklage bedrängt; in seiner Not bittet er Gott um dessen Urteil und beruft sich dabei mehrfach auf seine Unschuld. In dieser Situation befand sich nach Luthers Meinung Christus. Da Luther alle individuellen Klagelieder bei der Glossierung des Textes auf Christus deutet, hat seine Interpretation der Bitte »iudica me« in den verschiedenen Psalmen ein einheitliches Gepräge[37]. Christus erbittet sich das Urteil von Gott, weil Gott den Menschen tiefer durchschaut und darum auch gültiger über ihn zu urteilen vermag, als es die Menschen tun können, die immer nur »secundum faciem« urteilen[38]. Christus bittet, Gottes Urteil möge ihn von der falschen Anklage und ungerechten Verfolgung befreien. Wenn Gott in der Sache Christi richtet, die Angelegenheit und die Person prüft und beurteilt, so wird er zugunsten des grundlos Angeklagten urteilen, wird ihn von seinen Widersachern trennen, so daß diese ihre Anklage nicht bis zu seiner völligen Beseitigung durchsetzen können[39]. Indem Gott durch richtendes Handeln den Angeklagten — in der Person Jesu — dem Zugriff seiner Ankläger entzieht, rettet er ihn[40]. Zugleich ahndet Gott das Unrecht, das Christus widerfahren ist, an seinen Feinden und bestraft sie[41]. Darum hört Luther aus den Worten von Ps. 34,23 »intende iudicio meo, Deus meus et Dominus meus, in causam meam« die Bitte Christi, daß Gott für ihn Rache nehmen möge, weil Christus die Gerechtigkeit und das Recht auf seiner Seite hat[42]. Gott hat nach der von Luther geteilten herkömmlichen Auffassung tatsächlich Christus an seinen Feinden, den Juden, gerächt, als er das jüdische Reich durch die Römer vernichten ließ und die Juden in alle Welt zerstreute. Dieses Gericht ist den Juden zum Unheil ge-

[36] Es handelt sich um Ps. 7, 9 25, 1 34, 24 42, 1 53, 3.
[37] Zgl. Ps. 7,9 WA 55 I 1,52, 5 f.; Zgl. Ps. 25, 1 WA 3, 146, 8 ff., vgl. dazu Summar Ps. 25 WA 3, 146, 4 f.; Zgl. Ps. 34, 24 WA 3, 195, 4 f.; Zgl. Ps. 42, 1 WA 3, 243, 12 ff.; Zgl. Ps. 53, 3 WA 3, 299, 17 ff.
[38] Zgl. Ps. 16, 2 WA 3, 109, 2 ff., Rgl. z. St. WA 3, 109, 23 ff.
[39] In diesem Gedankengang bedeutet das iudicium die Scheidung zwischen dem Gerechten und dem Ungerechten.
[40] Zgl. Ps. 34, 24 WA 3, 195, 4 f.; vgl. die Bestimmung von iudicium Adn. Ps. 1, 5 WA 4, 468, 30 ff. 470, 18 = BoA 5, 41, 4 ff. 43, 35 ff.
[41] Das iudicium ist also in diesem Zusammenhang auch Strafgericht.
[42] Zgl. Ps. 34, 23 WA 3, 195, 2 ff.

worden, da sie sich noch mehr verhärtet haben, ihre Schuld nicht
erkennen und ihre Gottlosigkeit sogar noch entschuldigen, so daß
sich an ihnen das Wort (Ps. 1,5) »non resurgent impii in iudicio«
bewahrheitet[43].

An einigen Stellen versteht Luther unter dem iudicium das Strafgericht, mit dem Christus das seiner Kirche widerfahrene Unrecht
an deren Feinden rächt; in der Gesamtschau ist es die Fortführung
von Gottes Strafgericht zugunsten Christi. Davon ist mehrfach
in Ps. 9 die Rede, weil in diesem Psalm die Kirche ihrem Herrn
dankt, daß er die Verfolger und Tyrannen niedergestürzt hat, und
daß ihr, der Kirche, von Gott in Christus eine Hilfe gewährt worden
ist[44]. In der Begründung ihres Dankes spricht die Kirche zu Christus
(V. 5) »Fecisti iudicium meum et causam meam«. Das heißt in
Luthers Exegese: Du hast an meinen Feinden die verdiente Strafe
vollstreckt und hast dich meiner gerechten Sache angenommen; denn
meine Feinde verfolgten mich ungerechterweise[45]. Wird in diesem
Zusammenhang zu Christus gesagt: »iudicas iustitiam«, so heißt
das: du strafst, indem du in Gerechtigkeit richtest und jedem gibst,
was ihm gebührt. Luther denkt dabei nicht an das Endgericht, sondern an das Gericht, das der Herr in der Geschichte übt. Er übernimmt mit eigenen Modifikationen das mittelalterliche Geschichts-
bild: Christus hat in der Geschichte immer wieder seine gerechte
Sache in Schutz genommen und die Widersacher gestraft, zuerst die
Juden, die ihn und die Apostel verfolgt haben, dann die Tyrannen,
die die Christenverfolgungen der ersten Jahrhunderte inszeniert
haben, und schließlich die Häretiker[46].

---

[43] Adn. Ps. 1, 5 WA 4, 468, 33 ff. = BoA 5, 41, 8 ff.

[44] Summar Ps. 9 WA 55 I 1, 64, 7 ff = BoA 5, 52, 2 f.

[45] Zgl. Ps. 9, 5 WA 55 I 1, 68, 1 ff. = BoA 5, 52, 14 ff. Auch Ps. 9, 9 (WA 55 I
1, 70, 9 ff. = BoA 5, 53, 17 ff.) interpretiert Luther mit dem Begriff der
partikularen Gerechtigkeit; bei der Parallele von V. 5 und dem Gesamt-
verständnis von Ps. 9 muß man das (wenigstens primär) auf das innerge-
schichtliche Gericht beziehen. Vgl. Zgl. Ps. 73, 22 WA 3, 491, 17 f.

[46] In dem Summar hat Luther Ps. 9 zunächst nur gegen die Tyrannen gewendet,
in der Exegese hat er dann auch die Juden und Häretiker miteinbezogen:
WA 55 I 1, 66, 8 (Zgl. Ps. 9, 4) 68, 10 (Zgl. Ps. 9, 7) 72, 22 (Rgl. Ps. 9, 13)
74, 3. 16 ff. (Zgl., Rgl. Ps. 9, 16) 74, 34 (Rgl. Ps. 9, 17), WA 55 II 1, 107, 4
(Schol. Ps. 9, 4) 107, 26 (Schol. Ps. 9, 7), WA 4, 477, 31 ff. (Adn. Ps. 9, 1)
477, 38 (Adn. Ps. 9, 7) 478, 11 (Adn. Ps. 9, 16). — Ps. 9 b deutet Luther
speziell auf die Juden (WA 55 I 1, 76, 16 ff. Rgl. Ps. 9 b, 1) und erst ab V. 15
mit der Tradition auf den Antichrist; vgl. WA 4, 478, 20 f. Adn. Ps. 9 b, 1. —
Zum bernhardinischen Kirchengeschichtsschema vgl. WA 55 I 1, 10, 36 ff.;
auch Perez erweitert das Schema durch die Juden, vgl. WA 55 I 1, 67, 21 ff.

Die Tendenz bei Luther geht eindeutig dahin, das Strafgericht an den Verfolgern der Kirche ins Verborgene, Geistliche zu verlegen[47]. Luther kann zwar auch in der Vernichtung des jüdischen Reiches und in der Zerstreuung der Juden das göttliche Strafgericht erblicken[48], doch bevorzugt er es, das Gericht für ein verborgenes, inneres Geschehen anzusehen, sei es zum Unheil, wenn etwa die Juden sich in ihrem Unglauben verhärten, sei es zum Heil für die Widersacher, wenn sie mit ihrer Verfolgung nicht zum Ziel gelangen, von ihrem Vorhaben ablassen müssen und selber innerlich überwunden werden[49]. Bei diesem heilsamen, »wunderbaren«[50] Gericht werden die Gegner durch das Wort und das beispielhafte, rühmliche Verhalten der Glaubenszeugen Christi ihres Unglaubens überführt und zum Glauben bekehrt. In der geistlichen Zuspitzung wird das Gericht zum Strafgericht am Unglauben selbst, unheilvoll als ein selbstverschuldetes Verurteiltsein zum Unglauben, aber heilvoll als Verwerfung des Unglaubens und Annahme des Glaubens. So bereiten sich die Feinde Christi das Gericht über sich selbst, nämlich über ihren Unglauben, wenn sie das Zeugnis des Glaubens mit Gewalt erzwingen. In verborgen heilsamer Weise richtet sie Christus durch ihre eigenen Machenschaften so, daß sie sich vom Unglauben zum Glauben bekehren[51]. Betet der Glaubende mit dem Psalmisten, Gott möge rächend für den Beter eintreten, so bittet er um die heilsame Rache zugunsten des Glaubens durch die Bekehrung der Ungläubigen[52]. In seiner spiritualen Eigenart trifft das heilsame Strafgericht an den Feinden der Kirche letztlich den diabolus. Wenn die Feinde der Kirche zuschanden werden, wird der Teufel seiner Werkzeuge

---

[47] Die Feinde der Kirche verfolgen auch ein spirituales Ziel, vgl. Schol. Ps. 9, 4 WA 55 II 1, 107, 1 ff.

[48] Vgl. S. 175 f. (A. 43).

[49] Nach der hermeneutischen Terminologie werden Gerichtsworte in severitate auf die Vernichtung der Person gedeutet, in bonitate hingegen auf die Rettung der Person durch die Zerstörung ihrer Gottlosigkeit.

[50] Zu Luthers Verständnis von mirabile vgl. WA 55 II 1, 72, 21 ff. und E. Vogelsang, Die Anfänge von Luthers Christologie, S. 97 ff.

[51] Zgl. Ps. 9, 16 f. WA 55 I 1, 72, 16 ff. = BoA 5, 55, 4 ff. Die Unheilsworte über die Feinde werden von Luther in Ps. 9 fast ausschließlich in bonitate gedeutet: die Feinde erkennen ihr Unheil (kognitive Interpretation) oder sie vollziehen das Gericht an sich selbst in ihrer Umkehr (affektive Interpretation); vgl. WA 55 I 1, 66, 7 (dazu K.-App.) und öfter in der Zgl. und Rgl., WA 55 II 1, 107, 7 ff. 108, 5 ff.

[52] Zgl. Ps. 118, 154 WA 4, 302, 12 ff., Schol. z. St. WA 4, 378, 34 ff. Zgl. Ps. 118, 84 WA 4, 292, 12 ff., Adn. z. St. WA 4, 521, 13 ff.

und Waffen beraubt. Damit er so am Teufel das gerechte Strafgericht vollstrecke, hat Christus in der Kirche seinen Richtstuhl aufgestellt[53].

Manchmal bleibt Luther, allerdings nur im Ansatz, bei der Vorstellung eines handgreiflichen Strafgerichtes: Gott straft diejenigen, die sein Gesetz nicht halten, während er mit der Gerechtigkeit des gerechten Richters die rettet, die sein Gesetz befolgen[54]. Dabei dient Gottes Gericht einer heilspädagogischen Absicht. Gott setzt sich für die Frommen ein und straft an den Gottlosen ihre Gottlosigkeit und das Unrecht, das sie den Frommen zufügen, damit andere mit Schrecken gewahr werden, daß auch sie mit ihrer Gottlosigkeit nicht ungestraft davonkommen werden[55]. Die Frommen schöpfen daraus den Trost, daß sie Gott nicht vergeblich dienen, sondern einen Siegespreis erhalten werden. Das gibt ihnen Kraft zu größerer Tapferkeit und Ausdauer. Sie freuen sich nicht darüber, daß die Gottlosen ihre Strafe erleiden, sondern darüber, daß die Gottlosigkeit geahndet wird und sie dadurch innerlich bestärkt werden. Die Bedeutung von Gottes Strafgericht liegt also letztlich auch bei dieser Deutung darin, daß der Glaube bestärkt und der Unglaube entkräftet wird. Denn wenn Gott die Bösen in der Gegenwart ungestraft ließe, so könnte man leicht den Frommen entgegenhalten, daß sie umsonst für die Gerechtigkeit leiden. Doch Gottes Strafhandeln macht deutlich, daß es nie gleichgültig ist, ob einer fromm oder gottlos ist[56]. Dem Sünder fehlt freilich diese Einsicht; er nimmt die Strafgerichte Gottes nicht zur Kenntnis[57].

3. Das Gericht Christi innerhalb der kirchlichen Ordnung

Luther kennt ein Gericht, daß innerhalb der Kirche geübt wird und an die kirchlichen Ordnungen gebunden ist. Er spricht davon

---

[53] Zgl. Ps. 9, 8b WA 55 I 1, 70, 7 f. = BoA 5, 53, 15 f., dazu Rgl. WA 55 I 1, 70, 18 f. = BoA 5, 53, 26 ff. Vgl. Rgl. Ps. 9, 13 WA 55 I 1, 72, 21 f. = BoA 5, 54, 24 ff.; Rgl. Ps. 9, 17 WA 55 I 1, 74, 33 ff. = BoA 5, 55, 32 f.; vgl. Schol. Ps. 9, 7 WA 55 II 1, 107, 26 f. Vgl. Schol. Ps. 96, 1. 2 WA 4, 116, 2 ff.

[54] Zgl. Ps. 80, 5 WA 3, 611, 5 ff.; Schol. Ps. 118, 137 WA 4, 370, 19 ff. (Luther fährt hier jedoch sofort mit einer anderen, von ihm als besser bezeichneten Interpretation fort).

[55] Zgl. Ps. 102, 6 WA 4, 163, 1 ff.; Zgl. Ps. 57, 12 WA 3, 322, 12 f. (vgl. die Zgll. ab V. 7; zu V. 8 WA 3, 321, 18 f. stellt Luther die Deutung in bonitate oder in severitate frei, aber in der Rgl. z. St. 321, 34 f. exegesiert er wie auch sonst den Kontext in severitate); Rgl. Ps. 57, 12 WA 3, 322, 25 f.

[56] Rgl. Ps. 57, 11 (nicht zu V. 12) WA 3, 322, 26 ff.

[57] Zgl. Ps. 9b, 5 WA 55 I 1, 78, 9 f.

ausführlich im Schol. Ps. 121,5: »Quia illic (vgl. V. 3: Ierusalem) sederunt sedes in iudicio, sedes super domum David.« Denkt die herkömmliche Exegese im allgemeinen an das eschatologische Gericht im Sinne von Mt. 19,28[58], so besagt der Vers für Luther, daß der ecclesia militans Autoritäten zum Gericht gegeben sind. Luther meint aber nicht nur die Bischöfe[59], sondern auch die Priester und überhaupt alle geistlichen Autoritäten in der Kirche[60]. Durch den Glauben und im Glauben ist Christus der verborgene Inhaber aller geistlichen Gewalt in der Kirche; als sichtbare Autoritäten sind die Priester seine Stellvertreter[61]. Die kirchlichen Amtsträger dürfen sich nicht einbilden, sie seien die »sessores«, die auf den Herrschaftsstühlen sitzen, als ob sie in eigener Macht regieren. Denn in Wirklichkeit sind sie als vicarii Christi nur die »sedes«, die Christus, der wahre Herrscher, innehat[62]. »Propter fidem«, d. h. weil Christus ein verborgener Herrscher ist und durch seine Herrschaft den Glauben ins Leben rufen will, haben die kirchlichen Amtsträger gegenüber ihren Untergebenen eine Herrschaftsgewalt in Vertretung Christi, dem sie selber untergeben sind, der durch sie regiert[63]. So sind

---

[58] Perez bietet neben der eschatologischen eine zweite Deutung, die in Luthers Richtung weist: Hoc totum etiam potest intelligi de ipsa ecclesia militante, quae dicitur Hierusalem et domus David ... in qua domo David sedent praelati ecclesiae et habent sedes, scil. summus pontifex et patriarchae et archiepiscopi et episcopi, et iudicant de rebus spiritualibus secundum ecclesiasticam potestatem.

[59] Vgl. Perez A. 58.

[60] Zgl. Ps. 121, 5 WA 4, 399, 2 ff., vgl. Rgl. z. St. WA 4, 399, 32 ff. und Schol. z. St. WA 4, 403, 27 ff. (= BoA 5, 206, 30 ff.) 403, 33. 36 f. 404, 23 405, 1 f.

[61] WA 4, 403, 33 ff. = BoA 5, 206, 37 ff. Zu Luthers Begriff des vicarius Christi oder Dei vgl. Schol. Ps. 1, 2 (1516) WA 55 II 1, 11, 3. 25; Schol. Ps. 9, 15 WA 55 II 1, 110, 12 ff. (dazu Kommentar); Schol. Ps. 31, 1 WA 3, 174, 27; Schol. Ps. 49, 6, WA 3, 283, 33 ff.; Schol. Ps. 83, 4 WA 3, 646, 2 ff. (vgl. Schol. Ps. 108, 8 WA 4, 224, 21); Zgl. Ps. 111, 5 WA 4, 248, 7. Der monastische Hintergrund dieser Anschauung wird bestätigt durch den Text S. 165 A. 16; auch in dem Brief des Gilbert Crispin wird der Abt als vicarius Dei bezeichnet (Stud. Anselm. 31 = Anal. monast. 2, 1953, S. 121, 42). Vgl. Thomas a Kempis, Vita domini Florentii c. 11 (7, 140 Pohl): Ex bonis autem et honestis moribus suis, facile poterat vir Dominus Florentius ab ignotis et saecularibus agnosci, quod erat devotus homo et amicus Dei, dignusque vicarius Iesu Christi. Ebd. c. 15 (7, 153 Pohl): Tam pius tamque dilectus omnibus apparebat humilis vicarius Christi Florentius. Vgl. ebd. c. 22 (7, 170 Pohl).

[62] WA 4, 403, 38 ff. = BoA 5, 207, 3 ff.

[63] WA 4, 404, 5 ff. = BoA 5, 207, 10 ff. Zwischendurch auch ein eschatologischer Ausblick WA 4, 404, 3 ff. 7 ff. II 406, 24 ff. = BoA 5, 207, 7 ff. 12 ff. 26 ff.

in der kirchlichen Ämterordnung das Recht zu regieren und die
Pflicht zum demütigen Gehorsam miteinander verkettet. In allen
bevollmächtigten Personen, und nicht nur in der höchsten Instanz
einer hierarchischen Ordnung, muß Christus als die verborgene
Autorität geglaubt, gefürchtet und verehrt werden[64]. Wenn Luther
sagt: nunc regnat Christus inquantum homo et per fidem humanitatis suae, quam habet ex David[65], so schließt das ein, daß Christus
durch Menschen als seine Stellvertreter regiert, und daß die Gegenwart Christi in den Menschen, die er mit kirchlicher Vollmacht aus-
gestattet hat, geglaubt werden muß. Wir haben gegenwärtig an
Christus nur teil, sofern wir in dem Herrschaftsbereich seiner Menschheit leben. Nur in der Verhüllung seines Menschseins — und deshalb
nur durch die fides humanitatis — ist der Christus Deus in uns, die
wir in seiner irdischen Kirche leben[66]. Das bedingt den Gedanken der
menschlichen Stellvertretung Christi. Christus herrscht als Friedens-
fürst in der geistlichen Ordnung der Kirche, weil er überall dort, wo
er als verborgene Autorität anerkannt wird, dem Gewissen Ruhe und
Frieden gibt. Darum soll jeder in der ihm übergeordneten kirchlichen
Autorität nicht die menschliche Person, sondern den verborgenen
Christus mit demütigem Gehorsam respektieren[67]. Quare timeamus,
revereamur, humiliemur coram sedibus istis sicut coram Christo.
Luther vertritt also den Gedanken einer kirchlichen Ämtervoll-
macht; doch ist seine Ansicht dadurch gekennzeichnet, daß durch den
Glauben an Christus, der in aller geistlichen Autorität verborgen
gegenwärtig ist, jeder Mensch auf allen Stufen der kirchlichen Ordnung direkt coram Christo gestellt wird. Es ist nicht das Bild einer
hierarchischen Ordnung, in der die geistliche Gewalt Christi von
der Spitze her über die einzelnen Stufen nach unten delegiert wird.
In Luthers Sicht verleiht Christus seine Vollmacht unmittelbar dort,
wo er geistliche Autorität schafft. Das geschieht aber nur innerhalb
der vorhandenen Kirche und ihrer faktischen Ordnung[68].

[64] WA 4, 404, 10—18 (BoA 5, 207, 15—24) 404, 19—25. 28—30. Die
Wendung »sederunt sedes« im Text veranlaßt Luther, die Vorgesetzten einerseits als »sedes Christi«, als Untergebene Christi anzusehen, ihnen anderseits
aber Stühle zuzuweisen, auf denen sie sitzen, d. h. Untergebene, über die
sie herrschen; vgl. WA 4, 405, 39 f.: medii praelati, sicut sunt omnes
praeter Christum, sunt simul superiores et inferiores.
[65] WA 4, 406, 23 f. = BoA 5, 207, 25 f.
[66] WA 4, 406, 27—34 = BoA 5, 207, 29—37.
[67] WA 4, 404, 30—40 (abschließend mit dem Zitat im Text).
[68] Vgl. Holl 1, S. 304. Wenn man mit Holl sagt, Luther rüttele nicht an der Hierarchie, sollte man hinzufügen, daß man unter »Hierarchie« nur die einfache

Den Inhabern kirchlicher potestas ist Macht verliehen, nicht damit sie sich dadurch Genuß, Reichtum oder Ehre verschaffen, sondern
damit sie das iudicium ausüben, indem sie das Böse verhindern, auf
Irrtümer achtgeben, Irrlehren zurückweisen, Anstößiges aus dem
Wege räumen und zurechtrücken und für Zucht sorgen[69]. Jeder
untersteht dem kirchlichen Gericht, weil keiner gut und vollkommen
ist: Si enim omnes boni essemus et perfecti, salvi essemus et tantum-
modo salvandi, non autem iudicandi et damnandi. Nunc quia mali
sumus, vel saltem mixti, necesse est potestatem esse, quae iudicet,
arguat et corripiat[70]. Der in jedem Menschen sich regende Eigenwille
und Eigensinn muß gerichtet und verdammt werden. Deshalb ist es
notwendig, eine zurechtweisende Autorität über sich zu haben und
in ihr die richterliche Gewalt Christi zu respektieren[71]. Wo der
Eigenwille im Gehorsam dem Gericht unterworfen wird, dort wird
die caro mit ihren Begierden verurteilt und für die Sünde getötet,
so daß der spiritus in der Gerechtigkeit leben kann[72]. Im Gehorsam
gegenüber dem Vorgesetzten wird das Verdammungsurteil über den
Eigenwillen angenommen[73]. Dabei hat es gleichgültig zu sein, welcher Art und welchen Umfanges die Forderung des Vorgesetzten
ist, ob sie angemessen oder unangemessen, nützlich oder unnütz erscheint, wenn sie nur dem Willen Gottes entspricht. Denn Gott fragt
nicht nach Art und Umfang eines Werkes, sondern danach, ob der
Mensch seinen Sinn und Willen gehorsam unterwirft. Darum darf
an die Forderung nicht der Maßstab einer greifbaren Vernünftigkeit
oder Nützlichkeit gelegt werden[74]. — Die Terminologie und Gedankenführung verrät monastischen Geist, wenn sich die Notwen-

Subordination versteht und den Begriff nicht so faßt, wie er im neuplatonisch-
areopagitischen Denken ursprünglich konzipiert ist, wonach er besagt, daß
bei einer ontologischen Rangordnung die unterste Stufe den göttlichen
Einfluß von oben her nur durch die Vermittlung der verschiedenen Zwischenstufen empfangen kann. Vgl. Biel sent. 2 d. 9 q. 1 a. 1 not. 1 B: Hierarchia
creata est sacra quaedam potestas plures continens ordines communicans
inferioribus determinato ordine quod a prima potestate divina suscepit.

[69] WA 4, 405, 1 ff.; vgl. Schol. Ps. 9, 15 WA 55 II 1, 110, 4 ff.

[70] WA 4, 405, 7 ff.

[71] WA 4, 407, 3 ff.: »Iudicium« itaque ad mala coercenda positum. Mala
autem non sunt nisi propria voluntas et sensus. Et haec duo indigent
potestate superiori, si debent tolli et prohiberi et subiici. Quare necesse est
sedes sedere in iudicio, ad condemnationem scil. voluntatis et sensus
proprii.

[72] WA 4, 405, 35 ff.; vgl. 404, 25 ff. Zgl. Ps. 111, 5 WA 4, 248, 11 f.

[73] WA 4, 406, 2 ff.

[74] WA 4, 407, 6 ff. Vgl. Schol. Ps. 1, 2 (1516) WA 55 II 1, 9, 20—11, 25.

digkeit des Gerichtes aus dem sensus proprius und der voluntas propria ergibt, und wenn Demut und absoluter Gehorsam als Erfüllung des Gerichtes genannt werden.

Das iudicium, das der Christ aus dem Munde des Priesters als des Stellvertreters Christi vernimmt, besteht in jeder Unterweisung, die dem allgemeinen Gebot Ps. 36,27 »Declina a malo et fac bonum« entspricht. So teilt Christus »die Worte seines Gesetzes« an seine Gläubigen aus, wie der Mann in dem Gleichnis Mt. 25,14 ff. seine Talente austeilt[75]. Dabei denkt Luther nicht einfach an moralische Verbote und Gebote; jede Forderung wird zum Gericht und zum Ausdruck der lex Christi, wenn sie auf die Freiheit vom sensus proprius und von der voluntas propria zielt, d. h. wenn sie im radikalen Sinne der Bergpredigt verstanden wird. Das »declina a malo« verbietet nicht nur die böse Tat, sondern auch die Vergeltung des Bösen mit Bösem; ebenso fordert das »fac bonum« nicht nur die Vergeltung des Guten mit Gutem, sondern auch die unbegründete, absichtsfreie gute Tat, sogar das Tun des Guten an den Übeltätern[76]. Entsprechend diesem Verständnis richtet jedes über Gut und Böse belehrende Wort den Menschen an der Wurzel seines Tuns: es verurteilt das ichgebundene Sinnen und Trachten der caro, um dem selbstlosen Wollen des spiritus Raum zu verschaffen. Deshalb kann Luther ohne weiteres noch die andere Deutung geben: »Declina a malo« i. e. carnis opere, quia malum est in carne mea Ro. 8 (7,18). »Et fac bonum« i. e. fructus spiritus Gal. 5,22[77]. Jeder Gehorsam fordernde Auftrag, sofern er in die Nachfolge Christi hineinstellt, bedeutet ein Gericht über den Menschen, der im Innersten eher zum Bösen als zum Guten hinneigt. — Im Geiste traditioneller Pastoraltheologie ermahnt Luther jedoch auch den Seelsorger, er solle erbarmende Liebe zeigen, ehe er beschuldigend, tadelnd, beschwörend »richtet«[78].

[75] Zgl. Ps. 111, 5 WA 4, 248, 7 ff.: »Disponet« dispensabit ipse per se et in suis vicariis »sermones suos« i. e. verba legis suae, quae sunt talenta eius distributa fidelibus, sic enim omnis sermo sacerdotum debet esse iudicium docens malum declinandum et bonum faciendum . . . »in iudicio«.

[76] Zgl. Ps. 36, 27 WA 3, 208, 1 ff.; vgl. Zgl. Ps. 33, 15, etwas anders Schol. Ps. 33, 15 WA 3, 189, 39 ff.

[77] Rgl. Ps. 36, 27 WA 3, 208, 31 f.

[78] Adn. Ps. 32, 5 WA 4, 488, 27 ff.: ad alios misericordia est bonum eius (lies: eis?) procurare, iudicium autem malum amovere verbo, opere, oratione, scil. arguendo, increpando, obsecrando. Prius tamen est misereri et postea iudicare, ne iudicium sine misericordia facias et odias tantum. Prius ama, postea zela. Für die traditionelle (monastische) Pastoraltheologie vgl. Bernhard in temp. resurr. sermo 2 n. 3 ff. und oben S. 165 bei A. 16.

Wie es nicht erlaubt ist, das gebietende Wort eines kirchlichen Vorgesetzten nach seiner Vernünftigkeit und Nützlichkeit zu beurteilen, ihm dadurch seine richtende Schärfe zu nehmen und sich selbst dem Gehorsam zu entziehen, ebensowenig ist es gestattet, die Verbindlichkeit des priesterlichen Gerichtswortes an der Person zu messen. Für seine Person hat sich der kirchliche Amtsträger vor seinem Vorgesetzten, letztlich vor Christus zu verantworten. Der status ecclesiae hängt nicht an der persönlichen Gerechtigkeit und Heiligkeit des Amtsträgers, sondern daran, daß dieser seine Aufgabe, den Untergebenen zu richten, erfüllt. Der Vorgesetzte soll das iudicium üben, der Untergebene die iustitia erstreben. Die Gerechtigkeit erlangt er aber nur durch demütigen Gehorsam gegenüber dem richtenden Wort des Vorgesetzten, durch entsagende Unterwerfung des eigenen Willens[79]. So werden in der Relation von Vorgesetztem und Untergebenem die beiden gewichtigen Begriffe iudicium und iustitia miteinander verkoppelt. Dabei besteht die iustitia in der gehorsamen Bejahung des iudicium, und das iudicium liegt in der Forderung der im Glauben gründenden humilitas und oboedientia. Igitur vera differentia iustitiae et iudicii est hoc, quod iustitia pertinet ad inferiorem vel inquantum inferiorem, quia est humilitas, oboedientia et resignata subiectio propriae voluntatis superiori, iudicium autem pertinet ad superiorem vel inquantum superiorem, quia est executio legis et castigatio malorum ac praesidentia inferiorum[80]. Demut und Gehorsam und die mit ihnen identifizierte Gerechtigkeit[81] sind hier in ein kirchliches Subordinationsdenken eingebettet, doch hält sich dieses kirchliche Denken nicht beim Rechtlichen und Institutionellen auf; es wertet vielmehr die vorgegebene kirchliche Subordination ganz in ihrer geistlichen Bedeutung. Unter dem Einfluß monastischer Spiritualität richtet sich das Interesse auf den menschlichen Eigensinn und Eigenwillen und dessen Überwindung in humilitas und oboedientia. Das Gewicht des Institutionellen der kirchlichen Au-

[79] WA 4, 405,14—31, vgl. 405,38—406,3 406,34—407,2.
[80] WA 4, 405, 31 ff. Die formale Bestimmung von iudicium als executio iustitiae taucht hier in modifizierter Form wieder auf: im iudicium wird das Gesetz zur Geltung gebracht. Und mit der Wendung »castigatio malorum« wird der Strafcharakter des Gerichtes berührt. Daneben erscheint ein anderes Element im Begriff iudicium: die Herrschaft über das Niedere. Vgl. S. 259 ff.
[81] Vgl. WA 4, 406, 3 ff.: Oboedientia enim tollit omne malum pacifice et pacificum sinit esse regentem. Idem facit humilitas, quae est nihil aliud nisi oboedientia et tota iustitia. Quia totaliter ex alterius iudicio pendet, nihil habet suae voluntatis aut sensus, sed omnia vilificat sua et praefert atque magnificat aliena, scil. superioris.

torität erhält ein mindestens äquivalentes Gegengewicht in dem
spiritualen Verständnis der Stellvertretung Christi durch jeden
kirchlichen Vorgesetzten, so daß der kirchliche Gehorsam nicht der
Kirche als solcher, sondern dem »richtenden« Wort Christi gilt. Dabei
werden von Luther in ganz eigenständiger Weise die Verborgenheit
Christi und der Glaube — beide in Wechselbeziehung zueinander —
hervorgekehrt. Im Mittelpunkt steht der Glaube, der als Anerkennung des unsichtbaren geistlichen Anspruches Christi gefordert wird,
so daß humilitas und oboedientia Funktionen der fides sind. Das
Gesetz, das der kirchliche Amtsträger im seelsorgerlichen Gericht an
seinen Untergebenen geltend machen soll, ist das Gesetz Christi,
nicht ein ius divinum in kirchlich kasuistischer Ausformung[82].

Das Wort des kirchlichen Vorgesetzten sieht Luther in einer Einheit mit dem Wort Gottes, dem Evangelium Christi, dem Wort vom
Kreuz, durch das die Welt zusammen mit der caro gerichtet wird.
Denn das Wort vom Kreuz ist den Juden ein Ärgernis und den Hei-
den eine Torheit (1. Cor. 1,23 f.); es bringt die Juden zu Fall, ebenso
die Häretiker und alle Hochmütigen und Ungehorsamen, während
die Demütigen und Gehorsamen das Gericht annehmen und im
Evangelium Gerechtigkeit finden. So bewirkt das Wort, das Christus
durch seine Stellvertreter ausrichten läßt, die Scheidung zwischen
Glaube und Unglaube[83]. Christus selber wird durch dieses Wort als
Gericht und Gerechtigkeit gepredigt. Indem Luther die Autorität des
kirchlichen Vorgesetzten auf ihre geistliche Substanz zurückführt,
enthüllt sich ihm als deren Wesen die Verkündigung des Wortes
Gottes in der Gestalt des verbum crucis und des euangelium Christi.

4. Gottes Endgericht

Über die eschatologische (anagogische) Interpretation von iudicium Dei äußert sich Luther am klarsten — aber nur sehr knapp —

---

[82] S. o. A. 75 Zgl. Ps. 111, 5 WA 4, 248, 7 ff.
[83] Zgl. Ps. 111, 5 WA 4, 248, 7 ff., Rgl. z. St. WA 4, 248, 28 ff., Schol. z. St.
WA 4, 252, 35 ff., Adn. z. St. WA 4, 488, 31 ff.; Schol. Ps. 108, 7 WA 4,
224, 6 ff. (vgl. Zgl. z. St. WA 4, 218, 10 ff.). Verbindungslinien zur litteral-
christologischen, tropologischen und allegorischen Deutung zeichnen sich
hier ab, vgl. Schol. Ps. 111, 5 WA 4, 252, 35 ff. und oben S. 181 bei A. 71 f. —
Die Beziehung zum eschatologischen Gericht ist Schol. Ps. 49, 6 WA 3, 283,
38 ff. angedeutet: necesse est, ut tale iudicium [das Gericht, in dem Gott
selbst richtet, cf. Z. 32 f.: Deus ipse, non homo loco Dei iudicaturus sit]
sit universale et omnium generale, quia Dei, cuius vicarii tantum partiale
agunt.

dort, wo er den Begriff iudicium nach dem Schema des vierfachen Schriftsinnes entfaltet[84].

1) In Adn. Ps. 1,5 folgt nach dem litteralen, allegorischen und tropologischen Verständnis von iudicium an letzter Stelle die anagogische Deutung auf das Endgericht[85]. Da Luther in diesem Zusammenhang vom Strafcharakter des Gerichtes ausgegangen ist[86], wird nun unter dem Endgericht die damnatio futura, die extrema vindicta verstanden. Dieses ewige Strafgericht ist wirklich das Extrem, die Steigerung und Besiegelung der Strafe, die schon gegenwärtig in der Gottlosigkeit selbst liegt. Hat Gottes Gericht den Gottlosen nicht schon in diesem Leben zur Bekehrung gebracht, das Endgericht wird das bestimmt nicht mehr tun. Im Gegenteil: der Böswillige wird dann extrem böswillig werden und wird in ewige Lästerungen gegen Gott verfallen. Im Verhältnis zur ewigen Strafe bedeutet die Strafwirkung des gegenwärtigen tropologischen und allegorischen Gerichtes initium und figura, Anfang und Vorspiel; ja, sie ist kaum ein Vorspiel zu nennen. Dem Anfang folgt die Vollendung, und die figura wird durch volle Realität abgelöst. Die Strafe, die dem Gottlosen gegenwärtig nur andeutungsweise und im Eschaton vollendet widerfährt, ist gerade seine Gottesfeindschaft.

2) Der anagogischen Deutung im Schol. Ps. 36,6[87] liegt ein anderes Verständnis von iudicium zugrunde: das Gericht als die Scheidung zwischen Gut und Böse. In diesem Sinne werden im Endgericht, unter den Menschen wie unter den Engeln, die Guten von den Bösen geschieden. Die Guten werden gerechtfertigt und die Bösen werden verdammt, d. h. die Guten und die Bösen treten endgültig als Gute und Böse ans Licht[88]. So wird im Endgericht die Scheidung zwischen Guten und Bösen offenkundig, die sich jetzt schon im allegorisch verstandenen iudicium vollzieht. Da das Endgericht nur noch Enthüllung eines schon vollzogenen Gerichtes ist, spricht Paulus Röm. 2,5 nicht einfach vom iudicium, sondern von der revelatio iusti iudicii. Hatte Luther in Adn. Ps. 1,5 das gegenwärtige Gericht Anfang und

[84] Adn. Ps. 1, 5 WA 4, 468, 30 ff. = BoA 5, 41, 4 ff.; Schol. Ps. 36, 6 WA 3, 203, 1 ff. = BoA 5, 109, 20 ff.; Schol. Ps. 71, 2 WA 3, 464, 10 ff. 462, 25 ff. (461, 20 ff.) = BoA 5, 151, 19 ff. 155, 1 ff. (156, 25 ff.); Rgl. Ps. 100, 1 WA 4, 127, 34 ff.
[85] WA 4, 469, 33 ff. = BoA 5, 43, 5 ff.
[86] WA 4, 468, 30 ff. = BoA 5, 41, 4 ff.
[87] WA 3, 203, 33 ff. = BoA 5, 110, 9 ff.
[88] WA 3, 203, 33 ff. = BoA 5, 110, 18 ff.; vgl. Schol. Ps. 1, 5 (1516) WA 55 II 1, 20, 13 ff. = BoA 5, 210, 3 ff.

Vorspiel des Endgerichtes genannt, also dem Endgericht die stärkere Realität zuerkannt[89], so ist für ihn im Schol. Ps. 36,6 das gegenwärtige Gericht der verborgenen Scheidung zwischen Guten und Bösen das fundamentale Ereignis. Das Endgericht erfüllt nicht eine figura mit Realität, sondern offenbart eine verhüllte Realität. Die unterschiedliche Auffassung in Adn. Ps. 1,5 und Schol. Ps. 36,6 muß man jedoch nicht als sachlichen Gegensatz ansehen.

3) Der Gedanke aus dem Schol. Ps. 36,6 steht auch hinter der anagogischen Deutung von iudicium im Schol. Ps. 71,2[90], in der Luther nur kurz feststellt, daß das zukünftige Gericht, das gewöhnlich als Strafgericht aufgefaßt wird, in der Schrift selten einfach iudicium, aber häufiger revelatio iudicii oder dies retributionis genannt wird[91].

4) In der Rgl. Ps. 100,1 sagt Luther: Christus erweist gegenwärtig Barmherzigkeit am spiritus und Gericht an der caro; ebenso bedenkt er in unterschiedlicher Weise diejenigen, die auf den spiritus und die auf die caro bauen. Dieselbe Barmherzigkeit und dasselbe Gericht wird Christus am Ende der Zeit in vollkommener Weise (perfecte) an denen üben, die dem Geist oder dem Fleisch vertraut haben[92]. Ob dieses »perfecte« im Sinne der Adn. Ps. 1,5 oder des Schol. Ps. 36,6 gemeint ist, bleibt offen.

Losgelöst vom Schema des vierfachen Schriftsinnes, erscheint die anagogische Auslegung von iudicium äußerst selten. In der Zgl. Ps. 93,15a übernimmt Luther die traditionelle eschatologische Deutung, die er jedoch in der Rgl. und im Schol. z. St., gestützt auf das Psalterium Hebraicum, wieder aufgibt. Es ist der aus Mt. 19,28 (Lc. 22,30) abgeleitete Gedanke, daß die Gerechten im Endgericht

---

[89] In welchem Maße dabei noch nachwirkt, daß Luther von dem Strafcharakter des Gerichtes ausgegangen ist, läßt sich nicht bestimmen.

[90] WA 3, 464, 10 ff. = BoA 5, 151, 19 ff.

[91] Für den Ausdruck revelatio iudicii führt Luther wieder Röm. 2, 5 an, für den Ausdruck dies retributionis Is. 61, 2, wo es jedoch dies ultionis heißt, während Hos. 9, 7 und Lc. 4, 19 von der dies retributionis gesprochen wird. Für revelatio iudicii ist Röm. 2, 5 die einzige Belegstelle! Luther hat seine Bemerkung über den Schriftgebrauch von iudicium nachträglich durch einen übergeschriebenen Vermerk eingeschränkt: wenigstens das Alte Testament nennt das Endgericht nicht einfach iudicium, wohl aber das Neue Testament. Luther scheint nicht gemerkt zu haben, daß sich diese Einschränkung schlecht mit seinen Belegstellen zusammenreimt. Diese spätere Notiz wurde vielleicht bei der Niederschrift des Nachtrages WA 3, 461, 20 ff. = BoA 5, 156, 25 ff. von Luther eingefügt, obwohl der Passus WA 3, 461, 20 ff. gar nicht die Einschränkung an der anderen Stelle erfordert hätte.

[92] WA 4, 127, 30 ff.

über die Ungerechten zu Gericht sitzen werden[93], ein Gedanke, der in
der mittelalterlichen Psalmenauslegung öfter, bei Luther jedoch nur
hier begegnet[94]. Wenn Luther sonst einmal bei der Deutung von
iudicium oder iudicare den Blick auf das eschatologische Gericht
lenkt, ist nur in blassen Formeln vom Endgericht als Fortführung
des gegenwärtigen Gerichtes die Rede[95].

5. Gottes Gericht der Erwählung und Scheidung

Im Schema des vierfachen Schriftsinnes bezeichnet das allegorisch
verstandene iudicium Dei Gottes Scheidung zwischen den Guten und
den Bösen, nach dem traditionellen Begriff das iudicium discretionis[96]. Im Blick auf die augustinische Unterscheidung von iudicium

[93] WA 4, 90, 9 ff.: »Quoadusque iustitia« qua nunc iusti sunt et propter eam
iudicantur ab impiis »convertatur in iudicium« extremum, quo rursus iudicabunt impios, q. d. iudicati nunc iudicabunt tunc, et iudicantes nunc iudica-
buntur tunc. Et hoc ideo, quia iusti sunt et illi iniusti. — Beispielhaft für die
ältere Auslegungstradition sei der Lombarde zitiert: »Quoadusque iustitia«
i. e. illi qui modo iusti sunt, et ideo iudicati »convertatur in iudicium« ut
diiudicent, quia tunc erunt iudices illorum (folgt Zitat Mt. 19, 28). Lyra
interpretiert in anderer Weise eschatologisch. Perez deutet V. 15a sowohl in
der Textform der Vulgata als auch des Ps. Hebr. im Sinne von Mt. 19, 28.
[94] Bei der Auslegung von iudicium (iudicare) z. B. Augustin enarr. in Ps. 74, 3
n. 5, in Ps. 93, 15 n. 18, in Ps. 121, 5 n. 9.
[95] Zgl. Ps. 108, 7 WA 4, 218, 10 f.; vgl. Zgl. Ps. 7, 17 WA 55 I 1, 58, 1 f.
[96] Schol. Ps. 36, 6 WA 3, 203, 13 ff. = BoA 5, 109, 33 ff.; Schol. Ps. 71, 2
WA 3, 464, 14 ff. = BoA 5, 151, 24 ff.; Adn. Ps. 1, 5 WA 4, 470, 29 f.
= BoA 5, 44, 12 f. (hier handelt die allegorische Deutung vom Strafgericht,
so daß das Erwählungsurteil im vierfachen Schriftsinn zunächst gar nicht
erfaßt ist, 468, 32 ff. = BoA 5, 41, 8 ff.). — Zum Begriff iudicium discretionis
s. o. S. 53 ff. — Vinzenz von Beauvais, Speculum naturale 29 c. 152—170 gibt
einen Überblick über die verschiedensten Arten von Gottes Gericht, nennt
dabei (c. 153) auch das iudicium discretionis und zitiert u. a. aus Augustin
in Ioan. 12, 31 tr. 52 n. 6 und contra Faustum 21 c. 3. — Lyra (mor.) zu
Ps. 9, 1: Secundum sensum litteralem psalmus iste loquitur de potestate
Christi iudiciaria quantum ad duplex iudicium. Primum est iudicium discretionis quo nunc fideles ab infidelibus discernuntur, de quo dicitur Ioan.
12, 31 »Nunc iudicium est mundi«. Secundum est iudicium discussionis futurum in fine mundi quo singulorum merita et demerita discutientur, ut poenae
vel praemia secundum ordinem iustitiae reddantur. — Vocabularius pauperum s. v. iudico: est discernere ut »iudica me Deus« (Ps. 42, 1). Secundo
est damnare et tunc construitur cum accusativo ut »fornicatores et adulatores
iudicabit Deus« (Hb. 13, 4). Tertio est bonum consilium dare alicui ut
»Iudicavi egeno et pupillo« (Ps. 81, 3: Iudicate etc.).

damnationis und iudicium discretionis bemerkt Luther, daß eigentlich jedes iudicium beide Momente enthält, sowohl das Moment der
discretio als auch das Moment der damnatio[97]. Hier handelt es sich
jedoch um die von Gott vollzogene discretio im besonderen Sinne,
um die Scheidung zwischen den Guten und den Bösen und um die
Aussonderung der Guten. Es ist das göttliche Urteil der Erwählung.
Christus regiert durch dieses Erwählungsurteil; in der Kirche vollzieht er es in verborgener Weise. Das Urteil selber läßt sich nicht ergründen. Niemand weiß, wie es zustande kommt; aber daß es
besteht, ist offenkundig. Obwohl Luther im Schol. Ps. 71,2 anmerkt,
die Schrift rede nicht so häufig von dem Erwählungsurteil[98], kommt
er doch bei seiner Psalmenauslegung verhältnismäßig oft darauf zu
sprechen. An den unerforschlichen Grund des göttlichen Urteils
rührt er nicht; die Freiheit Gottes in seiner Prädestination läßt sich
nicht ergründen[99]. Doch darüber, wie sich Gottes Erwählungsurteil
manifestiert, läßt sich einiges sagen.

Daß Gott nach einem Erwählungsurteil handelt, bedeutet im
Sinne der discretio, daß Gott nicht unterschiedslos, non indifferenter jedem seine Gnade schenkt[100]. Mit einer Redensart gesprochen: Gott kauft nicht im Sack[101]. Das hängt mit dem spiritualen
Charakter des Heils zusammen und hat damit auch einen heilsgeschichtlichen Aspekt. Im alten Bunde (in lege) wurde jeder gerettet,
auch die Strafe widerfuhr allen, den Guten wie den Bösen. Es konnte
das Sprichwort aufkommen (Ez. 18,2): »Die Väter haben Herlinge

---

[97] Die beiden Momente begegnen auch in Luthers formaler Bestimmung von
iudicium, vgl. Adn. Ps. 1, 5 WA 4, 468, 28 ff.   470, 22 ff. = BoA 5, 41, 2 ff.
44, 4 ff.

[98] WA 3, 363, 18 f. = BoA 5, 151, 29 f.

[99] Vgl. Schol. Ps. 93, 1 »Deus ultionum libere egit« WA 4, 92, 26 f.: Vel »libere«
i. e. per electionem praedestinationis, non per successionem generis aut
cuiusvis pacti, sed »quicunque crediderit, salvus erit« (Mc. 16, 16).

[100] Das Prinzip des »non indifferenter«: Schol. Ps. 71, 2 WA 3, 463, 7 = BoA 5,
155, 21; Rgl. Ps. 66, 5 WA 3, 383, 26. 29; Zgl. Ps. 110, 7 WA 4, 237, 9;
Schol. Ps. 110, 7 WA 4, 245, 23. In diesem Zusammenhang heißt »sine
iudicio« so viel wie »ohne Unterscheidung« (iudicium = discretio), parallel
zu indifferenter: Schol. Ps. 59, 8 WA 3, 341, 22; Schol. Ps. 71, 2 WA 3,
463, 13 = BoA 5, 155, 22; Schol. Ps. 110, 7 WA 4, 245, 27.

[101] Rgl. Ps. 7, 9 WA 55 I 1, 52, 27 f.: Non . . . emit in sacco nec in confuso omnia,
sed iudicat et discernit. Vgl. Rgl. Ps. 66, 5 WA 3, 383, 28 f.: (Iudaei) Domino
volunt omnia, sicut dicitur, in sacco vendere sine electione et repro-
batione. — Die dem »non indifferenter« entsprechende Bestimmung »non in
confuso« auch Rgl. Ps. 59, 6 WA 3, 336, 32 (vgl. Schol. Ps. 59, 8 WA 3,
341, 13); Schol. Ps. 110, 7 WA 4, 245, 25 f.

gegessen, aber den Kindern sind die Zähne davon stumpf geworden.« Gott machte keinen Unterschied, weil seine Wohltaten und
Strafen nur leiblich waren und nur figura sein sollten. Ebenso läßt
Gott zu allen Zeiten seine irdischen Güter ohne Unterschied allen
zukommen, zuweilen sogar den Bösen reichlicher als den Guten; und
das äußere Mißgeschick trifft den Guten genauso wie den Bösen,
wenn nicht gar noch stärker[102]. Während unter der Signatur der caro
und littera sowohl Gute als auch Böse gerettet werden, verfährt Gott
anders beim Evangelium, bei der Gnade, wo es sich um das Heil
secundum spiritum handelt. Nach einer äußerst strengen Unterscheidung (rigidissima discretione) läßt er die bona spiritualia nur
den Guten und die mala spiritualia nur den Bösen zuteil werden[103].
Wer sind aber die Guten und wer die Bösen? Fragt Gott nun doch
nach einer Qualifikation des Menschen, so daß für ihn eigentlich gar
kein unergründliches Erwählungsurteil maßgebend ist? Die Grenze
zwischen Gut und Böse deckt sich mit der Grenze zwischen Glaube
und Unglaube. Gott unterscheidet in seinem Urteil zwischen den
credentes und den non credentes[104]. Denn nur der Glaubende wird
nach Mc. 16,16 gerettet[105]. Das heißt auf der Gegenseite: wer nicht
glaubt, wird verdammt. Dem Glauben tritt die caritas an die Seite;
von ihr kann es heißen, daß sie den Unterschied zwischen den boni
und den mali bezeichnet. Und von der fides (zugleich von der spes)
gilt, daß in ihr ein Zeichen des Geistes (signum spiritus) empfangen
wird, in dem das zukünftige Heil vorausbezeichnet ist. Fides und
caritas sind Gaben, die Gott denen schenkt, die er liebt. Die Geliebten Gottes, die gerettet werden, sind also die Gläubigen. Wer
nun wegen des Glaubens und der Liebe zu den boni zählt, verdankt
das der Gnade und ewigen Gunst Gottes[106]. Vom Heil des Glaubens

---

[102] Auch die Indifferenz, mit der Gott die äußeren Güter und Übel (bona et mala exteriora) austeilt, soll dem Glauben dienen, Schol. Ps. 72 WA 3, 477, 6 ff. Vgl. S. 178.

[103] Schol. Ps. 71, 2 WA 3, 463, 6 ff. = BoA 5, 155, 21 ff.; Rgl. Ps. 59, 6 WA 3, 336, 32 ff.; Schol. Ps. 59, 8 WA 3, 341, 13 ff.; Schol. Ps. 110, 7 WA 4, 245, 23 ff.; Rgl. Ps. 66, 5 WA 3, 383, 37 ff. (26 f.). Vgl. Schol. Ps. 59, 6 ff. WA 3, 347, 4 ff.; Schol. Ps. 72 WA 3, 477, 17 ff.

[104] Schol. Ps. 71, 2 WA 3, 463, 6 = BoA 5, 155, 20. Zgl. Ps. 110, 7 WA 4, 237, 8 ff.: »iudicium« scil. discretionis, quia non indifferenter assumit omnes ad ecclesiam, sed qui crediderunt. Vgl. A. 103.

[105] Mc. 16, 16 in diesem Zusammenhang zitiert: Rgl. Ps. 7, 9 WA 55 I 1, 52, 28; Rgl. Ps. 66, 5 WA 3, 383, 35. Vgl. A. 99.

[106] Rgl. Ps. 59, 6 in der Fassung des Ps. Hebr.: »Dedisti timentibus te signum, ut signetur propter veritatem in aeternum«, WA 3, 336, 29 ff.: Sensus:

ausgeschlossen zu sein, ist allein die Schuld des Ungläubigen, der nicht glauben will und sich in seinem Unglauben rechtfertigt[107]. Die Juden sollten an Christus nur secundum carnem Anstoß nehmen, damit sie von ihrer Sünde und ihrem Hochmut abließen; secundum spiritum sollten sie sich aber mit Christus in der Demut und in der Gnade aufrichten lassen; doch sie wollten nicht und sind so gänzlich zu Fall gekommen. Sie sind in ihrem Unwillen selber daran schuld, daß sie am Heil nicht teilhaben[108].

dedisti eis fidem, in qua signantur, et charitatem, quae distinguit inter bonos et malos, »ut liberentur dilecti tui« (V. 7), scil. tantum, quia alii non liberantur a peccatis et vanitate, quia signum fidei non acceptant, quod est signum spiritus, q. d. iam non liberas omnes in confuso, sicut olim bonos et malos. Vgl. Zgl. zu V. 7 WA 3, 336, 14 f.: »ut liberantur« a peccatis et poenis »dilecti tui« fideles tantum, quia alii signum non acceptant. Schol. z. St. WA 3, 341, 31 ff.: vide ordinem pulchrum. »Dedisti metuentibus te« non autem aliis »signum« quod est fides Christi, argumentum, »ut signentur propter veritatem«. ... per hoc fugiunt (vgl. V. 6 Vg.) et secernuntur. ... »Ut liberentur dilecti tui«. Ecce hic incipit divisio (Anspielung auf V. 8). Iudaei enim rem quaerunt, non signum, i. e. non fidem vel spem, sed res ipsas huius temporis. Obwohl die Bezeichnung der fides als signum hier vom Ps.-Text vorgegeben ist, verdient doch auch die Verwendung des Begriffes signum in dem unten A. 174 zitierten d'Ailly-Text Beachtung.

[107] Schol. Ps. 1, 5 (1516) WA 55 II 1, 20, 10 f. = BoA 5, 210, 10 ff. Vgl. Rgl. Ps. 66, 5 WA 3, 383, 27 ff.: Iudicium Christi in aequitate est, quod Iudaeos ...non omnes suscepit indifferenter ... sed tantum eos qui credere voluerunt. Similiter quod non omnes gentes reprobavit sicut olim similiter in figura, sed tantum eas, quae credere noluerunt ... ut quicunque crediderit, salvetur et quicunque non crediderit, condemnetur (Mt. 16, 16) ... Sed in hoc Iudaei offenduntur et scandalisantur sua superbia, non Christi culpa. Schol. Ps. 59, 8 WA 3, 341, 20 ff.: Hanc autem Iudaei divisionem nolunt. Et usque hodie volunt spiritualia et corporalia sibi fieri sine iudicio. Rgl. Ps. 97, 9 WA 4, 119, 35 ff.: liberavit ... spiritualem populum a populo carnali oppressore illius, quia noluit sapere spiritum et odisse carnem. Die Dialektik von Gottes erwählendem Heilswillen und dem Gehorsam des Glaubens Schol. Ps. 59, 8 WA 3, 348, 36 ff.: Divisio autem allegorica est, scil. populos alios convertendo, alios non, quia non abstulit omnes ad fidem, non enim omnes oboediunt euangelio (Röm. 10, 16).

[108] Schol. Ps. 36, 6 WA 3, 203, 25 ff. = BoA 5, 110, 9 ff. Rgl. Ps. 75, 10 (nicht zu V. 13) WA 3, 521, 24 ff.: non fuit intentio eius (scil. Christi) Iudaeos damnare, sed tantum carnem. Sed quia carnem et litteram relinquere noluerunt ... ideo simul cum littera quasi coactus eos damnavit. ... Christus enim fuit eis »lapis offensionis« (Röm. 9, 32), ut offenderent et surgerent, non ut offenderent et caderent (cf. Röm. 11, 11), i. e. ut offenderent secundum carnem et surgerent secundum spiritum. Et hoc est iudicium, quod »auditum fecit de coelo« (V. 7) et in quod exurrexit. Ideo cum dixit: »in iudicium«, addit (V. 10) »ut salvos faceret«. Quia non delectatur in perditione impiorum. Vgl. Schol. Ps. 75, 9 WA 3, 522, 25 ff.

Im alten Bunde hat Gott die »Person angesehen« bei denen, die er zu seinem Volk erwählte. Er hat die Juden angenommen, weil sie zu diesem Volk gehörten, gleichgültig ob sie gut oder böse, gläubig oder ungläubig waren. Der, juristisch gesprochen, prozessuale Mangel des Ansehens der Person (acceptatio personarum) ist in Christus aufgehoben, da Christus nicht nach persönlichen Merkmalen oder Vorzügen fragt, sondern jeden rettet, der glaubt. Christus selber verschafft sich seine Herrschaft über die Glaubenden, indem er den Glauben ins Leben ruft. Gottes spirituales Heilshandeln in Christus zeichnet sich aus durch aequitas. Unter der aequitas versteht Luther nicht die richterliche Tugend der Billigkeit. Er nimmt den Begriff aequitas im Sinne der Gleichheit, die in der Rechtsprechung die fundamentale Voraussetzung für alle Rechtlichkeit bildet, nämlich die Gleichheit der Personen vor dem Richter oder dem Gesetz. Im Theologischen entspricht dem die Gleichheit der Menschen vor Gott. So kann Luther das »non indifferenter« und zugleich das »sine acceptione personarum« von Gottes Erwählung behaupten. Gott erwählt nicht ohne iudicium und doch mit aequitas; er nimmt die Menschen nicht unterschiedslos, obwohl er nicht die Person ansieht. Er sondert die Guten von den Bösen, d. h. die Gläubigen von den Ungläubigen, ohne daß er dabei die Person ansieht und etwa einen Unterschied zwischen Juden und Nicht-Juden macht. Gerade durch die Erwählung des Glaubens werden alle natürlichen oder sittlichen Unterschiede aufgehoben. Deshalb ist nicht nur Gottes iudicium mit aequitas verbunden, sondern auch die Gerechtigkeit des Glaubens kann mit der aequitas identifiziert und etwas »Unterschiedsloses« für alle Menschen genannt werden, obwohl der Glaube den vor Gott geltenden Unterschied zwischen Gut und Böse setzt und die Unterschiedslosigkeit der Erwählung im alten Bunde aufhebt[109].

---

[109] Zgl. Ps. 7, 9 WA 55 I 1, 52, 4 f.; Schol. Ps. 59, 7 WA 3, 347, 4 ff.; Rgl. Ps. 66, 5 WA 3, 383, 27 ff.; Zgl. Ps. 97, 9 WA 4, 119, 1 ff.; Adn. Ps. 110, 7 WA 4, 518, 26 ff. — Zu dem hier entwickelten Verständnis Luthers der aequitas Dei oder Christi vgl. Schol. Ps. 7, 4 f. WA 55 II 1, 96, 6 ff. (mit Zitation von Ps. 9, 9 = 95, 13); Zgl. Ps. 9, 9 WA 55 I 1, 70, 9 f.; Schol. Ps. 9, 9 WA 55 II 1, 108, 18 ff.; Zgl. Ps. 10, 8 WA 55 I 1, 88, 12 f.; Zgl. Ps. 16, 2 WA 3, 109, 4 ff.; Zgl. Ps. 64, 6 WA 3, 370, 6 ff.; Zgl. Ps. 66, 5 WA 3, 383, 12 f. (dazu Rgl.); Schol. Ps. 110, 8 WA 4, 246, 10 ff. Wie die Gerechtigkeit des Glaubens mit der aequitas identifiziert werden kann (s. o. Zgl. Ps. 97, 9 und Zgl. Ps. 118, 40 WA 4, 285, 29 ff.), so ist das Evangelium selber Ausdruck der aequitas Gottes, weil es allen Menschen ohne Ansehen der Person gilt, Zgl. Ps. 95, 13 WA 4, 108, 17 f.; Zgl. Ps. 110, 8 WA 4, 237, 15 ff. und Schol. z. St. WA 4, 246, 10 ff.; Zgl. Ps. 95, 10 WA 4, 108, 5 ff.; vgl.

Wird die in Gottes Erwählungsurteil beschlossene Scheidung zwischen Guten und Bösen von Luther als Scheidung zwischen Glaube und Unglaube aufgefaßt, so muß nun hinzugefügt werden, daß diese Scheidung geschichtlich akut wird durch das Wort vom Kreuz. Das von Luther bemerkenswert häufig angeführte Paulus-Wort 1. Cor. 1,23 f.[110] — »Nos autem praedicamus Christum crucifixum, Iudaeis quidem scandalum, gentibus autem stultitiam, ipsis autem vocatis Iudaeis atque Graecis Christum Dei virtutem et Dei sapientiam« — besagt das, was sich für Luther im Bild des bernhardinischen Kirchengeschichtsschemas[111] so darstellt[112]: durch das Wort vom Kreuz und das Evangelium Christi kommen die Juden, die Häretiker und überhaupt, in der gegenwärtigen Epoche aber ausdrücklich, die Hochmütigen zu Fall, während, entsprechend den drei eben genannten Gruppen, die Christen, die Rechtgläubigen und alle, die von Herzen demütig sind, durch das gleiche Wort Gottes aufgerichtet, d. h. zum Heil geführt werden. Weil das Wort Gottes den gekreuzigten Christus predigt, wirkt es wie ein scharfes Schwert, das zerteilend unter die Menschen fährt[113]. Das Kreuz und Leiden der Gläubigen sieht Luther verbunden mit dem Kreuz Christi: den Glaubenden bedeutet der gekreuzigte Christus Gottes Macht und Weisheit, weil — dieses Gefälle hat Luthers Begründung — sie durch

Schol. Ps. 9, 9 WA 55 II, 1, 109, 3 ff. — Zum traditionellen Verständnis von aequitas in Luthers Sinn vgl. WA 55 II 1, 95, 9 ff. 108, 40 ff.

[110] E. Vogelsang, Die Anfänge von Luthers Christologie, S. 25 A. 2 verzeichnet einen Teil der Stellen, an denen Luther 1. Cor. 1, 23 f. (oder 2, 2) zitiert.

[111] Vgl. S. 176.

[112] Schol. Ps. 111, 5 WA 4, 252, 35 ff.: »Disponet sermones in iudicio«. Hoc est dupliciter: vel iudicium allegoricum. Et sic in verbo crucis et Euangelio Christi ceciderunt Iudaei, haeretici et usque hodie omnes superbi. Sed surrexerunt Christiani, Catholici et omnes humiles corde. Es folgt das Zitat 1. Cor. 1, 23 f. und dann die tropologische Auslegung. Rgl. z. St. WA 4, 248, 29 ff.: veritas usque hodie semper scandalisat superbos et offendit, erigit autem humiles et salvat; idcirco impossibile est superbum in sensu suo non cadere, quia iudicium est verbum Dei, eo quod humiliter et viliter sonat, quasi infirmum, stultum et nihil . . . Sic Iudaei ceciderunt, sic haeretici, sic hodie omnes rebelles, inoboedientes sub specie boni. Quia usque hodie per os praelatorum Christus »disponit sermones suos in iudicio« . . . verbum veritatis . . . fit »gladius acutus« (Is. 49, 2) dividens superbos. Et haec est ratio, quare Ps. 18, 10 et 118, 62 verba Dei dicuntur »iudicia« et »iudicia iustificationis«, quia iudicant et iustificant diversos. Et hoc totum, quia Christum praedicant, qui est iudicium et iustitia.

[113] Rgl. Ps. 111, 5 WA 4, 248, 36 ff. (s. o. A. 112); Schol. Ps. 59, 8 WA 3, 348, 21 f.: verbum Dei gladius est et iudicii virga discernens eos.

ihr eigenes Kreuz und Leiden in Einheit mit dem Kreuz Christi alle Macht des Teufels überwinden[114]. Die »Welt« verkennt, daß Gottes Macht und Weisheit gerade in Leiden und Ohnmacht verborgen ist. So richtet Gott durch Kreuz und Leiden die Ungläubigen und scheidet sie von den Gläubigen.

Während die Ungläubigen in dem Erwählungsgericht Gottes zu Fall kommen, erfahren die Gläubigen eine geistliche Auferstehung, deren Anfang, Urbild (figura) und Ursache (causa) die Auferstehung Christi ist. Die Auferstehung geschieht im Gericht, indem Christus ohne Ansehen der Person seine Gnade austeilt, dadurch den Unterschied zwischen den boni und den mali schafft und durch die Erleuchtung seines Glaubens das Licht von der Finsternis trennt[115]. Aber nicht nur in der allegorisch-ekklesiologischen, sondern auch in der tropologischen Dimension ist die geistliche Auferstehung der Glaubenden die Kehrseite von Gottes Gericht. Denn die Begnadung secundum animam ist bei den Gläubigen verbunden mit einer Züchtigung secundum corpus[116], unter der alles verstanden sein will, was der Glaubende an Ohnmacht und Erniedrigung, Kreuz und Leiden im Christusgehorsam auf sich nimmt.

Das iudicium Dei, im allegorischen Sinne als das Erwählungsgericht Gottes verstanden, hat — wie alle allegorische Interpretation bei Luther — eine ekklesiologische Dimension, die sich ringsum im Gedankenkreis abzeichnet. Gottes richterliche Scheidung zwischen den Guten und den Bösen sondert die Gläubigen von den Ungläubigen und erbaut dadurch die Kirche[117]. Das ist geschichtliche Wirklichkeit, weil das Wort vom Kreuz zwischen Juden und Christen, zwischen Häretikern und Rechtgläubigen und — im innersten spiritualen Kreis — zwischen den Hochmütigen und den Demütigen scheidet. Der Glaube, durch den Gott erwählt, ist zugleich kirchlicher Gehorsam, freilich in geistlichem Verständnis. Denn Christus läßt sein

---

[114] Schol. Ps. 53, 3 WA 3, 301, 34 ff. (mit dem Zitat von Röm. 1, 16 schlägt Luther auch hier die Brücke zum Evangelium als der virtus Dei); Rgl. Ps. 80, Tit. WA 3, 610, 29 ff.

[115] Schol. Ps. 1, 5 (1516) WA 55 II 1, 20, 15 ff. = BoA 5, 210, 5 ff. Rgl. Ps. 67, 2 WA 3, 384, 26 f.: in resurrectione Christi cepit iudicium, quo alii sunt assumpti, alii relicti ex Iudaeis.

[116] Schol. Ps. 1, 5 (1516) WA 55 II 1, 21, 1 ff. = BoA 5, 210, 13 ff.

[117] Zgl. Ps. 110, 7 WA 4, 237, 7 ff.: »Opera manuum eius« quae facit ecclesiam aedificando et perficiendo »veritas« ... »et iudicium« scil. discretionis, quia non indifferenter assumit omnes ad ecclesiam, sed qui crediderunt. Schol. Ps. 110, 7 WA 4, 245, 29 f.: verissime »iudicium« est constructio ecclesiae, ubi tam multi separantur et tam pauci assumuntur.

Wort durch seine Stellvertreter in der Person der geistlichen Vorgesetzten ausrichten[118]. Wer sich nicht anklagen und richten lassen
will, sondern sich verteidigt, der sondert sich von der geistlichen
Gemeinschaft der Kirche ab und gerät ins Verderben. Der Gerechte
hingegen, der sich zurechtweisen läßt, geht gerettet aus dem Gericht
hervor und gewinnt die Kirchengemeinschaft[119]. Die Kirche konstituiert und bewahrt sich durch das richtende Wort Christi; sie vollzieht durch das Wort das Scheidungsgericht Gottes[120].

Nach der litteralen Interpretation bittet Christus in Ps. 25 Gott,
er möge ihn im geistlichen Strafgericht von den Juden sondern, die
unverbesserlich und hartnäckig am Buchstaben und am Nichtigen
festhalten. Derselbe Psalm darf nach dem allegorischen Verständnis als ein Gebet der Kirche gegen die Häretiker gedeutet werden[121]. Die hermeneutischen Verknüpfungen zeigen die zugrunde
liegenden Sachbeziehungen: die Sache Christi ist auch, mutatis
mutandis, die seiner Kirche; im Prozeß Jesu hat das Gericht Gottes
seinen Anfang genommen und setzt sich in der Wortverkündigung
der Kirche fort. Das Strafgericht Gottes fällt letztlich mit dem
geistlichen Gericht der Erwählung und Scheidung zusammen, und
dieses ereignet sich in concreto, wenn dem Menschen das verbum
Christi mit seinem richtenden Anspruch auf Verleugnung des Eigen-
sinnes durch Annahme des Kreuzes gesagt wird.

Bei der Entfaltung des allegorischen Verständnisses vom iudicium
Dei ist von dem Begriff des iudicium discretionis ausgegangen
worden; das ist der Punkt, an dem das allegorische Gericht der
Scheidung und Erwählung mit dem anagogisch verstandenen iudicium Dei verzahnt ist[122]. Es muß nun noch, auf das nächste Kapitel
vorausweisend, dargelegt werden, wie Luther das allegorisch verstandene iudicium Dei im tropologisch verstandenen verwurzelt

---

[118] Zgl. Ps. 111, 5 WA 4, 248, 7 ff.; Rgl. z. St. WA 4, 248, 35 ff.
[119] Schol. Ps. 108, 7 WA 4, 224, 6 ff.: »Cum iudicatur, exeat« etc., i. e. quando
ab aliis corripitur et iudicatur, arguitur, tunc, quia se defendit, exit ab
ecclesia in sectam propriam et damnationem. Quod Iudaeis contigit tempore
Apostolorum, quando coeperunt argui, exierunt in propriam perditionem.
Ita et detractor impatiens correctionis ut omnis haereticus se separat. Econtra
iustus cum iudicatur, intrat salvatus, quia suscipit correctionem.
[120] Vgl. Schol. Ps. 59, 8 WA 3, 348, 19 ff.
[121] Rgl. Ps. 25 Summar WA 3, 146, 28 ff., vgl. 146, 4; als Beispiel einer iudica-
Bitte, die Christus für die Seinen spricht, vgl. Zgl. Ps. 5, 11 WA 55 I 1,
36, 2 f.
[122] Beachte den Anklang an die eschatologischen Worte Mt. 13, 49 und 2. Cor.
6, 17 WA 55 II 1, 21, 1 f.

sieht. Im Schol. Ps. 36,6 denkt Luther an einen ideellen Zusammenhang[123]. Homo und mundus werden, in Anlehnung an die Idee vom Menschen als dem Mikrokosmos, in Analogie zueinander gesehen: der Mensch ist figura der Welt. Wie der spiritus verborgen, aber die caro mit Händen zu greifen ist, so ist die Kirche in dieser Zeit verborgen, und alles, was im spezifischen Sinne Welt ist, ist dem Handgreiflichen verhaftet[124]. Wie der Mensch vor Gott einer ist, so ist auch die ganze Welt coram Deo eine, und der caro mit ihren Regungen entsprechen die mali, der anima mit ihren Regungen korrespondieren die boni. Die coram Deo bestehende Einheit wird im iudicium Dei durchschnitten. Wie einerseits im tropologischen Gericht caro und anima geschieden werden, indem die caro verurteilt und die anima gerechtfertigt wird, so bringt andererseits das allegorische Gericht eine Scheidung in die Welt, wenn der eine Mensch gerechtfertigt und der andere verurteilt wird. Ein Unterschied ist jedoch zu beachten: da die boni und die mali nicht wie anima und caro ein unum personale bilden, bleiben sie ewig geschieden, während es im tropologischen Gericht gar nicht zu einer völligen Scheidung kommt, weil beide in der Einheit der Person verbunden bleiben. Die caro wird, obwohl selber verurteilt, doch am Ende zusammen mit der Seele in der Person des Gerechtfertigten gerettet[125].

Wie im Schol. Ps. 36,6 stellt Luther auch in Schol. Ps. 71,2, Schol. Ps. 100,1 sowie Schol. Ps. 118,137 das tropologische und das allegorische Gericht in Entsprechung nebeneinander[126]. Jedoch wird im Schol. Ps. 100,1 noch ein anderer Zusammenhang sichtbar. Bereits im tropologischen Gericht fällt die Entscheidung über Glaube und

---

[123] Schol. Ps. 36, 6 WA 3, 203, 13 ff. = BoA 5, 109, 33 ff.
[124] Schol. Ps. 36, 6 WA 3, 203, 22 ff. = BoA 5, 110, 6 ff.
[125] WA 3, 203, 25 ff. = BoA 5, 110, 9 ff.
[126] Schol. Ps. 71, 2 WA 3, 463, 2—15 = BoA 5, 155, 17—30; Bizer (Fides ex auditu, S. 16) verkennt die Eigenart der allegorischen Interpretation von iudicium und meint deshalb, hier »wird eine allegorische Deutung durch eine Überschrift angekündigt, aber nicht eigentlich als solche ausgeführt. Luther verfolgt vielmehr das Problem der Gerechtigkeit Gottes weiter.« Zum Kontext vgl. A. 184. — Schol. Ps. 100, 1 WA 4, 133, 34 ff.: de Iudaeis primo loquitur. Misericordia ergo in animabus, et iudicium in carnibus eorum. Similiter misericordia in populo spirituali, qui suscepit fidem, et iudicium in populo incredulo cantatur. Sic enim per misericordiam et iudicium tropologice pars Iudaici populi facta est misericordia, altera autem, quae misericordiam noluit, cecidit in iudicium et perditionem. Schol. Ps. 118, 137 WA 4, 371, 6 ff.

13*

Unglaube. Die den Glauben annehmen, bilden den populus spiritualis, der seine Existenz ganz der Barmherzigkeit Christi verdankt.
Die anderen, die sich im Unglauben der Barmherzigkeit und dem
Gericht Gottes versagen, formieren den populus incredulus, der
ins Verderben gerät[127]. Das Gericht, das durch die geistliche Herrschaft Christi die Geschichte durchzieht, hat Jesus in seinem irdischen
Leben selber begonnen, als er das sapere spiritum und das odisse
carnem lehrte. Damit hat er nicht nur dem Geiste die Freiheit
geschenkt und das Fleisch verurteilt, sondern auch den populus
spiritualis von seinem Unterdrücker, dem populus carnalis, befreit[128].

In einem anderen Entwurf[129] ist nicht die Lehre Christi, sondern
das Geschehen seines Todes und seiner Auferstehung der Anstoß für
das tropologische und in der Folge für das allegorische Gericht. Denn
in seinem Tode hat Christus das Fleisch verworfen und in seiner
Auferstehung den Geist bestätigt. Notwendigerweise sind dabei auch
diejenigen der Verurteilung verfallen, die auf das Fleisch vertrauen,
das sind in theologischer Chiffre die Juden. Christi Absicht war es,
nur das Fleisch zu verdammen und nicht auch die Juden. Aber weil
sie die caro und die littera nicht zugunsten des spiritus preisgeben
wollten, gerieten sie mit in die Verdammnis[130].

Wie der Schrifttext Luther zur Variation eines für ihn thematischen Gedankens veranlaßt, zeigen Zgl. und Rgl. Ps. 100,1. Als

---

[127] Schol. Ps. 100, 1 WA 4, 133, 34 ff.; vgl. Rgl. z. St. WA 4, 127, 32 ff.

[128] Rgl. Ps. 97, 9 WA 4, 118, 38 ff.: Venit in persona propria secundum carnem
in Iudaeam, iudicando eam. Et idem in spiritu venit in totum mundum
... Hoc iudicare fuit, quando docuit sapere spiritum et odisse carnem. Et
ita liberavit spiritum et damnavit carnem, ita et spiritualem populum a
populo carnali oppressore illius, quia noluit sapere spiritum et odisse carnem.
Für das zugrunde liegende allgemeine Verständnis von iudicium vgl. Adn.
Ps. 1, 5 WA 4, 468, 30 f. = BoA 5, 41, 4 ff.

[129] Rgl. Ps. 75, 10 (nicht zu V. 13) WA 3, 521, 22 ff. Vgl. Schol. Ps. 75, 9
WA 3, 522, 10 ff.: »De coelo auditum fecisti iudicium tuum«, hoc est
iudicium (id est euangelium), quo ostendit omnes carnales et quicquid carnis
est, damnabile esse. Quia per resurrectionem suam Christus vicit mortem,
carnem et omnem corruptionem. Et novam vitam assumens veterem damnavit, ac sic in iudicium surrexit.

[130] Über den inneren Zusammenhang zwischen dem tropologischen und dem
allegorischen (und dem anagogischen) iudicium äußert sich Luther auch in
der leicht verstümmelten Rgl. zum Schol. Ps. 75, 9 WA 3, 522, 14 ff.: (am
Anfang ist vermutlich nichts zu ergänzen) Iudicium tropologicum principaliter intenditur, quia carnem illi deserere nolunt, ideo ... (erg.: ira; vgl. Zitat
Röm. 1, 18 im Schol. auf der Zeilenhöhe der Rgl.) illa praeter domini voluntatem damnantur iudicio allegorico, anagogico.

Gebet Christi aufgefaßt, glossiert Luther den Vers: »Misericordiam« gratiam, quae animas et pios iustificat »et iudicium« vindictam, quae carnem et impios perdit »cantabo tibi« a te facta et ad honorem tuum »domine« Deus pater[131]. Es ist deutlich, wie hier sowohl bei der Gnade als auch bei der Strafe des Gerichtes die tropologische Deutung — mit der Polarität von anima und caro — und die allegorische Deutung — mit dem Gegensatz der pii und impii — miteinander verkoppelt sind. In der Rgl. dazu werden die beiden Deutungen in eine Sachfolge gebracht, deren nächstes, abschließendes Glied in der anagogischen Deutung das Endgericht darstellt, in welchem die Scheidung endgültig besiegelt sein wird[132].

6. Gottes Gericht der Buße

Gleich zu Beginn seiner Psalmenauslegung sagt Luther bei Ps. 1,5, wo ihm zum ersten Male der Begriff iudicium begegnet: die Schrift versteht unter iudicium — man muß das auf das tropologische Verständnis eingrenzen — das, was die scholastischen Theologen als actus poenitentiae bezeichnen, d. h. genauer: als Akte der Bußtugend[133]. Diese grundsätzliche Bemerkung über den Sinn des biblischen Wortes iudicium zeigt, daß sich Luther schon vor oder gleich zu Beginn seiner Vorlesung über den biblischen Sprachgebrauch Klarheit verschafft hat. Man darf annehmen, daß die theologischen Fragen, die ihn persönlich umtrieben, ihn auch dazu bewogen, gerade den biblischen Sprachgebrauch von iudicium zu prüfen. Das existentielle Problem der Buße — sein Eintritt ins Kloster wurde als ein Akt der Buße ausgelöst durch das Erschrecken vor dem Gericht Gottes, und die mönchische Existenz sollte als beständige Buße verstanden werden — hatte ihn fragen lassen, was denn die Bibel unter Buße verstehe. Außerdem konnte er durch das Breviergebet auf das

---

[131] WA 4, 127, 26 ff.
[132] WA 4, 127, 32 ff. Vgl. Schol. Ps. 75, 9 WA 3, 522, 14 ff. (s. o. A. 130).
[133] Schol. Ps. 1, 5 WA 55 II 1, 32, 18 ff.: Iudicium est sententia damnationis et est proprie, quando quis seipsum accusat, detestatur et condemnat, sicut nostri theologi dicunt de actibus poenitentiae; hos vocat Scriptura »iudicium«, ut irasci sibi, dolere, pudere, detestari, vindicare. Ebd. 36, 10 ff.: Quod nostri scolastici theologice vocant actus poenitentiae, scil. displicere sibi, detestari, condemnare, accusare, velle vindicare, punire seipsum, castigare et cum effectu odire malum et irasci sibi, uno verbo appellat Scriptura »iudicium«.

Wort iudicium wegen seines häufigen Vorkommens im Psalter[134]
besonders aufmerksam geworden sein. Was Luther in der tropologischen Auslegung von iudicium entfaltet, muß gewiß nach seinem
eigenen Hinweis mit der scholastischen Anschauung von den Akten
der Bußtugend verglichen werden, kann jedoch nicht nach den
Prinzipien dieses scholastischen Lehrpunktes geordnet werden. Ein
Blick in Luthers Exegese zeigt schnell, daß Luther den Rahmen
des scholastischen Lehrstückes sprengt, daß man darum nicht sagen
kann, Luther fülle die tropologische Interpretation von iudicium
mit der scholastischen Lehre von den Akten der Bußtugend, daß man
vielmehr zunächst nur allgemein sagen kann, seine Bußtheologie
sei hier der Inhalt seiner Exegese.

Die wichtigsten Gesichtspunkte zur Gliederung des umfangreichen
und vielschichtigen Materials ergeben sich aus der tropologischen
Deutung innerhalb der drei großen, nach dem Schema des vierfachen
Schriftsinnes angelegten Interpretationen von iudicium in Adn. Ps.
1,5, Schol. Ps. 36,6 und Schol. Ps. 71,2.

Im Schol. Ps. 36,6[135], in dem uns die tropologische Auslegung
leider nicht vollständig überliefert ist, erwähnt Luther den Tugendbegriff[136] und stellt fest, daß man beim iudicium wie bei jeder
Tugend einen inneren und einen äußeren Akt unterscheiden kann.
Der innere Akt soll möglichst immer angetroffen werden, jedenfalls
aber nicht der ihm konträre Akt. Der innere Akt des iudicium
besteht darin, daß der Mensch wirklich von Herzen sich selbst verabscheut, seine Sünde bekennt und diese wenigstens innerlich straft[137].
Luther schließt seine Bemerkungen über den actus interior mit der
conclusio: Igitur iudicium est nihil aliud nisi vilificatio sui seu

---

[134] Das Substantiv iudicium kommt im Psalter 61mal vor, das Verb iudicare
30mal, außerdem 1mal das Kompositum diiudicare. Von iudex ist 6mal
die Rede.

[135] Schol. Ps. 36, 6 WA 3, 203, 1 ff. = BoA 5, 109, 20 ff.

[136] Auch in der tropologischen Auslegung der Seligpreisung von Ps. 105, 3
»Beati, qui custodiunt iudicium« nennt Luther das iudicium die vornehmste
Tugend und sagt, dieses Gericht zu betreiben, sei schwer und bedeute einen
beständigen Kampf; Schol. z. St. WA 4, 205, 4 ff.: arduum est et difficile hoc
iudicium agere, et continua pugna. . . . nobilissima virtus est. Luther gebraucht
den Begriff virtus nicht im strengen Sinne scholastischer Tugendlehre; er denkt
nicht an einen Tugendhabitus und fragt nicht danach, wie diese Tugend
psychologisch zu lokalisieren sei, und welchen Ort sie (auf Grund ihrer
Definition nach Akt und Objekt) in einem System der Tugenden einnehme.

[137] Unter dem Begriff »innerer Akt« wären die Akte zu subsumieren, die
Luther Schol. Ps. 1, 5 als Bußakte nach der scholastischen Theologie anführt,
s. o. A. 133.

humiliatio ex corde et agnitio sui, quia sit vere peccator et indignus omnium[138]. Das iudicium als innerer Akt meint also im wesentlichen ein Verhältnis des Menschen zu sich selbst. Der Mensch erkennt und bekennt von sich selbst, er sei Sünder und »nichts-würdig«[139], und dadurch erniedrigt er sich. Im entgegengesetzten Akt, den die Schrift an den Juden, Häretikern und Hochmütigen tadelt, hält der Mensch sich selbst für gerecht und heilig. Die beiden Arten der Selbsteinschätzung des Menschen als peccator und als iustus bezeichnen für Luther einen elementaren Gegensatz.

Im äußeren Akt soll sich der Mensch dem inneren gemäß verhalten, indem er Verachtung (contemptus), Armut (paupertas), Bedrängnis (afflictio), Fasten (ieiunium) und ähnliches »liebt«, d. h. willentlich auf sich nimmt. Wer sich dem entzieht und nach dem Gegenteil strebt, der ist noch nicht »im Gericht« und per consequens ist er auch nicht »in der Gerechtigkeit Gottes«. Obwohl er mit dem Munde bekennt, ein Sünder zu sein, widerlegt er das doch in seinem Verhalten. Wer sich also ganz ins Gericht stellt, der steht auch in der Gerechtigkeit Gottes. Mehr ist hier über das Verhältnis von Bußgericht und Gerechtigkeit Gottes nicht gesagt. In der scholastischen Bußlehre werden zwar innerer und äußerer Akt der Buße unterschieden; als Bußtugend wird jedoch eigentlich nur die contritio begriffen, mit der die beiden anderen Teile der Buße (confessio, satisfactio) dadurch verbunden sind, daß die wahre Tugend der Reue auch die Bereitschaft einschließt, die Sünden dem Priester zu bekennen und für die Sünden Genugtuung zu leisten. Luther hingegen rechnet das confiteri peccatum zum inneren Akt der Buße — denkt also mehr an das Bekennen der Sünde vor Gott als vor dem Priester — und nennt beim äußeren Akt eines der drei Satisfaktionswerke, das ieiunium, in Verbindung mit Begriffen, die an das monastische Selbstverständnis erinnern[140].

[138] WA 3, 203, 6 ff. = BoA 5, 109, 26 ff.
[139] Das »indignus omnium« hat volles Gewicht, so daß in der Negation das nihil anvisiert ist.
[140] Contemptus, paupertas, afflictio: die gleiche Kombination Schol. Ps. 118, 72 WA 4, 341, 27; Schol. Ps. 118, 74 WA 4, 342, 24. Vgl. Rgl. Ps. 110, 6 WA 4, 237, 33 ff. (paupertas, crux, ignominia); Schol. Ps. 118, 39 WA 4, 326, 10 ff. (paupertas, passiones, abiectiones, diese hier im Sinne des contemptus von Schol. Ps. 36, 6); Schol. Ps. 118, 168 WA 4, 390, 1 (paupertas, ignominia, crux); Schol. Ps. 68, 3 WA 3, 420, 2 (pauper, abiectus, afflictor sui); Schol. Ps. 62, 3 WA 3, 362, 32 (contumelia, paupertas, afflictio); Schol. Ps. 62, 3 WA 3, 360, 13 f. (die sancti sind contemptibiles — cf. Z. 5 f. contemptus in hoc mundo active et passive —, pauperes et afflictos sive

Luthers Notiz (Adn. Ps. 32,5), das iudicium bestehe im castigare corpus peccati und im ständigen accusare animam suam coram Deo[141], läßt sich mit der Bestimmung von innerem und äußerem Akt in Einklang bringen. Der innere Akt betrifft den Menschen als verantwortliches Subjekt der Sünde und der äußere Akt als handgreiflich tätiges Subjekt, das sich auch von der Macht des Vorfindlichen verführen läßt. Darum geht der Mensch in der Buße in doppelter Weise mit sich ins Gericht: vor Gott, vor dem er verantwortlich ist, klagt er seine Seele, d. h. sich selbst, als den verantwortlich Schuldigen an und zugleich »züchtigt« er seinen Leib, den er zum Werkzeug seiner Sünde gemacht hat.

Ein anderes Strukturelement wird Adn. Ps. 1,5 und Schol. Ps. 1,5 (1516) sichtbar. Es ist die Unterscheidung zwischen einem iudicium passivum und einem iudicium activum[142]. Zunächst erleiden wir das Gericht (iudicium passivum) von Gott her in allem, was das Fleisch tötet, in Armut, Verachtung, Kälte, Hitze, Schwachheit, Verfolgung; das sind die Zeichen apostolischer und auch monastischer Existenz[143]. Es muß noch offen gelassen werden, in welcher Beziehung diese Leiden zum Kreuz Christi stehen[144]. Die Züchtigung durch Gott trifft den Leib. Doch ist sie für die Glaubenden mit einem geistlichen Handeln Gottes verbunden: Gott straft den Leib, aber zugleich rettet er die Seele durch seine Gnade. Diese richtende und rettende Wirkung kann in verschiedenen Variationen beschrieben werden. In erster Linie wird sie in dem anthropologischen Spannungsfeld von caro und spiritus aufgewiesen, z. B. in der Adn. Ps.

---

lugentes); Schol. Ps. 4, 4 (1516) WA 55 II 1, 73, 3 f. (paupertas, contemptus, crux, mors); Adn. Ps. 1, 5 WA 4, 469, 8 f. = BoA 5, 42, 9 f. (paupertas, contemptus, morbus, persecutio, castigatio); ebd. 468, 9 f. (paupertas, contemptus, frigus, aestus, infirmitas, persecutio).

[141] Adn. Ps. 32, 5 WA 4, 488, 26 f.: iudicium autem est castigare corpus peccati et animam suam semper accusare coram Deo.

[142] Adn. Ps. 1, 5 WA 4, 468, 2: »in iudicio« in punitione eis inflicta vel activa. Ebd. 469, 13 ff. = BoA 5, 42, 15 ff.; ebd. 471, 10 f.: »in iudicio« Iudicio activo, passivo, ut supra (gemeint sind die vorhergehenden Adnotationen). Ebd. 468, 8 ff.: Est enim hoc iudicium, scil. pati omnia quae carnem mortificant, ut paupertas, contemptus, frigus, aestus, infirmitas, persecutio ... Sic dicit Dominus Isaiae (vgl. 28, 26; vgl. Jer. 10, 24): »Corripiam te in iudicio«, ne tibi innocens videaris. Schol. Ps. 1, 5 (1516) WA 55 II 1, 21, 1 ff. = BoA 5, 210, 12 ff.

[143] Man spürt einen Nachhall von 2. Cor. 6, 4 ff. 11, 27. Vgl. A. 140 und 233.

[144] Vgl. Adn. Ps. 1, 5 WA 4, 468, 6 f.: (impii) cadunt in iudicio, quia quando secundum carnem crucifigi debent et passiones Christi sustinere cum sanctis, blasphemant et furiunt. Zur Sache s. o. S. 192 f.

1,5, indem 1. Reg. 2,6 f. zitiert und glossiert wird: »Dominus mor-
tificat et vivificat, deducit ad inferos et reducit, percutit et sanat,
pauperat et ditat«, damnat carnem, ut salvet spiritum[145]. Ob Gottes
Züchtigung die von Gott beabsichtigte heilsame Wirkung im spiritus
hat, hängt vom Glauben ab. Denn die Ungläubigen kommen durch
die Züchtigung Gottes erst recht zu Fall, da sie nicht bereit sind,
sich erniedrigen zu lassen, und das schließt ein, daß sie sich in ihren
Sünden entschuldigen und sich selbst rechtfertigen wollen[146]. Gott
schenkt aber das Heil secundum spiritum denen, die das Gericht
secundum carnem annehmen[147].

Dieser Auffassung vom iudicium passivum kann eine andere
tropologische Deutung von iudicium in Adn. Ps. 1,5[148] an die Seite
gestellt werden. Luther beschreibt dort Gottes Gericht entsprechend
dem vorausgeschickten Grundverständnis von iudicium als dem
Strafgericht am Ungerechten, durch das der Gerechte in seiner Sache
freigesprochen wird. Die Rolle des Ungerechten fällt nun der caro
zu; sie unterdrückt den »Gerechten«, den »Ohnmächtigen« und »Armen«, nämlich den spiritus, indem sie durch das Gewicht der vorfindlichen Güter, durch Untätigkeit (otium) und Leidenschaften den
Geist niederhalten will. Da Gott in seiner Gerechtigkeit für die
»Gleichheit« eifert, ahndet er das Unrecht des »Ohnmächtigen« und
des »Armen«, d. h. er setzt sich für den spiritus ein und züchtigt
die caro, damit der Geist sich frei erheben kann, während das Fleisch
erniedrigt wird. Darum raubt Gott dem Fleisch seine Ruhe und
seine Güter und versetzt es in Armut, Verachtung, Leiden und Verfolgung. Non enim potest spiritus vivificari et regnare, nisi caro
mortificetur et serviat[149].

Neben dem iudicium passivum, in welchem Gott das Fleisch tötet
und den Geist lebendig macht, steht das iudicium activum, in dem
wir selbst uns richten. Wenn Gott es an Züchtigung fehlen läßt,
klagen sich die Gerechten (iusti) selber an und gestehen ihre Sünde,

---

[145] Adn. Ps. 1, 5 WA 4, 469, 26 ff. = BoA 5, 42, 30 ff. Vgl. ebd. WA 4,
468, 2 ff.: »non resurgunt impii in iudicio« i. e. resurrectione spirituali,
quae fit in iudicio, scil. carnem mortificando et spiritum vivificando.
Hoc enim iudicium Dominus agit nunc.

[146] Adn. Ps. 1, 5 WA 4, 468, 5—8. 11—20; ebd. 469, 10 ff. 19 f. 28 f. = BoA
5, 42, 11 ff. 22. 32. Schol. Ps. 1, 5 WA 55 II 1, 20, 20 f. = BoA 5, 210,
10 ff.

[147] Adn. Ps. 1, 5 WA 4, 468, 10 f.; ebd. 469, 13 f. 19 = BoA 5, 42, 15 f. 21 f.

[148] Adn. Ps. 1, 5 WA 4, 469, 2 ff. = BoA 5, 42, 2 ff.

[149] Adn. Ps. 1, 5 WA 4, 469, 9 f. = BoA 5, 42, 10 f.; vgl. ebd. 469, 2 ff.
= BoA 5, 42, 2 ff.

auf Grund derer sie sich der göttlichen Strafe und des Todes würdig
erachten. In solchem Schuldbewußtsein strafen und richten sie sich
selbst[150]. Das iudicium activum deckt sich mit der »Tugend« des
Bußgerichtes in ihrem inneren und äußeren Akt. Während Luther
1. Cor. 11,32 auf das iudicium passivum bezieht[151], findet er in herkömmlicher Weise in 1. Cor. 11,31 einen Beleg für das iudicium
activum[152].

Im Schol. Ps. 71,2 beginnt Luther die tropologische Deutung von
iudicium Dei mit dem Satz: Hoc (nämlich das iudicium tropologicum) est quo Deus condemnat et condemnare facit, quidquid ex
nobis habemus, totum veterem hominem cum actibus suis ⌐etiam
iustitias nostras, Isaiae 64,6⌐[153]. Man möchte fragen, ob Gottes un-
mittelbares Verurteilen dem iudicium passivum und sein mittelbares
Verurteilen dem iudicium activum entspricht, oder wie sich Luther
sonst die Art und Weise denkt, in der Gott den alten Menschen mit
allen seinen Akten, auch mit seiner Gerechtigkeit unmittelbar oder
mittelbar verurteilt. Zunächst ist jedoch zu bemerken, daß Luther
hier nicht wie bei der Unterscheidung von iudicium passivum und
activum vom Menschen, sondern von Gott ausgeht. Luther fährt
fort, Gottes (unmittelbare und mittelbare) Verurteilung des alten
Menschen bedeute Demut (humilitas) im eigentlichen Sinne, genauer:
Erniedrigung (humiliatio). Denn nicht der ist gerecht, der sich für
demütig hält, sondern der sich für verdammens- und verabscheuens-
wert erachtet und seine Sünden verurteilt und straft[154]. Damit erreicht Luther die Linie des iudicium activum mit Konzentration auf

---

[150] Schol. Ps. 1, 5 WA 55 II 1, 21, 5 ff. = BoA 5, 210, 17 ff.

[151] Adn. Ps. 1, 5 WA 4, 469, 17 f. = BoA 5, 42, 19 f.; Schol. Ps. 1, 5 (1516)
WA 55 II 1, 21, 4 f. = BoA 5, 210, 15 ff.; Rgl. Ps. 117, 18 WA 4,
276, 30 t.

[152] Adn. Ps. 1, 5 WA 4, 469, 16 f. = BoA 5, 42, 18 f.; Schol. Ps. 50, 6 WA 3,
291, 15 f. = BoA 5, 123, 22 ff.; Schol. Ps. 71, 2 WA 3, 465, 32 f. = BoA
5, 153, 5 f.; Schol. Ps. 95, 6 WA 4, 111, 22; Rgl. Ps. 105, 3 WA 4, 198, 21
(in einem Zitat von Bernhard in adv. sermo 3 n. 7).

[153] WA 3, 465, 2 ff. = BoA 5, 152, 2 ff. Hatte Luther bei der vorhergehenden
anagogischen und allegorischen Deutung bemerkt, jenes Verständnis von
iudicium Dei sei in der Schrift selten (WA 3, 464, 11 = BoA 5, 151, 21)
und dieses nicht häufiger als jenes (WA 3, 464, 18 f. = BoA 5, 151, 29 f.),
so sagt er nun, daß der Begriff iudicium Dei in der Schrift am häufigsten
im tropologischen Sinne gemeint sei (WA 4, 465, 1 f. = BoA 5, 152, 1 f.).

[154] WA 3, 465, 5 ff. = BoA 5, 152, 5 ff.; vgl. auch die Zitation von 1. Cor. 11,
31 WA 3, 465, 32 f. = BoA 5, 153, 5 f. — Luther teilt also nicht Bernhards
Verständnis der humilitas als einer Tugend (s. o. S. 83 f.).

den inneren Akt des Selbstgerichtes. Denn als vilificatio sui und
humiliatio hat er bereits im Schol. Ps. 36,6 den actus interior des
Selbstgerichtes charakterisiert[155]. Hier liegt Luther nun daran, daß
die humilitas im Sinne des Selbstgerichtes verstanden wird: die
Schrift verwendet gerade das Wort iudicium, um die wahre Eigenart
der humilitas zu zeigen, die eben darin besteht, daß man sich selbst
gering achtet, verachtet und im ganzen verurteilt[156], also auch nicht
die eigene Demut zum Gegenstande einer reflektierenden positiven
Selbsteinschätzung nimmt. Wer in dieser radikalen Form sich selbst
verurteilt, ist gerechtfertigt. Luther zitiert die Stelle Röm. 6,7, die
für sein Verständnis der Korrelation von Selbstgericht und Rechtfertigung besonderes Gewicht erhält: Qui enim mortuus est, iustificatus est[157].

[155] Vgl. S. 198 f.
[156] WA 3, 465, 5 ff. 13 ff. = BoA 5, 152, 5 ff. 11 ff. Am Rande vermerkt
Luther, daß derjenige, der sich selbst erniedrigt, Gott auch in den Dingen
Recht gibt, in denen er ungerecht zu sein scheint. Denn was an Gott
töricht oder ungerecht erscheint, ist — in Wahrheit — weiser und gerechter als die Weisheit und Gerechtigkeit der Menschen (WA 3, 465, 8 ff.
= BoA 5, 152, 15 ff.).
[157] Hier, WA 3, 465, 12 f. = BoA 5, 152, 10 f., zitiert Luther Röm. 6, 7
zum 1. Mal in der Ps.-Vorlesung. Spätere Zitate: Rgl. Ps. 93, 15 WA 4,
90, 37 f. (s. u. A. 350); Schol. Ps. 118, 106 WA 4, 357, 10 ff.:
»Iudicia iustitiae« sunt verba et opera mortificationis carnis, per quam
iustus fit homo ... (Zitat Röm. 6, 7) Quia iam non vivit peccatum in
corpore eius, ergo sola iustitia regnat in ipso. Schol. Ps. 118, 164 WA 4, 385,
16 f. (s. u. A. 351); Schol. Ps. 121, 5 WA 4, 405, 35 ff. (die Korrelation von
iudicium und iustitia ist vorher erörtert worden): Apostolus Ro. 6. dicit
eum iustificatum, qui mortuus est a peccato. Et spiritus est iustus, quando
caro ab eo iudicatur et subiicitur in omnem oboedientiam, ut nihil voluntati et concupiscentiis eius relinquatur. Rgl. Ps. 142, 2 WA 4, 443, 32 ff.
= BoA 5, 83, 30 ff. Diese Parallelen zeigen, daß Luther bei der Zitation von
Röm. 6, 7 an den geistlichen Tod denkt, in welchem die Seele der Sünde stirbt,
und nicht, wie B. Lohse (in: Festschrift für F. Lau, S. 195 bei A. 48, S. 196
bei A. 59, S. 199 bei A. 75) meint, den leiblichen Tod im Sinne hat. Luthers
Gedanke liegt schon in der frühen Randbemerkung zu Augustin de trin. 4
c. 3 vor; WA 9, 18, 25 ff. = BoA 5, 4, 7 ff.: Christus hat durch seinen Tod
einerseits die Seele von jenem Tode erlöst, in welchem sie durch ihre Sünde
dem geistlichen Leben, dem Leben für Christus abgestorben war (vgl. Hos.
13, 14; Bernhard de mor. et off. c. 3 n. 11 f.); Christus bewirkt andererseits
durch seinen Tod, daß die Seele in der Kraft des geistlichen Lebens der Sünde
stirbt, so daß wir mit Christus der Welt gekreuzigt sind und die Welt uns
(vgl. Gal. 6, 14). Tod und Auferstehung Christi zeitigen somit im Glauben
ein mori mundo und ein vivere Christo, jedoch im Unglauben ein mori
Christo und ein vivere mundo. Teilweise anders interpretiert diese Stelle
M. Elze in: Festgabe H. Rückert, S. 149 f.

Das tropologische Verständnis von iudicium Dei liegt nach Luthers
Meinung vor allem dort vor, wo das Wort iudicium mit dem Worte
iustitia verbunden ist. Luther ergänzt diesen Satz durch den Hinweis
auf einige Bibelstellen, an denen iudicium und iustitia nebeneinander
vorkommen. Dadurch unterstreicht er, welche Bedeutung er dieser
Wortverbindung beimißt. Doch sagt er nichts darüber, wie er dabei
den Begriff iustitia versteht. Weiter erinnert Luther daran, daß alle
Propheten schon darüber geklagt haben, daß die Juden dieses Gericht der Selbstverurteilung verachten, wie sie es »noch heute tun«.
So sind die Juden die Gefangenen ihrer superbia, die hier in der
Konfrontation zur humilitas (humiliatio) erscheint[158]. Nachdem
Luther schließlich durch Zitation von 1. Cor. 11,31 angedeutet hat,
daß im Selbstgericht das Endgericht aufgehoben ist[159], erläutert er
noch knapp, warum dieses Gericht iudicium Dei genannt wird: ist
die iustitia Dei das Geschehen, durch das wir gerecht sind, die virtus
Dei dasjenige, durch das wir stark sind, und die sapientia Dei dasjenige, durch das wir weise sind, so wird im iudicium Dei der Vorgang begriffen, durch den wir erniedrigt und gerichtet sind[160]. Damit
ist im Schol. Ps. 71,2 der erste größere Abschnitt der tropologischen
Deutung von iudicium Dei abgeschlossen: das Interesse konzentriert
sich auf die Selbstverurteilung; die humilitas oder humiliatio tritt
noch mehr in den Vordergrund als bei der Auslegung von Ps. 1,5
und Ps. 36,6; im Gegensatz zu ihr steht die superbia; die Bedeutung
der Schriftstellen mit dem Begriffspaar iudicium — iustitia wird
unterstrichen; der tropologisch gedeutete Begriff iudicium Dei wird
den anderen gewichtigen Begriffen iustitia Dei, virtus Dei, sapientia
Dei an die Seite gestellt — Begriffe, durch die die Einheit des Redens
von Gott und Mensch zum Problem wird.
   Der Gedankengang nimmt hier eine markante Wendung[161].
Luther erörtert Zusammenhänge, die in seiner Exegese von iudicium

---

[158] WA 3, 465, 25 ff. = BoA 5, 152, 30 ff.
[159] WA 3, 465, 31 ff. = BoA 5, 153, 5 f. Bei der vorausgehenden Erwähnung
von Ps. 95, 13 und 97, 9 (WA 3, 465, 29 ff. = BoA 5, 153, 2 ff.) kann
man im Zweifel sein, was Luther damit im Sinne hat. Luthers eigene Exegese
dieser beiden, parallelen Stellen gibt verschiedene Möglichkeiten an die
Hand. Am ehesten ist anzunehmen, daß Luther noch den letzten Gedanken
fortführt und mit diesen Stellen sagen will, daß Christus gerade zu dem
von den Juden verworfenen Gericht der Selbstverurteilung in die Welt
gekommen ist.
[160] WA 3, 465, 33 ff. = BoA 5, 153, 6 ff. Humiles darf man gleichsetzen mit
humiliati, entsprechend der Gleichung humilitas = humiliatio.
[161] WA 3, 465, 36 ff. = BoA 5, 153, 10 ff.

bisher nicht berührt worden sind, deren Strukturen von ihm auch nicht an anderen Stellen in dieser Form aufgedeckt werden. Ohne den aristotelisch-scholastischen Tugendbegriff zu übernehmen, erinnert er daran, daß jede »Tugend« corde, ore et opere geschieht, und daß nicht eine Art des Vollzugs ohne die andere bestehen kann. So ist es auch beim Selbstgericht. Außerdem kann der Begriff iudicium ähnlich wie der Begriff fides verschieden gefaßt werden. Der Begriff fides meint zuweilen den inneren Akt des Glaubens, zuweilen das Evangelium selbst, das den Glauben lehrt, oder die obiecta fidei. Entsprechend kann unter dem iudicium nicht nur der innere Akt des Selbstgerichtes, sondern auch das Evangelium oder das Wort Gottes begriffen werden, weil wir durch das Evangelium oder Wort Gottes unterwiesen werden, das Selbstgericht zu vollziehen. Vor allem die Schriftstellen mit dem Plural iudicia können in dem zweiten Sinne gedeutet werden. Letztlich kann man jedoch überall bei iudicium an das verbum Dei denken. Denn alle Gerichte Gottes, also auch das Endgericht und das Erwählungsgericht, geschehen durch das verbum Dei, weil der filius Dei das iudicium und verbum des Vaters ist. Daß Christus nicht nur das verbum, sondern auch das iudicium Gottes ist, wird gerade durch Ps. 71,2a »Deus iudicium tuum regi da« nahegelegt[162]. Es muß beachtet werden, wie Luther ohne weiteres im Begriff verbum Dei sowohl das Evangelium, das »lehrende« Wort Gottes, als auch Christus, das von Gott in Ewigkeit gesprochene Wort, zusammenfassen kann.

Die beiden Gesichtspunkte — 1. der untrennbar dreifache Vollzug des tropologischen Gerichtes corde, ore et opere; 2. die Möglichkeit, unter dem iudicium nicht nur den inneren Akt, sondern auch das verbum Dei zu verstehen — werden von Luther in Anlehnung an 1. Joh. 5,8 vereinigt[163]. Das iudicium ist einmal das verbum Dei,

[162] Vgl. Zgl. Ps. 71, 2 WA 3, 458, 18 f. = BoA 5, 76, 9 f.; Rgl. z. St. WA 3, 458, 26 ff. = BoA 5, 76, 22 ff.; Adn. z. St. WA 4, 504, 30 f. (= BoA 5, 45, 33 f.) 505, 11 ff.

[163] WA 3, 466, 7 ff. = BoA 5, 153, 20 ff. Im Anschluß an die schematische Niederschrift dieses Gedankens betont Luther noch einmal, daß notwendigerweise dem inneren Akt auch der äußere korrespondieren muß: wer sich im Herzen verurteilt und geringachtet, muß das auch an seinem Leibe zeigen und erdulden. Es folgt dann eine tropologische Glossierung von Ps. 149, 6—9, auf die sich auch noch der folgende Satz (WA 3, 466, 25 = BoA 5, 154, 1) bezieht! WA 3, 466, 22 = BoA 5, 153, 35 wird man »quando« in »quin« verbessern müssen, um dem Satz den richtigen Sinn zu geben. — Daß Luther in dem Passus WA 3, 465, 36—466, 16 = BoA 5, 153, 10—28 mit den drei Begriffen cor, os, opus auf das Bußsakrament

das der Mensch in seinem Munde führen soll, und das dem fließenden
Wasser verglichen werden kann; sodann ist das iudicium die Selbstverurteilung, die als innerer Akt im Herzen geschieht und die Art
des spiritus hat; schließlich wird das iudicium der Selbstverurteilung
als opus vollzogen, indem der Mensch in einem äußeren Akt die
Sünde an seinem eigenen Leibe straft, womit nach dem Wasser und
dem Geist gewissermaßen die dritte Größe von 1. Joh. 5,8, das Blut,
genannt ist. »Hi tres unum sunt« (1. Joh. 5,7). Der innere und
äußere Akt des tropologischen iudicium Dei und das verbum Dei,
d. h. Gottes Sohn als das iudicium und verbum des Vaters, müssen in
ihrer Einheit verstanden werden.

Da Ps. 71,2 nicht nur von Gottes Gericht, sondern auch von Gottes Gerechtigkeit redet, ist es naheliegend, daß Luther, nachdem er
bisher nur wenige Male kurz die iustitia Dei neben dem iudicium
Dei anklingen ließ, nun analog zur dreifachen Auslegung von
iudicium Dei auch den Begriff iustitia Dei tropologisch, allegorisch
und anagogisch deutet, allerdings nur in äußerster Kürze[164]. In um-

rekurriert, wird man nicht ohne weiteres mit B. Lohse (in: Festschrift für F.
Lau, S. 202 A. 51) behaupten können. Es sind vielfältig verwendbare Kategorien, bei deren Verwendung Luther auch nicht zuvor WA 3, 464, 1 ff. = BoA
5, 151, 11 ff. an das Bußsakrament gedacht hat (so B. Lohse a.a.O., S. 195),
da er dort beim iudicium hominum das profane Richten im Auge hat. WA 3,
465, 36 ff. = BoA 5, 153, 10 ff. ist das iudicium »in ore« das verbum Dei
oder Evangelium, welches den Menschen in der Selbstverurteilung unterweist.
Also knüpft Luther nicht an die confessio oris des Bußsakramentes an. Statt
dessen geht er offenbar von der Vorstellung aus, daß das Evangelium im
Munde des Verkündigers ebenso Gerichtswort wie Glaubenswort ist, und daß
in diesem verbum Dei Christus selber als das iudicium et verbum patris dem
Menschen begegnet. Das ist Luthers oben S. 178 ff. berührte Vorstellung von
der Christus-Wirklichkeit des mönchischen Lebensbereiches. Indem der Glaubende das richtende Christus-Wort mit einer durchaus nicht sakramental fixier-
ten confessio »bekennt«, geschieht dann auch in seinem Munde das iudicium
(vgl. Röm. 10, 10). Ebenfalls bei dem iudicium in corpore (in opere) denkt
Luther wohl weniger an die satisfactio des Bußsakramentes als vielmehr daran,
daß das innere iudicium sui ipsius mit dem leiblichen Dasein ausgefüllt werden
soll, was wiederum primär auf die mönchische Existenzweise zu beziehen ist.
Meines Erachtens steht hier wie fast auf der ganzen Linie der 1. Ps.-Vor-
lesung nicht das kirchliche Bußsakrament, sondern ein mönchisches Selbstverständnis im Hintergrund von Luthers Gedanken. Verbindungslinien
zwischen dem monastischen und dem sakramentalen Bußverständnis lassen
sich allerdings ziehen.

[164] WA 4, 466, 26—30 = BoA 5, 154, 2—6. Die iustitia wird vorher erwähnt: WA 3, 464, 9 465, 16 ff. 33 ff. = BoA 5, 151, 18 152, 20 ff.
153, 7 ff. — Zur Zitation von 2. Cor. 5, 21 bei der allegorischen Deutung
von iustitia vgl. Adn. Ps. 1, 5 WA 4, 469, 29 f. = BoA 5, 42, 32 ff.

gekehrter Reihenfolge wie zuvor bei iudicium Dei vorgehend, beginnt Luther mit der Tropologie, die seiner Meinung nach in der Schrift am häufigsten intendiert ist[165]. In diesem Sinne besteht die Gottesgerechtigkeit nach Röm. 1,17 in der fides Christi. Allegorisch muß unter der iustitia Dei die Kirche selbst in ihrer Gesamtheit verstanden werden. Das findet Luther in 2. Cor. 5,21 ausgesprochen: in Christus sind die Glaubenden Gottes Gerechtigkeit. Und anagogisch betrachtet, ist Gott selber die Gottesgerechtigkeit in der triumphierenden Kirche. Über das Verhältnis von Selbstgericht und Christusglaube zueinander wird nichts gesagt; überhaupt werden keine Querverbindungen zwischen der dreifachen Auslegung von iudicium und iustitia gezogen. Übereinstimmend mit Äußerungen in Adn. Ps. 1,5 wird von Luther am Ende dieses Passus nur die Differenz von iudicium und iustitia ganz allgemein festgestellt: sicut Iustitia magis respicit bonos et in illis est, ita iudicium magis malos et in illis est. Quia iudicium in damnationem, sicut iustitia in salvationem sonat[166].

In einem Zusatz schneidet Luther ein hermeneutisches Problem an, das bei all den Ps.-Versen gegeben ist, in denen Gottes richtendes Eingreifen erfleht oder angekündigt wird. Man steht bei solchen Stellen vor der Alternative, ob sie ex affectu orationis oder in tenore prophetiae gesprochen sind[167]. Haben sie prophetischen Gehalt, so müssen die Bitten um Gottes Gericht anagogisch verstanden werden und sind dann erschreckende Worte, weil sie praktisch das endgültige Verdammungsgericht ankündigen. Als teilnahmsvolle Gebete haben sie jedoch einen »sehr süßen« Klang; dann müssen sie tropologisch gedeutet werden in dem Sinne, daß Gott gebeten wird, er möge die wahre humilitas verleihen, die Tötung des Fleisches und die Selbstverurteilung herbeiführen, damit durch Gott das Heil im Geiste empfangen werde.

In seinem Nachtrag zum Schol. Ps. 71,2 wirft Luther die Frage auf, warum das Evangelium selber iudicium (und iustitia) genannt werden könne[168]. Das Problem hatte er schon im ersten Auslegungs-

---

[165] Dasselbe hat Luther vom tropologisch verstandenen iudicium Dei gesagt WA 3, 465, 1 f. = BoA 5, 152, 1 f., s. o. A. 153.
[166] WA 3, 466, 30 ff. = BoA 5, 154, 6 ff.; vgl. Adn. Ps. 1, 5 WA 4, 470, 14 ff. = BoA 5, 43, 30 ff.
[167] WA 3, 466, 32 ff. = BoA 5, 154, 9 ff. Luther ist in dem Corollarium wieder beim iudicium Dei und nicht mehr bei der iustitia Dei.
[168] WA 3, 462, 15 ff. = BoA 5, 154, 20 ff. Diese Fragestellung ist bei den folgenden Abschnitten des Scholions zu beachten. So ist in den Sätzen WA 3,

gang berührt und ohne Umschweife aus der Analogie des fides-
Begriffes gelöst. Ehe betrachtet werden kann, wie Luther jetzt den
biblischen Sprachgebrauch erklärt, muß seine eigene Terminologie
beleuchtet werden. Die Frage nach den vielfältigen biblischen Bezeichnungen des Evangeliums wird zunächst dadurch überlagert, daß
Luther für das Evangelium in diesem Zusammenhang noch andere
Termini verwendet, die befremden, weil sie mit dem Begriff lex
konstruiert sind. Es sind die Ausdrücke lex Christi, lex pacis, lex
gratiae. Von der lex gratiae heißt es, sie sei dasselbe wie die gratia[169].
Wird damit die gratia auf die Seite der lex hinübergezogen, weil womöglich die lex gratiae eigentlich doch nur Gesetz ist[170]? Oder besteht
eine wesenhafte Differenz zwischen der lex als solcher und der lex
gratiae (lex Christi, lex pacis), so daß lex gratiae nur ein anderer
Ausdruck ist für die gratia oder für das Evangelium? Wenn Luther
hier und auch sonst in der 1. Ps.-Vorlesung das Evangelium
nicht nur lex nova, sondern auch lex Christi, lex pacis oder lex
gratiae nennt, ist er offenbar abhängig von mittelalterlichen Anschauungen.

a) In seiner Quaestio vesperiarum erörtert d'Ailly die verschiedenen Bedeutungen von lex Christi, analog zu den verschiedenen
Möglichkeiten, nach denen der Begriff lex überhaupt, unabhängig
von seiner Einschränkung auf das mosaische Gesetz, aufgefaßt werden kann. In einer Weise kann die lex Christi der Inbegriff sein für
alles, was die Apostel und Jünger Jesu in dessen Autorität gelehrt
haben, also die ganze doctrina evangelica oder das novum testamentum insgesamt. Dabei ist zu beachten, daß in den Begriff der lex
ohne weiteres außer Geboten und Verboten auch Ratschläge (consilia), Verheißungen und Androhungen eingeschlossen sein können[171].

462, 25 ff. und 463, 3 ff. = BoA 5, 155, 1 ff. 17 ff. als Subjekt des iudicare,
condemnare und discernere das verbum Dei einzusetzen, in Fortführung von
WA 3, 462, 25 = BoA 5, 154, 31 f.: verbum quodlibet Dei est iudicium.
Und WA 3, 462, 29 = BoA 5, 155, 4 spricht demnach von einem adhaerere
verbo Dei per fidem, so daß die fides verbi selber Voraussetzung der humilitas
im iudicium sui ist.

[169] WA 3, 462, 23 = BoA 5, 154, 29 f.

[170] In diesem Sinne versteht Bizer (Fides ex auditu, S. 16) den Text.

[171] D'Ailly q. vesp. a. 1 d. 2 C: lex divina, ut sumitur pro lege divinitus
inspirata ... potest sumi ... alio modo pro aliqua una congregatione plures
tales regulas continente, qualiter tota doctrina Christi dicitur lex Christi.
Sic capiendo adhuc sumi potest stricte pro aliqua totali congregatione solum
continente praecepta et prohibitiones, quia haec duo solum pertinent ad
legem proprie dictam. Alio modo potest sumi large pro aliqua totali

In diesem Allgemeinverständnis kann die lex Christi oder eben das Evangelium verschiedene modi annehmen, und zwar kann unter anderem in einem prägnanten Sinne der Begriff auf die Wahrheit des Evangeliums zugespitzt werden, wobei es zunächst offen bleibt, wo die Wahrheit anwesend ist, in mente sive in scripto vel in voce. Als geistiges Phänomen (in mente) kann das Evangelium oder die lex Christi die Erkenntnis dieser Wahrheit meinen. Mit »lex« kann also sowohl die Erkenntnis der doctrina evangelica bezeichnet werden als auch die Wahrheit jener doctrina. Die Erkenntnis kann — ebenso wie andere Erkenntnis — verschiedenen Charakter haben, sie kann rein sachlich begreifende Erkenntnis (cognitio apprehensiva) oder mit willentlich-affektiver Entscheidung verbundene Erkenntnis sein (cognitio iudicativa). In dieser letzten Form kann Furcht oder Gewißheit die affektive Beteiligung ausmachen. Für die lex Christi kommt nur die letzte Art der engagierten Erkenntnis in Frage. Es ist der Glaube, und zwar »propriissime« die fides infusa oder deren Akt, obwohl die fides acquisita nicht ausgeschlossen ist. Für die fides wird eine allgemeine, nicht näher differenzierte Definition eingesetzt; sie ist der habitus oder actus, quo creatura rationalis firmiter assentit doctrinae Christianae veritatibus[172]. D'Ailly betont, daß die lex Christi für den Menschen nur die heilsnotwendige Vollkommen-

---

congregatione, non solum continente praecepta et prohibitiones, sed etiam consilia et promissiones praemiorum, comminationes suppliciorum et multa huiusmodi, quae licet non sint de substantia legis proprie, quia nec ligant nec obligant eo quod his nihil imperatur aut prohibetur, ipsa tamen sunt fortissima adiutoria ad legem sustinendam, ideo dicuntur partes legis divinae communiter dictae.

[172] D'Ailly q. vesp. a. 1 d. 3 D: lex Christi seu regula uno modo potest sumi stricte pro congregatione illorum et simul eorum quae docuerunt apostoli et discipuli eius auctoritate sua. Unde lex Christi seu regula dicitur tota doctrina euangelica, intelligendo per euangelium non solum doctrinam quattuor euangeliorum sed generaliter novum testamentum. Quemadmodum doctrinam suam vocat Paulus euangelium 2. Tim. 1, 11 f. Sed sic capiendo adhuc potest multipliciter sumi. Uno modo pro talis doctrinae veritate sive sit in mente sive in scripto vel in voce. Alio modo potest sumi pro talis veritatis vel obiecti intellectuali cognitione. Unde non minus proprie dicitur lex vel praeceptum vel prohibitio ipsa cognitio agendorum vel non agendorum, quam ipsa veritas enuntians quid agendum vel non agendum ... Haec autem cognitio potest esse multiplex: quia vel solum apprehensiva vel iudicativa. Et si iudicativa: vel cum formidine vel cum certitudine. Et si cum certitudine: vel potest esse habitualis vel actualis, vel ab habitu acquisito solum, vel ab habitu etiam infuso. Unde secundum hoc loquendo propriissime lex Christi potest dici fides infusa vel actus eius, quo creatura rationalis firmiter assentit doctrinae Christianae veritatibus.

heit hat, wenn sie ihm durch die fides infusa vermittelt ist[173]. Im eingegossenen Glauben ist dem Menschen für dieses Leben das absolut
vollkommenste »Gesetz« gegeben; es ist allerdings geschaffenes Gesetz im Unterschied zu dem ungeschaffenen Gesetz, das Gottes Geist
in sich selber birgt[174].

b) In andern Zusammenhängen der mittelalterlichen Tradition
zeigt sich die Möglichkeit, lex gratiae für gratia, lex caritatis für
caritas und lex spiritus für spiritus synonym zu gebrauchen. Bonaventura z. B. erwähnt die Unterscheidung dreier großer heilsgeschichtlicher Zeiten nach der lex naturae, lex scripta und lex
gratiae[175]. Er erläutert, die lex naturae sei innerlich dem Menschen
mitgeteilt, die lex scripta sei ihm äußerlich gegeben und die lex
gratiae sei ihm von oben her eingegossen[176]. Hier ist mit lex allgemein eine Macht gemeint, die den Menschen zum Guten anhält
und ihn im Guten bindet. Eine derartige Macht in übernatürlicher
und spiritualer Eigenart empfängt der Mensch in der Gnade. Mit der
lex naturae hat die lex gratiae (= gratia) die Innerlichkeit gemein-
sam: die eine ist indita, die andere infusa. Ihr Unterschied besteht
darin, daß die eine dem Menschen von Natur aus innewohnt, während ihm die andere nur gnadenweise von Gott verliehen wird. Mit
der lex scripta verbindet die lex gratiae die höhere heilsgeschichtliche
Zuordnung, das soteriologische Ziel. Im übrigen sind sie jedoch
grundverschieden: als fremde Macht beansprucht die eine den Men-

---

[173] D'Ailly q. vesp. a. 1 concl. 2 E: lex Christi seu doctrina vocalis aut scripta
vel ipsa (ergänze: cognitio) mentalis solum apprehensiva vel etiam ipsa
adhaesiva, si non sit ex fide infusa, non est viatori perfectissima lex creata.
Patet, quia nullus viator per legem Christi sine fideli credulitate potest
omnia ad quae tenetur, perfecte intelligere iuxta illud Is. 7, 9 »Nisi credi-
deritis, non intelligetis«.

[174] D'Ailly q. vesp. a. 1 concl. 3 E: lex Christi sola seu doctrina, i. e. fidei
infusae habitus vel actus quem viator habet de ea, est sibi perfectissima
lex creata. Patet, quia nullus viator per aliud signum seu directivum
creatum nisi per huiusmodi fidem vel eius actum omnia ad quae tenetur,
perfecte cognoscit ... et per huiusmodi signum illa perfecte cognoscit, quia
si non, tunc fidelis operans secundum fidei Christi directionem non sufficienter operaretur ad consequendum salutem contra illud Marci ult. (16, 16)
»Qui crediderit« etc., »salvus erit« etc.

[175] Bonaventura breviloqu. prol. § 2 n. 1: Describit (scil. scriptura sacra)
autem per tria tempora mundum decurrere, scil. per tempus legis naturae,
legis scriptae et legis gratiae.

[176] Bonaventura breviloquium prol. § 2 n. 2: universum tempus ... decurrit
secundum triplicem legem, scil. inditam interius, datam exterius et desuper
infusam.

schen von außen, während die andere ihn von innen her in Anspruch
nimmt; als Buchstabe tötet die eine, die andere macht als Geist
lebendig; unter der einen leistet der Mensch aus Furcht vor Strafe
einen knechtischen Gehorsam, unter der Macht der anderen tut er
mit innerer Freiheit aus Liebe zur Gerechtigkeit das Gute; die eine
ist unerfüllte Wirklichkeit (figura), die andere erfüllte Wirklichkeit
(veritas); unter der einen wird die Verpflichtung zum Guten als Last
empfunden, unter der anderen jedoch wird sie mit Leichtigkeit erfüllt[177].

Von einer lex spiritus sancti spricht Thomas v. Aquin im Gegensatz zur lex. Bei der Behandlung der Frage »Utrum omnes subiician-
tur legi« stellt er fest: viri spirituales, secundum hoc quod lege
spiritus sancti ducuntur, non subduntur legi, quantum ad ea quae
repugnant ductioni spiritus sancti[178]. Die lex spiritus sancti ist hier
identisch mit der dirigierenden Macht des heiligen Geistes über diejenigen, die den Geist empfangen haben. Der Gegensatz zur lex
bricht gerade dadurch auf, daß die lex den Willen von außen her
zum Gehorsam zwingt, der spiritus sanctus hingegen durch die
Gnade den Willen von innen heraus bewegt[179].

[177] Bonaventura breviloquium 5 c. 9 n. 3: quoniam divinis imperiis dupliciter
obtemperare contingit, videlicet ex timore poenae, vel ex amore iustitiae;
et primum est imperfectorum, secundum autem perfectorum; ideo Deus
duplicem homini contulit legem: unam timoris, alteram amoris, unam in
servitutem generantem et alteram in adoptionem filiorum Dei transferentem
(cf. Röm. 8, 15, Gal. 4, 24 f.) ... dicitur lex Moysaica differre ab euangelica,
quia illa figurae, haec veritatis; illa lex poenae, haec gratiae; illa litteralis,
ista spiritualis; illa occidens, ista vivificans (cf. 2. Cor. 3, 6); illa timoris,
ista amoris; illa servitutis, ista libertatis; illa oneris et ista facilitatis (cf.
Mt. 11, 30, Act. 15, 10).
[178] Thomas STh 1 II q. 96 a. 5 ad 2, vgl. arg. 2. Der Begriff lex spiritus (sancti)
beruht auf Röm. 8, 2, wo als Gegenbegriff die lex peccati et mortis erscheint, vgl. STh 1 II q. 108 a. 1 arg. 1.
[179] Thomas STh 1 II q. 96 a. 5 co., q. 93 a. 6 arg. 1, ad 1. Thomas in Gal.
5, 18 lect. 5: esse sub lege (eingeschränkt auf die praecepta moralia) potest
intelligi dupliciter: vel quantum ad obligationem, et sic omnes fideles sunt
sub lege, quia omnibus data est ... Vel quantum ad coactionem, et sic iusti
non sunt sub lege, quia motus et instinctus spiritus sancti, qui est in eis,
est proprius eorum instinctus. Nam caritas inclinat ad illud idem quod
lex praecipit. Quia ergo iusti habent legem interiorem, sponte faciunt quod
lex mandat, ab ipsa non coacti. Thomas in 1. Tim. 1, 9 lect. 3: Lex enim
iustis non imponitur sicut onus, quia habitus eorum interior inclinat eos
ad hoc quod lex, et ideo non est onus eis. — Weitere Titel sind lex nova
und lex libertatis, STh 1 II q. 108 a. 1 ad 2. Mit der lex spiritus sancti
oder lex libertatis wird die als innere Macht wirkende Gnade bezeichnet

Zum richtigen Verständnis von 1. Tim. 1,9 »lex iusto non est posita« unterstreicht Bernhard das »positam esse«. Es solle nicht gesagt sein, daß die Gerechten kein Gesetz haben oder ohne Gesetz sind, sondern nur, daß ihnen nicht wie Unwilligen ein Gesetz auferlegt ist, während ihnen doch als Willigen ein Gesetz dadurch in Freiheit gegeben ist, daß es ihnen »annehmlich eingehaucht« ist. Mit dem Rückgriff auf Röm. 8,15 nennt er das Gesetz, nach dem die Gerechten leben, ein Gesetz, das vom spiritus libertatis in Annehmlichkeit gegeben ist, im Gegensatz zu dem Gesetz, das vom spiritus servitutis in Furcht promulgiert ist. Das Gesetz der Gerechten ist nach Röm. 8,15 der spiritus adoptionis filiorum; Bernhard nennt es auch die lex caritatis und mit 1. Cor. 9,21 die lex Christi[180].

Der Befund der mittelalterlichen Theologie ergibt zweierlei: Einmal kann die lex Christi, identifiziert mit dem Evangelium, die Wahrheit des Evangeliums sein in ihrer geistigen Anwesenheit als eingegossener Glaube. Sodann stehen die Ausdrücke lex Christi, lex spiritus (sancti), lex gratiae, lex caritatis stellvertretend für die gratia oder caritas — in diesen beiden Größen wird auch der spiritus sanctus gegenwärtig —; gedacht ist dabei an eine Macht, die den Menschen von innen heraus in seinem Willen frei bewegt. Die Rechtfertigung ist damit verbunden[181]. Beide Male — als erleuchtende Erkenntnis der Wahrheit durch den Glauben und als freie Bewegung

(vgl. STh 1 II q. 108. a. 1 ad 2). Auch der Ausdruck lex nova meint primär eine lex indita (STh 1 II q. 106 a. 1 co.), nämlich die gratia spiritus sancti interius data (STh 1 II q. 106 a. 2 co.), und erst sekundär eine lex scripta (STh 1 II q. 106 a. 1 co.), nämlich die documenta fidei et praecepta ordinantia affectum humanum et humanos actus (STh 1 II q. 106 a. 2 co.). Gerade in dieser zweiten Hinsicht ist auch die lex nova tötender Buchstabe: etiam littera Euangelii occideret, nisi adesset interius gratia fidei sanans (STh 1 II q. 106 a. 2 co.).

180 Bernhard de dilig. Deo c. 14 n. 37 (= ep. 11 n. 6): nec filii sunt sine lege, nisi forte aliquis aliter sentiat propter hoc quod scriptum est (1. Tim. 1, 9): »Iustis non est lex posita«. Sed sciendum, quod alia est lex promulgata a spiritu servitutis in timore, alia a spiritu libertatis data in suavitate. Nec sub illa coguntur esse filii; nec sine ista esse patiuntur. Vis audire quia iustis non est lex posita? »Non accepistis« ait »spiritum servitutis iterum in timore«. Vis audire quod tamen sine lege caritatis non sint? »Sed accepistis, inquit, spiritum adoptionis filiorum« (Röm. 8, 15). Denique audi iustum utrumque de se fatentem, et quod non sit sub lege, nec tamen sit sine lege ... (Zitat 1. Cor. 9, 20 f.) Unde apte non dicitur: Iusti non habent legem, aut: Iusti sunt sine lege, sed: »Iustis non est lex posita«, hoc est non tamquam invitis imposita, sed voluntariis eo liberaliter data, quo suaviter inspirata. — 1. Cor. 9, 21 ist die einzige Schriftstelle mit dem Ausdruck lex Christi.

181 Vgl. Thomas STh 1 II q. 106 a. 2.

zum Guten durch die Gnadenliebe — wird der übernatürliche Charakter der lex Christi betont. Auf beiden Seiten wird auch der Unterschied zum alttestamentlichen Gesetz aufgewiesen, besonders im zweiten Aspekt[182].

Damit sind die allgemeinen historischen Voraussetzungen für Luthers Gebrauch der Begriffe lex Christi, lex pacis, lex gratiae aufgezeigt, nur muß noch offengehalten werden, wie Luther den spezifischen Sinn abwandelt. Sicher ist jedoch, daß vom Begriff gratia und nicht von dem als Gegensatz dazu aufgefaßten Begriff lex ausgegangen werden muß, wenn Luther gratia und lex gratiae ineins setzt. Die von Luther aufgeworfene Frage lautet: In welcher Hinsicht kann die gratia oder lex gratiae Gericht und Gerechtigkeit genannt werden? In der vorläufigen Antwort sagt er, daß das Evangelium (oder lex gratiae etc.) als iudicium und iustitia bezeichnet wird, weil es jeden, der ihm glaubt, richtet und rechtfertigt[183]. Luther will nun zeigen, daß jedes verbum Dei in dreifacher Hinsicht Gericht bringt, nämlich im tropologischen, allegorischen und anagogischen Sinn von iudicium[184]. Der zweite Auslegungsgang soll also beleuchten, inwiefern das verbum Dei richtet, während sich Luther im ersten Auslegungsgang unmittelbar mit der Deutung des Begriffes iudicium Dei befaßt hat. In der tropologischen Deutung[185] knüpft Luther an den ersten Auslegungsgang an, indem er die humilitas als Selbstverach-

---

[182] Auch d'Ailly sieht bei seiner Betrachtung den Unterschied, q. vesp. a. 1 concl. 1 E: lex naturalis vel humana vel etiam lex divina Moysaica viatori non est lex perfectissima creata. Patet primo de lege naturali vel humana, quia aliter sequeretur quod viator ex puris naturalibus sine fide posset omnia ad quae tenetur, perfectissime cognoscere et adimplere contra apostolum ad Hb. 11, 6 »Sine fide impossibile est placere Deo«. Secundo idem patet de lege Moysaica, quia secundum apostolum ad Hb. 7, 19 »Nihil ad perfectum adduxit lex«. Et loquitur de lege veteri per Moysen data.

[183] WA 3, 462, (15 ff.) 23 ff. = BoA 5, 154, (20 ff.) 29 ff.

[184] WA 3, 462, 25 f. = BoA 5, 154, 31 f. + 155, 1. Die allegorische Deutung WA 3, 463, 3—15 = BoA 5, 155, 17—30; zu WA 3, 463, 15 ff. = BoA 5, 155, 31 ff. s. u. A. 190. Luther hat es zunächst bei der tropologischen und allegorischen Deutung bewenden lassen und hat erst später einige Gedanken angefügt, die in die Richtung der anagogischen Deutung gehen, aber nicht eigentlich eine anagogische Interpretation bieten, WA 3, 461, 20 ff. = BoA 5, 156, 25 ff. (s. u. A. 213); zum handschriftlichen Befund vgl. H. Bornkamm in: ARG 52, 1961, S. 22 A. 10.

[185] WA 3, 462, 27 ff. = BoA 5, 155, 2 ff. (Z. 3 lies: in nobis et in mundo). WA 3, 462, 31 = BoA 5, 155, 6 bezieht sich »isto vocabulo« auf das Textwort iudicium und nicht, wie E. Bizer (Fides ex auditu, S. 19) meint, auf die fides.

tung erwähnt und dann auch wieder betont, daß es sich um ein Verhalten corde, verbo (= ore) und opere handeln muß. Er zieht daraus noch die Folgerung, daß Gottes Gerichte in der Züchtigung und Kreuzigung des Fleisches bestehen, überhaupt in der Verurteilung alles dessen, was in der Welt ist (vgl. 1. Joh. 1,15 f.). Damit ist die Einheit von innerem und äußerem Akt angedeutet und mit dem Welthaften im weitesten Umkreis auf alles bezogen, was den Menschen in der superbia erfüllt. Durch das Selbstgericht kommt es zur Gerechtigkeit. Denn Gott schenkt dem seine Gnade, der sich selbst für ungerecht hält und vor Gott demütig ist (vgl. 1. Pt. 5,5). Was Luther innerhalb dieser tropologischen Auslegung vom verbum Dei oder Evangelium sagt, ist bisher ausgeklammert worden und muß nun nachgetragen werden.

Daß das verbum Dei in tropologischer Hinsicht richtet, wird gleich einleitend damit begründet, daß das Wort Gottes die opera carnis et mundi verurteilt, indem es aufzeigt, daß alles, was in uns und in der Welt ist, coram Deo verdammenswert ist. Wer dem Wort Gottes durch den Glauben verbunden ist, wird notwendigerweise sich selber so einschätzen, wie er von Gott beurteilt wird: necessario sibi vilis et nihil, abominabilis et damnabilis efficitur[186]. So kommt es durch das enthüllende Wort und den Glauben, der dem Wort verhaftet ist, zum tropologischen Gericht der Selbstverurteilung. Im gleichen Zusammenhang heißt es aber auch: durch das iudicium in der Gestalt des Evangeliums und der Gnade bewirkt Gott bei den Seinen jene iudicia Dei, die in der Kreuzigung des Fleisches und in der Verurteilung von allem Welthaften bestehen[187]. Hat zuerst das aufzeigende Wort in der Vermittlung durch den Glauben die Selbstverurteilung veranlaßt, so ist das Evangelium nun unmittelbar in der Identität mit der gratia die Macht, durch die Gott in den Seinen das Selbstgericht hervorruft.

In der Überleitung zur allegorischen Deutung schreibt Luther, das Wort Gottes scheide zwischen Fleisch und Geist und bringe eine Trennung zwischen den Werken des Fleisches und den Werken des Geistes, indem es jene zur Verdammnis verurteile und diese zur Rechtfertigung annehme. Alles Unsrige wird vom verbum Dei verworfen, auch unsere Gerechtigkeit[188]. Soll man dieses Scheiden, Annehmen und Verwerfen zu der aufzeigenden Funktion des verbum

---

[186] WA 3, 462, 27 ff. = BoA 5, 155, 2 ff.
[187] WA 3, 462, 34 ff. = BoA 5, 155, 10 ff.
[188] WA 3, 463, 2 ff. = BoA 5, 155, 17 ff.; vgl. A. 139.

Dei rechnen? Oder besteht das Annehmen der Werke des Geistes
darin, daß das Wort Gottes in der Gestalt der Gnade dem spiritus
zum freien Wirken verhilft und dadurch zugleich das Fleisch zur
Machtlosigkeit verurteilt[189]? Die zweite Auffassung verdient wohl
den Vorrang, weil Luther gleich im Folgenden das allegorische Scheidungsgericht durch das verbum Dei damit begründet, daß die Gnade
oder auch das Evangelium, da es sich dabei um bona spiritualia handelt, nur den Guten, den Gläubigen gegeben wird, daß Gott also
nach seiner Erwählung und nicht unterschiedslos sein Heil austeilt.

Nach der allegorischen Interpretation beschäftigt sich Luther wieder mit allgemeinen Erwägungen über das verbum Dei als iudicium
Dei[190]. Iudicium Dei heißt das Wort Gottes, weil es im Gegensatz
zum iudicium hominum das verwirft, was die Menschen erwählen,
und das erwählt, was die Menschen verwerfen[191]. Das gilt allgemein
sowohl von dem tropologischen Gericht, in welchem Gott den von
den Menschen verachteten spiritus erwählt, als auch von dem allegorischen Gericht, in welchem Gott die von der Welt verachteten
Gläubigen erwählt. Wenn Luther fortfährt, dieses göttliche Gericht
sei uns im Kreuz Christi gezeigt worden, so ist das zunächst ebenso
allgemein zu verstehen, obwohl in der Ausführung des Gedankens
das tropologische Gericht in den Vordergrund tritt. Luther stellt
einen einfachen Vergleich an: wie Christus gestorben und vom Volk
verworfen worden ist, so müssen wir ein ähnliches Gericht mit ihm
tragen, müssen spiritualiter gekreuzigt werden und sterben, wie es
Paulus in Röm. 6,4 f. und 8,10 f. darlegt. Das Offenbartsein des
Gerichtes im Kreuz Christi entspricht der aufzeigenden Funktion
des Wortes Gottes. Bei dem Vergleich zwischen Christi Kreuzestod
und unserem geistlichen Sterben bleibt offen, wodurch die in dem
Vergleich vorausgesetzte Verbundenheit zwischen Christus und den
Seinen zustande kommt. Man muß die Klammer von lehrendem
Wort und Glaube annehmen.

[189] Beide Auffassungen als Alternative anzusetzen, ist natürlich problematisch.
Denn sie sind beide ineinander verzahnt.
[190] WA 3, 463, 15 ff. = BoA 5, 155, 31 ff. Dieser Passus (Et ideo etc.) gehört
nicht mehr zur allegorischen Auslegung; Luther hat ihn zwar nicht auf
einer neuen Zeile begonnen, vor seinem Anfang jedoch 2 ½ cm Abstand
gelassen und die ersten Worte unterstrichen, um den Beginn des neuen
Gedankens zu kennzeichnen.
[191] Vgl. gleich zu Beginn von Schol. Ps. 71, 2 WA 3, 464, 6 ff. = BoA 5,
151, 15 ff.

Luther gibt noch eine grundsätzliche Erklärung zum Verständnis des Evangeliums als iudicium und iustitia[192]. Wenn er auf Grund der Schrift das Evangelium iudicium und iustitia nenne, so beziehe sich das auf das Evangelium impletum et opere perfectum; denn nur dann gelte, daß Christus mit Gericht und Gerechtigkeit seine Kirche regiert (vgl. Ps. 71,2). Im anderen Falle würde das Evangelium nur als das Wort aufgefaßt, das aufzeigt, was zu verwerfen und was zu erwählen ist[193]. Den Unterschied zwischen dem Evangelium als aufzeigendem Wort und dem Evangelium impletum erläutert Luther mit scholastischen Begriffen. Das eine Mal ist das Evangelium in aufzeigender und lehrender Weise (ostensive et doctrinaliter) Gericht und Gerechtigkeit, wenn es den Menschen belehrt, wie er unter dem Gericht und der Gerechtigkeit Gottes zu leben hat. In diesem Sinne hat Luther bisher mehrfach in seiner Auslegung das Evangelium iudicium genannt[194]. Das andere Mal ist das Evangelium in verwirklichter und seinsbestimmender Weise Gericht und Gerechtigkeit, wenn man in der Tat so lebt, wie es das Evangelium im Aufzeigen des Gerichtes und der Gerechtigkeit Gottes lehrt. Auch dieses Verständnis ist schon vorher angeklungen, und zwar dort, wo das Evangelium mit der gratia identifiziert und als der unmittelbare Urheber des Gerichtes angesprochen wurde[195]. Die beiden Auffassungen vom Evangelium als iudicium, die sich bereits aus den vorhergehenden Abschnitten herausschälen ließen, kann man demnach in den beiden Ansichten wiederentdecken, die Luther nun ausdrücklich voneinander abhebt. Dabei will er der zweiten Auffassung den Vorzug geben[196].

Wodurch wird das Evangelium zum Evangelium plenum? Worin besteht das impleri und opere perfici des Evangeliums[197]? Der Begriff opus darf in diesem Zusammenhang nicht so eingeengt gefaßt werden wie dort, wo das Verhalten opere, ore und corde unterschieden

---

[192] WA 3, 463, 21 ff. = BoA 5, 156, 1 ff.
[193] WA 3, 463, 28 ff. = BoA 5, 156, 5 ff.
[194] WA 3, 466, 2 ff.   462, 27 ff.   463, 15 ff. = BoA 5, 153, 13 ff.   155, 3 ff.
31 ff.
[195] WA 3, 462, 34 ff. = BoA 5, 155, 10 ff.; WA 3, 463, 3 ff. = BoA 5, 155, 17 ff.
[196] WA 3, 463, 21 ff. = BoA 5, 156, 1 ff.
[197] Vgl. auch das opere vivere WA 3, 463, 31 = BoA 5, 156, 8. Der Ausdruck opere implere auch Zgl. Ps. 98, 4 WA 4, 124, 7 (s. u. A. 216), Zgl. Ps. 105, 3 WA 4, 197, 25 (vgl. Rgl. z. St. WA 4, 198, 25 f.), Zgl. Ps. 118, 121 WA 4, 297, 9.

wird[198]. Der Kontext deutet darauf hin, daß es sich um die Verwirklichung in der ganzen Existenzweise, nicht nur um den äußeren Akt,
sondern auch — und zuerst — um den inneren Akt handelt, also um
den Akt der Selbstverurteilung. Das möchte Luther mit dem Begriff
»formaliter« annäherungsweise ausdrücken, obgleich es mit dieser
aristotelisch-scholastischen Kategorie nicht adäquat wiedergegeben
wird. Das Evangelium soll als die Macht bezeichnet werden, die den
Menschen seinsbestimmend beherrscht. Auf diese Weise regiert ja
auch Christus seine Kirche[199]. Christus herrscht aber geistlich in den
Herzen der Gläubigen. In die gleiche Richtung weist Luthers Rede
von der lex gratiae, lex Christi, lex pacis in den vorhergehenden Abschnitten, in denen auch nicht nur von der lehrenden Funktion des
verbum Dei gesprochen wird, sondern außerdem von der unmittelbar im Menschen wirkenden Macht der gratia oder deren Synony-
men[200]. Nach Luthers Meinung sind diejenigen, die das Evangelium
»erfüllen«, nicht sub lege; das Gesetz übt seine Herrschaft über sie
nicht mehr aus, weil sie zu dem Gesetz hinaufgestiegen und ihm
»angeglichen« sind[201]. Die paulinische Wendung von dem non sub
lege esse (vgl. Röm. 6,14; Gal. 5,18) läßt erkennen, daß Luther mit
Paulus in der gratia oder im spiritus die Macht erblickt, die vom
Herrschaftsanspruch der lex befreit, daß er also nicht an ein bloß
äußerlich werkhaftes »Erfüllen«, sondern an ein aus der Gnade
geborenes »Erfüllen« des Evangeliums und damit auch des Gesetzes
denkt[202]. — Weiter heißt es: quando Euangelium opere impletur,
tunc semper verbum Dei incarnatur spiritualiter. Opus enim est velut
caro. Et verbum est velut Dei filius[203]. Bereits im 1. Auslegungsgang
hat Luther das verbum Dei, durch das alle Gerichte Gottes geschehen,
mit dem Sohn Gottes gleichgesetzt. Dort hat sich auch gezeigt, wie

---

[198] Vgl. WA 3, 465, 36 f. 466, 7 ff. 462, 33 = BoA 5, 153, 10. 22 ff. 155, 9.
H. Bornkamm (ARG 52, 1961, S. 21) meint zwar: »Das opus und opere
vivere steht im Zusammenhang mit der von Luther vorher gebrauchten
Unterscheidung: non tantum corde et verbo, sed et opere.« Er betont dann
aber (S. 21 f.): »Evangelium implere und opere vivere heißt dabei nicht,
allerlei Werke tun, sondern es bedeutet Demut und Glauben vor Gott
erweisen, durch die der Mensch ihn allein als gerecht und sich als ungerecht
erkennt.«
[199] WA 3, 463, 22 ff. = BoA 5, 156, 2 ff.
[200] WA 3, 462, 23 ff. 34 ff. 463, 6 f. = BoA 5, 154, 29 ff. 155, 10 ff. 21.
[201] WA 3, 463, 33 ff. = BoA 5, 156, 10 ff.
[202] Daß sich Luther in der Nähe des Paulus aufhält, zeigt seine Randnotiz
WA 3, 463, 37 = BoA 5, 156, 14.
[203] WA 3, 463, 24 ff. = BoA 5, 156, 15 ff.

unproblematisch für Luther der Übergang von dem lehrenden Gottes-
teswort zu dem als filius patris aus Gott geborenen verbum Dei ist[204].
In dem Scholiennachtrag wird die Linie nun fortgeführt durch den
Gedanken der geistlichen Inkarnation des Sohnes Gottes (filius Dei =
verbum Dei); das ist in verwandter Terminologie der geistliche
Advent Christi. Er ereignet sich dort, wo es in spiritu zum Christusglauben kommt[205]. Bei der geistlichen Inkarnation des verbum Dei
wird das Evangelium verwirklicht. Im Hinblick auf diese Verwirklichung im Glauben trägt das Evangelium die verschiedenen Namen
wie iudicium (Dei), iustitia (Dei), opus Dei, via Dei. Es sind
die Prädikate, von denen Luther zu Beginn des 2. Auslegungsganges
gefragt hat, in welcher Hinsicht sie dem Evangelium zukommen.
Während diese Prädikate im Evangelium impletum spirituale Wirklichkeit besitzen, haben sie ihre Wirklichkeit ad litteram in der Person Christi[206]. Die hermeneutische Umkehrung dieses Gedankens lautet[207]: Wer Paulus und die übrige Schrift weise (sapide) verstehen will,
muß die Prädikate für Gottes Sein und Handeln[208] tropologisch inter-
pretieren; man muß sie also auf die spirituale Inkarnation des verbum
Dei, d. h. auf den Christusglauben beziehen. Die tropologische Interpretation muß auf dem Fundament der litteral-christologischen Deutung aufbauen. Denn die soteriologischen Gottesprädikate sind in
Christus »litteraliter« und in der fides Christi »moraliter« (= spiritualiter) verwirklicht. Das opus, durch welches das Evangelium erfüllt oder in welchem das verbum Dei geistlich inkarniert wird, ist
also die fides Christi.

Luther sieht einen Unterschied, ob das Evangelium Gottes Gericht
für den Glauben aufzeigt, oder ob es durch seine geistliche Inkar-

---

[204] WA 3, 466, (2 ff.) 5 ff. = BoA 5, 153, (13 ff.) 16 ff.
[205] Im letzten Abschnitt (WA 3, 461, 20 ff. = BoA 5, 156, 25 ff.) werden die
   tropologische (moralische) und allegorische Deutung, die beide die spirituale
   Inkarnation des verbum Dei oder den spirituale Advent Christi erfassen,
   mit dem 1. Advent Christi verbunden. Es handelt sich um ein Geschehen
   der fides Christi; Röm. 3, 21 f. wird zitiert.
[206] WA 3, 463, 26—28 = BoA 5, 156, 17—19.
[207] WA 3, 458, 8 ff. = BoA 5, 156, 20 ff. Über den handschriftlichen Befund
   dieses und des vorhergehenden Abschnittes (WA 3, 463, 24—28 = BoA 5,
   156, 15—19) informiert H. Bornkamm in: ARG 52, 1961, S. 21 A. 9,
   S. 22 A. 10.
[208] Luther hat keinen Allgemeinbegriff für diese soteriologischen Prädikate.
   Er nennt immer wieder einige aus der ganzen Reihe, in diesem Abschnitt:
   veritas, sapientia, virtus, salus, iustitia (immer ist »Dei« zu ergänzen),
   ferner: via Dei, opus Dei.

nation im Glauben Gottes Gericht in der Wirklichkeit der Existenz ist. Er reißt jedoch diese beiden Erscheinungsweisen des Evangeliums nicht auseinander. Sonst könnte er sie nicht, bevor er über sie reflektiert, so unbekümmert miteinander kombinieren[209]. Es ist nach Luthers Meinung wohl so, daß das Evangelium einerseits Gottes Gericht im Kreuz Christi aufzeigt[210], andererseits dank der Macht, die ihm als verbum Dei eigen ist, sich selbst seine geistliche Inkarnation verschafft. Es ist ein einheitliches Geschehen wie auf seiten des Wortes so auf seiten des Glaubens: Wer durch den Glauben dem lehrenden verbum Dei anhaftet, der verurteilt sich selbst[211]. Im Glauben ereignet sich aber auch die geistliche Inkarnation des verbum Dei; in diesem Geschehen richtet das Evangelium den Glaubenden, indem es die caro der Verdammnis preisgibt und den spiritus zur Rechtfertigung annimmt[212].

Zum Ende seines Nachtrages zum Schol. Ps. 71,2 äußert sich Luther über das verschiedene heilsgeschichtliche und auch hermeneutische Gefälle von iudicium und iustitia im Alten und Neuen Testament. Die lex vetus prophezeit eigentlich nur den 1. Advent Christi, der ein Advent der Gnade und Güte ist, und auf Grund dessen Christus mit einem gütigen und heilsamen Gericht regiert. Deshalb beziehen sich im Alten Testament die Vokabeln iudicium und iustitia nach dem prophetisch-litteralen Sinn höchst selten auf das Endgericht und sollen zumeist, ja eigentlich stets im tropologisch-moralischen und allegorischen Verständnis aufgefaßt werden[213]. In der lex nova hingegen wird das Gericht und die Gerech-

---

[209] Vgl. die Ausführungen des zweiten Auslegungsganges vor WA 3, 463, 21 ff. = BoA 5, 156, 1 ff.

[210] Vgl. WA 3, 463, 17 f. = BoA 5, 155, 33.

[211] WA 3, 462, 27 ff. = BoA 5, 155, 2 ff.

[212] Vgl. WA 3, 462, 34 ff. 463, 3 ff. = BoA 5, 155, 10 ff. Ambivalent (fides, die dem Wort anhaftet — fides der geistlichen Inkarnation) ist die Aussage WA 3, 462, 23 ff. = BoA 5, 154, 29 ff.

[213] WA 3, 461, 20 ff. = BoA 5, 156, 25 ff. Luther wollte zuerst schreiben, daß bei den Begriffen iudicium und iustitia im Alten Testament sehr selten das anagogische Verständnis angebracht ist (vgl. WA 3, 464, 10 ff. = BoA 5, 151, 20 ff.). Er hat das Wort anagogice dann aber wieder gestrichen, um die Einschränkung genauer für den litteralen Bezug der Worte, das prophetisch-litterale Verständnis, gelten zu lassen. Man sollte erwarten, daß er im Positiven fortfährt, der prophetisch-litterale Sinn der alttestamentlichen Worte ziele auf den 1. Advent Christi. Statt dessen nennt er zunächst die tropologisch-moralische und die allegorische Deutung, die er dann auf den 1. Advent Christi zurückführt. Wegen des inneren Zusammenhanges von christologischer, tropologischer und allegorischer Deutung ist also jede

tigkeit des Eschaton prophezeit. Denn die prophetische Zukunft liegt nun im 2. Advent Christi, der ein Gericht der Strenge und ewiger Strafe sein wird[214]. So hat Luther einen heilsgeschichtlichen Grund dafür, daß er bei der Auslegung der Psalmen als prophetischer Literatur des Alten Testamentes der tropologischen und allegorischen Deutung vor der anagogischen den Vorrang einräumt, die Tropologie und die Allegorie sogar auf der Basis der christologischen Deutung für das prophetisch-litterale Verständnis ansehen kann.

7. Gottes Gericht in Christus

Im Schol. Ps. 71,2 ist zutage getreten, daß Luther einen inneren Zusammenhang sieht zwischen Christus, der in seiner Person ad litteram Gericht und Gerechtigkeit ist, und dem Glauben, der moraliter Gericht und Gerechtigkeit ist, sowie dem verbum Dei, das in mehrfacher Hinsicht in Erscheinung tritt 1.) als der Sohn Gottes; 2.) als lehrendes Wort, dem der Glaube anhangt; 3.) als das Wort, das im Glauben spiritualiter inkarniert ist. Die 1. und die 3. Erscheinungsweise des verbum Dei entsprechen der christologischen und der tropologischen Deutung, bei denen Gericht und Gerechtigkeit das eine Mal von der Person Christi, das andere Mal von der fides Christi ausgesagt werden. Derart reflektierend und abstrahierend äußert sich Luther allerdings nicht. Weitere Stücke seiner Exegese lassen jedoch erkennen, wie er die tropologische Deutung von iudicium Dei christologisch begründet.

In der Glosse und Adnotatio Ps. 71,2 unterstreicht Luther, daß Christi göttliche Würde dadurch bezeugt wird, daß ihm von Gott Gericht und Gerechtigkeit, die allein Gott zukommen, übertragen sind. Er richtet und rechtfertigt für und vor Gott, wen immer er will. Diese Macht übt Christus secundum hominem im Himmel und auf Erden aus[215]. In ähnlichem Sinne, wegen des Textes noch

---

von ihnen als litterale (beim Alten Testament als prophetisch-litterale) gerechtfertigt.

[214] WA 3, 462, 5 ff. = BoA 5, 156, 32 ff. Obwohl die Deutung von iudicium auf das Gnadengericht schon durch den Charakter der alttestamentlichen Prophetie vorbestimmt ist, findet Luther speziell bei Ps. 71, 2 noch zusätzlich im Kontext Grund für die Interpretation de benigno iudicio, WA 3, 462, 10 ff. = BoA 5, 157, 5 ff.

[215] Zgl. Ps. 71, 2 WA 3, 458, 18 ff. = BoA 5, 76, 9 ff.; Rgl. z. St. WA 3, 458, 26 ff. = BoA 5, 76, 22 ff.; Adn. z. St. WA 4, 504, 30 f. (= BoA 5, 45, 33 f.) 505, 11 ff.

weitere Gedanken einbeziehend, glossiert Luther Ps. 98,4 »Tu parasti directiones: iudicium et iustitiam in Iacob tu fecisti«[216]. Iudicium ist das Gericht, das als Verurteilung dem alten Menschen widerfährt, und iustitia ist die Gerechtigkeit des Glaubens, die dem neuen Menschen zuteil wird. Beide, Gericht und Gerechtigkeit, werden in den »directiones« gelehrt, von denen der Psalm spricht, und in denen Luther die regulae verbi et euangelii erblickt, welche Christus ohne unser Zutun bereitgestellt hat. Hier zeichnen sich Zusammenhänge ab zwischen dem lehrenden Evangelium und der Wirklichkeit, die Christus in seiner Person ad litteram bietet. Christus hat sein Evangelium »zubereitet«, als er die Verheißungen für Israel erfüllte, indem er in seiner Person Gericht und Gerechtigkeit ins Werk gesetzt hat. Dem Verheißungswort an Israel widerfuhr in Christus ein »opere impleri«. Dadurch hat Christus aber auch das Evangelium aufgerichtet, in welchem nun Christi Gericht und Gerechtigkeit gelehrt werden. Nicht nur die lehrende, auch die existenz-bestimmende Funktion des Christuswortes wird wieder sichtbar. Denn in der Randglosse z. St.[217] spricht Luther von dem gegenwärtigen Handeln Christi im Verurteilen und Rechtfertigen. Christus allein (solus!) verurteilt und rechtfertigt, quia facit iudicium et iustitiam. Darin besteht seine absolute göttliche Macht und Würde. Mit dem Zitat Ex. 33,19 »Miserebor cui voluero« etc. erinnert Luther wie bei Ps. 71,2 daran, daß Christus dieses Werk nicht nur in der Macht Gottes, sondern auch in dessen Freiheit vollbringt[218].

[216] Zgl. Ps. 98, 4 WA 4, 124, 4 ff.: »Tu parasti« paratas a te sine nostra opera dedisti »directiones« regulas verbi et euangelii tui: »iudicium« damnationis in veteri homine »et iustitiam« fidei in novo homine, quae in istis docentur directionibus »in Iacob« populo Israel »tu fecisti« opere implesti, sicut olim promisisti verbo. Im vorhergehenden Vers hat Luther das Textwort »iudicium« auf das Selbstgericht gedeutet, an das er zweifellos auch bei der damnatio in veteri homine in V. 4 denkt; Rgl. Ps. 98, 3 »honor regis iudicium diligit« WA 4, 124, 23 ff.: Quo seipsos iudicent et humilient, nihil sibi boni attribuendo, sed omnia ei soli confitendo.
[217] Rgl. Ps. 98, 4 WA 4, 124, 26 ff.: Q. d. Ex hoc patet quod sit altissimus et excelsus super omnes (vgl. V. 2), quia solus iustificat et condemnat, quia facit iudicium et iustitiam. Ergo confiteantur nomini eius altissimo (vgl. V. 3). Exo. 33, 19: »Miserebor cui voluero« etc.
[218] Beim Schol. Ps. 74, 3 WA 3, 512, 12 ff. muß man sich fragen, ob Luther bei dem universalen Richten Christi unter »primo« das eschatologische Gericht im Auge hat, oder ob er an das Gericht Christi denkt, das in der Gestalt des lehrenden Wortes allen Menschen gilt; das futurische Verb im Ps.-Text »iudicabo« legt die eschatologische Deutung nahe, Luthers Interpretation steht jedoch im Präsens. Was Christus — eschatologisch oder gegenwärtig

Im Schol. Ps. 118,102 — »A iudiciis tuis non declinavi, quia tu legem posuisti mihi« — interpretiert Luther die iudicia als die Leiden Christi und die mortificationes veteris hominis et exterioris[219]. Man kann hier Gedanken des Schol. Ps. 71,2 wiedererkennen. Mit den Leiden Christi (ipsae passiones Christi) sind die Leiden gemeint, die Christus in seiner Person durchlitten hat und die im Evangelium »gelehrt« werden. Der Glaubende weicht nicht ab von den iudicia Christi, wenn er sich fest an das Evangelium hält und den alten Menschen zum Tode verurteilt. Mit Freuden übernimmt er die Leiden, die er in der Nachfolge Christi am eigenen Leibe zu spüren bekommt[220]. Interessant ist, wie Luther die zweite Vershälfte in Verknüpfung mit der ersten exegesiert. Der geistliche, innere Mensch bejaht die Tötung des alten Menschen im Kreuz Christi, weil er durch das Gesetz Christi in der iustitia aufgerichtet wird, was ohne die Zerstörung des homo exterior nicht geschehen kann. Das Gesetz Christi wird auch lex spiritus oder lex caritatis genannt und ist die caritas selbst, die durch den heiligen Geist ausgegossen wird (Röm. 5,5), und durch die — wie Luther nun auch sagen kann — Christus als ihr einziger, himmlischer Lehrer inwendig die via optima zu wandeln lehrt[221].

In dreifacher Hinsicht deutet Luther die iudicia iustificationis von Ps. 118,62, unter denen er die rechtfertigenden Gerichte Christi versteht[222]. Das sind erstens die Leiden Christi, durch die wir effective

---

    durch die Lehre seines Wortes — an allen Menschen tut, das vollzieht in gleicher Weise (similiter) jeder der Seinen an sich selbst, wenn er seine eigene Gerechtigkeit verabscheut und richtet.

[219] Schol. Ps. 118, 102 WA 4, 354, 39 ff. (30 ff.).

[220] Vgl. WA 4, 354, 31 f. 42 ff. (WA 4, 355, 1 f. klingt Gal. 6, 14 an).

[221] WA 4, 355, 2 ff. Vgl. die Zgl. Ps. 118, 102 WA 4, 294, 21 ff., wo Luther die iudicia durch verba castigationis et crucis tuae interpretiert. Durch den spiritus wird der geistliche Mensch zugleich unterwiesen, d. h. in innerer Erfahrung belehrt, daß die verba crucis, obgleich äußerlich bitter, doch innerlich süß sind. Denn — so fährt die Zgl. V. 103 fort (WA 4, 295, 2 f.) — als Worte der Gnade und des Heils erneuern sie den Geist. Für Luthers Denken klaffen seine Exegese in der Glosse und in der Scholie hier gewiß nicht auseinander: der geistliche Mensch bejaht die Leiden Christi und die Tötungen des alten Menschen, die ihm das Wort Christi aufzeigt; zugleich wird mit dem »Gesetz des Geistes (der Liebe)« der innerliche Mensch ausgerüstet, weil im Evangelium unter dem richtenden Wort vom Kreuz das erneuernde Wort der Gnade verborgen ist.

[222] Zgl. Ps. 118, 62 WA 4, 288, 25 f.: »super iudicia« verba crucis tuae »iustificationis tuae« quia sic iudicans iustificas me. Dazu Rgl. WA 4, 289, 21 ff.: Iudicia iustitie primo sunt passiones Christi, quibus iustificamur

gerechtfertigt werden, d. h. die gewissermaßen als causa efficiens unsere Rechtfertigung bewirken²²³. Wieder ist Christus gemeint, der in seiner Person ad litteram unser Gericht und unsere Gerechtigkeit ist. Zweitens sind die iudicia iustitiae in moralisch-tropologischer Deutung ein Bedrängtwerden im Fleisch und ein Mit-Christus-Ge-kreuzigt-Werden, das uns nach dem Beispiel Christi widerfährt und in ähnlicher Weise rechtfertigt²²⁴. Man muß das tropologische Gericht hier in seiner Ganzheit sehen, dessen Kern im Akt der Selbstverurtei-lung oder in der inneren, willentlichen Bejahung des Gerichtes durch Gott liegt, so daß bei diesem zweiten Punkt im Grunde genommen an die Rechtfertigung durch die fides Christi mit ihrer humilitas und oboedientia zu denken ist. Was Luther hier unter primo und secundo ausführt, berührt sich damit, daß er im Schol. Ps. 84,11 erklärt, Chri-stus sei in seiner Person nur effective, also in der ursächlichen Weise, unsere Gerechtigkeit, unser Friede. Aber die fides Christi, durch die Christus in seinem geistlichen Advent in uns regiert, gebe uns die Gerechtigkeit und den Frieden²²⁵. Drittens sind die iudicia iusti-ficationis von Ps. 118,62 die Worte des Evangeliums, die das Fleisch mit seinen Begierden kreuzigen (Gal. 5,24). An die verba crucis, die den Menschen richten und rechtfertigen, hat Luther gleich zuerst bei der Zgl. z. St. gedacht²²⁶. Das richtende und rechtfertigende Wort ist notwendiges Bindeglied in der theologischen Konzeption, in der Luther Christus in seiner Person als die Ursache unseres Gerichtes und unserer Gerechtigkeit und die fides Christi als die fortlaufende Verwirklichung von Christi Gericht und Gerechtigkeit begreift.

Zur weiteren Erhellung dieses Gedankenkreises soll noch ein Stück aus Schol. Ps. 83,4 herangezogen werden, bei dem es sich aller-dings nicht um eine Auslegung von iudicium handelt. Das Textwort

---

effective, secundo moraliter sunt afflictiones in carne et concrucifixiones Christi exemplares, quae similiter iustificant, tertio verba Euangelii, quae »carnem crucifigunt cum concupiscentiis suis« (Gal. 5, 24).

²²³ So interpretiert Luther auch Adn. z. St. WA 4, 520, 33: »Super iudicia iustitiae tuae« (=PsHR) passiones tuas, quibus iustificamur.

²²⁴ Vgl. das »similiter« WA 3, 646, 22 = BoA 5, 164, 23; s. u. S. 225 bei A. 232.

²²⁵ Schol. Ps. 84 (V. 11) WA 4, 19, 37 ff. (31 ff.) = BoA 5, 178, 3 ff. (177, 34 ff.). Vgl. Schol. Ps. 110, 4 WA 4, 243, 14 f. = BoA 5, 192, 20 f.: Gottes mirabilia sind in der passio Christi radicaliter et causaliter geschehen, und alle (scil. alle Glaubenden) müssen nach dem exemplum der passio Christi »geformt« werden; dazu W. Jetter, Die Taufe beim jungen Luther, S. 205 A. 6.

²²⁶ Zgl. Ps. 118, 62 WA 4, 288, 25 f., s. o. A. 222.

»altare« deutet Luther ad litteram auf das corpus Christi und tropologisch auf die passiones sanctorum, die in mystischer Weise das
Kreuz Christi bilden[227]. Was besagen die beiden Interpretationen im
einzelnen? Das Stichwort »altare« zieht andere Begriffe der Opfer-
Anschauung nach sich. Christus ist in seiner Person nicht nur unser
Priester und unser Opfer, sondern auch unser Altar, auf dem wir
Gott, dem Vater, dargebracht werden, auf dem wir auch selber alle
unsere Opfer darbringen[228]. Es gilt beides: Christus hat sich selbst
für uns Gott zum Opfer dargebracht, sein Kreuz war sein Altar.
Christus hat aber auch in sich selbst, in seinem Leibe, uns als Opfer
dargebracht, so daß sein Leib zu unserem Altar geworden ist[229].
Bemerkenswert ist, daß Luther 1. Pt. 3,18 in der Textform des Co-
dex Amiatinus in seine Sätze eingeflochten hat, ohne es als Zitat zu
kennzeichnen: ipse in corpore suo »nos obtulit deo mortificatos
carne, vivificatos autem spiritu«[230]. Das heißt, daß in der Person
Christi bereits das beschlossen ist, was den Seinen in der mortificatio
carnis und vivificatio spiritus widerfährt. Die an Christus glauben,
betrachten sich als solche, die in Christus am Fleische getötet und im
Geiste lebendig gemacht sind. Für sie ist Christus das sacramentum
ihrer Existenz. Luther bedient sich zwar nicht der augustinischen
Kategorien des Christus quoad sacramentum und quoad exemplum.
Seine Ausführungen — auch die Anlehnung an 1. Pt. 3,18 — zeigen
jedoch, daß er bereits zu dieser Zeit eine christologische Konzeption
hat, die sich mit Augustins Unterscheidung von Christus als sacramentum und als exemplum aufschlüsseln läßt, und für die Luther
selber später die augustinische Formel benutzt hat[231].

[227] Schol. Ps. 83, 4 WA 3, 647, 23 ff.
[228] WA 3, 646, 13 ff. = BoA 5, 164, 14 ff.
[229] Im Hintergrunde steht hier offensichtlich, wie durch die Verwendung
von 1. Pt. 3, 18 unterstrichen wird, eine Anschauung vom sakramentalen
Christus.
[230] Diese Lesart ist weit verbreitet und begegnet z. B. in den Bibeldrucken Basel
1495, Straßburg 1497, Lyon 1512. Unter den Väter-Zeugen im Apparat der
Beuroner Vetus Latina ist vor allem auf Beda, hom. 2, 24 (CChr 122, 365,
280) hinzuweisen. Vgl. Schol. Ps. 76, 14 WA 3, 542, 38: offert ipse nos mortificatos carne Deo. Vom Mißbrauch der Messe (1521) WA 8, 486, 21 ff.: Wyr
haben nur eynen eynigen priester, Christum, wilcher sich selbst fur uns und uns
alle mit yhm geopffert hatt. Davon spricht Petrus 1. Pet. 3, 18 »Christus
ist eyn mal fur unßer sunde gestorben ... auff das er uns todt am fleysch
unnd lebendig am geyst gott opfferte«. Luther hat also noch in späteren
Jahren an dieser Textform festgehalten, obwohl Erasmus sie in seinem
Novum instrumentum, 1516 verworfen hat.
[231] Vgl. W. Jetter, Die Taufe beim jungen Luther, S. 142 ff.

Die Vorstellung von Christus als dem Vorbild der Glaubenden
kann man in der folgenden tropologischen Deutung von Ps. 83,4[232]
finden: sicut enim ipse in cruce oblatus est, ita et nos similiter in cruce
offerri oportet. Niedrigkeit und Schande ertragen, von der Welt verachtet und verworfen werden und sich ihr gegenüber in Angst befinden[233], diese Widerfahrnisse des Christenlebens bilden den Altar, auf
dem wir Gott unsere »Leiber als ein lebendiges Opfer darbringen«
(Röm. 12,1)[234]. Luther malt dieses Bild aus: Das Kreuz der Christen
ist der Altar, auf dem sie geopfert werden, Christus ist der Priester, der
das Opfer schlachtet, während das verbum Dei sein Opfermesser ist.
Auch in diesem Zusammenhang findet Luther Gelegenheit, vom verbum Dei zu reden. Erst durch dessen Wirkung wird im Gehorsam
gegenüber Christus ein Opfer dargebracht. Der Gehorsam besteht in
einer willentlichen Leidensbereitschaft. Dieses letzte Moment findet
Luther in dem Textwort »nidus« desselben Psalmverses (83,4) ausgedrückt[235]. Durch die »opfernde« Wirkung des Wortes im willentlichen Gehorsam des Glaubens ist die Deutung Christi als des Vor-
bildes zurückbezogen auf den »sakramentalen« Christus, der als der
Gekreuzigte selber Gottes richtendes Wort ist. — Damit der ganze
Kreis, in dem sich Luthers Gedanken bewegen, erkennbar wird, soll
noch die allegorische Interpretation von »altare« erwähnt werden[236].
Danach bildet die Kirche oder jeder einzelne Vorgesetzte einen geist-

---

[232] WA 3, 646, 20 ff. = BoA 5, 164, 21 ff.
[233] WA 3, 646, 25 = BoA 5, 164, 26 spielt Luther mit peripsima auf 1. Cor.
4, 13 an und mit aporia auf 2. Cor. 4, 8 und erinnert damit an zwei Passagen,
in denen Paulus seine apostolische Existenz beschreibt; am Rande hat Luther
zusätzlich noch auf ein drittes derartiges Stück bei Paulus verwiesen,
2. Cor. 6, 4 ff. Als Fortführung der apostolischen Lebensweise wurde aber
in der monastischen Theologie die mönchische Existenz aufgefaßt. Vgl.
S. 200 bei A. 143 und J. Leclercq, La vie parfaite, S. 82 ff.
[234] Den beiden hier in der Deutung von »altare« entwickelten Gedanken
(die Heiligen verstehen sich als im Geiste mit Christus gekreuzigt und
erdulden nach dem Beispiel Christi ähnliche Leiden) korrespondieren die
beiden Gesichtspunkte in Adn. Ps. 8, Tit. WA 4, 476, 26 ff.: (sancti) filio
concrucifixi sunt non solum in spiritu, sed etiam exemplo et in similibus
passionibus in mundo.
[235] WA 3, 646, 36 ff. = BoA 5, 165, 4 ff. Am Rande sei vermerkt, daß Luther
unter dem nidus und den altaria auch die Schrift verstehen kann. Denn
sie ist sozusagen der Ort, an dem wir uns für den Gehorsam Christi als
Opfer darbringen. Vor allem die Schriftstellen, die die crucifixio carnis
lehren, sind der Altar Christi; Rgl. Ps. 83, 4 WA 3, 640, 35 ff., Schol. z.
St. WA 3, 647, 16.
[236] Schol. Ps. 83, 4 WA 3, 647, 26 ff.

15 Schwarz, Bußtheologie

lichen Altar[237]. Die Kirche als ganze oder der einzelne Prälat fungieren in geistlicher Stellvertretung für Christus. Est enim quilibet praelatus Vicarius Christi et mysticum caput et mysticus Christus[238]. Wie Christus, das Haupt, in seinem Leibe seine Gläubigen als Opfer darbringt und auch selber der opfernde Priester ist, so ist in der geistlichen Stellvertretung Christi der kirchliche Vorgesetzte für seine communitas geistliches Haupt. In der Verbundenheit mit der ihm zugewiesenen kirchlichen Gemeinschaft kann er selber als der Altar bezeichnet werden, auf dem die Gläubigen zum Opfer dargebracht werden. Wie auf einem Altar und gleichsam durch einen Priester opfert der Gläubige in und durch seinen Vorgesetzten, was er gelobt hat. Dabei ist wohl an den Gehorsam des Glaubens gedacht, der in der Taufe gelobt und vom Mönch im feierlichen Gelübde bekräftigt wird. Die gleiche Bedeutung wie der kirchliche Vorgesetzte hat für den Gläubigen dessen Schutzheiliger. Der Gläubige bringt durch ihn und durch seine Vermittlung (intercessio) seine Gelübde dar. Er nimmt sich dessen Leben als ein exemplum zu Herzen und ahmt es nach, so daß das Leben seines Heiligen der Altar und das Kreuz sind, auf dem er sich selbst zum Opfer bringt[239].

Vom exemplum und dessen imitatio hat Luther schon vorher bei der Auslegung von »nidus« (Ps. 83,4) gesprochen. Auch der Begriff der Buße taucht dort auf, weil Luther »Spatz« und »Taube«, von denen der Psalmvers redet, auf den Büßenden deutet, der wie diese Vögel zu seufzen hat[240]. Wie sie sich aus wertlosem Zeug ihr Nest

[237] Luther hält seine Deutung auf das altare spirituale für litteral nach dem prophetischen Sinn, WA 3, 647, 26 ff.
[238] WA 3, 647, 32 f. Vgl. 646, 2 ff. = BoA 5, 164, 9 ff. und Rgl. Ps. 83, 4 WA 3, 640, 25 ff.: »Passer invenit sibi domum et turtur nidum«. Passer in spiritu est tota ecclesia, similiter et turtur ... Pulli eius sunt singuli fideles et filii eius. Domus et nidus sunt Scripturae Sanctae, in quibus morantur per tempus huius vitae. Allegoria autem particulari turtur est quaelibet communitas seu praelatus Ecclesiae, pulli eius subditi, quos debent in Scripturis sanctis ponere, i. e. firmiter locare.
[239] Schol. Ps. 83, 4 WA 3, 647, 33 ff. Ebd. Z. 38 ff. faßt Luther zusammen: Altare est Christus, quilibet sanctus vel praelatus, cuius exemplum assumitur ad imitationem, cuius verba meditantur ad regulam. Hoc ipsum enim est nidum sibi invenire iam etiam paratum, tantum ut intret et sese in illum disponat. Quod si construere vult ex eius verbis et moribus sibi aptiorem, utique poterit.
[240] Rgl. Ps. 83, 4 WA 3, 640, 33 ff.: Tropologice autem turtur est anima gemebunda, pulli eius opera eius, quae ponere debet in nidum et domum scripturae, i. e. ut non sequatur doctrinas varias et peregrinas. Vgl. Zgl. z. St. WA 3, 640, 13 ff.: »turtur« ... quilibet poenitens »nidum« teipsum

bauen, so können die opera Christi et sanctorum, die durch Niedrigkeit, Wertlosigkeit, Armut, Verachtung und Bedrängnis gekennzeichnet sind, zur geistlichen Heimstatt werden, wenn sie als exempla
zur Nachahmung ins Bewußtsein aufgenommen werden[241]. Mit den
Wunden Christi, mit seinen Worten und Werken und mit den Taten
der Heiligen beschäftigen sich dann die Frommen beständig in ihren
Gedanken, haben dabei innerlich die Affektion der Buße und verrichten die Werke der Buße. — Selbst wenn Luther bei seiner Auslegung von Ps. 83,4 nicht Bernhard zitierte, würde man dessen Einfluß spüren. Und doch ist das Eigene Luthers unverkennbar. Denn
es bleibt nicht bei dieser Form der Christusbetrachtung. Auch die
fides, die von Christus übernommen wird, kann dem Menschen zum
»Nest« werden[242]; d. h. Christus wird nicht nur in seinen eigenen
opera zum Vorbild genommen, er bildet vielmehr als opus Dei in
seiner Phil. 2,6 ff. beschriebenen Niedrigkeit Grund und Ursache für
die Existenzweise des Glaubens. Luther redet hier und noch deutlicher an anderen Stellen von der fides Christi in anderer Weise als
die spätmittelalterliche Passionsbetrachtung, die gleichwohl einen
unverkennbaren Einfluß auf ihn ausgeübt hat. Dort kennt man
die fides nur als fides de historia, die vom affectus compassionis überboten werden muß[243]. Luther verankert die fides Christi in dem
»sakramentalen« Christusgeschehen. Was Christus in seiner Person

---

vel fidem tuam »ubi ponat pullos suos« opera vitae et poenitentiae, non
mortua i. e. peccata. Schol. z. St. WA 3, 644, 32 ff.: passer solitarius in
tecto avis est gemebunda, sicut et turtur, quia in poenitentiae gemitibus
semper esse oportet. »Beati« enim »qui lugent« (Mt. 5, 5). 645, 22 f:
passer . . . i. e. gemebundus et contritus spiritus.

[241] Schol. Ps. 83, 4 WA 3, 645, 24 ff. = BoA 5, 163, 31 ff. Vgl. ebd. 645, 3 ff.:
ex operibus humilitatis et exemplo Christi et sanctorum tibi memoriale
et propositum constitues, in quo fixe quiescas et proficias pullos generando.
Quid enim ʾsunt fenum, quisquiliae et paleae illae, ex quibus aviculae istae
nidum condunt, nisi reliquiae et exempla Christi et apostolorum, in quibus
erat aporia (cf. 2. Cor. 4, 8), peripsima mundi (1. Cor. 4, 13), opprobrium
hominum et abiectio plebis (Ps. 21, 7) et repleti opprobrio abundantium et
despectione superborum (Ps. 122, 4). Sed si prudens fueris et haec vilia
et humilia et abiecta elegeris tibi in exemplum, poteris tibi nidum ex illis
struere. Deus enim eligit et eligere facit ea quae nihil sunt, et destruat ea
quae sunt (1. Cor. 1, 28). Luthers Ausführung erinnert an die in der Devotio
moderna gepflegte Praxis, sich ein Memoriale oder Propositum für die Meditation aufzusetzen (vgl. auch 647, 38 ff., s. o. A. 239).
[242] WA 3, 645, 27 f. = BoA 5, 163, 34 ff.
[243] Vgl. WA 55 I 1, 41, 9 f.; zum Begriff compassio vgl. ebd. 40, 37 41, 24 f. 32.
In Luthers Auslegung von Ps. 6 treten aber auch die Einflüsse der mittelalterlichen Passionsbetrachtung hervor.

als Urkunde (ad litteram) und Ursache des Heils bedeutet, das verwirklicht er selber am Menschen durch die fides, durch die er seine
Herrschaft ausübt. Seine Macht ist die Macht der Gnade und des ver-
wirklichten, d. h. des geglaubten Evangeliums. Er ruft den Glauben
hervor, indem er das von ihm »bereitgestellte« Evangelium durch
seine geistlichen Stellvertreter lehren läßt. In dem Glauben, der sich
in humilitas und oboedientia an das Wort heftet, ist Christus gegenwärtig. So kann man in Luthers Aussagen über Christus, das Evangelium und die fides trotz einiger bildhafter Abwandlungen ein einheitliches Gefüge entdecken.

8. Iudicium sui — iustificatio Dei

Die Linie der tropologischen Deutung von iudicium (Dei) als
Gericht der Buße, die in den Scholien zu Ps. 1,5, Ps. 36,6 und Ps. 71,2
kulminiert, wird berührt und gekreuzt von einer anderen Linie, die
im Schol. Ps. 50 einen Höhepunkt erreicht.

Gleich zu Beginn des Schol. Ps. 50 bemerkt Luther, daß dieser
Psalm, obwohl er — der in der kirchlichen Praxis am meisten verwendete Bußpsalm — weithin aufs beste bekannt ist, doch dem Ausleger die größten Schwierigkeiten bereite, vor allem im 6. Vers (nach
Luthers Zählung V. 5): Tibi soli peccavi et malum coram te feci, ut
iustificeris in sermonibus tuis et vincas cum iudicaris. Wieviele Ausleger sich mit diesem Verse befaßt haben, fast ebensoviele verschiedene Auslegungen habe er gefunden[244]. Die Problematik dieses Verses gewinnt für Luther so viel Gewicht, daß die vier Seiten der Auslegung von Ps. 50 im Dresdener Scholienmanuskript nahezu ausschließlich dem Vers 6 gewidmet sind. Ursprünglich umfaßte das
Scholion noch zwei Seiten mehr, die offenbar ebenfalls Exegese von
V. 6 enthielten, da sich Luther mit ihm unmittelbar vor und nach dem
fehlenden Blatt beschäftigt[245]. Nur auf der letzten Manuskriptseite

---

[244] WA 3, 287, 20 ff. = BoA 5, 118, 29 ff. Die Auslegungsgeschichte von Ps.
50 kann hier nicht behandelt werden. Es sei nur erwähnt, daß Antoninus
Florentinus (STh 2 tit. 3 c. 8 § 2) bei der Behandlung des iudicium temerarium, quo iudicatur Deus temerarie, auch auf verschiedene Auslegungen von
Ps. 50, 6 zu sprechen kommt. Nach Antoninus wird durch Ps. 50, 6 jenes
leichtfertige Urteil über Gott widerlegt, bei dem man meint, Gott könne bei
schwerer Sünde selbst einem Büßenden nicht vergeben. Weil Ps. 50, 6 jedoch
eine locutio obscura sei, müsse man die verschiedenen Auslegungsmöglichkei-
ten erwägen.

[245] Es fehlt Bl. 64 der Handschrift; die Lücke zwischen Bl. 63 und Bl. 65
liegt nach WA 3, 289, 10 = BoA 5, 120, 27. Da das Blatt erst nach der

von Schol. Ps. 50 macht Luther noch Bemerkungen zu V. 12 (WA
3,292, 11—26 = BoA 5, 124,27 — 125,11), denen er gleich wieder
Gedanken zu V. 6 folgen läßt (WA 3,292, 27—38 = BoA 5, 125,
12—24). Und nach einer kurzen Notiz zu V. 17 (WA 3,293, 1—5
= BoA 5, 125, 25—30) beschließen erneute Ausführungen zu V. 6
(WA 3,293, 6—21 = BoA 5, 125,31—126,12) die Auslegung von
Ps. 50.

Luther will sich bei seiner Exegese davon leiten lassen, daß Paulus
in Röm. 3,4 durch das Zitat von Ps. 50,6b bekräftigen will, daß
jeder Mensch Lügner und Sünder, Gott allein aber wahrhaftig und
gerecht ist[246]. Die Verwendung von Ps. 50,6 bei Paulus entspricht
nach Luthers Meinung auch der Situation, in der der Psalm entstanden ist. Als David dem Nathan gestand »Peccavi« und von Nathan
zur Antwort bekam »Transtulit dominus peccatum tuum« (2. Reg.
12,13), da hat David zweierlei eingesehen, zum einen, daß bei Gott
nur Vergebung erhält, wer sich als Sünder bekennt, zum andern, daß
jeder Mensch Sünder und Gott allein gerecht ist. Indem Luther in
seiner Adnotatio zu Ps. 50 diese doppelte Einsicht Davids nieder-
schreibt, führt er den zweiten Gedanken sofort so weiter, daß er
wieder in den ersten einmündet. Gott allein ist nicht nur iustus, sondern auch iustificans et iustificandus[247]. Daß Gott allein gerechtfertigt
werden muß, nötigt den Menschen zum confiteri se peccatorem. Daß
Gott allein rechtfertigt, schreibt ihm die Sündenvergebung zu. Beides

---

Foliierung der Handschrift herausgeschnitten worden ist, die Blätter aber
noch nicht von Luther selbst beziffert wurden, ist das Blatt nicht von Luther
selbst entfernt worden.

[246] WA 3, 287, 22 ff. = BoA 5, 118, 31 ff. Auf die Zeilenglossen zu V. 6b
kann hier nicht näher eingegangen werden. Nur im Vergleich mit der
exegetischen Tradition wäre das sinnvoll, ebenso die Untersuchung der
Frage, warum Luther seine sicherlich zuerst (auf dem äußeren Blattrande)
geschriebene Glosse WA 3, 285, 25—30 = BoA 5, 70, 28—71, 27 wieder
gestrichen hat, um sie durch die Glosse (am inneren Blattrand) WA 3,
284, 32—285, 25 = BoA 5, 70, 22—28 zu ersetzen.

[247] WA 4, 496, 21 ff. = BoA 5, 45, 16 ff. Vgl. Schol. Ps. 50 WA 3, 291, 23 ff.
= BoA 5, 123, 31 ff. Auch Zgl. Ps. 31, 5b WA 3, 172, 16 ff. (vgl. Schol.
Ps. 1, 5 [1513] WA 55 II 1, 33, 3 ff.) wird die erste Einsicht Davids, die
Verkettung von Sündenbekenntnis und Sündenvergebung, für eine Frucht
der Begegnung Davids mit Nathan gehalten. Adn. Ps. 50 WA 4, 496, 32 ff.
= BoA 5, 45, 27 ff. macht Luther Lyra den doppelten Vorwurf, daß er
bei seiner Interpretation von Ps. 50, 6 nicht nur die sinnerhellende Satz-
folge in Röm. 3, 4 und damit die intentio Pauli mißachte, sondern auch
den geschichtlichen Ort, an dem Ps. 50 entstanden ist, also die Begegnung
David—Nathan.

zusammen macht die erste der beiden Einsichten Davids aus. Sie
liegt auf der Linie des augustinischen Gedankens, daß Gottes Vergebung dem Sündenbekenntnis des Menschen korrespondiert. Das
confiteri se peccatorem meint hier bei Luther das Bekenntnis vor
Gott, das mit der Reue zusammenfällt. Beide Gedanken sind miteinander verschmolzen, wenn Luther im Schol. Ps. 50 mit stärkerer
Bindung an den Text von V. 6 Davids Einsicht in die Worte faßt:
intellexit, quod accusare seipsum sit iustificare Deum et per consequens seipsum (WA 3,291, 27 f. = BoA 5,123, 35 f.). Wenn der
Mensch Sünder ist, so muß er unter Anklage gestellt werden, während Gott gerechtfertigt werden muß, wenn er der Gerechte ist. Die
Einsicht »omnis homo est peccator et solus Deus iustus« verlangt danach, daß sie, wie es im Psalm tatsächlich geschieht, in ein accusare
seipsum und ein iustificare Deum umgesetzt wird. Daß aber beides
eines ist, das accusare seipsum und das iustificare Deum, und wie
beides ineinander hängt, das ist die Problematik, mit der sich Luther
vor allem im Schol. Ps. 50 befaßt. Daß beides die Rechtfertigung
des Menschen im Gefolge hat, entspricht wieder der alten Verknüpfung von Sündenbekenntnis oder Reue und Sündenvergebung, nur
ist jetzt in sehr problematischer Formulierung von einer Selbstrechtfertigung des Menschen als Folge seiner Selbstverurteilung die Rede.
Das ist der andere Hauptgegenstand von Luthers Scholion zu Ps. 50.
    Zu Beginn seiner Auslegung gibt Luther vier Thesen (WA 3,287,
32 ff. = BoA 5, 119,7 ff.), von denen die erste wieder die Erkenntnis
enthält, daß alle Menschen coram Deo in Wahrheit Sünder sind. Das
findet Luther in dem » Tibi soli peccavi« (V. 6a) ausgesprochen[248].
In Wahrheit, und das heißt für oder vor Gott ist der Mensch Sünder
in seiner verborgenen, geistlichen Sünde, selbst wenn er vor den Menschen unschuldig und heilig ist. Luther beschreibt diese Sünde vor
allem durch den Gegensatz zu den Sünden, in denen sich der Mensch
am Mosaischen Gesetz, speziell am kultischen Gesetz vergeht. Die
Juden, zumal die Pharisäer mit ihrer peinlichen Beobachtung des
kultischen Gesetzes sind für Luther Figur für die gesetzlich Frommen, die ihm zu seiner Zeit in erster Linie unter seinesgleichen, unter
den Mönchen begegnen. Gesetzliche Frömmigkeit bot sich Luther als
die Verheißung seines mönchischen Lebens an, wurde von ihm jedoch
als die Verfehlung des geistlichen Lebens coram Deo durchschaut. In
seiner Kritik an der pharisäischen Frömmigkeit schwingt die Er-

[248] WA 3, 284, 19 ff. 288, 17 ff. 289, 11 ff. 293, 7 ff. = BoA 5, 70, 15 ff.
119, 26 ff. 120, 28 ff. 125, 32 ff.

kenntnis mit, daß der Fromme geneigt ist anzunehmen, er habe es gerade im kultischen Gesetz mit Gott zu tun. Worin lag denn sonst der Grund, daß er selber nach den geltenden kultischen Normen selbst kleine Verfehlungen beim Stundengebet, bei der Meßfeier, in der Fastenpraxis für höchst gravierend halten sollte? Gesetzliche, kultische Vergehen können auch wieder durch gesetzliche, kultische Werke getilgt werden. Doch all diese Möglichkeiten der Sühnung und Rechtfertigung werden von Luther als iustificationes legis ausgeschlossen, wenn von der wahren Sünde coram Deo gesprochen wird.

Die wahre, verborgene Sünde, die David mit dem »Tibi soli peccavi« bekennt, identifiziert Luther in seiner Exegese mit der Erbsünde. Entgegen der exegetischen Tradition, die erst V. 7 auf die Erbsünde bezieht, in V. 6 hingegen noch David von seinen definitiven Todsünden sprechen läßt, glossiert Luther bereits V. 6 mit einem der LXX-Fassung von Hiob 14,4 f. entlehnten Dictum, das wie schon bei Augustin so auch später wieder in den Verhandlungen des Tridentinischen Konzils für die Erbsünde angeführt wird[249].

Daß wir alle vor Gott Sünder sind, hat Gott — wie Luther in seiner zweiten These formuliert — durch die Propheten bezeugt und

---

[249] WA 3, 284, 21 f. = BoA 5, 70, 17 f.: quia etiam infans unius diei coram Deo peccat, i. e. peccator est (im Manuskript als Zgl. über V. 6a »et malum coram te feci«). Zu Luthers Deutung auf das peccatum originale vgl. Adn. Ps. 50, 6 WA 4, 497, 14 ff.: quando Deus dicit nos esse in peccatis, mox dicendum est »mea culpa«. Sed hoc toti mundo dixit, qui nescivit se esse in peccatis originalibus. Et etiam nunc quilibet nescit, ideo dicendum semper: »tibi sum peccator, si volueris, quia coram te nullus iustificatur, nisi tu velis«. Zu Hiob 14, 4 f. LXX vgl. Schol. Röm. 4, 7 WA 56, 271, 26 = BoA 5, 240, 26 f. Augustin enarr. in Ps. 50, 7 (V. 7!) n. 10: Quid est quod se dicit in iniquitate conceptum, nisi quia trahitur iniquitas ex Adam? . . . Dicit et in alio loco propheta (cf. Iob 14, 4 f. LXX): »Nemo mundus in conspectu tuo, nec infans cuius est unius diei vita super terram.« Ebenfalls zu V. 7 Cassiodor: Audiant hoc Pelagiani et ire contra manifestam veritatem vehementer erubescant. Quemadmodum enim potest fieri ut in qualibet aetate parvula non egeamus absolvi, qui hunc mundum delictis gravantibus ingredimur onerati? Iob quoque simili voce profitetur: »Nemo mundus ante te, nec infans cuius est unius diei vita super terram.« Das Hiob-Zitat erscheint außerdem bei Cassiodor zu Ps. 1 prooem. (CChr 97, 27, 19 f.), zu Ps. 142, 2, bei Augustin zu Ps. 103, 26 serm. 4 n. 6. Auch außerhalb der Ps.-Auslegung konnte Luther bei Augustin auf das Hiob-Wort gestoßen sein: conf. 1 c. 7 n. 11; sermo 181 (de verb. ap. 29) c. 1 n. 1; sermo 351 (50 hom. 50) c. 2 n. 2; Ps.-Aug. sermo ad heremitas 30 (ML 40, 1288); de perf. iust. c. 11 n. 28 (ML 44, 306); de pecc. mer. et rem. 1 c. 24 n. 34. Für das Tridentinische Konzil vgl. Conc. Trid. 5, 165. Im CorpIC: de poen. D. 2 c. 40 (Friedberg 1, 1203).

schließlich durch das Leiden Christi bekräftigt, da er ihn für die Sünden der Menschen leiden und sterben ließ[250]. Das prophetische Zeugnis erwähnt Luther ganz im Sinne des Paulus; er findet in Ps. 50,6, den er ja nach Röm. 3,4 interpretiert, und in anderen alttestamentlichen Worten, etwa den von Paulus in Röm. 3,10 zitierten, angezeigt, daß jeder Mensch coram Deo Sünder und Lügner ist. In kontrahierter Form zitiert Luther Gal. 3,22 und Röm. 11,32: Die Schrift hat alle unter die Sünde beschlossen, damit sich Gott aller erbarme[251]. Das ist der ganzen Welt gesagt; und es muß der ganzen Welt gesagt werden, weil niemand weiß, daß er sich in peccatis originalibus befinde. Selbst jetzt, meint Luther, lebt jeder in einem Nicht-Wissen[252]. Damit verwirft Luther die Ansicht, daß die Erbsünde mit der Taufe entkräftet sei, daß man sich als getaufter Christ nur noch für Todsünden und läßliche Sünden als schuldig zu verantworten habe. Seit Jahrhunderten wurde aber jedem als Segen der Taufe gepredigt, er sei nun nicht mehr der Schuld der Erbsünde verfallen[253]. Luther hingegen beklagt es, daß jetzt niemand wisse, er sei in peccatis originalibus, was nach Luthers Meinung schlechthin und nicht nur vom Ungetauften gilt[254].

[250] WA 3, 288, 1 ff. = BoA 5, 119, 9 ff.; vgl. WA 3, 288, 9 ff. = BoA 5, 119, 17 ff. Adn. Ps. 50, 6 WA 4, 497, 7 ff.: tu dicis, quod sim peccator, et ostendis per hoc, quod filium facis mori pro peccatis meis. Unde negare se esse in peccatis est negare ... quod Christus gratis sit mortuus. Vor der Auslegung von Ps. 50 bereits Schol. Ps. 30, 19 WA 3, 171, 4 ff. = BoA 5, 104, 1 ff.

[251] Luther verwandelt das neutrische »omnia« in Gal. 3, 22 in ein »omnes«; Adn. Ps. 50, 6 WA 4, 497, 11 ff.: Nunc autem omnis homo mendax (Röm. 3, 4, vgl. Ps. 115, 11), et conclusit Scriptura omnes sub peccato (Gal. 3, 22), ut Deus omnium misereatur (Röm. 11, 32). Schol. Ps. 50, 6 WA 3, 293, 7 ff. = BoA 5, 125, 32 ff. zitiert Luther Ps. 142, 2 »non iustificabitur in conspectu tuo omnis vivens«; das gilt uneingeschränkt, selbst wenn der Mensch coram hominibus schuldlos und heilig ist. Ebd. WA 3, 289, 17 f. = BoA 5, 120, 35 zitiert Luther Ps. 144, 17 (Iustus dominus in omnibus viis suis) in der Form: »Iustus dominus in verbis suis« etc., scil. quibus omnes ostendit esse in peccatis. Bei dem Bekenntnis zu unserem Sündersein geht es um Gottes Wahrheit; darum hat 1. Joh. 1, 10 in diesem Zusammenhang besonderes Gewicht (Adn. Ps. 50, 6 WA 4, 497, 11; Schol. Ps. 30, 19 WA 3, 171, 3 f. = BoA 5, 103, 36 ff. u. ö.), während für Augustin diese Stelle erheblich weniger Bedeutung hat als 1. Joh. 1, 8.

[252] Adn. Ps. 50, 6 WA 4, 497, 15 f.: Sed hoc toti mundo dixit, qui nescivit se esse in peccatis originalibus. Et etiam nunc quilibet nescit.

[253] Vgl. W. Jetter: Die Taufe beim jungen Luther, S. 9. 54 ff. 71. 94.

[254] Luther spricht zwar noch von den reliquiae peccatorum (Schol. Ps. 50, 6 WA 3, 292, 33 ff. = BoA 5, 125, 19 ff.); doch es setzt sich die Erkenntnis durch, daß coram Deo die Unterscheidung zwischen der Erbsünde, ihren Folgeerscheinungen und den aktualen Sünden bedeutungslos ist.

Indem Luther dem alttestamentlichen Zeugnis den Tod Christi als Kundmachung unseres Sünderseins an die Seite stellt, zeigt sich zugleich ein Wandel im Verständnis der passio Christi gegenüber dem Mittelalter. Wurde der mittelalterliche Fromme angewiesen, seine Sünde als Ursache des Leidens Christi zu betrachten, so blieb es doch bei einem gebrochenen Verhältnis zu Christus; denn die Erbsünde gehörte als solche für jeden getauften Christen der Vergangenheit an. Was er bei sich selber spürte, waren die einzelnen tödlichen oder läßlichen Sünden sowie die reliquiae peccati, die Folgeerscheinungen und Straffolgen der Erbsünde. So lernte er in der Passionsbetrachtung im Hinblick auf die Erbsünde den Segen der kirchlichen Taufe schätzen, während er im Blick auf sein eigenes gegenwärtiges Dasein angeleitet wurde, geistliche Affekte in sich hervorzurufen, die seine Seele von den »Resten« der Erbsünde und den aktualen sündlichen Regungen reinigen sollten[255]. Nach Luthers Auffassung soll der Mensch angesichts des Todes Christi in einer für den gegenwärtigen Zeitpunkt gültigen Erkenntnis für sich erkennen, se esse in peccatis originalibus. Luther meint nicht eine irgendwie distanzierte, gebrochene Erkenntnis. Denn die Erkenntnis bedeutet ein Anerkennen und fließt zusammen mit dem Bekennen des eigenen gegenwärtigen Sünderseins als eines esse in peccatis originalibus.

Daß Sündenerkenntnis und -bekenntnis ineinanderliegen, versteht sich für Luther von selbst. Das cognoscere in V. 5a (iniquitatem meam ego cognosco) interpretiert er ohne weiteres durch confiteri.

<hr>

[255] Zerbolt de spirit. ascens. c. 32: Tertio quomodo ex mirrha passionis dominicae possis mentem tuam tamquam pingui devotione ex adipe inungere et ad caritatem affectum tuum inflammare, debes cogitare, quod tu homo es causa tanti doloris, tantae amaritudinis ... Nam passus est ... propter tuam redemptionem, quia propter peccatum originale eras perpetue damnatus. Cogita ergo quam grave est peccatum tuum propter quod expiandum tantum exigitur medicamentum, tantum pretium, et inde tibi nascitur timor et horror peccandi. Für den Frommen, der die passio Christi betrachtet, liegt das peccatum originale im Präteritum. So ergreift ihn die Furcht, durch Todsünde wieder erneut dem Verdammungsurteil Gottes zu verfallen, dem er mit der Tilgung der Erbsünde entronnen ist. Doch die Dankbarkeit für das Erlösungswerk Christi soll die affektiven Kräfte des Willens so sehr in der Liebe entflammen, daß die sündhaften Neigungen dagegen nicht aufkommen können und die Verdammnis der Erbsünde nicht noch einmal durch Todsünden akut werden kann. Weil man die Erbsünde, den eigentlichen Grund des Leidens Christi, schon durch die Taufe getilgt glaubte, mußte man darauf bedacht sein, in der Passionsmeditation zuallererst den Affekt der compassio zu erwecken, damit die mit der Taufe geschaffene Distanz wieder überbrückt würde.

Das Erkennen und Anerkennen ist ein Bekennen vor Gott[256]. Das ist
eine Interpretation ganz im Sinne der augustinischen Bußtheologie,
nur daß für Augustin nicht wie für Luther die Erbsünde Gegenstand
des Erkennens und Bekennens ist. — V. 5b deutet Luther auf den
Bußaffekt in der displicentia et contritio[257]. So ergänzen sich die
beiden Vershälften in ihrer Beziehung auf den kognitiven und den
affektiven Faktor der Buße. In beiden ist die Buße coram Deo gemeint. Im Erkennen und Bekennen gibt sich der Mensch Gott offen
dar in der ganzen Wahrheit seines Daseins als Sünder; zugleich ist
er ergriffen von einer Affektbewegung, die ihn von der Sünde, zu der
er sich bekennt, fortreißt.

Der springende Punkt in Luthers Exegese von Ps. 50 liegt darin,
daß Luther V. 5 + 6a mit V. 6b verknüpft und V. 6b aus dieser Verknüpfung heraus interpretiert. Dadurch verkettet er die confessio
peccati mit dem iustificari Deum. Dieser exegetische Griff ist seines Erachtens durch den Kontext, in den Paulus V. 6b hineinstellt, gerechtfertigt, ja gefordert. Ihn nicht angewandt zu haben, ist der Fehler der traditionellen Interpretationen von Ps. 50. Luthers Übergang
von der zweiten zur dritten These resultiert aus seinem Verständnis
des Textzusammenhanges.

In seiner dritten These zum Text hebt Luther zunächst hervor, daß
Gott nicht in sich selbst, sondern — wie es im Text heißt — in seinen
Worten gerechtfertigt wird. Das impliziert für Luther, daß Gott in
uns gerechtfertigt wird[258]. Die Überlegung, daß die Rechtfertigung
Gottes in seinem Wort eine Rechtfertigung Gottes in sich selbst ausschließt, dafür jedoch eine Rechtfertigung Gottes in uns einschließt,
wird von Luther im Folgenden nicht weiter entfaltet. Das geschieht
erst in der Römerbriefvorlesung[259]. Die Worte, in denen Gott gerechtfertigt werden will, sind die Worte, die unser Sündersein bezeugen,
also Gottes Wort durch die Propheten und in der Person Christi.
Demnach wird Gott gerechtfertigt durch die Erkenntnis des Menschen, daß er als Sünder beständig auf das Heil in Christus angewiesen ist. Muß Gott in seinen Worten gerechtfertigt werden, dann

---

[256] Zgl. Ps. 50, 5a WA 3, 284, 15 ff. = BoA 5, 70, 10 ff.; beachte die Verknüpfung
    von V. 6 mit V. 5 und die Wendung agnosco et confiteor in Zgl. V. 6a. Schol.
    Ps. 50, 6 WA 3, 288, 14 f. = BoA 5, 119, 23 f. In Augustins Ps.-Text steht in
    V. 5 agnosco statt cognosco.
[257] Zgl. Ps. 50, 5b WA 3, 284, 18 = BoA 5, 70, 13 f.
[258] WA 3, 288, 4 f. = BoA 5, 119, 12 f. In die Richtung dieser Gedanken weist
    schon Schol. Ps. 33, 2 WA 3, 191, 9 ff.
[259] WA 56, 212, 19 ff. = BoA 5, 228, 29 ff.

auch in seinen Werken, die uns dasselbe bezeugen wie seine Worte: Haec opera autem sunt flagella et cruces, quae cum super nos veniunt, Dei velut verbum sunt peccatum nostrum arguentis et contestantis (WA 3, 292, 29 f. = BoA 5, 125, 14 ff.). Das Bekenntnis des Menschen erstreckt sich, wenn es Gott in seinen Werken wie in seinen Worten rechtfertigt, auf das ganze Dasein. Wenn der Mensch Gottes Züchtigungen mit ganzer Furcht und Demut annimmt, so rechtfertigt er Gott[260]. Obwohl Gottes Züchtigungen in einzelnen Widerfahrnissen erfolgen, betrifft die darin von Gott bezeugte Wahrheit das ganze Menschsein, wie auch die einzelnen erfahrbaren bösen Neigungen zum Zorn, Hochmut, Unmut coram Deo den ganzen Menschen als Sünder brandmarken[261]. Darum sind timor und humilitas, selbst wenn sie einzelne Erfahrungen zum Anlaß haben, auf das ganze Menschsein bezogen. Es ist eine Furcht in der Art des timor filialis und eine Demut in Beziehung auf das Menschsein im ganzen, ähnlich der augustinischen humilitas, nur daß bei Luther das ständige Sündersein coram Deo und bei Augustin die kreatürliche, durch die Erbsünde nahezu schicksalhaft verschuldete Hinfälligkeit zum Tode den tiefsten Grund der Demut bildet.

In seiner vierten These zur Auslegung von Ps. 50,6 zieht Luther die Folgerung: wenn wir anerkennen, Sünder zu sein, weil wir es coram Deo sind, dann werden wir zu Sündern (WA 3, 288, 6 f. = BoA 5, 119, 14 f.). Die These ist aus dem von Paulus erwähnten Vorwurf erwachsen, bei dem Ps. 50,6 »Tibi peccavi, ut iustificeris« so mißdeutet wird, als ob Gott zu seiner Rechtfertigung unserer Sünde bedürfe[262]. Luthers Thesen laufen nun in der letzten These darauf hinaus, daß wir nicht mit unserer Sünde als solcher Gott rechtfertigen, sondern erst wenn wir mit der confessio unseres Sünderseins vor Gott zu Sündern werden, wenn wir in unserer agnitio und confessio das werden, was wir coram Deo schon sind. Alle solche Stellen wie Ps. 50,6, die uns zur Sünde aufzufordern scheinen, damit durch unsere Sünde Gottes Gerechtigkeit hervorgehoben werde, wollen uns in Wirklichkeit zu der Erkenntnis und dem Bekenntnis bringen, daß wir Sünder sind[263]. Denn in seinen Worten und in uns, nicht in sich selbst wird Gott gerechtfertigt. Wer nun nicht durch das Bekenntnis seines Sünderseins zum Sünder wird, der

[260] WA 3, 292, 30 ff. = BoA 5, 125, 16 f.
[261] Vgl. WA 3, 292, 32 ff. = BoA 5, 125, 17 ff.
[262] WA 3, 287, 25 ff. = BoA 5, 118, 35 ff.; vgl. Schol. Ps. 33, 2 WA 3, 191, 9 ff.
[263] WA 3, 288, 13 ff. = BoA 5, 119, 21 ff.

ist offenkundig bestrebt, Gott in seinen Worten zu verurteilen. Er bestreitet, daß Christus für unsere Sünden gestorben ist. Er sucht Gott ins Unrecht zu setzen und als Lügner hinzustellen. Doch wird er damit nicht durchdringen. Gott wird der Sieger sein; er hat — so konstatiert Luther im Perfekt — bereits den Vorrang gewonnen, weil er fälschlich verurteilt worden ist[264].

Da V. 6b sowohl von einem Deum iustificari als auch von einem Deum iudicari spricht, mag Luther durch den Text selber veranlaßt sein, die Interpretation durch die forensische Terminologie auszuweiten, und zwar so, daß Selbstverurteilung und Selbstrechtfertigung des Menschen in Relation gebracht werden zur Rechtfertigung und Verurteilung Gottes (in dessen Worten) durch den Menschen. Luthers Interesse richtet sich zunächst auf den Widerstreit von Selbstrechtfertigung des Menschen und Rechtfertigung Gottes durch den Menschen. Diesen Gegensatz faßt Luther in zwei parallele Sätze. Was er im ersten Satze negativ das »negare se peccatum habere«, identisch mit einem »non confiteri«, nennt, bezeichnet er im zweiten Satz positiv als ein »se ipsum iustificare coram Deo«. Beides widerstreitet einem »Deum iustificari« oder »Deum glorificare«. Wer seine Sünde leugnet oder sich selbst rechtfertigt, der versagt Gott die Rechtfertigung und die Ehre[265]. Daß das Leugnen der eigenen Sünde eine Selbstentschuldigung des Menschen darstellt, war für Luther keine neue Einsicht. Darauf war er bei seiner Augustin-Lektüre oft genug gestoßen. In der weiteren theologischen Gedankenführung hatte sich Augustins Intention auf die Harmonie von Sündenbekenntnis und Gotteslob gerichtet. Diesen Ton schlägt auch Luther wiederholt in

---

[264] WA 3, 288, 8 ff. = BoA 5, 119, 16 ff. Kein Tempuswechsel WA 3, 288, 35 f. = BoA 5, 120, 10. Rgl. Ps. 50, 6 WA 3, 284, 32 ff. = BoA 5, 70, 22 ff. Adn. Ps. 50, 6 WA 4, 497, 9 ff.: Unde negare se esse in peccatis est negare quod Deus verax sit, dicens nos esse in peccatis, et quod Christus gratis sit mortuus. Unde Iohannes (1. Joh. 1, 10): »Si dixerimus, quia peccatum non habemus, Deum mendacem facimus«. Ebd. (als kritische Bemerkung zu Fabers Auffassung von Ps. 50, 6) WA 4, 497, 32 ff.: Sed secundum Apostolum Ro. 3, 4 f. sensus est, quod cum Christum et fidem et iustitiam eius neque Iudaei neque gentes recipere vellent, negabant Deum per hoc veracem esse, qui eos sic in peccatis esse ostendebat, quia filium propter peccata crucifigi fecit. Et ipsi peccata se habere nolunt credere et illo se non indigere putant. Et sic iudicatur et condemnatur Deus in verbis et operibus suis in Christo ab utrisque, sed vincit tandem et iustificatur in sermonibus suis, dum omnes confitentur: »Tibi soli peccavi, ne scil. mihi mendax habearis sicut illis«. Ideo omnes sic dicere debent: »Ut iustificeris tu et non nos«. »Non nobis domine, sed nomini tuo da gloriam super misericordia tua et veritate tua« (Ps. 114, 1).
[265] WA 3, 288, 27 ff. = BoA 5, 120, 1 ff.

seiner Ps.-Vorlesung an[266]. In der Rgl. Ps. 50,6 läßt er ihn durch ein
Dictum des Hieronymus anklingen: Confessio peccati est laus Dei[267].
Im Schol. Ps. 50 bedenkt Luther diese Sache in anderer Weise. Augustin hatte das Gotteslob groß geschrieben und unter diesem Stichwort sein Verständnis von Gottes Gnade mitgeteilt. Luther greift
mit äußerster Energie die im Text vorliegende forensische Terminologie auf, rückt die Antithetik von Selbstrechtfertigung (iustificatio
sui) und Selbstverurteilung (iudicium sui) in den Vordergrund und
sucht innerhalb dieser Antithetik zu erfassen, wie mit dem Verhältnis des Menschen zu sich selbst als Sünder auch sein Verhältnis zu
Gott mitgesetzt ist.

Aus dem Widerstreit von Selbstrechtfertigung des Menschen und
Rechtfertigung Gottes durch den Menschen folgert Luther: nur von
dem, der sich selbst richtet, wird Gott gerechtfertigt. Dazu zitiert
er wieder Prov. 18,17 in der Form »Iustus enim primo est accusator
sui«. Es scheint, daß ihm hier das »primo« einen Vorrang der Selbstverurteilung bezeichnet. Dem Nomen »accusator« stellt er noch die
beiden verwandten Worte damnator und iudex an die Seite. Parallel
dazu kombiniert er die drei Verben se accusare, damnare, iudicare.
Er äußert sich nicht darüber, ob er mit den drei verschiedenen
Worten jeweils ganz spezifische Vorstellungen verbindet, ob er etwa
im Sinne der älteren psychologisch zergliedernden Vorstellung vom
Selbstgericht die Anklage, Verurteilung und Urteilsvollstreckung
voneinander abheben möchte[268]. Es hat den Anschein, daß ihm
weniger an den Differenzen der Begriffe gelegen ist und er vielmehr
ein bestimmtes Vokabular in all seinen Schattierungen zum Klingen
bringen möchte, um möglichst intensiv in den Gedanken einzudrin-
gen. Sein Denken zeigt darin eine Gemeinsamkeit mit dem Augustins

---

[266] Z. B. Schol. Ps. 33, 2 WA 3, 191, 1 ff.; Schol. Ps. 49, 14 WA 3, 282, 23 ff. =
BoA 5, 117, 1 ff.; Schol. Ps. 65, 3 WA 3, 378, 10 ff.; Zgl. Rgl. Ps. 66, 4. 6
WA 3, 383, 8 f. 15 f. 26; Schol. Ps. 68, 17 WA 3, 428, 37 ff. = BoA 5, 142,
9 ff.; Zgl. Ps. 74, 2 WA 3, 510, 12 ff.; Rgl. Ps. 76, 4 WA 3, 527, 28 ff.; Schol.
Ps. 103, 1 WA 4, 172, 9 ff. 173, 1 ff.; Schol. Ps. 110, 1 WA 4, 238, 14 ff.
[267] Rgl. Ps. 50, 6 WA 3, 284, 37 f. = BoA 5, 70, 27 f. (dieser Hinweis auf Hieronymus comment. in Dan. 9, 20 ist ein Nachtrag zur Rgl.); dasselbe Dictum
Schol. Ps. 65, 3 WA 3, 378, 26 und ohne Namensnennung Zgl. Ps. 33, 2
WA 3, 185, 7.
[268] WA 3, 288, 30 ff. = BoA 5, 120, 4 ff. Vgl. S. 34 (Ps.-Augustin), S. 72 f. (Gregor), S. 113 (Wilhelm von Paris). Formelhaft sind drei Verben der Selbstverurteilung verbunden bei Ludolf zu Ps. 110, 7: iudicium debes facere …
debes etiam teipsum reprehendere, peccata tua accusare, iudicare, damnare,
ut non iudiceris.

238   Martin Luther

und Bernhards: mehr die meditierende Intensität als die sammelnde
und zergliedernde Extensität des Denkens verursacht eine Anreiche-
rung verschieden nuancierter Begriffe und ein wiederholtes Formulieren des Gedankens. Luther enthält sich einer psychologischen Aus-
malung des iudicium sui. Er folgt weder Gregor in die qualvolle
Selbsterforschung noch Wilhelm von Auvergne in die rationale
psychologische Aufschlüsselung. Das iudicium sui ist für Luther vollzogen mit dem einfachen Bekenntnis vor Gott »Tibi soli peccavi«;
damit erfaßt der Mensch sein ganzes Dasein in der Erbsünde und
spricht über sich selbst in seinem Widerstreben gegen Gott das
Urteil.

Nachdem Luther das iustificari Deum an die Selbstverurteilung
des Menschen gebunden hat, wendet er sich dem Gegensatz zu. Dem
Zitat aus Prov. 18,17 stellt er den Satz entgegen: impius et superbus
primo est excusator sui. Bei den Nomina defensor, iustificator, sal-
vator, die er noch an das Prädikat excusator sui anreiht, hat er wohl
wieder keine spezifischen Differenzen im Sinne. Auch auf dieser Seite
des Gegensatzes ist mit dem Verhältnis des Menschen zu sich selbst
zugleich sein Verhältnis zu Gott bestimmt. Indem der Mensch sich
selbst rechtfertigt, behauptet er ipso facto, daß er Gottes nicht als
seines Retters bedarf[269]. Aus seiner Selbstrechtfertigung resultiert
mit innerer Notwendigkeit, daß er Gott verurteilt: dum se iustificat,
necessario Deum condemnat[270]. Er ist impius et superbus oder malus
et incredulus[271]; da er Gott in dessen Worten verurteilt, ist er in
seiner hochmütigen Selbstrechtfertigung gottlos und ungläubig.

So hat Luther eine Verknüpfung gefunden zwischen dem iudicare
seipsum und dem iustificare (glorificare) Deum einerseits und dem
iustificare seipsum und dem iudicare Deum anderseits, nachdem er
ausgegangen war von dem Widerstreit zwischen der Selbstrechtfertigung und dem Gotteslob (glorificare Deum) (WA 3, 288, 27 f. =
BoA 5, 120, 1 ff.). Die Antithetik zwischen dem iustificare seipsum
und dem iudicare seipsum ist jedoch in den Vordergrund gerückt.
Innerhalb dieses Gegensatzes zieht der Satz »Qui sese iustificat,
Deum condemnat« den anderen Satz nach sich »Qui sese iudicat,
Deum iustificat« (WA 3, 289, 30 ff. = BoA 5, 121, 13 ff.). Die beiden Sätze bedingen sich wechselseitig. Der Gegensatz zwischen der

---

[269] WA 3, 288, 32 ff. = BoA 5, 120, 6 ff.
[270] WA 3, 289, 28 = BoA 5, 121, 11f.
[271] Impius et superbus WA 3, 288, 32 = BoA 5, 120, 7; malus et incredulus
     WA 3, 289, 26 = BoA 5, 121, 9.

Selbstrechtfertigung und der Selbstverurteilung ist der übergreifende
Gesichtspunkt, von dem aus Luther darüber reflektiert, wie auf
beiden Seiten das Verhältnis des Menschen zu sich selbst mit seinem
Verhältnis zu Gott gekoppelt ist. Schon Augustin hatte nicht nur
die confessio peccati mit der confessio laudis in Einklang gebracht,
sondern auch die verschiedenen Formen der Selbstentschuldigung
des Menschen als den Versuch entlarvt, Gott die Schuld zuzuschrei-
ben. Luther treibt diese Gedanken weiter, mit erhöhter Energie in
der Reflexion und größerer Präzision in der Terminologie. Der
Gegensatz zwischen Selbstrechtfertigung und Selbstverurteilung des
Menschen wird noch stärker betont als bei Augustin. Die Einsicht
in die anhaltende Nötigung zur confessio des peccatum originale
und die Zwischenbestimmung von Ps. 50,6 »in sermonibus suis«
geben dem Gedanken neue Impulse.

In Anlehnung an ein Schema, das in der Schullogik das Verhältnis
qualitativ und quantitativ unterschiedener Urteile zueinander ver-
anschaulicht, versucht Luther in einem Schema aufzuzeigen, wie
iudicium sui, iustificatio Dei, iustificatio sui, iudicium Dei aufeinander bezogen sind[272]. In welche Richtung Luthers Überlegungen
gehen, lassen die thetischen Sätze erkennen, die sich ihm aus dem
Schema ergeben. Im Schema hat er zwei »subalterne« Verknüpfungen hergestellt. 1.) Mit dem iudicium sui ist subaltern die iustificatio
Dei verknüpft, d. h. jeder, der sich selbst verurteilt, rechtfertigt Gott
(Omnis accusator sui iustificat Deum). Man kann diesen affirmativ
universalen Satz jedoch nicht einfach ohne Veränderung seiner
Quantität umkehren; man kann nicht mit der gleichen Allgemeingültigkeit sagen: jeder, der Gott rechtfertigt, verurteilt sich selbst.
Denn es gibt eine dämonische Form von Gottlosigkeit, bei der der
Gottlose Gott die Ehre gibt und doch nicht sich selbst verurteilt,
sondern zugleich sich selbst rechtfertigt (WA 3, 290, 8 f. = BoA 5,
122, 3 ff.). Gott und sich selbst zugleich rechtfertigen, ist also dämo-

---

[272] WA 3, 290, 4 ff. = BoA 5, 121, 29 ff.; die verknüpfenden Begriffe sind nach
der Handschrift zu korrigieren, oben waagerecht lies: contrarie, unten waagerecht lies: subcontrarie, senkrecht lies beide Male: subalterne. So stimmen
die Relationsbegriffe bei Luther überein mit den Begriffen, die in der Logik
bei den Schematismen der Urteile verwendet werden, vgl. Petrus Hispanus,
Summulae logicales, ed. I. M. Bochenski (1947) 1, 14. 27. 37. Luther hat in
seinem Manuskript das Schema erst in anderer Anordnung niederschreiben
wollen (BoA 5, 122 Anm. zu 121, 29 ff., diagonal lies: subalterne). Er hatte
jedoch die Eckbegriffe falsch verteilt, so daß er beim Eintragen der Relationsbegriffe nicht zurechtkam.

nische Gottlosigkeit, eine Verkehrung des eigenen Seins ins Göttliche.
So sehr kann sich die Gottlosigkeit mit dem Gotteslob tarnen. Man
könnte zu dem universalen Ausgangssatz nur die partikulare Umkehrung bilden: Quidam iustificator Dei iudicat se. Dieser Satz
würde vom Glaubenden gelten. Daneben wäre der andere, von der
dämonischen Gottlosigkeit sprechende Satz möglich: Quidam iustificator Dei non iudicat se[273]. Daß die iustificatio Dei dem iudicium
sui subaltern zugeordnet ist, ist einerseits ein Zeichen für die Kontingenz dieser Verknüpfung. Anderseits wird durch den universalen
Ausgangssatz ausgedrückt, daß das iudicium sui durch die iustificatio
Dei wesentlich mitbestimmt ist, sofern der Mensch im iudicium sui
wirklich ein glaubender iustus ist[274]. — 2.) Mit der iustificatio sui ist

[273] In der Schullogik werden die in Subjekt und Prädikat übereinstimmenden,
aber qualitativ und quantitativ verschiedenen Sätze in ihrem vierfachen Verhältnis als konträre, subkonträre, kontradiktorische und subalterne Sätze
beschrieben (Petrus Hispanus a.a.O. 1, 13) und in dem von Luther zur Vor-
lage genommenen Schema zusammengestellt. Es werden dann auch die Gesetze vorgelegt, denen zufolge sich sagen läßt, wie je zwei Sätze in den
vier verschiedenen Kombinationen miteinander unter den Bestimmungen von
Wahr und Falsch verkettet sind (Petrus Hispanus a.a.O. 1, 16 f.; lies: Lex
contrariarum ... subcontrariarum ... contradictoriarum statt: Lex contra-
riorum ... subcontrariorum ... contradictoriorum). Aber nicht diese Gesetze
greift Luther Schol. Ps. 50, 6 WA 3, 290, 7 ff. = BoA 5, 122, 1 ff. auf. Er ist
vielmehr beeinflußt von den in der Schullogik folgenden Erörterungen über
die Umkehrverhältnisse solcher Sätze, deren Subjekts- und Prädikatsbegriff
gegeneinander ausgetauscht werden (Petrus Hispanus a.a.O. 1, 18 f.). Daß
die von Luther aufgestellten Sätze nicht ohne Veränderung ihrer Quantität
umkehrbar sind, also in der Umkehrung ihren universalen Charakter verlieren, beruht auf ihrer Kontingenz. Weil die Kontingenz für die Umkehr-
barkeit eines Satzes von Belang ist, wird sie auch in der Schullogik an be-
nachbartem Orte erwähnt (Petrus Hispanus a.a.O. 1, 15).
[274] Von den beiden universalen Sätzen »Omnis accusator sui« etc. und »Omnis
iustificator sui« etc. muß auf WA 3, 288, 30 ff. = BoA 5, 120, 4 ff. zurückgeblendet werden. Subjekt ist im 1. Satz der iustus und im 2. der impius.
Wenn es vom iustus heißt »primo est accusator sui« und vom impius »primo
est excusator sui«, so wird nun durch die Erörterung der subalternen Relationen deutlich, daß es sich um ein logisches, kein zeitliches »primo« handelt.
Die hier in Anlehnung an die Logik durchdachte Relation von iudicium sui
und iustificatio Dei wird von Luther Schol. Ps. 110, 1 WA 4, 239, 1 ff.
berührt mit dem Satze, daß die confessio peccati und die confessio laudis die
beiden Teile der einen confessio integralis bilden, daß aber die confessio
laudis gewissermaßen forma und lux für die confessio peccati darstelle, also
dieser erst zu ihrer Erfüllung verhelfe. Im übrigen können die zahlreichen
Stellen der 1. Ps.-Vorlesung, die in variierender Terminologie von Selbstverachtung und Gotteslob handeln, hier nicht in die Interpretation miteinbezogen werden.

subaltern das iudicium Dei verknüpft. Das faßt Luther in den Satz: Jeder, der sich selbst rechtfertigt, verurteilt Gott (Omnis iustificator sui condemnat Deum). Auch hier darf man nicht in einer einfachen Umkehrung des Satzes mit der gleichen Allgemeingültigkeit sagen: Jeder, der Gott verurteilt, rechtfertigt sich selbst. Denn die Verdammten verurteilen Gott, obwohl sie nicht sich selbst rechtfertigen (WA 3, 290, 10 f. = BoA 5, 122, 6 ff.). Es ist eine verzweifelte Gottlosigkeit, in der der Gottlose zwar das Unheil seiner Gottesferne eingesteht, aber doch nicht frei ist von seinem Widerstreben gegen Gott, so daß er Gott nicht die Ehre zu geben vermag. Das ist das äußerste Unheil der Gottlosigkeit, wenn der Mensch Gott und sich selbst verurteilt, an Gott und an sich selbst verzweifelt, an sich selbst verzweifelt, weil die Gottlosigkeit erkannt ist, an Gott verzweifelt, weil die Gottlosigkeit nicht sich selber aufzuheben vermag. So offenbart sich hier ebenfalls einerseits die Kontingenz in der subalternen Verknüpfung des iudicium Dei mit der iustificatio sui. Anderseits wird durch den zweiten universalen Ausgangssatz angezeigt, daß das iudicium Dei die Gottlosigkeit wesentlich mitbestimmt, obgleich der Gottlose, selbst wenn er der Verzweiflung an sich selbst verfällt, primär durch die iustificatio sui charakterisiert ist. Zum zweiten universalen Ausgangssatz könnte man im Hinblick auf die Gottlosigkeit schlechthin nur die partikulare Umkehrung bilden: Quidam condemnator Dei iustificat se. Denn in Anbetracht der verzweifelten Gottlosigkeit wäre daneben auch der andere partikulare Satz möglich: Quidam condemnator Dei non iustificat se.

Ist beim zweiten Satz deutlich geworden, daß die Gottlosigkeit nicht sich selbst im iudicium sui aufzuheben vermag, daß der Gottlose nur durch die Verzweiflung an sich selbst zum iudicium sui verurteilt ist, so bedeutet das für den ersten Satz, daß der Glaube sich nicht selbst im iudicium sui begründen kann, daß vielmehr das iudicium sui als Grundakt des Glaubens Gnade ist. Ist der Mensch nicht in der verzweifelten Gottlosigkeit zum iudicium sui verurteilt, sondern durch die Gnade dazu befreit, so ist das iudicium sui mit der iustificatio Dei verbunden; dann gilt der erste Satz: Omnis accusator sui iustificat Deum. Wo Gott jedoch seine Gnade versagt und sein Gottsein völlig verhüllt, gibt es auch die dämonische Gottlosigkeit als Fratze des Glaubens in der Weise, daß der Mensch Gott verherrlicht, ohne dabei sich selbst zu verurteilen. Und wo Gott seine Gnade versagt und zugleich in seinem unverhüllten Gottsein in die Gegenwart des Menschen tritt, muß der Mensch zu der anderen Möglichkeit der Gottlosigkeit seine Zuflucht nehmen, indem er als Verurteilter voller Verzweiflung sich selbst verurteilt, ohne in der Freiheit von sich selbst Gott rechtfertigen zu können.

In einem dritten Satz zieht Luther eine diagonale Verbindungslinie innerhalb seines Schemas. Er stellt den allgemeingültig verneinenden Satz auf: Niemand, der sich selbst rechtfertigt, rechtfertigt Gott (Nullus iustificator sui iustificat Deum). Dieser Satz kann ebenfalls nicht in der Umkehrung seine Allgemeingültigkeit behalten. Es ist möglich, daß jemand Gott rechtfertigt und dennoch sich selbst rechtfertigt (WA 3, 290, 12 f. = BoA 5, 122, 9 f.). Damit ist wieder die Möglichkeit einer dämonischen Gottlosigkeit anvisiert. In der Umkehrung könnte man auch den entsprechenden partikularen Satz aufstellen, der die Möglichkeit des Glaubens festhält, daß jemand Gott rechtfertigt und dabei sich selbst nicht rechtfertigt, sondern verurteilt. So ist der dritte Satz Luthers das negative Gegenstück zu seinem ersten Satz. Genauso hätte Luther in einem vierten Satz noch die andere diagonale Verbindungslinie formulieren können, um auch den zweiten Satz durch die Negation zu unterstreichen. Das war nicht nötig, weil die ganze Sache schon mit den beiden ersten Sätzen erörtert worden ist. Luthers Interesse haftet an der nicht einfach umkehrbaren Verknüpfung, durch die einerseits die iustificatio Dei dem iudicium sui und anderseits das iudicium Dei der iustificatio sui subaltern zugewiesen ist. Dabei tritt zutage, daß nicht nur zwischen dem iudicium sui und der iustificatio sui eine fundamentale Differenz besteht[275], sondern auch eine »subalterne« Differenz zwischen dem iudicium sui und der iustificatio Dei auf der

---

[275] WA 3, 290, 2 f. = BoA 5, 121, 27 f. bei der Überleitung zum Schema ist nicht klar, ob Luther mit Absicht ganz allgemein von einer differentia iudicii et iustificationis spricht, und ob er bei der Wendung »ex isto verbo« an das Text-Wort »in sermonibus tuis« denkt. Sollte das der Fall sein, so hat Luther selber bewußt nicht nur die konträre Differenz zwischen iudicium sui und iustificatio sui, sondern auch die auf beiden Seiten bestehende subalterne Differenz zwischen dem Verhältnis des Menschen zu sich selbst und zu Gott darin begründet gesehen, daß Gott in seinem Wort und nicht in sich selbst, wohl aber in uns gerechtfertigt und gerichtet wird, d. h. Luther hat von vornherein die konträre und die subalterne Differenz als einen Hinweis auf die Kontingenz der Gnade verstanden und hat in der Kontingenz des Wortes Gottes die Kontingenz der Gnade erkannt: Es ist Gottes Gnade, wenn Gott in seinem Wort die Freiheit schenkt, sich selbst zu verurteilen und darin Gott zu rechtfertigen. Hat Luther das jedoch nicht sogleich bei der Konzeption des Schemas im Sinne gehabt, so ergibt es sich doch aus seinen Überlegungen im Anschluß an das Schema.

einen Seite sowie zwischen der iustificatio sui und dem iudicium Dei auf der anderen Seite trotz der Verknüpfung beider Glieder im Spiele ist. Die fundamentale Differenz zwischen iudicium sui und iustificatio sui enthüllt sich als die Differenz zwischen Glaube und Gottlosigkeit, innerhalb deren der Mensch nicht frei wählen kann, obwohl es sich um ein Verhältnis des Menschen zu sich selbst handelt. Doch geht es um das Sein des Menschen coram Deo. Dieses Sein lernt Luther in den Jahren der 1. Psalmenvorlesung als ein esse in peccatis originalibus verstehen. So ist es Gottes Gnade, wenn der Mensch die Freiheit von sich selbst findet, daß er sich selbst als Sünder coram Deo verurteilt und Gott in seinem Wort rechtfertigt.

Das der Logik entlehnte Schema hat Luther nur eine Hilfestellung geleistet. Da in der Logik das Schema die Relationen zwischen verschiedenen Urteilen verdeutlichen soll, während Luther verschiedene Phänomene zueinander in Beziehung setzt, können die Relationsbegriffe (contrarie, subcontrarie, contradictorie, subalterne) nicht ohne weiteres auf Luthers Ausführungen übertragen werden. Luther selber verwendet die Begriffe im Kontext sonst gar nicht. Am ehesten läßt sich noch die logische Regel für subalterne Sätze auf Luthers Gedanken bei den beiden ersten Hauptsätzen transponieren[276].

Dem Menschen, der sich selbst verurteilt und Gott in seinen Worten rechtfertigt, wird die Vergebung Gottes zuteil. Auch das gehört zu Davids Einsicht, die er in Ps. 50 niedergelegt hat. Gott ist nicht nur allein der Gerechte, dem der Mensch als Sünder die Ehre zu geben hat; Gott allein ist es auch, der den Menschen rechtfertigt: solus Deus iustus, iustificans et iustificandus[277]. Wird Gott vom Glaubenden gerechtfertigt, so wird darin der Glaubende selber zum iustus; er wird von Gott gerechtfertigt. Wie selbstverständlich verbindet Luther mit einem »et« oder einem »et per consequens« die Rechtfertigung des Menschen durch Gott mit der Rechtfertigung

---

[276] Petrus Hispanus a.a.O. 1, 17: Lex subalternatarum talis est, quod si universalis est vera, particularis est vera et non e converso; potest enim universalis esse falsa, sua particulari existente vera. Bei Luther müßte es in der Anwendung des 1. Hauptsatzes heißen: Überall, wo es zum iudicium sui kommt, hat auch die iustificatio Dei ihren Ort. Aber nicht überall, wo die iustificatio Dei angetroffen wird, ist auch das iudicium sui zugegen. Entsprechendes würde für 2. Hauptsatz gelten.

[277] Adn. Ps. 50 WA 4, 496, 22 ff. = BoA 5, 45, 16 ff. Vgl. WA 3, 289, 19 f. 291, 24 ff. = BoA 5, 121, 1 f. 123, 33 ff.

Gottes durch den Menschen[278]. Einmal heißt es sogar, mehr beiläufig
ohne weitere Ausführung: indem der Mensch sich selbst als Sünder
anklagt, rechtfertige er Gott und per consequens sich selbst (WA
3, 291, 27 f. = BoA 5, 123, 35 f.). In welcher Weise die Rechtfertigung des Menschen durch Gott mit der Rechtfertigung Gottes durch
den Menschen zu einer Einheit verkettet ist, das bedenkt Luther
mehrmals im Schol. Ps. 50, verschiedenen Wegen folgend, die ihm
streckenweise von der Tradition vorgezeichnet waren.

Auf einem ersten Wege leitet ihn die traditionelle Vorstellung
vom Bußgericht nach 1. Cor. 11,31[279]. Luther begründet das Paulus-
Wort mit einem anderen Dictum aus dem gleichen traditionellen
Vorstellungskreis, Nah. 1,9 LXX: Non iudicabit Deus bis in idipsum[280]. So vertraut ist Luther mit dem überkommenen Gedankengut,
daß er weder die Paulus- noch die Nahum-Stelle als Zitat nieder-
schreibt[281]. Er braucht die Sentenzen auch nicht als Zitate kenntlich
zu machen, da er nicht im scholastischen Stile argumentiert, obwohl
er dem »Autoritätsbeweis« aus der Schrift noch eine Art »Vernunft-
beweis« folgen läßt[282]. Bei der inneren Begründung geht Luther davon aus, daß der Mensch, der sich selbst verurteilt, per consequens
bereits von Gottes Wort verurteilt ist. Gott kann also diesen Menschen nicht mehr verdammen. Luther unterbaut das noch. Da er in
seiner Auslegung von Ps. 50 das Sündenbekenntnis, mit dem der
Mensch sich selbst richtet, auf die Kundmachung unseres Sünderseins durch Gottes Wort und nicht auf menschliche Selbsterforschung
gründet, kann er mit Recht den Gedanken dahin wenden, daß der
Mensch nicht nur Gott in seinem Wort rechtfertigt, sondern auch sich

---

[278] WA 3, 289, 19 f. 291, 17. 28 = BoA 5, 121, 1 f. 123, 24 124, 1.
[279] WA 3, 291, 15 ff. = BoA 5, 123, 22 ff. Luther zitiert 1. Cor. 11, 31 in der
Lesart des Cod. Fuldensis (si nosmetipsos iudicaremus), während sich in Bernhards Gedankengängen offenbar schon der Textus receptus (si nosmetipsos
diiudicaremus) auswirkt; vgl. in adv. sermo 3 n. 7: Diligit enim (sc. Deus)
animam quae in conspectu eius et sine intermissione considerat et sine
simulatione diiudicat semetipsam. Idque iudicium non nisi propter nos a
nobis exigit, quia si nosmetipsos iudicaverimus, non utique iudicabimur. Das
diiudicare weist mehr in die Richtung des inquisitorischen Erforschens.
[280] WA 3, 291, 16 = BoA 5, 123, 23. Zur traditionellen Verwendung von Nah.
1, 9 LXX s. o. S. 101 ff. 114 158.
[281] Auch vorher WA 3, 288, 31 = BoA 5, 120, 5 hat er Prov. 18, 17 nicht als
Zitat gekennzeichnet.
[282] WA 3, 291, 16 ff. = BoA 5, 123, 23 ff. Der ganze Passus dient zur Bekräf-
tigung des vorhergehenden, von Luther teilweise unterstrichenen Satzes WA
3, 291, 14 f. = BoA 5, 123, 20 ff.: Semper igitur peccatum timendum, semper
nos accusandum et iudicandum in conspectu Dei.

selbst in sermonibus Dei richtet. In seinem Wort hat Gott den
Sünder verurteilt. Dieses Urteil ist in der confessio zum Urteil des
Menschen über sich selbst geworden. So sind im Medium von Gottes
Wort Gott und der Mensch in ihrem Urteil »konform« geworden.
Da Gott nicht sich selbst verleugnen kann, ist es innere »Notwendig-
keit«, daß er sein eigenes Urteil im Menschen anerkennt und billigt,
den Menschen also rechtfertigt. Sonst wäre Gott wider sich selbst.
An anderer Stelle hat Luther dem Gedanken eine positive Wendung
gegeben: Gott spricht nur Wahres und Gerechtes. Darum ist der
Mensch, wenn er in seiner confessio in Gottes Wort einstimmt, selber
wahrhaftig und gerecht. Er hat teil an Gottes eigener Wahrheit und
Gerechtigkeit. Die Gottlosigkeit der Gottlosen wirkt sich hingegen
zur ewigen Verdammnis aus, weil die Gottlosen nicht dem richtenden Wort Gottes zustimmen und Gott sein Wort nicht zurück-
nehmen kann, als hätte er gelogen[283].

Daß der Einklang mit Gottes Wahrheit in der confessio peccati
den Menschen rechtfertigt, hat für Luther auch einen christologischen
Grund: Impossibile est enim quod qui confitetur peccatum suum,
non sit iustus, cum dicat veritatem. Ubi autem veritas, ibi Christus
est[284]. Christus wäre umsonst gestorben und Gottes Gerechtigkeit
würde zum Gespött, wenn wir an der Gerechtigkeit Gottes teilhaben könnten, ohne daß wir zuvor unsere eigene Gerechtigkeit
durch unsere Selbstverurteilung coram Deo preisgeben. Wo der
Mensch mit seiner eigenen Gerechtigkeit vor Gott zugrundegeht,
widerfährt ihm die Sündenvergebung und Rechtfertigung als Auferstehung. In der Erkenntnis, daß Christus gekommen ist, um die
Sünder zu retten, nennt sich Paulus einen Sünder ersten Ranges vor
allen anderen und möchte ohne eigene Gerechtigkeit in Christus
angetroffen werden[285].

Luther scheut sich nicht, die Selbstverurteilung des Menschen und
Gottes Mitteilung seiner rechtfertigenden Gnade in eine quantitie-
rende Proportion zu setzen: quanto magis nosipsos iudicamus et
execramur et detestamur, tanto abundantior influit in nos gratia
Dei. Denn Röm. 5,20 (Ubi autem abundavit delictum, superabun-
davit gratia) gibt Luther in der Form wieder: tanto magis abundat

[283] WA 3, 289, 33 ff. = BoA 5, 121, 18 ff. Vgl. WA 3, 287, 24 f. = BoA 5,
118, 33 f.
[284] Schol. Ps. 1, 5 (1513) WA 55 II 1, 34, 2 ff.
[285] Schol. Ps. 1, 5 (1513) WA 55 II 1, 36, 13 ff. Der ganze Passus zeigt Parallelen
mit Schol. und Adn. Ps. 50; es ist nicht ausgeschlossen, daß er im Zuge der
Auslegung von Ps. 50 nachgetragen wurde.

gratia et iustitia Dei in nobis, quanto magis abundat delictum. Die
Sünde des Menschen nimmt aber in dem Maße zu, wie sie erkannt
und anerkannt wird. In sich selbst ist sie unendlich und nicht zu ermessen, ebenso die Gnade[286].

Was Luther von der Gerechtigkeit des Menschen und der Gerechtigkeit Gottes sagt, das weitet er aus auf andere Größen wie
virtus, bonitas, sanctitas; er nennt in dieser Reihe sogar das Sein
(esse) ganz allgemein: universaliter esse, sanctitas, veritas, bonitas,
vita Dei etc. non sunt in nobis, nisi primum nos nihil, prophani,
mendaces, mali, mortui fiamus coram Deo[287]. Das Bekenntnis des
Menschen, vor und für Gott mendax, malus, insipiens, caecus, miser,
nihil zu sein, hat zum einen den Sinn, daß Gott verherrlicht werde
als verax, bonus, sapiens, videns[288], und zum andern, daß der
iustitia, gratia, virtus, bonitas Gottes im Menschen Raum gegeben
werde[289].

Auf die Einheit der Selbstverurteilung des Menschen mit seiner
Rechtfertigung durch Gott kommt Luther auch im Schol. Ps. 50,6 zu
sprechen, nachdem er hervorgehoben hat, daß die »sancti« — wie
z. B. Paulus — von sich bekennen, sie seien vor Gott höchst verwerflich (WA 3, 290, 14 ff. = BoA 5, 122, 11 ff.). Das erweckt in
Luther die Assoziation mit Ps. 67, 36 »Mirabilis Deus in sanctis suis«.
Wundersam ist Gott in seinen Heiligen, weil vor Gott das Urteil
über den Menschen in unbegreiflicher Weise in sein Gegenteil verwandelt wird. Wer sich selbst für prächtig und heilig hält, der ist
vor Gott schändlich. Wer hingegen in den eigenen Augen verwerflich
ist, der ist vor Gott heilig und angenehm. Wie später im Schol. Ps.
71,2 bei der tropologischen Deutung von iudicium Dei auf die
humiliatio, so unterstreicht Luther im Schol. Ps. 50,6, daß vor Gott
nicht in Ansehen steht, wer sich selbst für äußerst demütig hält,
jedoch wer sich selbst höchst verachtenswert erscheint[290]. Das bedeutet: Nur als iudicium sui kann der Mensch das Urteil Gottes in
dessen Wort akzeptieren; darüber hinaus steht ihm nichts zu. Keine
Selbsterniedrigung in der Selbstbespiegelung oder in der Einbildung
ist vor Gott angenehm, sondern einzig der Vollzug der Selbsternied-

---

[286] Schol. Ps. 1, 5 (1513) WA 55 II 1, 36, 28 ff. (26 ff.).
[287] Schol. Ps. 1, 5 WA 55 II 1, 36, 19 ff. Diese Ausweitung der Prädikatreihe
erinnert an Meister Eckhart, vgl. R. Schwarz in: Festgabe H. Rückert, 1966,
S. 18.
[288] Schol. Ps. 50, 6 WA 3, 293, 10 ff. = BoA 5, 126, 1 ff.
[289] Adn. Ps. 50, 6 WA 4, 496, 25 ff. = BoA 5, 45, 20 ff.
[290] WA 3, 290, 22—25 = BoA 5, 122, 20—24. Vgl. S. 203.

rigung in der Selbstverurteilung. Und doch ist gerade darin, daß
der Mensch sich selbst vor Gott für verwerflich hält, dieses Urteil
aufgehoben, ist dem Menschen Reinheit und Ansehen vor Gott geschenkt. Luther spricht nicht von einer neuen reputatio, die der
Mensch bei Gott findet. Ein neues Sein ist dem Menschen geschenkt,
ist ihm jedoch nicht zur eigenen Selbstbeurteilung freigegeben: Non
qui sibi humillimus videtur, sed qui sibi foedissimus et turpissimus
videtur, hic est speciosissimus coram Deo[291]. Die Erkenntnis des
eigenen Sünderseins ist selber schon das neue Sein. Denn durch Gottes
Licht ist der Mensch zu dieser Erkenntnis erleuchtet. Das Licht der
Erkenntnis verleiht ihm Glanz vor Gott, keinen Glanz, in dem er
sich selber sonnen könnte. Denn wenn der Mensch in Wahrheit bei
sich selber bleibt, sieht er sich selber in diesem Lichte nur als Sünder.
Je klarer er seine Verlorenheit erkennt, desto heller erstrahlt er
selber jedoch vor Gott. Wer aber sich selbst glänzend erscheint, er-
mangelt des Lichtes, durch das er sich in Wahrheit als verwerflich
erkennen und das ihm vor Gott Glanz verleihen würde; darum ist
er für Gott unansehnlich (WA 3, 290, 33 ff. = BoA 5, 123, 3 ff.)[292].

[291] WA 3, 290, 31—33 = BoA 5, 123, 2 f. Die Terminologie in diesem Passus
mag unter augustinischem Einfluß stehen, unmittelbar ist sie aber von den
Ps.-Versen bestimmt, die Luther im Kontext zitiert. In ihnen werden pulchritudo, decor, magnificentia der confessio und humilitas an die Seite gestellt.

[292] Maria tröstete sich allerdings mit dem Wort Lc. 1, 48 »respexit vilitatem
ancillae suae« (WA 3, 291, 3 f. = BoA 5, 123, 9 f.). Sie sagte das, weil sie
es so von Gott zum Trost in ihrer Niedrigkeit gehört hatte, nicht weil sie
selber sich für respektabel hielt. — Nachdem erörtert worden ist, wie Luther
im Schol. Ps. 50, 6 das menschliche iudicare seipsum und iustificare Deum einmünden läßt in die Rechtfertigung des Menschen durch Gott, sei noch eine
Bemerkung angefügt zu dem von Loofs (in: ThStKr 84, 1911, S. 461—473
und 90, 1917, S. 323—420) unternommenen Versuch, den Begriff der iustitia
Dei passiva aus dem Vorgang der iustificatio Dei passiva zu erklären. Daß
das ein Fehlgriff war, haben Holl I S. 131 f. A. 2 und E. Hirsch, Lutherstudien, Bd. 2, S. 9 ff. (= Festgabe für J. Kaftan, 1920, S. 150 ff.) dargelegt.
Dennoch darf man, wenn man vom Schol. Ps. 50 auf die von Loofs zum
Ausgangspunkt genommenen Passagen der Röm.-Vorlesung blickt, ein paar
Dinge nicht außer acht lassen. 1. Das iustificari Deum (in sermonibus suis),
also die iustificatio Dei passiva hat eine Wurzel im Bibel-Text von Ps. 50, 6
sowie in der Theologiegeschichte, da es sich um eine Modifikation des laudari
(glorificari, magnificari, admirari) Deum handelt. Luthers Überlegungen
zum iudicium sui und zur iustificatio Dei haben ihren Vorgang in Augustins
Betrachtungen über confessio peccati und confessio laudis. Vgl. Schol. Ps.
50, 6 WA 3, 291, 39 ff. = BoA 5, 124, 13 ff. und z. B. Schol. Ps. 110, 3 WA
4, 241, 27 ff. = BoA 5, 191, 8 ff. — 2. Luther vermag (Schol. Ps. 103, 1
WA 4, 172, 25 ff. = BoA 5, 187, 21 ff.) diesen Gedanken in einen christologischen Zusammenhang einzufügen, der bei Augustin so nicht begegnet;

Auf diese Weise hat Luther in der wohl am stärksten durch Augustin auf ihn einwirkenden Lichtlehre ein Mittel gefunden, um die Einheit der Selbstverurteilung des Menschen mit seiner Rechtfertigung durch Gott aufzuzeigen.

Ist die Erkenntnis des Sünderseins göttliche Erleuchtung und darin der Anbruch eines neuen Seins, dank dessen der Sünder von Gott gerechtfertigt ist, so ist damit im Sinne des Glaubensbegriffes der 1. Ps.-Vorlesung die fides gemeint. Obwohl man der fides als Ausfluß aus dem göttlichen Licht den Charakter einer Lichtqualität zuschreiben könnte und Luther im eben besprochenen Passus sowie an anderen Stellen diese Auffassung zu teilen scheint, wendet er sich im Schol. Ps. 50 gegen das Mißverständnis, als ob die »Heiligen« ihre geistlichen Tugenden, also gewissermaßen ihr neues Sein mit seinem Schmuck, als ihr Eigentum betrachten könnten, oder als ob die fides und die gratia aus sich selbst den Menschen rechtfertigten. Zum ersten bemerkt Luther, daß die Heiligen sich nicht ihrer Tugenden rühmen, obgleich sie »in den Tugenden« Freude haben. Sie freuen sich, indem sie die Gaben dem Geber zuschreiben. Sie freuen sich nicht wie über eigenes. Ihre Tugenden sind gleichsam fremde Kleider. So widersinnig es ist, sich fremder Kleider zu rühmen, so wenig können die Gerechten sich ihre Tugenden zum Ruhme anrechnen. Daß sie sich über ihre Tugenden wie über fremde Kleider freuen, ist die Kehrseite dessen, daß sie sich selber stets vor Gott als Sünder anklagen (WA 3, 291, 9 ff. = BoA 5, 123, 15 ff.).

Dem anderen Mißverständnis begegnet Luther mit der Auskunft, daß fides und gratia uns nur rechtfertigen, weil Gott es so in seinem

denn die Idee vom corpus Christi mysticum wird von Augustin und Luther mit einem unterschiedlichen Verständnis von der Person Christi, der fides Christi und der Kirche Christi gefüllt. Hier macht sich der geschichtliche Wandel der Kirche und ihrer Wirklichkeit bemerkbar. — 3. Durch die Erleuchtung im Glauben ruft Gott selber das iudicare seipsum und das iustificari Deum hervor; gerade um dieser Erleuchtung willen steht der Glaubende bei Gott in Ansehen und wird darin von Gott gerechtfertigt (Schol. Ps. 50, 6 WA 3, 290, 22 ff. = BoA 5, 122, 20 ff.). Auch das kann Luther wiederum christologisch entfalten; Schol. Ps. 103, 1 WA 4, 173, 7 ff. = BoA 5, 188, 7 ff. und der Kontext. — 4. Neben dem unter 3. genannten Gedanken bietet Luther noch andere Erläuterungen für die Rechtfertigung dessen, der sich selbst verurteilt und Gott rechtfertigt. Doch nur mit einem methodisch sorgfältigen Abwägen der diversen theologischen und historischen Faktoren könnte man klären, ob das reformatorische Verständnis von iustitia Dei in der 1. Ps.-Vorlesung noch völlig ferne oder schon angebahnt oder gar in einer eigentümlich versteckten und unreflektierten Weise präsent ist.

testamentum und seinem pactum mit uns zugesagt hat. Weil Gottes
Bund und Willenserklärung lautet (Mc. 16,16): »Wer glaubt und
getauft wird, soll gerettet werden«, deshalb sind wir durch Glaube
und Gnade gerettet, d. h. gerechtfertigt. Bestünde nicht Gottes Bund,
so würden uns Glaube und Gnade aus sich selbst nicht rechtfertigen.
Sie haben also keine absolute ontologische Dignität, kraft deren sie
den Menschen für Gott qualifizieren. Was auch immer wir tun, selbst
wenn es im Glauben geschieht und aus der Gnade kommt, stets sind
wir vor Gott unwürdig und ungerecht. Aber Gott ist treu und wahrhaftig in seinem Bunde; er steht zu seinem Versprechen. Er ist es,
der uns auf Grund seines Bundes und Testamentes rechtfertigt.
Dieser Gedanke wird nach Luthers Meinung gestützt durch den
Wortlaut von Ps. 50,6 nach der Übersetzung Reuchlins aus dem
Hebräischen: »Tibi soli peccavi, propterea iustificabis in verbo tuo«.
Hier interpretiert Luther das verbum (Dei) durch pactum (Dei). In
seinem pactum hat Gott unsere Rechtfertigung durch ihn gebunden
an unseren Glauben, an das Bekenntnis unseres Sünderseins vor
Gott[293]. So schließt sich der Ring: Das Bekenntnis unseres Sünder-
seins vor Gott beruht auf dem Wort Gottes, das uns unser Sündersein bezeugt. Dieses Bekenntnis ist selber ein Akt des Glaubens, zu
dem uns Gott erleuchtet. Mit unserem Bekenntnis rechtfertigen wir
Gott in seinem Wort; und Gott rechtfertigt uns durch den Glauben
und die Gnade, letztlich jedoch in seiner eigenen Güte durch das
Wort seines Bundes, mit dem er sich für den Glauben erklärt hat.

Luthers Rekurs auf Gottes pactum und testamentum ist ein Nach-
klang der spätfranziskanischen Theologie. Dort spricht man in ähnlichem Zusammenhang wie Luther vom pactum Dei, da man in
Frontstellung gegen die thomistische Theologie einen ontologisch
zwingenden Konnex zwischen dem zeitlichen, geschöpflichen Seins-
bereich des Menschen und dem ewigen, ungeschaffenen Sein Gottes

[293] WA 3, 289, 1 ff. = BoA 5, 120, 17 ff. Leider klafft am Ende dieses Abschnittes
eine Lücke, weil das folgende Blatt der Handschrift fehlt. — In Mc. 16, 16
findet Luther aber auch ausgesprochen, daß Gott, indem er das Heil an den
Glauben bindet, nicht so gebunden wie im Alten Bunde, sondern in der
Freiheit seiner Erwählung rettet; Schol. Ps. 93, 1 WA 4, 92, 26 f. (»Deus
ultionum libere egit«) »libere« i. e. per electionem praedestinationis, non per
successionem generis aut cuiusvis pacti, sed quicunque crediderit, salvus erit
(Mc. 16, 16). Rgl. Ps. 66, 5 WA 3, 383, 27 ff.: Iudicium Christi in aequitate
est, quod Iudaeos ... non omnes suscepit indifferenter ... sed tantum eos
qui credere voluerunt ... Et sic sine iniquitate, i. e. sine acceptione personarum regnat, ut quicunque crediderit, salvetur et quicunque non crediderit,
condemnetur (Mc. 16, 16).

leugnet. Die Mitteilung der Gnade durch die Sakramente, darüber
hinaus Gottes Zuwendung zum Menschen, wenn er ihn begnadet
oder rechtfertigt, und wenn er ihn ins ewige Leben aufnimmt, diese
Ereignisse beruhen auf Gottes heilsgeschichtlicher Anordnung. In
seiner Heilsgeschichte mit dem Menschen verfährt Gott nicht nach
seiner absoluten Macht (potentia Dei absoluta), sondern hält seine
Macht gebunden an seine eigenen Heilsanordnungen (potentia Dei
ordinata). Er läßt das gelten, was er selbst in seinem Heilswillen
verfügt hat. a) Er hat verfügt, daß die Gnade dem Menschen durch
die Sakramente mitgeteilt wird. Die Sakramente besitzen nicht jene
ontologische Dignität, wie sie ihnen nach Meinung des Aquinaten
als causa instrumentalis gratiae eigen ist. Sie verleihen die Gnade auf
Grund des pactum, das Gott mit der Einsetzung der Sakramente
eingegangen ist, so daß es Gott ist, der die Gnade in Verbindung mit
den Sakramenten verleiht. Nach der heilsgeschichtlichen Anordnung
sind die Sakramente allerdings die conditio sine qua non für die
Begnadigung und Rechtfertigung des Menschen[294].

---

[294] Vgl. Jetter, Die Taufe beim jungen Luther, S. 81 f. (besonders S. 81 A. 3
und S. 82 A. 2). Auf das pactum Dei rekurriert d'Ailly im Rahmen seiner
Tauflehre sent. 4 q. 2 a. 2 ad 6: den parvuli wird wegen ihrer impotentia
keine persönliche Schuld angelastet, wenn sie ungetauft sterben; dennoch verfallen sie der damnatio, quia sola anima christiana salvabitur et quae pactum
Dei servaverit. ... ideo damnantur, non quia culpam incurrerunt ex non
observantia, sed quia pactum non servaverunt. Gottes pactum wird für d'Ailly
im kirchlichen Gehorsam beachtet; darin ist die fides miteingeschlossen. Höchst
instruktiv dafür ist es, wie d'Ailly im gleichen Kontext die Notwendigkeit
der Taufe gegenüber einem Einwand behauptet, bei dem wie in der reformatorischen Theologie aus Röm. 3, 28 ein sola fide herausgelesen wird (!),
arg. 1: sola fides sufficit ad salutem. Unde apostolus Rom. 3, 28 »Arbitramur
iustificari hominem per fidem sine operibus legis«. Et iterum Rom. 10, 10
»Corde creditur ad iustitiam« etc. Et multa similia habentur in scriptura.
Igitur ad salutem non requiritur baptismus fluminis. D'Aillys Antwort ad 1:
»fides quae per charitatem operatur« (Gal. 5, 6) est principium sufficiens ad
salutem; dum tamen habens eam legem observet, ideo habens eam baptisari
tenetur, cum lex hoc praecipiat. — Duns spricht vom pactum divinum bei
der Lehre vom Bußsakrament, sent. 4 d. 14 q. 4 n. 7: non habens talem
actum, qui sufficiat ad meritum de congruo, sed tantum habens voluntatem suscipiendi sacramentum ecclesiae ... recipit non ex merito, sed
ex pacto divino effectum istius sacramenti; ut sic parum attritus, etiam
attritione, quae non habet rationem meriti ad remissionem peccati ... recipiat
effectum sacramenti, scil. gratiam poenitentialem, non quidem ex merito,
quia dispositio interior non erat sufficiens per modum meriti, sed ex pacto
Dei assistentis sacramento suo ad effectum illum, ad quem instituit sacramentum. — Mit der ordinatio oder institutio divina oder mit Gottes pactum
begründet Biel sent. 4 d. 4 q. 1 a. 2 concl. 1.2 F.G die Gnadenmitteilung in

b) Der Begnadete und Gerechtfertigte wird von Gott nicht ins ewige
Leben aufgenommen, weil die Gnade aus sich schon die Anwartschaft
auf das ewige Leben begründet, und weil die von der Gnade gepräg-
ten Handlungen des Menschen als solche verdienstlich sind. Vielmehr ist Gottes Akzeptation der tragende Grund für die Aufnahme
des Gerechtfertigten ins ewige Leben, und zwar hat Gott in seiner Heilsanordnung beschlossen, daß er den, der im Besitz der Gnade
ist und gute Werke vollbringt, zum ewigen Leben annehmen wolle.
Daß die Gnade dem Menschen Gottes ewiges Heil vermittelt, ist also
letztlich in Gottes Heilsanordnung verbürgt. Zwar erlangt der
Mensch in der Gnade ein meritum de condigno fürs ewige Leben,
doch muß man bei der franziskanischen Verdienstlehre stets berücksichtigen, daß sie eingebettet ist in die Anschauung von der göttlichen Akzeptation und Heilsanordnung. Die mit der Gnade ver-
liehene würdige Anwartschaft (meritum de condigno) aufs ewige Leben ist keine absolute metaphysische Dignität. Sie bezeichnet das
geistliche Sein in der Gnade als eine würdige Vorstufe für das voll-
endete geistliche Sein in der Glorie. Die Dignität findet ihre Wür-
digung durch die von Gott getroffene Anordnung und die dem-
gemäß erfolgende göttliche Akzeptation[295]. Die Verdienstlehre und
die heilsgeschichtlich fundierte Akzeptationslehre sind zwei aufeinander bezogene Komponenten der franziskanischen Soteriologie.
Wie beide Momente durchdacht und in welche Relation sie jeweils
gebracht wurden, ist eine Frage an die Geschichte der franziskanischen Theologie[296]. — Die beiden bisher erwähnten Punkte der

der Taufe und can. miss. expos. lect. 47 R—Y die konsekrierende Wirkung
der Abendmahlsworte, deren liturgischer Vortrag durch den Priester conditio
sine qua non für die Konsekration ist.
[295] Vgl. E. Iserloh: Gnade und Eucharistie, S. 82 zu Duns sent. 1 d. 17 q. 3 n. 29.
[296] Aus Biels Ausführungen can. miss. expos. lect. 59 L—T können die wichtigsten Gesichtspunkte für das meritum de condigno im Verhältnis zu Gottes
pactum gewonnen werden (bei den Verweisen zähle ich bei den einzelnen
Buchstaben L—T die Textzeilen in der Ausgabe von Oberman-Courtenay).
Sowohl das meritum de congruo als auch das meritum de condigno muß von
Gott akzeptiert werden, wenn die retributio praemii erfolgen soll (M 2 ff.,
Z. 4 lies: ex parte). In beiden Fällen hat Gott seine Akzeptation durch ein
Versprechen, eine Abmachung, einen Bund festgelegt (T 5—7). Wenn Gott
festgesetzt hat, daß er dem Sünder, der das facere quod in se est leistet, das
bonum spirituale der Gnade verleiht, so erstreckt sich die Relation von
meritum (de congruo) und Gnadengabe nicht auf deren sachlichen Gehalt; es
ist ein »Kongruenz«-Verhältnis unter Ausschluß aller materialen Bestimmungen, so daß der Gehalt der Gabe Gottes dessen Freigebigkeit zuzuschrei-
ben ist (N 43 ff., P 1 ff. 36 ff., T 8 ff.). Hingegen, die Akzeptation des Be-

franziskanischen Soteriologie — Gottes Anordnung über die Gnadenmitteilung durch die Sakramente und über den Gnadenbesitz
als Voraussetzung fürs ewige Leben — berührt Luther im Schol.
Ps. 50. Mit dem Zitat Mc. 16,16 ist die Taufe als ein von Gott ver-
fügtes Mittel der Gnadenverleihung anvisiert. Die Bemerkung, daß
fides und gratia nicht aus sich rechtfertigen, zielt auf die Akzeptation des Begnadeten und Glaubenden durch Gott. Das salvum esse
(WA 3, 289, 4 = BoA 5, 120, 20) meint nach traditionellem Sprachgebrauch die Teilhabe am ewigen Leben. Dieses Heil empfängt nach
dem in Mc. 16,16 verkündeten pactum Gottes nur, wer glaubt und
getauft wird. Die Differenz Luthers gegenüber der franziskanischen
Theologie bricht dort auf, wo Luther vom bleibenden Sündersein
des Menschen (in peccatis originalibus) spricht. Das bedingt auch ein
anderes Verständnis der Gnade. Dadurch wird ferner das testamentum oder pactum Gottes in die Aktualität des unablässigen Wi-
derstreites von peccatum und gratia hereingeholt; es hört auf, eine
allgemeine, hinter der kirchlichen Wirklichkeit verschwindende
heilsgeschichtliche Anordnung Gottes zu sein.

c) Ein dritter Punkt der spätfranziskanischen Rede von Gottes
Heilsanordnung liegt bei der Verhältnisbestimmung von göttlicher

gnadigten zum ewigen Leben geschieht nach einem in Gottes pactum verankerten debitum iustitiae (N 2 f.); hier besteht eine aequalitas praemii ad
meritum nach den Maßstäben der distributiven und kommutativen Gerechtigkeit (N 3—13, Q 11 f., R 20 f.). Die vom freien Willen hervorgebrachten
(M 2.4—7) Handlungen des Menschen empfangen ihre werthaltige Verdienstlichkeit aus der Gnade, die dem Handelnden eine besondere Würde verleiht
(er ist amicus und nicht inimicus oder peccator in Gottes Augen, N 24—28;
vgl. O 21—26, Z. 21 korrigiere secunda in: prima; O 6 f., T 13—16), und
die an den Handlungen als bewegende, auf Gott hinlenkende Ursache mit-
beteiligt ist (L 13—20, N 29—33, O 7 ff., R 1 f. 21—31, S 7. 8—11, T
16—21). Die ontologische Differenz zwischen der Zeitlichkeit der menschlichen Handlung als solcher und der Ewigkeit des göttlichen Lohnes ist freilich mit einer strengen Gerechtigkeit nicht vereinbar und wird von Gottes
Abmachung überbrückt (N 37—42, vgl. Q 12—21). Die dem Menschen mit-
geteilte Gnade stiftet eine dignitas operantis und eine commensuratio operis
(T 13—21, vgl. N 22 ff. 43 ff.). Obgleich Gottes Akzeptation dieser religiös
qualifizierten Verdienstlichkeit nicht auf die Natur des menschlichen Aktes
zurückzuführen ist, sondern auf eine in ewigem Willensentschluß getroffene
Anordnung Gottes (O 4—6, Q 1—3. 12 ff., vgl. N 13—22), steht dennoch
der Vollzug des göttlichen pactum ganz unter dem Prinzip der iustitia, weil
Gott selber den Grundsatz des gerechten reddere in sein pactum aufgenommen und sich verpflichtet hat, dem Verdienst der Gnadenreligiosität einen
im tale und tantum entsprechenden Lohn zukommen zu lassen (N 33—37,
Z. 37 lies operanti; R 31—38, S 19—44, T 22—26).

Gnadenverleihung und menschlicher Disposition dazu. Das Axiom »Facienti quod in se est, Deus non denegat gratiam« gilt für die Skotisten und Ockhamisten nicht wegen eines zwingenden metaphysischen Kausalnexus, sondern einzig, weil Gott es so beschlossen und festgelegt hat. Robert Holkot († 1349), ein englischer Dominikaner, der sich der ockhamistischen Theologie angeschlossen hat, spricht in diesem Zusammenhang von dem promissum und pactum Gottes in Parallele zur lex statuta, der Heilsanordnung Gottes. Gott ist das Versprechen eingegangen, dem, der sich auf Gnadenempfang disponiert, die Gnade zu verleihen. Durch Gottes Bund sind hier menschliches und göttliches Handeln miteinander verknüpft[297]. Natürliches und Übernatürliches sind zueinander in Korrelation gebracht: die disponierenden moralischen Handlungen des Menschen und Gottes übernatürliche Gnade. Das ist ein anderes ontologisches Verhältnis als bei der Akzeptation des Begnadeten zum ewigen Leben, wo beiderseits in der Gnade und in der Glorie Übernatürliches einander korrespondiert. Während der Begnadete eine Anwartschaft des meritum de condigno auf das ewige Heil besitzt, hat der Mensch bei seiner moralischen Disposition auf die Gnade nur eine Anwartschaft des meritum de congruo, eine Anwartschaft der Anpassung oder Angemessenheit (Kongruenz) und nicht der Würdigkeit oder Gleichwertigkeit (Kondignität)[298]. Holkot unterstreicht, daß sich Gott an seine in Barmherzigkeit getroffene Verfügung hält, so daß nach einer Art Notwendigkeit — der auf Gottes Anordnung beruhenden necessitas consequentiae im Unterschied zu einer absoluten necessitas

---

[297] Holkot super Sap. 12, 1 f. lect. 146 (Reutlingen 1489) stellt die Frage: Utrum gratia spiritus sancti detur necessario homini se quantum potest ad gratiam praeparanti. Die Antwort lautet: quaedam est necessitas coactionis et quaedam est necessitas infallibilitatis. Necessitas coactionis nullo modo cadit in Deo, necessitas vero infallibilitatis cadit in Deo ex promisso suo et pacto sive lege statuta, et haec non est necessitas absoluta sed necessitas consequentiae. Unde non stat cum lege statuta, quod viator faciat quod in se est disponendo se ad gratiam, quin habeat gratiam. Auf diese Ausführungen Holkots bin ich aufmerksam gemacht worden durch H. A. Oberman: The Harvest of Medieval Theology, 1963, S. 246 A. 189 (deutsche Übersetzung: Spätscholastik und Reformation, Bd. 1, S. 230 A. 189); Oberman zitiert Holkot nach der Ausgabe Hagenau 1494, in der die Zählung der lectiones von der Ausgabe Reutlingen 1489 abweicht. — Zur Sache vgl. Biel can. miss. expos. lect. 59 O 6 f., P 36 ff., T 7 f.

[298] Vgl. Holkot a.a.O.: dispositio hominis nullam causalitatem habet respectu gratiae de necessitate, sed tantum de congruo, quia gratia excedit omnem operationem naturalem nec est possibile quod homo mereatur per quodcunque opus naturale, morale puta, gratiam de condigno.

coactionis — die menschliche Disposition die Gnadenverleihung
»zur Folge« hat[299]. Die antimetaphysische, in gewissem Sinne personale Intention der spätfranziskanischen Theologie kommt bei
Holkot darin zum Ausdruck, daß er den Hinweis auf das Töpfer-
Gleichnis in Jer. 18,6 (vgl. Röm. 9,21) einschränkt mit dem Bemerken, zwischen dem Töpfer und dem Ton gebe es kein pactum, der
Töpfer habe sich dem Ton durch kein Versprechen verbunden. Selbst
wenn es hier ein pactum gäbe, könnte der Töpfer das pactum durchbrechen, ohne die lex pacti außer Kraft zu setzen. Gott hingegen
kann sein pactum, wenn es überhaupt in Geltung bleiben soll, nicht
durchbrechen[300]. Der unausgesprochene Grund liegt für Holkot in
der Würde des Menschen, die für ihn wie für die ganze mittelalterliche Theologie im liberum arbitrium des Menschen ruht. In seiner
Heilsanordnung respektiert Gott die Würde des Menschen, bringt
sie sogar voll zum Tragen, indem er das Heil an Verdienste des
Menschen bindet. Der Nicht-Begnadete erwirbt sich in seiner Vorbereitung auf die Gnade Verdienste der Angemessenheit; der Begnadete erwartet in Verdiensten der Gleichwertigkeit das ewige
Leben.

Der zuletzt besprochene Punkt der göttlichen Heilsanordnung
in der spätfranziskanischen Soteriologie wird von Luther zwar nicht
im Schol. Ps. 50, jedoch an anderen Stellen der 1. Ps.-Vorlesung be-

---

[299] Holkot a.a.O. erwähnt den Einwand: cuicunque Deus dat gratiam, gratis
dat et libere ex sola misericordia. Igitur quantumcunque disponat se homo, est
in libera Dei voluntate dare sibi gratiam vel non dare. Er antwortet: ex
misericordia et gratia sua pro tanto, quia talem legem misericorditer statuit
et observat, sed statuta lege, necessario dat gratiam necessitate consequentiae.
Die Gratuität der Gnade ist also durch die Gratuität der Heilsordnung gesichert.

[300] Holkot a.a.O. läßt mit dem Hinweis auf Jer. 18, 6 argumentieren: lutum
quantumcunque sit bene praeparatum non accipit formam a figulo ex necessitate, igitur nec homo gratiam a Deo, quantumcunque se praeparet. Holkot
hält dem entgegen: quamvis sumus sicut lutum per comparationem ad Deum
aliquo modo, non tamen similitudo tenet in omnibus nec est pactum inter
artificem et lutum; et dato quod foret, artifex posset frangere pactum, pacti
lege manente, quod non potest Deus pacto suo manente; nec lutum potest
aliquid apud artificem promereri, nec de condigno, nec de congruo. In hac
autem quaestione magis pie quam logice est loquendum. — Holkot macht
offenbar einen Unterschied zwischen einem frangere pactum und einem
mutare pactum. Denn sonst könnte er nicht bei seiner Lösung der Hauptfrage
sagen (a.a.O.): posset tamen Deus mutare legem circa aliam (lies: aliquam?)
personam si vellet, et talis quantumcunque se disponeret, non haberet (scil.
gratiam).

rührt und in charakteristischer Weise abgewandelt. Luther findet es
recht, wenn scholastische Theologen gelehrt haben, daß Gott dem,
der das Seine tut, unfehlbar die Gnade gibt, daß der Mensch sich
also mit seiner Vorbereitung in ein angemessenes, kongruentes Verhältnis zur Gnade bringen kann, was nicht zu verwechseln ist mit
einem Verhältnis der Würdigkeit oder Gleichwertigkeit. Die »un-
fehlbare« Verknüpfung der Gnadenmitteilung mit angemessener
menschlicher Vorbereitung sieht Luther — im Anschluß an die franziskanische Überlieferung — in Gottes Verheißung, in seinem
pactum misericordiae verankert. Denn Christus hat für seinen geistlichen Advent in der Gnade die Zusage von Mt. 7,7 f. gegeben:
»Bittet, so wird euch gegeben; suchet, so werdet ihr finden; klopfet
an, so wird euch aufgetan.« Das petere, quaerere, pulsare wird hier
von Luther wie in der Scholastik auf die menschliche Disposition
gedeutet[301], nur versteht Luther bereits in der 1. Ps.-Vorlesung darunter etwas anderes als die Skotisten und Ockhamisten. Für diese
wird die Disposition in moralisch guten Akten sowie in Akten des
kirchlichen Gehorsams geleistet; denn auf dem Wege des kirchlichen
Gehorsams, durch den ungeheuchelten Gebrauch der kirchlichen
Gnadenmittel erlangt man die Gnade und ebenso durch die sittliche Anstrengung des guten Willens. Luther versteht in der 1. Ps.-
Vorlesung unter der menschlichen Disposition das radikale iudicium
sui, durch das Gott in seinem Wort gerechtfertigt wird, durch das
der Gnade Gottes im Menschen Raum gegeben wird. — Für seinen
zukünftigen Advent in der Glorie hat Christus eine andere Zusage
gegeben, wie sie nach Luther in dem apostolischen Wort Tit. 2,12 f.
festgehalten wird durch die Verkettung der Hoffnung auf das ewige
Leben mit dem rechtschaffenen, zuchtvollen und frommen Lebenswandel[302]. Bei diesem Aspekt stellt Luther das von der Gnade ge-
wirkte heilig rechtschaffene Leben nicht wie seine scholastischen
Vorgänger in ein Verhältnis der Kondignität zur zukünftigen Herr-

---

[301] Schol. Ps. 113 b, 1 WA 4, 262, 2 ff. = BoA 5, 194, 32 ff. Zum ockhamistischen
Verständnis von Mt. 7, 7 f. = Lc. 11, 9 f. im Sinne der Disposition auf den
Gnadenempfang vgl. Biel sent. 3 d. 27 q. un. a. 3 dub. 2 prop. 2 Q: secundum
legem ordinatam, cuilibet facienti quod in se est et per hoc sufficienter dispo-
sito ad gratiae susceptionem Deus infundit gratiam. Dazu zitiert Biel: Zach.
1, 3; Jac. 4, 8; Jer. 29, 13; Ps. 29, 13 und auch Lc. 11, 9: »Quaerite et in-
venietis, pulsate et aperietur vobis«. Vgl. R. Schwarz: Fides, spes und caritas
beim jungen Luther, S. 280 A. 100. Zum ganzen Komplex vgl. Grane, Contra
Gabrielem, S. 296—301.
[302] Schol. Ps. 113b, 1 WA 4, 262, 7 ff. = BoA 5, 195, 3 ff.

lichkeit. Auch hier läßt er nur eine Kongruenz gelten, da Paulus ja
sagt (Röm. 8,18), die Leiden dieser Zeit seien nicht wert (condignae)
der zukünftigen Herrlichkeit. Luther will selbst für den frommen
Lebenswandel der Christen kaum den Begriff einer dispositio et
praeparatio ad futuram gloriam anerkennen, so stark haftet ihm
die Unwürdigkeit selbst des Gerechtfertigten im Bewußtsein. Obgleich Gott nach dem Maße unseres Vermögens unsere kongruente
Bereitschaft für die Gnade und die Glorie will, läßt er doch dem
Menschen alle Gnade und Glorie gratis und nur ex promissione
misericordiae suae zuteil werden[303]. Wie die Disposition ihr Gesicht
wandelt, weil der Mensch nun vor Gott sich selbst schlechthin als
Sünder verurteilt, so bleibt auch die Gnade in jedem Moment
ihrer Mitteilung Gnade. Die Barmherzigkeit Gottes mit ihrem Versprechen rückt von der allgemeinen heilsgeschichtlichen Peripherie
in den Augenblick der Zuwendung Gottes zu dem Menschen, der
sich als Sünder erkennt. Die Worte, in denen die scholastischen
Theologen wie auch Luther Gottes Versprechen bezeugt finden,
werden zu unmittelbaren Zusagen an den einzelnen und verlieren

---

[303] WA 4, 262, 11 ff. = BoA 5, 195, 8 ff.; das paratum esse quantum in nobis
est bedeutet für Luther das uneingeschränkte Bekenntnis zum peccatorem esse.
Mit seinem Verständnis des Sünder-Seins entzieht Luther, ohne sich darüber
direkt zu äußern, dem facere quod est in se als der Disposition auf die Gnade
die sittliche und allgemein religiöse Qualifikation, die von den Ockhamisten
angenommen und bis hin zu einem diligere Deum super omnia ex puris
naturalibus ausgedehnt wurde, so daß der Mensch im facere quod est in se
nur noch insofern Sünder blieb, als ihm eine spezifische Qualifikation christlicher Gnadenreligiosität fehlte. Luther rekurriert aber auch nicht mehr mit
den frühfranziskanischen Theologen auf die natürlichen sittlichen Fähigkeiten
(vgl. das Zitat aus Alexander Halesius bei Biel can. miss. expos. lect. 59 P
18 ff. und sent. 2 d. 27 q. un. a. 2 concl. 4 K). Darüber hinaus leugnet Luther
ganz offen, daß der Mensch mit der Gnade eine christlich religiöse Dignität des
meritum de condigno gewinnt. Damit stellt sich Luther in einen Gegensatz
zur gesamten franziskanischen Tradition. Das Leben in der Gnade ist für
Luther praeparatio ad futuram gloriam in der gleichen Weise der »Kongruenz«
wie die Vorbereitung auf die Gnade: auch unter der Gnade bleibt es dabei,
daß der Mensch im iudicare seipsum und iustificare Deum sich erwartungsvoll
bereit hält für Gottes Barmherzigkeit; die Gnade begründet keine Hoffnung
nach den Grundsätzen distributiver oder kommutativer Gerechtigkeit. Um an
der besonderen Gnadendignität festhalten zu können, bezieht dagegen Biel can.
miss. expos. lect. 59 Q 1 ff. (s. o. A. 296) die für Luthers Argumentation be-
deutsame Stelle Röm. 8, 18 lediglich auf die natürliche Beschaffenheit der
guten menschlichen Handlungen, die nach Gottes pactum im Gnadenstande
zur Kondignität überhöht werden; vgl. sent. 3 d. 26 q. un. a. 1 not. 2 D
(zitiert bei Grane, Contra Gabrielem, S. 237 A. 36).

den Charakter von quasi historischen Dokumenten einer von der Kirche getragenen Heilsordnung[304].

Die Transformation der Gedanken ist in der 1. Ps.-Vorlesung schon soweit gediehen, daß Luther in dem gleichen Zusammenhang, in dem er noch von der dispositio de congruo spricht und den Grundsatz »Facienti quod in se est, Deus infallibiliter dat gratiam« anerkennt, den Begriff des meritum ausdrücklich beiseite schiebt, obwohl dieser Begriff in der franziskanischen Theologie mit dem genannten Axiom und dem Begriff der dispositio verkoppelt war. Luther betont: Christi geistlicher Advent per gratiam und sein zukünftiger Advent per gloriam ereignen sich rein auf Grund der Verheißung des sich erbarmenden Gottes und nicht auf Grund unserer Verdienste[305]. Den geistlichen und den zukünftigen Advent Christi setzt Luther in Parallele zum irdischen Advent Christi[306]. Es war Gottes Barmherzigkeit, daß er seinen Sohn verheißen hatte; es war Gottes Wahrhaftigkeit und Treue, daß er mit der Sendung seines Sohnes die Zusage seiner Barmherzigkeit erfüllt hat. Luther ist daran gelegen, daß Gott seine Verheißung aus seiner eigenen Treue und nicht um der Gerechtigkeit willen, das hieße um unserer Verdienste willen, erfüllt. Aber wie Gott sein Versprechen nicht in Anbetracht von Würdigkeit oder Verdienst des Menschen, sondern aus Treue zu seinem Versprechen einlöst, so verleugnet er seine Zusage nicht wegen menschlicher Unwürdigkeit[307]. Daß Gott sich uns zum Schuldner gemacht hat, bleibt ganz und gar auf die Verheißung

---

[304] Vgl. Jetter, Die Taufe beim jungen Luther, S. 243 und S. 246 A. 4.

[305] WA 4, 261, 39 ff. = BoA 5, 194, 30 ff. Auch Schol. Ps. 118, 41 WA 4, 329, 26 ff. = BoA 5, 200, 35 ff. und Schol. Ps. 118, 88 WA 4, 350, 8 ff. = BoA 5, 201, 19 ff. verwirft Luther, um die promissio misericordiae rein zu halten, die Begriffe des meritum und des debitum, und zwar des debitum iustitiae. Der Begriff des debitum iustitiae erscheint mehrfach in den oben A. 296 behandelten Ausführungen Biels, z. B. can. miss. expos. lect. 59 N 3.44, T 25; vgl. sent. 2 d. 27 q. un. a. 2 concl. 4 K (zitiert bei R. Schwarz, Fides, spes und caritas, S. 281 A. 100).

[306] Das Ita in WA 4, 261, 39 = BoA 5, 194, 30 korrespondiert dem Sicut in WA 4, 261, 25 = BoA 5, 194, 14.

[307] WA 4, 261, 25 ff. = BoA 5, 194, 14 ff. — Im Schol. Ps. 118, 17 WA 4, 312, 36 ff. verwendet Luther selber noch einmal den Begriff des meritum de congruo und verwirft nur das meritum de condigno: Wer das Gesetz im litteralen Gehorsam befolgt, wer sich vom Gesetz auf Christus hin in Zucht nehmen (Gal. 3,24), auf die gratia und den spiritus disponieren läßt, der hat in dieser Zurüstung ein meritum de congruo für das Heil in Christus. Doch gründet dieses meritum selber in Gottes pactum und promissio und in der fides dessen, der sich gemäß dem Bund und der Verheißung Gottes vom Gesetz zu Christus treiben und in Christus dann diesen Glauben in einen anderen Glauben über-

seines Erbarmens bezogen und erlaubt keine Reflexion auf menschliche Würdigkeit. Die Erfüllung der Zusage ist der Erweis von Gottes Barmherzigkeit und Treue in einem[308]. Obwohl die Erfüllung der Verheißung rein in der Treue Gottes gründet und damit die reine Barmherzigkeit zur Erfüllung bringt, fordert Gott eine dispositio oder praeparatio als ein capacem esse für das Geschenk der Gnade. Nihil enim nisi praeparationem requisivit, ut essemus capaces doni illius (WA 4, 261, 34 f. = BoA 5, 194, 25 f.). Was ist diese capacitas anderes als die Bereitschaft oder Offenheit des Menschen für die Gnade in der Erkenntnis des eigenen Sünderseins, die Luther als Erleuchtung durch den heiligen Geist und als das neue, vor Gott rechtfertigende Sein des Menschen auffaßt? So verliert der Begriff der dispositio für Luther während der 1. Ps.-Vorlesung unter der Hand seinen traditionellen Gehalt. Schon ahnt man den nächsten Schritt, bei dem Luther zur Zeit der Röm.-Vorlesung bewußt gegen das traditionelle Verständnis von dispositio polemisiert und selber den Begriff preisgibt[309]. In der Übergangsphase der 1.

führen läßt. Die Anwartschaft der fides Christi auf die gloria hat den gleichen Charakter, kann also höchstens im gleichen Sinne als ein meritum de congruo und nicht als ein meritum de condigno bezeichnet werden. Dem Begriff des meritum dürfte für Luther hier kaum noch ein debitum nach dem Prinzip der Gerechtigkeit entsprechen angesichts der vorausgehenden Scholien Ps. 113b, 1 und 117, 1 WA 4, 261, 25 ff. 278, 2 ff. = BoA 5, 194, 14 ff. 197, 15 ff. Nach dem herkömmlichen Sprachgebrauch legten der heilsgeschichtliche Gedanke mit der Frage nach der dispositio und auch das Textwort »retribue« den Begriff des meritum nahe. In erster Linie geht es Luther hier darum, ein meritum de condigno in jeder Hinsicht auszuschließen. Außer den beiden genannten vorausgehenden Scholien zeigen die beiden Scholien Ps. 118, 41 und 76 WA 4, 329, 26 ff. (BoA 5, 200, 35 ff.) 344, 1 ff., daß die Grundintention Luthers dahin zielt, den Begriff des meritum überhaupt auszuschließen und die Erfüllung von Gottes pactum und promissio rein als Barmherzigkeit in der Verheißung selber zu verankern. — Schol. Ps. 118, 77 WA 4, 344, 18 ff. klingen noch einmal das facere quod est in se und die dispositio an; beides ist bezogen auf die meditatio legis. Der Mensch kann mit dem Intellekt das Seine tun, indem er darüber nachsinnt, was er zu tun schuldig ist; doch um es zu tun, ist er auf Gottes Erbarmen angewiesen, damit die Kräfte des Affektes durch Gottes Gnade zum Leben erweckt werden. Luther vermag also noch am ehesten ein facere quod est in se in bezug auf den Intellekt festzuhalten.

[308] Anhand von Schol. Ps. 84, 11 ließe sich darlegen, wie für Luther in der Person Christi Gottes Barmherzigkeit und seine Treue sich wechselseitig durchdringen, so daß Gottes Zusage durch die Treue Gottes rein als Barmherzigkeit in Erfüllung geht und Gott im Erweis der Barmherzigkeit die Treue zu seiner Verheißung offenbart.

[309] Vgl. Disp. contra schol. theol. th. 26—30 WA 1, 225, 17 ff. = BoA 5, 322, 13 ff.

Ps.-Vorlesung treffen wir Luther bei seinen Gedanken über Gottes
Gnadenhandeln und die menschliche Disposition in einer gewissen
Nähe zu Augustin. Augustin sieht eine Korrespondenz zwischen den
Bußakten in der confessio peccati und dem göttlichen Akt der Ver-
gebung. Während die Gnade im vollen Sinne als heiligende Kraft
dem Gläubigen mit seiner kirchlichen Lossprechung und seiner Wie-
deraufnahme in den Christus-Leib zuteil wird, geht schon die confessio peccati auf Einwirkungen einer zuvor berufenden und er-
leuchtenden Gnade zurück. Ähnlich hat Luther die Erkenntnis der
Sünde als eine Erleuchtung durch den heiligen Geist beschrieben.
Aber die augustinische Gliedschaft in der Kirche als dem Christus-
Leib, das Sein des Glaubenden in Christus verschmilzt bei Luther
mit der agnitio und confessio peccati: wenn der Glaubende mit dem
Bekenntnis seiner Sünde Gott in seiner Wahrheit und Gerechtigkeit
rechtfertigt, so ist Christus, Gottes Wahrheit und Gerechtigkeit,
gegenwärtig; und der Glaubende ist der Gerechtfertigte. Eine Differenz zwischen einer vorbereitenden und einer rechtfertigenden
Gnade schwindet dahin!
    Luthers Nähe zur unscholastischen, augustinisch-monastischen
Theologie muß berücksichtigt werden, wenn er in vielfältigen Wendungen davon spricht, daß wir verurteilt, erniedrigt, getötet werden müssen, um von Gott freigesprochen, erhöht, lebendig gemacht
zu werden. Das ist oft wie in der älteren Theologie so auch bei
Luther der Reflex biblischer Worte wie Mt. 23,12: »Wer sich selbst
erniedrigt, der wird erhöht« oder 1. Pt. 5,5: »Gott widersteht den
Hoffärtigen, aber den Demütigen gibt er Gnade«. Im Hauptduktus
seiner Gedanken begnügt sich Luther jedoch nicht mit einer bloßen
Wiederaufnahme der Vätertheologie, sondern gelangt zu einer
eigenständigen Theologie, bei der er allmählich die Väter und die
Scholastiker hinter sich läßt.

9. Mortificatio carnis — vivificatio spiritus

    Durch die Auslegung des Wortes iudicium im Psalter wird Luther
dazu geführt, die paulinische Rede von der mortificatio carnis und
der vivificatio spiritus in seine Bußtheologie hineinzunehmen. Das
ist ein neues Element gegenüber der traditionellen scholastischen
und unscholastischen Bußtheologie. Wie bei Augustin so wurde auch
im Mittelalter das paulinische Theologumenon dem Tugendbegriff
der continentia (oder deren Synonyme: abstinentia, castitas, tempe-

17*

rantia) unterstellt. In der Nachfolge der stoischen Ethik deutete
man den Widerstreit zwischen caro und spiritus auf den Gegensatz
zwischen den niederen sinnlichen Trieben und der sittlichen Vernunft. Ein repräsentativer Zeuge für die allgemeine Anschauung ist
der gemäßigt thomistisch eingestellte, stark enzyklopädisch arbei-
tende Erzbischof von Florenz Antoninus Florentinus (1389—1459).
In seiner Summa theologica behandelt er bei der Kardinaltugend
der temperantia als untergeordnete Tugend die abstinentia. Deren
Hauptaufgabe ist es, caro und spiritus in ihrer natürlichen Ordnung
zu bewahren. Die Ordnung der sittlichen Vernunft fordert, daß
die caro dem Geiste unterworfen ist; hingegen ist es die Aufgabe
des spiritus, über die caro zu herrschen, sie zu lenken und sie in den
Dienst der Tugendübung zu stellen. Im Kontext werden die biblischen Worte spiritus und caro durch die Begriffe ratio und appetitus
sensitivus ersetzt. Ausdrücklich wird auf Cicero verwiesen, der in
der Zügelung des appetitus durch die ratio die ethische Verpflichtung des Menschen erblickt hatte[310]. — Die castitas zählte zu den
Haupttugenden des mönchischen Lebens. Diesem Tugendideal
wurde auch in der monastischen Theologie das paulinische Theologumenon eingefügt. Die dem Mönchtum innewohnende Neigung zu
einem neuplatonischen Dualismus wurde immer wieder durch die
Forderung gebändigt, in der vernünftigen discretio die castitas nicht
zu weit zu treiben. Da das mönchische Leben als ein Leben der
Buße verstanden werden konnte, war hier eine — wie es scheint —
vor Luther nie ausgeschöpfte Möglichkeit gegeben, das mönchische
Selbstverständnis durch eine paulinische Bußtheologie zu erhellen
und zu revidieren. Auch nicht in der allgemeinen kirchlichen Bußlehre scheint man prononciert von der mortificatio carnis und der
vivificatio spiritus gesprochen zu haben[311]. Am ehesten wäre noch
das ieiunium als eins der drei Satisfaktionswerke in Frage gekom-

---

[310] Antoninus Florentinus STh p. 4 tit. 4 c. 4 De partibus subiectivis temperantiae:
Prima et originalis conditio abstinentiae ex qua fere omnes aliae causantur,
est, quia carnem et spiritum in sua natura custodit. Natura enim carnis
secundum ordinem rationis est, quod spiritui sit subiecta, et natura spiritus
est, quod sibi dominetur eam dirigendo et utendo ad virtutis exercitium. Et
hoc expressit Deus qui est naturae auctor loquens ad Cain Gen. 4, 7: »Subter
te, inquit, erit appetitus tuus, et tu dominaberis illius«, quod intelligendum
est de dominio rationis et subiectione appetitus sensitivi. Nam secundum
quod dicit Tullius lib. offic. (1 c. 28 f. n. 101 f.) duplex est vis animae, una
est ratio, altera appetitus. Rationis est dominari et dirigere, appetitus autem
obtemperare et dirigi.
[311] Ansätze sind bei Wilhelm von Auvergne zu beobachten, s. o. S. 118 f. 121.

men. Indessen hielt man das Fasten abgesehen davon, daß ihm für
die Buße satisfaktorischer Wert und Strafcharakter zugeschrieben
wurde, für ein Tugendwerk der continentia.

Für Luthers Aufnahme der paulinischen Terminologie wurden
die Schriftstellen entscheidend, an denen iudicium und iustitia miteinander gekoppelt sind[312]. Hinzu kommen noch die Stellen, an
denen das Verb iudicare mit dem Akkusativobjekt iustitia verbunden ist[313] sowie die Nominalverbindung iudicia iustitiae[314]. Da Luther die iustitia vorwiegend auf die rechtfertigende und nicht auf
die richtende Gerechtigkeit Gottes deutet, hat das Wortpaar iudicium — iustitia für ihn eine Parallele in dem Wortpaar iudicium —
misericordia[315]. Auch Ps. 110,7 mit der Zusammenstellung von iudicium und veritas gehört hierher, während die Kombination von
misericordia (oder iustitia) und veritas hier beiseite gelassen werden
kann, weil Luther im Unterschied zum Hauptstrom der Überlieferung dabei das Wort veritas nicht im Sinne der strafenden Gerechtigkeit, sondern als Erfüllung einer Verheißung oder einer un-
erfüllten Wirklichkeit (umbra, figura) auslegt.

In der tropologischen Deutung der Kombination von iudicium
und iustitia oder der verwandten Wortpaare treten die anthropologischen Begriffe caro oder corpus auf der einen und spiritus
oder anima auf der anderen Seite auseinander, bleiben jedoch in
der Einheit der Person miteinander verbunden. Der caro widerfährt
das Gericht und der Tod; dem spiritus wird die Gerechtigkeit und
das Leben zuteil. Weil aber caro und spiritus in der Einheit des
Menschen zusammengehören, empfangen schließlich beide das
Heil[316]. Das Gericht über die caro trifft den Menschen nicht nur in
seinen handgreiflichen Begierden; es ist radikaler, es hat den Tod
des alten Menschen zur Folge; der aber hat seinen Kopf erst hin-
gehalten, wenn der Mensch nicht mehr seinen Eigensinn und Eigen-

---

[312] Ps. 17, 23; 35, 7; 36, 6; 71, 2 a; 88, 15; 93, 15; 96, 2 b; 98, 4; 105, 3; 118,
121; 147, 19; vgl. 118, 137. Außerdem kommen noch einige Stellen außerhalb
des Psalters in Frage. Luther selbst verweist Schol. Ps. 71, 2 WA 3, 465, 16 ff.
= BoA 5, 152, 20 ff. auf eine Reihe solcher Stellen. Von den 6 Ps.-Versen, die
er außer 2 Is.-Stellen zitiert, enthalten allerdings zwei nicht die Wortverbindung iudicium—iustitia, und in einer dritten steht das Wort misericordia an
Stelle von iustitia. Vgl. Adn. Ps. 1, 5 WA 4, 469, 20 ff. = BoA 5, 42, 22 ff.
— S. o. S. 39 A. 76 und S. 108 f.
[313] Einschlägige Ps.-Stellen: 7, 9; 9, 5. 9; 34, 24; 71, 2 b; (95, 13); 97, 9.
[314] Im Psalter: Ps. 118, 7. 106b. 160. 164.
[315] In den Psalmen: 32, 5; 100, 1; 102, 6.
[316] Schol. Ps. 36, 6 WA 3, 203, 17 ff. = BoA 5, 109, 37 ff.

willen festhalten und ihn gar unter dem Scheine eines heiligen Lebens kultivieren will[317].

Der Nachdruck liegt bei Luthers Exegese auf der Dialektik des doppelten Geschehens im Horizont der caro und des spiritus. Verschiedene Fäden sind ineinander verwoben. Den alten Faden des stoisch-sittlichen Verständnisses der spiritus-caro-Relation greift Luther auf. Ausgehend von der allgemeinen Auffassung, daß durch ein iudicium der Gerechte aus seiner Bedrängnis oder Unterdrückung durch den Ungerechten befreit, der Ungerechte hingegen zur Rechenschaft gezogen und bestraft wird, deutet Luther auch tropologisch das iudicium auf eine Umkehrung des unrechtmäßigen Machtverhältnisses von caro und spiritus. Die caro hat es auf die vorfindlichen Güter abgesehen und ergibt sich dem Müßiggang und den Lastern[318]. Dadurch gerät der spiritus in die Situation des Armen und Ohnmächtigen, der vom Stärkeren unterdrückt und ungerecht behandelt wird, während er eigentlich herrschen müßte. Er hat sein Gleichnis in Jakob, dem entgegen dem vorfindlichen Tatbestand die Erstgeburts- und Herrschaftsrechte zukommen[319]. Die Rechts- und Machtverhältnisse zwischen caro und spiritus sind also durchzogen von dem Widerspruch zwischen dem, was vor Augen ist, und dem, was vor Gott wahr und rechtens ist. Gott setzt sich in seiner Gerechtigkeit für das Rechtmäßige ein und verhilft dem Unterdrückten zu seinem Recht. Er züchtigt und demütigt das Fleisch, damit der Geist sich frei erheben kann. Darum entzieht Gott der caro die von ihr erstrebten Güter und setzt sie der Armut, Verachtung, Krankheit, Verfolgung und Züchtigung aus[320]. Dieser Gedankengang ist unter dem Einfluß der Tradition charakterisiert durch die unrechtmäßige Vorherrschaft der caro, die aus Gottes Gericht resultierende Entmachtung der caro und die Befreiung des spiritus zu der ihm aufgetragenen Herrschaft über die caro[321]. Das spiegelt sich auch in Luthers tropologischer Deutung des Inthronisations-

---

[317] Schol. Ps. 118, 121 WA 4, 363, 14 ff.; Schol. Ps. 109, 1 WA 4, 229, 3 ff.

[318] Adn. Ps. 1, 5 WA 4, 469, 2 ff. = BoA 5, 42, 2 ff.; zu divitiae, voluptates, honores vgl. WA 55 II 1, 115, 34 ff. Als Laster nennt Luther hier ira, invidia und gula; möglicherweise steht otium synonym für acedia, ein weiteres unter den 7 oder 8 Hauptlastern (Kardinalsünden).

[319] Adn. Ps. 1, 5 WA 4, 469, 4 ff. = BoA 5, 42, 3—6.

[320] Adn. Ps. 1, 5 WA 4, 469, 5—9 = BoA 5, 42, 6—10, vgl. ebd. WA 4, 468, 8 ff.

[321] Außer den im Kontext besprochenen Stellen vgl. Adn. Ps. 110, 7 WA 4, 518, 24 f.; Zgl. Ps. 111, 5 WA 4, 248, 11 f.

wortes von Ps. 109,1 »Dixit dominus domino meo: sede a dextris meis, donec ponam inimicos tuos scabellum pedum tuorum«. So spricht die caro, die schon der Herrschaft des spiritus unterworfen ist. Die Machtverhältnisse haben sich gewandelt: der spiritus ist durch den Glauben zum filius Dei und zum Herrscher über alles geworden. War er zuvor unter der Herrschaft der caro ein Knecht der Sünden, so hat er nun im Frieden des Gewissens den herrscherlichen Sitz inne. Als König gebietet er den membra peccati (vgl. Röm. 6,13.19), als Richter ahndet er die vitia carnis (vgl. Gal. 5,24) an der caro, die ihm nun unterworfen ist. Seine königlich-richterliche Macht hat der spiritus durch den Glauben in der Teilhabe an der Macht Christi gewonnen. Darum kann als Subjekt dieser Sätze der Glaubende an die Stelle des spiritus treten. Der Glaubende hat teil an der Inthronisation Christi zum Herrscher »in coelestibus« (vgl. Eph. 2,6), d. h. in spiritualibus[322]. Den überlieferten ethischen Gedanken hat Luther einbezogen in sein Verständnis der Christus-Wirklichkeit, in der zugleich sein eigenes monastisches Selbstverständnis seinen Ausdruck findet.

In der Auslegung der zweiten Vershälfte von Ps. 109,1, wo dem inthronisierten Herrscher die endgültige Unterwerfung seiner Feinde in Aussicht gestellt wird, schildert Luther die Unterwerfung der caro als einen Prozeß, der nicht an einem Tage vollziehbar ist, sondern nur im ständigen Umgang mit der caro. Die acht Punkte, die Luther in Anlehnung an den Text hervorhebt, bezeichnen nicht linear aufeinanderfolgende Stufen[323]. Allerdings setzt der Prozeß

---

[322] Schol. Ps. 109, 1 WA 4, 227, 17—23; vgl. 229, 15—20. Im widergöttlichen Herrschaftsverhältnis regiert durch die caro mit ihren affectiones der diabolus: 229, 7—11. Die Präsenz der caro wird in den 5 Sinnen erfahren; sie sind die inimici, die es zu unterjochen gilt, 228, 2 f.: Inimici sunt domestici sensus (vgl. Mt. 10, 36), qui sub affectu et potestate animae subiguntur per fidem Christi. 228, 27 f.: Igitur nihil mirum, si sensus inclinentur ad malum; sed non est oboediendum concupiscentiis eius. Vgl. Schol. Ps. 68, 23 WA 3, 435, 12—14 (9 ff.): die 5 Sinne sind die 5 Satrapen der Philister (Jos. 13, 3; Judic. 3, 3), d. h. der caro; das von ihnen dem spiritus zugefügte Unrecht wird ihnen gerechterweise vom spiritus, der in Simson figürlich erscheint (Judic. 15, 11), vergolten. — Schol. Ps. 67, 5 WA 3, 392, 25—27 = BoA 5, 131, 1—4: Christus herrscht per fidem über die caro und bewirkt, daß der spiritus über die caro gebietet.

[323] Schol. Ps. 109, 1 WA 4, 228, 1—229, 11. Mit 229, 12 greift Luther noch einmal das Textwort »ponam« auf und entnimmt ihm einen Hinweis sowohl auf die perseverantia als auch (229, 15—20) auf die Umkehr der Machtverhältnisse (beim Glaubenden wie bei der Person Christi); schließlich (229, 20—23) fügt er noch den Gedanken der Bußerkenntnis und Buß-

voraus, daß der Mensch durch die Sündenvergebung den Frieden des Gewissens und das Vertrauen auf Gottes Gnade erlangt hat, weil er dann erst mit Zuversicht die Unterwerfung der caro betreibt. Die Inthronisation des spiritus muß also bereits erfolgt sein (WA 4, 228, 4—6). Den Hauptton legt Luther darauf, daß die caro nur wegen ihrer Laster unterjocht werden muß; sie soll gezüchtigt, aber nicht zunichte gemacht werden. Denn sonst würde sie nicht zum Fußschemel für den spiritus, sondern gerade zu dessen Kerker, zu dessen Totenbahre, zu dessen Grab. Sie soll so in Zucht genommen werden, daß sie nützlich ist, um Gott zu dienen und Gottes Last zu tragen. Dem Gebot und Willen des Geistes soll sie zu Diensten sein und seine Bestrebungen unterstützen. Sinngemäß erwähnt Luther in diesem Zusammenhang den in der mönchischen Askese geltenden Grundsatz der Besonnenheit und des Maßhaltens beim Kasteien des Leibes: besonnen (discrete) und maßvoll (moderate) soll man verfahren, damit die caro nicht über die Stränge schlägt, aber auch nicht zu Boden sinkt[324]. Wenn spiritus und caro mit den ungleichen Zwillingen Jakob und Esau verglichen werden, ist zu beachten, daß Esau (Edom) einer ist, der tötet, Jakob dagegen einer, der ein Bein stellt. So bereitet die caro, wenn sie herrscht, dem spiritus tödliches Verderben, während der spiritus nur gebietend, nicht tötend über die caro herrscht. Es liegt auch im Wesen des spiritus, daß man ihn erst unterwerfen kann, wenn man ihn tötet. Die caro kann man unterwerfen, ohne sie zu töten. Durch die abstinentia — auch dieser mit dem traditionellen Gedankengang verwachsene Begriff taucht auf — soll die caro nicht getötet, sondern nur als Rebell ausgeschaltet werden (WA 4, 228, 16—24). In diesem Leben kann es der Mensch nicht dahin bringen, daß er frei ist von allen Lastern der caro. Die Leidenschaften der caro werden regsam bleiben, doch sollen sie nicht mehr über uns herrschen[325]. Darum ist den Glaubenden für dieses Leben auch nicht in jeder Hinsicht Frieden verheißen. Nur secundum spiritum haben sie Frieden in einem reinen Gewissen; secundum carnem müssen sie dienen, leiden, Mühsal und Demütigung auf sich nehmen[326]. Zu diesem Leben in der Herrschaft

bewegung an. 229, 24 ff. bringt eine andere Deutung von V. 1b: die Unterwerfung des Menschen unter die Glaubensherrschaft Christi durch das Wort Christi.

[324] WA 4, 228, 8—12. 24—29. 37 — 229, 3.
[325] WA 4, 228, 24—28 (Z. 27 f.: nihil mirum, si sensus inclinentur ad malum; sed non est oboediendum concupiscentiis eius).
[326] WA 4, 228, 30—36; vgl. 229, 20—24.

des spiritus ist der Mensch nicht aus sich fähig. Alle Weisheit und Kraft dazu verdankt er Gott (WA 4, 228, 6—8).

Gegenwärtig herrscht der spiritus über die caro »spiritualiter«, indem er verhindert, daß die caro mit ihren Sünden den Menschen in den geistlichen Tod führt. Aus dem traditionellen Befund, daß die caro im Tode zugrunde geht, der Geist aber in Ewigkeit unsterblich bleibt, wird gefolgert, daß der spiritus am Ende auch »corporaliter« über die caro herrschen und die caro selber ewig leben wird[327]. Sie gehören ja zusammen in der Einheit der Person. Dieses doppelte, geistlich-gegenwärtige und leiblich-zukünftige Zur-Herrschaft-Gelangen des spiritus ist, wie Luther im Anschluß an Augustin sagt, durch das »einfache« Auferstehen Christi aus dem Tode eröffnet worden[328]. Die geistliche Auferstehung, durch die der spiritus die Herrschaft übernimmt, ist schon in der Auferstehung Christi beschlossen, weil der Sieg Christi die Sünde mit dem geistlichen Tod in ihrem Gefolge überwunden hat (vgl. 1. Cor. 15,54) und Christus nach Röm. 4,25 um unserer iustificatio willen auferstanden ist. Die geistliche Auferstehung bedeutet für Luther, daß Christus gegenwärtig in uns durch die fides Christi unablässig (assidue) sich über die Sünde erhebt und durch die fides die Herrschaft über die caro ergreift[329].

Unter wieviel Aspekten Luther die Befreiung des spiritus zu seiner rechtmäßigen Herrschaft in der umfassenden Christus-Wirklichkeit begründet sieht, zeigen noch zwei Stellen. An der einen Stelle verknüpft Luther den irdischen und den geistlichen Advent Christi miteinander bei der Auslegung von Ps. 97,9 »venit iudicare terram«. Für Judäa hat Christus in persona propria secundum carnem das Gericht gebracht. Durch die Prediger bringt derselbe Christus in spiritu das Gericht in die ganze Welt. Das Gericht Christi besteht aber in der Unterweisung, sich auf den Geist zu verstehen und das Fleisch zu hassen. Durch dieses sapere spiritum, wie es Christus in seiner Person lehrt, wird der spiritus befreit und die caro verurteilt[330]. — An der anderen Stelle setzt Luther die richtende Wirkung der Schrift und des Altarsakramentes in eins. Im Umgang mit der Schrift, im Genuß des Altarsakramentes erfährt

---

[327] Schol. Ps. 67, 5 WA 3, 392, 30—34 = BoA 5, 131, 7—12.
[328] WA 3, 392, 27—30. 35—38 = BoA 5, 131, 4—6. 13—17.
[329] WA 3, 392, 25 f. 38 — 393, 5 = BoA 5, 131, 1—3. 17—25; vgl. oben S. 263 bei A. 322. Zum assidue (WA 3, 392, 38 = BoA 5, 131, 17) vgl. Schol. Ps. 109, 1 WA 4, 228, 3 f.
[330] Rgl. Ps. 97, 9 WA 4, 118, 38 ff.; vgl. Zgl. z. St.

der Glaubende das Gericht an sich selbst; secundum carnem wird
er in Fesseln gelegt, secundum spiritum wird er befreit. Der Sünder
wird bei seinen Werken ertappt und der retributio ausgeliefert. Mit
Recht wird die caro peccati nun vom spiritus unterworfen und gedemütigt, nachdem sie den spiritus sich unterjocht hatte[331].

Die Unterwerfung und Züchtigung der caro wird einerseits in
den von Gott auferlegten Leiden erfahren, sofern die Leiden willig
und ohne ein Bestreben der Selbstrechtfertigung angenommen werden. Anderseits wird das Gericht über die caro vom Glaubenden
auch in der aktiven castigatio corporis vollzogen, was durch 1. Cor.
11,31 bekräftigt wird[332]. Die Züchtigung des Fleisches gehört zum
iudicium sui. Wenn Luther mit Bezug auf die aktive Unterwerfung
der caro von den Glaubenden sagt: seipsos iudicant, castigant et
corpus in servitutem redigunt, ut spiritum roborent (WA 4, 469,
15 f. = BoA 5, 42, 17 f.), so ist das Starkmachen des Geistes, und
zwar zu seiner Herrschaft über die caro, in die Aktivität des Glaubens einbezogen. Da im Kontext die iustitia auf seiten des spiritus
dem iudicium auf seiten der caro korrespondiert, erhebt sich die
Frage, inwiefern der Mensch für die Gerechtigkeit des Geistes zu
sorgen hat, ob Luther in der Fortführung der traditionellen Anschauung unter der Gerechtigkeit des Geistes das moralisch und
christlich rechtschaffene Handeln versteht, durch das der Geist seine
Herrschaft über die caro ausübt. Einige Äußerungen weisen in diese
Richtung. Im Zusammenhang der eben besprochenen Adn. Ps. 1,5
erläutert er die beiden Begriffe iudicium und iustitia durch Ps. 36,27
»Declina a malo et fac bonum«. Danach besteht das iudicium in der
Abkehr von den bona carnis; denn was die caro für gut hält, ist für
den spiritus verderblich. Das Meiden des Bösen in der Abkehr von
den bona carnis führt zur mortificatio carnis. Da Luther bei dem
Imperativ »fac bonum« nur den Begriff iustitia als Interpretament
hinzufügt, bleibt unklar, was unter dem facere iustitiam zu verstehen ist[333]. Problematisch bleibt in dieser Hinsicht auch Zgl. Ps.
105,3 (Beati qui custodiunt iudicium et faciunt iustitiam in omni
tempore). Daß Luther das iudicium wieder auf die Selbstverachtung

[331] Schol. Ps. 68, 23 WA 3, 435, 6 ff. (zu Z. 12—14 s. o. A. 322).
[332] Adn. Ps. 1, 5 WA 4, 469, 10—20 = BoA 5, 42, 11—22.
[333] Adn. Ps. 1, 5 WA 4, 469, 24—26 = BoA 5, 42, 27—29. In der traditionellen
Sündenlehre wurde mit Ps. 36, 27 die Unterscheidung von peccatum
omissionis und peccatum commissionis gestützt, vgl. Alex. Hales. STh 2
II n. 314. Der Verweis auf Bonav. sent. 4 d. 32 a. 3 q. 1 ad 1 zu BoA 5,
21, 13 f. stimmt nicht.

und Selbstverurteilung bezieht, ist verständlich. Aber unter der
iustitia versteht er die iustitia Dei, quae est in spiritu et fide, und
das facere deutet er durch eine opere implere[334]. Was heißt das: Gottes Gerechtigkeit, die eine Gerechtigkeit im Geist und Glauben ist,
durchs Werk zu erfüllen? Eine Parallele bietet Zgl. Ps. 118,121, wo
nach Luthers Meinung der Psalmist mit den Worten »Feci iudicium et
iustitiam« beteuert, er habe das verbum iustitiae et iudicii durchs Werk
erfüllt, indem er das Gute getan und das Böse zurechtgewiesen habe
(WA 4, 297, 9 f.). Auch an anderer Stelle (Rgl. Ps. 147,19) deutet Luther das Textwort iustitia auf die bona opera facienda secundum
novum hominem und interpretiert daneben Gottes iudicia als die mala
perferenda ad mortificationem veteris hominis[335]. Diese Interpretamente sind alle knapp und formelhaft. Man kann ihnen kaum entnehmen, daß das Tun des Guten die Gerechtigkeit des Geistes kon-
stituiere. Wenn es heißt, daß die Gerechtigkeit Gottes als die Gerechtigkeit des Geistes und Glaubens durchs Werk erfüllt werde (Zgl.
Ps. 105,3) und ebenso das verbum iustitiae durch Tun des Guten
seine Erfüllung im Werk finde (Zgl. Ps. 118,121), so ist damit noch
nicht die Gerechtigkeit als die Frucht der Werke bezeichnet. Im
Schol. Ps. 105,3 begegnet allerdings auch der Satz: iudicium facit,
qui seipsum semper destruit secundum veterem hominem cum actibus
suis, et iustitiam facit, qui seipsum semper edificat secundum hominem novum in spiritu (WA 4, 205, 1 ff.). Soll also der Mensch im
Tun des Guten, im facere iustitiam sich selbst als sittlich-religiöse
Persönlichkeit auferbauen, als einen neuen Menschen in den Tugenden der Gerechtigkeit im Geiste? Dem widerspricht, daß Luther
im Satz zuvor die verissima glosa darin erblickt, daß man unter der

[334] Zgl. Ps. 105, 3 WA 4, 197, 23 ff.; vgl. Rgl. z. St. WA 4, 198, 25 f.: beati
omnes, qui . . . iudicant seipsos, tales enim et iustitiam faciunt. Zum Ausdruck facere iustitiam Dei vgl. Schol. Ps. 105, 6 WA 4, 205, 12 ff.: »Iniuste
egimus« scil. iustitiam tuam omittendo, quam facere debuimus, et tuam
sapientiam et tuam virtutem. »Iniquitatem fecimus« scil. iudicium omittendo,
nostram iustitiam, sapientiam et virtutem statuendo, pertinaces in sensu
nostro. Zum opere implere s. o. S. 216 ff.
[335] WA 4, 458, 30 f.; vgl. Zgl. z. St. WA 4, 457, 11 ff.: »Qui annunciat . . .
iustitias« quoad novum hominem »et iudicia sua« quoad veterem hominem.
Während das iudicium Rgl. Ps. 147, 19 passiv verstanden ist als das Ertragen von Übeln, ist es in der zuvor erwähnten Zgl. Ps. 118, 121 aktiv
als das Zurechtweisen des Bösen gedeutet. Die aktive und passive Interpretation des iudicium, der eine Unterscheidung zwischen den mala culpae und
den mala poenae, zwischen dem Bösen und den Übeln parallelläuft, erscheint
kombiniert Schol. Ps. 118, 13 WA 4, 310, 13 ff.

iustitia die gratia fidei gratis data a domino versteht, unter dem
iudicium hingegen die Verurteilung der Eigengerechtigkeit und die
Selbstanklage[336]. Das Meiden des Bösen im facere iudicium läuft für
Luther letztlich darauf hinaus, daß der Mensch sich selbst in seiner
Eigengerechtigkeit verurteilt, daß er nicht sein eigenes Handeln für
gerecht, weise, gut und lobenswert hält[337]. Das Tun des Guten im
facere iustitiam bedeutet aber letztlich, daß der Mensch im Glauben
Gottes Gerechtigkeit in Christus ergreift. Beides, das facere iudicium
und das facere iustitiam, ist ineinander verzahnt. Indem der Glaubende, der die Gerechtigkeit Gottes in Christus zu rühmen weiß,
seine eigene Gerechtigkeit verurteilt, ergreift er die Gerechtigkeit
Gottes[338]. Es geht nicht um ein Auferbauen der Persönlichkeit in
sittlich-religiösen Tugenden, sondern um das Ergreifen des neuen
Menschen, um das Wahrnehmen des neuen Seins, an dem der Glaubende in Christus teilhat. Die Gerechtigkeit des Geistes ist die Gerechtigkeit des Glaubens; sie ist nicht die Frucht der Werke, vielmehr
wird sie durchs Werk erfüllt; sie trägt in den Werken ihre Früchte[339].

Die Werke, auch der Gerechtigkeit des Geistes und Glaubens,
gehören zur Leiblichkeit des Menschen. Darum deutet Luther
Schol. Ps. 95,6 die zweite Vershälfte »sanctimonia et magnificentia
in sanctificatione eius« auf den Menschen in seiner Leiblichkeit[340],
in deren Horizont die Heiligung gehört, was auch durch 1. Cor. 6,19
und Röm. 12,1 unterstrichen wird. Bei der Heiligung unterscheidet
Luther in der Auslegung von Ps. 95,6b zwei Momente, die sanctimonia und die magnificentia, die er in der Entsprechung zu Ps. 36,27
»Declina a malo et fac bonum« und zu Lc. 12,35 »Sint lumbi vestri

[336] WA 4, 204, 35 ff. Mit der gratia fidei gratis data meint Luther, nach dem
Kontext und parallelen Ausdrücken zu urteilen, nicht die fides als eine
Gabe der gratia gratis data, sondern die Gnade Gottes, die dem Menschen
im Glauben zuteil wird als die rechtfertigende Gerechtigkeit Gottes (vgl. WA
4, 204, 34). Das Attribut gratis data ist darum sicher nicht im spezifisch
scholastischen Sinne gemeint; es kennzeichnet hier bei Luther die rechtfertigende Gnade als unverdiente Gabe. Vgl. Schol. Ps. 118, 13 WA 4, 310,
24 ff., wo die bona nobis collata et ... adhuc conferenda, nämlich Gottes
gratia et misericordia in anima et spirituali interiori homine, den iudicia
als den mala culpae und poenae entgegengesetzt sind.
[337] Vgl. Schol. 105, 2. 3 WA 4, 204, 26 ff. 205, 4 ff.
[338] Schol. Ps. 105, 3 WA 4, 204, 32 ff.; vgl. Schol. Ps. 105, 2. 6 WA 4, 204, 22 ff.
205, 12 ff.
[339] Vgl. Rgl. Ps. 36, 27 WA 3, 208, 31 ff.: Vel sic: »Declina a malo«, i. e. carnis
opere, quia malum est in carne mea Ro. 8 (7, 18). »Et fac bonum«, i. e.
fructus spiritus Gal. 5, 22.
[340] Schol. Ps. 95, 6 WA 4, 109, 32 ff. = BoA 5, 185, 35 ff.

praecincti, et lucernae ardentes in manibus vestris« differenziert.
Eine Parallele dazu bildet Schol. Ps. 33,15 (»Diverte a malo et fac
bonum«)[341]. Die Heiligung geschieht einerseits im Meiden der Sünden, zu denen der Mensch in seiner Leiblichkeit hinneigt, z. B. im
Meiden der Ausschweifung. Das bedeutet schon zugleich ein Tun
des Guten, da z. B. die Ausschweifung nur durch Enthaltsamkeit
gemieden werden kann. Doch fordert die Heiligung darüber hinaus
anderseits noch als »magnificentia« ein schöpferisches Tun des Guten: Et haec sunt magna opera Domini (vgl. Ps. 110,2), magnifica et
ardua: secundum euangelium vivere, in quo non nisi magna opera
praecipiuntur[342]. Diese großen Gotteswerke, die dem Menschen
durchs Evangelium aufgetragen sind, erblickt Luther beispielsweise
in den Wohltaten, die dem Nächsten erwiesen werden, in den Almosen und in den Gebeten[343]. In ihren beiden Momenten, nicht nur in
ihrem ersten, bedeutet die Heiligung für Luther eine mortificatio
carnis. Die mortificatio carnis umgreift also das ganze Dasein des
Menschen in der Leiblichkeit; sie meint nicht bloß die abstinentia mit
ihren verwandten Tugenden. Das Verständnis der Heiligung als
eines tugendhaften Lebens wird durchkreuzt, weil die Heiligung
selber mortificatio carnis ist, im paulinischen Verständnis von caro.
Im declinare a malo und erst recht im facere bonum verzichtet der
Glaubende im gesamten Bereich seines erfahrbaren, leiblichen Daseins darauf, sich selbst in eigener Gerechtigkeit, Macht, Weisheit,
Vollkommenheit zu konstituieren[344]. Als mortificatio carnis bringt
die Heiligung nichts zur Rechtfertigung hinzu; sie stellt das ganze
leibliche Dasein unter das Zeichen der Hingabe und verleiht damit
der iustitia spiritus die Erfüllung durchs Werk. Daß der Mensch in
seiner Geistigkeit — das ist im eigentlichen Sinne das Dasein des
Menschen in conspectu Dei — keine eigene Gerechtigkeit aufzu-
weisen hat, findet Luther in der ersten Vershälfte von Ps. 95,6 ausgesprochen (»Confessio et pulchritudo in conspectu eius«). In der
confessio liegt die Anerkenntnis dessen, was wir in unserem Dasein
in uns selber sind und aus uns selber haben, und was wir aus Gott
haben und Gott in uns selber ist; es ist das doppelte Bekenntnis zu

---

[341] Schol. Ps. 33, 15 WA 3, 189, 35 ff. Ps. 33, 15 ist selber Parallele zu
Ps. 36, 27 (Declina a malo et fac bonum); im Psalt. vetus (bei Faber)
heißt es auch Ps. 33, 15 »Declina«, vgl. Zgl. Ps. 33, 15 WA 3, 186, 22.
[342] Schol. Ps. 95, 6 WA 4, 110, 7 f. = BoA 5, 186, 12 ff.
[343] Schol. Ps. 33, 15 WA 3, 190, 7; im Hintergrund steht die Bergpredigt mit
Mt. 5, 43 ff. 6, 1 ff. 5 ff.
[344] S. o. S. 267 f. bei A. 336—338.

unserem Elend und zu Gottes Barmherzigkeit, zu unserer Sünde und
Gottes Gnade, zu unserer Bosheit und Gottes Güte[345]. Dadurch bewahrt die confessio vor der superbia[346] und verleiht eigentlich dadurch erst der Heiligung im ganzen den Charakter der mortificatio
carnis.

Es gibt Leute mit einem sittenrein frommen Lebenswandel, auf
die Luther den stoisch sittlichen Begriff des vivere spiritu et morti-
ficare carnem anwenden kann, von denen er jedoch gleichzeitig vermerkt, daß sie mit ihrem Geiste in sich selbst verkrümmt sind und
sich bei ihrer vollkommenen Sittenreinheit doch innerlich durch
ihren geistlichen Hochmut beflecken[347]. Weil sie trotz ihrer Frömmigkeit ihren Eigensinn, den Lebensnerv des homo vetus[348], nicht
verurteilen, unterlassen sie die mortificatio veteris hominis[349]. Nur
wer frei ist vom Trachten nach der eigenen Gerechtigkeit, wird im
Gericht der Selbstverurteilung und der Bedrängnis secundum carnem gerechtfertigt; nur für ihn bedeutet das Gericht nicht mehr
Strafe, sondern Heil[350]. Luther sagt, der Mensch werde durch die
iudicia der mortificatio carnis et corporis peccati frei von seiner
Verkehrtheit und werde als homo interior gerechtfertigt, aber er
fügt hinzu, daß die Rechtfertigung nur denen zuteil wird, die im

---

[345] Schol. Ps. 95, 6a WA 4, 109, 13 ff. = BoA 5, 185, 13 ff.; zur Deutung von
V. 6 b s. o. S. 268 bei A. 340; V. 6 b bezieht Luther auf den Menschen in
seiner Geistigkeit, d. h. in seinem Dasein in conspectu Dei. Hierher gehört
für Luther die Buße als Akt der doppelten confessio und dementsprechend
als doppelte Willens- und Affektbewegung (WA 4, 109, 26 ff. = BoA 5,
185, 28 ff.) im liebenden Ergreifen dessen, was Gottes ist, sowie im entschiedenen Abstandnehmen von dem Unsrigen.
[346] Schol. Ps. 95, 6 WA 4, 110, 9 f. = BoA 5, 186, 15 f.
[347] Schol. Ps. 50, 12 WA 3, 292, 15 ff. = BoA 5, 124, 32 ff. Das Zitat WA 3,
292, 22 f. = BoA 5, 125, 7 ist aus Is. 14, 13 kontrahiert.
[348] Vgl. Schol. 118, 163 WA 4, 384, 15 ff.
[349] Schol. Ps. 118, 121 WA 4, 363, 13 ff.: Nam et haeretici gloriantur se
iustitiam et iudicium docere, sed et facere. Verum cum ipsi proprio sensu
sint inflati, et iudicium sit mortificatio hominis veteris, qui nititur sensu
proprio, patet quod mentiuntur et non faciunt iudicium, quia non humiliant,
iudicant, damnant sensum suum, quod est iudicium facere, sed extollunt,
salvant atque defendunt, quod est ex vetere homine vivere et nondum cum
Christo crucifixum esse.
[350] Rgl. Ps. 93, 15 (PsH) WA 4, 90, 34 ff.: »Quoniam ad iustitiam revertetur
iudicium: Et sequentur illud omnes recti corde.« Quod tropologice sic:
i. e. humiliatio et condemnatio sui et afflictio secundum carnem erit pro
iustitia, quod olim erat tantum poena, quia per illud iustificantur, Ro. 8
(6, 7) »Qui mortuus est, iustificatus est«. Et hoc non sequuntur, qui curvo
sunt corde in seipsos et suam iustitiam et sensum et carnem quaerunt.

Glauben und in der Liebe leben[351]. Der rechtfertigenden Gerechtigkeit Gottes, die der Glaube in Christus ergreift, muß aber im Menschen Raum gegeben werden durch das iudicium, bei dem letztlich
die accusatio sui und die mortificatio carnis identisch sind[352].

Bei den verschiedenen Formulierungen, in denen Luther die mortificatio carnis (das iudicium secundum hominem veterem) und die
vivificatio spiritus (die iustificatio secundum hominem novum)
miteinander verbindet[353], ist der Glaube, durch den der Geist lebendig gemacht wird, geradezu der Lebensnerv der mortificatio
carnis, weil einerseits die uneingeschränkte accusatio sui als Akt des
Glaubens der mortificatio carnis ihre Reinheit verleiht, während
anderseits der neue Mensch des spiritus nicht aus dem Glauben leben
kann, wenn nicht der alte Mensch der caro stirbt. Luther lernt die
gesamte Heiligung als mortificatio carnis verstehen und überwindet

[351] Schol. Ps. 118, 164 WA 4, 385, 9 ff.: spiritualis homo … etiam super
iudicia iustitiae Deum laudat … Sunt enim mortificatio carnis et corporis
peccati, quae vel ipsi in nobis, vel alii persequentes operante Deo agunt.
… per haec ipsa liber fit ab iniquitate abominabili, et moritur corpus
peccati, exuitur vetus homo cum actibus suis et iustificatur homo interior
… (Röm. 6, 7). Et ideo talis non tam debet dolere, quod mortuus est
a peccato quam gaudere, quod iustificatus est a peccato. Immo gaudere
debet, quod est mortuus, quia nisi moreretur, non iustificaretur … Non
enim steriles sint nostrae passiones et mortificationes, sicut eorum qui
sunt foris, sed fructuosissimae quia iudicia iustitia, iudicia salutis, iudicia
gloriae: illorum autem iudicia iniquitatis, damnationis, ignominiae. Quia
per ipsa patiuntur quidem et crucifiguntur, sed non ad iustitiam. Quia
sunt extra fidem et plenitudinem eius, quae est caritas. Vgl. Zgl. z. St.
WA 4, 303, 18 f. und Zgl., Schol. Ps. 118, 106b (ebenfalls Textwort »iudicia
iustitiae«) WA 4, 295, 13 ff. 357, 10 ff. Zu Luthers Zitation von Röm. 6,
7 s. o. S. 203 A. 157.
[352] Adn. Ps. 118, 7 WA 4, 520, 15: »Cum didicero iudicia iustitiae tuae« (PsH)
iudicia, quibus me accuso. Unde fit iustitiae tuae locus in me, ne mea
iustitia me iustificem. Vgl. Zgl. z. St. WA 4, 281, 22 ff.: »didici« non ex
me inveni, sed te docente audivi »iudicia iustitiae tuae« quibus iudicatur
caro et iustificatur spiritus.
[353] Die Verknüpfung kann erfolgen: a) durch anreihende Konjunktion,
z. B. Zgl. Ps. 118, 7 (s. o. A. 352); b) durch Temporalsatz mit dum,
z. B. Zgl. Ps. 118, 106b WA 4, 295, 13 ff.; c) durch Relativsatz mit
per, z. B. Schol. Ps. 118, 106b WA 4, 357, 10 f.; vgl. Schol. Ps. 118, 164
WA 4, 385, 14; d) durch Konsekutivsatz mit explikativem ut, z. B. Zgl.
Ps. 118, 164 WA 4, 303, 18 f.; e) durch finales ut, wenn von Gottes Handeln
die Rede ist, z. B. Adn. Ps. 1, 5 WA 4, 469, 33 = BoA 5, 42, 31;
f) durch participium coniunctum, z. B. Zgl. Ps. 118, 62 WA 4, 289, 1;
g) durch ablativus absolutus, z. B. Schol. Ps. 44, 9 WA 3, 261, 3 f.; h) durch
Konditionalsatz, z. B. Adn. Ps. 1, 5 WA 4, 469, 9 f. = BoA 5, 42, 10 f.

die herkömmliche Auffassung der mortificatio carnis als der Einübung christlicher Enthaltsamkeitstugenden.

10. Die Bußbewegung

Luther zieht den Begriff compunctio dem Begriffe contritio vor.
Das darf als ein Zeichen dafür genommen werden, daß er sich mehr
in den Bahnen der patristisch-monastischen Theologie als in denen
der scholastischen Theologie bewegt[354]. Luthers Verständnis der compunctio und der Bußbewegung überhaupt soll in erster Linie durch
seine Auslegung von Ps. 4,5 und von Ps. 76 deutlich gemacht werden. In der Exegese von Ps. 4,5 stehen schulmäßige Kategorien im
Vordergrund, während bei Ps. 76 die nicht-scholastische Sprach-
tradition hervortritt.

Im Schol. Ps. 4,5 (1516) zerlegt Luther den Vers in drei Teile[355],
die er auf die drei Seelenkräfte — vis irascibilis, concupiscibilis,
rationalis — bezieht[356]. Dem Text folgend, spricht Luther bei der
Interpretation von »irascimini« von dem Mißfallen an uns selbst,
von dem Zorn gegen uns selbst wegen der vergangenen und der
gegenwärtigen Sünden[357]. Mit dem »nolite peccare« wird dann
gleich die Umkehr des Willens vom velle peccare zum nolle peccare,

---

[354] Zur Ablösung des Begriffes compunctio durch den Begriff contritio beim
Aufkommen der scholastischen Theologie vgl. A. Landgraf in: ZKTh 51,
1927, S. 167 f. Das Wort contritio ist nicht nur der feste scholastische
Begriff für die Reue (als eins der drei Stücke der sakramentalen Buße),
es ist auch im biblischen Sprachgebrauch häufiger als der Begriff compunctio.
Das Nomen compunctio begegnet im Psalter nur 1mal, das Verb compungo
4mal, während das Nomen contritio 3mal und das Verb contero 13mal
vorkommen. Auch außerhalb der Psalmen überwiegt die Wortgruppe contritio bei weitem. Um so deutlicher ist Luthers Abhängigkeit von der
patristisch-monastischen Überlieferung.

[355] 1. »Irascimini et nolite peccare«; 2. »Quae dicitis, in cordibus« scil. dicite
»vestris« (WA 55 II 1, 77, 25; vgl. WA 55 I 1, 20, 6); 3. »et in cubilibus
vestris compungimini«. — Die Druckbearbeitung von 1516 steht sachlich
in keinem großen Abstand zum ursprünglichen Vorlesungskonzept.

[356] WA 55 II 1, 78, 17 ff.; vgl. 77, 26 ff. Daneben verteilt Luther in einer
anderen Deutung die drei Versteile auf die correctio cordis, oris, operis,
WA 55 II 1, 78, 1 ff.; I 1, 20, 22 ff.

[357] WA 55 II 1, 76, 1 ff.: detestamur vanitatem praeteritam ... »Irascimini«,
scil. contra vos pro praeteritis. ... displicebimus nobis. Et hoc est irasci
et indignari, accendi et uri sancta ira contra vanitatem et mendacium.
77, 3 ff.: Ecce tunc »Irascemini«. Ista eruditio docebit vos irasci et poenitentiam agere, et ego hortor, ut faciatis et irascamini, et hoc quo ad praeterita. Vgl. Zgl. z. St. WA 55 I 1, 20, 4 f.

die Hinwendung zum künftigen, neuen Leben angezeigt; darin regt
sich, biblisch gesprochen, ein neuer Geist und ein neues Herz[358]. So
redet der erste Versteil von der affektiv-voluntativen Umkehr der
Buße im engeren Sinne. Die beiden anderen Versteile unterstreichen,
daß die Buße, wenn sie von aller Heuchelei frei sein soll, innerlich
coram Deo vollzogen werden muß[359]. In dem Textwort »compungimini« ist der Begriff enthalten, der in der älteren lateinischen
Tradition den Inbegriff der Bußaffektion darstellt. Das klingt bei
Luther nach, wenn er nun unter der compunctio alle Bußaffektionen
der potentia affectiva oder der voluntas versteht und dabei zuerst
an den Schmerz der Reue denkt, dann aber auch an die Selbstanklage
die also auch als Affektion mit der Reue aufbrechen kann. Luther
sieht in der compunctio aber auch das willentliche Auf-sich-Nehmen
von Strafen und Leiden[360]. Die Verteilung der beiden Textworte
»irascimini« und »compungimini« auf die vis irascibilis und
die vis concupiscibilis bringt keine scharfe Trennung zwischen zwei
verschiedenen Phänomenen, sie ist nur der Versuch, die Gliederung des Textes sachlich zu füllen[361]. Sie basiert auf der franziska-
nisch-scholastischen Ansicht, daß bei der Bußbewegung wie bei anderen affektiv-voluntativen Bewegungen einerseits eine konku-
piszible Kraft unmittelbar das Gute erstrebt und das Böse meidet,
andererseits eine iraszible Kraft sich sowohl gegen das wendet, was

---

[358] WA 55 II 1, 77, 5 ff. und Zgl. z. St. WA 55 I 1, 20, 5.
[359] WA 55 II 1, 77, 10 ff.: Quorum sensus videtur mihi esse, quod poenitentia
debet fieri intus coram Deo et in secreto, non coram oculis hominum ad
vanam iactantiam. Vgl. Zgl. z. St. WA 55 I 1, 20, 6 ff., hier wird allerdings der 2. Versteil auf das ungeheuchelte Reden überhaupt und besonders
mit dem Nächsten bezogen wie auch in der Rgl. beim Schol. WA 55 II 1, 78,
1 ff. — WA 55 II 1, 77, 21 ff. faßt Luther den 2. und 3. Teil von V. 5
mit V. 6a unter dem Gesichtspunkt zusammen, daß nun die opera facienda
gelehrt werden, nachdem der 1. Teil von V. 5a die affektiv-voluntative
Umkehr angezeigt hat.
[360] WA 55 II 1, 78, 10 ff.; vgl. Zgl. z. St. WA 55 I 1, 20, 7 ff.
[361] Bei seiner Scholienexegese hat Luther die Beziehung von »Irascimini« auf
die vis irascibilis offenbar nicht gleich mitgedacht (WA 55 II 1, 76, 2 ff.),
sondern hat dann erst bei den beiden anderen Versteilen die psychologische
Relation hergestellt, indem er »dicere« auf die potentia rationalis (WA 55
II 1, 77, 26 f.) und »in cubilibus vestris compungimini« auf die potentia
affectiva sive voluntas bezogen hat (WA 55 1, 78, 10 ff). Erst in einer
Zusammenfassung des ganzen Verses (WA 55 II 1, 78, 17 ff.) wird der
1. Versteil der vis irascibilis und 3. der vis concupiscibilis zugewiesen.
Zur Zerlegung der potentia affectiva in eine vis irascibilis und eine vis
concupiscibilis vgl. WA 55 II 1, 78, 36 ff.

sich hindernd vor das erstrebte Gute schiebt, als auch unmittelbar gegen das, was als Böses gemieden wird[362]. In der Anwendung auf die Bußakte heißt das bei Luther, daß der Akt, der sich direkt verabscheuend gegen die Sünde richtet, von der vis irascibilis getragen wird, während die schmerzhaft reuige Abkehr von der Sünde und die willentliche Bejahung der Strafen und Leiden der vis concupiscibilis zufällt. Diese Differenzierung hat jedoch keine große Tragweite. Darum kann Luther bei seiner Interpretation von Ps. 4 im Anschluß an Ps. 92 die beiden Versteile miteinander verschmelzen und aus ihnen die Aufforderung heraushören, daß man zum Tragen des Kreuzes bereit sein, Mißfallen an sich selbst haben und der Bedrängnis des Gewissens durch die Reue nicht ausweichen soll. Denn wenn man so mit Christus gekreuzigt ist, findet man darin das Heil[363].

Akte, durch welche die potentia rationalis »geradegemacht« wird, sind das legere, das orare, das loqui (veritatem), das meditari, das confiteri sowie das gratias agere und das laudare[364]. Die Innerlichkeit dieser Akte wird stark betont[365], so daß beim »confiteri« nicht an die sakramentale confessio und beim »orare« nicht an das Satisfaktionswerk der oratio gedacht werden darf. Es handelt sich um Akte, mit denen sich der Mensch im Innern seines Herzens unmittelbar an Gott wendet. Obwohl das äußere Beten, Bekennen und Loben nicht fehlen sollen, bleibt es doch Heuchelei, wenn es ohne die Beteiligung des Herzens geschieht.

Die rektifizierenden Akte der Buße folgen aus der Erleuchtung durch Christus[366]; Christus selbst lehrt uns das irasci peccata, das compungi und das loqui veritatem[367]. In dem Imperativ »Irascimini« wird deshalb der impius nicht direkt aufgefordert, den Bußakt frei aus sich hervorzubringen; der Imperativ — ebenso wie die anderen Imperative in Ps. 4,4 f. — enthält vielmehr primär die Aufforderung, auf die Seite der pii zu treten, damit man dann von Christus zum iratus gemacht werde. Es ist eine provokative Aufforderung, die zum Glauben aufrufen will, weil der Mensch das Ge-

---

[362] Zur traditionellen Differenzierung zwischen vis irascibilis und vis concupiscibilis vgl. WA 55 I 1, 79, 26 ff.
[363] WA 3, 63, 24 ff. = BoA 5, 184, 31 ff.
[364] WA 55 II 1, 77, 14 ff. 26 ff. 78, 18 f. Vgl. die Umschreibung von Ps. 4, 5 f. im Schol. Ps. 75, 11 WA 3, 523, 6 f.
[365] WA 55 II 1, 77, 10 ff.
[366] WA 55 II 1, 75, 30 f.
[367] WA 55 II 1, 78, 20 ff.

forderte gar nicht ohne den Christusglauben aus freien Stücken aufbieten kann. Darum wird er ermahnt, sich im Glauben dem Handeln
Christi auszuliefern. Für den Glauben wird der Imperativ jedoch
zur prophetischen Ansage dessen, was Christus gemäß seinen Verheißungen an den Glaubenden verwirklicht[368]. Die Erleuchtung
durch Christus, nicht die Einsicht der natürlichen Vernunft und der
Entschluß des freien Willens, ruft die Bußakte hervor[369].

Bei Ps. 76 hat Luther einen größeren Textabschnitt auf die compunctio gedeutet, obwohl im Unterschied zu Ps. 4,5 der Text das
Stichwort compunctio (oder compungo) gar nicht enthält. Im Blick
auf Luthers spätere Äußerung über die Entwicklung seines Bußverständnisses[370] ist es bemerkenswert, daß Ps. 76 einer der drei Idithum-Psalmen[371] ist. Bei seiner Exegese dieser drei Psalmen möchte
Luther den Titulus-Namen Idithum nicht als nomen proprium, sondern als appellativum auffassen und nach der herkömmlichen
Etymologie mit »transiliens« oder »transilitor« übersetzen[372]. Unter
dem transilire versteht Luther zunächst eine affektive Bewegung,
die durch die polaren Affektionen der Weltverachtung (contemptus
mundi) und der Liebe zum Himmlischen (amor coelestium) bestimmt ist. Der transiliens ist dann der geistliche Mensch, der sich
mit seinem Affekt von der Welt und den vorfindlichen Gütern abwendet und sich hoffend und liebend an die himmlischen Güter
hält[373]. Bei Ps. 76 geht Luther einen Schritt weiter und deutet die
affektive Bewegung des transiliens als eine heftige Bewegung (ein
rapi) nach innen, die man in der meditatio und compunctio erfährt.
Die meditatio ist dabei nur ein Teilphänomen der compunctio.
Luther findet in Ps. 76 ausführlich beschrieben, was die Reue nach
ihrem Inhalt und Wesen sei. Ihm kommt jetzt auch der Gedanke, daß

[368] WA 55 II 1, 76, 14 ff.; Z. 27 spielt Luther mit dem elicere auf die
ockhamistische Lehre vom actus elicitus an.
[369] WA 55 II 1, 74, 25 ff. 75, 25 ff. 76, 8 ff. 28—77, 4 78, 20 ff.
[370] WA 1, 525 f. = BoA 1, 16 f. Vgl. E. Wolf, Staupitz und Luther, S. 224.
[371] Die beiden anderen Idithum-Psalmen sind Ps. 38 und 61. Luthers Psalterdruck hat alle drei Male Idithum, nicht Idithun.
[372] Rgl. Ps. 38, Tit. WA 3, 218, 28 f.; Schol. z. St. WA 3, 221, 7 f.; Rgl. Ps.
61, Tit. WA 3, 352, 23 f.; Schol. Ps. 61, 4 WA 3, 355, 28; Rgl. Ps. 76,
Tit. WA 3, 526, 31 ff. Zur traditionellen Etymologie von Idithum vgl.
S. Raeder, Das Hebräische bei Luther, S. 207.
[373] Rgl. Ps. 38, Tit. WA 3, 218, 29 f.: contemptores et transultatores huius
mundi significantur et caelestium amatores. Schol. Ps. 38, Tit. WA 3, 221,
9 ff.; Schol. Ps. 38, 4 WA 3, 223, 3 ff.; Rgl. Ps. 61, Tit. WA 3, 352, 23 ff.;
Schol. z. St. WA 3, 355, 26 ff.; Zgl. Ps. 76, Tit. WA 3, 526, 16.

18*

ebenso Ps. 38, der erste Idithum-Psalm, von der compunctio rede, also nicht nur allgemein von der affektiven Bewegung des transiliens[374]. Einen entsprechenden Nachtrag fügt er in der Glossen-handschrift bei Ps. 38 hinzu[375].

In Luthers Exegese erhält Ps. 76 folgende Gliederung: Nach dem einleitenden Vers 2 beschreiben die Verse 3—10, besonders aber die Verse 3—7, die compunctio im engeren Sinne der eigentlichen Bußaffektion, während die Verse 11—16 begleitende Umstände und Wirkungen der compunctio anzeigen und zum letzten Teil, Vers 17—21, überleiten. Dort wird zwar buchstäblich von dem Auszug Israels aus Ägypten, für das mystische Verstehen jedoch von dem Auszug des geistlichen Israel aus der Welt geredet[376]. Daß die Kirche redendes Subjekt des Psalms ist, kommt vor allem in dem letzten Teil zur Geltung. Im eigentlichen Scholion von Ps. 76 wer-den in der Exegese von V. 3—7 zehn Punkte aufgestellt, von denen es heißt: Istae sunt enim proprietates et gustus ac studia eorum, qui compuncti sunt[377]. In gleicher Weise hat Luther in einem vor-hergehenden, an Ps. 75 anschließenden Scholienstück dieselben Verse in 10 Punkte gegliedert und mit den 10 ägyptischen Plagen

[374] Rgl. Ps. 76, Tit. WA 3, 526, 26 ff.: Iste Psalmus pulchre docet modos et gestus eorum, qui introrsum rapti meditantur. Et quid meditari debeat. Et quibus signis agnoscatur, quando sit in meditatione et compunctione. Quare si vis scire, quomodo sacrificetur Deo spiritus contribulatus et cor contritum (Ps. 50, 19), hunc psalmum intellige. Et Psalmus 4, 5 in idem sonat: »Irascimini et nolite peccare, qui dicitis in cordibus vestris« etc. Ideo enim pro Idithum est factus, qui est transilitor ad intra ab iis quae foris sunt ... Et Ps. 38 quasi eodem modo et stilo compunctionem describit, ut hic 76. Est ergo vox populi fidelis in compunctione constituti. Et hic describitur compunctio quo ad materiam et formam. Vgl. Schol. Ps. 76 WA 3, 537, 3 f.: puto psalmum esse descriptionem meditantis hominis in compunctione.

[375] Rgl. Ps. 38, Tit. WA 3, 221, 33 ff. (am oberen Rand der zweiten Seite, höchstwahrscheinlich nachträglich). Noch einmal spricht Luther bei der Auslegung von Ps. 38 von der compunctio in einer Rgl., die vermutlich auch nachgetragen ist, Rgl. Ps. 38, 3 WA 3, 219 21 f. Hätte Luther von Anfang an bei seiner Deutung von Ps. 38 die Reue im Sinne gehabt, dann hätte er sich nicht damit begnügt, lediglich bei V. 12 zweimal und ohne großen Nachdruck von der contritio zu reden, Zgl. Ps. 38, 12 WA 3, 220, 19 ff., Schol. z. St. WA 3, 223, 16 ff. Das rechtfertigt die Annahme, daß die beiden Rgll., die von der compunctio sprechen, sekundär sind und wohl hinzugefügt wurden, als Luther Ps. 76 exegesierte.

[376] Die beiden Rgll. WA 3, 528, 35 ff. und 529, 22 ff. beziehen sich beide auf V. 17 ff.

[377] Schol. Ps. 76 WA 3, 537, 4 f.

verknüpft. Die Verknüpfung ergab sich ihm daraus, daß er bei vorgreifenden Betrachtungen über den Begriff opera Dei (V. 12. 13) in einem dritten Gedankengang[378] zu der Ansicht kam, der Psalm meine die opera Christi, durch die Christus seine Kirche aus dem geistlichen Ägypten, nämlich aus dem regnum peccati et mundi et diaboli, herausgeführt hat. Die dem Auszug (V. 17—21) vorhergehenden ägyptischen Plagen sind dann im moralischen Verständnis die crucifixio spiritualis. Denn zuerst muß das »moralische« Ägypten — also das regnum peccati, mundi, diaboli — im compungi und humiliari zerstört werden (gedacht ist an V. 3—7), damit es dadurch zu der mutatio dexterae excelsi (V. 11) kommen kann, zu dem Wandel, den die rechte Hand des Höchsten verursacht[379]. Auch das Flehen der in Ägypten geknechteten Kinder Israel hört Luther aus dem Psalm (V. 2,3a.b) und überträgt es auf die Stimme des Gewissens, die sich wider die Sünde erhebt. Solange nämlich die ratio und — genauer— die synthesis wider die Sünde murrt, ergeht darin ein Flehen zum Herrn, obwohl der Wille unter dem Zwang der Sünde steht[380]. So hat Luther im 1. Schol. Ps. 76 Vers 3a »In die tribulationis« (wie auch V. 2) auf die Bedrängnis durch die Sünde gedeutet, die dadurch spürbar wird, daß sich im Gewissen ein Widerspruch gegen die Sünde meldet. Denselben Vers bezieht Luther jedoch im 2. Schol. Ps. 76 auf die tribulatio compunctionis[381].

In der compunctio kommt der Mensch in eine Bedrängnis (tribulatio), die wohl mit der Beunruhigung durch das Gewissen zusam-

---

[378] Die Scholienpartie WA 3, 530, 9—536, 37, die der Klärung des Begriffes opera Dei gewidmet ist, zerfällt in 3 Teile, von denen jeder mit einem neuen Blatt der Handschrift beginnt: 1.) Bl. 121a WA 3, 530, 9 ff.; 2.) Bl. 122a WA 3, 532, 38 ff.: Possunt et aliter distingui opera domini … 3.) Bl. 123a WA 3, 535, 15 ff.: Possunt insuper (ut Cassiodorus) opera Domini accipi … Das eigentliche Scholion zu Ps. 76 schließt sich WA 3, 537, 1 ff. mit dem Beginn eines neuen Blattes (124) an. In der Handschrift haben wir es bei Bl. 120/121 und 122/123 mit zwei eingelegten Doppelblättern zu tun.

[379] 1. Schol. Ps. 76 WA 3, 535, 22 ff. — Die Auslegung WA 3, 530, 9—536, 37 bezeichne ich als 1. Scholion und die Auslegung WA 3, 537 ff. als 2. Scholion.

[380] 1. Schol. Ps. 76 WA 3, 535, 31 ff. Vgl. Schol. Ps. 75, 9 WA 3, 525, 10 f.

[381] WA 3, 537, 7 ff. Augustin sagt, daß erst der transiliens, der die patria superna liebt, dieses Leben selbst für tribulatio hält (z. St. n. 4); er sieht in Iob 7, 1 einen Beleg für die Gleichung vita ista = tribulatio (ebd.). Der spezifische Gedanke der compunctio findet sich jedoch nicht bei Augustin z. St.

menhängt, jedoch darüber hinausführt[382]. Die Stimme des Gewissens, die durch das Murren der syntheresis laut wird, wird in der compunctio in eine Affektbewegung umgesetzt, wenn die Erschütterung der Reue erfahren wird[383] und der Mensch über sein Sündersein Schmerz empfindet[384], im Zorn der Buße innerlich entbrennt, sich gar verzehrt[385] und in nichts Weltlichem Trost zu finden vermag[386]. Noch in den Bereich der natürlichen Sittlichkeit gehört es, daß man Ekel an der voluptas empfindet, daß die Stimme des Gewissens Unruhe erzeugt, daß einen das Bewußtsein der begangenen Sünden »geräuschvoll« belästigt. Schon zu den Wirkungen Gottes und nicht mehr zu den natürlichen sittlichen Regungen zählen die stimuli conscientiae atque compunctionis, die »ohne Lärm« scharf stechen und beißen, die nicht quälende Unruhe erzeugen, sondern wie eine scharfe Medizin das Übel angreifen[387]. Die compunctio ist eine heilsame Erschütterung des Herzens und Gewissens, weil sie zunächst ein von Gott hervorgerufenes[388], bewußtes Erkennen und Anerkennen des eigenen Elends bewirkt. Dadurch empfängt die Affektbewegung der Reue einen entscheidenden Anstoß: compunctus intelligit suam miseriam et videt se in media tribulatione et tentatione esse. ... Ista autem agnitio salutaris compungit et avertit a temporalibus et convertit ad Deum miro modo[389]. Welchen Stacheln und Dornen sich der Mensch insgeheim aussetzt, wenn er sich den vorfindlichen Gütern hingibt, das macht ihm Gott klar, wenn

---

[382] Vgl. Schol. Ps. 4, 2 (bei Ps. 92) WA 4, 88, 5 f. = BoA 5, 183, 13 f.

[383] Zgl. Ps. 103, 32 WA 4, 171, 7 f.

[384] Schol. Ps. 4, 2 (bei Ps. 92) WA 3, 61, 28 f.: exprimit, in quali cruce et passione fuerit, scil. in conscientiae compunctione, qua se peccatorem doluerat et luxerat.

[385] Schol. Ps. 4, 5 (bei Ps. 92) WA 3, 63, 26 ff. = BoA 5, 184, 34 ff. Schol. Ps. 77, 46 WA 3, 593, 27 ff.

[386] Schol. Ps. 30, 12 WA 3, 169, 14 ff. = BoA 5, 101, 34 ff.

[387] 1. Schol. Ps. 76, 3 f. WA 3, 536, 1—12. Luthers Rekurs auf die ägyptischen Plagen im 1. Schol. Ps. 76 wird in einigen Punkten durchsichtiger durch die moralische Interpretation der 10 Plagen im Schol. Ps. 77 WA 3, 586, 26—31 (33—36) 592, 27 ff. Dort werden zwar auch die beiden ersten Plagen (586, 26—36 592, 28—38) auf die Buße und nicht auf Regungen des allgemeinen sittlichen Empfindens bezogen; dennoch ergeben sich bei diesen beiden Punkten wie bei den folgenden Punkten Parallelen zwischen den beiden Scholien.

[388] Schol. Ps. 77, 45 WA 3, 592, 35 ff. 593, 5 f.

[389] 2. Schol. Ps. 76, 3 WA 3, 537, 10 ff. Vgl. Schol. Ps. 77, 44 WA 3, 586, 29 ff. 592, 28 ff.

er ihn in der compunctio die Plagen seines Lebens spüren läßt[390]. Die den Idithum als den transiliens kennzeichnende Affektbewegung in ihrer Abwendung von allem Vorfindlichen und in ihrer Hinwendung zu Gott und allem Geistlichen ist nun auch die Bewegung des compunctus; dabei verleihen die Erkenntnis der eigenen Sünden und das Verlangen, von ihnen befreit zu werden, dem Affekt der Reue eine besondere existentielle Note[391].

Obgleich die compunctio von Gott gewirkt ist, wird sie auch vom Frommen gewollt, ja sogar gesucht. Das findet Luther bei Ps. 76,3 »In die tribulationis meae exquisivi dominum« in dem Possessivpronomen »meae« ausgedrückt[392]. Und den für sein Bußverständnis wichtigen Vers Ps. 4,5 umschreibt er mit den Worten: Invenite vobis tribulationem, quaerite angustiam, ut clamantes exaudiri mereamini. Nolite suavitatem vitae huius quaerere, quae est vanitas, Sed iram super vos et afflictionem amaram conscientiae suscipite, et ita »compungimini in cubilibus vestris«, i. e. conscientiis et secretis cordis vestri[393]. Hier werden allerdings die Imperative des ersten Satzes durch den zweiten Satz zu deuten sein[394]. Man verschafft sich Bedrängnis und sucht die Anfechtung, indem man sich dem Irdisch-»Süßen« und Nichtigen entzieht, sich den göttlichen Zorn über die Sünde zu eigen macht und die bittere Gewissensnot nicht verdrängt, sondern in der Reue ganz in sich aufnimmt. Nachdem die auf Aktivität drängenden Imperative »invenite«, »quaerite« abgelöst worden sind von den zur Leidensbereitschaft mahnenden Imperativen »nolite«, »suscipite«, wird im Anschluß an die Seligpreisung der lugentes in Mt. 5,4 die Reue gepriesen, weil sie uns mit dem Kreuz Christi verbindet. Wir werden mit Christus gekreuzigt, aber zugleich auch erhört; das ist Gottes Heilswunder[395]. — Im Zusammenhang der erneuten Auslegung von Ps. 4 bei Ps. 92 hat Luther die tribulatio des Gewissens, das sich in den Sünden und in der Reue abmüht, unterschieden von der tribulatio durch (äußere) Bedrängnis und Strafe, die Christus und die perfecti auf sich nehmen. Aber er hat zugleich, gewissermaßen als Oberbegriff für diese

---

[390] Schol. Ps. 77, 45 WA 3, 592, 1 ff.
[391] 2. Schol. Ps. 76, 3c.4 WA 3, 537, 20 ff.
[392] Zgl. Ps. 76, 3a WA 3, 526, 23 ff.; 2. Schol. z. St. WA 3, 537, 9 f.
[393] Schol. Ps. 4, 5 (bei Ps. 92) WA 3, 63, 25 ff. = BoA 5, 184, 32 ff.
[394] Vgl. auch WA 4, 88, 9 ff. = BoA 5, 183, 17 ff.
[395] Schol. Ps. 4, 5 (bei Ps. 92) WA 3, 63, 28 ff = BoA 5, 184, 36 ff.; mit »ipsi mirificati eritis« spielt Luther auf Ps. 4, 4 an. Von dem gleichen Wunder spricht Luther unter anderem Aspekt im Schol. Ps. 50, 6, s. o. S. 246.

beiden Arten von tribulatio, von dem Tragen des Kreuzes und Leidens Christi gesprochen[396].

Den Geist des Menschen erfaßt in der Bußaffektion eine starke
Erschütterung und Erniederung[397]. Das Gemüt ermattet; das Herz
wird schwach; die Kraft zu glauben und zu hoffen schwindet dahin,
weil die erkannte Sünde das Vertrauen auf Gottes Güte entkräftet
und um so mehr Gottes Zorn fürchten läßt. Verzweiflung ergreift
den Menschen, eine Unruhe des Gewissens und Furcht vor allen
denkbaren Strafen, so daß selbst »ein rauschend Blatt« (Lev. 26,36)
in Schrecken versetzt. Der Mensch sieht sich schon in die Hölle verdammt[398]. Diese äußerste Erschütterung widerfährt nicht dem von
Christus fernen Sünder, vielmehr gerade dem Glaubenden, der
schon in Christus zum geistlichen Leben wiedergeboren und unterwiesen ist und bei sich selber eine Versuchung zur Sünde oder eine
begangene Sünde erkennt[399]. Erst an diesem Punkte der völligen
Zerknirschung ist die wahre contritio erreicht. Sie ist allerdings nur
sehr selten, weil man allzu schnell sein Vertrauen wieder auf etwas

---

[396] Schol. Ps. 4, 2 (bei Ps. 92) WA 4, 88, 2 ff. = BoA 5, 183, 9 ff. Vgl. ebd.
WA 4, 88, 18 f. = BoA 5, 183, 27 f.

[397] Zgl. Ps. 76, 4 WA 3, 527, 7 ff.: »deficit spiritus meus« a se felici defectione,
totaliter ei (scil. Deo) conformis et unitus, vel quia contritus et humiliatus
est a me et mundo deficiens. 2. Schol. z. St. WA 3, 537, 27 ff.: »Exercitatus
sum et deficit spiritus meus« ... scil. irascendo et arguendo meipsum. Et sic
compunctus, contritus, humiliatus est spiritus meus et defecit. Hoc enim
negocium et exercitium, ista rixa intus in domo cordis excitata contra
seipsum vehementer conterit spiritum et humiliat atque compungit, ut
b. Augustinus li. 8. conf. (besonders c. 8 n. 19) de seipso confitetur.

[398] 2. Schol. Ps. 76, 8—10 WA 3, 540, 13 ff. (18 f.: compuncti ad desperationem
et infernum rapiuntur).

[399] Diese Gedanken beherrschen das dem mittleren Teil von Ps. 30 (V. 10—19)
gewidmete Scholion, wo Luther als Parallelen die Buß-Pss. 6 und 37 in
die Exegese miteinbezieht, WA 3, 167, 18—25 168, 4—169, 40 = BoA 5,
99, 25—100, 3 100, 15—102, 26. Danach nimmt Luther mit dem Beginn
einer neuen Seite der Hs. (Bl. 40b) einen neuen Gedanken auf. Diese Zäsur
wird von H. Bornkamm übersehen, der im übrigen den Inhalt und Gedankengang des Schol. Ps. 30 zutreffend darstellt, ARG 39, 1942, S. 36 f.
Vgl. auch Prenter, Der barmherzige Richter, S. 85—89. Zu Prenter S. 85
A. 214 und S. 87 A. 223 ist zu bemerken: Luthers Verszählung richtet sich
nach der Verseinteilung seines Drucktextes und nicht der heute üblichen;
aus Rgl. Ps. 30, 2 WA 3, 163, 32 f., Rgl. Ps. 30, 20 WA 3, 166, 28 und Schol.
Ps. 30, 10 WA 3, 167, 18 f. = BoA 5, 99, 25 ff. ergibt sich eine einheitliche
Gliederung des Ps. in 3 Teile: 1.) V. 2—9 (Luther V. 1—10), 2.) V. 10 bis
19 (Luther V. 11—22), 3.) V. 20 ff. (Luther V. 23 ff.).

Erfahrbares stützen und dieses wenigstens noch im Affekt der Reue ergreifen möchte[400].

Ein Beispiel für die vollkommene Reue sieht Luther bei Augustin, der im 8. Buch seiner Confessiones eine conversio schildert, die durch den Tiefpunkt der rückhaltlosen Zerknirschung hindurchgegangen ist[401].

Der von der Affektion der Reue Ergriffene ist ganz nach innen gewendet[402]. Seine innere Beunruhigung über sich selbst und seine Sünde nimmt ihm die Lust, seine Sinne für die Dinge der Welt offen zu halten, zumal ihm von dort her eine Erregung seiner concupiscentia droht[403]. Als ein Zeichen der wahren compunctio entspricht dem Bewußtsein der Unwürdigkeit das äußere Gebaren. Der Demütige geht, in sich gekehrt, mit niedergeschlagenen Augen einher[404]. Nicht nur das äußere Verhalten nimmt die compunctio in Zucht, erst recht das Denken und Wollen, in welchem die Sünde ihren verschwiegensten Ort hat[405].

Die bildhafte Sprache des Textes von Ps. 76 ausschöpfend, schildert Luther die reinigende Wirkung der Bußaffektion. Der Gläubige reinigt durch castigatio, reprehensio und compunctio sein Inneres wie mit einem Besen[406]; er tötet die sündhaften Regungen, so daß bei einer Stumpfheit und Gefühllosigkeit des »Fleisches« kein Kitzel der concupiscentia mehr empfunden werden kann[407]. Wie die Heuschrecken der ägyptischen Plagen zerfrißt der Zorn der Reue, was Intellekt und Affekt an Bösem hervorbringen[408]. Enthält die Affekt-

---

[400] Schol. Ps. 30, 10 WA 3, 169, 33 f. = BoA 5, 102, 18 f.

[401] Schol. Ps. 30, 10 ff. WA 3, 169, 32 f. = BoA 5, 102, 17 (vgl. besonders Augustin conf. 8 c. 12 n. 28 f.); Rgl. Ps. 76, 8 WA 3, 527, 38 f. (vgl. conf. 8 c. 12 n. 28); 2. Schol. Ps. 76, 4 WA 3, 537, 30 ff. (vgl. speziell conf. 8 c. 8 n. 19); ebd. 538, 10 549, 26 ff. 36 f. (vgl. 1. Schol. Ps. 76 WA 3, 535, 21 f.); Schol. Ps. 4, 5 (1516) WA 55 II 1, 75, 28 f. An allen Stellen verweist Luther auf conf. 8. Vgl. P. Courcelle, Luther interprète des Confessions de Saint Augustin, RHPhR 39, 1959, 235—250.

[402] 2. Schol. Ps. 76, 5 WA 3, 537, 38; vgl. Zgl. Ps. 76, 7 WA 3, 527, 19. In der Zuspitzung auf die compunctio wird das transilire des Idithum zu einem introrsum rapi, zu einem transilire ad intra, Rgl. Ps. 76, Tit. WA 3, 526, 26. 31 f.

[403] 2. Schol. Ps. 76, 5 WA 3, 538, 6 ff.; 1. Schol. Ps. 76, 5 WA 3, 536, 13 ff.; Zgl. Ps. 76, 5 WA 3, 527, 11 f.; Adn. Ps. 38, 3 WA 4, 491, 16 ff.

[404] 2. Schol. Ps. 76, 5 WA 3, 537, 35 ff.

[405] 1. Schol. Ps. 76, 5 WA 3, 536, 21 ff.

[406] 2. Schol. Ps. 76, 7 WA 3, 540, 9 ff.; vgl. Zgl. z. St. WA 3, 527, 20 ff.

[407] 1. Schol. Ps. 76, 5 WA 3, 536, 17 ff.

[408] 1. Schol. Ps. 76, 7 WA 3, 536, 27 ff.; Schol. Ps. 77, 46 WA 3, 593, 17 ff.

bewegung des transiliens außer dem contemptus carnalium gleicher-
maßen, ja sogar als eigentlich treibende Kraft den amor coelestium,
so wirken auch in der compunctio positive geistliche Affektionen:
die von Gott ausgehende affectio boni bringt unbeugsame Härte
und Kälte gegenüber dem Fleischlichen[409]; die caritas ist ein ver-
zehrendes Feuer für das Böse im Menschen[410]. Reinigung und Erneuerung sind so durchgreifend, daß selbst das peccatum veniale
getilgt wird[411].

In Ps. 76,6.7 findet Luther auch die Frage nach dem Ursprung
der compunctio beantwortet; er liegt in der geistlichen Meditation.
Der Text führt zunächst auf die meditatio mortis, die freilich nur
bei einem »Idithum« zur Reue führt, also bei einem, der bereits in
die spirituale Affektbewegung hineingenommen ist[412]. Auch bei
Ps. 38, einem anderen Idithum-Psalm, spricht Luther von der meditatio mortis. Er nennt sie mit Plato die höchste Philosophie und
betont, daß sie ihren vom Psalmisten intendierten Sinn nur erfüllt,
wenn sie eine affektive, d. h. eine geistliche Erkenntnis erzeugt.
Nur dann bringt sie eine Änderung des Lebenswandels mit sich
sowie ein Verlangen nach den ewigen, himmlischen Gütern. Selbst
die Gottlosen wissen vom Tode und der Kürze des Lebens. Da sie
das jedoch nicht mit dem Herzen begreifen und nicht danach leben,
sind sie nach dem strengen Maßstab der Schrift unwissend[413].

Auf der Gegenseite zur Vergänglichkeit und Verschuldung dieses
Lebens befaßt sich die Meditation ferner mit dem, was den boni
und den mali in der ewigen Zukunft zuteil wird. Dadurch versetzt
die Meditation in Schrecken und Erstaunen. Erst der Schrecken ist
das Zeichen der echten spiritualen Meditation, die nicht nur ober-
flächlich über diese Dinge hinweggeht, sondern sie mit Konzentration und Beständigkeit im Herzen bewegt[414]. Es liegt im Wesen der
meditatio, daß sie nicht in bloßem Denken und Vorstellen besteht,
daß sie vielmehr ihre Sache mit innerer Anteilnahme bedenkt. So
enthält sie einerseits schon eine affektive Beteiligung des Menschen[415].

[409] Schol. Ps. 77, 47 f. WA 3, 593, 7 ff. 32 ff.
[410] Schol. Ps. 77, 48 WA 3, 593, 36 ff.
[411] Schol. Ps. 77, 51 WA 3, 594, 17 f.
[412] 2. Schol. Ps. 76, 6 WA 3, 538, 15 ff.; vgl. Zgl. z. St. WA 3, 527, 15 f.
[413] Zgl. Ps. 38, 5 WA 3, 219, 12 ff.; Rgl. z. St. WA 3, 219, 24 ff. 30 ff.; Schol.
z. St. WA 3, 222, 35 ff.; Adn. z. St. WA 4, 491, 22 ff.
[414] 2. Schol. Ps. 76, 6 WA 3, 538, 22 ff.; 2. Schol. Ps. 76, 7 WA 3, 539, 25 ff.;
1. Schol. Ps. 76, 6 WA 3, 536, 24 ff.; vgl. Rgl. Ps. 76, 13 WA 3, 528, 19 ff.
[415] 2. Schol. Ps. 76, 6 WA 3, 538, 27 ff.; Schol. Ps. 38, 4 WA 3, 222, 18 ff.; Schol.
Ps. 1, 2 (1516) WA 55 II 1, 11, 26 ff.; vgl. WA 55 II 1, 11, 32 ff.

Anderseits entzünden sich erst in der Meditation die geistlichen Affekte, während der Mensch ohne meditierendes Bedenken innerlich kalt bleibt für die spiritualia und sich stattdessen den zeitlichen, äußeren Dingen hingibt, die immer zerstreuen[416]. Die meditatio ist ganz dem Spiritualen zugeordnet und hat als Synonym die recollectio, die innere Konzentration auf die geistlichen und, was für Luther dasselbe sagt, zukünftigen Dinge (bona und mala) bei gleichzeitiger Abwendung von den zeitlichen, äußeren Dingen[417]. So fest die meditatio mit dem Affekt verklammert ist, sie selber ist doch rational-intellektiv[418]. Im ständigen Meditieren kommt der Intellekt der Aufforderung nach, der Werke Gottes eingedenk zu sein[419]. Bei der psychologischen Betrachtung der Bußakte zählt die meditatio zu den Akten der potentia rationalis[420]. Letztlich muß allerdings der Mensch in seiner gesamten Existenz durch ein umfassendes Bedenken von Gottes Heil in das Lob Gottes hineingenommen werden[421].

Luther folgt herkömmlichen Ansichten und macht zugleich auch seine eigene Auffassung geltend, wenn er den Gegenstand der meditatio und die aus ihr hervorgehenden Affekte beschreibt. Es wurde bereits erwähnt, daß bei der Auslegung von Ps. 76 unter dem Stichwort compunctio die ewigen Strafen der mali und die ewigen Freuden der boni den Inhalt der meditatio bilden, und daß die affektive Wirkung in Schrecken und Erstaunen besteht. Die Eigenart der Objekte kann sich noch differenzierter auf der Seite der Affekte widerspiegeln in der Weise, daß wir durch die Betrachtung der bona, die Gott den boni zuteil werden läßt, zur Hoffnung und Liebe (spes und amor), hingegen durch die Betrachtung der mala, mit denen Gott die mali straft, zur Furcht und Verabscheuung der Sünde (timor und odium peccati) veranlaßt werden[422]. Weil alles Handeln Gottes auf das Heil des Menschen zielt, muß jedoch den Wohltaten Gottes und dem entsprechenden Affekt der spes der Vorrang eingeräumt werden[423]. Die Buße aber entspringt in beson-

---

[416] Schol. Ps. 38, 4 WA 3, 222, 18 ff.; Adn. Ps. 1, 2 WA 4, 471, 5 ff.
[417] Zgl. Ps. 76, 6 f. WA 3, 527, 17 ff.; Rgl. Ps. 76, 12 WA 3, 528, 31 ff.
[418] Vgl. Schol. Ps. 1, 2 (1516) WA 55 II 1, 11, 26 ff.
[419] 1. Schol. Ps. 76, 12 f. WA 3, 531, 13 f.
[420] Schol. Ps. 4, 5 (1516) WA 55 II 1, 77, 26 ff.
[421] 1. Schol. Ps. 76, 12 f. WA 3, 531, 8 ff. gegen ein »philosophisches« Verständnis von memoria als pars animae distincta.
[422] 1. Schol. Ps. 76, 12 f. WA 3, 530, 29 ff. 531, 3 ff.; vgl. ebd. 531, 22 ff. (28 bis 33 = BoA 5, 160, 9—15).
[423] WA 3, 530, 31 ff.

derem Maße der Furcht, die angesichts des Zornes Gottes und der eigenen Sünden aufkommt. Gottes Zorn und die Größe unserer Sünden sind uns allerdings in der Tiefe verborgen. Nur Christus blieben sie unverborgen; er hat auch alle Pein und Schmerzen, die uns unter dem Zorn Gottes aus unseren Sünden erwachsen, auf sich genommen und an unserer Stelle und zu unserem Heil zu Gott gefleht. Wären uns Gottes Zorn und unsere Sünden nicht verhüllt, würden auch wir so viel Schmerz empfinden und so zu Gott seufzen wie Christus. Deshalb versteht Luther den Bußpsalm Ps. 37 in erster Linie als Gebet Christi und erklärt, wer ihn sinnvoll beten will, solle ihn »non in se, sed in Christo« beten, d. h. nicht auf Grund eigener Erfahrung der Sünde und des Zornes Gottes, sondern so, daß er in dem Psalm das Gebet Christi vernimmt und betend seinen eigenen Affekt mit Christus vereinigt[424]. Das bedeutet, daß die wahre Bußaffektion nur in der Verbundenheit mit Christus entstehen kann, die für Luther in der fides Christi wurzelt. Wenn also die Betrachtung von Gottes Zorn Furcht und Reue erzeugt[425], so muß beachtet werden, daß dem Menschen eine volle Einsicht in den Zorn Gottes ebenso wie in seine Sünde verwehrt ist; er gewinnt davon nur im Christusglauben eine heilsame Erkenntnis und kann darum nur auf dem Grunde der fides Christi zur Bußaffektion gelangen. Der christologische Bezug der Affekte ist nicht immer ausgesprochen; zuweilen nennt Luther einfach die fides die Voraussetzung des timor oder bedient sich des herkömmlichen Begriffes des timor filialis oder gibt auf andere Weise zu erkennen, daß es sich um den spiritualen Affekt des timor handelt.

Im Scholion Ps. 68,17 entwickelt Luther in größerer Ausführlichkeit ein Meditationsschema, das zum Lobpreis der Barmherzigkeit Gottes anleiten soll. Die Barmherzigkeit Gottes kann aber nur rühmen, wer zuvor sein eigenes Elend in seiner wahren Größe erkannt und sich selbst mit seinen Sünden verurteilt hat. Denn wer an sich selbst Gefallen hat, dem fehlt die Furcht Gottes, die uns vor der Vermessenheit bewahrt[426] und uns die Gegenwart des Heils gewährt[427]. In 8 Punkten, denen verschiedene traditionelle Gedanken zugrunde liegen, leitet Luther zunächst zur Sündenerkenntnis

[424] Rgl. Ps. 37, Tit. WA 3, 211, 15 ff. 26 ff. (30 ff.). Vgl. Luther Glossierung von Ps. 6 WA 55 I 1, 38 ff. (dazu Kommentar).
[425] Außer den schon besprochenen Stellen vgl. Schol. Ps. 77, 49 WA 3, 594, 6 ff. 20; Schol. Ps. 30, 10 WA 3, 169, 35 f. = BoA 5, 102, 20 ff.
[426] Schol. Ps. 68, 17 WA 3, 429, 1 ff. = BoA 5, 142, 12 ff.
[427] Schol. Ps. 84, 10 WA 4, 11, 22 ff. = BoA 5, 170, 6 ff.; ebd. WA 4, 12, 24 ff.

an. Eine bemerkenswerte Ergänzung dazu bildet im zweiten Teil die Anleitung zum magnificare misericordiam Dei[428]. Hier soll der Weg so zum Ziele führen, daß man sich einmal in die Lage derer versetzt, die plötzlich mitten in ihren Sünden vom Tod überrascht werden, und daß man zum andern sich verdammt fühlt, innerlich mit Christus stirbt und mit ihm in die Hölle fährt[429]. Wer in die Betrachtung des Todes anderer, die in Sünden gestorben sind, seinen Affekt miteinbezieht, wird so mit Schrecken erfüllt, daß er selber innerlich affektiv und intentional in bezug auf die Sünde stirbt[430]. Um so mehr wird er die Größe der Güte Gottes ermessen, die ihn errettet[431]. Ebenso wird man die grenzenlose Barmherzigkeit Gottes erst schätzen lernen, wenn man sich vorstellt, man sei von Gott verdammt. Erst so kommt man zur eigenen Erfahrung der Gnade Gottes. Denn der Weg, auf dem Gott zum Heil führt, geht durch die Hölle, »Dominus deducit ad infernum et reducit« (1. Reg. 2,6)[432]. Das affektive Betroffensein von Tod und Verdammnis ist bei Luther in die Christus-Nachfolge einbezogen, hermeneutisch gesprochen: der tropologische Sinn des Christusgeschehens wird vom Glaubenden wahrgenommen[433]. Christus ist auf dem Weg zum Heil durch Tod und Hölle uns vorausgegangen. Wir sollen ihm nachfolgen, wie es die Heiligen tun, die mit Christus sterben, mit ihm in die Hölle fahren, dann auch mit Christus auferstehen und zum Himmel auffahren und dank der Christus-Erfahrung Gaben des Geistes an andere mitteilen[434]. Die affektiv-intentionale Teilhabe an der Geschichte Christi ist selber ein Zeichen dafür, daß man die Gnade besitzt, und daß Christus in einem ist[435]. Wer nicht durch Christus von

---

[428] Schol. Ps. 68, 17 WA 3, 431, 14 ff. = BoA 5, 145, 7 ff.

[429] Obgleich die beiden Punkte von Luther nicht deutlich geschieden werden, heben sie sich bei einer Analyse des Textes voneinander ab. Sie werden zusammengefaßt nebeneinander genannt WA 3, 432, 2—4 = BoA 5, 146, 2—4 und WA 3, 433, 24—26 = BoA 5, 147, 32—34.

[430] Schol. Ps. 68, 17 WA 3, 422, 3 = BoA 5, 146, 3.

[431] Schol. Ps. 68, 17 WA 3, 431, 14—21 = BoA 5, 145, 7—15.

[432] Schol. Ps. 68, 17 WA 3, 431, 21 ff. = BoA 5, 145, 15 ff.

[433] Schol. Ps. 68, 17 WA 3, 432, 2 ff. = BoA 5, 146, 2 ff.

[434] Schol. Ps. 68, 17 WA 3, 431, 40 ff. = BoA 5, 145, 36 ff.; ebd. WA 3, 432, 39 ff. = BoA 5, 147, 5 ff.

[435] Schol. Ps. 68, 17 WA 3, 433, 2 ff. = BoA 5, 147, 7 ff.; vgl. WA 3, 433, 31 ff. 432,2—4 433,34 f. = BoA 5, 148, 3 ff. 146,2—4 148,6 f. Verwandte Stellen der 1. Ps.-Vorlesung (Schol. Ps. 56,9 WA 3, 319,37 ff.; Schol. Ps. 77,7 WA 3, 565, 25 f.; Schol. Ps. 115 b, 13 WA 4, 271, 10 ff.) lassen erkennen, daß Luther die in der traditionellen Passionsmeditation gepflegte medi-

Demut und Furcht erfüllt ist, hat erst recht Grund, den Zorn Gottes zu fürchten und nicht auf Gottes Barmherzigkeit zu hoffen[436].

Zugleich soll man auch — in der Glaubensverbundenheit mit Christus — im Affekt der Hoffnung in den Himmel hinaufsteigen und sich bereits in die Gemeinschaft der Engel und Heiligen aufgenommen fühlen, so daß man voll Freude Gott gebührend zu loben vermag. Schließlich soll man auch den Affekt der Liebe Christi »anziehen«, die ihn zu seiner Selbsterniedrigung bewog. Denn je mehr man affektiv in die Liebe Christi hineinversetzt wird, um so besser wird man sie erkennen und wiederum zur Liebe für Christus entflammt werden[437].

Einige Gedanken aus Schol. Ps. 76, das hier die Grundlage für die Darstellung von Luthers Verständnis der compunctio bildet, sollen das Bild abrunden. Hierher gehört die Selbstprüfung, die der Mensch vornimmt, indem er sich fragt, »quis sit, quis fuerit, quis erit«. Das nennt Luther soliloquium animae, bei dem sich die Seele in den »hierarchischen Akten« übt. Zu solcher Selbstprüfung komme es oft und auf wunderbare Weise. Denn was das officium praedicationis an den Menschen heranträgt, das wende das prüfende Selbstgespräch des Herzens nach innen[438]. Die hierarchischen

tierend »intentionale« Versenkung in das Leiden Christi überbietet durch das affektive, aus der fides Christi entspringende »reale« oder »sakramentale« Teilhaben an der Christus-Geschichte. Das schon an anderen Punkten (s. o. S. 178 ff. 206 A. 163, S. 263) beobachtete eigentümliche Verständnis der sakramentalen Christus-Wirklichkeit macht sich auch hier bemerkbar. Ein Rückgriff auf die augustinischen Kategorien des Christus quoad sacramentum und quoad exemplum bleibt dabei noch eine Randerscheinung (WA 4, 271, 12 ff.). Luther hat noch nicht jene spätere Stufe erreicht, auf der er mit Bewußtsein die augustinischen Kategorien verwendet, um sich zugleich von der spätmittelalterlichen Frömmigkeit zu distanzieren. Luthers Entwicklung verläuft in einem geschichtlich komplexen Bereich kirchlich-monastischen Lebens und theologischen Denkens. Zwei für die historischen Zusammenhänge aufschlußreiche Linien von hauptsächlich literarischen Überlieferungen hat M. Elze in zwei Aufsätzen (s. Lit.-Verzeichnis) ausgezogen.

[436] Schol. Ps. 68, 17 WA 3, 433, 28 ff. = BoA 5, 147, 36 ff.
[437] Schol. Ps. 68, 17 WA 3, 433, 36 ff. = BoA 5, 148, 9 ff.
[438] 2. Schol. Ps. 76, 7 WA 3, 540, 3 ff. Die hierarchischen Akte sind ein areopagitisches Theologumenon; es sind die drei Akte des purgare, illuminare, perficere. Vgl. Bonaventura sent. 2 d. 10 a. 2 q. 2 co. und ad obiec. in fine, wo die drei Akte auf das officium spiritualis interpretationis sive locutionis der Engel bezogen werden, wo es aber auch heißt: non irrationaliter bonus doctor et praedicator dicitur illuminare et purgare et perficere suos auditores, sicut expresse b. Dionysius in lib. de angelica hierarchia (c. 3 § 2 MG 3, 166) dat intelligere.

Akte bedeuten: durch die Selbstprüfung wird die Seele gereinigt, erleuchtet und der Vollkommenheit entgegengeführt[439].

Die Bußmeditation, zu der man auch die zuletzt besprochene Selbstprüfung zählen darf, führt zur Selbsterkenntnis. Der Mensch erkennt, daß er nichts vermag, daß er sich im Elend befindet, und daß jeder, der nicht in der compunctio lebt, nichts ist. Er erkennt auch, daß die compunctio nicht seine eigene Leistung ist. Denn er sieht sich durch die compunctio verwandelt. Schon die Erkenntnis der eigenen Nichtigkeit hat er nicht aus sich; sie ist ihm vielmehr durch Erleuchtung zuteil geworden[440]. Darüber hinaus bedeutet die compunctio den Anfang eines neuen Lebens, aber nicht aus eigenen Kräften, sondern als eine Verwandlung durch Gottes Gnade und Gunst und durch den Glauben[441]. Doch ohne compunctio kann es keine Verwandlung zum neuen Leben geben: nullus potest incipere novam vitam, nisi poeniteat eum veteris, nisi in istis compunctionibus, ut psalmus iste (Ps. 76) docet, aestuaverit[442]. Wer durch die Buße verwandelt ist, schickt sich an, Gottes Werke zu verrichten, die opera Dei, die Gott oder Christus in uns wirken[443]. Buße, Verwandlung und neues Leben sind nicht voneinander zu trennen, sie sind ineinander verflochten, so daß nicht eins das andere in der Reihenfolge: Buße, Verwandlung, neues Leben ablöst. Der Idithum, von dem alle Aussagen über die compunctio gemacht wurden, ist bereits der Verwandelte, der aus der Verlorenheit zum Heil hinüber-

---

[439] Vgl. Bonaventura sent. 2 d. 10 a. 2 q. 2 ad obiec. in fine (s. o. A. 438): primum est ad remotionem impedimentorum, secundum est ad cognitionem verorum, tertium est ad dilectionem bonorum.

[440] 2. Schol. Ps. 76, 11 WA 3, 541, 3 ff.

[441] 2. Schol. Ps. 76, 11 WA 3, 540, 34 ff.: »Et dixi: Nunc coepi« i. e. ex talium consideratione compunctus mutavi vitam et incepi aliam. Sed non meis viribus, quia »Haec mutatio dexterae exelsi«. Qui enim talium aestimatione non movetur, stupidus et insensatus est nimis. Si autem movetur, non ex sese mutatur, sed ex Deo. Et quod ista sit mutatio bona, ostendit quod ait »Dexterae« i. e. gratiae et favoris Dei. Vgl. Zgl. z. St. WA 3, 528, 4 ff.: »Et dixi« apud me proposui talibus commotus »nunc coepi« Nu will ich fromm werden »haec mutatio« qua sic mutatus sum »dexterae« gratiae et fidei, favoris »excelsi« Christi.

[442] 2. Schol. Ps. 76, 11 WA 3, 541, 17 ff.

[443] 2. Schol. Ps. 76, 12 WA 3, 541, 25 ff.: Compunctus enim et iam ex terrore aeternae miseriae mutatus, quid faciat, nisi ut opera Dei facere disponat? Opera enim domini hoc loco prophetice sive in spiritu accipiuntur ea, quae nos facere debemus secundum Deum, ut iustitia Dei, via Dei, ut saepe dictum est. Vgl. WA 3, 541, 38 ff. 545, 30 ff.

geschritten ist[444]. Seine mutatio erfährt er fortlaufend in der Affektion der Buße. Diese Existenzbewegung ist die Folge dessen, daß Christus durch den Glauben die Seele geheilt und gerechtfertigt hat[445]. Die fides Christi führt durch die Bußbewegung den Menschen in die Fülle des Heils; denn der Glaube gibt im gekreuzigten Christus Anteil an der Macht und Weisheit Gottes[446].

[444] 2. Schol. Ps. 76 WA 3, 548, 38 ff.: homo quilibet iustus (beachte: iustus!) . . . videns miseriam suam et compunctus ad dominum pro redemptione clamat: post hoc exauditus et redemptus ac mutatus et iam verus Idithum, de miseria in statum salutis transiliens, pro gratiarumactione promittit et proponit semper laudare Deum et opera eius narrare ad aliorum quoque instructionem.

[445] 2. Schol. Ps. 76, 15 WA 3, 543, 10 ff.: Omnia olim facta mirabilia usque hodie fiunt per fidem: fides enim caecos illuminat, claudos stabilit, surdos audire facit . . . Et vere magnum est animam sanare et iustificare, ut omnia visibilia contemnat et coelestia speret. . . . haec virtus occulta est in spiritu, ideo sequitur: »Notam fecisti in populis virtutem tuam«.

[446] 2. Schol. Ps. 76, 15 WA 3, 543, 18 ff.: »Notam fecisti in populis virtutem tuam« . . . Haec est fides Christi. Quia praedicamus Christum crucifixum virtutem et sapientiam Dei (1. Cor. 1, 23), Christum, i. e. fidem Christi. Ipsa enim operatur ista magna. Quid enim maius quam vincere totum mundum et principem eius? Item quid maius quam omnia bona et mala in hac vita superare? Quid maius quam aeternam mortem conculcare? quam animam ex peccatis surgere et filiam Dei fieri, heredem coelestis regni, fratrem Christi, sociam angelorum, amicam spiritus sancti? . . . haec est victoria vestra, quae vincit mundum, fides vestra (1. Joh. 5, 4).

10. Kapitel

RÜCKBLICK

1. Das mittelalterliche Bußverständnis, wie es hier betrachtet worden ist, hat viel eher in Gregor als in Augustin seinen geistigen Vater. Die für Augustin tragende Idee der confessio war so sehr auf den Gottes- und Gnadenbegriff bezogen, daß sich eins mit dem anderen im späteren theologischen Denken verwandeln mußte. Der Bischof von Hippo Regius hatte eine geniale theologische Sicht von der transzendenten Gnadenrealität der katholisch bischöflichen Kirche seiner Zeit gewonnen und seiner Gemeinde gepredigt. Diese Predigt hatte die altkirchliche Bußpraxis zum Hintergrund. Im Verfall der öffentlichen Kirchenbuße im Zeitalter Gregors spiegelt sich ein Wandel der kirchlichen Gnadenwirklichkeit, von deren Erfahrung Augustins Predigt zehrte. Man erfuhr in der Altargemeinschaft nicht mehr die mit Gott und dem Bruder zugleich verbindende Macht der Liebe. Die Kirche mit ihrem Bischof verlor den unmittelbaren Glanz eines die Welt befremdenden Phänomens göttlicher Heilsmitteilung; sie hatte nicht mehr in ihrer korporativen Erscheinung die zur Umkehr treibende, verpflichtende, reinigende Kraft, in deren Bewußtsein man die alte Bußpraxis geübt hatte. Wenn diese Kraft nicht mehr wie früher in der Spannung von Kirche und Welt spürbar wurde, dann mußte sie sich anders kundgeben, sofern sie nicht versiegte.

Gregor, der Mönchspapst, setzte diese Kraft um in die Energie, mit der er die schonungslose Selbsterforschung vor den Augen des strengen himmlischen Richters betrieb. Gottes Gericht als zukünftiger Strafprozeß wurde zum beherrschenden Motiv der Buße, während Augustin der in Gott gründenden Seins- und Gnadenordnung die bedrängende Frage entnahm, ob der Mensch in demütiger Einstimmung in Gottes Willen sich zum ewigen Heil erheben läßt, oder ob er durch hochmütiges Verharren bei sich selbst und bei der Welt sich für immer vom Heil ausschließt. Gregor hingegen lehrte, wie man in der inneren Selbstbestrafung das göttliche Strafgericht vorwegnehmen müsse.

In seinen Confessiones hat Augustin in concreto gezeigt, wie nach seinem Verständnis die psychischen Momente der Buße, die Trauer, der Schmerz und das Seufzen der Reue im Herzen aufgenommen sind in den Akt der confessio, der in der vollen Einheit von Sünden- und Lobbekenntnis den Menschen in Gottes universales, seinsmächtiges Walten hineinhebt. Gregor schenkte seine Aufmerksamkeit gerade dem seelischen Vorgang der Buße, der Bußaffektion. Er pflegte die tränenreiche, düstere Bußmentalität, die der Fromme desto eher und sicherer hinter sich läßt, je intensiver er sich ihr hingibt. Die amaritudo poenitentiae in der Bitternis des zerknirschten Gemütes wird als Medikament gegen die Sündenkrankheit empfohlen.

Wie die seelischen Regungen, nicht mehr vom Akt der confessio umklammert, ihr eigenes Gewicht gewannen, so auch die Erinnerung an die vergangenen Sünden des vorchristlichen Lebens, die für Augustin nur ein Teilmoment im bewußten Vollzug der confessio ausmachte. Denn über seine eigene Vergangenheit wurde er hinausgeführt zur Erkenntnis Gottes in der Schrift (conf. 11—13).

Wenn man auch verschiedentlich bei Augustin auf Wendungen stößt, die eben als Charakteristikum für Gregor hingestellt wurden, so muß man doch die Gewichtsverteilung berücksichtigen. Bei Augustin werden diese Äußerungen überdeckt von den Gedanken seiner confessio- und humilitas-Theologie; bei Gregor beherrschen sie das Feld. Der Akt der confessio wurde bei Gregor zu einem Akt der Buße neben anderen, auch wenn nicht an die kirchliche confessio, sondern an die innere confessio vor Gott gedacht war. Wie die confessio verlor die defensio peccatorum den umfassenden Charakter, den sie als Gegensatz zur confessio bei Augustin hatte; sie wurde zu einem Vollzugsgrad der Sünde in einem linearen Schema. Allerdings blieb die defensio gravierend als der extreme Akt der Sünde, durch den die Sünde verdoppelt wird.

Wenn den Bußempfindungen so viel Bedeutung zukam, mußte man darum bemüht sein, sie zu erzeugen und zu pflegen. Gregor gab als Hilfsmittel dazu generelle schematische Anweisungen an die Hand. Das weltabgewandte Leben, das man als Mönch oder auch in der privaten Lebenssphäre unter der Bindung eines unauflöslichen Gelübdes führte, gewann für die Bußpraxis immer mehr an Bedeutung. In wachsendem Maße zog man es vor, sich in den Mönchsstand zu begeben oder sich durch ein Gelübde zu einem asketisch weltabgewandten Leben in der privaten Lebenssphäre zu verpflichten, statt die Kirchenbuße zu übernehmen.

Augustin wandte sich an Gläubige, die unter dem Eindruck der strengen altkirchlichen Bußdisziplin standen, denen er auf der Kehrseite dieser Zucht die allumfassend ordnende Gerechtigkeit und die alles Sein begründende Güte Gottes zu bedenken gab. Gregor predigte Mönchen und Gläubigen, denen es näher lag und auch von der Kirche empfohlen wurde, die Buße lieber durch den Eintritt in den Mönchsstand oder durch die Konversion zum halbmonastischen Leben zu vollziehen als dem Stande der öffentlichen Büßer anzugehören. Statt nur als ein Verurteilter zu erscheinen, zog man es vor, der Selbstverurteilung in einem Leben der Buße noch den Akzent des Freiwilligen und Verdienstlichen hinzuzufügen, wenn man sich nicht überhaupt damit begnügte, im normalen Leben innere Zerknirschung in sich zu erzeugen und solche Bußempfindung immer wieder durch fromme Gesten und Werke zu bekunden.

Die Buße ist bei Gregor eine Umstimmung des Gemütes aus der Weltfreude in die weltabgewandte Zerknirschung, aus einer weltläufigen Unbekümmertheit in eine weltabgewandte schmerzvolle Bekümmernis wegen der sündigen Unreinheit der zum Fleischlichen hingezogenen Seele. Die Buße ist conversio mentis in der Abkehr von der Welt als Hinwendung zum inneren und himmlischen Seelenheil. Die starke Tendenz zur Innerlichkeit, zur Introversion der Selbstverurteilung ist in Gregors Bußtheologie ein Reflex des monastischen Einflusses nicht nur auf den Mönchspapst selber, vielmehr auch auf das allgemeine Bußverständnis seiner Zeit. Mit der Auflösung der öffentlichen Kirchenbuße zog die innerseelische Buße immer mehr die Aufmerksamkeit auf sich. Die innere Abkehr vom weltlichen Leben wurde zum Hauptmoment der Buße, die dann ihre größte Vollkommenheit erhielt, wenn sie mit dem Gelübde zu einem Leben in ständiger Buße verbunden war.

2. Das Erbe Gregors ist bei keinem der behandelten mittelalterlichen Theologen zu übersehen. Zu diesem Erbe zählt die psychologische Betrachtungsweise, die Betonung des göttlichen Strafgerichtes als Antrieb zur Buße, die methodische Anleitung zum Erwecken der Bußaffektion und damit zusammenhängend das Hervorkehren der Vorstellungen vom Tod, Endgericht, Höllenstrafen und himmlischer Herrlichkeit. Zu dem Erbe gehörte aber auch der Ernst, mit dem die Selbstprüfung vor Gottes Angesicht geübt wurde. Im Geiste dieser Tradition fühlte man sich gehalten, nicht nur das, was vor der Welt für Sünde galt, in Erwägung zu ziehen, sondern darüber hinaus noch das bei sich selbst zu erforschen, was im Verborgenen des Herzens vor Gott uns als Sünder der Verdammnis ausliefert.

19*

Bernhards Bußtheologie ist ebenso wie die Bußtheologie Augustins und Gregors im wesentlichen eine gepredigte Theologie. Die Predigten des Zisterziensers waren meist an Ordensgenossen gerichtet. Der Tenor seiner Sprache ist nicht so qualvoll, düster und bedrückend wie bei Gregor. Bernhard suchte nicht nur die stilistische Anlehnung an Augustin, sondern erhob sich auch wieder wie Augustin zu einem zuversichtlicheren Heilsbewußtsein.

Die monastische Theologie Bernhards hatte teil an allgemeinen Tendenzen des mittelalterlichen Geistes. Die psychischen Vorgänge wurden zu Tugenden und Stufen in einem ordo salutis verdichtet. Der Willensentscheid wurde als Konstitutivum der Tugend betrachtet, machte die humilitas zur Tugend und verlieh dem mönchischen Leben den höheren Rang gegenüber der ohne Willensentscheid empfangenen Taufgnade. Der Bußcharakter des mönchischen Lebens wurde zum Äquivalent des Martyriums und des apostolischen Lebens: eine spirituale Deutung von Martyrium und apostolischer Existenz erlaubte es, das monastische Leben als adäquate Form einer christlichen Vollkommenheit zu betrachten, wie sie in der Nachfolge Christi einst vom Apostel und vom Märtyrer erreicht worden war.

Den Phänomenen der Kirche und des christlichen Lebens wurden in Einzelbildern und Symbolgestalten ein möglichst deutlicher Umriß und klarer, aber immer wieder anders nuancierter Farbton gegeben. Die kirchlichen Stände erschienen als Stände des geistlichen Lebens mit eigenen geistlichen Tugendcharakteren und hatten ihre spezifischen Symbolgestalten. Lazarus, Martha und Maria verkörperten drei abgestufte Bereiche des mönchischen Lebens in der bitteren, tränenreichen Bußstimmung, in der körperlichen Mühsal, in der erquickenden, beschaulichen Andacht. Die Bußstimmung war eine bestimmte Salbe neben anderen Salben der Frömmigkeit. Obgleich das mönchische Leben als ein Leben der Buße verstanden wurde, wurde die Buße dieses Lebens doch insonderheit dem Stande des Novizen zugewiesen und auf Einzelmomente der Frömmigkeit im höheren monastischen Leben konzentriert. In einzelnen Erfahrungen und Zuständen des Gemütes durfte und sollte sich der Mönch aus der Bußstimmung zu höherer, innerlich erfreuender Stimmung der Andacht erheben.

Das iudicium der Buße wurde in der Selbstprüfung vollzogen, die deutlicher als bei Gregor von der Bußaffektion geschieden war. Während die Selbsterkenntnis den allgemeinen Zustand des Menschen nach dem Sündenfall erfaßte, beschäftigte sich die Selbstprüfung, der sich der Fromme immer wieder zu unterziehen hatte, mit den einzelnen verkehrten Regungen, die der Fromme bei sich entdecken konnte. Je gründlicher das erfolgt, desto weniger wird Gott im Endgericht am Frommen zu strafen finden, so lehrte es Bernhard. Der Rest Verderbnis, der nicht einmal durchs schärfste Selbstgericht getilgt wird, muß stets noch durch Christi Gerechtigkeit bedeckt werden, natürlich davon abgesehen, daß das Heilswerk Christi dem Frommen schon in der Taufe und in den Gnadengaben des geistlichen Lebens zugute gekommen ist. Aber coram Deo — das ist die Dimension, in die sich der Fromme stets mit seiner Selbstprüfung zu begeben hatte — erscheint das iudicium sui bei Bernhard nicht christologisch begründet, sondern wird rein in der Relation zum Endgericht gesehen; es ist auch nicht schon im Ansatz mit der iustitia Christi verkoppelt.

Gewiß trat in der Frömmigkeit Bernhards ungleich stärker als bei Gregor Christus in Erscheinung, aber in der Funktion der bildhaften Deutung des spiritualen Lebens. Bernhard erblickte in den Tugenden der compunctio, devotio, humilitas verschieden geartete Dienste der Seele als der Braut an ihrem Herrn als dem Bräutigam. Den Affekt der Liebe, in dem sich bei anhaltender Frömmigkeit die Seele immer stärker zum Herrn hingezogen fühlte, empfand er dabei als einen Reflex oder gar als einen Ausfluß aus der ihm zugewandten Liebe des Herrn, von dessen heilsgeschichtlichem Werk sich der Fromme in der Kirche getragen wußte.

Bei Wilhelm von Auvergne begegneten wir einer Bußtheologie nicht in gepredigter Form, sondern in rationaler Reflexion und — wenigstens leidlich — systematischer Erörterung des Problems, nicht in der ausgesprochen scholastischen Methode der Quaestio, vielmehr in durchgehender Gedankenführung analog der späteren Summa contra Gentiles des Thomas, zu der das Magisterium divinale Wilhelms auch in der Zielsetzung eine zeitlich frühere Parallele bildet, weil es in ähnlicher Weise der Auseinandersetzung mit Irrgläubigen dienen wollte. Für Wilhelm waren das die Albigenser. Die scholastische Behandlung der Buße (in den Summen und Sentenzenkommentaren) war von vornherein auf das Bußsakrament bezogen. Wilhelm hingegen deduzierte die Notwendigkeit der Buße aus den Forderungen des natürlichen Sittengesetzes; das ist das eine, was seine Darlegungen im Vergleich mit der scholastischen Bußlehre interessant macht. Die erhellende Idee fand Wilhelm im Begriff des iudicium, den er nicht durchgängig, nur streckenweise in Korrelation zum Begriff iustitia sah. Das ist das andere, dessentwegen er im Rahmen dieser Untersuchung besondere Beachtung verdiente.

Wilhelm blieb nicht dabei stehen, die sittliche Notwendigkeit der
Buße zu erweisen. Aus der Reflexion über das faktische sittliche Vermögen des Menschen erschloß er auch die Notwendigkeit der sakramentalen kirchlichen Buße. Mit diesen Überlegungen stand Wilhelm
an der Schwelle zur scholastischen Theologie. Er gab allerdings noch
keine schulmäßig präzisierte Antwort auf die Frage nach dem Verhältnis von natürlichem Vermögen des Menschen und übernatürlicher Gnadenwirkung.

Die kirchlichen Gegebenheiten nötigten Wilhelm zu seiner De-
duktion. Denn auf der 4. Lateransynode 1215 hatte die Kirche entschieden (c. 21), daß die Teilhabe an der kirchlichen Gnadenwirklichkeit für jeden Gläubigen gebunden ist an die Privatbuße mit
Ohrenbeichte und an den Empfang des Altarsakramentes. Wer diesen beiden miteinander verketteten Sakramenten sich entzieht, ist
für Zeit und Ewigkeit vom kirchlichen Heil ausgeschlossen (. . . alio-
quin et vivens ab ingressu ecclesiae arceatur et moriens christiana
careat sepultura). Damit hatte die Kirche ihre eigene sakramentale
Gnadenvermittlung dogmatisch fixiert und die Voraussetzung geschaffen, um die Anerkennung dieser kirchlichen Wirklichkeit auch
von Andersgläubigen unbedingt zu fordern und im Bereiche ihrer
Macht mit allen Mitteln durchzusetzen. Diese neuen Gegebenheiten
suchte Wilhelm einleuchtend zu machen.

Für den Mönch hatte sich durch die Entscheidung des 4. Latera-
num nichts geändert. Für ihn brauchte das Bußsakrament in der
Form der privaten Ohrenbeichte nicht verbindlich gemacht zu werden. Er praktizierte die Buße unablässig in seiner Lebensweise.
Wenn er nicht auf dem ihm vorgezeichneten Christus-Wege blieb,
trat für ihn an die Stelle des Bußsakramentes das iudicium im
Kapitel des Ordenskonventes, wo der Vorgesetzte des Konventes
als der Stellvertreter Christi unter dem — zeichenhaft im Kapitelsaal sichtbaren — Kreuz Christi das Gericht übte und mit seelsorgerlichen Worten dafür sorgte, daß keiner in der defensio peccatorum
seine Sünde verdoppelte, die humilitas Christi verleugnete und der
superbia verfiel. Die lex Christi, die so, wie man sie dem Evangelium
entnahm und in der apostolischen Existenz des Paulus glaubend
nachvollzogen sah, das Lebensgesetz des Mönches sein sollte und im
Kapitelgericht den Verirrten immer wieder zur Umkehr auf den
verlassenen Weg veranlaßte, dieses Gesetz Christi mußte für denjenigen tötender Buchstabe sein, der nicht zugleich mit der Hingabe
an die lex Christi aus ihr den lebendigmachenden Geist empfing, so
daß er dessen inne wurde, daß unter dem Kreuz Christi der alte

Mensch getötet wird, der in seinem Eigensinn und Eigenwillen nicht den Sinn Christi hat (1. Cor. 2,16), der nicht gesinnt ist wie Christus (Phil. 2,5), daß aber auch der neue Mensch in spiritu in Christus und mit Christus zum Leben erweckt wird.

Die spätmittelalterliche Frömmigkeit der Devotio moderna hat diese Möglichkeiten des monastischen Selbstverständnisses nicht ausgeschöpft, obwohl diese Frömmigkeit eigentlich in der Welt des Mönchtums zu Hause war. Zugleich war die Devotio moderna allerdings bestrebt, auf die Frömmigkeit außerhalb der Klostermauern einzuwirken. Daß diese Bewegung das monastische Selbstverständnis nicht über die herrschenden Traditionen hinaus zu klären, zu vertiefen, zu revidieren vermochte, mag seinen Grund nicht nur darin haben, daß man auf breitere kirchliche Wirkung bedacht war, sondern auch darin, daß man vor allem die Praxis der Frömmigkeit im Sinne hatte und nicht theologisch nach ihren tieferen Voraussetzungen fragte, daß man sich weder hermeneutisch auf den eigenen Umgang mit der Schrift besann noch gründliche christologische Überlegungen anstellte im Hinblick auf den Christus, mit dem man sich in der Passionsmeditation vielfach beschäftigte, daß man auch nicht die monastische und kirchliche Wirklichkeit, in der diese Frömmigkeit praktiziert werden sollte, zum Gegenstand theologischer Reflexion machte.

3. Das geschah bei Luther im Zuge seiner Schriftauslegung und zwar in seiner 1. Psalmenvorlesung. Indem Luther den Psalmentext auslegte, besann er sich auf Christus, nach dessen Evangelium er als Mönch zu leben gedachte und dessen Wort von seinem Vorgesetzten (also auch von Staupitz) als dem Stellvertreter Christi ihm ausgerichtet wurde, dessen Wort er außerdem selber in der Stellvertretung Christi als Subprior (seit Mai 1512) und als Distriktsvikar (seit Mai 1515) seinen Untergebenen mitzuteilen hatte. Luther besann sich auf Christus als das Haupt seines geistlichen Leibes, der in der Klostergemeinde unter dem sichtbaren Haupte des Priors konkrete Gestalt hatte. Mit seinem geistlichen Haupte las, meditierte und betete Luther im täglichen Stundengebet den Psalter, dem er dann ab 1513 in seiner Vorlesung die entsprechende theologische Deutung geben wollte. Luther war bei dieser Vorlesung bestrebt, im Worte des Psalters seine kirchlich-monastische Lebenswelt von ihrem Grunde in Christus her und damit seinen eigenen Christusglauben von seiner Quelle her sich und seinen Hörern verständlich zu machen. Als hermeneutisches Mittel erwies ihm dabei das Schema vom vierfachen Schriftsinn einen Dienst, weil es den Dimensionen

des geistlichen Leibes Christi angepaßt werden konnte. In dieser Angleichung wurde es von Luther verwendet; und weil es ihm Mittel war zum Zweck der theologischen Klärung der Christus-Wirklichkeit seines eigenen geistlichen Lebens, verwendete er es mit stärkerer Intensität, als es die Praxis der traditionellen Exegese ihn lehrte.

Bei der Auslegung von »iudicium« bemühte Luther mehrmals das traditionelle hermeneutische Schema. Und die Durchführung seiner Exegese erweist, wie in seiner Deutung das Gericht Gottes in der anthropologischen (tropologischen), ekklesiologischen (allegorischen) und eschatologischen (anagogischen) Dimension eine Einheit bildet und in allen Dimensionen seinen ursprünglichen Grund in Christus hat. Von den drei »mystischen« Dimensionen hat wiederum die tropologische den sachlichen Vorrang, weil Gottes Gericht der Erwählung letztlich nicht eine ausweisbare Scheidung zwischen Kirche und Welt, auch nicht die vordergründig historische Scheidung zwischen Kirche und Synagoge, sondern die Scheidung zwischen den Gläubigen und den Ungläubigen bewirkt. In Israel hat durch die Predigt Christi diese Scheidung begonnen, sie wird von der Kirche Christi in die Welt hineingetragen und durchzieht gleichzeitig auch die Kirche, selbst die Mönchsgemeinschaft. Gottes Gericht der Erwählung hängt also an der Scheidung von Glaube und Unglaube, von spiritus und caro, homo novus und homo vetus. Das ist das Gericht der Buße, das der einzelne Glaubende an sich selbst erfährt und als iudicium sui im Christus-Glauben zu vollziehen hat. Das eschatologische Gericht Gottes ist die Enthüllung und Vollendung des sich jetzt durch den Glauben ereignenden Gerichtes. Der christologische Grund von Gottes Gericht im iudicium sui und im iudicium discretionis hat verschiedene Aspekte: Christus hat mit seiner Predigt das Gericht in die Welt gebracht, er hat es in seiner Kreuzigung in eigener Person auf sich genommen; er ist als Gottes Sohn in seiner Person zugleich das Wort und das Gericht Gottes. Derselbe Christus, dasselbe Wort Gottes ist jetzt in der Gestalt der lex Christi oder des Evangeliums das Gericht Gottes, einerseits weil dieses in der Kirche laut werdende, in Stellvertretung Christi gesprochene Wort das Gericht der Buße lehrt, anderseits und recht eigentlich weil dieses Wort im Vollzug des Glaubens mit dem iudicium sui sein Ziel erreicht.

Die Einzelzüge von Luthers Verständnis des Bußgerichtes in der 1. Psalmenvorlesung können hier nicht rekapituliert werden. Auch die Einflüsse der Tradition lassen sich im einzelnen kaum bestim-

men, obgleich es klar zutage tritt, daß Luther von der Tradition
abhängig ist und gerade die nicht-scholastische, die patristische und
monastische Theologie auf ihn eingewirkt hat. Luther manipulierte
nicht die Traditionen, wie es im Grunde genommen die Autoren der
Devotio moderna machten. Gewiß trat Luther, der seinen Verstand
in der ockhamistischen Schule geschärft hatte, in die Bahnen der
Devotio moderna, er griff die monastische Theologie auf, er ließ sich
von Bernhard anregen, vor allem suchte er die Person und Theologie
Augustins zu erfassen. Dennoch wurde Luther weder als Ockhamist,
noch als Anhänger der Devotio moderna, noch als monastischer
Theologe, auch nicht als Vertreter einer bernhardinischen Frömmigkeit oder augustinischen Theologie zum Reformator. Zum Reformator wurde er als der Lehrer einer neuen Theologie, die in der
inneren Auseinandersetzung mit den Traditionen beim Schriftstu-
dium herangereift war. Dieser Reifeprozeß war während der 1.
Psalmenvorlesung in vollem Gange. Neues brach bereits auf, ohne
daß es schon zur offenen Kritik an den Traditionen kam. Luther
konfrontierte sein unscholastisches, »biblisches« Verständnis von
iudicium dem scholastischen Begriff des Bußaktes, ohne damit eine
ausdrückliche Kritik zu verbinden. Spürbar waren auch schon die
Differenzen zur patristisch-monastischen Tradition.

Eine fundamentale Differenz zur gesamten Überlieferung stellte
sich dort ein, wo für Luther das esse in peccatis originalibus zum
Inhalt der confessio wurde und ein radikales iudicium sui notwendig machte. Dadurch wurde die peinlich genaue Selbsterforschung,
die seit Gregor die monastische Bußstimmung beherrscht hatte, hin-
fällig. Selbst für Augustin war das peccatorem esse nicht in diesem
radikalen Sinne Gegenstand der confessio. Luther gewann diese
Erkenntnis nicht ohne die monastische Schulung der genauen Selbstprüfung; als Wahrheit ging sie ihm auf im Wort der Schrift, das
bedeutete zugleich: im Christus-Geschehen, mit dem ihn sein Chri-
stus-Glaube in Einklang zu bringen trachtete. Indem diese Erkenntnis sich bei ihm durchsetzte, vollzog sich ein tiefgreifender Wandel
im Verständnis der geistlichen Christus-Wirklichkeit seiner kirchlich-monastischen Lebenswelt. Genauso gut kann man sagen: weil
beim theologisch reflektierenden Umgang mit der Schrift seine Erfahrung der ihn bestimmenden kirchlichen Wirklichkeit von ihrem
christologischen Grunde her sich allmählich wandelte, deshalb ging
ihm an der Schrift und im Verständnis Christi eine neue Erkenntnis
seines Sünderseins auf. Mit dem Aufkeimen einer neuen Bußanschauung eröffnete sich eine neue Sicht des Christus-Geschehens. Es

wurde von Luther mitten in seiner monastischen Welt als ein unmittelbar ansprechendes Geschehen erfahren, nicht in der heilsgeschichtlich distanzierenden Brechung, die man in der herkömmlichen
Christus-Meditation zu überbrücken suchte. Wie die neue Erkenntnis des Sünderseins in der Übung der mönchischen Bußpraxis sich
einstellte, so erwuchs die neue Christus-Erfahrung aus dem monastischen Selbstverständnis, das seinen christologischen Orientierungspunkt möglichst zuverlässig zu erfassen suchte.

In mancher Hinsicht kam Luther in größte Nähe zu Augustin.
Besser als die Theologen vor ihm begriff Luther das Wesen der
augustinischen confessio. Daß Luther aber unter dem Eindruck der
mittelalterlichen, speziell der monastischen Tradition an Augustin
herantrat, zeigt sich schon daran, wie bei ihm der Begriff iudicium
das Übergewicht hat gegenüber dem confessio-Begriff. Gegenüber
der mittelalterlichen Auffassung vom Selbstgericht der Buße gewann
allerdings Luthers Verständnis des iudicium sui eine Weite und
Tiefe, wie sie ähnlich den augustinischen Begriff der confessio ausgezeichnet hatte. Wie bei Luther im radikalen iudicium sui der
Glaubende sich selbst als ganzen Menschen, nämlich als Sünder
schlechthin erfaßt und als solcher sich im iudicium Christi auch der
iustitia Christi anvertraut, so fügt sich für Augustin der Mensch
mit der umfassenden confessio ein in Gottes gnadenhaft erfahrene
Seinsordnung. Für Luther wie für Augustin wird die humilitas zu
einer durchgängigen Daseinsbestimmung, die nicht als Tugend faß-
bar ist. Sie ist aber bei Luther bezogen auf das in Christus erkannte
und in Christus aufgehobene Sündersein schlechthin. Für Augustin
hingegen wird in der humilitas die von Sünde befleckte Kreatürlichkeit wahrgenommen mit dem Ausblick auf den himmlich idealen
Christus, der in die Kreatürlichkeit herabgestiegen und wieder zum
Himmel aufgestiegen ist und denen das himmlisch ewige Leben eröffnet hat, die in der kirchlichen Altargemeinschaft den Geist der
Gottesliebe sich zuströmen lassen. Luthers auf dem Boden des spätmittelalterlichen Mönchtums gewonnene Erfahrung des sakramentalen und exemplarischen Christus war von Anfang an anders gelagert als das augustinische Theologumenon des Christus als sacramentum und exemplum. Ebenso war Luthers Bußverständnis schon
in dem Augenblick, als er mit ihm in die größte innere Nähe zu
Augustin vorstieß, von dessen Bußanschauung durch ein wesentlich
anderes Verständnis des menschlichen peccatorem esse geschieden.

11. Kapitel

AUSBLICK

1. Luther

In diesem Ausblick soll nur in einigen Punkten angedeutet werden, wie in der reformatorischen Bußtheologie Gedanken zum Tragen gekommen sind, die in der »Vorgeschichte« angelegt gewesen sind. Ich richte den Blick auf die Zeit ab 1517/18, weil seit dieser Zeit die reformatorische Bußtheologie im offenen Gegensatz zur herrschenden Bußtheologie entfaltet worden ist. Seit dieser Zeit kann man eindeutig von reformatorischer Bußtheologie sprechen. Ich habe es nicht darauf abgesehen, ein Datum für den Durchbruch von Luthers reformatorischer Bußtheologie zu fixieren. Die theologischen Probleme und ihre Traditionen waren in diesem Bereich so vielfältig, daß hier nicht plötzlich ein Durchbruch auf der ganzen Linie erfolgen konnte. Der Vorgang ist so kompliziert, weil Luther die herrschenden Ideen und die verschiedenen Traditionen ungewöhnlich intensiv mit allen Fasern seiner Person in sich aufgenommen hatte. Um so tiefgreifender und weitreichender war dann aber auch der Umbruch. Die Tendenzen einer neuen »reformatorischen« Bußtheologie, die in der 1. Ps.-Vorlesung ein dichtes Gewebe mit den Überlieferungen bilden, werden zwischen 1515 und 1517 immer stärker und veranlassen Luther bereits zur akademischen Kritik an scholastischen Lehrmeinungen. Die entscheidende Entwicklung der Bußtheologie Luthers in diesen Jahren sehe ich darin, daß im Zuge der Paulus-Exegese die Elemente der Buße — sowohl das iudicium sui (agnitio und confessio peccati, accusatio sui etc.) als auch die Affektbewegung — in immer stärkerem Maße von der fides durchdrungen werden, so daß die fides selber zu einem umfassenden Selbstverständnis der Buße wird[1]. — Es ist nicht möglich, in diesem Ausblick zu zeigen, wie die reformatorische Bußtheologie in der Frontstellung gegen die kirchliche Bußpraxis entfaltet worden ist; vor allem muß außer Betracht bleiben, wie nun der kirchlichen Bußinstitution die evangelische Auffassung vom Wort

---

[1] R. Schwarz, Fides, spes und caritas beim jungen Luther, S. 259 ff.

und Glauben entgegengesetzt worden ist. Darum blieb auch in der
»Vorgeschichte« die kirchliche Bußpraxis und ihre theologische
Rechtfertigung im scholastischen System unberücksichtigt. Es können auch nicht die Probleme erörtert werden, die im Laufe der Jahre
für die reformatorische Bußtheologie aufgebrochen und von Luther
vor allem in den Antinomer-Disputationen diskutiert worden sind[2].
Bei Luther sollen nur die beiden Themen angeschnitten werden, die
den Stichworten Gericht der Buße und Bußaffekt (Bußbewegung)
zugehören. Bei Melanchthon und Calvin soll nur das Grundverständnis von Buße im Umriß gezeigt werden.

a) Bußaffekt und Bußmeditation

In seinem an Staupitz gerichteten Widmungsschreiben zu den
Ablaß-Resolutiones (30. Mai 1518) verweist Luther zur Bekräfti-
gung seines neuen Bußverständnisses auf jene Psalmen, deren can-
tator Idithun, das ist: transiliens, heiße. Denn in der Buße ist der
Mensch nun für Luther ein transiliens, einer, der hinüberspringt,
dem eine Verwandlung seines Geistes und Gemütes, eine transmutatio mentis et affectus widerfährt[3]. Luthers Auslegung des
Idithun-Psalms Ps. 76 hat gezeigt, wie intensiv Luther gerade bei
diesem Psalm mit dem Verständnis der Bußbewegung gerungen hat,
so daß im Schol. Ps. 76 eine entscheidende Phase der Entwicklung
von Luthers Bußtheologie ihren Niederschlag gefunden hat. Die
Exegese von Ps. 76,11 »haec mutatio dexterae excelsi« enthielt schon
die Einsicht, daß die compunctio den Menschen verwandelt »in
alium virum«, und daß diese Verwandlung, die zugleich eine Erleuchtung zur cognitio sui ist, aus Gottes Gnade zuteil wird[4]. Es ist
historisch erklärlich, daß Luther seine Einsicht in das wahre Wesen
der Buße 1518 in anderen Formulierungen und mit größerer Klar-

---

[2] Auch verzichte ich auf die Auseinandersetzung mit der Literatur.

[3] WA 1, 526, 1 ff. = BoA 1, 526, 19 ff. Luther erinnert nicht nur an die 3 Idi-
thun-Psalmen, sondern auch an die Bezeichnung Abrahams als »Ebraeus« =
transitor (Gen. 14, 13) sowie an das Passah (phase = transitus; Ex. 12, 27)
als Präfiguration Christi, der den transitus mentis, die wahre Buße, zur Erfüllung gebracht hat. Zu diesem letzten Punkt vgl. H. Beintker: Phase Domini.
Zu Luthers Interpretation der μετάνοια, in: Festgabe für R. Hermann, 1957,
S. 30—41; für die altkirchliche Tradition ist aufschlußreich Chr. Mohrmann:
Pascha, Passio, Transitus, in: Eph. Liturg. 66, 1952, S. 37—52.

[4] 2. Schol. Ps. 76, 11 WA 3, 540, 34 ff.; Zgl. z. St. WA 3, 528, 5 f.: »haec
mutatio« qua sic mutatus sum »dexterae« gratiae et fidei, favoris »excelsi«
Christi.

heit ausspricht als in statu nascendi im Schol. Ps. 76. 1518 verbindet Luther seine befreiende Erkenntnis mit der Kritik an der herrschenden Bußanschauung. Er bedient sich der augustinischen Terminologie, wenn er sagt, die wahre Buße habe ihren Ursprung im amor iustitiae (et Dei) und nicht, wie man bisher gelehrt hatte, im timor poenae[5]. Im Sermo de poenitentia (1518) hat Luther diese Antithese besonders hervorgekehrt[6]; sie wurde auch zu einem Diskussionspunkt bei der Leipziger Disputation[7] und beschäftigte Luther später noch, zumal entscheidende Sätze des Sermo de poenitentia in der päpstlichen Bulle vom 15. Juni 1520 verurteilt worden waren[8].

Im augustinischen Sprachgebrauch bezeichnet der amor iustitiae die tragende, motivierende Kraft des in der Gnade gegründeten rechtschaffenen Lebens[9]. Das Tugendideal der iustitia ist hier der Inbegriff des rechtschaffen frommen Lebens und zugleich der Inbegriff dessen, was Gottes Wille und Gesetz vom Menschen unbedingt fordert. Die Gnade mit ihrer übernatürlichen, den Willen prägenden Kraft setzt den Menschen dazu instand, aus liebender Hingabe an die »Gerechtigkeit«, unbesorgt um die handgreiflichen Vor- oder Nachteile das Gute zu tun. Ohne die Gnade hingegen, unter dem Gesetz tut der Mensch das Gute nur aus Furcht vor der Strafe; er unterläßt das Böse nur aus Furcht vor den nachteiligen Folgen, die er hier oder in Gottes Gericht zu spüren bekommen würde. So sind der timor poenae und der amor iustitiae die Merkmale des Lebens unter dem Gesetz und des Lebens unter der Gnade.

[5] WA 1, 525, 11 ff. = BoA 1, 16, 26 ff. Staupitz habe ihm, als er unter vielen Gewissensnöten und unter unendlichen, unerträglichen — in den Bußhandbüchern zusammengestellten — Beichtanforderungen litt, das befreiende Wort gesagt: quod poenitentia vera non est, nisi quae ab amore iustitiae et Dei incipit, et hoc esse potius principium poenitentiae, quod illis finis et consummatio censetur.

[6] WA 1, 319, 10 ff.: Z. 12 ff. die unheilvolle Reue im timor poenae, Z. 27 ff. die heilsame Reue im amor iustitiae.

[7] WA 2, 160, 36 ff. die 3. von Luthers 13 Thesen; über diese These wurde in Leipzig am 12. Juli 1519 disputiert WA 2, 359—372; dazu Luther noch einmal WA 2, 421, 16—422, 35.

[8] Bulla »Exsurge Domine« 15. Juni 1520, art. 6 (Denz. 746); dazu Luther WA 6, 610, 29 ff. 625, 6 ff.; 7, 113, 31 ff. 354 (355), 11 ff. = BoA 2, 83, 31 ff. In späterer Zeit z. B. WA 30 II 670, 33—671, 22 (1530). Luthers Ansicht wurde in Trient verurteilt (Denz. 897 f. 915).

[9] Vgl. Augustin-Stellen S. 144 A. 19. Calvin, Acta syn. Trid. cum antidoto CR 7, 476 zitiert Augustin ep. ad Anast. 145 (144) n. 4. Vgl. das Bonaventura-Zitat S. 211 A. 177.

Nach Luthers reformatorischem Verständnis ist nur die Buße heilsam, die aus dem amor iustitiae, d. h. aus der Gnade entspringt. Zwischen dem Unheil des Menschen unter dem Gesetz und dem Heil des Menschen unter dem Wort der Gnade kennt Luther keine vermittelnden Zwischenstufen. Jeden Versuch, hier zu vermitteln, verurteilt er als Pelagianismus. Darum duldet er auch keine Differenzierungen im Gnadenbegriff[10]. Einzig und allein Gottes ungeteilte Gnade schenkt dem Menschen das Heil durch den Glauben. In der herrschenden Bußlehre operierte man jedoch mit Unterscheidungen im Gnadenbegriff und wollte den Menschen über vermittelnde Stufen von der Sünde zur Gerechtigkeit führen, indem man die Buße mit dem timor poenae ihren Anfang nehmen und in der rechtfertigenden Gnade ihre Vollendung finden ließ. Diesem Zweck diente auch die Bußmeditation in ihrer allgemein üblichen Form, deren geistiger Vater Gregor der Große gewesen ist. Die Betrachtung der Sünden und ihrer zeitlichen und ewigen Straffolgen sollte zunächst eine Furchtreue erwecken; durch die Betrachtung von Gottes Gunsterweisen sollte man sich dann zu einer Liebesreue erheben.

Gleichzeitig mit der Kritik an der bisher gültigen Wertung des timor poenae verwirft Luther auch die gängige Form der Bußmeditation. Luther läßt das Wort aus dem Gebet des Königs Hiskia (Is. 38,15) anklingen: Recogitabo tibi omnes annos meos in amaritudine animae meae[11]. Auf dieses Wort hatte man sich gestützt, wenn man in der Bußmeditation die Anweisung gab, man solle im Rückblick auf die Vergangenheit die Sünden erforschen, sie im Bewußtsein zusammentragen und den Bußaffekt der Reue dann durch die Überlegung erzeugen, wie vielfältig, schwer, schimpflich und abträglich die eigenen Sünden sind, daß man ihretwegen die ewige Seligkeit verliert und sich die ewige Verdammnis zuzieht. Auf diesem Wege der Bußmeditation wird der Mensch nach Luthers Erfahrung[12] und Meinung zum Heuchler, ja erst recht zum Sünder. Die Reue entspringt der Furcht vor der Strafe und dem Schmerz um den Verlust eigener Güter (dolor damni). Unter der Nötigung dieser Affekte wird das verkehrte Wollen und Streben des Menschen nicht gewandelt, weil der Mensch nicht aus innerer Freiheit von sich selbst die Sünde verabscheut. Im Gegenteil, sagt Luther,

---

[10] WA 2, 368, 28 ff. 371, 36 ff.
[11] WA 1, 319, 13; vgl. WA 30 II 670, 38.
[12] Vgl. WA 1, 525, 19 f. = BoA 1, 17, 6 f.

der Mensch wird noch mehr von seiner Sünde affiziert, weil nach Paulus (Röm. 5,20 7,7) Gesetz und Sündenerkenntnis die Sünde noch vermehren[13]. Luther setzt dieser Praxis eine Meditation entgegen, die unmittelbar durch den amor iustitiae zur Buße führen soll. Im Sermo de poenitentia gibt er eine Anleitung, die sich noch eng an traditionelle Überlegungen anlehnt (WA 1, 319, 27 ff.): Man soll sich die Gerechtigkeit im Bilde der Tugenden vorhalten, exempli gratia: si vis poenitere de luxuria, non incipias numerare vitia, foeditates, damna eius (nam haec non diu tibi durabunt, cum sit violenta contritio ex vi praecepti facta), sed intende in speciem castitatis atque ad commoda eius pulcherrima, ut ipsa tibi intime placeat (WA 1, 319, 31 ff.). Diese Art der Meditation kann abstractive oder concretive erfolgen. Die abstraktive Meditation geht von der Tugend als solcher, vom Tugendideal aus. Diesen Weg hält Luther jedoch nicht für angebracht für den Menschen, der dem Vorfindlichen verhaftet ist[14]. Angemessener ist die konkretive Meditation. Sie lenkt die Aufmerksamkeit auf die konkrete Erscheinung eines Lebens in der Gerechtigkeit vor Gott. Wir sollen auf die Heiligen, die Vorbilder im Glauben blicken, vor allem aber auf Christus. Solche Meditation erzeugt ein sehnsüchtiges Verlangen nach dem Leben in der Gerechtigkeit vor Gott; und dieses sehnsüchtige, seufzende Verlangen ist die wahre Reue, der gemitus cordis[15]. Die Christus-Meditation rückt beherrschend in den Mittelpunkt der Bußmeditation[16] und steht im ausschließenden Gegensatz zur furchterregenden Meditation von Sünde, Tod, Gericht und Hölle, während im Mittelalter diese beiden Meditationsformen verbunden wurden. Heinrich Herp wollte zwar auch nur die Christus-Meditation gelten lassen; doch wurde sie bei ihm überboten von der mystisch-ekstatischen Versenkung in Gott selbst[17]. Für Luther kann

[13] WA 1, 319, 12 ff. Luthers Argumentation hat ihre Parallelen in den oben A. 8 genannten Texten, ferner WA 6, 545, 9 ff. = BoA 1, 480, 35 ff.
[14] WA 1, 319, 36 ff. — Es gibt Berührungspunkte zwischen WA 1, 319, 36 ff. und Gerson de simplificatione cordis (3, 457 ff. DuPin).
[15] WA 1, 320, 1 ff. 35 ff.; beachte Z. 5 das gemere, Z. 12 das suspirare ex corde und Z. 20 das moveri miro affectu.
[16] Auch bei den Ablaß-Resolutionen klingt in dem Widmungsschreiben für Staupitz die Christus-Meditation an, WA 1, 525, 21 ff. = BoA 1, 17, 9 f. Daß Luther hier von den praecepta Dei spricht, ist durch die augustinische Konzeption des amor iustitiae bedingt, weil er dort die Triebkraft zur wahren Erfüllung von Gottes Gesetz ist, während Luther zugleich nur in ihm die wahre Buße motiviert findet.
[17] S. o. S. 149.

der Glaube nicht über die Christus-Meditation hinausgelangen, da
sein ganzes Leben Buße ist in Gestalt einer transmutatio mentis et
affectus[18]. Das Bedenken des Leidens Christi »wandelt den Menschen wesentlich«, wie Luther in seinem Sermon von der Betrachtung des heiligen Leidens Christi sagt[19]. Diese Schrift zeigt, wie die
Passionsmeditation nun ihre Art und Bedeutung verändert hat,
nachdem in der 1. Ps.-Vorlesung schon einzelnes in eine neue Richtung gewiesen hatte[20]. Das Kreuz Christi ist nicht mehr wie für die
mittelalterliche Christus-Meditation ein Vorstellungsmaterial, wie
es die Vorstellungsmaterialien von Tod, Gericht, Hölle und himmlischer Seligkeit auch gewesen sind. Das Kreuz Christi ist nicht mehr
ein meditierbarer Stoff, mit dessen Hilfe der Mensch bestimmte
Affekte in sich erzeugt. Die Christus-Meditation hat jetzt den Charakter der paulinischen Predigt von Kreuz und Auferstehung
Christi. Der Mensch wird des Ernstes und der Liebe Gottes inne,
so daß der alte Adam in ihm erwürgt und er selber durch den Glauben »neu in Gott geboren« wird[21]. Er ist »nu den sunden feynd
worden . . . auß liebe, nit auß furcht der peyn«[22]. Dieses Wirken
Gottes in Christus widerfährt dem Glaubenden, der von dem Verlangen erfüllt ist, durch Gottes Gnade unter dem Kreuz Christi zur
Erkenntnis des eigenen Sünderseins zu gelangen und im Vertrauen
auf die überwindende Macht Christi von sich selbst befreit zu werden, damit er sein Leben rein aus der Barmherzigkeit Gottes fristen
könne. Das Leben des Glaubens in solchem assiduus gemitus pro
gratia ist selber schon das Werk der Gnade[23].

---

[18] WA 1, 233, 10 ff. = BoA 1, 3, 17 ff.; wie Th. 3 zeigt, denkt Luther primär
    an die poenitentia interior, die er auch im Widmungsschreiben an Staupitz
    WA 1, 526, 1 ff. = BoA 1, 17, 19 ff. bei der transmutatio mentis et affectus
    sowie beim transitus mentis im Sinne hat.
[19] WA 2, 139, 14 = BoA 1, 158, 8 f.
[20] S. o. S. 285 f.
[21] WA 2, 139, 15 ff. 141, 3 ff. = BoA 1, 158, 9 ff. 159, 35 ff.
[22] WA 2, 141, 8 f. = BoA 1, 159, 39 f.
[23] WA 2, 139, 19 ff. 140, 27 ff. = BoA 1, 158, 13 ff. 159, 19 ff.; in seinem Trac-
    tatus de indulgentiis 1517 (WA 1, 65, 9 ff., besserer Text jetzt WAB 12, 5 ff.)
    beschreibt Luther unter dem Begriff der gratia infusionis (WAB 12, 6, 36 ff.)
    die Buße als eine unablässige, den ganzen Menschen erfassende Existenz-
    bewegung im Gegenzug zum peccatum originale. Obwohl die Bewegung selber
    Gnade ist, bleibt sie doch stets ein seufzendes Verlangen nach der Gnade;
    WAB 12, 7, 81 spricht Luther von dem assiduus gemitus pro gratia destruc-
    trice corporis peccati et mortificatrice membrorum peccati (vgl. Röm. 6, 6
    7, 23).

Dasselbe meint Luther, wenn er in De captivitate Babylonica unter der Buße den Glauben versteht, der von Gottes Drohung und Verheißung provoziert wird[24]. Denn das ist die comminatio und promissio der göttlichen Wahrheit, die in Christus offenbart ist. Luther denkt nicht an die Androhung einzelner handgreiflicher Strafen, sondern an den Ernst Gottes, von dem das Gewissen in der Erkenntnis der Gottesferne betroffen ist. Und die promissio bedeutet den Trost des erschrockenen Gewissens durch die Vergewisserung der Liebe Gottes. Wie Christi Kreuz und Auferstehung so gehören für Luther auch Gottes veritas comminationis und die veritas promissionis zusammen und ebenso im Glauben der Schrecken und Trost des Gewissens.

b) Das Leben des Gerechtfertigten und Gerichteten

Die Wortverbindung »Gericht und Gerechtigkeit« hat noch über die 1. Ps.-Vorlesung hinaus für Luther besondere Bedeutung behalten[25]. In der Vorrede auf den Psalter (1524) hat sich Luther dazu noch einmal grundsätzlich geäußert[26]. In der Verbindung miteinander bezeichnen die zwei Worte die beiden Seiten eines einheitlichen Gerichtsgeschehens. Das Wort »Gericht« meint »das vrteyl da mit das gottlos vnd vnrecht verurteylt, gehasset vnd gestrafft wird«; das Wort »Gerechtigkeit« meint die andere Seite des Geschehens, »damit die vnschuld beschirmet, erhallten vnd gefodert wird«. Dieses formale Verständnis von »Gericht und Gerechtigkeit« muß theologisch gefüllt werden, wenn von »Gottes Gericht und Gerechtigkeit« die Rede ist, und zwar soll man dann unter der »Gerechtigkeit Gottes« den Glauben und unter dem »Gericht Gottes« die Tötung des alten Adam verstehen. »Denn Gott durch seyn wort beydes thut. Er verurteylet, verdampt, strafft, vnd tödet was fleysch vnd blut ist, rechtfertiget aber vnd macht vnschuldig den geyst durch den glauben. Das heyssen denn Gottes gericht vnd gerechtickeyt. Das gericht vbet er durchs wort seyns gesetzes, Röm. 7, 11: 'Das gesetze tödtet', Die gerechtickeyt durchs wort des Euangelij, wilchs der geyst durch den glauben annympt, Röm. 1, 16.17, wie das fleysch die tödtung durch gedult leyden mus.«[27] Es ist deut-

---

[24] WA 6, 543 ff. = BoA 1, 478 ff.
[25] WA 10 III 60, 12 ff. = BoA 7, 385, 30 ff.; bei dem Zitat »Facite iudicium et iustitiam« muß eher auf Jer. 22, 3 als auf Gen. 18, 19 verwiesen werden.
[26] WADB 10 I 96, 16 ff.
[27] WADB 10 I 96, 27 ff. Vgl. Luthers Nachwort zum Psalter 1525 WADB 10 I

lich, wie Luther Gedanken der 1. Ps.-Vorlesung weiterträgt. Die
größte Modifikation liegt darin, daß Gottes Gericht und Gerechtigkeit mit dem Wort des Gesetzes und des Evangeliums koordiniert
werden, während sie in der 1. Ps.-Vorlesung innerhalb der Christus-
Wirklichkeit zur Sprache gebracht werden. Indessen darf man nicht
übersehen, daß schon in Luthers frühem, monastischem Selbstverständnis die Christus-Wirklichkeit den Menschen im wesentlichen
durch das Wort erfaßt, und zwar durch das geistlich christologische
Auslegen und Verstehen der Schrift. Auch die Differenzierung von
Gesetz und Evangelium kündigt sich bereits an. Und späterhin behalten Gesetz und Evangelium einen gemeinsamen christologischen
Bezug, wie Luthers Passionspredigten zeigen[28]. Daß nach der 1. Ps.-
Vorlesung in der reformatorischen Theologie Wort und Glaube
eindeutig die zentrale Funktion innehaben, hängt damit zusammen,
daß das monastische Selbstverständnis sich gewandelt hat in ein
Selbstverständnis des Glaubens in der Welt, und daß dabei auch die
Christus-Wirklichkeit ihr Gesicht verändert hat.

Dieser Wandel, der in die Jahre von 1519—1522 fällt, wurde von
den Schwärmern anders begriffen als von Luther. Deshalb sah sich
Luther genötigt, das Gericht als »das werck den alten menschen zu
tödten« nachdrücklich dem Glauben und seiner Gerechtigkeit nach-
zuordnen. In seiner Schrift »Wider die himmlischen Propheten«
(1525) macht er Karlstadt den Vorwurf, die Reihenfolge der Hauptstücke christlicher Lehre nicht zu beachten[29]. Gestützt auf Joh. 16,8
»der geyst wird die wellt straffen umb die sunde, gerechtigkeyt, und
gericht«, stellt Luther die Erkenntnis der Sünde durch das geistlich

588, 19 ff.: . . . das schir keyn psalm ist, er rhümet von Gottes trew, warheyt,
wort, gerechtickeyt, vnd vbet also damit das gewissen ym glawben zu Gott . . .
daneben sihestu auch das creutz schier ynn allen psalmen . . . Denn wer ym
glauben leben sol der mus viel vmb Gottes willen euserlich leyden vnd den
alten Adam tödten lassen, Das also beyde stuck ym gantzen psalter reichlich
vnd mechtig ynn der vbunge gehen, Eyns wie der geyst ym glauben durch
Gottes wort vnd warheyt lebt, ficht, thut vnd zu nympt, Das ander, wie
das fleysch stirbt, leydet, vnterligt vnd abnympt, Vnd gehet also der glawb
ym tod vnd lebet doch.

[28] Vgl. G. Heintze, Luthers Predigt von Gesetz und Evangelium, 1958, S. 212 ff.
(Kapitel VIII. Luthers Predigt über die Passion Christi).

[29] WA 18, 65, 6 ff.; von den fünf Punkten, die Luther hier zusammenstellt,
läßt er ebd. S. 139, 13 ff. den 5. weg und faßt den 3. und 4. (die Tötung des
alten Menschen und die Werke der Liebe) zu einem zusammen. Den beiden
ersten Punkten entsprechen in Luthers Schrift Von der Freiheit 1520 (WA 7,
20 ff. = BoA 2, 10 ff.) § 6 und ebenso § 8. 9, dem 3. und 4. Punkt § 20 ff.
sowie § 26 ff.

verstandene Gesetz voran und läßt die Gnade Christi, den Trost
des erschrockenen und gedemütigten Gewissens durch das Evangelium folgen. Diese beiden Punkte findet er auch in Lc. 24,47, daß
im Namen Christi Buße und Vergebung der Sünde gepredigt werden soll. Während Luther den Begriff der Buße hier auf die geistliche Sündenerkenntnis bezieht, begreift er im nächsten Hauptstück
unter dem Gericht die Werke und Leiden der mortificatio, »da wyr
durch eygen zwang und fasten, wachen, erbeyten etc. odder durch
andere verfolgung und schmach unser fleysch tödten« (WA 18, 65,
25 ff.). Das ist also das Gericht, das der Mensch in seinem leiblichen
Dasein auf sich zu nehmen hat. Das Gericht über die Sünde in der
Anerkenntnis des eigenen Sünderseins und das Gericht über die Leiblichkeit des Daseins waren in der 1. Ps.-Vorlesung noch miteinander verkettet. Nun sind sie so auseinandergenommen, daß ihr
innerer Zusammenhang nicht sichtbar ist. Luther kritisierte an Karlstadt, daß er die mortificatio carnis zu einem selbsterwählten Werk
machte, durch das sich der Mensch für den Geistempfang zu disponieren hat. Daß Luther die Reihenfolge der christlichen Lehrstücke
so hervorkehrte, war problematisch und konnte zu neuen Miß-
verständnissen Anlaß geben. Der wahre Gegensatz bleibt verdeckt,
wenn er seinen Gegnern vorhält, daß sie als mortificatio carnis nicht
einfach das annehmen, was ihnen Gott zufügt. Denn für Luther
geschieht die mortificatio carnis auch nicht bloß im passiven Gehorsam; im aktiven Gehorsam hat es der Mensch mit sich selbst zu
tun im Fasten, Wachen, Arbeiten und hat dem Nächsten zu dienen
mit den Werken der Liebe[30]. Die Problematik lag nicht so sehr
darin, wie die Erkenntnis der Sünde durch das Gesetz und die Predigt der Gnade durch das Evangelium einerseits zu verknüpfen sei
und wie anderseits die Rechtfertigung durch den Glauben und die
mortificatio carnis im leiblichen Dasein zusammengehören. Viel
problematischer war es, den inneren Zusammenhang aller drei
Hauptstücke, der Sündenerkenntnis, der Rechtfertigung und des
Gerichtes, aufzuzeigen.

Im frühen reformatorischen Ansatz hat Luther die mortificatio
carnis als die äußere Auswirkung der poenitentia interior bezeichnet[31]. Die innere Buße im transitus mentis und gemitus cordis, die
das ganze Leben der Glaubenden durchzieht, hat zur Folge, daß die

[30] WA 18, 65, 31 ff.
[31] WA 1, 233, 10—17 = BoA 1, 3, 17—27, dazu WA 1, 532, 1 ff. (533, 34 ff.) =
BoA 1, 24, 15 ff. (26, 27 ff.).

20*

Glaubenden ihren Leib darbringen als ein lebendiges, heiliges, Gott wohlgefälliges Opfer (Röm. 12,1). Fasten, Beten und Almosen, die bisher als Satisfaktionswerke galten, sind für Luther die Früchte der poenitentia euangelica: ieiunium habet in se omnes castigationes carnis, sine delectu ciborum aut differentia vestium, oratio vero omne studium animi meditando, legendo, audiendo, orando, eleemosyna vero omne obsequium erga proximum[32]. So ist das leibliche Dasein durch die Buße in dreifacher Hinsicht in Dienst genommen, für den Glaubenden selbst durch das »Fasten«, für Gott durch das »Gebet«, für den Nächsten durch das »Almosen«[33]. Zugleich wird dadurch das in 1. Joh. 2,16 genannte dreifache ungöttliche Begehren der concupiscentia carnis, superbia vitae und concupiscentia oculorum überwunden, so daß die äußere mortificatio carnis nicht zu trennen ist von der inneren mortificatio passionum carnis, von der Paulus in Röm. 6,6 8,13 und in Gal. 5,24 spricht[34]. Die äußere mortificatio ist überhaupt nur ein fruchtbares Werk der Buße, sofern sie den »Geist« befördert, also ganz der Bußbewegung des Glaubens integriert ist[35]. Daß die mortificatio carnis unter dieser Voraussetzung ein unaufgebbarer Teil der Buße ist, findet Luther in 1. Cor. 11,31 ausgesprochen[36]. An der Zitation dieser Paulus-Stelle wird noch einmal die Verbindungslinie zurück zur 1. Ps.-Vorlesung deutlich. Die Selbstverurteilung ist als odium sui ganz in den Bußaffekt des Glaubens hineingenommen. Der Vollzug des Gerichtes in der Buße wird als der aktive und passive Gehorsam des Glaubens unter dem Kreuz entfaltet.

2. Melanchthon

In den Loci von 1521 bestimmt Melanchthon die Buße durch zwei Faktoren: durch die mortificatio vetustatis nostrae und die renovatio spiritus (StA II 1, 149,22 f.) oder einfach durch die

---

[32] WA 1, 532, 18 ff. = BoA 1, 24, 35 ff.

[33] WA 1, 532, 21 f. = BoA 1, 24, 38 f.

[34] WA 1, 532, 22 ff. = BoA 1, 25, 1 ff.; in Korrespondenz zu 1. Joh. 2, 16 verteilt Luther auf der Gegenseite Tit. 2, 12 auf die drei Glieder. WA 1, 530, 29 ff. 531, 28 = BoA 1, 23, 1 ff. 36 bezeichnet Luther die poenitentia interior, die Bußbewegung des Glaubens als mortificatio carnis.

[35] WA 1, 532, 24 ff. = BoA 1, 25, 4 ff.

[36] WA 1, 534, 31 ff. = BoA 1, 27, 30 ff.

mortificatio und die vivificatio (S. 149,34 f.). Beides ist so aufeinander bezogen, daß die mortificatio um des neuen Lebens willen geschieht (S. 149,26 f.). Auf die für Melanchthon kennzeichnenden Begriffe renovatio und regeneratio fällt der stärkere Ton. Die mortificatio ist das Erschrecken des Gewissens unter dem Eindruck der lex. Die vivificatio ist dementsprechend die Sündenabsolution durch das Evangelium[37]. Neque aliud est vita christiana nisi haec ipsa poenitentia, hoc est, regeneratio nostri (S. 149,31 ff.). Während Melanchthon für die vivificatio ohne weiteres den in der herkömmlichen Beichtpraxis verankerten Begriff der absolutio verwendet, setzt er selber seinen Begriff der mortificatio gleich mit dem scholastischen Terminus »contritio« und warnt nur vor der Meinung, der Schmerz der Reue könne aus freien Stücken (per liberum arbitrium) hervorgerufen werden. Da der Mensch nämlich von sich aus in seinem Innersten die Sünde nicht zu hassen vermag, bleibt eine aus menschlicher Anstrengung stammende Reue Heuchelei[38]. Sed divinum opus est conscientiam nostram confundere et pavefacere (S. 150,3 f.). Der Mensch kann jedoch — und sogar leicht! — in seinem Herzen urteilen, ob er wahre Reue empfindet. Eine Annahme, mit der sich Melanchthon ein gutes Stück weit von Luthers Einsicht in die Unergründlichkeit des menschlichen Herzens entfernt. Einem nun naheliegenden schwärmerischen Selbstbewußtsein begegnet Melanchthon mit der Mahnung, die Zuversicht zur Vergebung nicht auf die eigene Reue zu gründen, sondern allein auf das Absolutionswort (S. 150,16 ff.).

Die mortificatio, verstanden als contritio, identifiziert Melanchthon mit der confessio, in der wir vor Gott unsere Sünde anerkennen und uns selbst verurteilen, zugleich aber Gott den Ruhm der Wahrheit und Gerechtigkeit zukommen lassen (S. 151,14 ff.). Es bleibt noch offen, ob die mortificatio oder contritio durch den augustinischen Gedanken der doppelten confessio angereichert wird, oder ob die confessio mit dem Schwergewicht auf der Selbstverurteilung in den melanchthonischen Begriff der contritio eingeht. — Im Anschluß an 1. Joh. 1,9, Ps. 50 (51), 5 f. und Ps. 31 (32), 5 greift Melanchthon auch den altüberlieferten Gedanken auf, daß die Sündenvergebung unlöslich mit der Selbstverurteilung verkettet ist. In seinen eigenen Sätzen ist das Konditionalverhältnis, das er im göttlichen Recht begründet sieht, ganz formal gehalten und mutet fast

---

[37] StA II 1, 149, 33 ff.; vgl. 155, 34 ff.
[38] StA II 1, 149, 36 ff. 151, 8 ff.; vgl. 150, 14 ff.

kausal an: Citra hanc confessionem peccatum non condonatur . . .
non potest non condonari huic confessioni (S. 151,25 ff.). Exigi iure
divino confessionem eam, quae Deo fit, satis constat vel ex illa
1. Joh. 1,9 sententia. . . . Nec enim remittitur peccatum, nisi confiteamur Deo, hoc est, et damnemus nos ipsos et fidamus misericordia
Dei condonari noxam (S. 154,21 ff.). — Das Begriffspaar iudicium — iustitia begegnet gar nicht in Melanchthons Bußlehre,
obwohl die Buße durch die Begriffe mortificatio und vivificatio
definiert wird. Auf diese Definition stützt sich Melanchthon sehr
einseitig und unterläßt es, die Buße auch als Affektbewegung im
Glauben zu beschreiben.

In seinen Scholien zum Col.-Brief (1527) spricht Melanchthon
bei Col. 2,10 ff. wieder von der mortificatio und der vivificatio im
Leben des Christen. Er nennt sie die beiden Glieder der iustitia
Christiana und setzt sie in Parallele zu den beiden Ausdrücken
poenitentia und remissio peccatorum in Lc. 24,47 (StA 4, 246,
30 ff.). Buße ist also eigentlich nur noch die mortificatio, während
die remissio peccatorum gleichbedeutend ist mit dem Trost des
Gewissens und dem neuen Leben der Heiligung. Die mortificatio
ereignet sich in der Erkenntnis der Sünde und einem wahrhaftigen
Erschrecken vor dem Gericht Gottes. Es ist eine Furcht, ohne die der
Glaube nicht sein kann[39]. Sie wird aber nicht abgegrenzt von der
Furcht vor Strafen. Als ihre Folgeerscheinung betrachtet Melanchthon die confessio: qua fatetur cor aeternam mortem se meruisse,
et serio iam sese condemnat, et vidit impendere iram et aeternam
mortem, et precatur veniam (StA 4, 247, 24 ff.). Die Bitte um Vergebung, die durch Ps. 6,2 = 37 (38),2 und Threu. 3,42 illustriert wird,
ist zusammen mit der Selbstverurteilung als Teil der confessio lediglich der Ausdruck eines Erschreckens angesichts des drohenden göttlichen Zornes und der Aussicht auf den ewigen Tod. Es handelt sich
nicht um die Affektion eines Glaubens, der von Gottes Ernst und
Liebe zugleich betroffen ist. — Da Melanchthon die mortificatio mit
der Sündenerkenntnis und dem Erschrecken des Gewissens identifiziert und sie eigentlich nicht zugleich als den dienenden und leidenden Gehorsam des Glaubens interpretiert, bleibt seine Bemerkung (StA 4, 248, 11 ff.) in der Luft hängen, das mortificari dürfe
nicht verfälscht werden in das bloße Vortäuschen eines besseren
Lebenswandels, vielmehr müsse »dieses Fleisch«, das der Sünde verhaftet ist, wirklich sterben.

---

[39] StA 4, 247, 1 ff. 19 ff. 256, 5 ff.

Der neue Lebenswandel gehört auf die Seite der vivificatio, die
in zweierlei besteht: zum einen in der Sündenvergebung oder der
Gnade, die der Glaube als Trost des Gewissens dem Heilswerk
Christi entnimmt, zum andern in der Lebensführung unter der
Leitung des heiligen Geistes, in der Kraft seiner Gnadengaben[40].
Durch die Zweigliedrigkeit der vivificatio resultiert aus mortificatio
und vivificatio praktisch eine dreigliedrige Summe der Rechtfertigung, die im Schol. Col. 2,18 (StA 4, 255, 21 f.) anklingt: Est et
timere et credere et bona opera facere necessarium.

Die beiden Begriffe mortificatio und vivificatio treten im Unterricht der Visitatoren (1528) ganz zurück. Von einer Erweckung
zum Leben wird gar nicht gesprochen; nur beiläufig wird erwähnt,
daß der biblische Ausdruck »Tötung des Fleisches« die Buße meint,
und zwar wieder als die schmerzhafte Erkenntnis der Sünde mit dem
innerlichen Erschrecken vor Gottes Zorn und Gericht[41]. An einer
Stelle werden zwei Teile der Buße genannt: als das eine »Reue und
Leid«, als das andere »Glauben, daß die Sünden um Christus willen
vergeben werden« (StA 1, 245, 11 ff.). Der Glaube bedeutet die Anerkennung für eine heilsgeschichtliche Lehre; seine Wirkkraft ist
nicht groß, er wirkt einen »guten Vorsatz«[42]. Der Glaube bleibt
noch darauf angewiesen, daß sein guter Vorsatz durch den heiligen
Geist zur Tat wird. Im übrigen wird im Unterricht der Visitatoren
nur die durch Predigt des Gesetzes hervorgerufene Reue als Buße
bezeichnet. Ihr werden als zweites und drittes Stück des christlichen
Lebens und der christlichen Predigt der Glaube und die guten
Werke[43] an die Seite gestellt. Wiederholt wird betont, daß der
Glaube nicht ohne »ernstliche und wahrhaftige Reue« sein könne,
wenn er nicht zu einem »gemalten Glauben«, einem Scheinglauben,
einem leeren Wahn werden soll, und daß umgekehrt die Reue nicht
ohne den Glauben bleiben darf, weil sie sonst wie bei Judas und

---

[40] StA 4, 249, 12 ff. Der 1. Punkt, die remissio peccatorum seu gratia, wird
S. 249, 15 ff. durch Exegese von Col. 2, 13 f. entfaltet. Der 2. Punkt, die
donatio Spiritus sancti seu gubernatio per Spiritum sanctum, wird S. 250,
32 ff. in der Exegese von Col. 2, 15 weniger ausführlich behandelt.

[41] StA 1, 244, 1 ff.; vgl. 245, 24 ff.

[42] StA 1, 245, 13: ... Welcher glaub wirckt guten fürsatz. Der Glaube wird zur
frommen Leistung einer intellektuellen Gläubigkeit, StA 1, 246, 24 ff.: man
mus auch wissen, das Gott umb Christus willen, die sunde vergeben wil, Vnd
das man solche vergebung mit glauben erlange, So man gleubet, das Gott die
sunde umb Christus willen vergeben wil.

[43] StA 1, 223, 35 ff.; vgl. 221, 8 ff. 236, 10 ff.

Saul Verzweiflung erzeugt[44]. Die Dinge drohen auseinanderzufallen und erwecken Besorgnisse, die Luther noch nicht kannte, als er in seiner reformatorischen Einsicht die Buße im »amor iustitiae« verankert sah, im Ergriffensein von der Gnade, die den Menschen in der transmutatio mentis et affectus verwandelt.

3. Calvin

In der ersten Fassung der Institutio wird in einem Anhang zu den 2 evangelischen Sakramenten die Buße als eins der 5 nicht für evangelisch gehaltenen Sakramente erörtert. Calvin handelt in 3 Teilen von der Buße: 1. was die Schrift von der Buße lehrt (OS 1, 169—172), 2. welches die herkömmliche Lehre von der Buße gewesen ist (S. 172—200), 3. daß die Buße ohne Grund zum Sakrament gemacht worden ist (S. 200—202). Von diesen 3 Punkten wurden in den späteren Bearbeitungen der 1. und 2. abgetrennt. Nur der 3. Punkt wurde in dem Kapitel über die 5 verkehrten Sakramente belassen (1539: c. 16, 1543: c. 19, 1559: lib. 4 c. 19). Die beiden ersten Punkte erscheinen 1539 und 1543 unter der Überschrift De poenitentia (1539: c. 5, 1543: c. 9) als Vorspann für das Lehrstück De iustificatione fidei, das an die Auslegung des Glaubensbekenntnisses angehängt ist. Als in der Bearbeitung von 1559 der Katechismus-Grundriß der Institutio völlig verschwand, behielten die beiden ersten Punkte der Bußlehre von 1536 ihren Ort im Zusammenhang der Rechtfertigungslehre; der 1. Punkt (die biblische Auffassung von der Buße) wurde nun zum selbständigen 3. Kap. des 3. Buches, gefolgt von den Kapiteln 4 und 5, in denen der 2. Punkt von einst seine ausführliche endgültige Gestalt erhielt. Zwischen diese drei Kapitel über die Buße und die eigentliche Rechtfertigungslehre hat Calvin 1559 das Kapitel De vita hominis, das er 1539 als Schluß an die Institutio angefügt hatte, in stark erweiterter Form (c. 6—10) eingeschoben. Was dieser Einschub für Calvins Bußverständnis bedeutet, kann hier nicht untersucht werden. Lediglich Calvins Behandlung der biblischen Bußanschauung soll in den Blick genommen werden.

1536 hat Calvin sein eigenes Verständnis der biblischen Bußverkündigung abgegrenzt von zwei anderen Auffassungen, die sich im Zuge der Reformation herausgebildet hatten. Die eine ist Melanchthons Auffassung, wie sie vor allem in den Loci von 1521 bekannt

---

[44] StA 1, 223, 19 ff. 30 ff. 245, 15 ff. 246, 22 ff.

geworden war. Seinem Referat über die mortificatio und die vivificatio als den beiden Teilen der Buße (OS 4, 57, 17 ff.) hat Calvin 1559 noch eine kritische Bemerkung hinzugefügt (S. 57, 34 ff.). Er gesteht zu, daß die melanchthonischen Wendungen bei richtigem Verständnis die vis poenitentiae ziemlich angemessen zum Ausdruck bringen. Er wendet sich nicht gegen die zeitliche Abfolge von mortificatio und vivificatio, sondern gegen die Deutung der vivificatio als einer Freude, die dem Geiste zuteil wird, wenn er nach der Verwirrung und Furcht wieder zur Ruhe kommt[45]. Im Gegensatz dazu möchte Calvin in der vivificatio das eifrige Streben nach einem heiligen und frommen Leben erblicken. Buße als mortificatio und vivificatio bedeutet dann, daß der Mensch sich selber stirbt und in ernsthaftem Bemühen für Gott zu leben beginnt, weil er zu einem neuen Leben wiedergeboren ist. An zweiter Stelle berichtet Calvin, wieder ohne einen Namen zu nennen[46], daß man zwischen einer poenitentia legalis und einer poenitentia euangelica zu unterscheiden suchte, weil die Bibel einerseits Fälle nennt (z. B. Kain, Saul, Judas), in denen ein Mensch vom Bewußtsein seiner Sünde und von der Furcht vor Gottes Gericht umgetrieben wird und sich in dieser Beunruhigung heillos verstrickt, und weil die Bibel anderseits Fälle kennt (z. B. Hiskia, David, die Niniviten, die Juden von Acta 2), in denen ein innerlich niedergeschlagener Sünder sich wieder zu einem besseren, Gott zugewandten Leben erhebt, da er in Christus den Trost in seinem Schrecken gefunden, da ihn das Vertrauen auf Gottes Barmherzigkeit aufgerichtet hat. Von diesen zwei Arten von Reue hatte Melanchthon in seiner Apologie gesprochen, ohne jedoch die Begriffe poenitentia legalis und poenitentia euangelica zu verwenden. Damit hat Calvin vermischt, was Bucer unter den Begriffen poenitentia legalis und poenitentia euangelica beschrieben hatte. Er verstand unter der poenitentia legalis ganz allgemein die Beunruhigung des Gemütes durch die Reue. Er sah darin ein Phänomen, das bei den Gottlosen ebenso wie bei den Frommen auftritt, deshalb auch bei Judas und den Niniviten sowie den Juden, die die Pfingstpredigt hörten, zu finden war. Die poenitentia euangelica hingegen bedeutete für Bucer die Überwindung der poenitentia legalis da-

---

[45] OS 4, 58 A. 1 wird darauf hingewiesen, daß Melanchthon bei der Behandlung der Buße gar nicht von laetitia rede. Dennoch trifft Calvin einen schwachen Punkt in Melanchthons Bußlehre, weil sie ohne weiteres dazu Anlaß gibt, den Trost des Gewissens in einen Gemütszustand der Freude einmünden zu lassen.

[46] OS 4, 58, 7 ff., dazu in A. 2 und 3 die Notizen über Melanchthon und Bucer.

durch, daß der Mensch in der Hoffnung auf Heil mit einem neuen
Mut sein Leben auf einen besseren Weg lenkt. Bucer betrachtete die
poenitentia legalis ganz ohne Rücksicht auf ihren Ausgang in der
Verzweiflung oder im Vertrauen auf Gottes Barmherzigkeit, und
bei der poenitentia euangelica legte er das Gewicht auf den neuen
Lebenswandel, der am reinsten aus der in Christus gewonnenen,
frohmachenden Heilserkenntnis des Glaubens hervorgeht. Es wirft
ein Licht mehr auf Bucers als auf das mittelalterliche Bußverständnis, wenn er meinte, die poenitentia legalis und die poenitentia
euangelica entsprächen dem, was man bislang unter der contritio
und der satisfactio begriffen hatte. — Calvin sagt nicht, was er an
der von ihm beschriebenen Unterscheidung von poenitentia legalis
und poenitentia euangelica zu bemängeln hat. Vermutlich ist nach
seiner Meinung hier das Verhältnis von Buße und Glauben nicht
genügend geklärt.

1539 hat Calvin bei seiner Bearbeitung der Institutio noch eine
dritte Position aufgezeigt (OS 4,55, 23 ff.), für die es sich so darstellt, daß die Reue dem Glauben vorausgeht und nicht umgekehrt
die Reue aus dem Glauben erwächst. Dafür berufe man sich auf die
summarischen Angaben über die Predigt des Täufers, Jesu und der
Apostel (Mt. 3,2 4,17; Act. 20,21); denn in diesen Stellen werde
zuerst das Volk zur Buße aufgerufen und dann werde die Nähe des
Reiches Gottes oder, was in der apostolischen Predigt dasselbe meint,
der Glaube an Christus gepredigt. Hier denkt Calvin an Ausführungen Melanchthons seit dem Ende der 20er Jahre[47]. Nach Calvins
Dafürhalten macht man es sich hierbei zu leicht (S. 56, 2 f.) und
hält sich zu kleinlich an den philologischen Befund der paratak-
tischen Predigtformeln, so daß man nicht den tieferen Sinn erfaßt,
der die beiden Glieder dieser Formeln zusammenbindet (S. 56,
9 ff.). Denn nach dem tieferen Verständnis enthalten diese Formeln
im zweiten Glied die Begründung für die Bußermahnung im ersten
Glied, so daß der Grund zur Buße aus der Gnade selbst und aus
der Verheißung des Heils abzuleiten ist (S. 56, 11 ff.). Darum
erblickt Calvin in der fides den Ursprung der Reue. Ausdrücklich
will er jedoch keinen zeitlichen Abstand zwischen Glaube und Buße
behaupten, sondern nur unterstreichen, daß der Mensch sich nicht
im Ernst der Reue hingeben kann, wenn er nicht im Ergreifen von
Gottes Gnade weiß, daß er Gott zugehört (S. 56, 21 ff.). Calvin hat,
wie er 1559 ergänzt (S. 56, 26 ff.), den Eindruck, man habe bei jener

[47] Vgl. OS 4, 55 A. 3 (S. 56 A. 1).

anderen Ansicht zu viel Gewicht der Beobachtung beigemessen, daß vielfach noch vor der Erkenntnis der Gnade bereits ein Erschrecken des Gewissens eine Art Gehorsam zeitigt, dessen Triebfeder dann timor initialis genannt werde. Dadurch ist der Mensch schon in die Nähe des wahren und gerechten Gehorsams gekommen. Aber Calvin will sich hier nicht dafür interessieren, auf welch verschiedenen Wegen Christus uns zu sich zieht, wobei Calvin offenbar einen timor initialis nicht ausschließen will. Ihm liegt an der klaren Bestimmung der rectitudo, der Rechtschaffenheit, in der der Mensch vor Gott bestehen kann. Sie kann es nur geben, wenn der Geist Christi den Menschen regiert (S. 56, 26 ff.).

Obgleich alle drei Ansichten »wahr« sind, befriedigen sie nicht Calvins Verlangen nach einem schriftgemäßen Verständnis von Buße (S. 59, 14 ff.). In seiner eigenen Beschreibung der Buße ist Calvin nicht unbeeinflußt von den skizzierten Positionen. Schon 1536 nennt er die Buße eine mortificatio carnis, die von wahrer und aufrichtiger Gottesfurcht bewirkt wird[48]. Die Definition wird von Calvin noch nicht expliziert, doch lassen sich zwei Definitionselemente unterscheiden. a) Mit der Bestimmung der Buße als mortificatio carnis wird ein echt reformatorisches Moment im Bußverständnis aufgegriffen. Allerdings bleibt die vivificatio (spiritus), die bei Luther und Melanchthon stets der mortificatio korrespondiert, unerwähnt. Daß Calvin die mortificatio carnis nicht wie Melanchthon auf das Erschrecken des Gewissens einschränkt, kann man seinem vorhergehenden kritischen Referat der älteren Auffassung Melanchthons entnehmen und ebenso den Sätzen, die er seiner Definition folgen läßt. Für ihn vollzieht sich die mortificatio nach dem von Luther 1518 im Widmungsschreiben an Staupitz akzentuierten Begriff resipiscentia in einer Sinnesänderung[49], und nach einem schon von Bucer verwendeten Ausdruck geschieht sie in der Rückkehr des Menschen

---

[48] OS 1, 171: Est itaque, meo quidem iudicio, poenitentia carnis nostrae veterisque hominis mortificatio, quam in nobis efficit verus ac sincerus timor Dei. In eum sensum accipiendae sunt conciones omnes, quibus vel prophetae quondam, vel apostoli postea, sui temporis homines ad poenitentiam hortabantur. Hoc enim contendebant, ut peccatis suis confusi et timore Dei puncti, coram Domino prociderent et humiliarentur, seque in viam reciperent ac resipiscerent. Ideo haec promiscue usurpant eodem significatu: converti seu reverti ad Dominum et poenitentiam agere. Et fructus dignos poenitentia (lies: poenitentiae) facere, dixit Ioannes, vitam agere, quae huiusmodi resipiscentiam et conversionem deceat (Mt. 3, 2; rectius Lc. 3, 8).

[49] WA 1, 525, 27 = BoA 1, 17, 14. Bucer, Annot. in Mt. 4, 17 (1530, f. 35A).

auf den Weg, den er in der Sünde verlassen hat[50]. Die Wendungen
converti oder reverti ad Dominum sollen dasselbe bezeichnen wie
der Ausdruck poenitentiam agere. Die würdigen Früchte der Buße
aber bestehen in einer Lebensführung, die der conversio entspricht.
So hat Calvin bereits 1536 in der poenitentia als mortificatio carnis
die Sinnesänderung und die neue Lebensführung in einem gedacht.
— b) Indem Calvin die wahre und aufrichtige Gottesfurcht für die
treibende Kraft der poenitentia erklärt, hält er ebenfalls einen reformatorischen Gedanken fest. Denn, wie die Adjektive andeuten,
meint er eine Furcht, die den Verlust der Gottesgemeinschaft und
nicht den Verlust irgendwelcher Güter außer Gott fürchtet. Diese
Gottesfurcht hatte auch Luther, als er auf der Motivation der Buße
durch den amor iustitiae insistierte, nicht ausgeschlossen. Im gleichen
Sinne legt Calvin auf die Verbindung der poenitentia mit der fides
Wert (S. 59, 16 ff.). Er möchte ebensowenig eine Vermengung beider Begriffe wie eine Zerreißung ihres Zusammenhanges, was praktisch auf einen mittleren Kurs zwischen Luther und Melanchthon
hinausläuft.

Die 1536 konzipierte Bestimmung des biblischen Begriffes der
poenitentia hat Calvin 1539 zu einer Definition ausgebaut, in der
er nun ausdrücklich drei Elemente unterscheidet (S. 60, 1 ff. 21 ff.).
a) Das tragende Element der Buße ist die völlige Umkehr des
Menschen zu Gott. Calvin betont, daß die innere Umwandlung, die
transformatio in anima ipsa, das Primäre ist, da die Seele, wenn sie
das Alte abgelegt hat, auch die entsprechenden Früchte aus sich her-
vorbringt[51]. — b) Die Motivation der Buße durch den timor wird in
charakteristischer Weise näher beschrieben[52]. In der ernsthaften
Gottesfurcht verwerfen wir die Sünde um ihrer selbst willen, weil
wir erkennen, daß wir ihretwegen Gott mißfallen. Ohne eine klare
Grenze gegenüber dem timor poenae zu ziehen, gibt Calvin die
Anweisung, die Furcht durch das Bedenken von Gottes Gericht zu

[50] Bucer, Annot. in Mt. 4, 17 (1530, f. 35A).
[51] OS 4, 60, 23 ff. 59, 25 f. Einzelne Elemente (transformatio ... in anima ipsa
60, 24 f.; mentis consiliique mutatio im Rekurs auf die Etymologie des grie-
chischen Wortes 59, 29 f.) erinnern an Luthers Widmungsschreiben an Staupitz
1518. Daneben kommt auch hier, vor allem für den Verweis auf die Ableitung
aus dem Hebräischen, Bucer (Annot. in Mt. 4, 17; 1530, f. 35 A) in Betracht.
[52] OS 4, 61, 10 ff. Die Ausdrücke divini iudicii cogitatio (61, 12), meditandum
aliud vitae institutum (61, 16 f.) und die starke Betonung des eschatologischen
Gerichtstages erinnern in diesem Abschnitt an die nicht-scholastische mittelalterliche Tradition. Auch die Idee eines zeitlichen Ablaufes der Buße stellt
sich ein: 61, 11. 30 62, 3.

erwecken. Tief einprägen soll sich dem Menschen der Gedanke, daß
Gott eines Tages den Gerichtsstuhl besteigen wird, um vom Men-
schen Rechenschaft über alle seine Worte und Taten zu fordern.
Dieser Gedanke wird den Menschen nicht zur Ruhe kommen lassen;
er wird ihn anstacheln, dauernd über eine neue, Gott angenehme
Lebensweise nachzudenken, damit er unbesorgt (secure) vor Gottes
Gericht bestehen kann. Am Zeugnis der Schrift interessiert Calvin
in diesem Zusammenhang nur, daß der Mensch durch die Erinnerung an Gottes Gericht zur Buße gebracht werden soll, und daß die
Schrift außerdem mit dem Hinweis auf bereits verhängte Strafen
dem Menschen klarmachen will, daß Gott Richter und der Mensch
ein Sünder ist, der noch Schlimmeres zu gewärtigen hat, wenn er
nicht beizeiten seinen Sinn ändert (S. 61, 18 ff.). 1559 hat Calvin
noch angemerkt, daß der timor Dei auch deshalb das principium
poenitentiae sei, weil durch ihn erst die sittliche Gerechtigkeit des
Menschen ihre religiöse Dignität erhält. Erst wenn sich der Mensch
in der Gottesfurcht der Herrschaft Gottes unterwirft, läßt er Gott
Recht und Ehre in gebührender Weise zukommen. Das ist aber das
Hauptstück einer Gerechtigkeit, die vor Gott nicht verwerflich ist
(S. 62, 2 ff.). — c) Im dritten Definitionselement ist jetzt das volle
Begriffspaar mortificatio carnis und vivificatio spiritus aufgenommen[53]. Calvin bezieht die Ausdrücke auf die beiden Seiten des sittlichen Verhaltens im Unterlassen des Bösen und Tun des Guten, so
daß in dem Psalmwort Ps. 33(34),15 und 36(37),27 »Laß vom Bösen und tue Gutes« auf einfachere, dem ungebildeten Volk angemes-
sene Weise dasselbe gesagt ist wie mit den beiden paulinischen Ausdrücken. Calvin expliziert beide Seiten, indem er auf die Wurzel
des menschlichen Handelns das Augenmerk richtet, dabei aber doch
im Bereiche des menschlichen Handelns bleibt. Weil die caro erfüllt
ist von malitia und perversitas, ist der Mensch erst dann vom Bösen
losgekommen, wenn die caro zugrunde gegangen und alles, was
in uns selbst seinen Ursprung hat, beseitigt ist. Daß wir unsere
eigene Art verleugnen, ist die Voraussetzung für die oboedientia
legis; denn von Natur aus ist unser ganzes Denken und Streben
widersetzlich gegen Gott. Die grundlegende, schwer zu bewältigende
Aufgabe für uns ist es, die angeborene Sinnesart preiszugeben. Auf
der anderen Seite wirkt sich die renovatio des menschlichen Lebens
darin aus, daß der Mensch rechtes Gericht, Gerechtigkeit und Barmherzigkeit übt. Doch muß solches Verhalten in einer Erneuerung

[53] OS 4, 62, 9 ff.

durch Gottes Geist begründet sein. Herz und Sinn müssen durch
Gottes Heiligung mit neuen Gedanken und Affekten erfüllt sein,
damit sie von Recht, Gerechtigkeit und Barmherzigkeit beseelt
sind[54]. — Zusammenfassend hat Calvin 1559 hervorgehoben (S.
62, 30 ff.), daß ein neues Streben nach dem Rechten uns nur erfassen
kann, wenn wir zuvor den alten Menschen, unser von Natur aus
widergöttliches Wesen abgelegt haben. Der paulinische Ausdruck
»mortificatio« erinnert daran, wie schwierig es ist, die angestammte
Sinnesart zu vergessen. Soll darum die Gottesfurcht uns auf den
Weg der Frömmigkeit (pietas) bringen, so müssen wir durch das
Schwert des Geistes gewaltsam getötet und auf das Nichts zurückgeführt werden. — Da Calvin 1539 nicht nur wie 1536 die mortificatio carnis, sondern auch die vivificatio spiritus in die poenitentia
einschließt, läßt er nun auch die Buße einerseits als mortificatio in
der Teilhabe an Christi Tod und anderseits als vivificatio in der
Teilhabe an Christi Auferstehung begründet sein[55]. Die Teilhabe an
Christi Tod und Auferstehung wird in diesem Zusammenhang nicht
nach ihrem Grund und Charakter erläutert. Calvin sagt nur, unser
alter Mensch werde durch die virtus Christi gekreuzigt, so daß die
Verderbtheit unserer ursprünglichen Art nicht mehr lebenskräftig
ist. Und durch die Auferstehung Christi, heißt es weiter, werden wir

[54] Wenn Calvin S. 62, 24 ff. die Begriffe iustitia, iudicium, misericordia nennt,
hat er nicht nur die vorher S. 62, 14 ff. zitierte Stelle Is. 1, 16 im Sinne, sondern auch andere Stellen, an denen diese Vokabeln in irgendeiner Kombination
auf das rechtschaffene Handeln des Menschen bezogen sind, z. B. Mich. 6, 8b,
Gen. 18, 19, Hos. 12, 6, Zach. 7, 9, Jer. 22, 3, Mt. 23. 23. Das Wort iudicium
wird dabei wörtlich interpretiert und nicht wie bei Luther auf die Selbstverurteilung der mortificatio carnis gedeutet. Vielleicht ist Calvin hier von
Bucer beeinflußt, der in seinen Annotationes zu Mt. 23, 23 (1530, f. 173B)
sich dagegen wendet, daß man das Wort iudicium in Mt. 23, 23 bzw. Mt. 11, 42
als diiudicatio propriorum peccatorum auffaßt. Denn in der Schrift bezeichne
die Wendung »iudicium et iustitiam facere« die Rechtschaffenheit im Zusam-
menleben mit den anderen Menschen (iuste et cum aequitate cum hominibus
vivere, vel talem gubernando vitam apud alios instituere).

[55] OS 1, 172: esse autem hanc renascendi rationem, si participationem habeant
in Christo, in cuius morte emoriuntur pravae cupiditates, in cuius cruce
vetus homo noster crucifigitur, in cuius sepulchro sepelitur corpus peccati.
Dieser Passus ist 1539 getilgt worden (vgl. OS 4, 77, 11 bei A. f). Der modi-
fizierte Gedanke erhielt seinen Platz OS 4, 63, 6 ff.: Utrunque [scil. mortificatio et vivificatio] ex Christi participatione nobis contingit. Nam si vere
morti eius communicamus, eius virtute crucifigitur vetus noster homo, et
peccati corpus emoritur, ne amplius vigeat primae naturae corruptio (Röm.
6, 6). Si resurrectionis sumus participes, per eam suscitamur in vitae novita-
tem, quae Dei iustitiae respondeat.

auferweckt zu einem neuen Leben, das der Gerechtigkeit Gottes entspricht. Der Ausdruck iustitia Dei ist hier im augustinischen Sinne die Idee der in Gottes Willen und Gesetz beschlossenen Gerechtigkeit, die bei ihrer Erfüllung im menschlichen Leben dem Menschen die volle Gerechtigkeit vor Gott verleiht. Calvin meint: dank der durch Christi Auferstehung inaugurierten Erneuerung des Lebens vermag der Glaubende der Gerechtigkeit Gottes zu entsprechen. Denn in der Kraft des heiligen Geistes, der die Erneuerung bewirkt, hat der Glaubende teil an der Auferstehung Christi.

Hat Calvin 1536 die Buße einseitig unter dem Gesichtspunkt der mortificatio betrachtet und dabei die Sinnesänderung gerade noch mit ins Auge gefaßt, ohne von ihr aus die Linie zum neuen Gehorsam hin auszuziehen, so hat er seit 1539 die Gewichte gleichmäßig auf die mortificatio und die vivificatio, d. h. auf die Vernichtung des Ungehorsams und die Erneuerung im Gehorsam, verteilt. Das neue Leben wird für Calvin als vivificatio spiritus im erneuerten Lebenswandel verwirklicht, während für Luther der neue Gehorsam als mortificatio carnis in der Kraft der transzendierenden vivificatio spiritus die Wirklichkeit des leiblichen Daseins erfaßt. Calvin bezieht aber auch eine eigene Position gegenüber Melanchthon, indem er die vivificatio schon als den Vollzug des neuen Lebens wertet und sie als solche in die Buße miteinbezieht.

Die 1539 eingetretene Akzentverlagerung wird noch unterstrichen durch eine erneute zusammenfassende Bestimmung der Buße. Danach versteht Calvin nun unter der Buße die Wiedergeburt (regeneratio) des Menschen mit dem Ziel, daß die durch Adams Übertretung befleckte imago Dei in uns wiederhergestellt werde (S. 63, 11 ff.). In diesem Sinne zitiert Calvin die drei neutestamentlichen Stellen 2. Cor. 3,18, Eph. 4,23 f. und Col. 3,10, die nicht von der mortificatio reden, sondern vom Anziehen des neuen Menschen, vom transformari und renovari zum Ebenbild Gottes[56]. Die imago Dei ist für Calvin die iustitia Dei, wieder in dem oben erwähnten augustinischen Verständnis[57]. Mit dem augustinischen Begriff der iustitia Dei harmonieren die Vokabeln reformari, renovari, instaurari, instauratio, restituere, restitutio (in integrum), renasci, regeneratio. Diese Worte erinnern an ein Verständnis der Buße, wie es bei

[56] OS 4, 63, 14 ff., ferner der 1559 wieder ausgeschiedene Passus von 1539 OS 4, 63, 30 ff., wo die resurrectio (Col. 2, 13; Eph. 2, 5. 6. 8; Joh. 5, 24) ihre Parallelen hat im instaurari ad imaginem Dei (Röm. 8, 2. 29) und in der regeneratio (Joh. 3, 3. 5. 7).
[57] OS 4, 63, 22 ff. 65, 5 f.

Zerbolt von Zütphen begegnet. Die Wiederherstellung von Gottes
Ebenbild erstreckt sich durchs ganze Leben in einem fortwährenden
Kampf des Glaubenden gegen sein eigenes widergöttliches Denken
und Wollen. Die Wiedergeburt ist kein abgeschlossenes Ereignis; sie
bedeutet einen lebenslänglichen Kriegsdienst für die Sache der göttlichen Gerechtigkeit, ein unablässiges Laufen auf der Wettkampf-
bahn der Buße (S. 63, 25 ff.).

Einen Einfluß der traditionellen affektiven Bußtheologie verrät
der 1543 konzipierte Abschnitt über die 7 Faktoren der Buße nach
2. Cor. 7,11, die man nach Calvins Meinung für Ursachen oder Wirkungen oder einfach für Teile der Buße halten kann, die aber auf
jeden Fall mit der Buße verbundene affectiones darstellen (S. 71,
3 ff.). Einige der 7 Punkte sollen das Traditionelle an Calvins Ausführungen zeigen. Ein ernsthaftes Gefühl des Mißfallens an der
Sünde vermag den Menschen anzustacheln zur Achtsamkeit (solli-
citudo) sowohl gegenüber der versucherischen Macht des Teufels als
auch gegenüber der bewahrenden Macht des heiligen Geistes (S. 71,
12 ff.). Die Erkenntnis der eigenen Verkehrtheit und der Undank-
barkeit gegenüber Gott erzeugt im Menschen eine Entrüstung (indignatio), in der er innerlich gegen sich selbst murrt, sich über sich selbst
beklagt, sich selbst zürnt (S. 71, 26 ff.). So oft der Mensch daran
denkt, was er mit seiner Sünde verdient hat und wie schrecklich
Gottes strenger Zorn gegenüber den Sündern ist, wird sein Gemüt
von Furcht (timor) und Zittern erfaßt, von einer Unruhe, die den
Menschen demütig und behutsam macht (S. 71, 29 ff.). Wie Stacheln
bohren sich dem Menschen in der Buße die Fragen ein: Was habe
ich getan? In welches Verderben hätte ich mich gestürzt, wenn mir
nicht Gottes Barmherzigkeit zu Hilfe gekommen wäre? Einen bren-
nenden Eifer (zelus) entfachen diese Fragen (S. 71, 38 ff.). Je strenger
wir mit uns selbst verfahren und je schärfer wir bei der Untersuchung unserer Sünden urteilen, desto mehr dürfen wir hoffen,
einen gnädigen Gott zu finden. Wen aber der Schrecken vor Gottes
Gericht gepackt hat, der wird gewiß an sich selber den Strafvollzug
betreiben. In der Tat spüren die Frommen, welche Strafe (vindicta)
die Affekte darstellen, die aus der ernsthaften Durchmusterung der
Sünden erwachsen: Scham, Verwirrung, Seufzen, Mißfallen über
sich selbst (S. 72, 3 ff.). — Man könnte meinen, Calvin habe Gregor
d. Gr. gelesen, ehe er diesen Abschnitt schrieb. Die Berührungspunkte brauchen nicht ausdrücklich aufgewiesen zu werden. Die
rigorosen Gedanken der traditionellen affektiven Bußtheologie nötigten Calvin noch zu einer Ergänzung bei der nächsten Bearbeitung

der Institutio (1559). Doch bewegt sich dieser Zusatz in den gleichen traditionellen Bahnen, und nicht von ungefähr zitiert Calvin dabei einen wörtlichen Extrakt aus einem parallelen Stück Bernhards. Calvin ist jetzt daran gelegen, daß wir uns nicht uneingeschränkt den Bußaffekten ausliefern, damit uns nicht die Traurigkeit gänzlich verzehrt, damit das zagende Gewissen nicht in der Verzweiflung zusammenbricht. Die Furcht, die zur Demut (humilitas) führt, kann freilich nicht zu groß sein; sie braucht nicht in Schranken gehalten zu werden, da sie die Hoffnung auf Vergebung (spes veniae) nie aufgibt. Dennoch muß der Sünder, der in sich selbst das Mißfallen erregt, sich davor in acht nehmen, daß er nicht von Furchtsamkeit niedergedrückt wird. Denn Gott will uns durch die Buße zu sich hinführen und nicht von sich wegtreiben. Darum soll nach Bernhards Worten der notwendige Schmerz über die Sünden nicht anhaltend sein. Die bedrückende Betrachtung des eigenen Lebens soll abgelöst werden von der aufheiternden Erwägung der Wohltaten Gottes, so daß die Bitterkeit des Gemütes sich zum Heile auswirkt[58].

Wir müssen beobachten, wie Calvin in seinen späteren Jahren Gedanken der traditionellen affektiven Bußtheologie übernimmt, ohne sie seinem eigenen reformatorischen Grundverständnis der Buße wirklich bruchlos einzugliedern. Der Einfluß der älteren, vorreformatorischen Bußtheologie macht sich auch dort bemerkbar, wo Calvin auf die äußeren Bußübungen zu sprechen kommt[59]. Diese Exerzitien haben ihren Ursprung in der inneren Bußaffektion, speziell in der Affektion der Selbstbestrafung. Wer niedergeschlagenen Gemütes ist, der zeigt das durch triste Kleidung, Seufzen und Tränen an, der meidet Schmuck und jede Aufmachung, der versagt sich alle Vergnügungen (S. 73, 16 ff.). Hier kommt nun auch die mortificatio carnis zur Geltung, da der Gläubige, der bei sich selbst die Rebellion des Fleisches spürt, die caro mit allen Mitteln zu züchtigen sucht (S. 73, 20 f.). Und wer es recht bedenkt, wie schwer es wiegt, Gottes Gerechtigkeit (wieder der augustinische Begriff) verletzt zu haben, der wird nicht ruhen, bis er in eigener humilitas Gott wieder die Ehre gibt (S. 73, 21 ff.). So sind die äußeren Bußübungen im privaten Gebrauch gleichsam Heilmittel zur eigenen Demütigung und zur

[58] OS 4, 72, 10 ff. Der Ausdruck gurgites moeroris Z. 14 erinnert an das barathrum desperationis bei Bernhard im Kontext des Zitates (in Cant. sermo 11 n. 2).
[59] OS 4, 73, 13 ff. Der Verweis auf 2. Cor. 7, 11 (ebd. Z. 16) bezieht sich auf den folgenden Satz mit seinem Rückverweis auf die vindicta, die letzte der 7 Bußaffektionen (72, 3 ff.).

Zähmung der caro. Als sichtbares Verhalten sind sie ein Erweis der
Sinnesänderung (S. 73, 13 ff.). Calvin erinnert daran, daß diese
Bußübungen bei früheren Theologen unter dem Stichwort »Früchte
der Buße« behandelt wurden (S. 73, 23 ff.). Er möchte jedoch im
Unterschied zu diesen Bußübungen unter den Früchten der Buße die
officia pietatis erga Deum und die officia charitatis erga homines,
überhaupt Heiligung und Reinheit im ganzen Leben verstehen (S.
72, 29 ff.). Den früheren Theologen macht er das Zugeständnis, daß
sie die vis poenitentiae durchaus nicht in die äußeren Bußübungen
verlegt haben (S. 73, 25 f.). Daraus spricht die richtige Erkenntnis
Calvins, daß nach der gemeinsamen Überzeugung der altkirchlichen
und mittelalterlichen Theologen die tragende Kraft der Buße in der
poenitentia interior und nicht in der poenitentia exterior zu suchen
sei. Calvin hat allerdings auch bemerkt, wie in der konkreten
Entfaltung der traditionellen Bußtheologie sich die Gewichte ge-
fährlich verlagerten. Denn indem man die äußere Bußzucht über die
Maßen betonte, bewirkte man beim Volk einen allzu großen Eifer
in diesen Bußwerken und verdunkelte vor allem das Wesentliche
bei der Buße, die Erneuerung des Herzens[60]. Außerdem war man
nach Calvins Meinung in den Forderungen der Bußzucht weiter
gegangen, als es für die kirchliche Gemeinschaft zuträglich ist (S. 73,
27 ff.). In einem 1559 geschriebenen Passus hat Calvin die zuletzt
berührten Dinge noch einmal aufgegriffen. Die Buße im eigentlichen
Sinne ist die Hinwendung zu Gott in einem neuen Leben. Die äußere
Bußübung hingegen muß man mit dem Sündenbekenntnis und der
Bitte um Abwendung der Schuld und Strafe in Zusammenhang
bringen; sie ist Ausdruck für das affektive Mißfallen an der Sünde
und an uns selbst (S. 75, 1 ff.). In diesem Zusammenhang erwähnt
Calvin eine öffentliche Buße in Sack und Asche. Da er im Folgenden
eine poenitentia specialis von einer poenitentia ordinaria und entsprechend schwere, gewissermaßen tödliche Sünden von leichteren,
alltäglichen Sünden unterscheidet[61], meint er offenbar eine Art öffent-
licher Buße eines einzelnen. Es hat den Anschein, daß hier nicht nur
neue Einsichten in die Bußpraxis der urchristlichen Gemeinde (S. 75,
36 ff.), sondern auch die Maßnahmen der Bußzucht in der Genfer
Kirche im Hintergrund stehen, da Calvin nicht einfach im historischen Perfekt redet. Die »öffentliche Buße« ist dann notwendig,
wenn ein schweres Vergehen Gottes Zorn heraufbeschworen hat.

---

[60] Vgl. OS 4, 72, 36 ff. 74, 1 ff. 26 ff.
[61] OS 4, 76, 9 ff. 75, 18 ff. 32 ff.

Daß der Sünder dann öffentliche Buße tut, bedeutet für Calvin, daß
er vor den Engeln und der Welt sich selbst verurteilt und damit dem
Gericht Gottes zuvorkommt. Zum Beleg dafür, daß eine öffentliche
Buße coram angelis et mundo Gottes Verdammungsurteil abwendet,
zitiert Calvin 1. Cor. 11,31[62]. — Anhaltende Beschäftigung mit der
altkirchlichen Theologie und Bußpraxis sowie in Wechselwirkung
damit die theologische Begründung der Genfer Kirchenordnung
hatten zur Folge, daß Calvin immer mehr Anleihen bei der alten
Bußtheologie machte.

---

[62] OS 4, 75, 5 ff.; die Wendung praevenimus iudicium Dei in Z. 9 verrät den
Einfluß der altkirchlichen Auslegung von Ps. 94, 2 in der Vetus-Latina-Fas-
sung »Praevenimus faciem eius in confessione«. — Die öffentliche poenitentia
specialis kommt nur ab und zu in Frage. Das darf uns nicht darüber hinweg-
täuschen, daß wir die poenitentia ordinaria mit der mortificatio carnis wegen
der verkehrten Begierden durchs ganze Leben unablässig üben müssen, 76, 4 ff.
75, 32 ff., vgl. 78, 7 ff.

QUELLEN- UND LITERATURVERZEICHNIS

1. Quellen

ALTENSTAIG, JOHANNES: *Vocabularius theologiae*, Hagenau 1517.

ANGELUS DE CLAVASIO: *Summa angelica de casibus conscientiae*, Straßburg 1502.

AURELIUS AUGUSTINUS: *Opera*, Basel 1506. — ML 32—47.

— *Enarrationes in Psalmos*, Basel 1497. — CChr 38—40.

— *Epistolae*, Basel 1493. — ML 33. — CSEL 34 44 57 58.

— *Expositio Euangelii Ioannis, tractatus 124*, Basel 1491. — CChr 36.

— *Sermones*, Basel 1494/95. — ML 38 39.

— *Textus selecti de paenitentia*. Collegit et notis illustravit B. POSCHMANN, Florileg. patrist. 38, 1934.

BERNARDUS CLARAEVALLENSIS: *Opera*, ed. Mabillon, 2 Bde, Paris 1690. — ed. J. LECLERCQ, H. M. ROCHAIS, Bd. 1—3, Rom 1957 ff.

Biblia cum Glosa ordinaria, Nicolai de Lyra postilla, moralitatibus eiusdem, Pauli Burgensis additionibus, Matthiae Thoring (= Doering) replicis, 6 Bde Basel 1498—1502. — Basel 1506—1508.

BIEL, GABRIEL: *Collectorium in quattuor libros sententiarum, s.l.e.a.* (Tübingen 1501). — Lyon 1514.

— *Sermones de tempore*, Hagenau 1510.

— *Canonis Misse expositio*, ed. H. A. OBERMAN, W. J. COURTENAY, 4 Bde, Wiesbaden 1963 ff.

BUCER, MARTIN: *Enarrationes perpetuae in sacra quattuor euangelia* (Straßburg 1530).

BUSCH, JOHANNES: *Chronicon Windeshemense*, ed. K. GRUBE, Halle 1887.

CALVIN, JOHANNES: *Opera selecta*, ed. P. BARTH, W. NIESEL, D. SCHEUNER, 5 Bde, München 1926 ff.

CASSIODOR: *Expositio in Psalterium*, Basel 1491. — CChr 97 98.

Corpus Iuris Canonici, ed. E. RICHTER, E. FRIEDBERG, 2 Bde, Leipzig 1879.

DUNS SCOTUS, JOHANNES: *Opera omnia*, ed. L. WADDING, 10 Bde, Lyon 1639.

FABER STAPULENSIS, JACOBUS: *Quincuplex Psalterium*, Paris 1509.

GERSON, JOHANNES: *Opera*, 4 Teile, Basel 1518. — ed. M. L. E. Du PIN, Antwerpen 1706. — ed. GLORIEUX (bisher 7 Bde), Paris—Tournai 1960 ff.

GREGORIUS MAGNUS: *Opera*, ML 75—79.

— *Moralia* (Expositio in librum Iob), Basel 1496. — ML 75, 509 ff.

— *In Ezechielem homiliae*, Basel 1496. — ML 76, 785 ff.

— *In euangelia 40 homiliae*, Paris 1511. — ML 76, 1075 ff.

— *Epistolae* (Registrum epistolarum), MGH Ep. 2. — ML 77, 441 ff.

HERP, HENDRIK: *Spieghel der volcomenheit*, hg. v. L. VERSCHUEREN, 2 Bde, Antwerpen 1931.

HIERONYMUS: *Epistolae et tractatus*, Nürnberg 1495. — ML 22 23 30.

— *Commentaria in Biblia*, 2 Bde, Venedig 1498.

HOLKOT, ROBERT: *Super Sapientiam Salomonis*, Reutlingen 1489.

HUGO DE S. CARO CARDINALIS: *Biblia Latina cum postilla*, 7 Bde, Basel 1498 bis 1502.

Isidor von Sevilla: *Sententiae* (De summo bono), Leipzig 1493. — ML 83, 537 ff.

Ludolf von Sachsen: *Expositio in Psalterium*, Speyer 1491.

Luther, Martin: *Werke. Weimarer Ausgabe*, Weimar 1883 ff.

— *Werke in Auswahl*, hg. v. O. Clemen u. a., Berlin 1950 ff.

— *Dokumente zu Luthers Entwicklung*, hg. v. O. Scheel, SQS, NF 2, 2. A., Tübingen 1929.

Mauburnus, Johannes: *Rosetum exercitiorum spiritualium et sacrarum meditationum*, Basel 1504. — Paris 1510.

Melanchthon, Philipp: *Werke in Auswahl* (Studienausgabe), hg. von R. Stupperich, bisher 6 Bde, 1951 ff.

Nikolaus von Lyra, s. *Biblia cum Glosa*.

Paulus von Burgos, s. *Biblia cum Glosa*.

Perez von Valencia, Jacobus: *Centum ac quinquaginta Psalmi Davidici*, Lyon 1514.

Petrus Lombardus: *Glossa Psalterii*, Nürnberg 1478. — ML 191, 31 ff.

— *Libri quattuor sententiarum*, Basel 1502. — 2 Bde, Quaracchi 1916.

Pierre d'Ailly: *Quaestiones super libros sententiarum*, s. l. 1500.

Reuchlin, Johannes: *Septem Psalmi poenitentiales Hebraici cum grammatica translatione Latina*, Tübingen 1512.

— *Vocabularius breviloquus*, Basel 1486.

v. Staupitz, Johannes: *Opera*, Bd. 1: Deutsche Schriften, hg. v. J. K. F. Knaake, Potsdam 1867.

— *Tübinger Predigten*, hg. v. G. Buchwald, E. Wolf, Leipzig 1927.

— *Constitutiones Fratrum Heremitarum sancti Augustini*, s. l. e. a. (1504).

— *Libellus de executione aeternae praedestinationis*, Nürnberg 1517.

— *Die ungedruckten Staupitz-Predigten in Salzburg*, hg. v. H. Aumüller, in: Jahrb. d. Ges. f. d. Gesch. d. Protest. i. Österr. 2, 1881, S. 49 ff.

Thomas von Aquin: *Summa Theologiae*, ed. P. Caramello, Turin 1948 ff.

— *Scriptum super sententiis*, lib. 3—4 d. 22, ed. M. F. Moos, 2 Bde, Paris 1947. 1956.

Thomas a Kempis: *Opera*, ed. M. J. Pohl, 7 Bde, Freiburg 1902 ff.

Vetus Latina, die Reste der altlateinischen Bibel, hg. v. der Erzabtei Beuron, Freiburg 1949 ff.

Vinzenz von Beauvais: *Speculum naturale*, Venedig 1494.

Vocabularius iuris utriusque, Straßburg 1500.

Vocabularius pauperum, s.l.e.a.

Wilhelm von Auvergne (Paris): *Opera*, 2 Bde, Paris-Orléans 1674 (Nachdruck 1963).

Zerbolt von Zütphen, Gerhard: *De reformatione virium animae*, Paris 1493.

— Maxima Bibliotheca 26, 237 ff.

— *De spiritualibus ascensionibus*, (Augsburg ca. 1500). — Maxima Bibliotheca 26, 258 ff.

2. Sekundärliteratur

Ackermann, R.: *Buße und Rechtfertigung bei Gabriel Biel*. Das Verhältnis von Buch IV dist. 14 q. 1 und 2 des Collectoriums zu seinen literarischen Vorlagen und zur scholastischen Tradition, Diss. Tübingen (masch.) 1962.

BEINTKER, H.: *Phase Domini*. Zu Luthers Interpretation der μετάνοια. In: Festgabe für R. Hermann, 1957, S. 30—41.

BERNARDS, M.: *Flores Sancti Bernardi*. In: Veröff. d. Inst. f. europ. Gesch. 6, 1955, S. 192—201.

BIZER, E.: *Fides ex auditu*. Eine Untersuchung über die Entdeckung der Gerechtigkeit Gottes durch Martin Luther. 3. A., 1966.

BORNKAMM, H.: *Iustitia Dei in der Scholastik und bei Luther*. ARG 39, 1942, S. 1—46.

— *Zur Frage der Iustitia Dei beim jungen Luther*. Teil I: ARG 52, 1961, S. 16—29; Teil II: ARG 53, 1962, S. 1—60.

BRANDENBURG, A.: *Gericht und Evangelium*. Zur Worttheologie in Luthers erster Psalmenvorlesung. 1960.

BUTLER, C.: *Western Mysticism*. 1. A. 1922.

COURCELLE, P.: *Luther interprète des Confessions de Saint Augustin*. RHPhR 39, 1959, S. 235—250.

— *Recherches sur les Confessions de Saint Augustin*. 1950.

DEBONGNIE, P.: *Jean Mombaer de Bruxelles, abbé de Livry, ses écrits et ses réformes*. 1928.

DEKKERS, E.: *Clavis Patrum Latinorum*. 2. A. 1961.

DESEILLE, P.: *Théologie de la vie monastique selon saint Bernard*. In: Théologie de la vie monastique. Études sur la tradition patristique = Collection »Théologie« 49, 1961, S. 503—525.

DUCHROW, U.: *Der Aufbau von Augustins Schriften Confessiones und De trinitate*. ZThK 62, 1965, S. 338—367.

DUDDEN, F. H.: *Gregory the Great*. His place in history and thought. 2 Bde., 1905.

EBELING, G.: *Die Anfänge von Luthers Hermeneutik*. ZThK 48, 1951, S. 172 bis 230.

— *Luthers Psalterdruck vom Jahre 1513*. ZThK 50, 1953, S. 43—99.

— *Luthers Auslegung des 14. (15.) Psalms in der ersten Psalmenvorlesung im Vergleich mit der Tradition*. ZThK 50, 1953, S. 280—339.

— *Luthers Auslegung des 44. (45.) Psalms*. In: Lutherforschung heute. Referate und Berichte des 1. Internationalen Lutherforschungskongresses, hg. v. V. Vajta, 1958, S. 32—48.

ELZE, M.: *Züge spätmittelalterlicher Frömmigkeit in Luthers Theologie*. ZThK 62, 1965, 381—402.

— *Das Verständnis der Passion Jesu im ausgehenden Mittelalter und bei Luther*. In: Festgabe H. Rückert, 1966, S. 127—151.

FRICKEL, M.: *Deus totus ubique simul*. Untersuchungen zur allgemeinen Gottesgegenwart im Rahmen der Gotteslehre Gregors des Großen. 1956.

DE GHELLINCK, J.: *La première édition imprimée des Opera omnia S. Augustini*. In: Miscell. J. Gessler 1, 1948, S. 530—547.

GILSON, E.: *Die Mystik des hl. Bernhard von Clairvaux*. 1936.

GLORIEUX, P.: *Le Tractatus novus de poenitentia de Guillaume de Auvergne*. Bibl. Ephem. Theol. Lov. I 3, 1948, S. 551—565.

GRANE, L.: *Contra Gabrielem*. Luthers Auseinandersetzung mit Gabriel Biel in der Disputatio Contra Scholasticam Theologiam 1517. Acta Theol. Danica 4, 1962.

GREEN, W. M.: *Initium omnis peccati superbia*. Augustine on pride as the first sin. Univ. of Calif. Public. in class. philol. 13, 13, 1949.

HAEFTEN, B.: *Monasticarum disquisitionum libri 12*. 1644.

HAMEL, A.: *Der junge Luther und Augustin.* Ihre Beziehungen in der Rechtfertigungslehre nach Luthers ersten Vorlesungen 1509—1518 untersucht. 1. Teil. 1934.

v. HARNACK, A.: *Lehrbuch der Dogmengeschichte.* 3 Bde., 4. A. 1909 f.

HEINTZE, G.: *Luthers Predigt von Gesetz und Evangelium.* 1958.

HIRSCH, E.: *Lutherstudien,* Bd. 2, 1954.

HOLL, K.: *Gesammelte Aufsätze zur Kirchengeschichte.* I: Luther. 7. A. 1948.

HOURLIER, J.: *Guillaume de Saint-Thierry et la Brevis Commentatio in Cantica.* AnOCist 12, 1956, S. 105—114.

JETTER, W.: *Die Taufe beim jungen Luther.* Eine Untersuchung über das Werden der reformatorischen Sakraments- und Taufanschauung. 1954.

KOLDE, TH.: *Die deutsche Augustiner-Congregation und Johann v. Staupitz.* 1879.

KRAMP, J.: *Des Wilhelm von Auvergne »Magisterium divinale«.* Gregorianum 1, 1920, S. 538—584 und 2, 1921, S. 42—78. 174—187.

LANDGRAF, A.: *Grundlagen für ein Verständnis der Bußlehre der Früh- und Hochscholastik.* ZKTh 51, 1927, S. 161—194.

LAU, G. J. TH.: *Gregor I. der Große nach seinem Leben und seiner Lehre geschildert.* 1845.

LEBRETON, M.-M.: *Les sermons de Julien moine de Vézelay.* Stud. Anselm. 37 (= Anal. monast. 3), 1955, S. 118—137.

LECLERCQ, J.: *La vie parfaite.* 1948.
— *La lettre de Gilbert Crispin sur la vie monastique.* Stud. Anselm. 31 (= Anal. monast. 2), 1953, S. 118—123.
— *S. Bernard et la théologie monastique du XIIe siècle.* AnOCist 9, 1953, S. 7 bis 23.
— *Le commentaire bref du Cantique attribué à Saint Bernard.* AnOCist 9, 1953, S. 105—124.
— *S. Bernard Théologien.* Pubbl. dell'Univ. catt. del S. Cuore NS 46, 1954, S. 30—41.
— *L'amour des lettres et le désir de Dieu.* 1957.

LOHSE, B.: *Mönchtum und Reformation.* Luthers Auseinandersetzung mit dem Mönchsideal des Mittelalters. 1963.
— *Luthers Auslegung von Psalm 71 (72), 1 und 2 in der ersten Psalmenvorlesung.* In: Festschrift für F. Lau, 1967, S. 191—203.

VAN DER MEER, F.: *Augustin der Seelsorger.* 1951.

METZGER, G.: *Gelebter Glaube.* 1964.

MÜLLER, A. V.: *Luthers Werdegang bis zum Turmerlebnis.* 1920.

OBERMAN, H. A.: *The Harvest of Medieval Theology.* Gabriel Biel and Late Medieval Nominalism. 1963.

OHLY, F.: *Hohelied-Studien.* 1958.

POSCHMANN, B.: *Die abendländische Kirchenbuße im Ausgang des christlichen Altertums.* 1928.
— *Buße und letzte Ölung.* HDG 4, 3, 1951.

PRENTER, R.: *Der barmherzige Richter.* Iustitia dei passiva in Luthers Dictata super Psalterium 1513—1515. Acta Jutlandica 33, 2, 1961.

RAEDER, S.: *Das Hebräische bei Luther, untersucht bis zum Ende der ersten Psalmenvorlesung.* Eine philologisch-theologische Studie. 1961.

RATZINGER, J.: *Originalität und Überlieferung in Augustins Begriff der confessio.* RevÉAug 3, 1957, S. 375—392.

RAYEZ, A.: *Gérard Zerbolt de Zutphen et Saint Bonaventure*. Dépendances littéraires. In: L. Reypens-Album, 1964, S. 323—356.

RÉGAMEY, P.: *La componction du cœur*. La Vie spirit. 17, 1935, Bd. 44 Suppl., S. 1—16. 65—84, Bd. 45 Suppl., S. 8—21. 86—99.

RIES, J.: *Das geistliche Leben in seinen Entwicklungsformen nach der Lehre des hl. Bernhard von Clairvaux*. 1906.

ROCHAIS, H.-M. — LECLERCQ, J.: *La tradition des sermons liturgiques de S. Bernard*. Scriptorium 15, 1961, S. 240—284.

VAN ROOIJ, J.: *Gerard Zerbolt van Zutphen*, Bd. 1. Leven en geschriften. 1936.

RÜCKERT, H.: *Das evangelische Geschichtsbewußtsein und das Mittelalter*. In: Mittelalterliches Erbe — Evangelische Verantwortung. 1962, S. 13—23.

SCHAFFNER, O.: *Christliche Demut*. Des hl. Augustinus Lehre von der humilitas. 1959.

SCHEEL, O.: *Martin Luther*. Vom Katholizismus zur Reformation. Bd. 1 (3. A.) 1921, Bd. 2 (3. und 4. A.) 1930.

SCHMOLL, P.: *Zur Kontroverse über die Kirchenbuße des hl. Augustin*. ThQ 103, 1922, S. 56—63.

SCHWARZ, R.: *Fides, spes und caritas beim jungen Luther*. 1962.

— *Meister Eckharts Meinung vom gerechten Menschen*. In: Festgabe H. Rückert, 1966, S. 15—34.

SCHWIETERING, J.: *Mystik und höfische Dichtung im Hochmittelalter*, 1960.

SEEBERG, R.: *Lehrbuch der Dogmengeschichte*. 4 Bde., 4. bzw. 5. A., 1953 f.

TIXERONT, J.: *La doctrine pénitentielle de saint Grégoire le Grand*. BALAC 1, 1911, S. 241—258.

VERSCHUEREN, L.: *Leven en Werken van Hendrik Herp*. Collect. Neerland. Franc. 2, 1931, S. 345—393.

VILLER, M.: *Le speculum monachorum et la »Dévotion moderne«*. RAM 3, 1922, S. 45—56.

VOGELSANG, E.: *Die Anfänge von Luthers Christologie nach der ersten Psalmenvorlesung*. 1929.

— *Zur Datierung der frühesten Lutherpredigten*. ZKG 50, 1931, S. 112—145.

WAFFELAERT, M.: *Propositum cuiusdam canonici*. Collat. Brugenses 14, 1909, S. 8—21.

WATRIGANT, H.: *La méditation méthodique et l'école des Frères de la Vie Commune*. RAM 3, 1922, S. 134—155.

WEBER, L.: *Hauptfragen der Moraltheologie Gregors des Großen*. 1947.

WERBECK, W.: *Jacobus Perez von Valencia*. Untersuchungen zu seinem Psalmenkommentar. 1959.

WOLF, E.: *Staupitz und Luther*. Ein Beitrag zur Theologie des Johannes von Staupitz und deren Bedeutung für Luthers theologischen Werdegang. 1927.

ZIESCHÉ, K.: *Die Sakramentenlehre des Wilhelm von Auvergne*. Weidauer Studien 4, 1911, S. 147—226.

ZUMKELLER, A.: *Hugolin von Orvieto († 1373) über Prädestination, Rechtfertigung und Verdienst*. Augustiniana 4, 1954, S. 109—156 und 5, 1955, S. 5—51.

— *Die Lehrer des geistlichen Lebens unter den deutschen Augustinern vom 13. Jh. bis zum Konzil von Trient*. In: S. Augustinus, vitae spiritualis magister. Bd. 2, 1959, S. 239—338.

— *Das Ungenügen der menschlichen Werke bei den deutschen Predigern des Spätmittelalters*. ZKTh 81, 1959, S. 265—305.

REGISTER

1. Bibelstellen[1]

Gen.		**14, 35**	81, 81	
3, 9 ff.	68	**15, 30**	59, 5	70, 44
4, 7	260, 310			
4, 13	93. 93, 48	**2. Reg.**		
14, 13	300, 3	12, 13	95, 57	96, 61 229
18, 19	305, 25 318, 54			
		3. Reg.		
Ex.		17, 1	71, 46	
12, 27	300, 3			
33, 19	123 221. 221, 217	**4. Reg.**		
39 f.	80	4, 31 ff.	94, 53	
Lev.		**Iob**		
19, 15	169, 14	1—2	61, 9	
26, 36	280	3	61, 9	
		3, 1—10	61, 9	
Dt.		3, 3—8	69	
28, 14	96, 61	3, 3	61. 61, 10	
		3, 4 f.	61 f. 66	
Jos.		3, 4	63, 19 64, 20	
13, 3	263, 322	3, 5	62, 13 65, 23	
15, 16 ff.	79, 77	3, 6 ff.	62 66	
15, 19	79, 77 140, 9	3, 6	62, 13 67, 32	
		3, 8	68	
Iudic.		3, 11 f.	69	
1, 5	79, 77	5, 11	38, 73	
1, 12 ff.	79, 77	7, 1	277, 381	
3, 3	263, 322	7, 11	73. 73, 51 74, 56	
15, 11	263, 322	9, 28	103, 93	
		9, 30	76, 63	
1. Reg.		13, 16	71, 46 72, 47	
1, 6	76, 62	14, 4 f.	231. 231, 249	
2, 3	95, 59	17, 2	88, 29	
2, 6 f.	201	34, 17	109. 109, 21	
2, 6	285	34, 23	70, 44	
2, 7	38, 73	35, 14	71. 71, 45	

[1] Ziffern nach einem Komma bezeichnen Anmerkungen. Wird beim Bibelstellen-
und Namenregister ein geschlossener Komplex von mehreren Seiten verzeichnet,
so werden einzelne Anmerkungen, in denen die Bibelstelle oder der Name innerhalb des Komplexes auftaucht, nicht angeführt.

2. Namen

3. Begriffe[1]

---

[1] Beim Registrieren der Begriffe ist zwischen Text und Anmerkungen nicht unterschieden worden. Im unmittelbaren Kontext eines lateinischen Begriffes wurde das deutsche Äquivalent im allgemeinen nicht aufgenommen, so daß die lateinischen Begriffe den Vorrang haben und die lateinisch-deutschen Entsprechungen sich des öfteren ergänzen.

seine Wunden, Worte, Werke 227
296
sein Kreuz 215 279 f. 294 304
sein Leiden 139 f. 148 151
153—155 157 222 f. 284
sein Tod und Auferstehung 58
193 196 232 f. 236 265
304 318
sein Triduum 163
sein Heilswerk (vgl. Erlösung)
56—58 100 141 145 f.
sein regnum 180
als Richter 100 141
in seiner Menschheit und Gottheit
92
in Person 146 f. 196 205 f.
220 223 f. 226 234 245 248
258 296
als exemplum 223 226 f. 286
298
als sacramentum (193) (220—228)
285 f. 298
in seinem geistlichen Leibe 55—58
91 f. (179—184) 224 (223 bis
228) 295 f.
Christus-, Passionsmeditation 140 f.
146—149 155 157 226 f. 233
285 f. 295 298 303 f.
Christus-Nachfolge 182 222 285
circumspectio 103 f.
cogitatio (beim iudicium in corde) 34
113
cogitationes (malae) 48 62 f. 85
cognitio (sui—Dei) 83 86—88 149
colligere 52 81 283
compassio 141 f. 148 f. 227 233
compunctio 65 67 70 75—82
88 f. 91 94—96 99 f. 100
105 f. 116 140 142—146 149
156 161 167 272—288 293
300
ihre meditativ-affektiven Motivationen (vgl. Bußmeditation) 75—82
94 138 f. 282—288
concupiscentia, concupiscere 135
138 203 263 f. 281
concuti 139 142 145
condemnatio (vgl. damnatio) 106
108 112 f. 157 159 181 197
202 208 221 238 270

confessio, confiteri 16—19 25 27 f.
34 37—45 50—53 57—59 73
85 90 94—96 100 102 f.
(108) 109 (112) 117 122 126
134 149 151 162 165 167
200 221 233 245 269 f. 274
289 f. 297 f. 309 f.
confessio laudis 16—27 94 240
247
confessio peccatorum 16—27 42
50 73 f. 93 f. 96 165 229 f.
234 f. 237 240 245 247 299
confusio, confundere 67 69 86 92
116 309 315
coniungi Deo (vgl. adiungi Deo) 30
35 40
conscientia 7 34 55 72 94 112
170 278 f. 309
consensus 61 f. 66 f. 69 f.
consolare 7 12 27 93
consuetudo (vgl. Gewohnheit) 69
116 135
contemplatio 10 12 75 f. 83 85
98 138
contemptus, contemnere 90 199 f.
275 282 288
continentia, continere (vgl. Enthaltsamkeit) 90 92 96—99 160 259
261
contritio, contero 26 50 88
90—93 106 109 117—124
126—128 136 142 145
151—154 156 161 167 199
234 272 276 280 309 314
contumelia 199
conversio, converti 44 59 70 92
96—98 120 f. 129 132 145
149 162 291 315
cooperatio 124
coram Deo (in conspectu Dei etc.) 29
71 f. 151 163—165 170 180
195 200 214 230 232 234 f.
243—246 269 f. 273 293
correctio, corrigere (correptio, corri-
pere) 33 49 64 78 96 102
108 f. 135 159 165 181 194
272
credere (vgl. fides) 19 55 f. 189
236 311

Arbeiten zur Kirchengeschichte

Begründet von Karl Holl † und Hans Lietzmann †, herausgegeben von Kurt Aland, Walther Eltester und Hanns Rückert. Groß-Oktav.

Eine Auswahl lieferbarer Bände

8. MESSE UND HERRENMAHL. Eine Studie zur Geschichte der Liturgie. Von H. LIETZMANN. 3. Auflage. XII, 263 Seiten. 1955. Nachdruck 1967. Ganzleinen DM 30,—

29. LUTHER UND MÜNTZER. Ihre Auseinandersetzung über Obrigkeit und Widerstandsrecht. Von C. HINRICHS. 2., unveränderte Auflage. VIII, 187 Seiten. 1962. DM 19,80

32. DIE BRANDENBURGISCH-PREUSSISCHEN HOFPREDIGER IM 17. UND 18. JAHRHUNDERT. Ein Beitrag zur Geschichte der absolutistischen Staatsgesellschaft in Brandenburg-Preußen. Von R. VON THADDEN. VIII, 239 Seiten mit 18 Tafeln. 1959. DM 22,—

33. DIONYSIUS EXIGUUS-STUDIEN. Neue Wege der philologischen und historischen Text- und Quellenkritik von W. M. PEITZ. Bearbeitet und herausgegeben von H. FOERSTER. XVI, 533 Seiten. 1960. DM 44,—

34. FIDES, SPES UND CARITAS BEIM JUNGEN LUTHER unter besonderer Berücksichtigung der mittelalterlichen Tradition. Von R. SCHWARZ. VIII, 444 Seiten. 1962. DM 42,—

35. LUTHERS AUSLEGUNGEN DES GALATERBRIEFES VON 1519 UND 1531. Ein Vergleich. Von K. BORNKAMM. XVI, 404 Seiten. 1963. DM 54,—

36. WYCLIFS BIBELKOMMENTAR. Von G. A. BENRATH. XII, 415 Seiten. Mit 2 Faksimiles. 1966. Ganzleinen DM 58,—

37. DIE ERSTEN WALDENSER. Mit Edition des Liber Antiheresis des Durandus von Osca. Von KURT-VICTOR SELGE. 1. Bd.: Untersuchung und Darstellung. XVIII, 320 Seiten. Mit 1 Faltkarte. — 2. Bd.: Der Liber Antiheresis des Durandus von Osca. XXVI, 287 Seiten. Mit 2 Faksim. 1967. Ganzleinen DM 128,—

38. GEIST UND GESCHICHTE DER REFORMATION. Festgabe HANNS RÜCKERT zum 65. Geburtstag. Dargebracht von Freunden, Kollegen und Schülern. In Verbindung mit K. ALAND und W. ELTESTER herausgegeben von H. LIEBING und K. SCHOLDER. Mit 1 Frontispiz. VIII, 486 Seiten. 1967. Ganzleinen DM 68,—

39. DIE KIRCHE IN DEN REICHEN DER WESTGOTEN UND SUEWEN BIS ZUR ERRICHTUNG DER WESTGOTISCHEN KATHOLISCHEN STAATSKIRCHE. Von K. SCHÄFERDIEK. VIII, 286 Seiten. 1967. Ganzleinen DM 48,—

40. DIE THEOLOGIE KARL HOLLS IM SPIEGEL DES ANTIKEN UND REFORMATORISCHEN CHRISTENTUMS. Von W. BODENSTEIN. X, 354 Seiten. 1968. Ganzleinen DM 72,—

Walter de Gruyter & Co · Berlin 30

Corrigenda

S. 84 A. 8 Z. 1 *statt* Lc. 14,111 *lies* Lc. 14,11
S. 101 Z. 2 f. v. o. *statt* iudibimur *lies* iudicabimur
S. 279 Z. 8 v. u. *statt* Mt. 5,4 *lies* Mt. 5,5

Luthers Werke

in Auswahl

Unter Mitwirkung von ALBERT LEITZMANN
Herausgegeben von OTTO CLEMEN

8 Bände. Oktav. Ganzleinen DM 144,—

Band 1—4 und 6 in neuer Auflage

Diese mit kritischem Apparat versehene sogenannte „Bonner Lutherausgabe" ist nicht allein für den Theologen bestimmt, sondern auch für Studenten, die sich wissenschaftlich mit Luther zu befassen haben. Sie enthält die wichtigsten Schriften des Reformators in geschickter Auswahl, so daß sie Luther in seiner vielseitigen Bedeutung und seine Stellung in der Religions-, Kirchen-, Dogmen-, Literatur- und Kulturgeschichte zeigt.

Walter de Gruyter & Co · Berlin 30

HEINRICH BORNKAMM

Thesen und Thesenanschlag Luthers

Geschehen und Bedeutung

Oktav. VIII, 70 Seiten. 1967. DM 6,80

(Theologische Bibliothek Töpelmann Band 14)

Repetitorium der Kirchengeschichte

Teil 3: Reformation und Gegenreformation

Von K. ALAND

Groß-Oktav. VIII, 145 Seiten. 1967. DM 9,80

(Sammlung Töpelmann Reihe I Band 10)

GUIDO KISCH

Melanchthons Rechts- und Soziallehre

Groß-Oktav. Mit 5 Tafeln. 307 Seiten. 1967. Ganzleinen DM 48,—

Die Bistümer der Kirchenprovinz Köln

Das Bistum Münster

1. Die Schwesternhäuser nach der Augustinerregel

Im Auftrage des Max-Planck-Instituts für Geschichte

Bearbeitet von WILHELM KOHL

Groß-Oktav. XII, 449 Seiten. 1968. DM 86,—

(Germania Sacra, Neue Folge 3)

CARL STANGE

Bernhard von Clairvaux

Groß-Oktav. 55 Seiten. 1954. DM 3,50

(Studien der Luther-Akademie, Neue Folge 3)

Walter de Gruyter & Co · Berlin 30